北九州の底ぢから

[現場力]が海図なき明日を拓く

長妻靖彦
Nagatsuma Yasuhiko

石風社

東アジアから見た日本・北九州

高度成長期（１９６０年代）の北九州の空

現在の北九州の空

高度成長期（１９６０年代）の洞海湾

現在の洞海湾

祇園太鼓に挑戦するロボット

衛生陶器の成形工程

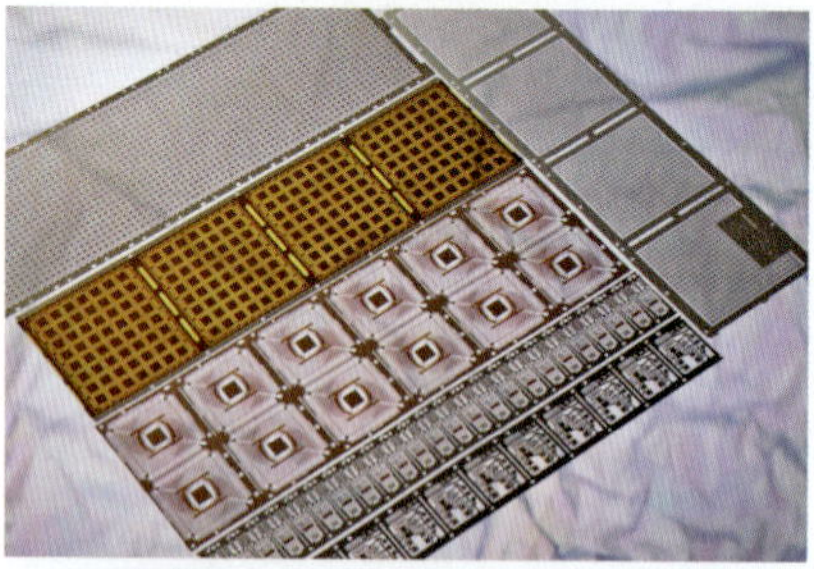

微細加工のＩＣリードフレーム

自動化された車体組立ライン

東田第一高炉

巨大プラントを丸ごと運搬する台車

終日稼働しつづける工場群

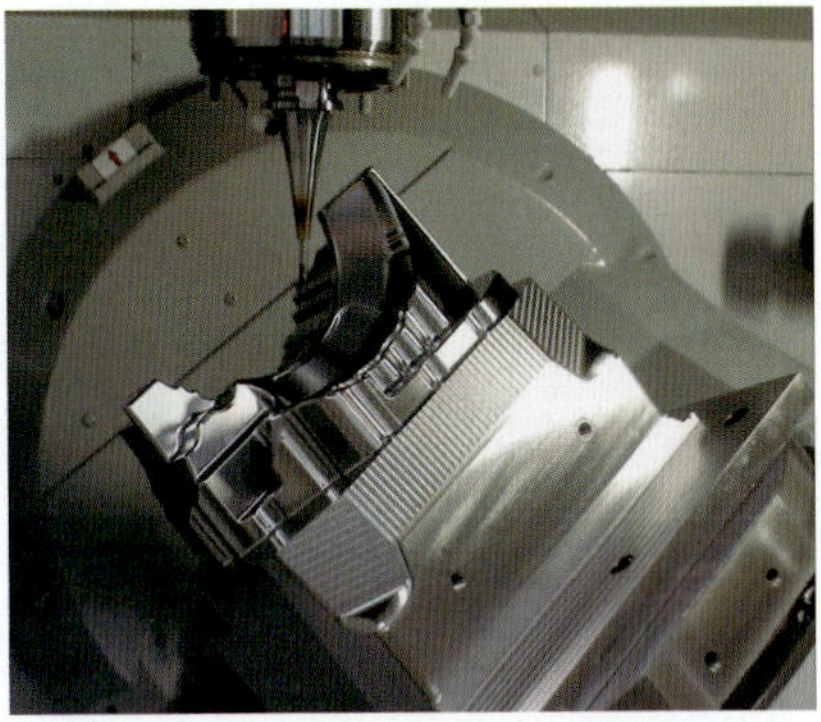

高精度の切削金型のソフト開発

水質浄化施設を見学する海外研修生

若松レトロ

環境ミュージアム

松本清張記念館

関門橋

24 時間稼働の北九州空港

小倉駅とモノレール

響灘の風力発電機群

発電効率の向上とＣＯ$_2$排出量の低減を目的とする試験プラント

産学官民が一体となりアジアの先端産業都市を目指す
北九州学術研究都市

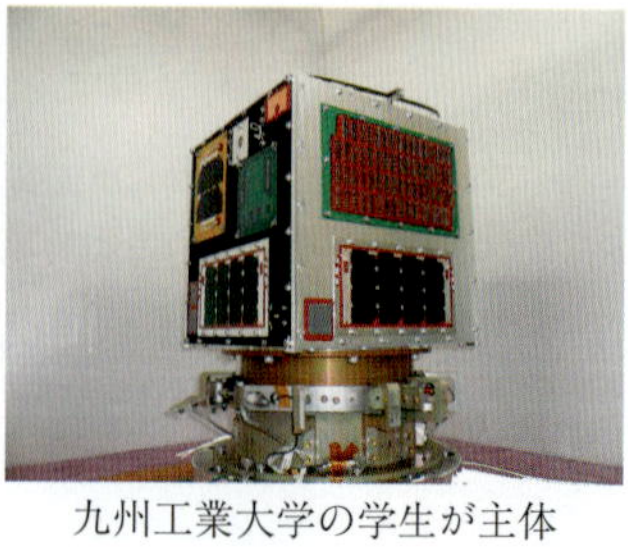

九州工業大学の学生が主体
となって開発した人工衛星

北九州の底ぢから ――［現場力］が海図なき明日を拓く◉目次

はじめに　11

序論　日本再生――北九州からの挑戦

北九州ルネッサンスと緑の新成長戦略
経済成長と環境保全の両立戦略を　北九州市長　北橋健治　18
「鉄冷え」から世界環境首都へ　北九州市長（当時）　末吉興一　29
ルネッサンス構想の総括　前北九州市長　末吉興一　36
次の50年へ、新成長への戦略　北九州商工会議所会頭　利島康司　41
市発展の新シナリオを達成　北九州市新成長戦略会議会長　重渕雅敏　49
新成長戦略と産学官連携（談）　九州工業大学学長　松永守央　56
持続可能な都市としての生き残り戦略（談）　北九州エアターミナル社長　片山憲一　57

第1部　グローカル時代の地域振興

北九州ウォッチャーの目
新内需創出のモデル都市へ　日本銀行北九州支店長（当時）　長野聡　60
日本を支える地方の企業と人材　日本銀行北九州支店長（当時）　服部守親　66
世界に北九州のファンを
世界から研修生受け入れ　北九州国際技術協力協会（ＫＩＴＡ）理事長（当時）　水野勲　72
公害防止から省エネ・温暖化対策まで　北九州国際技術協力協会理事長（当時）　河野拓夫　76
途上国の人材育成　北九州国際技術協力協会理事長　古野英樹　80

「水の世紀」地域産業の新しい柱に　北九州市海外水ビジネス推進協議会副会長　森一政　86
アジアの知の拠点づくり
知の拠点に成長した学研都市　北九州産業学術推進機構理事長（当時）　阿南惟正　92
先導的低炭素化研究に挑戦　北九州産業学術推進機構理事長　國武豊喜　96

第2部　モノづくり産業の進化

節水技術を世界に
新3戦略で事業展開　TOTO社長（当時）　重渕雅敏　104
新たな価値観の創造　TOTO社長（当時）　木瀬照雄　107
真のグローバル企業へ体質転換　TOTO社長　張本邦雄　111
ロボット社会を拓く
挑戦的企業風土でロボットの夢を　安川電機会長（当時）　永次廣　117
北九州にロボット村建設の夢　安川電機社長（当時）　利島康司　121
次世代ロボットの開発を　安川電機社長　津田純嗣　125
民生用ロボットのパイオニア　テムザック社長　髙本陽一　131
鉄都の進化
八幡しか作れぬ高級鋼工場へ　新日本製鐵取締役八幡製鐵所長（当時）　古野英樹　137
高級鋼特化と自動車基地対応　新日本製鐵執行役員八幡製鐵所長（当時）　藤井康雄　141
「小倉ブランド」の創造を　住友金属小倉社長（当時）　吉田喜太郎　145
高級品が武器 海外戦略も強化　黒崎播磨社長（当時）　平岡照祥　149

最新技術の耐火レンガ生産　黒崎播磨社長（当時）　古野英樹　153
世界一の顧客価値の実現へ　黒崎播磨社長　浜本康男　157
金属チタン一貫生産体制を確立　東邦チタニウム社長（当時）　久留嶋毅　163

新素材を求めて
触媒を基礎にナノテク開拓　触媒化成工業若松工場長（当時）　田中康夫　168
ＰＣ樹脂、アジア№1を目指す　三菱化学執行役員黒崎事業所長（当時）　清木俊行　172
北九州は東アジアの拠点　ＤＮＰプレシジョンデバイス取締役黒崎工場担当（当時）　山口正登　176
高機能デジタル素材開発・量産基地　新日鐵化学九州製造所長（当時）　松永伸一　180

素材関連産業の新展開
鉄鋼土台に新生存領域拡大　アステック入江社長（当時）　入江伸明　186
包装材総合メーカーへ　大石産業社長　中村英輝　190
総メンテナンス時代にすべきこと　高田工業所社長　高田寿一郎　194
高度メッキ技術で基幹産業を支援　石川金属工業社長　石川増太　198

デジタル地図を創る
地域が助け合って元気に　ゼンリン最高顧問（当時）　大迫忍　204
デジタル地図を活用拡大　ゼンリン社長（当時）　原田康　208
時空間データベースで新価値創造　ゼンリン社長　髙山善司　212

超微細加工技術を世界に
省資源・省エネルギーを子孫へ贈る　三井ハイテック会長（当時）　三井孝昭　218
知識のインテグレーション化を　東芝セミコンダクター北九州工場長（当時）　本脇喜博　222

独自製品で勝負
量から質への転換を　岡野バルブ製造社長（当時）　岡野正敏　226
表面処理技術中核に多角化　三島光産社長　三島正一　230
「水」に特化、小さな世界一企業　東洋電機工業所会長　荒岡俊宣　234
ピンチを契機に「技術で生きる会社」へ　フジコー社長　山本厚生　240
研究開発型計測器でオンリーワン企業　松島機械研究所社長　松島徹　246
試練を超えて、独自製品を開発　タカギ代表取締役　髙城寿雄　252

第3部　新たな産業の台頭

世界環境首都を目指して
17年間赤字後、自然流石けん開発　シャボン玉石けん社長（当時）　森田光徳　260
消火剤共同開発と感染症対策　シャボン玉石けん社長　森田隼人　264
資源循環型社会をめざして　北九州市環境局局長（当時）　奥野照章　270
世界初の自動車再利用技術　西日本オートリサイクル社長（当時）　和田英二　274
北九州で「動脈と静脈を結合」　日本磁力選鉱社長　原田光久　278
街全体を循環型社会に　楽しい㈱社長　松尾康志　283
脱公害から低炭素社会へ　環境テクノス社長　鶴田暁　287
新興自動車基地を担う
地元に根を張り、世界トップレベルへ　デンソー北九州製作所社長（当時）　柳生昌良　293
自動車ピラミッド全体の高度化を　松本工業社長　松本茂樹　297

ハイブリッド車の一貫体制構築　トヨタ自動車九州社長(当時)　須藤誠一　301
空洞化防止へ九州工場を分社化　日産自動車九州社長　児玉幸信　307
九州で唯一の非鉄鍛造技術　戸畑ターレット工作所社長　清永誠　313

情報通信革命を担う

IT技術で日韓中小企業交流　ランテックソフトウェア社長　庄司裕一　319
金型設計ソフトで世界トップ　コンピュータエンジニアリング社長(当時)　山口修司　323

新エネルギーに挑む

国内初、ソーラーマンション開発　芝浦特機社長(当時)　新地哲己　327
次世代エネルギーの開発拠点へ　電源開発若松総合事業所長(当時)　松野下正秀　332

オンリーワン目指すベンチャービジネス

長持ちさせる技術を北九州に　計測検査社長　坂本敏弘　337
高機能フッ素樹脂加工で独自技術　陽和社長　越出理隆　343

第4部　流通・サービス産業の新成長

健康福祉のモデル都市づくり

北九州市を「健康福祉都市」へ　年長者の里理事長　芳賀晟壽　350
無縁社会をハートフル有縁社会へ　サンレー社長　佐久間庸和　356

全国、海外へ

小倉から日本一タクシー企業　第一交通産業会長　黒土始　362
全国各地で地域No.1を　第一交通産業社長　田中亮一郎　367

（※福岡経済同友会北九州地域委員会については安川電機（119頁）・タカミヤ（377頁）を参照）

第6部　岐路に立つ北九州経済――インタビューを終えて

はじめに

「夢とバラ色の時代」のイメージで語られがちだった「21世紀」は、ふたを開けてみると、厳しい「激動と改革」の時代でした。まさに「海図なき航海の時代」です。

日本のバブル崩壊から20年余、リーマン・ショックから5年。少子高齢化で２０５０年の人口の1億人割れが予測されるなか、政府は、脱デフレを目指し、成長戦略を打ち出しています。東京五輪の２０２０年には、産業力の復活と財政の基礎的収支の黒字化で「新しい日本の創造」を果たそうというものです。しかし、不確実性にみちた世界経済の先行きは、予断を許さないものがあります。

北九州は「日本の縮図」、「日本の現場」、「日本の未来」と言われます。

日本経済の「最前線の現場」として、黙々と経済社会を支えてきました。人口はわが国の1％弱ですが、高度成長期には、全国に先駆けて「負の遺産」である公害問題に悩み、産学官民のチームワークでそれを克服し、世界環境首都へと転換しつつあります。また日本の低成長の先駆けともいえる鉄鋼等重厚長大産業の構造不況「鉄冷え」に直面し、産業構造の高度化・多柱化を進めました。そして今、少子高齢化と人口減少に悩み、闘い、新産業創造・雇用創出の新成長戦略に挑戦しています。

その北九州で21世紀初頭（２００１～13年）の12年間、月刊誌「ひろば北九州」（公益財団法人　北九州市芸術文化振興財団）で最前線の経済人インタビューを連載しました。インタビューは、ＴＯＴＯ、安川電機、新日鐵住金、ゼンリンなどグローバル大企業から、ナフコ、第一交通産業など全国展開する流通・サービス業、独自技術で世界に羽ばたくニッチ・トップ企業、地域密着のサービス業、ベンチャー企業など様々な産業と団体のリーダー延120人に、経営戦略から、地域活性化策、経営哲学、個人的な信条・座右の銘、趣味までざっくばらんに聞きました。本書は当時の掲載記事から重複を省き、100人を産業別に再編成し、新しいインタビューを追加してまとめたものです。

21世紀初頭、12年間の初期（2001～3年）は、バブル崩壊と金融危機後の「長期不況との闘い」の時期でした。つづく中期（04～08年）は、中国など新興国の成長、米国・欧州の住宅・金融バブルで、世界的に景気が拡大、国内も「いざなみ景気」で一息つきました。そして08～10年は米国発のリーマン・ショックによる世界同時不況期です。さらに近年（11年以降）は、欧州危機、東日本大震災、エネルギー危機、「アベノミクス」などで「試練を超えて」の新たな時代に入りつつあります。

インタビューを企業や経済団体単位に、時代順に並べると、長期不況、世界的景気拡大、世界同時不況とわずか12年間で経済環境が、ジェットコースターのように上下に目まぐるしく激変、経済人が、相次ぐ「想定外」に厳しい対応を迫られたことが浮き彫りになっています。

それに立ち向かう企業、団体の戦略も当然変化します。企業の構造改革、「選択と集中」、海外戦略の拡大、新規事業の開拓、そして新たなシェイプアップ作戦と「どんな悪天候にも耐えられる『強い会社づくり』」へと変化しました。バブル景気崩壊まで、ほぼ一貫して右肩上がりに安定して成長した20世紀に比べ、21世紀はまさに「大変（全てが大きく変わる）」な転換期であることがわかります。

その根底には、世界経済のドラスチックな変化――中国など新興国の台頭と挑戦、日米欧など先進国の対応、グローバル市場競争の激化、資源・環境・エネルギー問題の深刻化があり、さらに、国内の少子高齢化と人口減少、財政危機など、世界・日本経済の巨大な構造変化があります。

この「海図なき航海の時代」は同時に、グローバル（地球的）に考え、ローカル（地方的）に行動する「グローカル時代」でもあります。日本をはじめ先進諸国も自治体も、バブルの周期的発生と経済停滞、財政制約を余儀なくされ、世界的な若者の雇用不安が重なり、企業も地域も「自立」を求められ、「強くて賢い会社づくり」、「強くて賢い地域づくり」を迫られているのです。

こうした厳しい環境に立ち向かうために必要なのは、「人の和」であり、「人材育成」です。周囲への「優しさ」です。まさに「タフでなければ生きていけない。優しくなければ生きている資格がない」時代なのです。

政府は、新経済政策で脱デフレと日本再興戦略を進めていますが、北九州の企業、産業もこうした環境の激変に立ち向かい、以下に産業別に紹介するような、様々な形で自らを変える努力を続けています。その経営戦略、経営努力の姿は千差万別で、それぞれに創意工夫を凝らしています。

その際、興味深いのは、経済人の心の支えである「社是」や「座右の銘」などに見られる言葉の力です。大別すると、製造業分野では、「技術は無限である」、「人真似でなく独自のものを」など技術開発への思いが多いのに対し、非製造業は「常にお客様のために」「答えはお客様（市場）が出す」など顧客志向が強いのが特徴です。両者に共通しているのは、「世のため人のため」であり、独特の人材育成による「人財力」であり、「誠心誠意」です。

このインタビュー集には、北九州経済の現場を支えた人々の夢と苦闘、創意と知恵、そして「志」が詰まっています。長野聡元日銀北九州支店長は「欧州金融危機、東日本大震災、アベノミクスと、経済は激変する。今後も南海トラフ地震などいつどんな変化が起きても不思議ではない。企業、地域のこれらの予期せぬ変化への備えは常に必要である。しかし、結局経済を良くするのは、企業や個人が普通の人の生活を向上させる商品やサービスを安価に提供するという『地道な努力』であり、それ以外に近道はない」と感想を寄せました。日々の愚直な現場の努力の積み重ねこそが、明日の向上に繋がると言えます。

「海図なき航海の時代」、「グローカル時代」の「地方（日本）再生——北九州からの挑戦」の道は、決して平坦ではありません。しかし、この50年、北九州経済は、何度も苦難に直面し、それを克服し、そして強くなりました。個々の産業、企業も「ピンチはチャンス」、「しまったはしめた」と危機を逆手に、新生、再生したケースは以下に数多く登場します。これこそまさに「北九州の底ぢから」なのです。

成熟先進国である日本は、人口減少、少子高齢化、資源エネルギー問題など世界・人類が直面する課題にいち早く遭遇、その解決を通じて人類に寄与できる「課題解決先進国」であると言われます。さしずめ日本経済の「現場」であり「未来」である北九州は、その日本でもさらに先をゆく課題山積地域であり、「課題解決先進地域」であるといえます。この激動の12年間の最前線インタビュー集のなかに、そのヒントを得ていただけたら幸いです。

＊本書は、21世紀初頭（激動の12年間）の地方産業都市のキーパーソン１００人の証言であり、「日本の現場、日本の未来――北九州」での定点観測の記録です。配列は掲載順でなく、産業別、企業別に整理しなおしたため、時期的には10年前のものと現在に近いものが混在しています。この結果、同一企業の歴代トップを順に並べるなど、類書と違い過去と現在が混在し煩雑な印象を与えるかもしれません。ただ、これはわずか12年間で、金融危機、世界バブル、世界同時不況、新たな挑戦と目まぐるしく変動したことを浮き彫りにする効果もみられます。また、過去の時点で未来をどう見通していたかを知るためにも意味があると思えます。雑誌掲載時の頁数の関係で、分量にも差があり、カット写真も、当時のものだけでなく、最近のものを使用した例もありますが、ご海容下さい。

なお、北九州経済の特徴と過去、現在、未来など全体像に関心のある読者は、末尾の第６部「岐路に立つ北九州経済」を一読いただけると幸いです。

２０１３年12月　長妻靖彦

インタビュー編の凡例

1．氏名の下の数字（例えば2007／04）は、インタビューを掲載した「ひろば北九州」の発行月です。ただし、追加インタビューした北橋健治北九州市長、末吉興一前北九州市長、利島康司北九州商工会議所会頭についてはインタビューした年月を表しています。

2．役職は、現職以外は（当時）と入れています。

3．売上、資本金、従業員数は原則として掲載時のものです。ただし、業績を公表している企業については最新の数字を使用しています。

序論　日本再生——北九州からの挑戦

「海図なき航海の世紀の日本再生は地方（北九州）から」と、北九州市は、市制50周年の２０１３年、経済界の協力もえて、「新成長戦略」を策定、産学官民一体の地域活性化に乗り出しました。これまでに深刻な産業公害を全市一丸で克服、さらに「鉄冷え」と呼ばれる構造不況を「ルネッサンス構想」で乗り越え「世界の環境首都」と呼ばれるまでに変身しました。

日本の産業力の相対的低下、若年層の就職難のなかで産学官民で「北九州市を、経済成長と環境保全を両立させる『緑の成長』の世界的モデルとして雇用増を」という意気込みです。北九州商工会議所も次の50年に向け「新製品・新技術の世界への発信基地と賑わいの街づくり」を提唱しています。日本の現場「北九州からの挑戦」は、どう実を結ぶのでしょうか。

◆地方（日本）再生――北九州からの挑戦――試練を超えて

経済成長と環境保全の両立戦略を

【北九州市長】北橋健治さん（2013／06）

「環境首都」と「技術都市」の実現、日本再生の先頭に

◉信条

「待てば海路の日和あり（たとえ目の前の壁が高くても）」、「行政の職人」

――北九州市は、「経済成長と環境保全」の両立を目指す過去半世紀の全市一丸の取り組みで、経済協力開発機構（ＯＥＣＤ）からパリ、シカゴ、ストックホルムとともにアジア初の「グリーン成長都市」に選定された。同市は、次の50年に向け「世界の環境首都」、「アジアの技術都市」実現と「新成長戦略」による経済・産業の活性化、雇用創出で新たな「経済成長と環境保全の両立」の実証にチャレンジしようとしている。北橋健治市長に「グリーン成長と新成長戦略」への思いを聞いた。北橋市長は「苦難を活力に、ピンチをチャンスに転換できる北九州市のＤＮＡとチームワークで、北九州市の豊かな潜在力をさらに開花させ、日本再生の先頭に立ちたい」と抱負を語った。

〈厳しい経済環境、地方分権時代、世界的な地域経済の再構築ムードのなかで新成長戦略を打ち出しましたね。今なぜ新成長戦略ですか？〉

北橋　北九州は日本を代表する4大工業地帯の一つとして、国際物流の拠点として、過去1世紀余、日本の近代化、高成長を支えてきました。この間幾度となく、不況の波に襲われ、公害問題等に悩みつつも、そのつど時代の荒波を逞しく乗り越え、常に進化・発

展を遂げ、時代の先端を走る土地柄です。

しかし、１９８５年のプラザ合意後の急速な円高で、世界中に超一流の製品を出荷してきた基幹企業の集積地・北九州市も、厳しい局面に立たされました。輸出製造業にとって急激で厳しい円高で、日本経済全体が衝撃を受け、海外進出ラッシュや企業のリストラに繋がりました。企業がどんなに自助努力しても、超円高のもとでは、海外商品との対抗は困難で、この20年間に、日本の製造業の従業員数は、１６００万人から近年初めて１０００万人を割りました。モノづくりの街・北九州にも試練の20年でした。

この間、人口減など新たな課題に直面、リーマン・ショック、世界的同時不況の荒波をかぶりつつも、苦難を真正面から乗り越え、新たな挑戦によってピンチをチャンスに替えてきたのが北九州市の経済界です。そのなかで、世界の投資、研究開発の流れが変わり、新しい地平線が開けつつあります。売れる商品は、自動車も家電も省エネ型です。環境（エコ）を広い概念でとらえると、世界、日本経済全体を牽引する凄く大きな可能性とビジネスチャンスがそこにあります。

特に１９７０年代の公害克服以来、各界をあげて環境の問題に取組んできた北九州市は、今まさに「省エネ・低炭素」という日本経済の新たな時代の扉を開ける一番近い位置にいて、チャンスも手にしつつあります。そうした前向きの視点も加え、北九州経済の力強い再活性化を展望して作ったのが、「新成長戦略」です。

重渕雅敏市新成長戦略会議会長（ＴＯＴＯ最高顧問）はじめ、各界の方々と1年近く議論し昨年暮れ答申をいただきました。年が明けて経済環境が明るくなり、正に追い風になっています。北九州市の悩みは日本の悩みです。日本の経済社会はどう逞しい経済を模索していくのか。北九州市は新成長戦略を今年3月に策定しました。あとは、官民が協力してがむしゃらに取組んでいくのみです。

〈答申を取りまとめた重渕会長も「産業公害との闘いに、産官学民一体で成果をあげた北九州。新成長戦略も皆でやれば、必ず達成できる」と呼び掛けています〉

経済開発協力機構（ＯＥＣＤ）で私が行った「緑の成長戦略」の講演は、「ＯＥＣＤで日本の地方自治体がプレゼンするのは初めて」というお誘いが発端です。北九州市も日本も環境といえば、「公害克服」が第1段階です。続いてゴミを大量発生させる（使い捨て型）成長から資源循環型成長に転換できないか、という試みに日本ではじめて挑戦したのが北九州市

ＯＥＣＤレポートを受取る北九州市長

で、その象徴が世界初、かつ最大規模の成功モデルといわれる「北九州エコタウン」です。

さらに現在「低炭素・地球温暖化防止」に挑戦しています。京都議定書後の規制案を巡り、先進国と途上国が激しく対立、今や環境への取組みが一国の経済を制する生命線になっています。これは「公害克服」、「資源循環」とは違う新たな可能性と問題点をはらんでいます。重化学工業主体の産業都市からスタートした北九州市が、引き続き「環境の都市」として発展できるかどうか、重要な転機です。かつて「経済成長重点の時代は終わった。環境さえ良くなれば経済は低成長でも良い。環境が最優先だ」という学者もいましたが、果たしてそれで日本や北九州の経済社会は維持できるのか。地球温暖化防止は、世界的課題ですが、この新たなエコの第３段階が問いかけるのは、「経済と環境が両立するか」の問題です。私の講演の骨子は「私達北九州市は両立してきたし、今後も出来る」というものでした。今回ＯＥＣＤの「グリーン成長都市」に選ばれたということは、「地球環境問題は非常に重要だ、同時にそれは経済も発展させる新しい成長――『緑の成長』に繋がるものだ」と訴えてきたことが、世界で評価されたものと理解しています。重化学工業で発展した北九州市が、「環境と経済の両立」という成功モデルを目指し走り続けることは、発展途上国も含め、世界に大きく貢献できることでもあります。

〈「環境保全と経済成長」という21世紀の人類的課題の最先端への挑戦ですか〉

海外のお客様がひっきりなしにエコタウンなど、本市の環境関連施設の視察に来られています。習近平中国国家主席も主席就任の直前に来られ「環境と技術の実践で北九州市から学ぶものは大きい」と。最近は、「北九州市の技術をアジアの都市に輸出してほしい、上下水道の整備も公害・廃棄物対策も、スマートコミュニティも、北九州市の社会インフラを一まとめで輸出してくれないか」というニーズがアジアを中心に急拡大しています。そのチャンスもぜひ活かしたい。

〈日本全体のモノづくり産業の停滞、電機産業の競争力喪失、貿易収支の赤字基調などで「今後、日本は何で外貨を稼ぎ、雇用を創り出していくのか」が問われています。北九州市は、日本再生のためにも、新産業や雇用の創造などに具体的にどう挑戦しますか?〉

リーディング・プロジェクトを定め、自動車、ロボット、サービス業など分野ごとに戦略を設定しています。新成長戦略の基本的視点は、「製造業の従業員数は、リストラや新しい生産工程への対応で確かに減った。しかし世界経済は素材やモノづくりに支えられ、これは今後も変わらない」です。まずモノづくり産業のクラスター（産業集積）を作り、高付加価値化に産業界・学界・行政・市民挙げて取組みます。水素自動車など次世代型の開発が進み、ロボットも医療・福祉分野など用途の拡大も進んでいます。エコビジネスも含め、付加価値を高めることで、モノづくりをさらに発展させます。その際、グリーンアジア国際戦略総合特区の選定で、アジアと環境に注目する投資に対し税、金融・補助金などで国が重点的にバックアップする制度を活用できます。

次に、世界的に先進国はサービス経済化で、雇用面でも国内総生産（GDP）でもサービス分野のウェイトが増え、北九州市でもゼンリン、第一交通産業、ワールドインテックなど日本を代表する企業群が頑張っています。このほかにも医療、福祉、健康、観光など発展余地は大きく、サービス産業を今一度見直す必要があります。ここに力を入れれば、成長分野として雇用創出が期待できます。これが二つ目の特徴です。

〈グローバル化も急進展していますね〉

地場の大企業は、相手国の要請もあり、海外に拠点をつくり、情報ルートを蓄積してきました。しかし、中小企業は情報のパイプが細い、もしくはないということで苦労されています。これからの時代、内需だけで生きて行くのも一つの選択肢ですが、チャンスがあれば、海外進出も真剣に考えようと。もし地場の中小企業で独自の情報収集が大変なら、水道事業などでアジアの諸都市とのパイプをもち、地方政府との間にも信頼関係がある本市が、インフラ輸出も含め、地場企業の海外展開を応援していこうと考えています。

結びが、地域エネルギー事業です。東日本の大震災以降、エネルギー問題が大転換期を迎えています。

このまま価格上昇が続くと、影響は極めて厳しく、新たな地域エネルギーを考えないと日本経済は維持できません。北九州市に拠点をつくり、早め早めに地域独自の電源を効率よく生み出すシステムを真剣に考える戦略です。響灘には風力、太陽光発電もあり、西部ガスの液化天然ガス（LNG）拠点も近く完成、電源開発は石炭の最新鋭発電システムを実証中です。時代の要請もあり、ここで効率が良く、環境にも優しいエネルギーの拠点創出の可能性が急速に高まっています。大きな方向性を打ち出し、リーディング・プロジェクトを決め、進捗管理にも目を配ります。

〈北九州市の強みを活かし新分野を開拓、新規の雇用を生み出していく進捗状況の目配りといいますと?〉

全く新しい試みです。当市は3年間に8000人の新たな雇用を創出する具体的数値目標を決め、年に3回フォローアップします。プロジェクトごとに進捗状況を説明し、各界の有識者のご指摘を頂きながら前に進める。つまり株主総会を年3回、メディアにも公開して公の場で開くかたちで、これは北九州市50年の歴史の中で初めてと思います。今年4月からスタートしました。「決して絵に描いた餅にしてはならない。相当にまなじりを決して、頑張ろう」と話しています。

〈国も地方も縦割り組織の壁が心配されるなか、新成長戦略推進本部や同推進室を作りました〉

縦割りの弊害をなくすため、本部を立ち上げ、市長をトップに、副市長、局長を中心に各局横断的に整備。地場企業からの問合せなり、支援要請があったときは、全庁的に受け止めるように確認、春からスタートしています。

〈いわば「北九州方式」で、地元経済を活性化し、福祉や教育・文化の原資を増やすわけですね。20世紀は地域産業政策も東京・霞が関主導でした。21世紀は、国・地方の厳しい財政制約でこれまで以上に地域独自の産業政策に取組む段階にきています〉

責任が重くなります（笑）。国も地方も台所が火の車なのは共通の悩みですが、国の台所の方が大きく、まだ思い切った手を打つ余地があります。地方の場合、自前の税収も国からの地方交付税も共に伸び悩みです。日本全体で人口が減り始め、高齢化が進むと福祉関係の予算が増え、当市も最近の平均で医療介護費が毎年30億円ぐらいずつ伸びています。税収が伸び悩んでも、高齢化に伴う医療・介護は削れません。最優先です。一部の自治体で豊かなところもあ

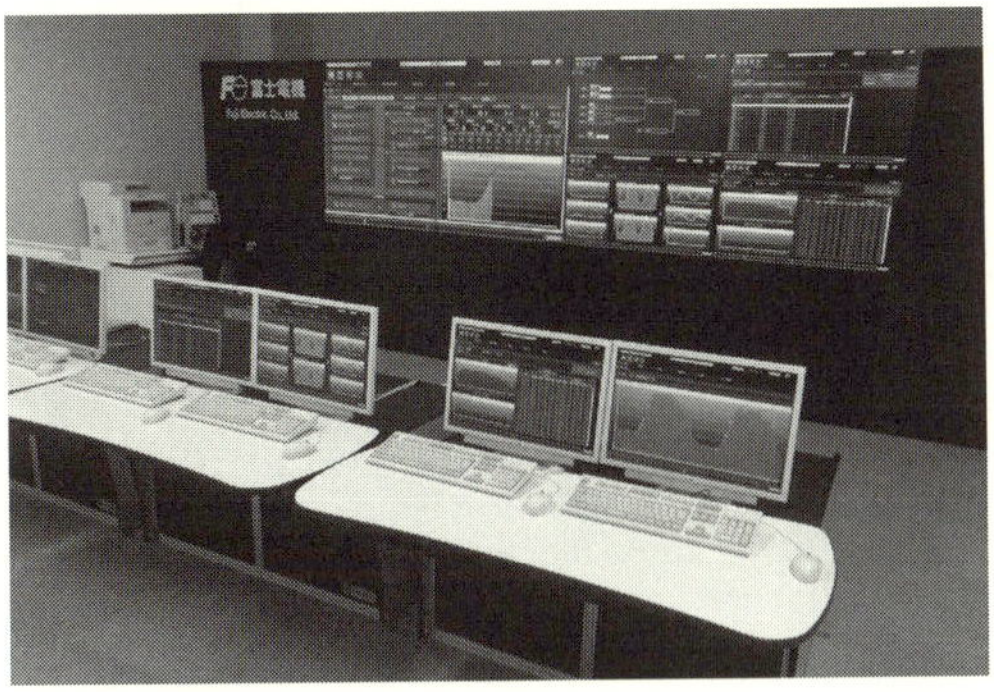

東田スマートコミュニティの節電所

るかもしれませんが、「待ったなし」です。その中で、北九州市は、若者の雇用機会が地元に少なく、市外に出て行かざるをえない例が多いのです。若い人の力は、社会、文化、街の活力全体に響く問題です。財政の厳しさと、若者が望めば地元で働くチャンスを作る、これも待ったなしの状況です。同時に我々自身、いかにして財政を見直し、若者を含め元気で働ける場をどう作っていくか。できることはドンドンやって活路を開いていこうと考えています。

〈冒頭、北九州市はこれまで色んな困難、試練に直面、ピンチをチャンスに替えてきたと言われた。確かに市民も企業も打たれ強く、独特の強さを持っていますね〉

　官営八幡製鐵所創業の1901年以前と以降では人口が劇的に変わりました。森鷗外が小倉に着任した時、製鐵所はまだ建設中でした。「鉄は国家なり」という言葉には、社会貢献、つまり企業は収益を上げるのはもちろん、企業は地域とともに繁栄しなければならないという強い意識があります。起業祭は学校も休みで、家族揃って思い切り楽しむ。アーチストも超一流を呼び、最高の文化享受を配慮しました。TOTOの国際音楽祭支援など経済界は何らかの形で地域の文化、スポーツの発展に貢献していただいています。不況でなかったときはいつか、と言うぐらい日本の近代化は本当に苦労の連続でした。時代を乗り越えるため、労使をあげて懸命に頑張り、ピンチをチャンスに替え、成果をあげてきました。この逞しさが北九州の企業気質の特徴の第一です。

〈最近の貿易収支の赤字基調などをみていると、モノづくりの再建は、今後の日本経済の最重要テーマの一つです。米国でも製造業を国内に回帰させる政策で、北九州市の産業力の開化が今後日本経済に果たす役割は大きくなると思われます〉

　資源エネルギーの乏しい日本が、省エネで新しいエネルギーを創出しながら、エコのプロセスを充実させ、最高の素晴らしい工業製品を作り続けることは、世界経済の発展にとり不可欠だと思います。地球全体を考えると、欧米中心に発展した18〜20世紀から、21世紀はインド、中国、東南アジアなどアジアの経済の時代です。資源エネルギーを多く消費すれば、環境問題も深刻になります。地球の今後を考える際、アジア諸国が省資源、環境問題にどう対応するかは、極めて重要です。そのお手伝いを北九州市は出来るし、日本の各都市が協力・貢献することで、ビジネスチャンスも生まれてきます。北九州市の地場企業は低炭素化や環境関連の製造技術・工程をたくさん持っています。安川電機、ＴＯＴＯはアジアの都市で、省資源型のインバーターや節水型の衛生陶器を生産していますが、ビジネスチャンスにも繋がります。これらの北九州の省エネ型の製品は、アジア全体の環境意識を変えていきます。

内外の視察者が益々増え、みなさん「参考になった」と帰られます。「どうか北九州市の歴史から学んで下さい」というときに、必ず申し上げるのは「どうして公害問題を解決できたか？　それは産学官民のチームワークがあったから」という一言です。市民のチームワークこそが、家庭ごみの分別も含め、資源循環型、低炭素型社会への移行の礎になっています。

「鉄は国家なり」と双璧の地域貢献は、安川電機です。私財を投じて、日本で最初の私立の工業系専門学校として明治専門学校（現九州工大）を開校、元東大総長の山川健次郎氏を総裁に招きました。出光美術館も素晴らしい。良き伝統です。

〈サービス化といえば、第一交通産業やナフコなど流通・サービス産業やゼンリン等情報産業のバイタリティも凄い。北九州市に拠点を置きながら全国に攻めのぼる。モノづくりと合わせ、伸ばしていくべきですね〉

北九州は官営製鐵所建設以来、日本の超一流の文化を多くの市民が享受してきました。目も耳も舌も肥えた北九州市の消費者は、商売するうえで手強く、ここで認められたらどこでもやれると言うぐらい厳しい。その消費者の信認を得た企業は強くなります。

〈中堅、中小企業でも、高度なニッチの技術を持ち、日本一、世界一の企業も多く、層も厚いですね。最近では日本磁力選鉱が、レアメタルのリサイクルのためインドから廃プリント基板類を輸入しました〉

有害廃棄物の輸出入は、バーゼル条約で制約されていますが、環境上、適正に処理できない廃プリント基板類について、同社が世界で初めてインドからの輸入を開始しました。地場中堅企業がこれまで日本の大商社ができなかったことをやってのけ、都市鉱山への道が開けました。

〈ところで、北橋市長は、大学在学中に社会思想研究会で政治家を志し、86年2月元新日鐵八幡労組組合長の宮田早苗民社党議員の後継指名を受け、北九州市で当選された。88年新日鐵戸畑4号炉の休止で、高炉が1基になる直前ですね〉

東大闘争が一段落した時代に大学に入りました。北欧の福祉国家はどうして成果をあげているのか、英独仏の2大政党制はどう推移しているのか。欧州型の福祉国家が日本の社会に一番良いのではないかと思い、政治の世界に入りました。最初の選挙は、円高急伸のプラザ合意の翌年で、鉄冷えのはじまる頃で、知人から贈られたリポート「ピッツバーグに学ぼう」を読みながら闘いました。当選した年の夏は、末吉さん（興一前市長）の選挙でした。末吉さんは「北九州ルネッサンス」を唱え、良いネーミングと感じました。当時は鉄冷えからいかに元気を取り戻すか、「活性化」の3文字が全ての原点でした。雇用は厳しい、地場中小企業も先がみえない、どんどん時代が傾いていく。それをどう打開して、再出発の礎を築くかを皆が考えた時期です。私も国会議員1年生の立場から一生懸命、新空港、響灘港湾、エコタウンなどのお手伝いをしました。

〈1999年には、米国の鉄鋼アンチダンピング提訴に対処するため渡米、米国の鉄鋼業のリストラ地域出身の関連議員とも懇談を重ねました〉

当時私達は「虎の尾を踏んでしまった」と表現しました。米国の鉄鋼業界は環境規制が厳しくなり、石炭——コークスの高炉法生産がコスト高にあえいでいました。一方、高品質の日本の粗鋼は、輸送費を入れてもなお割安で、対米輸出が3～4倍に激増。米鉄鋼業界が怒りの大運動をはじめ、アンチダンピング提訴しました。2回渡航して国会議員達に会いましたが、米国の巨大さといったん決めた場合の対日政策の厳しさを実感しました。どんなに説明しても「鉄は国家なり」で、「基幹産業がこんなに苦しいときに何が環境問題か、メイド・イン・ジャパンの鉄製品の土砂降り輸出のためだ、これは不正だ（笑）」と。日米交渉の難しさを痛感しました。

〈2007年末吉前市長の後を受け、市長に就任しました。市政運営の哲学は？〉

学生時代から欧州の社会民主主義を理想としていたので、イデオロギー、党派性を持って活動していた時期も20年あります。しかし市長就任後は、むしろ逆に「市民にとって本当に良いことなのか？　行政とは？　様々な考え方の集まる市民の皆さんに奉仕をする仕事で、全員が満足しないまでも、世論を大事にして着実に成果を上げるのが職責だ」と感じ、北九州市民党とすることにしました。限られた財源のなかで、また目の前の課題を解決しながら、いかにして市民が最も望んでいることに政策の「選択と集中」をするか。いわば、行政の「職人」に生まれ変わろうと取組んできました。

〈企業経営者も最近、顧客志向――消費者（市場）が何を求めているのかを考え、世のため、人のためを貫くタイプが増えています〉

それと都市間競争がどんどん激しくなってきました。国内はもとより、外国の都市も1～2時間で行けます。それだけにどんなに良いものでも、宣伝が大切です。市役所も同じです。北九州市民の歴史、市民社会で最も誇りとすべき素晴らしいものは何か。文学、芸術、色々とありますが、今の世界中の世論を考えると、エコで最高の成果をあげてきたことです。この一点だけでも世界にチャレンジして、アピールできます。日本国内はもとより、ＯＥＣＤをはじめとする国際機関など海外においても、あらゆるチャンスを通じて訴えるのはエコ（環境問題）への取組みだと思います。

〈かつてはアジアで日本が先頭に立っていたのに、最近は、韓国、中国、アセアンなどが力をつけ、追い抜かれる形になっています。その中にあって北九州の存在感を発揮するには、エコの分野ということですか〉

エコと言っても、公害克服と資源循環も大切ですが、今は「どうしたら省エネ、低炭素になるか」で、ぐっと広がっています。売れる商品はエコに優しい商品でほとんどの分野に関わりを持っています。エコによって製造業、社会全体を磨きあげ、バージョンアップするという意味でとらえています。

〈狭義の環境産業だけでなく、全産業が環境化する「産業の環境化」ですね〉

そうです。市政で大事なことは一つは市民、世論の重視、もう一つは、都市ブランドが私達の産業、生活に大変大きな意味を持ってきている点で、アジアとエコを中心に考えています。

〈末吉さんがルネッサンス構想に取組みはじめられたころ、地元選出の国会議員として協力し、あとを引き継がれた市長として、構想をどう評価されていますか〉

〔――北橋さんは、2013年2月の50周年記念式典で「旧五市が一体となるべく懸命に汗をかいた吉田法晴市長の時代。灰色のまちから緑のまちへ環境先進都市への礎を築かれた、谷伍平市長の時代。不況に立ち向かいルネッサンスの合言葉のもとに市民を鼓舞し活性化に取り組まれた末吉興一市長の時代。私達は今、先人たちの業績、まちの歴史・文化などを、次の世代にしっかりと継承し、そして未来に向けて、さらに発展させていく責務があります」とあいさつ〕

カンボジア都市水道開発に関する覚書調印式

個々の具体的なプロジェクトについては、色んな意見もあると思いますが、基本的方向性と大きなプロジェクトについては、国会議員は超党派で応援し、私もその一人です。空港と東九州縦貫道もつながり、航空貨物の可能性も広がりました。学研都市も有名な研究開発拠点の人達が視察にきています。個々の箱ものについては、成果を収めているものは、それをさらに大きくし、課題を抱かえているものはうまくクリアし、本来のビジョンに沿うように良いものに変える。これが市長の仕事だと思っています。

〈信条と趣味を〉

座右の銘は、以前は「一日生涯」でしたが、最近は「待てば海路の日和あり」です。世の中、なかなかうまくいかないことが多いが、とにかくベストをつくす。この年になってジーンとくるものがあります（笑）。それと「男子三日会わざれば刮目して見よ」。人間の成長を大事にするモノで、男女共同参画の関係で最近は「人は」と使うこともあります。皆日々進歩していくものだ。一生懸命やればやるほど目の前の壁が高くみえ、苦しい気持ちになりますが、そういう時だからこそ、必ずうまく行くものと前向きの気持ちになる。どんなことでも時間がかかります。簡単に出来ることなら、皆やっています（笑）。趣味は邪馬台国探しへのこだわり。畿内説を見るたびに、いつかは邪馬台国九州説でデビューをと思いますが、果たせません（笑）。

北橋健治（きたはし・けんじ）
1986年衆議院議員初当選（宮田後継）、87年ピッツバーグ視察、94年大蔵政務次官、96年運輸委員会筆頭理事、98年衆議院環境委員長、99年大蔵委員会筆頭理事、2005年地方制度調査会委員、06年行政改革特別委員会筆頭理事、07年2月北九州市長、11年2月北九州市長（2期目）。

北九州市のアジア諸都市の環境改善への貢献
（北橋市長の国連工業開発機関講演から）

中国では、1993年から大連市の環境改善に取り組み、環境モニタリングや工場のクリナープロダクションなどに協力、劇的な環境改善を達成した。これにより大連市は2001年に国連環境計画から「グローバル500」を受賞。07年からは青島市、天津市、大連市で、循環型都市に向けた取り組み（エコタウン事業）への協力を行った。08年来日中の胡錦濤国家主席と福田首相の同席で、天津市とエコタウン協力にかかる覚書を交換。習近平・現中国国家主席も09年12月に北九州市を訪問した。インドネシア・スラバヤ市では、04年から北九州市内の企業が開発した生ごみ堆肥化技術の移転に取り組み、2万世帯以上に普及、廃棄物30％の減量に成功。12年11月、両市は〝環境姉妹都市提携に関する覚書〟を締結した。カンボジア国・プノンペン市では、99年から水道事業に協力。世界の水道事業関係者から「プノンペンの奇跡」と評されている。ベトナムのハイフォン市とは09年に交流・協力協定を結び、北九州市が採用している「配水ブロック」の導入を決定し、協定を締結した。

「北九州スマートコミュニティ創造事業」

八幡東区東田地区が2010年4月、経済産業省の「次世代エネルギー・社会システム実証地域」に全国4ヶ所の一つとして選定された。スマートグリッドの構築を核に、次世代交通システムや高齢社会への対応など、豊かな市民生活を実現する地域ぐるみの節電実験。①太陽光発電、副生水素を使った燃料電池、風力発電など、新エネルギー等の導入②IT等を駆使した様々な建築物への省エネシステムの導入③地域節電所や、先端エネルギー制御等を駆使した、地区全体のエネルギーマネジメントシステムの構築などに取り組み、成果をあげている。

◆地方（日本）再生――北九州からの挑戦――長期不況との闘い

「鉄冷え」から世界環境首都へ

【北九州市長（当時）】　末吉興一さん（2003／06）

40周年北九州市、さらなる活性化へ　市をあげて「環境世界一」を目指す
人材育て「モノづくりのまち」高度化

◉信条

「フォー・ザ・ピープル」、「困難こそ人と組織を活性化する」

――日本経済は今、深刻なデフレの中で、グローバル化、情報化・知識経済化、循環型社会への転換、少子高齢化、地方分権化など諸潮流への対応を迫られ、大きな転換期にある。その中で市制施行40周年を迎えた北九州市も、転換、再生への地域努力がまさに正念場を迎えている。北九州経済の更なる活性化と「ルネッサンス構想」の総仕上げにどう取り組んでいくのか。末吉興一市長（当時）に聞いた。

〈まず、ハードからソフトへの転換で、今後100億円以上のプロジェクトは原則中止、ソフトに注力ということですが、その真意から伺います〉

末吉　ルネッサンス構想に基づき、3次にわたって5ヶ年計画を実施してきましたが、そのつどソフト施策が増えています。長期構想のなかで、大きな予算が必要な施設は8割方出来ました。

かつては空港も港湾も大学も開設しさえすれば需要がありましたが、今は港湾の積荷は営業努力をしなければ集まらない。大学も少子化時代で、特徴を出さなければ学生が来ない。「ソフト」が重要視さ

東アジア経済交流推進機構会議
（前列左から5人目が末吉さん）

れる時代です。今後は、投資するよりも、出来上がった施設をいかに上手に使うか。上を見ればキリがありませんが、都市基盤としては一定のあらゆる物が揃いつつあります。「安近短」的な風潮も反映し、とにかく、知恵を出してやっていこうということです。

〈活性化の総仕上げに取り組む際、大づかみの方向性はいかがですか？〉

時代の風をどう読むか。私自身の読みは、とにかくアジアの中の北部九州。今1つは、今後、環境の時代に入りますから、「環境」を大きな施策の柱に据える。それと少子高齢化。福祉社会の地域における充実は、誰が市政を担当しても必要ですが、とりわけ個々の部分は重要です。それと「モノづくり技術を中心としたまち」、これを否定すると北九州の存在意義がなくなります。福祉と少子化対策は全国共通ですが、他の3つは、こだわっていかねばなりません。ところで、今回、選挙戦で、みなさんの意見の中に、「15年先のわが北九州」といった意見がほとんど聞かれない。とりわけ若い人が将来を語ってくれない。これは正直、憂うべきことです。皆さんから、もっと将来に向けた声が聞きたかったですね。

〈その中で、この4年間、特に直近の重点をどこに置きますか〉

雇用と教育と福祉、とりわけ雇用です。今回、具体的な数値目標を掲げてお約束したのが5つあります。1万人の雇用創出、100億円を超える新規事業は原則見合わせ、授業は40人学級に捉われず、高卒未就職者の100人を市で臨時雇用する、女性委員の登用は当面、40％を目指す——の5点です。特に、今後4年間で1万人の雇用は、過去15年間の雇用創出が2万人であったことを考えると重いが、是非、達成したい。1つは新しく事業展開をするもの、たとえば空港の開港関連で2千人前後、港湾も構造改革特区の導入で数千人から1万人、都市再生関連事業もリバーウォーク北九州だけで2千人程度の新規雇用があり、伊勢丹進出もあります。情報関連では、東田地区のメディアパークを中心にコールセンターなどで2～3千人。もう1つ、地味ですが、数が多いのが福祉関係。在宅介護や特別養護老人ホーム関係などで2千人程度増えます。

北九州の場合、雇用が一番大切です。数を決めればみんなでそれに向かって努力します。雇用の創出には企業集積が大切ですが、そこは今回の構造改革特区第1号認定が大きく役立ちます。

一方、環境は「世界一」を目指すので、仕掛けが大きくなります。「環境」は非常に範囲が広い。自然の保全、リサイクル、公害対策技術から市民の生活様式まであり、これらトータルで世界一を目指すとなると、みんなで1、2年かけて検討する必要があります。北九州が他市より優れている点は、1つは公害克服技術を世界に援助する国際協力、これはズバ抜けています。今1つは公害克服の歴史を持ち、リサイクル・環境産業を軌道に乗せ、それに向けた教育施設があることです。さらに民間のNGO、NPOが非常に協力的に活動しています。北九州国際技術協力協会、もったいない総研等々。そういう優れた活動をしている人たちと輪を広げて行きたい。アジアでは相当の評価を得ていますが、今後は独仏などEU諸国や米国などの環境の人たちとのお付き合いが重要になります。市の組織も、「環境」を頭において、組み替える必要があります。まず環境とは何かの議論をした上で市政に取り込んでいく。

〈循環型社会とはこんなものですよ、とまちぐるみで具体化するわけですね〉

各省が打ち出す環境対策について、北九州で全部あげて取り組む。地球環境サミット誘致も、結構、注目度が上がってきています。野球でいえば、空振りでもバットを大きめに振っていると、相手にはだんだん強打者に見えてくる（笑）。

〈雇用創出といえば、産業の活性化が土台になります。今ある産業の高度化と新しい血の導入。21世紀の産業構造のあり方についてはいかがですか？〉

在来型の重厚長大産業の技術、つまり北九州が一番得意としてきたものは維持し、引き継いでいく仕組みづくりが必要です。一昨年から表彰制度を作ったマイスター制度もその1つです。手で触るだけで1ミクロンの差を見分ける人、見ただけで鉄の温度が分かる人など「巨匠」が健在で、今なら技術も残っている。その人たちが今、小中学校の完全学校週5日制で引っ張りだこです。それと、10～20年先のわが街の新しい産業の頭脳を支える人材です。学術研究都市を作るとき、何の技術で支えるかと考えました。環境と情報で、その中にナノテクノロジーも含め、研究者、頭脳を集めることから始めました。企業は従来なら土地、水の安いところへ立地しましたが、これからは環境にせよ、LSIなど情報関連にせよ、人材のいるところに企業が来る。人材供給力が問われる競争の時代です。10年、15年先のわがまちに必要な人材の育成に取り組んでいます。短期的な人材確保はUターンの人材に期待しています。苦労のもう1つは、商品、技術のライフサイクルが非常に短くなったこと。従来は、電気なら電気科に行けば、就職して勤め終えるまで、一生「電気」だけで良かったけれど、今は技術の進歩が激しく速く、人材育成も多少リスキーになります。かといって、絞り込まずにどこにも共通するものとなると特色がなくなる。また大学、研究者が国際的にネットワークを組む時代。どこの大学と組むかというとき、こちらに実力がないと組んでもらえない。最新鋭のアンテナを張っておかねばなりません（笑）。

〈確かに、非常にテンポの早い時代です。ところで、大空港がない、港が古い、頭脳部門がないなど、これまでの北九州の弱点を強みに変えるため「四大プロジェクト」に取り組み、それぞれ近々稼動段階を迎えます。これにより、21世紀の北九州の骨格が整いますが、問題は一流の施設が出来て、これをいかに生かすかです。よそが今から作りたくても、なかなか出来ないものばかりですが、稼働率が上がらないと「仏作って……」となります〉

「魂の入れ方」ね。今、アジアで栄えている都市の共通点は、港も大きい、大空港もある、人口も多いところです。アジアで都市間競争が起これば、福岡と北九州が連帯して立ち向かわなくてはなりません。両市合わせても、上海などに比べれば大したことはない。空港、港湾で外国と競争していこう、というとき、滑走路は2500メートル1本だけ。港湾は、当面、水深15メートル岸壁がようやく2つと、アジアでは小ぶりです。そのうえ「レイトカマー」（後発組）。都市間競争をサッカーにたとえれば、30チーム中、29番目か30番目にエントリーされた都市です（笑）。締め切りにようやく間に合った。一番小柄な選手がわが街です。となると、最初からシャカリキにやらなきゃいかん（笑）。〝社運〟をかけて、空港は一生懸命客を呼ぶ、港は船と荷物を集める。それしかない。悠々としている暇はなく、全力をあげるしかない。港を作れば船が来てくれるじゃなく、集めねばならない。やみくもに髪振り乱して働かなければいけません。

〈具体的に言いますと？〉

港湾は集荷対策のためにも、コストの安い港にしてもらわなければなりません。外国企業は「安ければ行く」「24時間体制になれば行く」といいます。「私とあなたは知っているから（行く）」ではない。すべて「コスト（経費）」です。日本の場合、港湾も空港も国内だけでやっている間は、みんな幸せだった。米価も鋼材価格もすべて横並びでよかった。それが国際化した途端に、みんな駄目になった。国際競争に生き残るために、みんな苦労している。「小ぶりで遅れてきたけど、あそこだけは一生懸命サービスしてくれる」という信用が大切です。信用を得るカギは何か。モノをつくる技術と環境協力の技術です。これは北九州の国際的な戦略物資です。あそこに行くと環境まで面倒みてくれると。環境や安全処理の都市戦略で「小ぶり」を補っていく必要がある。東南アジアや環黄海圏の似た都市と一生懸命付き合ってきたのはそのためです。

市長室の入口には「夜明け前が一番暗い」などと書いた張り紙が何枚も、壁にはプロジェクト入り大地図が張り付けてある

〈ネットワークとして生きてきますか？〉

それを活かそうと思って、港湾、空港のないアジア諸国の都市とは付き合っていません（笑）。長期不況からの回復が先へ先へと延び苦労しています。空港も路線をたくさん集めなければいけません。国内線は東京便など幹線、アジアとは定期便を持つようにしたい。２５００メートルだから、米国は無理で、アジアが中心となります。そのとき「お宅に行くけど、何か協力できるか」となる。だから、市民のみなさんも極力、そのまちに出掛けて行ってもらいたいですね。

〈とにかく、人が来る、企業が来る、荷物が来るという街づくりですね〉

物流の中心にすること。北九州がかつて栄えたのは、本州と九州の連絡口だったからです。船舶の時代の門司港が典型です。それが、航空機、新幹線、高速

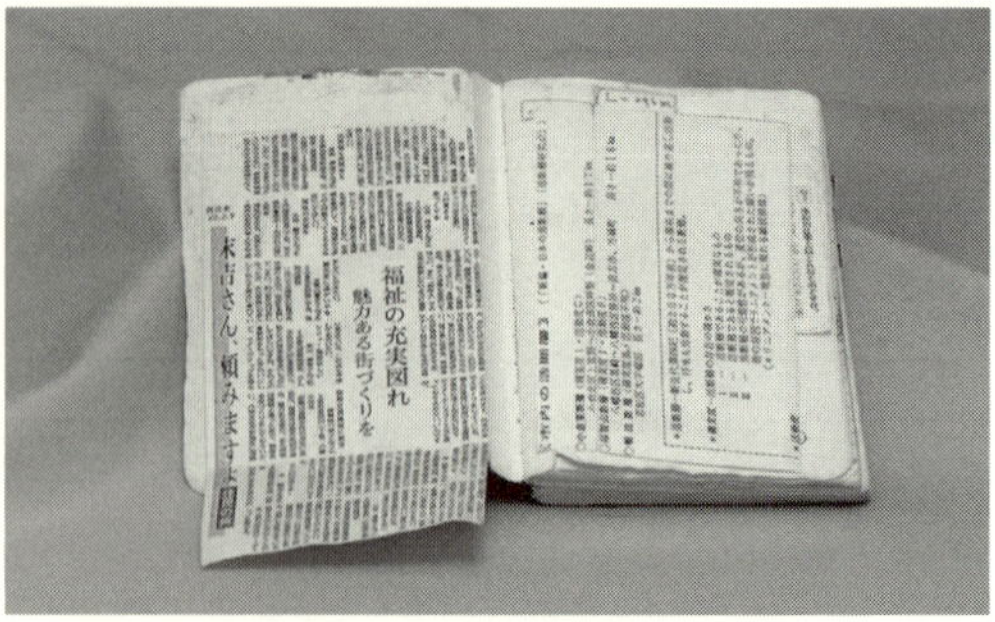

20年間、手帳に張り付け、折に触れては読み直した
市長初当選翌日の西日本新聞記事
「末吉さん、頼みますよ」

道路時代となり、拠点がよそに移っていった。これを挽回するには拠点性の回復が必要です。外国で「どうしてこんな空港がハブ（基軸）に」というケースに出合い、聞いてみると、必ず誘致に走り回った市長など政治家がいる。これは市長だけでなく、関係者や経済人も全市あげて取り組む必要があります。

〈住み良い魅力的街づくりで福祉、教育、文化のさらなる充実も課題ですね〉

高齢者を地域で支える仕組みは、「市民福祉センター」を中心に、他と比較しても自慢できるものが出来たと思います。次は青少年、とりわけ子どもの教育や育児を地域で支える仕組みづくりです。特に高齢の方に子どもの教育に力を貸して頂きたい。子どもは、残念ですが、学力も体力も年々落ちています。引退しても元気な高齢者に、月に1回でも、サッカー、野球、ピンポンやお花、お茶の礼儀作法など得意分野を教えていただけないか。これは高齢者の生きがい対策にもなります。

もう1つは、北九州は勉強もスポーツも中学校までは相当高いレベルにある。サッカーでは、北九州出身のJリーガーが元も含めて21人います。だが、高校になるとみんな他都市にスカウトされて出て行く。公立の中高一貫校などで何とかできないか。地方の構造改革特区で教育もやれる時代ですから、関係者が関心をもって取組んで欲しいですね。

〈リバーウォーク北九州や海峡ドラマシップの開業で「文化創造」的色彩も出てきました。ソフト化の中の新産業創造には観光・文化も重要です〉

この100年、各地から人が入ってきて北九州をつくりあげた。人種のるつぼといわれるアメリカ合衆国同様、発展するときはみなそうです。北九州もあらゆる人が来て、独自文化が出来た。自慢しない市民性をこの際なくし、ふるさと自慢すべきです。リバーウォークの芸術劇場も、「北九州を演劇のまちに」というグループが、ここ数年精力的に活動し、多少全国にも名の響く芸術監督や脚本家が現れるようになりました。そうした人材養成も兼ね、ソフトの面から先行してつくったのが、この北九州芸術劇場です。市民が計画から構造まで何回も協議して、ひとつひとつやってきた。「出来たら早くあそこで演じたい」という熱気があります。完成後の使われ方を考えながらつくる。これは公共施設整備の原点です。観光客は1千万人構想で取組んで、現在、1千万人強で頭打ちです。今度は2千万人を目指す計画ですが、そのためには一皮むけなければなりません。

〈国の深刻な財政難で地方分権時代は、地方の自立と地域間競争・連携の時代といわれます〉

地方が自立し、自分の頭で考える時代です。かつて「ふるさと創生」事業で各市町村に1億円配り、自由に使わせた。あの数倍スケールが大きいのが今回の構造改革特区です。地方で考えた構想を内閣府にあげなさい、バックアップしますと。地方は自分で考えるしかない。税の減免もなく予算も付けず、規制緩和だけという制度です。公共団体が自分に必要なことを自分の頭で考え、自分で訴え、競争していく。これこそ地方分権です。

〈最後に、激動の時代の市政運営の哲学と、時間外の過ごし方を〉

哲学は「フォー・ザ・ピープル」。私利私欲なく公に仕えること。自分の目が曇ったら判断が鈍る。それと健康でないと判断が消極的になります。帰宅後は、机に向かっている時間が圧倒的に多い。ストレスは感じません。心配事も1つ2つだとストレスですが、10も20もあるとストレスになりようがありません（笑）。

末吉さんの口癖1

『人間末吉興一語録』（工房自由空間）より

◎困難を避けるな。困難こそ人と組織を活性化する。
◎今は街の歴史的変革期。君達はいいときに入ってきた。
◎チャンスを生むには、人のやらないことをやる。
◎鳥の目でみて蟻の足で行動せよ。
◎1人がそれぞれ1割多く意欲を持って働けば、
千人以上の仕事ができる。
◎他人がいやがる仕事に進んで取組む人を評価する。
◎迷ったらGO。

◆地方（日本）再生――北九州からの挑戦――試練を超えて

ルネッサンス構想の総括

【前北九州市長（国際東アジア研究センター理事長）】 末吉興一さん（2013／06）

〈21世紀初頭の10年で、ルネッサンス構想の柱、新空港、大水深港湾、学研都市などが出揃いました。現時点でルネッサンス構想をどう総括しますか〉

末吉　北九州再生のため17年計画で取組んできました。構想の功罪は、後世の歴史家にゆだねるとして、今感じるのは、1つは五市対等合併から都心、副都心の2極構想をとったのがよかったのか、小倉1つに絞り集中投資すべきだったのではないか。

もう1つは日本全体がそうですが、スピードの遅さです。2500メートル滑走路の新北九州空港は完成に構想から35年かかりました。一方、韓国仁川空港は、4千メートル級2本を11年で完成させた。北九州国際空港や、アジアのハブ港湾構想はこのスピードの差で負けました。当時は九州がGDPで韓国を上回っていましたが、国を挙げての猛スピードで追い越され、この遅れは簡単には取り返せません。中国も上海市は、誰も想像しなかった遠浅の沖合30キロに洋上港湾を建設、取り付け道路を素早く完成させました。一方、北九州の空港取り付け道路は3キロに10年かかりました。上海並み30キロだと100年かかります（笑）。予算もさることながら日本全体が均衡ある発展を目指し、各地で少しづつ投資した結果ですが、これではとり返せません。

〈とはいえ、この10年間で空港、響灘コンテナターミナル、学研都市、都心形成のリバーウォーク、さらに地元本店地銀の開業と、これまで北九州の弱点とされてきたハード、ソフトのインフラが一通り完成、他都市と戦える基盤が出揃いました〉

たしかに嫁入り道具は一応そろいましたね（笑）。

〈ただ問題は、これらを活かして、どう産業力を再構築するかです〉

私が市長に就任した1987年は、鉄鋼不況で有効求人倍率は0・27倍とどん底でした。重厚長大産業地帯は、全国どこも特定不況地域で厳しかった。おまけにJR九州本社の福岡市移転です。まさに三重苦、四重苦の時代でした。

そんな中、私はモノづくりにこだわりました。当時は「重厚長大産業、サヨウナラ」の風潮で、評論家の竹村健一さんなどは「八幡製鐵を取っ払って飛行場にしたらどうか」（笑）とおっしゃっていた。

モノづくりにこだわり続けたことと2都心体制、後世、末吉市政批判があるとすれば、この二つでしょう。モノづくりは北九州のDNAといわれるが、これだけ情報化が進み、国際分業が進展するなか、未だにモノづくりにこだわるのは、北九州と東大阪市、東京・大田区ぐらいです。本当にそれでよかったのか、街づくりの基本として考えてよいと思います。

〈近年は米国も、国内産業空洞化対策として製造業の国内回帰に力を入れる時代です。貿易収支の赤字基調や、「日本が何で稼ぎ、雇用を創出するのか」を考えれば、モノづくりはやはり必要ではないかと〉

もちろん必要です。ただモノづくりだけに特化せず、モノづくりを基本に、新しいシステムや、仕組みづくりなどを付けて行く。モノさえ作らせておけばニコニコ（笑）では困る。「モノづくりの街にする」といったことが、これだけにこだわると思われていないか。やや反省の弁をこめてですが。

モノを基本に産業の幅を広げるとなると、そのための人材育成が必要ですが、これが薄い。学研都市は、形が出来たし地方としては画期的なモノづくりプラス人材育成の産学連携の拠点ですが、「突出」が今一つありません。北九州が環境産業の創出などで成功したのは、製鐵など重工業関連を卒業したOBが市内に多数居住されていたためです。しかし、この供給力が減少しつつあります。八幡製鐵所の鉄づくりの人材は、最盛期には4万余人、私の市長時代でも1万3千人いましたが今3千人を切っています。一方、大学は作ったものの卒業生はまだ少ない。野球でいえば、2軍の層が薄い。このように地域の潜在力である人材の供給力が落ちてきているのに、みなが余り気付いていない。ここが問題です。

〈今後、どう産業振興すべきですか？〉

環境産業は、産学連携も含めて他市のやらないことをやっています。一つはこの財産をどう大きく発展させるかです。それには、企業自体がもっと国際的な視野で考える必要があります。カントリーリスクは常に、どこにでもあります。リスクのない地域はない。今後5～10年はリスクを踏まえつつ海外に出て行く。安い金利の資金も活用する。あとはどうビジョンを描き、知恵を出すかです。

〈昨年末、産業振興、雇用創出のための「新成長戦略」が答申され、新しい体制で動き出しました〉

問題はどう実行するかです。今、道州制論議が全国的に盛んな背景には、韓国の急成長があります。九州も産官一体で、意思決定を早くという思いは強い。現在急成長しているのは、大きな国ではなく、シンガポール、フィンランドなど小さくて意思決定の早い国です。ただ、北九州の五市合併も実現までに30年かかりました。明治以来の県がなくなる道州制は、私の存命中には無理でしょうが（笑）。

〈在任中、「産業と行政は、『癒着』はよくないが、『密着』は必要」と産学官連携を奨励してきました。今や地域独自の産業政策はさらに重要ですね？〉

今は行政の当事者ではないので、表現が評論家的になりますが、なんで情報技術の集積が薄いのか。物事は皆がそう思うようにならないと、なかなか動きません。当面の政策と将来構想のリンクは必要です。世界環境首都も公害都市の悔しさを転嫁させたものです。OECDもブランド力にはなっても、そのままでは直接ビジネスには結びつきません。海外水ビジネスも含め、競争相手は多くとにかくスピード感を持って相手の国にあったことをやる。たとえば「あなたの国の子供を水汲みから解放します」と訴えたらどうでしょう。

〈かつては、中国大連市、韓国仁川市などと環黄海大都市会議で「東アジアは仲良く、共存共栄でいこう」とテーブルを囲みました。しかし、最近は尖閣問題、従軍慰安婦問題などで日中、日韓が対立、しかも中韓は急速に経済力をつけてきました。国際東アジア研究センター理事長として、どうみられますか？〉

外交と防衛は、中央政府の仕事といいますが、環境問題と資源外交を柱とする地方外交も劣らず重要です。今は、どこの国の地方も姉妹都市関係を超え、経済交流でウイン・ウイン（互恵互善）の関係になることを望んでいます。政治的対立は長い目でみれば、知恵を出して、いずれ解決せざるをえない。ただ、商売につきもののカントリーリスクをどう避けるか、リスクを負わないような配慮はお互いに絶対に必要です。

〈これから日本はどうしていくべきでしょう〉

〔末吉さんは、外務省参与に加え、財務省参与にも就任している〕

１９８７年当時は、日本を先頭に、これを韓国、次いで中国、アセアンが追うという「雁行形態発展」でした。それが今は、追い抜かれた分野も多い。これは各国のスピードが、予想に反して早かったということです。対応はこちらもスピードを上げるか、持っている技術で、付加価値を高めるしかありません。

それはそれとして、これからはアジア諸国との経済発展は、雁行ではなく「対等の競争」です。中国から米国への留学生が実に多い。彼らが中国に戻って、30～40代で日本の社長と渡り合っています。相当にしたたかで、簡単には太刀打ちできません。進出して失敗した例も多く、行政はそれにも関心を持つべきです。例えば、成功・失敗例の特徴の共有、人材育成などの役割を果たすべきでしょう。互恵互善の関係を結べればやる、でなければやめる。ただ、双方ともカントリーリスクだけは自己責任で十分に吟味すべきです。

〈鉄冷えのどん底で市長に就任、鉄都ピッツバーグをモデルにルネッサンス構想を打ち出し、新空港、エコタウン、学研都市を作ってきました〉

ピッツバーグ市視察で参考になったのは、企業誘致など街の再興を経済界が主体でやった点です。カーネギーやメロンの社長さん方が「代理出席は許さず」と真剣に取組み企業を誘致しました。北九州もそれを手本に8億円を集めてKPECを作りました。北九州もピッツバーク市は行政は民主党系、経済界は共和党支持と別々でしたが、北九州の場合は、20年がかりで両者が同じ方向を向いて共同でやってきました。これは誇れます。

〈末吉さんは著書『鳥の目と蟻の足』で「経済発展か福祉か」でなくて、「経済発展も福祉も」とおっしゃっています〉

経済成長と福祉は、二者択一でなく、この両立は政治の根本ですよ。昔は住みよさ指数など客観的指数を数値化してはじいていました。最近は、住みやすい街か、活動しやすい街か、幸福度で計る傾向もあるようですが、限られた財源のなかでどういう優先順位をつけるかは人の知恵とサポートも重要です。

〈ところで、末吉さんの人生哲学は？〉

なんとみえますか（笑）？

〈一番印象深かったのは、戦後の混乱期、幼少期から結構苦労された。私も母子家庭で相当苦労しました。「苦労のなかで、忍耐力、自立心が養われた」というくだりは、私も「そうだ、そうだ」（笑）と共感しました。北九州も苦労の多い街ですが、忍耐力も強い地域と〉

大学では1週4つの家庭教師で忙しく、生涯の友をつくる時間がなかった。ただお蔭で「群れ」なかった。自分しか頼るものがいない。自分で切り拓くしかないなと。

〈もう一つは「現場主義」です。「現場の視点で中央省庁の縦糸と地方の横糸で政策を織りなす」。本社より外回りが勉強に、も同感です〉

国家意識もあり、公務員になったところいきなり、下筌《しもうけ》ダム（大分県）に行かされた。一村一品運動の原点・大山村（当時）の矢幡治美村長に出会い、自治体首長の生き方、したたかさも学べました。私は「命ぜられたところが天職」と思ってどこへ行っても、一生懸命やりましたが、政治家になる気持ちだけは全くありませんでした（笑）。

〈知覧の平和記念館に、ときどき行かれるとか〉

自分の生涯をかけて、何をするかと判断に迷ったとき行きました。特攻隊の若者の最期の言葉に共通するのは天皇陛下と母親と近所の人への感謝でした。そして一番衝撃的なのは遺書の「あとに続くを信ず」でした。私がそれに続いているか、という思いは常にありました。

〈21世紀に入り、雁の群れも崩れ、結局は企業も地域も個人も自立心とスピード感をもってやるしかないと？〉

国際都市間競争だから、必ず勝つとは限りません。負けることもあるという前提で行く。挑まないと何も生まれません。それとまずはスピード、それとコンセプトさえ合えば、後は人材育成です。視点はアジアですよ（笑）。

末吉興一（すえよし・こういち）
1958年東大法学部卒、建設省入省、78年自治省地域政策課長、80年建設省不動産課長。以下、住宅総務課長、河川局次長を経て、85年国土庁土地局長。87年北九州市長。2007年外務省参与、08年内閣官房参与。09年国際東アジア研究センター理事長。13年財務省参与。

末吉さんの口癖2

◎議論の場にできるだけ異質の人を加えよ。
◎公務員は志を持て。
◎法令がない、予算がない、前例がないで思考を止めるな。三ない主義から脱却せよ。
◎国の縦糸と地方の横糸で政策を織りなす。
◎忙しい人間にこそどんどんテーマや課題を与える。ヒマな奴にさせたら、いいアイデアは出てこない。
◎市役所の職員は学者でもなければ、評論家でもない現実問題に対応する仕事集団。庭師である。
◎悪い情報は早くあげよ。

◆（日本）再生――北九州からの挑戦――試練を超えて

次の50年へ、新成長への戦略

「メイド・イン・北九州、メイド・バイ・北九州」、モーレッツの復活を

【北九州商工会議所会頭】　利島康司さん（2013／07）

◉信条

「改善と夢の塊」、「問題点の見える化」、「即断速行」

――北九州旧五市の商工会議所の大同合併で1963年発足した北九州商工会議所は、2013年9月創立50周年を迎えた。アベノミクスの成否が注目されるなか、利島康司会頭に、過去半世紀を踏まえつつ、「次の50年」を展望した北九州経済浮揚への戦略を聞いた。利島さんは「『メイド・イン・北九州、メイド・バイ・北九州』の心意気で、世界が欲しがる新製品の開発を」と語った。

〈世界経済の激動、中国経済の減速下、デフレ脱却には、しっかりした成長戦略が必要との声もあります。「企業戦士の復活を、モーレッツ社員出でよ」と呼び掛けていますね？〉

〈――小倉の商家出身の利島さんは、事務系でありながら安川電機の主要工場長を歴任、50歳代で赤字のロボット事業を任され、独自の「ご用聞き営業」で顧客ニーズに合った新型ロボットの開発・大量納入で黒字化し、同社のロボット世界一への道を拓いた元祖モーレッツ社員である〉

利島　日本が再成長するには、国民全体が危機感を持ち、もう一度復活するという意気込みが必要です。明治維新、第二次大戦、さらには石油危機などの相次

ぐ危機を乗り越えてきたのは、この日本国民の強さ、勤勉さ、一致団結です。高度成長期の私達世代は、死ぬほど働きました。リーマン・ショックから立ち直るうえで、私自身若者を中心にまずは人を育てることが先決と反省しています。全国に先駆けて少子高齢化が進む北九州ですが、震災も少なく、ここで勤勉にモーレツに働けば、市民、企業のチーム力で新成長のチャンスありです。

〈21世紀に入って、海図のない航海のように、一寸先は闇、いつどうなるか分からない厳しさがあります。その中で日本が、難局に処していくためには、強さ、勤勉さが必要と？〉

要は、経済の激変をいかに早く受け止め対応するかです。昨日も会合で「潮目を読んで下さい」と訴えました。経済情勢が好転しても業績向上組はせいぜい7割で3割は悪い。7割に入るには、自分でしっかりアンテナを張る努力が必要です。このところGDPで中国に追い越され、その他に追い付かれていますが、これは国民の努力が足りないためと反省し、攻めの気持ちで努力すべきです。

〈北九州市も商工会議所も50周年を迎えた節目の年です。この半世紀の北九州経済を振り返りますと〉

鉄の街として技術を磨き、古くは筑豊の石炭を使い、良い港、良い鉄道、空港と産業基盤は整ってきました。しかし、日本全体の悩みである少子高齢化には打ち勝てません。基幹の鉄鋼業が残念ながら、一部関東に移り、それも日本全体の鉄鋼生産の苦境で中国に追い越され、韓国が伸びてきました。この間、半導体や自動車の進出に支えられ、よく踏ん張っていると思います。自動車の進出がなければ、北九州市は赤字団体になったかも知れません。企業でいえば、TOTO、安川電機など地元本社企業がほどほどに頑張っていますが、撤退していったところも一部あります。しかし次の産業がこの北九州でまだ育っていません。行政を中心に経済界が一致団結して次の産業を起こすべきときです。モノづくりの街として、イノベーションでここにしかできないものをつくる。そのためには、人財育成です。

モノづくりの街で新しい産業を起こす際、道は二つあります。モノを大量につくり、個々の利益は少ないが量でかせぐか、1個作れば10倍儲かる付加価値の高い良い製品を創るか、このどちらを狙うかです。

鉄鋼、セメントなど素材産業は、中核産業だから、まず地道に次世代の鉄鋼、セメントの開発に努めること。次いでTOTO、安川電機など地場産業は、主たる核業（コアビジネス）を基礎に伸びてきましたが、それぞれその次の世代製品を創れば、爆発的に10～20倍にならないまでも、骨太の基幹事業をしっかり守る。急に衰退することはありません。そのためには、地元工場が市外に退出・空洞化するのを防ぎ、再強化が必要です。安川電機も一部やむをえず、中国や米国に進出、現地生産し、TOTOも全国に生産拠点を展開、ベトナムや米国でも現地生産していますが、出来るだけ北九州でモノを作り、守る努力が必要です。マザープラント（母なる工場）、マザーラボラトリー（研究開発拠点）を北九州に置き、ここでしっかりと地に足をつけて、モノを作る。その上で、次の産業を育てることです。

新産業と言えば、新エネルギーや環境産業が注目されますが、私に言わせるとまだ波及効果のある産業になっていません。東田のスマートコミュニティも、まだ5～6千人のミニタウンの実験であり、産業とはいえません。エコハウスもモデルハウス段階です。エコハウスが市内に何十万軒と建ち、専用の家具をつくる企業が北九州に生まれてはじめて「産業」となります。アジア低炭素化センターも、アジアへの技術協力段階で、それで北九州が食えるレベルにはまだまだです。

〈そこで新たな雇用や所得循環が生まれてはじめて産業ですか？〉

その意味ではまだスタートしたばかりです。新たなサービス産業とか、6次産業といいますが、まずはハードのモノづくりが基本です。工場の建屋がもっと立ち並ぶ姿です。3人ぐらいの事務所で凄い発明ができても雇用力が少ない。北九州の場合、雇用増―人口増が大切です。どれだけ雇用を生み出しているか。少子高齢化で福祉関連の雇用はあるが、製造業の拡大がないとサービス業だけでは、雇用は限界があります。

〈北九州市が国の成長戦略の北九州版ともいうべき新成長戦略を策定しました。雇用創出を最優先課題に、付加価値の高いモノづくり、内需密着のサービス業、海外事業、新エネルギーの集積などを柱に、推進本部、推進室を作りました。年3回有識者の意見を聞き、全市一丸、産官学民一体で推進しようという構えです〉

数年前、長期計画（元気発信プラン）を策定した際、私は「流動人口を入れてでも、人口100万人を超える数値目標を」と提案したことがあります。「それだと万一人口が減った際、困る」と反対されました。中長期計画のフォローアップは、民間企業ではかなり進んでいます。地方が元気でないと内需の拡大は困難です。北九州から工場が出て行くのを予防しつつ、いかに有望な産業を創り、雇用を創出するかがカギです。たとえば環境産業の振興として若松区響灘に太陽光発電所を建設しても、パネルもインバーターも他所から買ってきたのでは、波及効果が限られます。一歩進めて太陽電池も風車も地元製になるように努めて、はじめて「産業」となります。

〈「メイド・イン・北九州、メイド・バイ・北九州」ですね〉

メイド・インは文字通り地元産ですが、メイド・バイは、メイド・バイ北九州ピープルです。つまり他所から買ってくるのではなく、できるだけここで地元の人の手で、北九州でしか作れないモノを作ろうと呼び掛けています。日産もトヨタも色々作るけれど、ここでしか出来ない車を作ってほしい。

いざ実現となると、難しい壁もあると思いますが、国内有数の工業都市として、環境産業もエネルギー産業も、この街で関連機器を部品から一貫生産し、雇用を創り出す気概は持ちたいですね。同時にTOTO、安川電機、新日鐵住金、シャボン玉石けんなどが中核事業を拡大し、新しい商品を創る必要があります。新日鐵住金でいえば、北九州でしか出来ない高級レールや電磁鋼板を創る。安川電機は世界にないロボットを作って円でしか売らない。日本鋳鍛鋼《ちゅうたんこう》の鍛造製品、タカギさんも頑張っています。

〈新たな血液の導入――企業誘致も必要ですね？〉

核業から飛び跳ねて、全く新しい技術――たとえば航空機産業を導入するのも、一つの方向です。たとえば、三菱重工業が名古屋市で国産小型ジェット旅客機（MRJ）を製作しています。幸い北九州は遊休地があり、鉄やロボット、自動車部品などの技術集積もあります。24時間利用可能な新空港があり、夜間テスト飛行も自由に出来ます。私も一緒に進出依頼に行きました。自動車産業も150万台体制の国内有数の拠点にまで成長しています。

〈同時に今後の人口・雇用増を考えれば、流通・サービス産業のさらなる振興も重要です。第一交通産業やナフコ、ウチヤマHD、ワールドインテック等非製造業も北九州を本拠に元気です〉

確かに、非製造業も活躍しています。これをどう伸ばすのか。ナフコさんも第一交通産業さんも他地区で上げた利益を北九州に還元しています。第一交通さんが次の新しい会社をつくるとか、第二ナフコさんが出現すれば、さらに活気づきます。

〈要は各産業分野で、次々に新しい起業の芽を育てて行くということですか?〉

それを支援するのが、行政であり、商工会議所であるべきです。サービス産業の振興には北九州の人口をもっと増やす必要があります。一人が3人前タクシーに乗るわけにいきません。あとは外部からの企業誘致です。TOTO、安川電機、新日鐵が核業で頑張れば、一つの外注工場では足りないから、もうひとつとなります。

B-1グランプリ
61万人でにぎわった会場

〈定住人口に限りがあれば、旅行客など交流人口の拡大も必要です。昨年のB-1グランプリは大成功でした。産業観光など発展の余地がありますね〉

少しずつ増えていますが、まだまだです。「北九州にいくと面白いぞ」、「綺麗だし、美味しいものも多いぞ」といわれるようになるには、イベントの継続も必要です。同時にホスピタリティ（心からのおもてなし）などで街をあげて取り組むべきです。

〈これから先50年をどう展望しますか〉

日本独特の開発力で勝負すれば、再成長できると思います。今、家電など量産品は、国内の人口減少と、日本の国力が上がるほど円高になる為替レートの仕組みで、中韓の後塵を拝しています。しかし、日本の国内で作って絶対に強い次世代のデジタル家電とか、当社（安川電機）のロボットなども含め、新しいものが必ず生まれてきます。ただこれまでのように、日本国内にじっといて研究所で作るのではなく、今後は世界中を駆けずり回り、マーケティングをして、「あの国のニーズは何か」を掴み、その上で日本で研究して生産する時代です。

それと、今後はこの技術を日本国内に囲い、そう簡単に海外に出ていってモノを作らない。また大事な人材は、多少不況だからと、また高齢だからといって手放さない。この失職した人材は中国や韓国に行って、新製品開発に協力します。今後は優秀な人材を大事にというのが、過去の日本の失敗を踏まえた教訓です。

〈かつて、日本には先進国に追い付き追い越せの「坂の上の雲」がありました。今の日本の坂の上の雲は何でしょう?〉

ＩＰＳ細胞のような医療用とか、非常に良い介護製品が開発されるべきです。

先にあげた国産小型ジェット旅客機（ＭＲＪ）や小型ロケットなど技術力を活かした製品も必要です。自動車もただ人を安全に運ぶだけではなく、乗車中にシートが振動して腰のリューマチがよくなる（笑）自動マッサージ機になるとか、空気清浄機がついていて乗っている間にバイ菌が浄化されるとか、付加価値のある車を創らないと、電気自動車はどこも作りつつあります。

〈安川電機は、初め炭鉱関連が主な顧客で、次いで鉄鋼関連、そして自動車用のロボットと核業を中心にしながら、時代のニーズに合わせ転換してきました〉

そう。やはり苦しみました。しかし食えなくなると知恵が生まれるものです。困ってから急には知恵が出ないから、あらかじめ周到に準備しておくべきです。当社の場合、当初の炭坑用の防爆モーターは、粉塵爆発の防止のため非常に重厚に作りました。この大型電機から、ロボット用ミナーシャモーターのような微細な電機へと発展したのが良かった。逆に小さなモーターから１千馬力への転換は厳しかったと思います。大きなモノを怖がらない社員が育ちました。

もう一つ、地方に本社を置いたからこそ、あまり世間を知らないまま恐れずに海外に出ていく人材が育ちました。当社は東京を知らないまま、中国に行っている社員が多い。田舎会社がいち早く国際化できた秘密です。私は人材育成の対話集会で、「まず安川電機を愛しなさい」、次いで「外に出て行くのを怖がらない人材になろう」と呼び掛けています。礼儀と節度をわきまえた上で、色んな人に会って勉強し、外に通じる人間になろうと。

〈ある意味、東京よりも、地方の企業の方がグローバル化に強い人材が育つといえますか?〉

当社の場合は、北九州本拠が幸いでした。東京志向の経営者がいて、東京に研究所をと奔走していたら、今の安川電機はなかったかもしれません（笑）。

〈地方にはそれだけの力、土壌があるとみますか？〉

優秀な人材がたくさんいます。安川電機は、知名度が薄いから、東京で今年卒業のトップ5千人を雇おうとしても、当社にくる人はいないでしょう。しかし、九州でトップ１００人となると、安川電機にもきます。人材を確保しやすいのです。

〈大型電機から小型電機への転換となると、北九州はもともと、重厚長大型で大型機械をやっていた企業が多く、三井ハイテックのような微細加工まで発展しました。北九州はもっと自信をもって良いと？〉

それだけの潜在力を持っていると思います。同時に各企業が地元北九州で色々とお世話になっており、さらなる地元貢献に努めるべきです。私は会頭就任後、各企業に「もっと運動部を元気にして、地元に貢献を」と呼び掛けています。井の中の蛙ではいけません。海外も経験した人材がここで育てば、次の50年の街づくりに貢献できます。

安川電機ロボット工場を視察する
習近平中国主席

〈グローバル人材をどう育てますか？〉

海外を経験するということは、まず自分が外国に行き向こうの会社、工場で働き、色々と経験することが第一です。しかし、新日鐵住金をはじめ北九州の企業には、世界からビジネス客がきます。そこで外国の人と話せば、世界を知ることになります。安川電機のロボットも世界中から買いにくるから、居ながらにして世界の自動車業界の動向がわかります。韓国サムソンやＬＧの社長になろうという大物が工場と製品を見にきます。世界一の話が聞けます。一番良いのは、外国にいくことですが、会社ぐるみ外国へとなると空洞化です。

要は北九州に居ても、世界から買いに来るような製品の開発です。最近は製造業の国内回帰の動きもあり、追い風です。

〈そういえば、故三井孝昭さんも「三井ハイテックは小嶺の田舎会社だが、米国の大手ＩＣメーカーのトッ

プがわざわざうちまでくる」と自慢されていました〉

ここで向こうから買いに来るぐらいの技術を磨き、人を育てて行けばまだまだ発展の余地があります。モノをつくり、北九州の市民所得（地域ＧＤＰ）を上げ、海外に打って出るにしても、本部機能はあくまでも北九州に置き、地元を大事にする。市域の人口が１００万人を切りましたが、４００～５００万人の大都市になると一体感は生まれにくく、丁度良い大きさです。モノづくりの街として、中核事業を進化させながら、新たに環境産業、進化した家電、航空産業などが生まれます。自動車産業はここが良い拠点になりますよ。

利島康司（としま・こうじ）
１９６４年慶応義塾大学法学部卒、安川電機製作所（現安川電機）入社。96年取締役ロボット事業部長。２０００年常務、02年専務、04年社長、07年北九州商工会議所副会頭。10年安川電機会長、10年11月北九州商工会議所会頭。前日本ロボット工業会会長。在北九州フィンランド名誉領事。

◆地方再生――北九州からの挑戦――試練を超えて

市発展の新シナリオを達成

【北九州市新成長戦略会議会長】　重渕雅敏さん（2013/02）

新シナリオ　5本柱の事業達成、産官学民連携で実現を

◉信条

「『理念、信念、執念』の3念で」、「人生も企業も悪いことばかり続かない、だれかが見ていて自然の摂理、自律作用が働く」

――北九州市新成長戦略会議（会長・重渕雅敏前北九州商工会議所会頭・TOTO最高顧問）が昨年末、2020年を展望した新成長戦略をまとめ、北橋健治市長に答申した。世界経済がEUの債務危機、中国経済の減速などで厳しさを増し、日本経済もデフレ、円高、新興国の追い上げ、産業空洞化懸念などで苦闘するなか、北九州は産業力の強化、雇用創出のために何をなすべきか。新しい産業雇用ビジョン策定の背景と実現への課題を重渕会長に聞いた。重渕さんは「今こそ北九州市新成長の『理念』に産官学民一体の『信念』と『執念』の『三念』で取り組み、アジアの中核・北九州を築こう」と熱っぽく語った。

〈内外経済の先行き不透明ななか、北九州市新成長戦略をまとめました〉

重渕　大震災など自然現象は予測困難ですが、経済など人間社会の問題は歴史の繰り返しです。文明の西方遷移説によると、19世紀は西欧、20世紀は米国、今世紀はアジア、ユーラシア大陸の時代でその後はいずれアフリカにも移るでしょう。新興国が台頭し、成熟国は人口も減る、その繰り返しです。企業経営も

地域経済も、50年単位だと予測困難でも、10年単位で今後どうなるか、何をすべきか、を考えることは可能で、ビジョンを描き、目標を決めたら実行に移し、石にかじりついても達成させるという気持ちで取り組めば、必ず道は開けるものです。

〈混乱期こそ明確なビジョンが求められます〉

企業経営の基礎は「理念、信念、執念」です。大転換の世界経済の中で北九州の役割は何か、10年後の姿を描くのが「理念」、強みを活かし方向を決めたら「信念」で取り組み、「執念」でなし遂げる。今、何をすべきかを「理念」として提案したのが、この新成長戦略です。どう実現するかはこれからです。そのために、行政が中心になって、産官学民の連携で進めなければなりません。それは40年ほど前に全市をあげて環境対策に取り組んだのと同じことです。

〈産官学民の四者連携ですか〉

実行は難しいものですが、北九州市は環境の取り組みで4者連携の成功の歴史を持っているのが非常な強みです。産業の活性化と雇用創出も、環境のときと同様に行政が実行の旗振り役になってほしい。当時、市は大気汚染と水質汚濁防止で全国で最も厳しい「北九州基準」を決め、産業界を先導しました。TOTOは窯の排出ガスの硫黄酸化物濃度も、排水処理も国内基準は軽くクリアしていましたが、北九州基準はさらに厳しい。各企業には「世界一厳しい」、「ライバルメーカーより製造コストが高くなり、競争力が低下する」との声もありました。しかし、「将来、環境問題は重要になる。工業の街・北九州は率先して他地区より厳しくしないと、奇麗な街にはならない」という行政の呼び掛けで、産業界も公害防止装置の改造や新技術開発に工夫を凝らしました。一時的にはコスト高になりましたが結果的には技術で改善し、街も海も目に見えて浄化され、公害も消え、「取り組んで良かった」と皆が思いました。

〈今回も同じ考え方でやろうと〉

テーマごとに産官学民でチームを編成し、行政がリーダーシップをとって、市全体で具体化を考えれば必ず達成できます。北九州市は全市的運動の実績に加え、モノづくりの街として多くの技術蓄積があり、アジア市場に近く、将来的に予想される大災害の発生も少ないという立地条件にも恵まれています。

〈新成長戦略は、7年後の2020年度に市内総生産4兆円に、市民所得を政令指定市の下位から中位に引き上げ、今後3年間で8千人の雇用創出を打ち出しま

第４回新成長戦略会議

した〉

経済環境は厳しいが、何もやらなければますます落ち込みます。本気でやらないと難しい問題ほど、取り組みの上手、下手が出ます。企業経営も同じことで、まず高いビジョン・目標を定め、それを達成するための具体的施策が決まると執念でやりとげる。取り組み始めると雪だるまのように、最初は小さくても段々と大きくなり、軌道に乗れば驚くほどの大きさになる。たとえ7年後にできなくても10年後にはできます。ノーベル賞を受賞した山中伸弥教授はiPS細胞の実用化成功の条件にビジョンとワークスを挙げましたが、この「地についたワークス（勤勉な努力）」が大切です。

〈具体化へ5本柱のリーディング・プロジェクトを掲げました。第1は、組織横断的な体制づくり、中小企業の競争力向上、地元製品サービスの利活用、人材育成など地域企業が元気に活動し続ける環境整備。第2は高付加価値のモノづくりで、次世代自動車と同部品、ロボット産業、環境産業などです〉

5本柱は北九州の持ち味と好条件を活かし、かつ最も必要なテーマばかりです。高付加価値のモノづくりは、今後大きく伸びる分野です。例えば自動車産業を例にとると高付加価値型自動車や電気自動車の生産拠点になり、製品を組み立てるためには一次、二次部品、素材も含め、一貫体制の集積が必要です。トヨタ自動車九州の工場は高級ハイブリッド車の生産拠点ですが、いずれ設計や技術開発もこちらに移ってくると思います。それに伴い、部品の生産拠点が北部九州に集まってくると北九州の空港や海上、陸上の物流のインフラも活用され、モノや人が集まり始めます。

〈第3は国内の潜在需要を取り込んだサービス産業の振興です。特に高齢者の健康増進・長寿産業振興や観光等の集客産業、さらに災害からのシステム復旧拠点化を含む情報通信関連産業を挙げています〉

高齢者の街・北九州は、元気なお年寄りも多く、これをどう活用するか。また介護関連施設が随分増えましたが、現場は入浴支援など介護士さんも苦労しています。安川電機は産業用ロボットでは世界一ですが、介護用ロボットについてはこれからです。この分野では安川電機のほかに介護福祉機器関連企業も数社あります。ロボットメーカーと高齢者介護施設との素晴らしい協働で実用化への夢が広がります。介護ロボットが実用化されれば、全市の介護ロボット活用特区指定も可能です。

〈第4はアジアの海外ビジネス拠点形成ですね。アジア低炭素化センターの活用や海外水ビジネスなど都市インフラ的なビジネスの振興、市内の工場のマザー工場化、プラントメンテナンス振興、さらに中小製造業や飲食・小売・サービスの海外展開支援などを呼び掛けています〉

最近、会う経営者ごとに「海外にも目を」と勧めています。海外では、日本的な企業理念を持った会社は少なく、顧客サービスも日本ほど徹底していません。米国生まれのスーパーストアも日本で地域密着サービス型のコンビニエンスストアに改善されて伸び、現在では、世界各地に逆進出しています。自動車も建設機械も同じで、非製造業も含め日本流のきめ細かなサービスは世界で支持されており、中小企業ももっと自信を持って挑戦すべきです。

〈製造業では国内産業空洞化の不安もあります〉

日本は、さらに高付加価値の製品開発が必要です。国土が狭く、工業用地が十分とれないシンガポールは低付加価値型の工場立地を敬遠すると聞きます。韓国、中国でもできる低価格製品を日本で作れば厳しい。高付加価値自動車用の部品を北九州で創り出せば、需要はあります。組み立てを担当する一次部品メーカーの緊密な連携が必要ですが、日本の最も得意な分野です。

〈第5はエネルギーミックスによる地域エネルギー拠点形成ですね。省エネ、スマートコミュニティの全市化、再生エネルギーや基幹エネルギーの集積などを取りあげています〉

これも色々と可能性があります。響灘で大規模太陽光発電装置が構想されていますが、ガス発電や燃料電池の開発などエネルギー危機の今だからこそビジネスチャンスも多い。ひそかにこの分野に熱心に取り組んでいる企業も多い。省エネ関連では、安川電機が太陽電池を交流に変換する際の効率向上技術の開発に積極的です。スマートシティにも採用できれば面白い。

〈2008年策定の産業雇用戦略を今回見直したのは、リーマン・ショックや東日本大震災、OECDのグリーン成長都市選定、グリーンアジア国際戦略総合特区指定などの情勢変化を踏まえてですか〉

基本方向は同じです。震災で原発・エネルギー問題がクローズアップされ、今は温室効果ガス対策等の地球環境問題の影が薄いが、いずれ必ず再燃します。水問題等環境技術の新興国への売り込みも、従来のODA（政府開発援助）などから今後はビジネスに力点が移りますが、その際、技術の対価としてドルではなく温暖化ガスの「排出権」をもらう方法もあります。モノづくりの街、北九州は鉄鋼など素材産業が多く、二酸化炭素の排出は宿命的ですが、排出権で補えれば製鐵所も安心して自動車産業向けの高付加価値製品の開発に専念できます。

〈夢でなく、着実に実行していく上での課題は〉

結果を出すには、基本的には行政が先導役になるべきです。その際の問題は行政の縦型組織です。インフラ技術の海外移転にしても、各局にまたがっていては難しいので窓口を一本化すべきです。縦横で取り組める国家戦略室のような牽引部門を行政に作るべきです。必要により、産学民から人材を集めることも肝要でしょう。「産」の中核企業をテーマごとに決め、そこへ九州工大や北九州市立大、北九州高専など「学」も参加してもらう。このような民間主導も必要でしょう。

〈重渕さんは、北九州一筋、衛生陶器一筋ですね〉

頭からつま先までTOTOマンで、北九州で53年間お世話になり、できる範囲で恩返しをと思って（新成長戦略会議会長を）お引き受けしました。

〈「理念、信念、執念」の3念主義はいつごろからですか？〉

私は入社以来、新しい職務につくと、前任者からの業務引き継ぎは一応受けますが、自分で白紙から考える主義です。新工場建設でもこれまでと違う工場を作りたいと、辞令が出て3ヶ月くらい必死で考えました。おかげで周囲にもだいぶ迷惑もかけました。

本社の衛生陶器工場建設の際、私は中津工場建設の技術担当でした。本社工場の新しい設計図をみると、街なかの工場の特性や将来の増設を考えると配慮が足りない。中津工場にきた専務に「横から口出しで恐縮ですが、これはまずいですよ」と直言した。すると「お前ならどうする」「私ならこうします」「よし分かった。それでいこう」（笑）。杭打ち工事のやり直しで、ゼネコンさんにも迷惑をかけました。

〈相当な「執念派」です。摩擦が起きますよね（笑）〉

恨まれました（笑）。しかし出来ないと思ってそのままにするよりも良くなればよいと思ったのです。技術者にとって工場建設の妙味は、自分の思った通りに新工場が出来ることで、こんな楽しいことはない。技術者冥利に尽きます。それの繰り返しでした。

〈インドネシアで現地法人設立に苦労されました〉

北橋市長に答申する重渕会長

初の海外生産で「インドネシアのゆったりした国民性には手間暇かける衛陶生産は無理、コスト高になる」という慎重論も強かった。しかし、10人の募集に千人が応募する状況でしたので、日本人に近い気質の人を選ぶことはできる。選考方法をいろいろ考えていい人材を雇用することが出来ました。当時採用したメンバーが30周年の際に会ってみると、工場長になっていました。何事もやってみないとわかりません。

〈上場以来初の赤字決算の難局で社長に就任、記者会見で「千人の人員削減が必要」と爆弾発言しました〉

一度過去を清算し海外事業とリモデルに軸足を移す今の事業体系に移行しました。一人一人がプロとなり、自分の給与は自分で稼ぐプロへの意識変革を求めました。その後に人事制度の大幅な改革も行いました。私は現場重視の現場屋と自称していました。元々技術屋ですが、営業のことも現場に行けばわかります。

〈商工会議所会頭に就任して「二つの空洞化対策」に取り組みました〉

モノづくり、賑わいづくり、文化・スポーツ振興などに取り組み、ギラヴァンツ北九州も誕生しました。最近魚町商店街を通り、旦過市場で魚を食べる高齢者が増えたと聞きます。黒崎商店街も地権者組合ができて、みんなで取り組めばそれなりの実を結びます。今回の新成長戦略も先行き不透明な中で長期計画を作ってもという人もいますが、北九州が今やらなければならないことはおのずから明らかです。要はそれを全市一丸で着実にやるかやらないかです。

〈最近の趣味は何ですか〉

趣味は絵画とゴルフです。また、一時体調を崩して、入院加療中に囲碁が面白くなり、現在五段を目指していますが、大変険しい道です（笑）。

重渕雅敏（しげふち・まさとし）

１９５８年九州大学工学部卒、東洋陶器（現ＴＯＴＯ）入社。衛生陶器畑を歩み、78年インドネシア現地法人副社長。83年取締役、常務、専務、副社長を経て、98年社長。２００３年会長、09年相談役、12年6月最高顧問。04年北九州商工会議所会頭、12年4月北九州市新成長戦略会議会長。

北九州市新成長戦略会議（北九州市長の諮問機関）、目的　北九州市が産業都市として目指すべきビジョンや産業振興、及び雇用創出のあり方を審議、開催期間（回数）２０１２年5月―11月（4回）、委員構成　地元の企業や経済団体、教育機関、金融機関などの代表12人（うち女性5人）。副会長は松永守央九州工業大学学長。

新成長戦略と産学官連携

九州工業大学学長（北九州市新成長戦略会議副会長・北九州市新成長戦略推進懇話会委員）
松永守央さん（談）

北九州市の新成長戦略は、あらゆる問題点を洗い出し、中長期の戦略も入れ、かなり欲張った戦略です。第一のカギは、重渕会長も指摘されるように自治体がどこまで変われるかです。第二は、企業、特に多数を占める中小企業の変身です。中小企業は古い体質だとすぐ破綻する厳しさがあり、社長の意識が変わると、新しい体質への転換もスピーディです。長期不況を乗り越え、今も生き残っている中小企業は、他社にない「何か」を持った企業です。その何かにプラスアルファをすれば、売上を2倍に増やすことも可能です。

第三に、産学官連携です。日本に残すべき産業を守るのは大学の役割であり、オープンイノベーションには、これまで以上に注力しますが、これまで一律だったアプローチを、今後は大企業向けと中小企業向けにきめ細かに分け、より入りやすくする必要もあると考えます。

大手メーカーの協力企業が、自社製品と同じものを中国がより安く作るようになれば、中国にまねのできない技術開発など次のステップに進む必要があります。その何かを見つけ、中小企業同士を結び付けるのをお手伝いするのも、大学の役割です。個々の企業の素晴らしい技術を総合し結び付け、東京・大田区や東大阪のように協同プロジェクトで新たなモノを創造となるとこれは自治体の役割でしょう。

北九州の強みは、技術集積と人材育成ですが、九州工大は、北九州地域産業人材育成フォーラム事業に取組んでいます。学生が関東、関西など、より広い世界に出ていくのはやむを得ないとしても、地元就職を希望する学生に雇用の場を提供するためには、中小企業が成長し人材を吸収する力をつける必要があります。大学人と企業の出会いの場を定期的に設けていますが、回を重ねるにつれ、技術の共同開発へとネットワークが広がりつつあります。日本の大学は、自分の特色を見つめ直し、強める必要があります。企業や社会が求める、欲しがる人材像は、私達が教育を受けた時代は「協調性」でしたが、今は「グループを引っ張っていける人材。そのためには相手の言うことを良く聞き、反論もでき、その仕事を国内だけでなく、海外でもできる人材」と変わりました。本学もマレーシアの大学との提携、短期留学などの実施、人工衛星の打ち上げ等で、学生に「世界中の人ができないことを一つぐらい」と燃える機会を提供しています。

北九州は、出先も含め大手企業が多く、自然災害が少なく、企業進出の要素が多いため、災害に備えて企業や病院のデータベースセンターを置くのには沖縄以上に適しています。

今後の成長分野である農林水産業の集積は、市内としては限られていますが、近隣の市町村も含めた北九州経済圏としてみれば、人口220万人の大都市圏となり、可能性は大きく、発想の転換が求められます。

（九州工業大学工学部教授、同地域共同研究センター長、同附属図書館長・副学長を経て、2010年同学長）

持続可能な都市としての生き残り戦略
――工業都市からサスティナブルシティへ

北九州エアターミナル㈱社長　**片山憲一さん（談）**

北九州（日本）は、グローバル化、少子高齢化の波と地球環境・エネルギーの壁という3つのハードルを抱え、視点・価値観の転換と新たな需要の創造が求められています。この街の資産は東アジアに近く、産業技術とモノづくり人材、産業インフラ、自然環境、都市施設・住宅などの蓄積に恵まれ、自然災害が少ないなど実に多い。

視点を変えると、少子高齢化は高齢者向けサービスの需要を増やすチャンスであり、人口減少も効率性・生産性向上の好機です。この街の遊休地や建物など豊富なストックを活用し、自然とアート、職・住の価値が高い街を売りにすれば、優秀な人材がライフスタイルを実現できる魅力ある街が生まれます。国は2020年に向けての新成長分野として、食・観光等文化産業、鉄道・水インフラ、医療・介護・子育て、環境エネルギー、ロボット等先端分野などの関連をあげています。北九州市はこれらの分野の振興で、20年までに年平均0・71％の成長が可能であり、7315億円の所得と約10万人の雇用が生み出されます。07年3兆6600億円の市内総生産は、現在水準を延長すると年平均マイナス0・9％の成長で20年には3兆2685億円まで低下しますが、新成長分野を取り込めば4兆円の市民所得が可能になります。

高齢者関連では、製品に限らず、介護サービスなどで自立支援を売り、現在は単なる情報倉庫である東田のIDCにデータ加工という付加価値を加えれば、情報加工産業が誕生します。復元された小倉織はジャパンブランドに選ばれヨーロッパで人気が出ています。バーバリーのようなブランドに育てれば世界で販売可能です。これからは、プレイヤー、キュレーター、プランナーなど知識を活用して新たな価値を生み出せる優秀な人材が求められます。

雇用を増やすには、地域企業を育て1千億円企業をつくることです。京都の取り組みが参考になります。京都の売上上位10社の合計は4兆6千億円だが、北九州の上位10社（TOTO、安川電機、ナフコ、黒崎播磨、井筒屋、第一交通産業、ゼンリン、三井ハイテック、ワールドインテック、高田工業所）の売上高は1兆4千億円とまだ低い水準です。これを3兆円に増やせば、雇用は確実に増えます。そのためにはまず、北九州が弱いマーケティング、マネジメント機能を強化し、利益率を上げる必要があります。その上で製造業では環境・省資源、保全技術を活かしたニッチプロダクトの創造。流通サービス産業では、時間消費型のサービスや高齢者対象ビジネス分野に力を入れる。ストックを活用する産業も有力です。言い換えればプロダクトアウトではなくマーケットインに視点を移し、少子高齢化時代の消費者が求める製品・サービスを創造し需要を拡大することです。

そのためには、自前主義にこだわらず、視点を変え視野を広げること、そうすればまだまだ成長の可能性は大きいと思います。（北九州市企画政策室長、港湾空港・産業経済・市民文化スポーツ各局長を歴任）

第1部　グローカル時代の地域振興

21世紀は、真の意味での「グローカル時代」の到来となりました。「グローバル（地球的）に考え、ローカル（地方）に足を置いて行動」しなければ、地域も企業も取り残される厳しい時代です。景気が世界的なバブル景気の移動で大きく振れるなかで、日本銀行北九州支店は地域経済を冷静に分析観察しつつ助言してきました。１９８０年、「鉄冷え」の苦難のなかから誕生した北九州国際技術協力協会（ＫＩＴＡ）は、世界各国からの技術研修員の育成に努め、北九州産業学術推進機構（ＦＡＩＳ）は「アジアの知の拠点」として産学官連携を進め、地元企業の新技術・新製品開発を支援しています。グローカル時代の地域振興のナビゲーターに景気判断と地域活性化策を聞きました。

◆北九州ウォッチャーの目——景気と地域経済——試練を超えて

新内需創出のモデル都市へ

【日本銀行北九州支店長（当時）】 長野聡さん（2011／01）

大転換期の今、蓄積した技術と文化を武器に新しい内需を生み出す

◉**信条**

「物事には必ずコインの表裏のように両面がある（多面的に真実を探る）」

——2011年新春。リーマン・ショックから2年4ヶ月、世界経済の先行き不透明感は続いている。円高、少子高齢化、格差の拡大。こうした中で今年の北九州経済はどうなるのか？　地元経済を冷静に観察する日本銀行北九州支店の長野聡支店長に聞いた。長野支店長は「今こそ長期的な視点で『世のため人のため』の原点に返り、自ら内需の創出を図る好機。北九州はその先導・モデル都市になってほしい」と強調した。

〈ズバリ今年はどんな年に？〉

長野　円高基調はしばらく続き、米国経済も不良債権の処理の遅れでここ1、2年は本格回復が望めません。日本の大企業は海外に生産シフトを続け、国内に残った輸出企業はコスト削減を迫られ、デフレが続きます。中小企業は大企業について海外に出るか？　口減で縮小傾向の内需を取り込むか？　世界と人々のニーズの大きく変化する中で、自社の商品・サービスをどう創るか？　今年はこうした問題を原点に帰って考える大転換の年になるでしょう。後から振り返ると「あの年が大きな転換点だった」と。ウサギ年ですが、亀の

歩みで、右顧左眄《うこさべん》することなく自分の取組みを一歩一歩進める年です。

〈大転換期こそ原点回帰して乗り越えようと?〉

日本経済は2、3年後さらに大きく変わると予想されます。米国経済が回復したのに日本の構造転換が遅れたままなら、高齢化の中で貯蓄が急減し、貿易収支が赤字になり、一気に円安に振れる可能性があります。こうなると、物価が上昇し、日銀の金利も上がり、経営環境は大きく変化するでしょう。今のうちに次の反転を予想し、じっくり体質強化策を考え、変化をチャンスに変えるべきです。

また、中国経済はバブル調整が予想され、中国頼みは要警戒です。中国との関係はチャンスと同時にリスクの両面を内包しています。

〈北九州の現状をどう観《み》ますか?〉

企業短期経済観測調査でみると、北九州の景況感は全国より高目です。鉄鋼、自動車、化学、窯業、ロボット産業など好調なアジア向けの輸出で潤う製造業のウェイトが高いためです。世界経済との連動性が強く、その意味では日本経済で先端的ですが、世界の停滞が強まればもろに響く構造でもあります。

農業や公共事業、観光業に依存する地方都市は廃業する企業が多いのですが、北九州はさほど減らず、むしろ相対的な人件費の安さとアジアに近い地の利から、関東などから企業が移転して来ています。産業集積があり、環境問題の取組みも先進的で、恵まれた地域ですね。

〈リーマン・ショックの影響は?〉

世界金融危機の前は、米中のバブル景気と円安で輸出が急増しました。加えて労働市場の規制緩和で非正規雇用が容易になり、企業は人件費を抑えつつ収益を上げ、北九州や東海地方を中心に好況が続きました。北九州は過去10年間に輸出が急伸し、輸出比率は間接輸出も含めると、売り上げの6割以上と、外需依存度が高まりました。

それが、米国の住宅バブルの崩壊で輸出先が中国などにシフト。需要は危機前の8割に落ち、企業は固定費を抑制しないと収益が出ない。このため、非正規雇用で調整しつつ人件費を抑制。さらに日米の金利差の縮小で円高が高進し、デフレ圧力を強めています。大企業の海外シフトで国内の設備投資は停滞気味です。政府は財政出動で、日銀はゼロ金利政策で対応しましたが、公共事業の削減や人口減少などで内需はさらに縮小する気配です。企業は亀の歩

日本銀行北九州支店

みでも生き残りへの改革が急務です。

〈まさに正念場ですね〉

　北九州の中小企業の最大の課題は事業承継です。南九州や四国ではゴースト商店街が現実化していますが、比較的恵まれた北九州は鈍感で危機感は薄い。しかし、2、3年の内に現実化する可能性は否定できません。高齢化社会の中で豊かな都市環境を守りつつ豊かに暮らしていくために、時間的余裕があるうちに、国民一人ひとりの生活ニーズに直結した企業の改革と内需創出に取り組むのが喫緊の課題です。

〈企業の改革とは、具体的にどう取り組めばいいのでしょうか？〉

　今後も確実に成長するのは、アジア関係ビジネスと、人口構成の変化に伴う高齢者のニーズに合ったビジネスの両分野です。その中で、各企業が自社の強みを煮詰めて顧客のニーズに適合させていくことが必要になります。

　私は毎週3、4社の中小企業の現場を回り、経営者と面談しています。強く感じるのは、どの企業でも造れる普及品の生産は新規参入が多く、中国からも安価な製品が流入し、過当競争で業績は伸びない。自社の強みを活かした、自社しか造れないものは何か？　煮詰めて差別化する作業が急務です。すぐには見つからない時は無駄・コストの削減となりますが、人件費の削減は明らかに下策です。人を大事にしなければ良いサービスはできません。それ以外の無駄、例えば生産が8割ダウンすれば、1ヶ月だった摩耗部品の交換を1、2ヶ月に延ばす。そして、何を自社のテーマにするかです。成功し長続きしている企業は「世のため、人のため、お客様のため」を思い、「従業員のため」「地域のため」に操業している。これらをはっきりと言葉に書き、まず従業員、次いで金融機関と対話することです。

〈大企業の海外シフトの加速で国内の産業空洞化の不安があります〉

　韓国企業は国内だけでは食えないからと、早くから海外市場を取り込み、急成長しました。日本は恵まれていたが、内需の縮小で海外展開は当然の流れです。問題は国内に残る企業が新内需をどう創造するか。ヒントは我々の生活の中にあります。例えば北九州の工場は5S（整理・整頓・清潔・清掃・躾）運動で整然としていますが、私達の住いは改善の余地はないのか？　日常生活の中に、より便利、より快適に暮らせる新商品やサービスのヒントがあります。家庭用の介護ロボットしかり。世界にまだないものを日本が先駆けて開発する。それが真の内需の拡大であり、北九州にはそれが可能な技術の集積があります。

〈生活の質の向上で内需を？〉

一つのモデルは欧州です。私はロンドン事務所に約2年間勤務、「欧州的文化生活」とでも言うべき金をかけずに楽しむ大人の生活を見聞しました。経済成長率はさほど高くないのですが、人々はNPOなども活用して豊かに暮らしていました。ロンドンからプラハまで航空運賃は約1万円。国内感覚で欧州各国を移動でき、人も金もぐるぐる回っていました。

北九州に住んで1年半。明治以前からの歴史が何層にも折り重なり、文化的にもレベルが高く、催し物も多く、地域独自の魅力を感じます。欧州的文化生活は十分成り立ちます。GDPは1人当たりが重要で、無理に高度成長しなくても、人口減少でひとりひとりは豊かに暮らせます。

〈今秋の山口銀行系の「北九州銀行」発足を巡り、地元金融界では顧客争奪競争が激化していますね〉

本店のある地域だけでは発展に限界があるとみて、支店を分離し「北九州」の名に愛着を持つ地元の応援を借りる戦略と理解しています。既存金融機関と競争は激化しますが、単なる低金利競争やパイの奪い合いでは、真の地域振興にはなりません。今こそ各金融機関が中小企業と密に対話し、将来像を共有し、活きる金を出して内需の創造・拡大で競争を展開してほしいですね。金融庁の政策もあり、企業の破綻回避のための財務指標の重視が行き過ぎて、企業を計数のみで判断する傾向が強まりました。しかし、企業の価値は経営者のやる気、社内の一体感、人材にあります。金融機関はもっと経営者と対話してほしい。

〈日銀は昨年6月、成長基盤強化を支援するための新たな資金供給策を発表し、産業政策的な色彩の濃い異例の信用融資に踏み切りましたね〉

当店も福岡ひびき信用金庫を通じて昨年、地元企業に間接的に融資を実行し、久しぶりに貸出勘定が立ちました。私たちも企業に足を運び、ひびき信金の行員さんの一生懸命な姿も見ました。地域経済に直に貢献できて非常にハッピーです。

どのような金融機関でも融資の実行の決断の最後にジャンプがあります。社長の報酬は？　この社長さんとなら心中できるか？　こうした点は現場でないと分からない。エアコンのきいた部屋で「やってください」では世の中は動かないのです。明治が目指した「坂の上の雲」は西欧でしたが、今は雲がどこにあるか分からない。自分の頭で考え、汗を流して切り拓き、見つけるしかありません。高度成長期より遥かにしんどいがチャンスです。行政も中小企業も同じ思いだと思います。

〈企業改革の進捗状況は？〉

北九州の強みは、自分で改革できる技術蓄積と文化がある点です。公害克服の歴史もある。また、オーナー経営者が多く、思い切ったことができる。日本の最先端にいると思います。私が会った社長さんの3分の1は遥か先を読み、面白いことを考えている。こうした人の共通点は、従業員を大事にし、地域を大事にし、企業にテーマがあり、工場、オフィスがきれいです。だから希望がある。そうしたグローバルで先進的な中小企業に比べ、金融機関はもっと汗をかく必要があります。

〈北九州経済の弱みは？〉

弱みは大企業頼み、お上頼みがまだ多い点です。企業中心色が強く市民生活や文化面で課題もあります。今後、人間として豊かに暮らしていくうえで、所得が東京や福岡に比べてやや低く、社会的に恵まれない人も結構多いのですが、工場や現場の5Sに比べ、街はどうでしょうか？　センスの良い雑誌があり、芸術劇場や美術館も素晴らしく、素材は多い。しかし、「人が来て楽しい街」になるには、さらなる美意識の向上が必要です。欧州の小国スイスは国中ピカピカで、時間も厳守です。私は月に2回、足立山麓の福聚寺や円通寺で座禅しますが、良いもの、本物が近くにたくさんあります。

〈北九州の将来ビジョンは？〉

生活の質の向上と内需を創出する日本のモデル都市になれると思います。全体の生活水準を維持しつついかに生活の質を上げるか？　都市問題を抱えながら、産業の発展と美意識を両立させ、そこで働く人々の幸せや文化度の高さなど、ＧＤＰでは測れない生活の豊かさを実感できる街が結局、経済成長にも繋がる。北九州市は東京、大阪が今後高齢化していく際の見本になり得ます。

また、本格的な内需の拡大のためには、3分の1に増えた非正規雇用者の所得の底上げと教育訓練も必要です。親と同居の30～40歳のフリーター層が親の死後、50～60歳で生活保護を受給し、保護世帯が激増する不安もあります。増えつつある「心の病」の患者と併せて対策が急務です。

〈生活信条と趣味は？〉

「物事には必ずコインの表裏のように両面がある」ので、多面的に未来を探ることとです。趣味は座禅と中国語。いずれアジアの通貨を巡り、中国やインドの中央銀行の人たちと渡り合う日が来るかもしれませんからね（笑）。ラジオ講座を毎日聴き、月に1、2回、中国人の先生に習っています。言葉を学ぶと中国人の考え方がよく分かります。

「2011年当時のインタビュー記事を2013年夏に読み返して、先のことはわからない、それでも経済の底を流れる通奏低音は変わらず一貫していると感じる。インタビュー後、東日本大震災が起き、最近ではアベノミクスで日銀の政策が激変した。今後、北朝鮮が崩壊するかもしれないし、南海トラフ地震は今後30年で8割以上の確率という。あり得るショックには備えればよいが、記事で書いた日本や北九州にとっての根っ子の経済問題は依然残っている。経済が良くなるためには、企業や個人が普通の人の生活を向上させる商品やサービスを安価に提供する以外に近道はなく、それをやり易くするように金融や公共機関はある。この王道は常に通奏低音として経済の中でうねっている。相場の上下に一喜一憂することがいかに下らないことか。地道な努力こそ重要ということを肝に銘じたい」（長野聡）

長野聡（ながの・さとし）
1986年東大法卒、日銀入行。98年考査局調査役、2001年信用機構室調査役、04年ロンドン事務所次長、06年システム情報局企画役、07年総務人事局企画役、09年5月北九州支店長。11年同大阪支店副支店長。

◆北九州ウォッチャーの目――景気と地域経済――試練を超えて

日本を支える地方の企業と人材

【日本銀行北九州支店長（当時）】 服部守親さん（2013／01）

モノづくりネットワークの進化と高齢化に負けない街づくり

◉信条
「逆境の効用、順境の陥穽《かんせい》」、「広範な情報収集を怠るな」

――世界経済は欧州の債務危機、米国の「財政の崖」に加え、中国経済の減速等で厳しい情勢である。日本経済も東日本大震災、電力危機、尖閣列島問題からの日中対立などで後退、先行き不透明である。今年の北九州経済は、どうなるのか。服部守親日本銀行北九州支店長に聞いた。服部さんは「不確実性の時代だが、過度の悲観も楽観も避け、柔軟に自立と連携の経営を。そしてモノ作りのネットワーク力を進化させるとともに、高齢化に負けない街づくりを目指す年に」と語った。

〈今年はどんな年になりますか〉

服部　世界経済は欧州の債務問題、中国経済の減速などから当面減速状態が続きそうです。今後、米国は金融緩和の効果や住宅市場の改善で、また欧州は中央銀行による国債の無制限買取り策等で徐々に明るい方向に向かうと期待しますが、傷んだ金融システムの回復には時間を要するため慎重にみるべきです。北九州に縁の深い中国経済はいずれ持ち直すでしょうが、従来の高度成長から、持続可能な安定成長に移行するでしょう。

〈日銀展望レポートは、日本の実質成長率は12年度

1・5％、13年度は消費税駆け込みもあって1・6％、14年度はその反動で0・6％と予測しています〉

世界経済の減速の影響から日本経済は弱含んでいます。このため、日銀はデフレ脱却に向け、当面は消費者物価上昇率1％を目標に前例のない強力な金融緩和を行っています。大事なことは、不確実性が高い中で過度の悲観、楽観を避け、新たな成長分野を切り拓くとともに、世界の3％成長にいかに乗るかでしょう。

〈その中で北九州経済はいかがでしょう〉

北九州・京築経済は、全国より外需依存度が高いため、世界経済や為替変動の影響を受けやすく、全国に先駆けて昨夏過ぎから弱含んでいます。主力の自動車産業は一部に関東からの生産シフトもあって、昨秋まで高水準の生産が続いてきましたが、新年入り後はやや不透明感が出ています。こうした中で、雇用は有効求人倍率0・8倍台で比較的安定していましたが、今後の動向は慎重に見守りたいと思っています。北九州はかつては総生産や雇用面で製造業のウェイトが半分近くを占めていましたが、今は3割程度に低下、流通、小売、サービスなど非製造業が雇用の受け皿となっています。その非製造業に関しては、今のところ小売がまずまずですし、高齢者向サービスなども求人が根強い状況です。

〈北九州は、鉄鋼、電機、窯業などの中国関連企業も多いですね〉

日中対立の影響は昨年秋から出ています。経済面の相互依存の重要性は両国の共通認識だと思いますが、アジアでは、中国以外にも、ミャンマー、ベトナム、タイ、インドネシアなども元気で、日本はアジア全体の需要をバランスよく掴むべきでしょう。

北九州経済は、石油危機等の苦難を乗り越えた経験を通じ、タフさとしなやかさを兼ね備えています。今後も不確実性はありますが、変化をチャンスと考えるべきでしょう。

〈グローバル化、少子高齢化の中で、中長期展望は〉

北九州の特性は、大企業から中小企業までのモノ作りネットワークの拡がりです。また、地元各界のご努力で空港、港湾、学研都市などの社会基盤が整備されているのも強みです。さらに重要な特性は、この地の教育熱心さ、すなわち、学校だけでなく、工場などの現場でも日々改善・進歩を図ろうとするカルチャーです。一方で、高齢化が政令指定都市で最も進んでいることを弱みと捉える向きもあります。ただ、逆にこれをチャンスとして新たな産業を興し、街を変革していくような、発想の転換が重要です。

〈北九州市の人口は、2011年にピーク（79年）の約九割の97万人弱となり、生産年齢人口も将来急減すると予測されています〉

少子高齢化が避けられない以上、経済のパイが極力縮まない工夫が大事です。一人一人では、より豊かな北九州を是非実現すべきです。

〈北九州の潜在力を活かして、活性化をどう実現しますか〉

第一は、モノ作りの進化です。当地のモノ作りのネットワークは貴重な財産です。日本を手本に力をつけたアジアは、今や強力なライバルですが、彼らとの共存共栄なしに北九州の発展はなく、さらに一歩先を進む気概が必要です。具体的には、まず社会のニーズと研究開発などのシーズ（技術種子）を結びつける開発機能の強化です。この実現には、産業界、行政、大学のネットワークが欠かせません。次に、安く大量にモノを作る量産型拠点はアジアに委ねて、北九州は多品種少量型拠点とすべきです。そのためには生産ラインをコンパクトで柔軟にする知恵が必要ですが、これこそ日本のモノ作りの真骨頂です。さらに、海外工場の支援機能を強化するとともに、技術・支援収支で利益を確保すべきです。こうした取り組みにより、北九州は「マザー工場」拠点として進化できると思います。

〈その中で中小製造業の役割は〉

大企業と同様に、中小製造業もモノ作りの進化に力をいれるべきです。必ずしも全てアジアに出て行く必要はなく、北九州の地でアジアの成長をうまく掴めばよいのです。オンリーワン技術を磨けば、北九州でやっていけますし、多品種少量型で機動性と柔軟性で勝負する考え方もあるでしょう。

〈第2の方向は何でしょう〉

高齢者が生き生きと生活できる街づくりです。高齢者支援サービスは公的なものと思われがちですが、財政制約が厳しい中で、今後はいかに民のビジネスでカバーするかが重要です。高齢者のニーズは介護だけでなく、買い物等の生活支援、自宅等の資産管理支援など実に多様です。1日3、4時間なら働ける元気な高齢者が、ボランティアではなく仕事として、超高齢者のお手伝いにかかわれば、新たな所得を生み、その分地元で買い物をすれば、街も活性化します。

〈民のビジネスモデルをアジアに持っていくことも

出来ますね〉

今は北九州が高齢化のフロントランナーですが、国内他都市はもとよりアジア各都市でも高齢化が進みます。それまでに北九州で高齢化ビジネスを成功させ、アジアのモデルにしたいものです。第三は、北九州ファンを増やすことです。このためには、内外の来訪者へのサービスの充実が欠かせません。この点、産業観光は魅力的な取り組みです。北九州には歴史、文化、食のいずれも誇れるものがあります。これらを上手く見せる知恵が問われています。

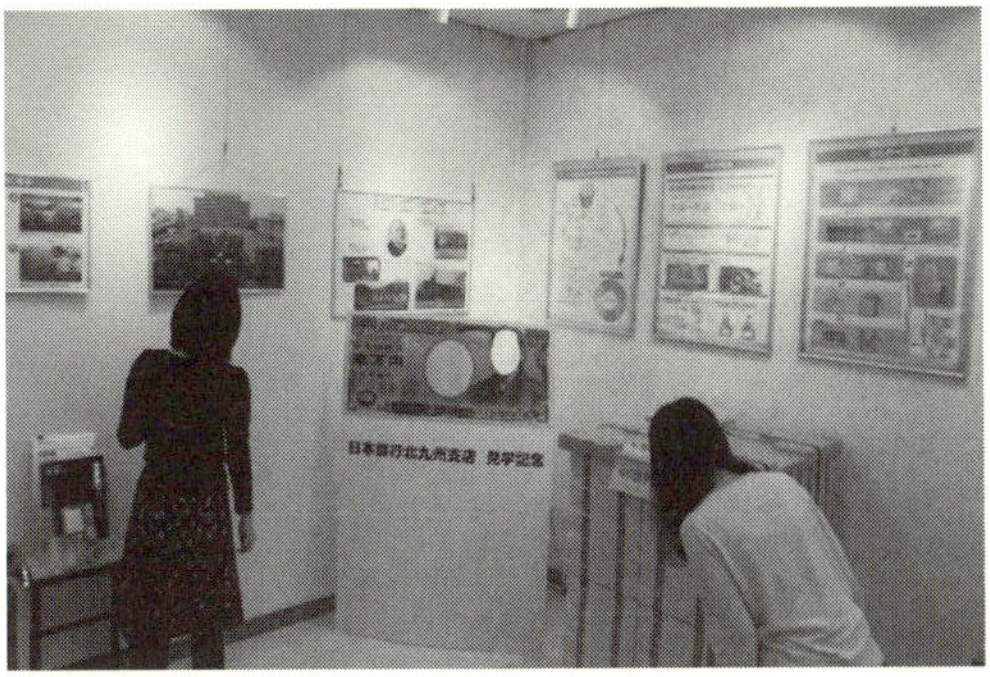

資料展示室

〈B－1グランプリは成功しました〉

あれだけの来訪者をリピーターにするソフト面の工夫も大事です。外来者を受け容れる市民の皆さんの「おもてなし」の精神を磨く。「行って見たが、楽しい思い出はなかった」では困ります。市民の皆さんがこの街の歴史に自信と誇りを持ち、北九州をもっとアピールしましょう。

〈モノ作りを基本に、サービス産業化も進んでいます〉

一般に日本のサービス産業の生産性が低いとされていますが、この改善には、製造業で培った生産・品質管理などの知恵が活かせます。介護の人手不足をロボットで補うなど製造業の知見を非製造業に活かすのも、モノ作りの進化の一つです。農業も広い意味でモノ作りです。若松区響灘の植物栽培工場では、天候に関係なく、一定品質のものが一定のコストで出来ます。一次産業を加工・流通を含む六次産業化につなげば、面白いビジネスになります。

〈金融面では北九州銀行が発足しました。競争激化で、貸出金利の全国との格差が縮小したようです〉

地元地銀の誕生によって、この地区の預金が増えたり、貸出競争が促進されるなど、北九州の金融は活性化しました。ただ、最大のポイントは、地元中小企業の育成、支援の強化です。新旧の金融機関が今後の環境変化を見極め、企業の皆さんにどこまで助言、支援できるか、評価には時間がかかります。

この間、北九州の貸出金利は一時全国に比べて下

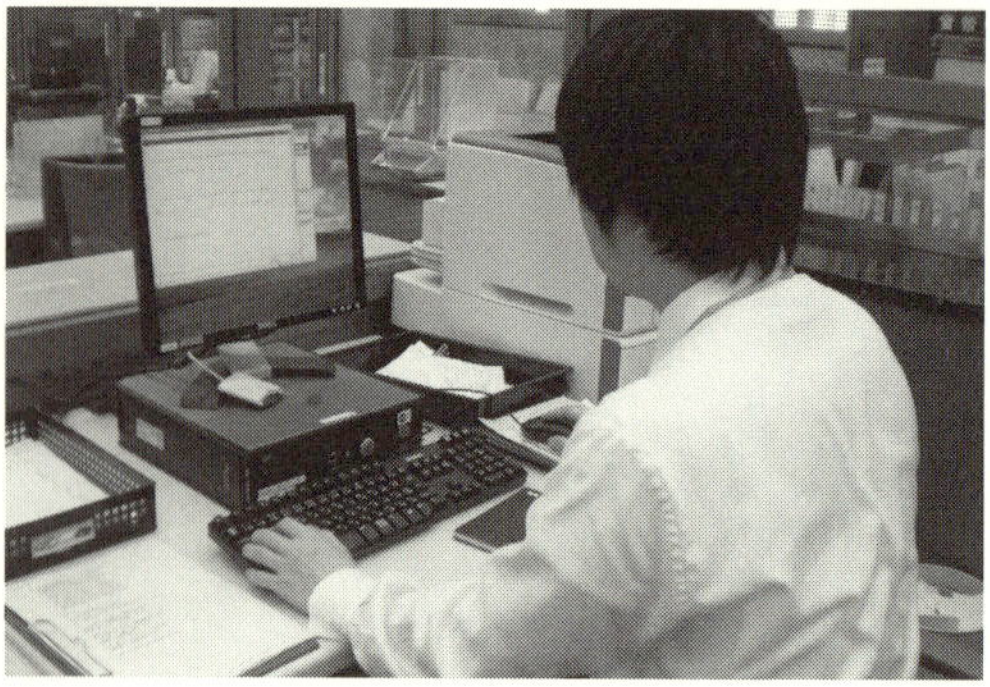

日銀ネットシステム

げ幅が大きくなりました。金利の引き下げで中小企業を支援することは現在の金融緩和の狙いです。ただ、より大事なことは、事業・財務内容に見合う金利水準の下で、中長期的に経営の見通しが立つことです。この面で、金融機関が地元中小企業の皆さんの良き相談役になることを期待しています。

〈今春は福岡銀行北九州本社が新装開業するなど金融機関の北九州シフトで、貸出も増加傾向です〉

それは、新旧の金融機関が存在感を競い、北九州の周辺地域も含めて様々な資金需要を掘り起こした結果です。金融機関はそのネットワークを活用して、他地域や異業種の企業との連携も含めて、取引先企業の付加価値の創出機会をお手伝いする役割を担っています。他地域や異業種の企業と連携しながら面白い仕事を進めていく中で新たな資金需要が生まれます。こうした循環をいかに多く作るかが、地域金融機関の課題です。

〈今年の企業経営のポイントをどうみますか〉

引き続き変革の手を緩めてはならない年になるでしょう。今年の干支の「巳」には新たな出発の意味があるそうです。変革に向けて、産業界、行政、大学の連携や、他地域・異業種間の連携を強化し、ラグビーでいえばドライビング・モール（密集戦でボールを保持しながら前進するプレー）でトライを取って欲しいと思います。

〈服部さんの日銀入行の動機とその後の歩みは？〉

私は大分県日田市の出身で、城山三郎の『男子の本懐』のモデルになった井上準之助氏（戦前の蔵相・日銀総裁）の実家と懇意で、かねて日銀の仕事には興味がありました。バブル生成期の87年に入行、名古屋支店で勤務しながら、経済合理性を欠いた地価上昇に「こんな経済おかしいぞ」と感じました。バブル崩壊で金融機関の不良債権が急増、当時はわが国のセーフティ・ネットが脆弱で、90年に日銀に信用機構局が新設され、白川方明初代信用機構課長（前総裁）

の下で、金融システムの安定化策をチームで模索しました。当時、金融機関の経営内容がズルズルと悪化し、その対応の遅さを米欧当局から批判されました。その後、ほぼ同じことが米欧で起き「先進国の宿命的な問題を日本が先取りしたのだ」と悟りました。25年の日銀生活の半分以上は、金融機関経営の考査・モニタリングや日本の金融システムの安定化との取り組みでした。支店勤務は、名古屋に次いで2度目ですが、地方の立派な企業と優秀な人材が日本を支えていると実感しました。これらの力をどう結集していくかが課題です。

〈経営哲学、座右の銘をどうぞ〉

「逆境の効用、順境の陥穽《かんせい》」。逆境でこそチャンスが生まれ、順境は落し穴に陥りやすく要注意です。順境のとき、どこまで客観的に自分が置かれているリスクを洗い出せるか。陥穽に陥らないためには、広範な情報収集が大事です。内外の歴史にヒントが隠されていると思います。

〈休日はどう過ごしていますか〉

サイクリングです。小倉から若松や遠賀川まで一回60キロ前後は走破します。24時間眠らない北九州のライフスタイルなど、都市としてユニークな部分を発見できる街乗りや街歩きも楽しんでいます。

服部守親（はっとり・もりちか）
1987年慶応義塾大学経済学部卒、日本銀行入行。2005年金融機構局企画役。08年政策委員会参事役。10年文書局総務課長。11年北九州支店長。（13年静岡支店長）

日本銀行北九州支店　小倉北区紺屋町13—13、開設1893年、業務内容　発券、銀行貸付、国債等売買、経済・金融調査、国庫金取扱等、業務区域　北九州・行橋・豊前各市と京都・築上両郡、取引先30先（金融機関）、行員38人。

◆世界に北九州のファンを――北九州国際技術協力協会1――長期不況との闘い

世界から研修生受け入れ

㈶北九州国際技術協力協会（KITA）理事長（当時）
水野勲さん（2002／01）

経験豊富なシルバーパワーが活躍

◉信条
「豊かに贅沢になり過ぎた日本、暮らしをもう少し慎ましく」、「ボランティアは長生きする」

――「鉄冷え」という試練の中から生まれた北九州国際技術協力協会（KITA《カイタ》）の国際技術協力事業が大きな成果をあげている。新日鐵八幡製鐵所長として製鐵所の若返りや公害対策に率先して取り組み、KITA初代理事長として国際協力事業団（JICA）九州国際センターの八幡誘致に努めた水野勲さんにその事業にかける思い、課題を聞いた。水野さんは「自国に戻った研修生が国づくりに研修結果を活かして活躍しているのを聞くと涙がでるほど嬉しい。各国との交流のネットワークは、北九州の、日本の宝」と語った。

〈「地球規模の愛」を目指したKITAの事業が、大きく花開きました〉

水野　お蔭さまで108ヶ国3013人の研修卒業生を送り出しました。アジアが最も多く約50％、以下中南米約25％、アフリカ、中近東、欧州の順です。政府開発援助による技術研修の対象は途上国の大卒、社会人歴10年程度、将来エリートとなる人物で、人口13億人の中国から6万人の太平洋の島国キリバスまで様々です。パキスタンが累計84人、今回ウズベキスタンも初参加するなど近年は中東諸国が増えつつありま

す。資源小国の日本は世界中と仲良くするのが生きる道で、技術協力はその一翼と自覚しています。

〈発端は「鉄冷え」と若手経営者の街作りにかける夢でした〉

わが国は１９６０年代は「成長の時代」で所得倍増計画で「世界の奇跡」と言われる高度成長を遂げました。粗鋼生産で言えば、年産２２００万㌧が10年間で9千万㌧と4倍増です。続く70年代は「環境の時代」でした。70年の環境国会、71年の環境庁発足で、60年代の大気汚染、水質汚濁など産業公害の後始末が始まりました。この10年間で今度は世界に誇る公害対策が非常に早いスピードで進みました。北九州の公害克服の証として、「七色の煙、茶褐色の洞海湾」と「明るい空・海」の4枚写真がよく対比されますが、これは70年代の産学官民の努力の賜物です。

そして70年代末からいわゆる「鉄冷え」期を迎えます。製鉄業の大消費地への立地転換の結果、鉄鋼不況に加え、君津など大消費地製鐵所の稼動で生産量が落ちこみました。その中で40歳未満の若手経営者集団・北九州青年会議所など経済3団体が「蓄積技術で新たな街づくりを」と国際技術研修基地目指し、80年にスタートさせたのがＫＩＴＡです。

〈まさに、ゼロからの出発ですね〉

当時、国際協力事業団（ＪＩＣＡ）の研修センターは神戸以西になく、教室は企業の間借り、宿舎はホテル、1コース10人の細々としたものでした。89年現在のＪＩＣＡ九州センターがこの地（八幡東区）に完成しました。１５０人が宿泊でき、豚肉厳禁のイスラム系、牛肉を食べないヒンズー系の研修生にも対応できるレストラン付きです。

リオで「持続的成長」を謳った世界環境サミットが開かれた92年、北九州市が環境国際協力をＫＩＴＡと発展的拡大することで対処することとなり、市の若手技術者6人の出向を受け入れ、環境部門が充実し、生産性向上と環境技術の2本柱の今日の体制を確立しました。

〈研修成果はいかがですか〉

現在20コース、研修協力機関は企業、自治体、大学２１０機関です。

1コース5年続けたところで、その成果の現地調査を行っていますが、研修生が官民の幹部になり、生産性向上、環境改善、工場管理など国づくりに生かされています。出世した研修生と再会し実践成果を聞くことは涙がでるほどの感動です。クリスマスカード、賀状が毎年たくさん来ます。

〈担い手がシルバーパワーというのも独特ですね〉

出向者以外は平均年齢69歳のボランティアの企業OBです。現役技術者は時間的余裕がなく、また途上国の研修生が望む技術は、かつて我が国がまだ環境設備が不充分な中で公害対策に取組み技術の開発に苦闘した高年技術者が一番詳しいという理由もあります。米国に「ボランティアは長生きする」という言葉がありますが、使命感と社会への恩返しを土台に、物質的報酬は求めないが、精神的報酬をたっぷりと頂くのがボランティア。研修授業は英語、テキストも2千ページも作成し、現役時代よりある意味ではハードですが、みな生き生きとやっています（笑）。

ＫＩＴＡの入居する国際村交流センター

〈韓国や中国大連市へＪＩＣＡとは別の独自の協力を？〉

韓国は途上国ではないが、我が国に比べ中小企業がまだ弱いということで頼まれ、中小企業の中堅技術者を対象に8年間続けていますが、非常に熱心です。また中国大連市環境モデル地区整備支援は、93年九州・中国産業技術協議会の小倉シンポジウムで「中国は経済特区を作り、人、物、金の経営資源を集中投入し成功した。今度は環境対策で環境特区を作ってはどうか。大連市が指定されれば私達も協力を惜しまない」と提案したのが契機です。基礎調査が終わり、今後20年計画で、現在の北九州市並みの環境水準を目指し、具体的都市計画が動き出します。インドネシアでもスマラン市中小豆腐工場群の産業排水で真っ白になった川の浄化に向け、現地のＮＧＯと共同で基礎調査に入りました。

〈市民が研修員を家庭に受け入れるホームビジットも好評ですね〉

土日の休みにソロプチミストの招待のバスハイクや、一般家庭で夕食を挟んで寛いで過ごす親善交流ですが、「日本の心がわかった」と大変喜ばれています。

〈今後の展開方向は？〉

これまで民間主導型できましたが、この路線は今後も堅持したい。国公私立の4大学と英独の大学、研究機関が結集する学術研究都市は北九州産業学術推進機構を中核に緊密な産学連携を進めますが、KITAは20年の産学連携のノウハウの蓄積があります。秋月早大教授に当会生産性コース所長に就任頂きましたが、人的交流も今後益々進みましょう。

〈「全産業冷え」の昨今、北九州の現状と潜在力、課題をどうみますか？〉

多彩な北九州の技術・人材集積をどう生かして行くか。新産業創造への学術研究都市の役割・期待は大きく、操業・環境技術専門の当会とも相互補完できます。新技術が開発されれば、これを世界に広げる際、当会が国際研修を通じ20年にわたり培ってきた100ヶ国の政府機関や研修生とのネットワークも活用できます。環境産業の育成も課題です。既存産業群の広大な保有地は、用地買収の労なく新産業展開にすぐ活用できるのが強みです。

〈転換期の生き方についてはいかがですか〉

日本は豊かに、かつ贅沢になり過ぎました。もう少し慎ましく暮らすのも良いのではないか。その意味で「もったいない総研」の節約活動には共感を覚えます。若者が小さくまとまる感じなのは気になります。私達の時代は「坂の上の雲」があり、今はそれが見えにくい時代ですが、今こそグローバルに頑張ってほしいものです。

〈余暇の過ごし方は？〉

新聞とテレビにはアフガン問題など次の展開を予測しながら相当時間をかけています。「積ン読」だった書籍を読破するのも楽しみです。晩酌は焼酎かウイスキーを少量ながら毎日。休肝日なし、百薬の長ですよ（笑）。

水野勲（みずの・いさお）
1937年東大経済学部卒、日本製鐵（現新日鐵住金）入社、72年から6年半専務・八幡製鐵所長、副社長を歴任。銑鋼部門の戸畑集約や公害対策、工場緑化に積極的に取組んだ。80年北九州国際研修協会理事長、92年北九州国際技術協力協会理事長。（2005年2月90歳で他界）。

◆世界に北九州のファンを——北九州国際技術協力協会２——世界的景気拡大のなかで

公害防止から省エネ・温暖化対策まで

【㈶北九州国際技術協力協会理事長（当時）】 河野拓夫さん （2007／12）

ＫＩＴＡにＪＩＣＡ以外の新たな柱を創出

◉信条

「国際協力は、50～１００年後に思い掛けない酬《むく》い」

——ＢＲＩＣｓ（ブラジル、ロシア、インド、中国）、ＶＩＳＴＡ（ヴェトナム、インドネシア、南アフリカ、トルコ、アルゼンチン）など新興国の台頭、地球環境問題の深刻化の中で、北九州国際技術協力協会（ＫＩＴＡ）の活動が進化している。河野拓夫第２代理事長は「主力の国際協力事業団（現国際協力機構・ＪＩＣＡ）からの受託研修に加え、それ以外の技術協力やコンサルタント事業の新分野開拓にも力を注ぎ、公害防止だけでなく、省エネ、地球温暖化防止等、新たな柱が出来つつある。産官学民協力の成果」と語った。

〈新興国の台頭、国の財政難などで国際技術協力事業の環境も変わりましたね〉

河野　発足当初の20数年間は、国際協力事業団からの受託研修が主力でしたが、ここ数年、国の財政難で、政府開発援助（ＯＤＡ）予算が毎年数％づつ削減されているため、ＪＩＣＡ以外の技術協力やコンサルタント事業の新分野開拓にも力を注いできました。公害防止だけでなく、省エネ、地球温暖化防止等、幅広い問題解決に繋がる事業です。その結果、ＫＩＴＡにもう一つの柱が出来たと感じています。

〈研修・協力の対象国に変化ありましたか?〉

最近活発なのがロシアです。遠いというイメージでしたが、ロシア東欧貿易協会からの依頼でチェリャビンスク州（モスクワの東南、カザフスタンの北隣）を現地調査したところ、重工業都市で、製鋼スラグ（鉱滓）処理の技術協力に発展、相互訪問も進んでいます。ベトナムも、国際協力銀行（JBIC）が復興支援の円借款で「資金を出すから技術はKITAで」と頼まれ推進中です。仏教国だけに親切・勤勉で、手先きも器用で日本人に良く似ています。中東の富裕産油国・クェートでも廃棄物が急増、環境協力が求められており、インドネシアのスラバヤ市では、生ゴミを堆肥にして活用する支援をしたところ、これをモデルに全国に普及させると感謝状を頂きました。公害克服の経験を学びたいというニーズも根強く、KITAの客は拡がっています。

〈研修内容も多様化してきましたか?〉

循環型社会形成、省エネ関連が増えています。過去20年間は、「クリーナープロダクション」（生産性向上と省エネルギーのクリーンな工業生産）の技術研修が主体でした。少ないエネルギーと原材料で、最良の品質の製品を作り、環境を保全し、不良品を出さない技術です。しかし、発展途上国は「そこまで総合的にやらなくても」、中国は「まず省エネ技術を習いたい」、中南米からの政府視察団は「日本は進み過ぎている、わが国は公害対策以前の産業自体が未発達、まず産業を興し、雇用を生み出すのが先」と国により需要は様々で、柔軟な対応が必要です。

〈中国関連も多いですね〉

大連市の環境対策は、大気汚染、水質汚濁が解決し、市内はすっかりきれいになり、感謝されています。中国政府は、これをモデルに他都市にもと希望しますが、なにせ都市が多過ぎます。雲南・貴州省は大気汚染防止と上下水道整備の技術支援を依頼してきました。幸い当会は、92年以来、北九州市の環境部門と協力し、大気、水道、廃棄物、消防、食品衛生など市民生活に直接関連する分野にも対応できる体制ができました。昨年、北京で日中友好環境保全センターと北九州市、KITAで環境技術の民間協力協定に調印、また蘇州市が北九州のエコタウンに強い関心を示し、リサイクルセンターを作りたいと希望、相互訪問しています。韓国とは、94年以降日韓財団の依頼で中小企業の経営者を対象に毎年1ヶ月余のセミナーを開いています。今年も10月に約20人を受け入れました。

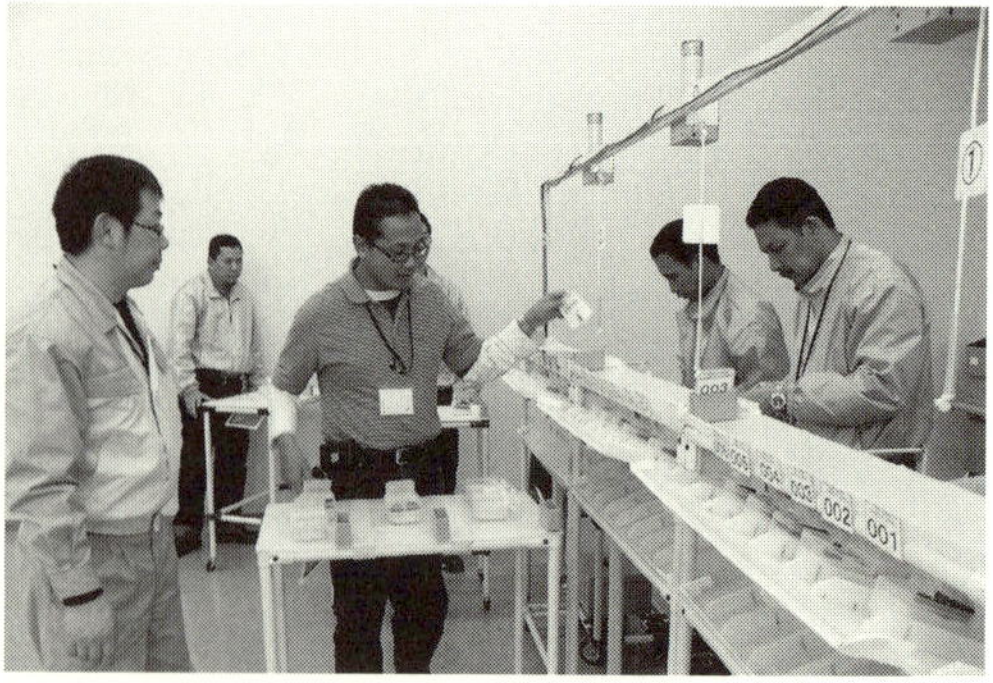

トヨタ自動車九州での模擬ラインによる
「カンバン」演習風景

〈地元企業とビジネス交流も出てきましたね？〉

ロシアのチェリャビンスク市では5千万トンにのぼる製鋼スラグの山が放置されており、先方が鉄分回収の工場を建設、日本側が技術指導することで契約が成立しました。他の産業についても引き合いがきて、北九州市からも調査に行っています。マレーシアでも、スラグに鉄分が10％も含まれて放置されており、技術協力の話し合いを続けています。

〈KITA事業が軌道に乗った要因をどうみますか？〉

北九州青年会議所などの提唱で、資金も施設もゼロから出発した団体が、四半世紀も続き、なお発展しつつあるのは凄いことです。ひとえに水野勲初代理事長（故人）の構想力、実行力とリーダーシップ、それを支えた幾多の市民の熱意の賜物と思います。水野さんは、強い信念を持ってＪＩＣＡ九州センターを八幡に誘致し、中国大連市に環境特区を作る提案もして基礎を築かれた。大企業はもとより、数百の市民・企業の浄財で財団が生まれました。研修員を家庭に招き、日本の生活を味わって貰うホームビジットでは、1家庭で20年以上にわたり33ヶ国から１００人以上を受け入れられた事例もあり、勇気付けられます。研修・協力の直接の担い手が60歳以上のシニア・ボランティアなのも幸いしました。企業を定年退職しても、高度成長期を築いてきた知識と経験を埋もれさせることなく、発展途上国のため何か役に立ちたいという真摯な気持が研修員にも伝わり、心が通うのです。

〈今後の抱負は、そして課題を〉

当初はモノ作りにこだわりましたが、最近はその結果排出される産業廃棄物はじめ人間の生活に関わる幅広い分野にニーズが移っています。市の専門領域のテーマも多く、産官学民協力の当協会は問題解決の幅が広い。今後「団塊の世代」をどう受け入れていくか、が課題です。これらの方々は能力が高く元気でこのまま埋もれてしまうのでは、社会の大損失です。

〈北九州経済の潜在力と課題をどうみますか。そして今後のあり方を〉

これまでの積極的な基盤整備投資もあって、新空港も開業、日産、トヨタに加え、自動車部品メーカーも進出、鉄鋼関連も要員こそ省力化で減ったが、生産量、売上は下げ止まり、上向きです。エコタウンに発展途上国の研修生を連れて行くとまだ使える自動車が目の前で解体されるのをみて、ビックリします。頭脳の拠点・学研都市も将来が楽しみで、文化創造活動も盛ん。かつての単なる素材産業都市でなく、広がりと厚みが出ています。北橋健治新市長はフレッシュな感覚で市政に熱意を持って取組んでおられるし、必ずや、良い街になるでしょう。

〈団体経営の哲学は？〉

国際協力は、50～100年後に思い掛けない酬いがあります。19世紀末、トルコの軍艦エルトゥールル号が和歌山県沖で台風で遭難した際、村人が救援し、親切に介護し、送り届けた。以来トルコは親日的で100年後のイラン・イラク戦争の際、テヘランで孤立した日本人達をトルコ航空が救出し、恩を返しました。和歌山の人達は何も期待してやったわけではありません。時至れば善意は必ず実を結ぶのです。

〈信条と趣味を〉

現役時代は「鬼の河野」（笑）とも言われた仕事人間で、声も大きく、元気もよかったのですが、シニアの今は「肩の力を抜き人生楽しく」（笑）。趣味は週1回のゴルフとクラシック音楽鑑賞。厚生年金会館で第9の合唱に参加したこともあります。

河野拓夫（こうの・たくお）
1954年東京大工学部卒、八幡製鐵（現新日鐵住金）入社。72～75年、ベルギーの国際鉄鋼協会に派遣。85年同取締役。90年黒崎窯業（現黒崎播磨）社長。94年西日本工業倶楽部理事長、北九州国際技術協力協会副理事長。2004年北九州市立美術館協議会会長。05年北九州国際技術協力協会理事長。10年退任。

◆世界に北九州のファンを――北九州国際技術協力協会3――試練を超えて

途上国の人材育成

【（公財）北九州国際技術協力協会理事長】古野英樹さん（2012／12）

国別のニーズに即し、限られた人材と資金活かす
日本のファンづくりに技術と知恵で貢献

◎信条

「天の時は地の利に如かず、地の利は人の和に如かず」、「シンプル・イズ・ベスト」

――北九州国際技術協力協会（ＫＩＴＡ・八幡東区）が４月、公益財団法人として新たなスタートを切った。古野英樹理事長に、新生ＫＩＴＡの活動の現況と役割、今後の展望などを聞いた。古野さんは「北九州の技術で開発途上国の人材を育成し、帰国研修生のネットワークの整備で日本ファンを増やしたい」と抱負を語った。

〈世界金融危機、大震災、原発事故の一方で、中国など新興国が台頭し構造変化が進んでいます。財政上の制約でＪＩＣＡ（国際協力機構）予算の見直しも進むなか、公益法人に衣替えされました〉

古野　資源小国・日本が経済大国に成長できたのは、少ない資源を有効に活用し、高い付加価値をつけてきた成果です。この発足の精神は守り続ける必要があります。30年前は生産性向上やメンテナンス技術・技能に力点がありましたが、モノ作りの技術は、生産性向上も環境保全もコスト削減も安全管理もすべてつながっていて一体です。安全操業のため機械化で生産性を

上げ、人間がタッチする場面をなくせば、エネルギー効率も向上し、環境も保全されます。こうした基本的な技術を研修するには私たちも常に変革が必要です。

〈32年間で世界１４０ヶ国の研修員６６３８人が巣立ちました〉

ＪＩＣＡ（国際協力機構）の開発途上国支援事業が柱で、地域別にはアジアが43ヶ国４４３８人、中南米が28ヶ国１２５６人、アフリカ32ヶ国５８３人、欧州24ヶ国２７９人、オセアニア13ヶ国82人の順です。これだけの教え子が世界中に存在し、日本のファンとして、そのネットワークが出来ています。これはＫＩＴＡや北九州の財産です。東日本大震災の原発事故で本国から帰国指令がきても誰も帰らなかった。日本の技術、ホスピタリティのすごさがわかってもらえるファンを大勢作り、目に見えるようにしていくのがＫＩＴＡの役割です。

〈国際研修、技術協力、環境協力の三本柱ですね〉

九州・山口の２００以上の企業、大学、行政機関のご協力で、生産技術・設備保全、環境対策、循環型社会など年間平均約40の研修コースを設けています。国際研修の中核はＪＩＣＡの研修事業で、最近では低炭素化社会実現のための発電技術、ベトナム国生産性向上経営管理、食品保健行政コースなどを実施しました。厳しい財政事情ですが、無償有償のＯＤＡ（政府開発援助）を増やし、日本らしい海外技術援助で影響力を広める構えです。

〈技術協力では、ロシアのチェリァビンスク州などでの支援が注目されました〉

同市の製鉄所ではスラグ（鉱滓）処理や連続鋳造モールドや不定形耐火物、長寿命ロール等北九州企業の技術を導入しています。これらの技術は東南アジアやカザフスタンなどでも導入され北九州の企業のグローバル展開のチャンスととらえています。

〈マレーシアの自動車製造業競争力強化セミナーも技術協力ですね〉

世界展開を競う自動車業界は進出先の技術を引き上げる必要があり、トヨタ自動車九州は独自に立派な研修施設を整え、プログラムを作り、部品企業に教えています。それを支える設備保全、省エネ、生産性向上技能はＫＩＴＡがプログラムを組んで研修します。５Ｓ（整理・整頓など）やＱＣ（品質管理）などどんな工場にも通用する技術で、研修員はこれを学ぶと喜んで帰国します。

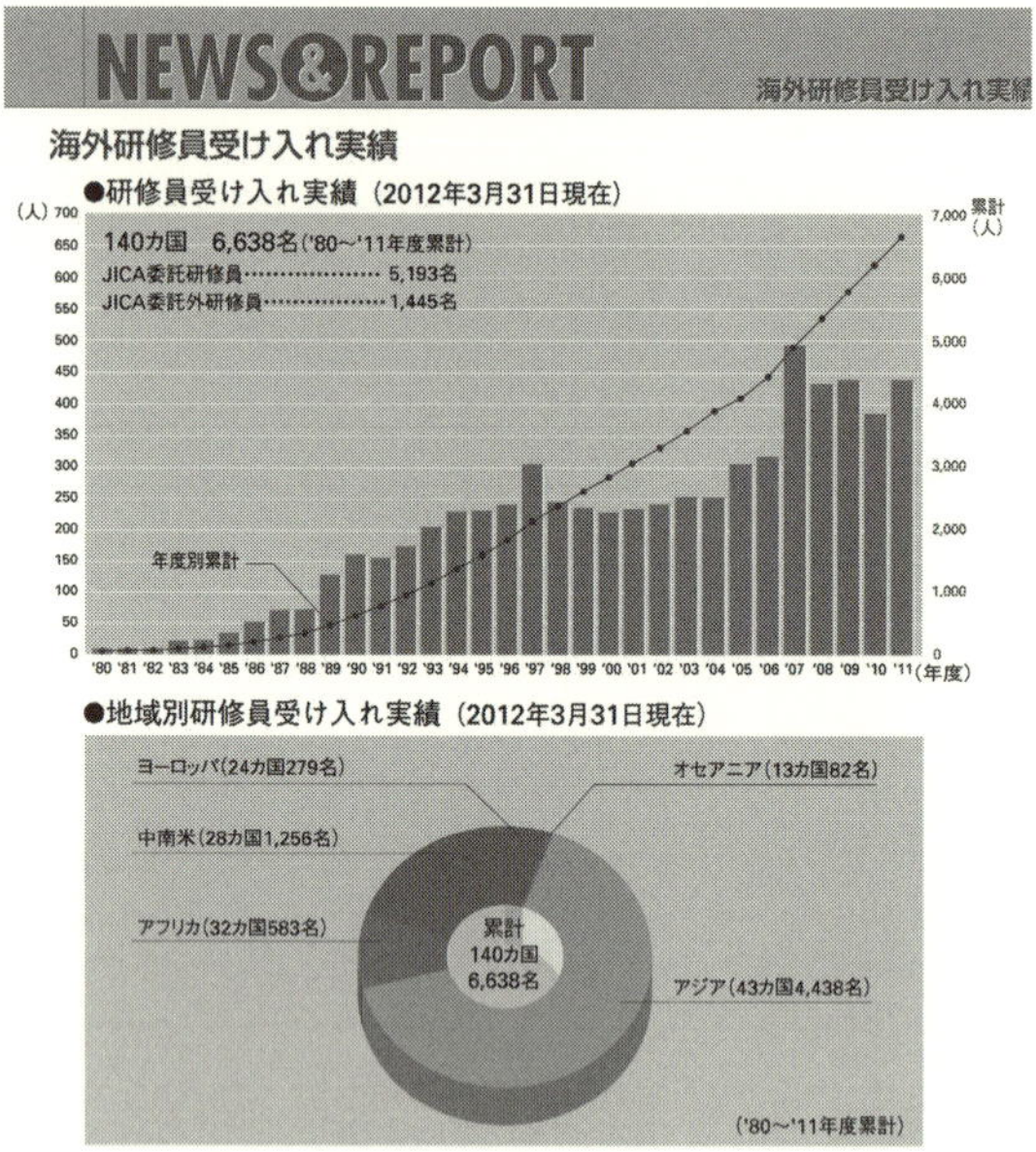

〈環境協力事業も人気ですね〉

ＫＩＴＡ環境協力センターが北九州市環境局と連携し、最近ではインドネシア・スラバヤ市の分散型排水処理施設整備、タイでの新バイオディーゼルの合成法開発、マレーシアの生ごみのコンポスト技術、インドなど6ヶ国の市民参加型廃棄物管理技術研修などを実施し、各国の環境保全に尽力してきました。

〈研修内容はモノ作りから低炭素化まで実に多彩です〉

日本の技術は、最先端のハイテクから地域密着のローテクや地方文化まで広範囲です。たとえば太平洋の真ん中の島国では、まだ水道もゴミ収集もありません。そこでは有機物の肥料化技術が喜ばれます。火力・原子力発電はとても無理という開発途上国には、あぜ道に発電機を置き、ちょっとした落差で小水力発電を行う大分県の事例が参考になります。様々なニーズに対応しながら技術にとどまらず、ジャパニーズ・ウェイ（日本流）を研修します。

〈ホストファミリーなど市民の支援も大きい〉

ピーク時には200以上の家族が研修員を家庭に温かく迎え入れ、その後長く交際が続いている例も多いと聞きます。国際ソロプチミスト北九州・北九州西ご支援のバスハイクや、西日本工業倶楽部での茶会など、北九州のおもてなしにはみんな感謝しています。サッカーの好きな国の人が多く、ギラヴァンツ北九州の応援も盛り上がります。

〈新生ＫＩＴＡの中長期的な方向性と課題は？〉

ＫＩＴＡの無形の財産を動かす仕組みなどを考え、7つの新しい方針を打ち出しました。まず、創立の理念をきちんと受け継ぐことと、北九州の立地の優位性の活用です。北九州は有数の産業都市であり、優れた環境都市であり、ＪＩＣＡ九州国際センターがすぐ隣にあり、アジアに近い。この優位性を活かすため、ＪＩＣＡ、市との連携もさらに強化し、定期会談を行います。海外のニーズの把握にも力をいれ、それに合う研修を行います。

〈事業収支の改善とインターネット時代の情報武装策についてはいかがですか〉

国の財政制約は厳しくなります。ＫＩＴＡの基金は五億円余あり、市からの受託事業もありますが、これだけに甘えるわけにはいきません。全体の収支改善、事業部門別採算性の見直しも行い、私たち自身が効率的に運営するための仕組みづくりを進めています。それと関連して情報インフラの投資にも力を入れます。無線ＬＡＮをひき、インターネットで帰国研修員とメールのやりとりをするなど世界とのネットワークを整備する半面、コスト削減も進めます。並行して海外で活躍し、リタイア期を迎える団塊世代も仲間に迎え、人材のインフラ整備をしていきます。

〈今回の公益法人化はその一歩ですか〉

これらの事業改革は公益財団移行、透明性の確保と並行して進めます。関経連が出資して作った組織を除けば、これだけの規模で生産性、環境などのプログラムをこなす団体は国内にも見当たりません。

〈今後はどの地域に重点を〉

これまでは韓国や中国が多かったがもう途上国を卒業したので、今後は東南アジア、中米、中東、アフリカが増えます。特にアフリカは中央部で部族紛争が残っていますが、ゴミ処理、発電などニーズも多様です。外務省もＪＩＣＡも有償無償のＯＤＡやＢＯＰ（途上国最貧層支援計画）を増やす方針です。中東はイラクなど戦争・内紛のあった国の復興需要も多く、環境教育や省エネ、ＱＣ（品質管理）の普及を目指す教員や公務員が来ます。サモアやトンガなど太平洋の島々も増えています。

〈2010年6月、環境協力の一環として「アジア低炭素化センター」が設立され、2050年に北九州の05年排出量の1・5倍をアジアで削減し、新しい国際的協業関係の構築が構想されています〉

仕組みは出来上がりました。その中に中国昆明市の下水道事業のような具体的なプロジェクトを埋め込み、推進していく過程で人材育成の研修事業が発生します。そこをお手伝いしていきます。

〈北九州経済の潜在力をどうみますか。その将来像と課題は？〉

北九州は、鉄鋼など素材産業を基盤に、最近は自動車も進出してきましたが、問題はその次の産業の創造・構築です。環境も大きなテーマですが、背骨産業にはなりえず、全市的な急務です。一方でＴＯＴＯ、安川電機は売上の3、4割を海外に依存し、黒崎播磨も海外にかなりの子会社を持ち、さらなるグローバル化も課題になります。

ブラジル・エジプトなど5ヶ国の研修員がセメント工場の現場で環境対策を実習（三菱マテリアル九州工場）

〈新日鐵住金もグローバル展開をと言っています〉

グローバル化は「国内産業空洞化が不安」と言われますが、各社とも本拠はマザー工場として国内に置きながら、海外は地産地消で事業を拡大する構えです。海外の低労賃で作った製品の逆輸入でなく、今後は現地の消費に結びつく製品の現地生産・現地販売です。そのサポートは必要で、ＫＩＴＡも関連の地場企業が海外展開する際は、手助けを考えています。ＯＤＡ資金で、現地企業の紹介や現地企業向けの技能研修で人材育成も行う。10年20年先の市の発展の方向を支えます。

〈八幡東田地区のスマートシティの実験についてはいかがでしょう〉

ここは八幡製鐵所と東田コジェネ、スペースワールド、ビルやマンションが集中し、いざというときバックアップを依頼する九州電力との関係も良好で、実験都市としては好環境です。早くスマートメーターをエリアから市全域に広げ、夜昼の違いや料金体系の違いなどを体験して思想を広げる好機です。

〈古野さんは鉄鋼一筋ですね〉

八幡生まれの八幡育ちで祖父から3代続けて八幡製鐵所で働いてきました。70年、新日鐵一期生で入社しましたが「万一合併が実現しないときは八幡製鐵に」と二つの会社の試験を受けました（笑）。本社技術本部と光製鐵所長時代の計五年間転出した以外は一貫して八幡勤務です。その間、心がけてきたのは「世界一の鉄鋼会社らしく」ということです。世界一優秀な製品を、世界一の生産性で、世界一低コストで作り、みんなが本当に欲しがっている製品を量産化する。オンリーワンの製品を作る。自動車用鋼板は各メーカーに使ってもらえる、加工しやすく軽い製品を開発、生産しています。

〈世界的に競争相手が増えました〉

私たち技術屋は、自分の手と頭脳で自分の国で世界一の製品を開発、生産することを考えてきました。ところが近年は、資本力で大手鉄鋼メーカーを買収すれば最高級自動車用鋼板を作る技術が簡単に手に入ります。高生産性の製鉄機械を買えばボタン一つで同じ高品質の製品を量産できる時代です。日本はもう一つ上をいき、だれにも真似のできないものを作り、それを地産地消でグローバルに展開するしかありません。このため、グループのネットワークをどう活用するか、関連企業はこれをどう前向きに活かしていくか、だと思います。

〈経営哲学、団体運営哲学を伺います〉

ＫＩＴＡは資金も人材も限られた中で、金儲けではなく途上国の発展のため、ひいては日本ファンづくりのために知恵で貢献しています。地球温暖化ガスの発生を抑える技術を教え、持続可能な成長に導くことで、日本ファンのネットワークを形成していく。そのための七つの改革です。地下水が浸透していくように地道に根を張ろうと呼びかけています。

〈座右の銘、趣味はいかがですか〉

「天の時より、地の利、それより人の和」（孟子）。ＫＩＴＡの活動も、各国の研修員とのネットワークも結局は人の和ですからね。趣味は健康維持のためのゴルフと「古事記」「日本書紀」の研究。定年後の楽しみにしていた後者は、時間がとれませんが、暇をみて古代のロマンの世界を楽しんでいます（笑）。

古野英樹（ふるの・ひでき）
1970年九州大学工学研究科冶金学科卒、新日本製鐵入社。95年八幡製鐵所生産技術部長、97年副所長、99年光製鐵所長。2001年八幡製鐵所長、03年常務、同。05年黒崎播磨副社長、06年黒崎播磨社長、10年同相談役。11年1月ＫＩＴＡ理事長。

（公財）北九州国際技術協力協会　八幡東区平野1―1―1、設立1980年、基本財産5億1376万円、事業内容　技術研修受入、専門家派遣、技術交流、コンサルティング、調査情報。

◆世界に北九州のファンを――北九州市海外水ビジネス推進協議会――試練を超えて

「水の世紀」地域産業の新しい柱に

【北九州市海外水ビジネス推進協議会副会長】森一政さん（2012／03）

公民連携で水道技術を世界に販売　まずアジアで実績づくりを

◉信条

「何事にも一生懸命取り組む」、「誠実に」

――「北九州の上下水道技術を公民連携で海外に売り込み、地場産業の活性化を図る」と北九州市海外水ビジネス推進協議会が発足して約1年半。カンボジア全土に及ぶコンサルタント事業が動き出すなど成果が出始めた。水道一筋40年の森一政副会長（前北九州上下水道協会理事長）に発足以来の活動状況や将来像などを聞いた。森副会長は「北九州独自の強みを活かし、まずアジアで水ビジネスの実績を上げ、地域産業の新しい柱に成長させたい」と抱負を語った。

〈成果が見え始めましたね〉

森　お蔭さまで昨年末には北橋健治市長とカンボジア鉱工業エネルギー大臣の覚書調印も実現しました。１９９９年以来、市水道局がＪＩＣＡ事業で首都プノンペンや主要都市の上水道整備に協力してきた実績が評価されました。同じように付き合いの長い中国大連市、ベトナムのハイフォン市などでも実績をあげ、世界に出ていく足掛かりにしたい。

〈アジアなどの人口増加を背景に水需要は世界的に拡大していますね〉

「20世紀は石油の、21世紀は水の世紀」で、発展途上国を中心に衛生的な水への需要は高まる一方です。世界には数ヶ国を貫流する大河が多く、水紛争の多発化も懸念されます。これらの国々で上下水道を建設・運営すると2025年には100兆円（05年60兆円）市場に拡大します。この成長分野を狙ってフランスの水メジャー（巨大資本）をはじめシンガポール、韓国などの新興資本がしのぎを削っています。

〈日本政府も09年の新成長戦略で「アジアにおける水インフラ整備」を原発、新幹線と並ぶ海外展開の3本柱に据え、現在千数百億円規模の受注高を25年に1・8兆円程度に拡大することを目指しています〉

日本の上下水道の技術は世界トップレベルです。企業は優れた設備機器を製作できますが、地方自治体が上下水道を管理運営してきた関係で、民間企業だけでは国際入札に参加できません。経済産業省は公民連携して建設から管理運営までの一貫受注体制を築こうと10年、海外水インフラPPP協議会を設立し、北九州市も加盟しました。

〈それを一歩進めたのが北九州市海外水ビジネス推進協設立ですか？〉

北九州市は「アジアと環境」を都市戦略に掲げ、市独自でアジア諸国の上下水道の管理運営に技術協力し、人脈を築いてきました。しかし、海外勢に対抗して、計画から設計・調達・建設・運営管理まで一貫受注するには総合力が必要です。市内には個別分野に技術力の高い企業がありますが、総合力は当面行政に蓄積があり、公民連携が鍵となります。国際貢献と地場企業の活性化を目指し、全国に先駆けて推進協が設立されました。

民間企業会員は発足時57社でしたが、現在は113社に増加しています。設計コンサルタント、土木建設、プラント設備、電気計装、金融、商社などで、113社のうち市内企業は38社、市外は75社です。

〈世界には水道がなく子どもが遠くから水を運び、伝染病に悩む地域も多い。北九州市はボランティア的に国際貢献を積み重ねてきましたね〉

水汲みの時間を削減できれば、子どもの学習時間や女性の働く機会も増えます。従来は援助・国際貢献でしたが、今後はビジネスも組み入れて取り組みます。それには、まず人脈のあるカンボジア、ベトナム、中国大連市で実績を作ることです。

〈カンボジアとの付き合いは10年以上ですね〉

99年から職員を派遣し、水道技術を指導しました。ポルポト政権の圧政と内戦で国土が荒廃していまし

水道が使えるようになり喜ぶプノンペン市民

た。首都は日本などの無償援助で水道施設を整備したが運転ノウハウがない。そこで北九州市が中心になり、水道運営の人材を育成しました。07年からは主要8都市でも人材を育成中。残る地方都市の水道整備が課題で、計画策定を依頼されました。全土の計画を策定後、建設・運営段階でビジネスにつなげていきます。

このほかセン・モノロム市上水道整備事業に松尾設計、安川電機と本市が基本計画から施工管理までの業務を行っています。

〈ベトナムのハイフォン市は？〉

ここも都市の急膨張で水道普及が最優先政策です。現在180万人の給水人口を280万人に拡大する計画で、厚生労働省の予算を活用し、本市の配水ブロックシステムや本市独自の生物処理浄水法の採用などを働きかけます。この配水システムは松尾設計と東芝と市が担当し、調査を行っています。

〈大連市の計画は大規模ですね〉

99年から協力し、都心の水道普及率は97％（270万人）に達しましたが、人口急増中の周辺3つの100万都市は20～30％です。第2次5ヶ年計画で上下水道1800億円の事業が計画され、機器の売込みと運営管理の受注などを目指しています。国際都市だけに最先端設備にも関心がありますが、民間だけで行っても当局は会ってもくれません。人的関係でも他に先んじている自信があります。

〈サウジアラビアとは？〉

現在、砂漠に投棄している下水道汚泥の適正な処理や、下水処理水の再利用に係る日本の先進技術を導入したいと国ベースで技術協力に合意しました。本市には下水道関連で実績を誇るJICA（国際協力機構）九州を通じ07年に協力要請があり、2年間でサウジから27人の研修生を受け入れ、09年には現地で市職員も参加してセミナーも開きました。

〈民間会員企業を対象にニーズ調査もしましたね？〉

国内市場が縮小傾向にある中で、各企業は北九州と付き合いの深い外国との水ビジネスで自社の新たな事業展開を図りたい。だが、文化や言語の違い、為替差損のリスクなどから単独進出には不安がある。そこで、協議会を通じて海外情勢をつかみ、公民連携で自社製品やサービスを拡販したいという立場です。しかし、社内体制を確立して本格的に取り組む企業もあれば、汗をかかず情報だけ入手して調査団にもセミナーにも参加しない企業もある。意識差が大きく、協議会ニュースを発刊し、新しい情報を定期的に発信していきます。

〈事業の推進体制は？〉

大連セミナーで挨拶する竹澤会長

幹事会とプロジェクトマネジャー制を新設しました。幹事会は建設局と水道局の担当部長をはじめ、市内5社と市外5社で構成。私が幹事長を務め、会員のニーズを聞き、新日本製鐵出身で経済界に顔の広い竹澤靖之会長（北九州商工会議所副会頭）と相談しながら運営しています。

〈水ビジネスは欧米勢に加え、アジアの新興勢力も台頭。国内も東京都や横浜市に商社も参入し、競争は激化しています。勝ち抜く自信は？〉

配水管のブロック管理をはじめ、本市には上下水道事業の長年の蓄積と実績があります。加えて20年来の国際交流の人的ネットワーク、および、市内の水関連産業の多様な集積もあります。中国市場に参入している環境テクノスの測定技術など個別製品では高度なものが多く、メーカー品を据付け、保全する地場企業も多い。ＪＩＣＡとの関係も密です。これらの強みをまとめて総合力として発揮できる仕組みづくりがカギです。

〈日明浄化センターに隣接して昨春、稼働したウォータープラザは国内初の施設。この存在も強みですね〉

本市と新エネルギー・産業技術総合開発推進機構、海外水循環ソリューション技術研究組合が連携して開設した最先端の水循環システムの実証拠点です。下水の膜処理と海水淡水化を組み合わせた省エネ型の造水プラントで、従来比３～４割のエネルギー節約効果があり、サウジアラビアなど水資源の不足地

日明浄水センターとウォータープラザ

域でビジネス展開する際、ショールームとなる有力な武器です。さらに、日明浄化センターと合わせ、ここを日本の水の国際戦略拠点（北九州ウォーターハブ）として、整備する予定です。

〈森さんは水道一筋40年。水道事業にとって海外ビジネスの意義は？〉

本市の水道事業の誇りは、市内に一級河川がないのに自前で水源開発をしてきたことです。五市合併に先駆けて1952年、水道組合を作り、広域化して現在の水道事業があります。だが、99年の耶馬渓導水事業の完成で建設拡張は終わりました。以後、水源開発の総合力を発揮する場がなくなり、技術を維持継承するには、近隣市町村への支援と海外事業しかありません。

海外事業はこれまで、国の費用で市の専門家を派遣していました。彼らは現地で教えるために英語の教材を作り、水源・浄水・配水など国内の3倍から5倍の勉強をして出かけ、国内ではできない経験を積み、ひと回り大きくなって帰ってきました。海外は人材育成の場なのです。

〈今後は人口減少と節水志向で給水需要が減る一方、老朽設備の更新が必要になります。海外ビジネスは市水道事業の新たな収益源ですか？〉

水道事業もスケールメリットが働きます。市の資産と人材を活用して広域化すれば、コスト低減で料金を抑制し、事故対応も容易になります。宗像、福津、古賀、新宮の3市1町で水を広域利用しますが、その延長線上にあるのが海外水ビジネスです。

〈「水メジャー北九州」が世界で成功する可能性は？〉

仏の水メジャーはシェア低下中で、シンガポールや韓国が公民連携でキャッチアップしています。国際入札の条件は相手国政府が決めます。人間関係のある国や都市で実績を積み重ねていけば十分対抗できます。ただ商社や銀行のように、現地企業をM&Aで買収し管理運営することは考えません。ものづくりの街らしく、設備機器の設計・製作・維持管理などを主体に北九州の新しい柱に育てていく。現地で大きな仕事がとれると人材の常駐が必要になり、水以外の多様な情報も入る。公が引いて民が現地に根付き、ビジネスを展開するのが理想です。

〈北九州経済の潜在力は？　活性化への提言も〉

4大工業地帯の一角を占めたものづくりの勤勉な街。工科系の高校や大学が多く、地震は少ない。だが、卒業生の多くが関東、関西に出ている。残念です。さまざまな技術を持つ中堅・中小企業がウォータープラザ等を活用し、北九州発の新製品を作る。行政もそれを支援して、潜在力を引き出すことが必要です。

〈激動期の経営哲学は？〉

上下水道は施設産業。同じ料金を得るのに電力の4倍の設備投資が必要です。起債の元利償還に25～30年かかるが、ポイントはスケールメリットです。電力は九州で九電1社、ガスも数社なのに、水道は何十事業体もある。事業の安定性を考えれば、中核都市が音頭を取り、広域化・水道合併が必要です。海外水ビジネスでシンガポールと韓国が強い理由は公民連携と企業数の少なさです。

〈座右の銘と趣味を〉

「何事にも一生懸命取り組む」。内外で人に接する時は「誠実」に。趣味に割く時間が作れず、中学高校時代の同級生と年3回ほどの旅行が楽しみです。昔にタイムスリップして、ストレス解消できます。

森一政（もり・かずまさ）
1970年福岡大学工学部卒、北九州市水道局入職。業務部長、給水部長、総務部長を経て、2002年市公営企業管理者（水道局長）。07年（財）北九州上下水道協会理事長。10年同顧問。北九州市海外水ビジネス推進協議会副会長。

北九州市海外水ビジネス推進協議会　小倉北区大手町1-1（財）北九州上下水道協会内、設立2010年8月、会員数113社（市内企業38社、市外企業75社）、事業内容　公民連携による海外水ビジネスの推進、会員企業の情報交換と共有、海外展開の手法の検討。

◆アジアの知の拠点づくり——産学官連携・北九州学術研究都市1——世界的景気拡大のなかで

知の拠点に成長した学研都市

【(公財)北九州産業学術推進機構(FAIS)理事長(当時)】 阿南惟正さん(2008/08)

最先端+基盤技能の強化必要

◉信条

「人と人、国と国の付き合い、信頼感こそが基本」、「人生、日に新たなり」

——「アジアの知の拠点」を目指す北九学研都市が国公私立の3大学と内外の研究機関を集め発足して8年目。その一体的運営のため01年産学官で設立された北九州産業学術推進機構(FAIS)の阿南惟正理事長にこれまでの取組み、現状と展望、課題を聞いた。

〈学研都市がスタートして8年になります〉

阿南　アジアの中心となる「情報と環境」の最先端技術拠点を形成し、地域の活性化を——という事業ですが、お蔭様で中軸の産学連携事業は、国や市の委託研究と企業との共同研究等が年平均約300件に上ります。初年度は約4億円だった外部からの研究資金獲得も20億円まで拡大しました。学生数も当初300人が現在約2300人で、教員研究者約250人います。ベンチャーや中堅企業の進出も当初の5社から54社に増え、昼間人口は約2300人で、「学研都市」らしくなりました。

〈海外の大学、研究機関との交流も進みましたか?〉

FAISは、台湾のサイエンスパーク(新竹、台南)と交流協定を結び、半導体技術で連携を強化中です。英国クランフィールド大に続き、中国の清華大、上海交通大も研究室を設置。また各大学が個別にアジア、欧州の諸大学と交流協定を結び、国際連携は重層的です。留学生も４７０人で学生全体の５人に１人です。

〈運営の重点はどこに置いてきましたか？〉

企業、大学、行政という、立場も環境も全く違う３者が、新しい学研都市として総合力を発揮していくためには、まず「意思の疎通」が土台となるので、事ある毎に「信頼関係づくり」に努めました。産業界のニーズと大学のシーズをどうつなぎ、いわゆる「死の谷」をどう越えるかの議論もした。この一体感づくりを後押ししてくれたのが、文科省の知的クラスター創成事業Ⅰ期（02～06年度）です。國武豊喜副理事長を中心に九州工大、早稲田大、北九州市立大がチームを作り、半導体とナノテクノロジー分野で5年間共同研究に取り組み、全国トップ級の成果で、一体化の効果をあげました。Ⅱ期（07～11年度）は福岡、飯塚と合同で推進中です。北九州ＴＬＯ（技術移転機関）も累計特許取得が約２５０件、技術移転数１２２件に達します。ただ研究成果の事業化、ベンチャー創生となると、市場開発力や金融力の壁が問題ですが、11の学研都市発ベンチャーが活躍中です。外部研究費は増加傾向で、外部資金の受け皿となり、次の研究への資金源となっています。

ひびきのに展開する北九州学術研究都市

〈ユニークな事業化例はどんなものがありますか？〉

たとえば、昨年産学官連携表彰で総務大臣賞を受けた泡消火剤です。地場の「シャボン玉石けん㈱」と北九大の化学の研究者、市消防局が文字通りの産学官の共同開発で、従来の20分の1の水で消火でき、しかも、生態系にも影響のない、環境に優しい画期的な製品を開発しました。筒先もホースも軽いので、大阪の消防車専門メーカーのモリタ自動車が、これを搭載した、狭い路地にも入れる小型消防車を作りました。引合いも多く、将来は国外に輸出もと期待します。こうした研究をする環境消防技術研究センターを北九大が最近、学研都市内に作りました。

また、石川鉄工所（八幡西区）とロボット開発支援室が開発した下水道管検査ロボットは、小型化とカーブの曲折にも成功、これまで人間がカメラを操作していた作業をロボットに任せる省力化もでき、今年初から発売中です。北九州空港の案内ロボット「メーテル」は利用客と対話できるし、安川電機、ゼンリンデータコム等と共同開発の自動運搬の「ロボポーター」は、今春、当学研都市で開催した電子情報通信学会参加者を空港で出迎えました。介護用のロボットも老人福祉施設と共同研究中です。ロボットのサッカー全国大会であるロボカップでも、九工大、北九大、ＦＡＩＳ共同製作のロボットが、今年６試合無失点で常勝の慶応大を破り、２度目の全国優勝をして、中国蘇州の世界大会に出場します。

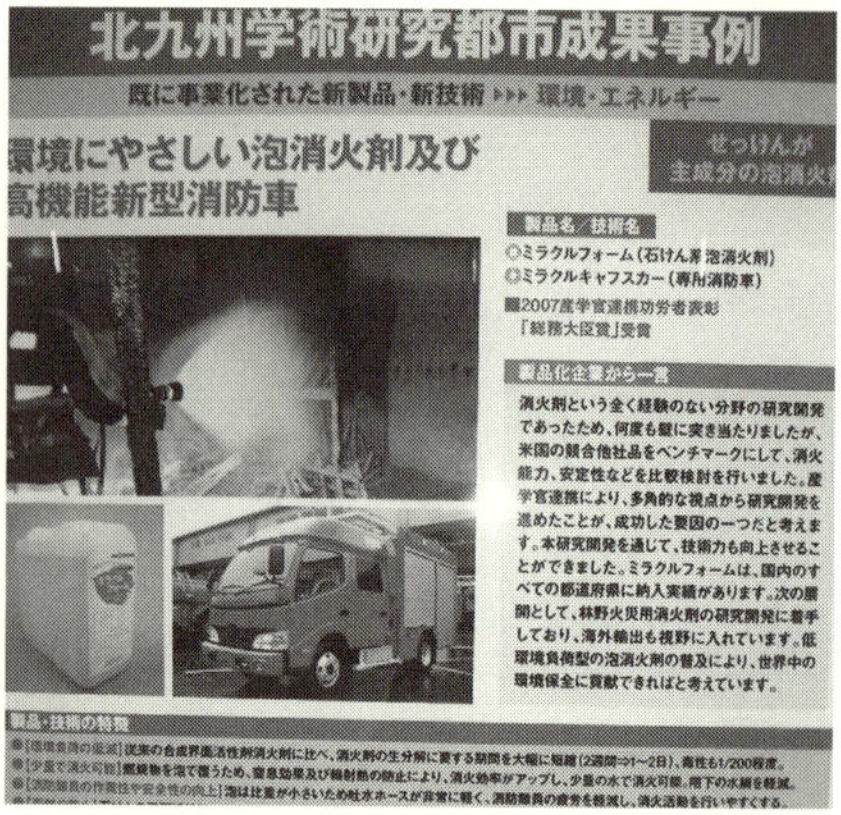

産学共同で開発した画期的な製品の例

〈カー・エレクトロニクスセンターを新設しました〉

トヨタも日産も強力な中央研究所を持っていますが、米国市場にも詳しい研究者によると次世代自動車は、スピード、デザイン以上に、「環境と安全」が主要テーマと言います。この点、当学研都市は九工大生命体工学研究科の脳の機能研究や北九大の環境工学など人材が多く、共同研究向きです。これらの研究者が技術開発交流センターに入り、９つのテーマで車の電子化研究を進めます。トヨタはハイブリッド車、日産は電気自動車で次世代カー開発を競いますが、共に東西に拠点を持ち、面白い展開になります。トヨタ自動車九州や日産車体の工場新設に対応、人材育成にも力を注ぎます。

〈今後の課題、問題点は？〉

研究成果は出ても、事業化はまだこれからというものも多く、重要課題です。また当初は日本国中から研究者が集まり、新しい学研都市を創る情熱に燃えていたが、その意気込みがマンネリ化していく人もあり、どうリフレッシュし刺激を与えていくか。北九大が学科、大学院の増設を進めるなど、各大学も仕組の見直しに取組んでいます。世界18ヶ国・地域の留学生の寮、奨学金など支援対策、大所帯になったＦＡＩＳの行政、産業界との関係見直しも課題です。

〈内外の学研都市競争の中で今後の展開方向は？〉

地方の時代の実現には特色が必要です。最近、響灘地区を見ました。ブリヂストン、東邦チタニウムの工場建設、日鐵ブリッジの羽田空港用巨大ジャケット製作と元気でした。北九州はあくまでも製造業が基盤です。先端研究の成果をいかにモノ作り産業の高付加価値化につなげていくか、そして学研都市のさらなる伸展には、物流など３次産業、食料、林業など１次産業も含めた多角的な研究体制も必要かと思います。黒崎の商業開発、高台の住宅問題など、地域貢献に繋がるテーマも多い。国際化時代だが、土台は地域。更なる中小企業の競争力強化も重要です。「大企業は動物で、餌を求めて国の内外どこへでも行くが、中小企業は植物で、地域に根を張り、それが強味であり、また限界だ」といわれます。最先端の研究開発と合わせ、基盤技能の強化も重要です。

〈最近、『鐵の絆――ウジミナスにかけた青春』を出版されました〉

昭和30年代、ブラジルのウジミナス製鐵所の建設協力に30歳代で参加したときの体験記録です。大変な僻地に製鉄所を建設した現場の技術者と家族の苦労、日本鉄鋼業の技術協力の第一歩としての意義、そして30年代の日本人の気概を伝えたくて、筆をとりました。たまたまブラジル移民１００周年や鉄鋼界のブラジル進出熱と重なり、広く読んで頂き、望外の幸せです。

〈経営哲学と信条、趣味は？〉

信頼感――人と人、国と国の付き合い、いずれも信頼感が基本。そのためにはフェイス・トゥ・フェイスの対話と意思疎通が大切です。どんな時代も、基本は「責任をもって仕事し、モノを語る人間」。日本的経営の良さを残す。信条は「人生日に新たなり」と「晩節を尊ぶ」。趣味は囲碁、書道、水泳です。

阿南惟正（あなみ・これまさ）

１９５６年東大法学部卒、八幡製鐵（現新日鐵住金）入社、61年日本ウジミナス出向。94年新日鐵副社長、95年太平工業社長、２００１年（財）北九州産業学術推進機構副理事長、05年同理事長。同年北九州市立大学理事長。

◆アジアの知の拠点づくり――産学官連携・北九州学術研究都市2――試練を超えて

先導的低炭素化研究に挑戦

【（公財）北九州産業学術推進機構（FAIS）理事長】國武豊喜さん（2012／07）

12年目の学研都市 「アジアの拠点」へ基礎固め「地域産業力の強化」

◉信条

「好奇心と粘り強くやる気力、体力」、「最大、最高の趣味は研究」、「創造は楽しい」

――新興国の追い上げ、国内産業の空洞化が懸念されるなかで、北九州学術研究都市とその中核団体・（公財）北九州産業学術推進機構（FAIS）が昨年創立12年目に入った。これまでの蓄積の上に、これからの学研都市をどう展開していくか。自らも世界的な研究業績を持ち、ベンチャー企業の経営者でもある國武豊喜理事長に聞いた。

〈この10年余、学研都市は大きく成長しました〉

國武 「アジアの知の拠点」を目指し、国・公・私立大学の理工系1学部4大学院と公・民の16研究機関が集積、学生数は当初の300人が2300人に、留学生は30人から525人に、進出企業も5社から54社に増え、昼間人口は2300人になりました。FAISは、研究開発支援、産学官連携の促進、特許化と技術移転、中小ベンチャー育成のお手伝いをしてきましたが、240の特許を出願、うち34を事業化し、基礎はひとまず固まりました。

〈次の方向として「先導的低炭素化技術研究戦略指針」を打ち出しました〉

発足当初の目的は「頭脳の集積」と「地域産業力の

強化」で、重点分野は「環境」と「情報」でした。10年たって、情報通信は米国グーグルやフェイスブックの登場で激変し、日本の家電・半導体産業は製造面の競争力を喪失、当時は予想もつかなかった苦境に追い込まれています。「環境」も、当時は使用済み製品を再生利用する「静脈産業」が中心でしたが、最近は太陽電池や新エネルギーなど新たな付加価値を創る「動脈産業」的な側面も出てきました。こうした産業構造の激変のなか、今後の「戦略指針」として打ち出したのが「低炭素化技術」です。

〈「低炭素化」は、地球温暖化防止の概念ですね？〉

近年はスマートコミュニティなど「情報」も活用し、資源・エネルギーをどう上手に使うか、省資源、省エネ的な意味にも使われつつあります。私達の指針は「低炭素化」を基本理念に、産業分野として、太陽光発電など再生可能エネルギー、軽量化素材、省エネ型の車・住宅の開発、水・食糧の利活用、公害防止技術のアジア移転、次世代製品材料の再生利用、情報通信の基盤技術、各分野のビジネスモデルの創造などを掲げています。いずれも幅広い産業集積が強みの北九州市の地場企業とつながるテーマです。

〈具体的な事例をあげますと？〉

太陽光発電のシリコン製発電パネルの再利用技術です。パネルの製造自体は、中国の台頭など世界的な価格競争で米欧では破綻企業も続出しています。だが、5～10年後には必ずパネルの再生利用が世界の課題になります。エコタウンの技術蓄積を持つ北九州市が、一歩先に備えれば、大きな強みになります。

〈LEDアプリケーション創出協議会が発足しました〉

新発光ダイオードのＬＥＤチップは、地元では㈱東芝セミコンダクター&ストレージ社北九州工場が製品を、三菱化学㈱黒崎事業所が素材を生産していますが、世界的コスト競争で東芝は撤退と報道されました。北九州の地場産業の力で、製品製造よりも「こういう上手な使い方ができる」という新用途を開発したい。ＬＥＤなど光源は熱を発生します。光が強いほど熱が高く、これをいかに逃がすかが課題ですが、その放熱板を鹿児島大学の研究者が発明、宮崎や山口地域とも協力して一緒に研究します。強力なＬＥＤ光源の開発に成功すれば、猛煙の中で消火する消防作業や漁船の水中照明、深海探査、巨大な建物の天井照明など需要分野が広がります。

〈農漁業の振興にもなりますか？〉

ＬＥＤは太陽光と違い、特定の色も出せるため波長により生育が違う植物工場にも使え、農業競争力を強化できます。家庭用のＬＥＤ電球を安く作るのも一方向ですが、社会が必要とする特殊な技術の開発で勝ちにいくことも大事です。日本は課題先進国で、エネルギー不足、少子高齢化など各国に先駆けて難問に直面していますが、克服すれば逆に世界に先駆けて新たな技術を開発できる大きなチャンスです。製造だけでは人件費の安い新興国に勝てません。日本独自の課題の解決が、他国への競争力になります。

〈過去10年、文部科学省の知的クラスター創成事業など地場企業との産学官連携で31の新技術・新製品と26の有望新技術が生まれました〉

例えば、シャボン玉石けん㈱の「泡消火剤」は、都市消火だけでなく、米国や豪州が悩む森林火災の消火でさらに効果的です。森林消火には飛行機が必要で、新明和工業㈱と組み、消防飛行艇の開発計画も進行中です。成功すれば水から泡へ世界的な「消防革命」につながります。

下水管検査用ロボットの「もぐりんこ」も随分用途が広がってきました。ＪＲ九州が購入し、電線等を埋めた共同溝のチェックに使い、中東では石油化学プラントで石油を通す前に、穴や工事ミスがないかなど操業前に調べるのにも役立っています。

〈稀少電池材料リチウムの研究も進めていますね？〉

リチウムは消費が急拡大しています。北九大の吉塚教授が、高効率の抽出プラントを開発しました。ボリビア高地のウユニ塩湖は、原料塩が多く、そこで住友商事等と共同でテスト運転中です。

〈グローバル化が急進展中です〉

北部九州の地の利を活かし、アジアのハブ（中核）を目指してきましたが、この10年で製造業が激変しました。自動車の組立工場が増え、昨年１３０万台を生産。部品は中京、関東からの調達に加え、最近は地場産、さらに韓国・中国産も増え、国際的ハブになりつつあります。この分野では、より良いものをより安く作り、勝負に勝てる力を地場企業がつけることが急務です。カー・エレクトロニクス、半導体技術、ロボット開発支援の各センターで技術開発、人材育成を支援しています。

〈昨秋、北京大学と科学技術、人材交流等に関する協定を締結し、研究室を開設しました〉

北京大学は、早稲田大の画像処理の専門家と画像システム共同研究を進めています。台湾の三つのサイエンスパークや韓国光州テクノパークとも提携し、相互に交流しています。かってはアジアで日本の技術が断トツでしたが、最近は韓国などに追い抜かれた分野もあります。逆に言うと、アジアの中で競争し協力する条件が整いつつあり、自動車の部品供給のように国内外を問わない仕組みが盛んになります。一方では、韓国も中国も超高齢社会化は不可避で、日本が苦しんでいる難問が直ぐに訪れます。これを解決する技術や社会システムの課題です。アジア共通の課題です。これを解決する技術や社会システムが必要となります。

〈学研都市の強みと課題は?〉

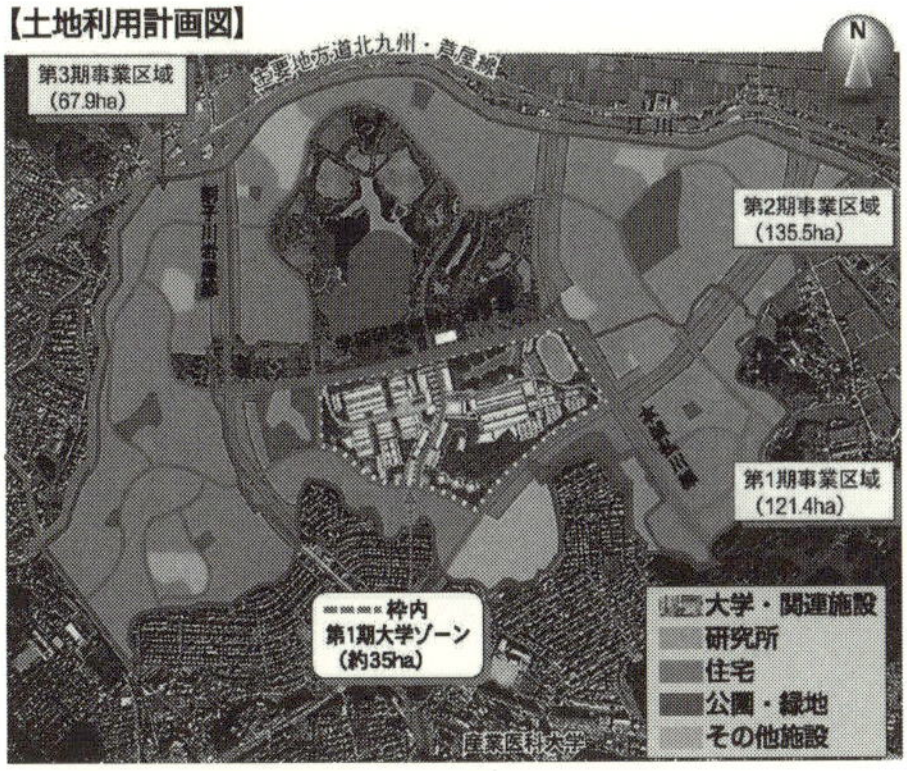

学研都市の土地利用計画図

強みは産業都市としての技術蓄積です。素材・加工関連業が多いが、幅が広く、各大学と研究機関の集積と結び付け活用できます。一方、課題は自社で最終製品まで作る企業がまだ少ない。東京都大田区や東大阪市に比べると、「まいど1号」のような下からの盛り上がりがいま一つです。アジアも含めた広域ネットワークで、両地区に近づけるのが私達の役割です。

〈開発した新製品の販売実績づくり、特許収入等財政的な自立も今後の課題ですね?〉

FAISの事業費は年間約27億円(国の受託研究費2・4億円)です。共同研究は年間約250件、外部資金導入は大学に直接入るものも含め22億円でほぼ横這いです。特許収入は、現在まだ数千万円ですが、これが増えると自由度が増します。地場企業と協力して世界に先立つ研究開発を急ぎたい。

〈学研都市の将来像は?〉

当初構想は、1期~3期で最終的には335㌶の計画です。現在は1期121・4㌶が終了し、2期の開発中です。公共・民間研究機関をさらに誘致したいところですが、近年、リーマン・ショックなどで環境が厳しく、企業も逆に日本から出ていく状況です。今後は規模の拡大よりも中身を濃くする方向も大事です。研究開発企業の誘致と地場企業の開発力強化で、地域全体を研究開発型に移行させたい。テーマ

石川鉄工所と共同開発した老朽下水道の配管検査用ロボット「ハイパーもぐりんこ」

に応じ内外から専門家を集めて、国際的なイノベーション（革新）に取り組みます。

〈いわば地域の研究開発力の倍増計画ですね？〉

北九州では、世界的大企業や中堅企業は自前でやれますが、大多数の協力企業は、独自に開発するケースは少なく、自力で開発できる企業を増やしていきたい。昨年から取り組んでいるＦＡＩＳの中期計画では、３年間で倍増を目指しています。いかに地元の産業力を強くするかが至上命令です。

〈北九州の潜在力と課題は？　浮揚への提言を〉

北九州市が百年前に産業都市になったのは、水、石炭、海運に恵まれ、アジアに近く、地震も少なく、産業に適した地域だったためです。この優位性は今も変わりません。ただ、産業構造は時代とともに変わります。優位性を活かすには、時代や社会の変化をきちんと見て、自分の良さを失わず、しかし、遅れをとらないよう積極的に変身する。新産業にチャレンジし、新しいモノを生み出していく気概が不可欠です。それをお手伝いするのが、ＦＡＩＳです。

〈國武さんはご自身で、1977年、九州大で世界ではじめて細胞膜のような分子の膜を人工的に作り出すことに成功、ナノテクノロジーの世界を切り拓きました〉

60兆個の細胞を持つ複雑な人間の身体も、もとは１個の細胞でこれが細胞分裂を繰り返し、自らより複雑な機能に進化・成長します。これを「自己組織化」と呼び、動植物の特徴ですが、私たちは好運にも薄い細胞膜から人工的にこれを作るメカニズムを実証でき、これが極小な分子を集めてナノにしていくボトムアップ型のナノテクノロジーに貢献できました。

〈㈱ナノメンブレン社（東京）の最高技術責任者としても活躍中です〉

８年前から理化学研究所（東京）の約50人のプロジェクトで、丈夫で使いやすい人工的薄膜の開発に成功、その技術展開のため設立したベンチャー企業です。20ナノ（百万分の２㌢、葉書１万分の１の薄さ）の極薄膜を広く作り、燃料電池の陽極と陰極を仕切る薄膜や海水淡水化の逆浸透膜に使えないか研究中です。

〈新技術創造の能力と条件は？〉

出発点は新しいモノが好きという好奇心。それと粘り強くやる気力と体力でしょうか。問題意識を持ち、常に考えつづけると、ふっと奇跡が起き、アイデアが浮かびます。

〈研究機関の経営哲学は？〉

時代の変化をきちんとみて、状況が変われば対応する。自分が大事だと思うテーマと研究費がつくテーマは必ずしも同じではなく、バランスが必要です。次に大事になる分野を予測しつつ、当面需要の多い分野も手掛けていく。メンバーが前向きに仕事出来るように、進むべき方向をはっきりさせ、情報の流れを活発、柔軟にしておくことでしょうか。

〈座右の銘と趣味は？〉

とらわれるのが嫌で、座右の銘は特にありません。趣味は「研究」です。20代で米国に留学して、日本に帰り九州大学に勤め始めて、研究以外に趣味は持つまいと決意しました。米国では物凄く優秀な連中が猛烈に勉強しているのを見ました。世界的に彼らとどう対抗し勝っていくか。そのためには趣味など持つ余裕はないぞ、と。研究の面白さは登山と同じです。その時代で一番高いところまで登り、頂上を極めたいという達成感と、決まった道がなく、探し、作りながら上に登っていく先の読めないミステリー的な緊張感。研究と創造は楽しく、それが最大の趣味（笑）です。

國武豊喜（くにたけ・とよき）

1958年九州大学工学部応用化学科卒、62年米国ペンシルバニア大大学院博士課程修了、63年九州大学工学部助教授、同教授、同工学部長を経て、99年北九州大学教授。2001年副学長、07年理化学研究所客員主幹研究員、09年（財）北九州産業学術推進機構理事長。文化功労者。

（公財）北九州産業学術推進機構（FAIS）　若松区ひびきの2―1、設立2001年、基本財産8億円（全額北九州市出損）、事業規模26・9億円（2010年度）、業務内容　産学官共同の研究開発と助成、学術研究の推進と産業技術高度化、ベンチャー企業創出、中小企業支援、産業人材の育成他。

第2部　モノづくり産業の進化

基幹で裾野の広い「鉄鋼業」は中国、韓国など新興国との激しい国際コスト競争に直面していますが、「選択と集中」を進め、電磁鋼板、高級レール、高級棒鋼など高付加価値製品に特化しています。さらにチタニウムのような軽薄短小の技術集約的な新金属精錬業の進出で素材産業基地としての厚みを増してきました。

「化学工業」も従来型のプラスチック・繊維原料などの汎用量産品は量的には横這い、縮小気味ですが、それに加え、付加価値の高いIT製品用の新素材や高機能製品の開発やナノテクノロジーなどの新分野に取組みつつあります。

窯業は、世界に節水技術を発信する衛生陶器、日本の素材産業を炉材で支える耐火レンガなどが、技術集約的な高級耐火物を開発しながら、海外展開と新製品開発に努めています。

北九州に幅広く集積している鉄鋼・化学の関連協力企業群は、大手メーカーとの協働で絶えざる技術開発に努め、競争力を高めながら、自らも新分野への進出や、多角化・海外展開で新たな成長を模索しています。

機械金属業界では、隙間に特化、独自技術で独自製品を開発、メーカーとして自立して市場開拓する企業も増えてきました。

電機関連では、電動機製造から、ロボット製造に進み、国際展開しつつある企業、半導体や金型などミクロン単位の微細技術で世界に展開する企業もあります。また住宅地図という地味な製品で全国制覇し、そのうえで地図のデジタル化で新分野を開拓し、カーナビなど情報産業化した企業も活躍しています。

新3戦略で事業展開

【TOTO㈱社長（当時）】　重渕雅敏さん（2001／06）

増改築・環太平洋・新規事業の3戦略、連携と協働も

——国内シェア6割、海外22地点に拠点を置く衛生陶器など水回りのトップメーカー、TOTOは「節水技術を世界に」と、世界5極体制で、新技術開発や新規事業の開拓、経営改革を進めている。歴代トップに経営戦略と課題の変化を聞いた。

〈「生活の器」住宅の新築着工も低迷していますね〉

重渕　2000年は123万戸でピークの実に30％減です。当社の売上高も10年前に逆戻りしました。人員など10年前に戻そうと、企業再構築に懸命です。総住宅数が世帯数を15％上回り、少子高齢化で新築100万戸割れ時代は必至です。米国は中古住宅の流通が盛んで、日本も古い家を買って住宅設備機器も一新する米国型リフォーム時代に入ります。

〈増改築分野の開拓に力を入れていますね？〉

売上比率でみると新築6、増改築3、新規事業・海外1ですが、これを4：4：2、さらに3：4：3に転換したい。第1は増改築分野の強化で、住宅の「困った」を「良かった」に変える生活密着・生活環境企業に変身します。日本は衣食は、超高級ですが、住は不充分です。住宅の「困った」は沢山あります。それをリモデルで「良かった」といわれるサービスの提供です。高齢者対応でいえば介護保険システムも結構ですが、高齢者はなんとか自分が自立できる環境を望んでいます。「人の手より手すり」です。

〈海外展開も急ピッチです〉

第2が「環太平洋戦略」の展開です。地球の大問題の一つは水問題で、米国も中国も生活レベルの向上につれ水不足が深刻化、米国のトイレの水は6リットル以上使えなくなり、政府が補助して既存住宅の設備も

取替えます。ロサンゼルスでは30万戸全部TOTOに頼んできました。日本では当たり前の自動式蛇口、自動式トイレは水使用量が家庭で最も使われている機種の半分以下の節水型です。最新鋭の衛生陶器加圧成形設備を米国、日本、中国の3拠点に持ち、互換性を持たせ、各地の技術を融合しながら、節水技術の世界標準をTOTOで創っています。中国子会社は当初こそ投資しましたが、あとは利益の再投資で「自己増殖」中です。大連の金具、北京の衛陶、南京の浴槽、上海のプラスチック工場と増えています。当社中核の衛生陶器、水栓金具、ウォシュレットは環太平洋市場でシェア№1を目指します。

TOTO 本社と工場群

〈第3の新規事業拡大の方向はいかがですか？〉

世界シェア6割の多重波伝送光通信用部品や半導体の製造装置用部品、洗剤なしで汚れが落ちNOx、SOxを減らす光触媒技術等世界のオンリーワン技術に磨きをかけています。燃料電池も開発中です。

〈これからは、IT技術が大きなテコになりますね〉

ITを使った「情報系のネットワーク」と施工サービス等の「人間系のネットワーク」の両方が必要です。インターネットは誰でもやれますが、肝心なのは人間系です。電脳空間とニューエコノミーが注目され、インターネットで全てうまくいくと思いがちですが、実は現実空間、オールドエコノミーをどうきちんとやるかが重要です。オールドは手間がかかり、骨も折れますが一番大事なのです。

〈モノづくりの将来については？〉

それが問題です。日本が製造拠点になりうるか。日本は技術開発とお互いの顔を付き合わせるサービス提供の場となります。モノづくりは好むと好まざるとに関わらず国際分業になっていく。あるいは日本の今の給料、コストで競争に耐える企業になるか。痛みを伴うにしろ、日本の製造業は今のままでは生き抜けません。

〈転換期の北九州の現状、潜在力、課題をどうみますか。そして活性化を？〉

21世紀はアジアの世紀です。北九州は当社の「環太平洋戦略」を進める格好の立地です。北九州発の世界No.1は当社に限らず安川電機のロボット、ゼンリンの地図、三井ハイテックのリードフレームと色々あります。セイコーエプソンやアドバンテストも進出、新しい芽も沢山ある。新空港、響灘大水深バース、学術・研究都市、九州工大中心のTLO（技術移転機関）などハード、ソフトの新インフラの整備で新しい技術の開発が期待されます。当社も研究機関と積極的に共同研究を進めます。北九州の良さと強味の発揮のときです。

一世を風靡したウォシュレットのコマーシャル

〈転換期の経営哲学は？ そして信条、趣味を〉

きちんとしたビジョンを作り、10年先こんな楽しみな会社はないよと社員が夢を持つ。私自身は2番煎じが嫌いで、人と違うこと自分で創る喜びを追い求めてきました。

信条は「熱望、専念、決断」です。それと人生も企業も悪いことばかり続かない、だれかが見ていて、自然の摂理、自律作用が働きます。悲観もいけないが、奢《おご》りもいけない。趣味は水彩画ですが、最近はとても描いている暇がありません。美術館に行く程度です（笑）。

TOTO（株） 本社 北九州市小倉北区中島2―1―1、設立1917年、資本金355億7900万円、売上高4762億円（2012年度）、従業員数連結24921人 単独8173人（2012年度）、事業内容 レストルーム商品（衛生陶器など）、バス・キッチン・洗面商品（水栓金具など）、光触媒、セラミック関連、その他（世界18の国と地域に生産・販売など60の連結対象会社を展開）。

◆節水技術を世界に――ＴＯＴＯ2――世界的景気拡大のなかで

新たな価値観の創造

【ＴＯＴＯ㈱社長（当時）】 木瀬照雄さん （2007／01）

健康で快適な生活求め、価値創造型企業へ

◉信条
「社会になくてはならない、ないと困る会社に」

〈長期不況からやっと回復ムードのなか、国際競争激化、少子高齢化、格差社会化の中で新成長戦略が求められています〉

木瀬　長いトンネルを抜け、今後は「攻め」という前向きのメッセージは歓迎です。人口減少問題も、今年は団塊の世代の退職開始で、膨大な退職金が世の中に出てきます。使うか、貯めるか。使うなら、海外旅行か、趣味か、住宅リフォームか？　景気が底割れすれば貯蓄に回るが、現状程度なら、波は４―５年は続きます。「あと30年の人生、住まいのリモデルで快適に」とお奨めしたい（笑）。

〈今年は、社名を東陶機器からＴＯＴＯに転換するそうですね？〉

５月の創業90周年を機に、社名とブランドを一致させます。当初は、陶器メーカー「東洋陶器」でしたが、70年に住宅機器類も生産する「東陶機器」に転換、さらに今度は、モノづくりだけでなく、サービスも含めた価値創造企業「ＴＯＴＯ」に転換を、の思いで新中期計画も策定中です。

〈脱新築依存でリフォーム需要を開拓するリモデル計画は進んでいますか？〉

全国にショールーム１０２ヶ所を整備、これを核に増改築施工５千店とのネットワークを作りました。

上海ショールーム

普段は不便を感じませんが、ショールームをみると「こんな快適な生活があったのか」と。今後は、これらの施工店のさらなる質の向上が課題です。セールスの仕方もただ「モノを売る」から「どこをどう改善するか」に変わり、衛陶機器だけでなく、床、扉や窓も必要で、それぞれのトップメーカーの大建工業、ＹＫＫＡＰと強力連合「ＴＤＹコラボ」を結成、共同のショールームも作り、単品でなく「快適空間」を提案しています。

〈13ヶ国に31拠点を置き、ベトナム工場の増設、メキシコ工場の着工など、近年は、海外事業の伸びが特に目立ちます〉

環太平洋地域で高級品市場のNo.1を目指すグローバル戦略も軌道に乗りました。中国は、現地の収益を再投資するかたちで拡大、高級品市場でシェア１位に、米国も節水技術が高く評価され、中高級品市場でシェア2位を確保、黒字に転換しました。要は、その国の生活向上にどれだけ貢献できるかで、各国の文化伝統を重んじ、日本の技術と融合させその国向けの製品を開発、海外売上比率約15％を２０１０年にはさらに高めます。

〈オンリーワンの新技術開発はいかがですか?〉

大別して、全くの新分野の開拓と新規事業の拡大、今ある商品に付加価値をつけ、ＴＯＴＯにしか出来ない新製品を創り出す——の3種類あり、各3分の1ずつのウェイトで、研究開発中です。中でも大事なのは「節水、汚れ防除、お湯が冷めない」といった当社の中核技術が土台の既存製品の高度化です。研究のための研究にならないよう「見える化」しつつ、他社に真似の出来ないものを産み出し続ける。茅ヶ崎（神奈川県）に新設したＲ＆Ｄセンターも、その一つで、高齢化時代に、高齢者、障がい者、子供など誰でも使えるユニバーサル・デザインの、これまでなかった商品を創っていきます。当社が開発した光の作用で汚れを取り除く光触媒技術は自社製品に使うだけでなく、ガラスメーカー等への技術売りも出ています。

〈自立社員と熱気みなぎる会社を目指し、希望職種を選ぶ制度を導入するなど人材の育成に力を入れていますね〉

今日も全国、海外から社員が本社に集合、顧客満足向上大会を開催中です。人材活性化は、とくに女性のパワーをフル活用する「女性きらめき活動」を強く推進しています。当社製品は女性が使うものが多いのに、幹部会議のメンバーは男性主体。特に製品のチェック等は女性の役割が重要です。

東陶北京の最新鋭衛陶工場

〈今後の経営の方向性は？　そして将来ビジョンをどう描きますか〉

社名変更後の新中期計画は、10年後の100周年に、各事業部、各部門がどんな姿になっていたいか、目下各部で議論中です。現場の夢を積み上げて4月末にまとめます。私自身は、お客様に本当に喜んで頂ける価値をどう提供するか、徹底的に追求してみたい。みんな「これなら喜ばれるだろう」と自分の発想で創っていますが、本当にそうか。潜在的な欲求をどこまで採り入れているか。従来のような大量生産・大量消費の時代ではなく、数が少なくても本当にきちんとした商品開発の時代です。今までは機能を重視してきましたが、シャワーでも単にお湯が出れば良いわけではなく、「良いお湯だな」と感じられるかどうかが重要。まさに価値観の転換を図らねばなりません。他社にも出来ることだけやっていると、入れ替われば、あなたは要らないよ、となります。社名変更で単なる商品づくりからサービス、生活空間など全てをお客様に提供する企業へと転換するのもそのためで、全国のショールーム網や女性の感性は大きな武器になります。

〈世界的に業界再編、敵対的M＆Aばやりですが、その対策は？〉

当社にも絶対起きないとは言えません。これを防ぐため、TOTOはこんな会社ですと常々株主にご理解頂き、中味も高める。先般、定款変更・買収防衛策を講じたのは、万一の際、相手の真意を見極めつつ、株主のご理解をえるためで、基本はあくまで日常的にどれだけ企業価値を高めていくか、です。

〈北九州経済の潜在力と課題、今後の方向性はいかがですか?〉

しっかりしたモノづくりの技術と人材、協力企業群の集積が大きな財産です。これがあるからこそ、近年の自動車産業の進出もあります。人口減を防ぐには、若者が住んで楽しい街づくりが肝要です。大学の集積に加え、新しい環境関連の技術集積を活かせば、新たな発展も期待できます。内外の諸都市と直結する新空港開港は武器になります。

〈こうした激動期に心すべき経営哲学は何でしょう?〉

お客様のために本当に何が出来るか。TOTOが社会になくてはならない、ないと困る会社になること。本社、東京、顧客企業間を年中飛び回っていますが、中でも内外の様々な顧客企業訪問に時間を割いています。

〈座右の銘は?、そして趣味を聞かせて下さい〉

「出会いを大切に」。出会いが人を変え、人を育てます。趣味は健康維持のためのゴルフ。空いているときは土日連続も。それと読書です。

木瀬照雄(きせ・てるお)
1970年京都大教育学部卒、東陶機器(現TOTO)入社、取締役経営戦略室長、同専務執行役員販売促進グループ長を経て、03年社長。09年会長。毎日経済人賞受賞。

◆節水技術を世界に――TOTO3――世界同時不況のなかで

真のグローバル企業へ体質転換

【TOTO㈱社長】張本邦雄さん（2010／12）

国内リモデルと海外事業強化　筋肉質の「強い会社づくり」を

◎信条
「成功の確率の最大化」、「成功にも3割の失敗、失敗にも3割の成功」

――国内シェア6割を誇る衛生陶器最大手のTOTOも、リーマン・ショックで9年ぶりの赤字決算を余儀なくされた。逆風下、昨春登板し、黒字転換した張本邦雄社長は「あらゆる変化に対応できる筋肉質のグローバル企業に体質転換したい」と抱負を語った。

〈世界的な嵐で昨春は新築住宅の着工数が45年前の水準に激減し、記者会見で「強い会社づくり」を表明されましたね〉

張本　リーマン・ショックの衝撃は日本の経営者の誰も予想できず、真のグローバル経済の厳しさを体験しました。その後の景気対策や新興国の成長などで回復しましたが、欧州の通貨危機、円高の進行と続き、社内には「まだ何が起きてもおかしくない」と言っています。強い企業体質の確立は、どの企業にとっても急務です。

〈そのために就任後、何に力を入れていますか？〉

各企業とも攻めより守りを優先しました。当社も09年は生産集約化や不採算商品の整理など、国内の販売量に見合う身の丈に合った生産体制の確立に努めました。事業も「TOTOでも作れる」ものでな

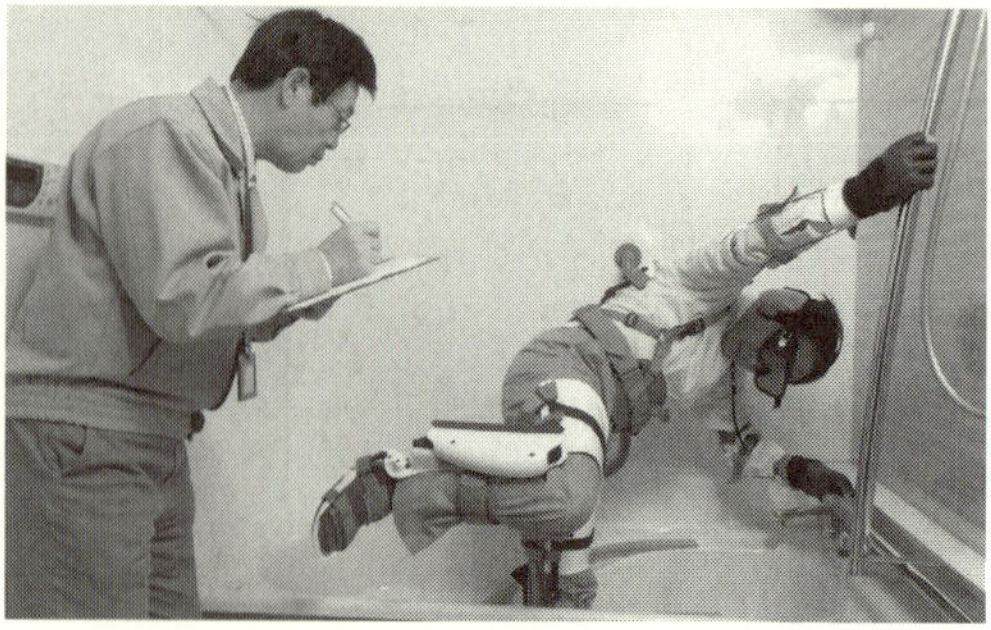

年齢、身体的状況、国籍に関係なく全ての人が適切に使える研究を続けているユニバーサルデザイン（UD）研究所の研究風景

く、「ＴＯＴＯだから作れる」ものに集中・特化。自社の強さの確認です。「禍《わざわい》転じて福となす」で、低成長でも利益の出る企業体質に変わりつつあります。

〈この間に29回の事業所行脚で2千人と懇親会の場を持ちましたね〉

先行き不透明な中で営業一筋の私の社長就任です。「張本ＷＨＯ？」で現場の人は私を知りません。そこで現場に出掛け「減産体制も強さを作る過程です。ぜひ理解を」と呼び掛けました。懇親会は私に興味をもって貰うためで社長と社員ではなく、人と人として2千人と肩を組み、酒を飲みました。「ともかく私は張本さんに付いていく」という感想文を読み、逆に元気を貰いました。「頑張ろう行脚」のつもりが「勇気づけられ行脚」に一変です（笑）。

〈「強い会社」とは、具体的にどんな企業ですか？〉

一つはどんな事態でも絶対に潰れない会社です。幸い当社は先輩たちが築いた強固な経営基盤のお蔭で、毎年１００億円の赤字が出ても10～20年は潰れません。だが、過去の蓄積に甘えず、さらに強い経営基盤をみんなで作ろうと。もう一つはＴＯＴＯのブランド力の維持。一朝一夕では作れず、先輩が営々と築き上げ、お客様から強く信用されています。強いからこそさらに強くし、次世代に引き継ごうと。

〈一方で、真のグローバル企業を目指す「ＴＯＴＯ Ｖプラン２０１７」を昨夏、策定しましたね〉

先行き不透明ですが、みんなで頑張れば必ず明るい未来が開けます。グループ全員が夢を持ち、一丸となって熱く進めるゴールを作りたい。従来型の中期計画でなく、創業１００周年の２０１７年を目標とする長期計画です。

〈Ｖプランの具体的な内容は？〉

当社の製品は人々が朝昼晩必ず使う生活必需品です。この最先端の製品と技術を世界に広め、世界標準にしたい。そのために、国内住宅設備のリモデル事業と世界5極体制の海外事業、光触媒や燃料電池などの新領域事業の3本の柱を設定。17年度の総売上高6千億円の達成を目指します。そのためには今後、国内外で最大3400億円の投資を行い、国内の老朽工場の再編・新鋭化と海外企業との提携などを進め、8年間で筋肉質なグローバル企業に転換する計画です。

〈国内はリモデル（住宅の増改築＝リフォーム）のさらなる強化ですね？〉

住宅売買は今後、米国のように新築主体から中古主体へ変わり、その分増改築需要が拡大します。全国に103ヶ所あるショールームを一段と充実整備しますが、さらに重要なのが、生産面も含めた構造改革です。生産方式や原料調達―生産―物流のあり方を抜本的に改革して効率化、原価低減することで収益力をさらに強めます。たとえばシステムキッチンも、従来はシリーズ毎に違うサイズでしたが、設計・部品の共通化で一つに集約。衛生陶器のモデルチェンジも、便器は同じで上に乗せるタンクやウォシュレットでデザインの違いを出します。生産性は向上し、在庫や開発負担も軽減しました。

〈さらなる価格競争力の強化ですね？〉

海外事業は長期的には必ず規模拡大するし、新領域事業も成長分野です。だがこれを資金面等で支えるのは、あくまでも国内の住宅設備部門です。国内の経営基盤をいかに強くするかですが、衛陶の国内生産設備は最新式でも20年前のもの。更新投資が不可欠です。まず12年稼働を目指し、滋賀工場の新鋭化に着手しました。従来と全く違う革新的な生産方式に挑戦します。

〈11年までに4・8リットル型の節水便器を世界標準にと宣言しましたね〉

一定の性能を維持しながら水の使用を減らす技術では、当社は世界一です。この技術で米国でも中国でも成功しました。このオンリーワンの基盤をさらに高めます。

〈「真のグローバル企業」のイメージは？〉

世界の5極（日米中欧亜）に生産・販売のネットワークを張り巡らし、グローバル合計でシェアNo.1になるのではなく、各地域に溶け込み、お客様からNo.1と認めていただける現地企業の集合体になることです。日本の本社はこれを支援しますが、海外で必要なものは海外で開発します。各極ごとの縦割組織から、今後は5極の情報を一元化し、世界を一体運営します。

半導体製造装置用の静電チャック

〈新規事業開拓は何に力をいれますか?〉

光の力で汚れを分解する光触媒技術は、当社が基幹の世界特許を持っています。これを事業化したハイドロテクト（環境建材）事業は、表面の汚れだけでなく、空気を浄化する力もあります。最近海外の評価が高まり、昨年、TOTO米国の前社長を事業部長に据え、グローバル展開にも力を入れます。中国も欧州も環境対応に非常に熱心で、この事業は将来が楽しみです。また、光通信の接続器や半導体製造装置の部材、セラミック発光管などのセラミック事業は「TOTOだからできる」に特化しつつ海外販売も強化します。

〈燃料電池も開発中と聞きました〉

当社の衛生陶器生産の中核技術をベースに発展させ、水素と酸素の化学反応により発電する燃料電池の心臓部となる部品（セルスタック）の開発をしています。製品化にはもう少しかかります。

〈ところで張本さんのTOTO入社の動機は？ そして入社後を聞かせて下さい〉

実家は東京の零細な鉄工所で、親父が資金繰りで苦労しながらモノづくりに励む姿を見て育ち、住宅関連製造業の当社を選びました。が、入社後の配属先は、主力の衛陶の販売ではなく、後発で熾烈《しれつ》な競争下のユニットバスや洗面化粧台の販売でした。競争が激しく当社が弱かった商品を担当したお蔭で、お客様との関係づくり、信用していただくプロセスの基本を学べました。「TOTOの張本」でなく「張本のTOTO」、つまりブランドでなく自分の力で売らざるを得ない。営業の醍醐味で、今は感謝しています。

〈あの石油危機の1973年の入社ですね〉

入社の秋に石油危機が勃発。当初は品不足で注文が殺到しましたが、やがて全てキャンセル。自慢じゃありませんが、入社後、初の本格契約を取るのに1年半かかりました。会社もよく辛抱してくれました（笑）。変化に富んだスタートのお蔭で、変化は怖くありません。以後、営業の第一線で衛陶やシステムキッチンなどを売り、20年目に販売統括の営業本部に移りました。

〈TOTO生活36年間、営業一筋ですか?〉

営業本部ではショールームの拡充、施工業者5千店の組織化など色々とやらせて貰いました。当時の重渕雅敏社長から「リモデル（増改築）をやれ」と言われ「本当に必要な事業なのか、自信ありません。少し時間を下さい」とチームを作り、３ヶ月間猛勉強しました。結果「国内は5～10年後にリモデルが主流になる」と分かり、リモデル担当部長を拝命。リモデルは新築と違い、お客様の好みが強く反映される。価値のある商品には支出を惜しまれないことも体得しました。次いで「モノづくりの根幹の立て直しをやれ」と命じられ、マーケティング部門担当に転じました。各事業部長との付き合いも増え、営業畑の割にはモノづくりにも関与させて貰いました。

新複合施設棟完成予想図

〈INAXが米国衛陶メーカーのアジア部門を買収するなど業界の国際的な再編も進んでいます〉

住宅設備は比較的淘汰の少ない業界でしたが、今後は不可避です。衛陶のＴＯＴＯ、内装床材の大建工業、壁材と窓のＹＫＫＡＰの3社は「単独ではお客様への価値提供に限界がある」と２００２年に連携し、各商品をセットにしてお客様に提供するＴＤＹアライアンスを結成。私は事務局を担当してきました。合併・買収か提携かは別として、業界がグループを作り、複雑な形で相互補完し合う時代に入りました。基本はこのＴＤＹグループの軸で十分と思います。

〈一方で、円高などで国内産業の空洞化を心配する声もあります〉

鍵は研究・製品開発です。当面は厳しいが、長期的には増改築で国内住宅市場は持ち直します。当社が国内でこれだけ支持を受け、米国や中国で認められたのも技術力です。これなしで日本の企業は生き残れません。「ＴＯＴＯだから作れる」ものをいかに作り続けるか。営業出身だからなお痛感します。

〈初の小倉勤務ですが、北九州経済の潜在力をどう見ますか〉

技術と人材の重厚な蓄積、明治以来のストックを実感しました。お会いする方のほとんどが製造業というのは初めての体験です。主要自動車メーカーが競って北部九州に進出したのも部品供給の技術力があればこそ。公害を乗り越えて生まれた環境関連の技術蓄積も大きな財産です。これを中国などアジアに一番近い北九州としてどう発信していくかです。当社も尽力したいと思います。

〈これからの協力企業へのアドバイスを〉

変化に対する対応がすべての企業に求められています。「変わる会社でないと生き残れない」時代なのです。現状是認に明日はなく、共に変わっていきたいですね。

〈激動期の経営哲学は?〉

「成功の確率を最大化するために何をすべきか」。何かを決断する時は、とことん突き詰め、確率を最大化したうえで決断します。最大化に向けてみんなで議論し、叡智を集める。それと「成功にも3割の失敗、失敗にも3割の成功」を忘れないこと。若い人は成功か、失敗かしか言いませんが、オール・オア・ナッシング思考は行動を鈍らせます。行動が全てうまくいくことはありえない。成功しても3割は改善すべき点があり、「自惚れるな」です。失敗しても狙いの3割は成功しており、「落ち込むな」。こう考えないと、リスクへの挑戦はできません。

〈座右銘と趣味を〉

「人事を尽くして天命を待つ」。プロセスに問題がなければ、結果は甘んじて受け入れます。現在は小倉と東京と出張が3分の1ずつと多忙な日々ですが、趣味は料理です。平日忙しい分、罪滅ぼしを含めて土日に家族に料理サービスを始めたら、病みつきになりました。得意は中華料理で、お医者さんからいつも叱られます(笑)。

張本邦雄(はりもと・くにお)
1973年早稲田大学商学部卒、東陶機器(現TOTO)入社。02年販売推進グループマーケティング統括本部長。以後、販売畑を歩み、06年取締役専務執行役員マーケティンググループ、販売推進グループ担当。09年社長。日本衛生設備機器工業会会長。

◆ロボット社会を拓く――安川電機１――長期不況との闘い

挑戦的企業風土でロボットの夢を

㈱安川電機会長（福岡経済同友会代表幹事）（当時）　永次廣さん（2001／05）

大変革時代、ロボットの夢を追求

◉信条
「会社の繁栄と社員の幸福」、「『有言実行』を」

――産業用ロボットの生産で世界一の安川電機は、世界４極で生産自動化を牽引しつつ、介護用など民生用ロボットの開発にも力を注ぎ、省エネ、創エネなどの新規事業も展開している。中核のモーター技術を基盤に、産業構造の変化に対応して新製品開発を進めてきた同社の経営戦略と課題はどう変わったか。

＊

バブル崩壊、金融危機後の長期停滞のなか、安川電機は、新中期計画「Ｗｉｎ21」で高収益企業体質への転換を目指し、事業・企業・経営・財務の経営改革を推進している。北九州活性化協議会理事長・福岡経済同友会代表幹事でもある永次廣会長にその背景と展望、課題、地域の活性化策などを聞いた。

〈近年急激に事業構造の再編を進めていますね〉

永次　トキコから塗装ロボットを譲り受け、溶接、搬送に加えて「ロボットのデパート」となり、逆に小型モーターを日本電産に譲渡し、独シーメンス社とは合弁で産電システム部門を強化し、米国では、半導体強化のため会社を買い取りました。

〈これまでなかった事業構造の大転換ですね〉

国内のパイは大きくならない。グローバル化で市場は世界に広がったが、勝組と負組が鮮明に分かれて

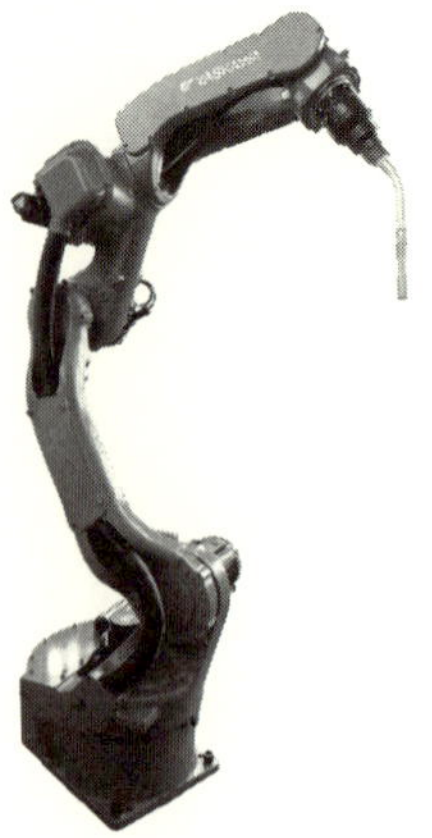

世界の自動車工場で活躍する
アーク溶接ロボット

います。勝組に入るためコアビジネス３―４分野で、世界シェアナンバーワンを勝ち取りたい。そのため事業の「選択と集中」を進め、独力で世界に伍せない分野はアライアンス（提携）を組みます。

〈最近の変化は、まさに根源的といって良いですね〉

２つの大変化があります。一つは価値観の変化で、戦後から続いたインフレ基調の成長が１９９０年代に終焉、モノ、土地の価格が下がる。ボーダレス化で企業活動の基準も一変しました。もう一つは産業革命に匹敵する産業構造の変化です。これまでの工業化社会は製造業が背負ってきましたが、今「ポスト工業化社会」、特に情報通信分野の技術革新で情報社会へ大転換中。それへの対応を迫られています。

〈安川電機は「特有の技術で社会・公共に奉仕」の創業精神に基づき、世界6国で生産、24国に営業拠点を展開している〉

〈貴社としては変化にどう対応しますか〉

当社は創業以来、モーターとその制御装置が中核技術です。なぜ良いロボットが出来るか。ロボットは関節部分にモーターが入っています。それをスムーズに人間の手のように動かすのが得意技で、基本はモーターと制御技術です。この２つを鉄鋼から自動車へ、その時々のリーディング産業に提供してきました。かつて日本の高炉用電機品は、当社製がほぼ１００％を占め、現在は自動車などの産業用ロボットが得意となりました。今後は情報産業時代で事業内容を近付けていきます。当社は売上の海外比率が高く、海外現地生産も入れると40％弱、半導体製造装置など間接輸出も入れると50％に上ります。成果主義、業績評価で挑戦的企業風土に変え、財務体質も強化していきます。

〈今後の潮流であるＩＴ革命に、どう対応しますか〉

次のリーディング産業・情報産業で当社はかなり基幹部分を担当します。パソコン、携帯電話のベースになるのは半導体やそれを基盤に植え付ける電子部品の実装分野です。私達はそのもう一つ下の半導体を作る製造装置のモーター、制御関係を手掛けています。「鉄は産業の米」と言われましたが「情報産業の米＝半導体」とすると、いわば米を作る「農機具」であり、事業の重点をそちらに向けて行きます。もう一つはインターネットを使った取引で、最近、開始しました。

〈21世紀はロボット時代といわれ、ホンダ、ソニーも進出の構えです。その背景は何でしょう〉

安川電機本社

人間性の回復です。工業化社会では、人間が機械の歯車のような生活をしてきました。産業用ロボットは、人間に代わってモノを作り、危険な作業環境や均一の品質の生産などに携わっています。家庭のような空間で、人間と共生する分野の実用化はまだ時間がかかると思います。

〈北九州経済社会は、近年明るさと厳しさが交錯する中で活性化に努めています。永次さんは福岡経済同友会の「北九州リデザインへの提言」のまとめ役を務め、4月福岡経済同友会の代表幹事に就任しました。構造転換中の地域の潜在力をどうみますか〉

鉄鋼を中心とする素材産業の成熟化の穴をどう埋めるか、民間も行政も努力してきましたが、存在のあまりの大きさゆえに埋めきらないまま来たという印象です。しかし、行政を中心に次代に向けての新たな基盤造りは着実に進み、学術研究都市、ギガビットセンター等楽しみです。既存産業が新インフラの活用で勝組に残ると同時に、新しい産業、企業をどう創造していくか。それも他地区からの進出に頼るのではなく、地域自らが考え、知恵を出す必要があります。

〈地域自らの知恵ですか。具体的には？〉

北九州のポテンシャルは非常に高い。行政、産業、大学、市民の「産官学民」のそれぞれの力は極めて大きいが、必ずしも結集されていません。地域経営戦略を考えるマネージメント委員会を作るべきです。活性化協議会の新中期計画もじっくり検討して出したいと思います。新産業創造の重点はＩＴ関連、とくにソフトですね。シリコンバレーのような集積を目指すべきです。学術研究都市の九工大には、当社からも教授を出向させ、生命体工学（ロボット）の研究に取組みます。

〈転換期の経営哲学はどうあるべきでしょう？〉

今一番頭の中にあるのは、「会社は誰のためにあるか」ということ。最近株主重視がいわれ、その通りですが、自然な気持としてはやはり「社員」です。社憲で「会社の繁栄と自らの幸福を求め」と謳っています。これは日本的経営というより、世界の企業に普遍的と思います。

〈信条と趣味は何ですか〉

若い時から「有言実行」を心掛けてきました。言ったことは必ずやる、出来ないことは言わない、です。趣味は仕事人間に一番苦手な質問です（笑）。月並みですが、ゴルフと読書。幕末・明治維新ものが気分が高まり好きで、司馬遼太郎さんのものはほとんど読みました。

永次廣（ながつぎ・ひろし）
1959年長崎大学経済学部卒、安川電機製作所（現安川電機）入社、専務、副社長、2000年3月会長。同4月北九州活性化協議会（KPEC）理事長。

（株）安川電機　本社　北九州市八幡西区黒崎城石2—1、設立1915年7月、事業内容　メカトロ機器・メカトロシステム、産電機器・産電システム、モーションコントロール、ロボット、システムエンジニアリング、情報機器、資本金230億円、売上高3103億円（2013年3月期連結）、従業員数連結10383人。

◆ロボット社会を拓く――安川電機2――世界的景気拡大のなかで

北九州にロボット村建設の夢

【㈱安川電機社長（当時）】　利島康司さん（2006／02）

脱不況　用途ごとに適応する次世代ロボットを

――脱長期不況の動きのなか、安川電機が建設中の産業用ロボット本社新工場が完成した。ロボットブームのなか、次世代型「スマートパル」等相次いで新製品を開発、発表する同社の利島康司社長に、増設の背景、今後の展開、課題などを聞いた。利島社長は、「顧客の用途にぴったりのロボットを自社開発できるのが強み。今後はパーソナル（個人用）ロボットの開発にも努め、九州発グローバル企業の基礎を固めたい。北九州にさらなるロボット産業の集積が望ましい」と語った。

〈産業用ロボットの本社新工場が完成しました。能力5割増で一部セル生産もと聞きました。増設の背景は何でしょう?〉

利島　米欧の自動車業界は波瀾含みですが、私達の主取引先・日系メーカーは好調で、内外で投資を拡大しています。さらに、これまで自動車用は、溶接ロボットが主でしたが、最近、従来1本腕だったロボットを2本腕にし、より人に近付けることに成功、人しか出来なかった塗装もロボット化できました。あとネジ締めなど複雑な作業も、ロボット化します。ただ小さな瑕《きず》などは人間しか見つけられないので、アシスト（支援）ロボットを開発、これまで10人要した工程を人1人と両腕ロボット5台に任せる。人がロボットに指示し、難しい所だけ自分でやる。つまり需要拡大に頼るだけでなく、ロボットの活躍範囲を増やすのが当社の戦略です。

〈最近、次世代ロボット・スマートパル等相次いで新製品を発表しています。安川電機の「売り」は何ですか?〉

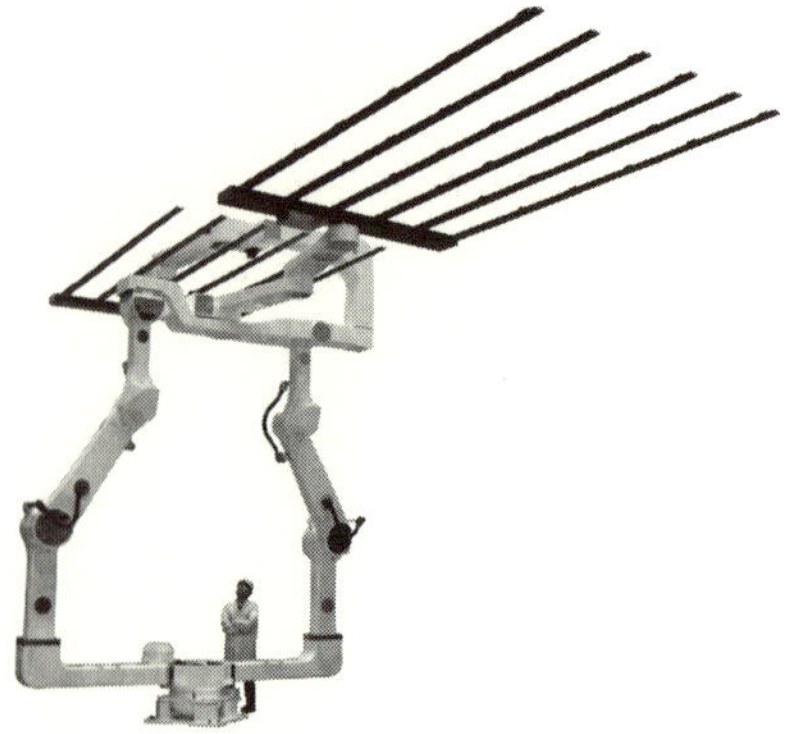

第10世代超大型液晶ガラス
基板搬送ロボット

「用途最適機種」の開発です。需要家の用途に応じ一部工程だけ特別速くするとか機能に違いを持たせ、他社と差をつける。これは当社がモーターからコンピュータまで全てのロボット部品を内製し、他社の半分の期間で開発、生産できる強味を持つためです。液晶テレビ用大型ガラス基板搬送ロボットは、テレビメーカーのコスト競争で年々画面が大型化、畳2畳分のガラスまで出現したのに対応、高さ5m、腕が2・5mの超大型で、自動車用で技術蓄積した当社しか出来ません。産業用だけでは市場に限界があるため、パーソナル（個人用）分野拡大のため新規に開発したのが、スマートパルです。自動歩行型で、見た目やさしく安全ですが、まだ試作品です。2足型はホンダ、トヨタさん等も開発中ですが、産業用から参入するのは当社だけ、一緒に市場を作って行きたい。今後、産業用ロボットの技術と個人用を相互に応用、技術を高めて行きます。

〈次世代産業として将来の「一家に一台」時代へ各企業が参入を競うロボットですが、今後の需要をどう予測しますか？〉

産業用ロボットの需要は上昇基調ですが、新機能ロボットの開発が成功しない限り、爆発的な成長はありません。その点、個人用は拡大が期待され、この分野を開拓します。とはいえ、医療用、介護用は数年でかなり伸びますが、全体としては開発スピードと消費者ニーズにはずれがあり、急激な成長には時間がかかります。開発人材の確保も考え、今春の採用数を昨年の2倍に増やしました。

〈過去6年、2つの中期計画で経営体質の転換を進めてきました。「真の勝組」を目指し、事業、企業、経営、財務の4改革を推進と聞きました〉

狙いは高収益企業への転換と確立です。メカトロ部門強化を中心に、事業の買収・売却・提携や部品の開発・調達のコスト削減に取組み、ガラリと変わりました。全世界で最も安い部品を調達し、独自製品の値上げもお願いした。目標の売上高3千億円は04年度に達成したが、売上高経常利益率10％は今期7～8％（業界平均4～5％）で、持ち越します。企業価値を高め、九州発グローバル企業として従業員も誇れる「ブランド力」を確立、エクセレントカンパニーを目指すためのハードルです。

〈新規事業にも力を入れていますね。今後の展開方向は？〉

ロボット工場モートマンセンタ

今後10年間で新規事業の売上比を約2割に高めようと、社長直属の推進室を新設、既存事業で攻めきれなかった部分、全く毛色を変えグローバルに買収等で進出する分野などを研究します。「第4の柱」情報関連のユビキタスＭＣやバイオ関連も含まれます。海外戦略は、直接輸出46％、間接分も含めると当社製品の半分以上が海外の顧客依存であり、中国も含め「消費地最適生産」、つまり極力売れる国で生産するを原則に、バランスよく展開していきます。

〈国際的ロボット産業基地としての北九州の可能性と課題は？〉

「消費地生産」の観点からも、最近の自動車関連の進出ラッシュは追い風です。九州は相対的に人件費が安く、鉄鋼を中心に高い技術レベルの経験人材が多く、下請け、中小企業の集積があり、シリコンアイランドでもあり、大小の技術が蓄積し、必然的な流れです。このチャンスは活かしたい。そのためにはもう一社ぐらいロボットメーカーが進出し、部品メーカーも増えてほしい。ロボットも自動車と同じで「擦り合せ技術」です。いろんな部品を集め、組み合わせて最高に作る。当社が月産2千台、累計13万台で実証してきました。ここをコアにロボット関連が集まり、ロボット・アイランドを目指す。それには福岡県、北九州市と産学官の力強い推進力が必要です。北九州が先駆者である間はよかったが、最近は大阪も静岡もロボット開発に熱心です。私達は産業用ロボット世界No.1企業として本社地域をロボット村とし、年に1回世界ロボット・フェスティバルも開けるようにとの夢を持っていますが、それには関連企業の更なる集積が急務です。テムザックさんもありますが、更に良い意味の競争相手は必要です。

〈北九州経済の今後の活性化策と課題をどうみますか〉

自動車産業の進出、新空港開港、大水深港稼働、学研都市と追い風で活性化のチャンスです。課題は東九州の高速道の早期整備です。擦り合せ型のロボットは愛知県のように中小工業集積の厚い所が有利です。北九州だけで全部品の製作は無理で、大分など東に広がっていきますが、交通事情が悪過ぎます。学研都市は産学官が各々頑張っているが、連携が今一、産の努力も必要です。

〈激動期ですが、経営哲学は?〉

積極姿勢と「改善と夢の塊」。絶えず問題点が「視える」ようにガラス張りにし、視えたらその日のうちに解決・「改善」する。こればかりでは萎縮するから、明日、来年、10年先の夢を持つ。「夢の塊」です。

〈信条、趣味を〉

「即断速行」。――私の造語で、すぐ決めすぐ走る、スピードです。趣味は多少のゴルフ。毎朝7時前出社、休日も出張移動で時間の余裕がありません。仕事をしている時が、一番楽しいですよ(笑)。

◆ロボット社会を拓く——安川電機3——試練を超えて

次世代ロボットの開発を

ロボット技術で世界に貢献、新興国の市場を開拓、次世代ロボットの開発と、「省エネ」「創エネ」の新事業

【㈱安川電機社長】　津田純嗣さん（2010／09）

◉信条
「電動力応用を基本に、『闊達自在』に」

——産業用ロボットの生産で世界一の安川電機も、リーマン・ショック後の需要激減で7年ぶりの赤字決算。その逆風の中、今春、米国勤務13年の国際派社長が誕生した。世界金融危機後のグローバルな成長戦略をどう描くのか？　津田純嗣社長は「新興国市場の開拓と太陽光発電など環境関連の新規事業で成長を図りたい」と、2015年の創業100周年に向けて抱負を語った。

〈事業内容は、かなり多面的ですね〉

津田　主力は4分野です。09年度の売上比で言いますと、モーションコントロール事業が47％、ロボット事業が25％、システムエンジニアリング事業が19％、情報事業が7％です。

※モーションコントロール事業＝各種のサーボモーターとそれを制御するコントローラ、インバータ（モーター回転数制御装置）などの製品によって、産業機械から工作機械まで顧客の要望に合った高性能、高効率の装置・設備を作り上げる事業。

〈リーマン・ショック後の世界同時不況の影響と回復度はいかがですか？〉

ACサーボΣ－Ⅴ（シグマファイブ）シリーズ

ロボット分野は、一時期売上高が半減しました。主な原因は自動車産業の売り上げ急減と設備過剰です。近年、日系メーカーの輸出の拡大と現地工場増設に伴い、当社も拡大する好循環でしたが、逆回転しました。幸い韓国、中国はいち早く回復し、欧米もすでに回復基調です。

モーションコントロール分野も、サーボ（指示追従モーター）やインバータなどモーターの制御機器は半導体、液晶関連の需要が多く、35%減でしたが、これも受注が急回復しました。システムエンジニアリングは鉄鋼業や公共の水処理設備の自動化関連が中心で、比較的安定基調です。

〈新社長として今後の成長戦略の重点をどこに置きますか？〉

成長する新興国市場をさらに開拓しながら、将来を担う新規事業を立上げたいと思っています。新興市場はまず中国です。人口13億人の内需も大きいが、今後中国に進出する日米欧亜の顧客企業への供給も急務です。不況下も建設を続けた瀋陽の新サーボ工場の操業を6月に開始しました。上海でも工場の拡張を準備中です。インドも機械工業が盛んなので、8月に現地法人を作ります。中国に10年遅れて市場の爆発的な発展があると見ています。インドネシアは昨年支店を設け、様子を見て次の手を考えます。

〈いずれも現地生産のための進出ですか？〉

当社は創業期から、事業はできるだけ現地でという思想です。欧米の市場開拓も、現地で売るものは現地で作る「地産地消主義」で現地企業として定着できました。中国、インドも同じ。お客様に近いところで仕事をしてこそ要望がすぐ製品に反映されます。

〈近年、欧米市場にも力を入れていますね〉

欧米では日本と違い、不況下でも一定のロボット投資が続きました。地球規模で見れば、自動車は今後も成長産業なので引き続き力を入れますが、同時に非自動車系のロボットの開発にも取り組み、最近は商品群が揃ってきました。昨年、日本より先に欧米市場で拡販を始めました。

〈第2の戦略である新規事業開拓の中心は、環境エネルギー分野ですか?〉

そうです。当社の中核技術はモーターとその制御で、創業時から「電動力応用」という言葉を重視して「モーターを作るだけでなく、それをどう使うかが重要だ」という思想でモーターの使い方を重点に研究してきました。現在、総エネルギーの5割はモーターの駆動に使われていますが、モーターの回転数を効率的に制御するインバータを使うと、大きな「省エネ」効果があります。当社はエアコン、ポンプなど工業用ではシェア世界一で、大型では製鉄所用や水処理用などもあり、世界の省エネに寄与していきます。もう一つはモーターの1種のサーボです。機械を必要な時だけ最大効率で動かす機器で、これも当社が世界シェアNo.1です。これらエネルギー節約機器をさらに世界に売り込みます。

〈エネルギーを創る「創エネ」分野にも力をいれていますね〉

それがもう一つの柱です。太陽光発電や風力発電に当社のエネルギー転換技術を応用し、太陽光や風力の回転でできるエネルギーを家庭用の周波数に変換するシステムをつくり、太陽光発電機器は一部出荷も始めました。風力も日本では騒音問題などの課題がありますが、中国と米国で実験しており、海上風力発電も将来の可能性があります。太陽光発電機器は3年後約40億円の売上高を目指しています。

〈ハイブリッド車用の電動駆動システムも開発しました〉

産業用のモーターやインバータを自動車用に応用し、マツダ(広島市)さんと共同で開発しました。同社の水素ハイブリッド車に搭載し、昨春リース販売を開始しました。最高出力は110キロワット。排気量2リットルのガソリン車並みです。今後、他の自動車メーカーとも駆動システムを共同開発したいと考えています。急速充電装置の商品化も進めています。

〈産業用ロボット、工業用インバータ、サーボでシェア世界一。貴社の強みとは何でしょう?〉

一番の強みはお客様の近くで仕事をし、そのニーズを汲み上げて製品を作る体制がグローバルに出来上がっている点です。「商品の使い方はみなさんで考えて下さい」とやるか。それとも、顧客と共に考えて世界中から情報を集め「こうやれば使えます」とするか。当社は後者です。それが強みでもあり、同時に弱みでもあります。顧客の近くに人を配置するのはコスト高ですが、私達は「お客様と共に」にこだわります。

〈津田さんは理系なのに、一貫して営業畑ですね〉

元々は機械屋ですが、入社した時が石油危機後の不況期。技術の仕事がなく「仕事は自分で取って来い」(笑)。で、営業に出たら意外と水に合い、そのまま居ついてしまいました。「これが商品になればお客様も喜び、当社も商売になる」開発営業を心掛けました。当時は3年後のモノづくりのお手本が海外にあり、文献を読んでお客さんと話すと「当社の技術でここまで持って行けば、世界水準の上にいくな」ということが見えて、手本も超えやすかった。

〈米国勤務はどういう経緯からですか?〉

圧倒的な販売網を持つ総合電機メーカーに比べ、当社はネットワーク的には弱く、あるお客様にはシェア100%でも、他ではゼロも多かった。「こんなに良い製品が売れない日本はおかしい」と考え「海外で売らせろ」と騒いでいたら「米国で売ってみるか」(笑)と言われ、90年に米国勤務となりました。

米国の販売店は日本のようにメーカーの代理店ではなく「ディストリビューター」という独立系。より顧客に近い存在で、最良の商品を顧客に届けるのが使命と考えている。良いものは売れる世界でしたから、当社に合った風土です。まず米本土で販売網を構築し、次いでブラジル、コロンビア、メキシコ、カナダと米州全体に展開しました。製品別では米国でシェア1位が増え、全体でもNo.2になり、「安川の製品で世の中が変わる」と実感できました。

〈それを今後はアジアに応用するわけですね。将来ビジョンは?〉

100周年の2015年度の姿はこれから描きますが、今後もモーションコントロールとロボットを組み合わせた当社独自の「メカトロニクス・ソリューション」を土台に、日亜米欧の市場開拓と新技術・新製品の開発で世界一といえるものを着実に作っていきます。この土台の上に今後の成長分野である「環境関連」と「ロボテクス・ヒューマンアーテスト」を育てます。

「環境関連」は、前述の通り着実に進んでいます。ロボットも当初の片腕の溶接型から世界初の双腕型へと進化させました。今後は、この両手を使って人間に近い多能工的なロボットを各産業分野にどう適用・普及させていくかです。応用分野が非常に広く、普通の技術屋さんが普通に使えるように仕上げれば、モノづくりに画期的な影響を与えます。日本では、自動車メーカー以外はロボットで何をしたいかのニーズが不明確で、欧州の非自動車産業の方が明確です。欧州で先に新世代ロボットが花開きそうです。

〈産業自動化の一方、「一家に1台」の夢もあり、ロボットの潜在需要は大きいですか？〉

特に介護の面などで大きいですね。少子高齢化は日欧が深刻ですが、一人っ子政策の中国も20年後は高齢社会になります。新興国の賃上げもあり、産業、介護や家事などのさらなる自動化は世界的な課題となります。

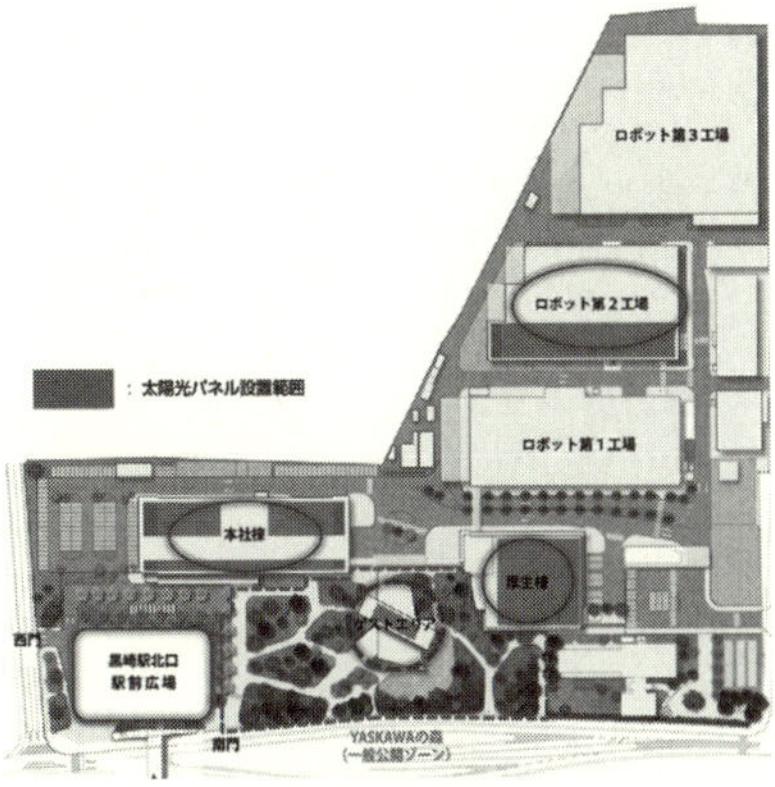

ロボット村完成予想図

〈ただ、グローバル化で主要産業の海外展開が進むと、国内産業の空洞化など日本の将来に不安の声も聞かれます〉

欧米も同じ悩みで、一時衰退論が囁かれた米国も量産型機械工業は停滞しました。しかし、食品・家庭用品など生活関連工業は技術革新で着実に成長しています。ドイツしかり。日本も環境、健康・福祉など先端技術の新たなフロンティアは無限にあります。むしろ最近の日本はモノづくりの意識が希薄化しているので、モノづくりの楽しさから説き起こさないと未来が不安です。欧米や中国は製造業の誘致に力を入れ、環境や産業の最先端化への貢献などの名目で優遇税制を適用しています。

〈豊富な海外経験から、北九州の潜在力や競争力をどうみますか？〉

世界の成長センター・中国に最も近く、鉄鋼はじめ各種製造業が集積しています。かつての公害都市から世界的環境都市に進化し、お隣の商業都市・福岡市と絶妙のコンビです。北九州市がここで「よそと違いモノづくり教育を徹底的にやる街を目指します」と新工業都市を宣言すれば、人材も豊富でモノづくりを大切にする文化も健在なので、ユニークな国際的技術都市として発展できる潜在力と優位性は十分にあると思います。当社はここに立地するメリットをぜひ活かしたい。

〈北九州には貴社の外注企業も多数立地していますね〉

安協会（24社）を中心に外注企業各社には、リーマン・ショック後の減産の際にご迷惑をおかけしましたが、ご協力いただき本当に感謝しています。「生産は極力、市場に近い現地主体で」という当社の発想からすると、本社地区の役割は世界的開発拠点であり、生産技術のマザー工場です。グローバルに情報を集めて新たな製品開発を進めつつ、国内向けと現地工場のない国への輸出品を生産します。モデルラインを作り、海外に同じラインを作っていく。新商品が増え、世界経済の成長で生産は増えますが、中国やインドの現地生産も増え、量的拡大には限界もあるでしょうが、質的発展とレベルアップは無限です。グローバル競争で開発―生産の循環スピードも早まりますが、加盟各社と一緒に開発と生産を進め、高度化する集団を目指せたらと思っています。

〔安川電機は、創立100周年の2015年に向けて、本社事業所の再編を推進。新たなロボット工場を建設。13年夏完成後は3工場体制となる。また、2014年末完成予定で新社屋建設を含む本社地区の再編を計画、7.7万㎡ある事業所のうち約1万㎡を一般に開放するとともに、「ロボット未来館（仮称）」を開設し広くロボットに学べる施設も作り、完成後は「ロボット村」とする計画である〕

〈激動期の経営哲学は？〉

お客様の所での電動力応用という基本を常に忘れず、日々前進すれば絶対負けることはありません。

〈座右の銘と趣味を〉

「闊達自在」。英語で言えばアウト・オブ・ボックス。今の既成概念にとらわれないよう努めています。趣味は特になく、映画鑑賞と読書、旅行でリフレッシュしています。

津田純嗣（つだ・じゅんじ）
1976年東京工大工学部卒、安川電機製作所（現安川電機）入社。98年米国安川電機副社長。05年取締役インバータ事業統括部長、09年常務ロボット事業部長、2010年社長。2013年代表取締役会長兼社長。

◆ロボット社会を拓く――試練を超えて

民生用ロボットのパイオニア

【㈱テムザック社長】 高本陽一さん（2012／04）

創業12年目で初の黒字　実需第一、役に立つロボットを

◉信条
「諦めないものの上にしか、奇跡は降りてこない」

――北九州生まれの民生用ロボット専業メーカーのテムザック（本社・宗像市）が昨年（2011年）12月期で、創業12年目にして初の黒字決算を達成した。民生用ロボット市場という〝新大陸〟を目指して挑戦し続ける高本陽一社長にロボット・ベンチャービジネスの現実と戦略を聞いた。高本社長は「陸地（目的地）は近い。内外の研究者とのネットワークを武器に、中小企業の身軽さを生かして真の産業化を実現したい」と抱負を語った。

〈11年間の連続赤字決算記録についに終止符を打ちましたね〉

高本　お蔭さまで前期は約5千万円弱の初の経常黒字でした。「これを解決できないか」というお客様からの注文に長年にわたり必死で対応し、やっと商品レベルに達して売れ始めたという感じです。産業用ロボットは安川電機をはじめ立派な「産業」になりましたが、民生用はまだまだです。それで経済産業省から「民生用専業メーカーが単独で収益を上げたのは初めて」と拍手を頂戴しました。自動車も家電も日本は欧米の完成技術を導入して産業化し、すぐ利益を上げました。しかし、馬車しかない

小回りのきく次世代移動体「コボット」

時代に初めて自動車を作ったダイムラーは苦戦したと思います。

〈次世代移動体「コボット」は東京モーターショーで小回りのきく新たな乗り物として注目されました〉

　内外研究者と共同開発した電動車椅子「ロデム」の屋外版です。医薬品メーカーの興和（名古屋市）との合弁会社「コボット株式会社」で製造しました。ロボット屋の電気自動車らしく、人と自転車しか入れない欧州の中心市街地でも乗れるコンパクトカーを目指しました。人力車や馬車が走る湯布院などの観光地でレンタルしていただければ、高齢者でもすぐ使えます。

〈歯科医の研修用患者ロボット「昭和花子」も実用化していますね〉

　技術的に未熟な研修医が人間相手に訓練するのはリスクも多い。人間そっくりのロボットを作れないかという昭和大学のご要望で、歯も舌もあり、唾液も出て、痛いと首も振る人間そっくりのロボットを開発しました。これまでに88人の歯科医の卵が心ゆくまで訓練しました。

〈デンマークで介護ロボットを開発する現地法人を設立されたとか？〉

　世界一の高福祉国ですが、介護労働力の不足が悩みで「介護にロボットを導入したい」と探される中で当社のロデムが目にとまりました。「資金提供から制度整備まで協力するから共同開発を」と政府に誘われ一昨年、覚書を交換しました。今春から様々な実証実験を始めます。規制でがんじがらめの日本と違い、欧州は柔軟です。

〈台湾にはサービスロボットの開発製造販売会社もありますね〉

　屋内施設用の「ロデム」を製造するため、日本の部品商社と合弁で昨年設立しました。台湾には車椅子メーカーが多く、人件費も安く、製造コストは日本の半分以下。現地販売だけでなく日本で販売する商品の委託生産拠点にもと考えています。

〈20年間で約30種を開発し、世に送り出しています〉

食品工業向けコンベアーメーカーの「テムス」（門司区・09年廃業）の3代目社長時代の93年、新社屋の玄関ホールの案内用にと、無人搬送台車を改造して遊び心で開発したのが、受付案内ロボットのテムザック1号です。以後、本格的にロボット開発に取り組みたくなり、テムスは父と弟に譲り、2000年に専業のテムザック（本社・小倉北区木町＝当時）を設立しました。

〈貴社製のロボットの特徴は何ですか？〉

人やペットのモノ真似ではなく、人や動物にできないことをする役に立つロボットです。例えば、人が立ち入れない危険な場所で作業するレスキューロボット。留守宅に入った泥棒をカメラで撮影し、遠くにいる家人にPHSで送り、遠隔操作でロボットを動かして犯人を撃退する留守番ロボットなど。大別して災害救援型、留守番型、ロデムなど介護型があり、お客様の要望に合わせて開発・製造・販売しています。

〈売れ行きはいかがですか？〉

留守番ロボットのロボリアは1800台売れました。昭和花子は昭和大が2台購入され、サウジアラビアの歯科大からも注文があり、近く初輸出します。災害救助用の「援竜」も数台売れました。お客様との秘密保持契約があるので、これ以上は詳しくお話しできず残念ですが……。

〈大手も続々参入しています。御社の強みは？〉

民生用ロボットメーカーは大小20数社ありますが、当社の強みはオープンで敷居が低いことです。大手は100人位のロボット開発チームが秘密のベールの奥で秘かに研究しています。当社は20人ですが、大半はオープンで、国内外の大学とネットワークを結び、各大学が新しい発明をすると売り込みに来ます。自分の研究を商品化したいロボット研究者は多く、当社と組めば試作も学会発表もでき、当社も超最新データを居ながらに入手できます。大手と違って、いざとなると外部の研究者や学生ら100人位でチームを組みます。

ロデムを開発した日独伊の専門家10人による「ベーダ国際ロボット開発センター」（理事長・橋爪誠九大教授）は年2回関係者がここに集まり、情報交換して新開発につながっています。

〈身軽な中小企業の強みですね〉

開発した製品を組み上げるスピードも早い。大企業だとまず図面を書き、検討し、絶対大丈夫となって製作ですが、私たちは取りあえず組んで実験し、データをとり直し、何回でも組み替えます。

しかし、中小企業は大企業に比べて圧倒的に資金力が弱い。大企業は他部門の利益を開発に回せますが、私たち中小企業は一刻も早く利益を出すしかありません。

〈黒字化へどんな努力を?〉

お客様に買ってもらえる価格の範囲内に製造コストを合理的に下げることです。例えば二足歩行の「キヨモリ」の骨盤ですが、こんな部品はどこにも売っていません。私たちが図面を書き、市外の小さな工場に製造を依頼します。量産品だと安く手に入るのですが……。北九州は比較的大きな企業が多く「1万個以上なら作るが」とちょっと敷居が高い。

〈11年連続赤字は「シャボン玉石けん」の17年連続に続く記録です。債務超過や税金の滞納、給与の遅配も伝えられ、厳しい道でしたね〉

過少資本の悩みです。全く新しいものを作るには開発・実験を重ねるしかない。全くの新産業を興すには最低100億円は必要とされますが、当社の自己資本は20億円で、東京あたりのベンチャーに比べても少なく、よくぞここまでと思います。

〈ロボット製造は総合技術。許認可が各省庁にまたがり、立て割り行政で難しい面があると聞きました〉

例えば牛馬は道路交通法では「軽車両」扱いですが、二足歩行ロボットは歩道か車道か。警察も困っています。分からないことだらけです。

〈海外企業も関心を寄せています〉

欧米各国も家電や自動車のような裾野の広い量産産業が競争力を失い、「次はロボットしかない」との認識で必死です。軍事にも使え、軍事予算がバックにあるので総力をあげてくるでしょう。日本が世界一と誇る産業用ロボットは法律が整備され、安全基準もある。だが、民生用ロボットは未整備なので、国際的なルール作りが急務です。しかし、日本は規制が多く、デンマーク政府と作りたいぐらいです。同国は人口約500万人。福岡県ぐらいで話も早い。先方も「九州が独立すればよい」と言っています。北九州は台湾や上海に行くのに東京より近く、世界中からも来やすいのが最大の利点です。

〈東電の福島原発事故では、海外のロボットが活躍しました。悔しい思いをされましたか?〉

実は震災直後、経産省の局長から「援竜を貸してほしい」と電話で要請され、高さ何メートルまで放水できるかなどを戸畑消防署と共に実験し、報告しました。米仏がいち早くロボットを届け、東電は米国製を使いました。米国製は実地使用で貴重なデータを入手し、日本は惜しい機会を逸しました。

〈奥さんを亡くされ、テムスの廃業など逆境の連続。髙本さんを突き動かしてきたものは何ですか？〉

妻をがんで亡くし、2年間は何を見ても泣け、打つべき手を打てず、空白期間になりました。そもそも妻から「群馬に住む母を遠くから世話できるロボットを」と頼まれて遠隔制御ロボット「ロボリア」を開発した手前、産業化を成し遂げないと、あの世で妻に怒られます。

テムザックが開発したロボット群

未踏の新分野開拓で11年も悪戦苦闘しながらも、未だに潰れないのは、皆様が我慢し支えていてくださるお蔭です。長く住んでいた自宅を競売で失い、車やその他財産も全部売り払いました。「皆様に恩返しできるまでは石にかじりついても」の思いで今日に至りました。

〈新本社は元玄海町役場ですね〉

創業の地（小倉区木町）は便利でしたが、社屋（約100㎡）が狭く、駐車場や倉庫も借りて高コストでした。前宗像市長から「合併で玄海町役場が空くから来ないか」と誘われ、谷井博美現市長にも「古代文化の象徴・宗像大社から未来技術のテムザックまで立地する宗像市に」と言っていただき、移転しました。ほぼ同じ家賃で広さは230倍になりました。

〈御社の今後の方向性は？〉

内外の研究者の叡智を集め、役に立つロボットを日本で開発し、台湾で製造、世界に販売していく。収益の出るロボット製作のため、最終消費者がある製品の受注に特化します。顧客は多様でもロボット技術のコアは同じです。ソフトとハードの組み合わせ、多種多様なロボットを手掛ける中で技術を熟成させ、何でもできる会社になりたい。

商品群はだいぶ揃ったので、今後は販路拡張のため、販売ルートを持つ商社との提携も必要になります。民生用ロボット産業という未知の新大陸を目指して、金融機関はじめ多くの方々の支援で船出した以上、新大陸を発見しないと母港に戻れません。

〈北九州経済をどうみますか？〉

九州は人口、面積、GDPなどがオランダ一国並みで、デンマークの3倍の実力があります。中核の北九州市も東京依存を脱し、自立する覚悟で各企業が個別に、あるいは数社連携して独自技術・製品の開発に取り組めば、世界に対抗できる潜在力と人材は十分あると思います。

〈経営哲学は？〉

実需第一。技術的に可能でもユーザーがいないものは作らない。

〈座右銘と趣味を〉

「諦めないものの上にしか、奇跡は降りてこない」（漫画「ワンピース」の台詞）と信じています。大学時代に考古学に熱中し、遺跡に興味があります。邪馬台国の所在地を死ぬまでには突き止めたいが、今は全く時間がとれません。

高本陽一（たかもと・よういち）
1978年神奈川大学法学部卒、東洋運搬機（現TCM）入社。84年父の経営する高本商会（87年テムスと改称）入社、91年同社長。2000年民生用ロボット専業の㈱テムザックを設立、社長。

㈱テムザック　宗像市江口465、設立2000年、資本金10億7713万円、売上高約4億1000万円（11年12月期）、従業員数　20人、事業内容　民生用ロボットの開発、製造、販売。

新日本製鐵八幡製鐵所（当時）

◆鉄都の進化――八幡製鐵所1――長期不況との闘い

八幡しか作れぬ高級鋼工場へ

【新日本製鐵㈱取締役八幡製鐵所長（当時）】古野英樹さん（2001／09）

鉄鋼再編期、目指す高級鋼工場

――鉄鋼業は、内外で大型再編が相次ぎ激動している。その中で創業100年を迎えた鉄都北九州の中核・新日本製鐵八幡製鐵所。厳しい国際競争の中で、今後どういう製鐵所を目指すのか。古野英樹所長に聞いた。

〈鉄鋼業も大激動期ですね〉

古野　世界的に生き残りのための合従連衡が進んでいます。欧州は高級鋼分野でも品種ごとの集約統合を、米国は量汎品で省工程型の生産設備に活路を求めるなど様々です。アジアでは韓国、中国が先端設備を購入、技術的に一挙に「ジャンプ」しました。設備が同じなら、労働力、電気、水道、土地の価格が高い分、日本の鉄鋼業は不利で、設備の大型化、連結省工程化などで安く作る努力をしてきたが、生産性だけではほぼ限界です。

〈そういう中で八幡製鐵所は100年目を迎えました〉

振り返って感じるのは、まず「時代を切り開く」という製鐵所の気概です。第2は鉄づくりはあらゆる科学、技術、技能が必要でそれだけ技術の蓄積、人材の養成に努め、大きな人的技術的資産を残した。第3は地域社会との共生です。今後は産業廃棄物から価値を生み出すことと循環型社会の構築が課題です。鉄鉱石から鉄を作ると70パーセントが鉄、30パーセントはスラグ（鉱滓）です。鉄は機械、ビル、工場、自動車など近代資産として残り、スラグは土地に変わった。これまでは鉄だけ注目されたが、今後は残された30パーセントの土地をいかに活用していくかを含め、地域と共生の産業をどう興していくか、が大きなテーマです。

〈八幡製鐵所の現状と21世紀のあり方を〉

新日鐵住金八幡製鐵所戸畑地区（新日鐵住金八幡製鐵所所蔵）

〔八幡製鐵所は、今春、シームレス鋼管工場が休止。ピーク比で生産量、従業員数とも減少してきたが、高級品種の豊かさで「鉄のデパート」の異名も持つ〕

韓国、中国の鉄鋼業が成長し、日本がまず量産汎用品から厳しい国際競争にさらされるのは間違いありません。日本の粗鋼生産は昨年1億トン超、内需は間接輸出を入れて7千万トン、国際競争で国際価格に収斂するなら、1億トン維持は厳しいかもしれません。川崎製鉄、日本鋼管の統合（JFE）は他社のことでわかりませんが、日本鉄鋼業の構造改革は多分あるでしょう。その時、製鉄所はどういう姿になるか、生き延びていくには他社や他所では作れないもので磐石の地盤を築いていくしかありません。

我々が選択したのは、「鉄のデパート」から他では作れない高度の技術を要する製品への役割分担です。過当競争で採算の合わないシームレスを止め、一方では事業提携でステンレスの増産にハンドルを切った。結果的には薄板を中心とする高級鋼板、国内シェアの高いレールなど世界でも当所しか作れない高級鋼種へ八幡は特化されていきます。レールは、米国でも鉄道が大量輸送に変わって、貨物列車が1～2キロの長い編成となり、2～300キロを運転、車輪にかかる加重は重く、高強度のレールが要求され、生産できる製鉄所は世界でもわずかです。電磁鋼板もトランスなどに使われる方向性鋼板は当所の特許で、欧米、国内メーカーとも我々の技術を買わないと生産できません。

〈自動車用など薄板類の競争力はいかがですか？〉

高級汎用品ですが、メッキ鋼板の一部は海外では作れず、日本から技術を教えています。自動車メーカーは資材調達の集約化を進めていますが、価格競争力、総合技術力さえあれば近い製鉄所からの供給

新日本製鐵八幡製鐵所（当時）

転炉工場（同所蔵）

が一番心強い。自動車各社は海外展開する一方、九州で新増設しており、八幡を中心に円を描くとトヨタの最新鋭工場、日産の主力工場、建設中のダイハツ新工場が入ります。最近の非価格競争力のポイントは短納期で、自動車も最終消費者が発注して、何日で納車できるかに競争が変わってくる。それを支える素材メーカーとしては物理的近距離は最大の武器です。一方で韓国、中国、東南アジアと東京がほぼ同じ距離にあり、この立地条件を活用しない手はありません。韓国の浦項総合製鉄とは株を持ち合い、技術開発面で連携中で、今後の方向は、今詰めていますが競争ではなく、巧く連携する必要があります。内外で自動車、家電、モーターなどの形で鉄を使って頂く最終のお客様が何を望み、どんな鉄が必要か。いち早く顧客ニーズを捉えないとたぶん生きていけなくなります。

〈北九州経済の現状、潜在力と、その中での新規事業のあり方をどう捉えますか〉

産業都市北九州は、今後も新産業を起こす形で活性化していくかしかありません。日本自体資源がなく、モノを生産しないと生きていけない国です。北九州の多彩な技術蓄積と地理的好条件、こんな発展性のある地域はなく、あとはグローバル化、情報化、循環型社会化にどう適合していくかです。

一つは北九州市の政策とリンクし、ルネッサンス構想の産業・都市再生策に合致するもので知恵を出し、土地を使って頂く。もう一つは当社の独自事業で、鉄づくり技術、資産を活用したエンジニアリングや分析、エネルギー事業などです。響灘エコタウン構想では、設備エンジニアリング技術が役立ち、資本参加し技術と知恵を出しています。東田総合開発では、日本テレコム、セイコーエプソンなど情報通信産業などに、私達のインフラを巧く使ってもらい、「新しい輪」を広げて行く。自動車関連のシロキ工業のようにシームレスの建屋を巧く使って頂く産業の誘致も重要です。

東田地区は都市整備が進むと港、空港、都市高速、第二関門、第二若戸など交通の結節点になります。日韓光ケーブルも1本は東田に入ってきます。鉄の関連企業群の保有技術も含め、実に多様な起業の芽があります。

〈転換期の経営哲学は？〉

技術に限界なし。とことん突き詰めて行けば無限に良いものが出て来ます。前進するにはモノを造る原点の現場を忘れず、技術を突き詰め知恵を出す。モノづくりの要諦です。

〈信条と趣味を〉

「天の時は地の利に如かず、地の利は人の和に如かず」。何を行うにも人の力が大切で、一人でも使いものにならないと思えばその人の力がそがれる。全員の力を出し切ることが重要です。趣味はゴルフと朝の散歩。小1時間歩きますが、途中製鉄所の守護神・高見神社で、毎朝所内安全を祈って柏手を打つのが日課です（笑）。

「新日本製鐵と住友金属工業は、2012年10月「総合力世界No.1」を目指して合併、新日鐵住金が発足した。14年4月に八幡製鐵所（戸畑・八幡東区）と小倉製鐵所（小倉北区）を組織統合し、八幡製鐵所として一体運営する。同じ市内で直線距離で約3キロと近く、これまでも海底パイプラインを結んで液化天然ガス（LNG）を八幡から小倉に供給したり、原料の共同調達や物流の相互活用を進めてきた。組織統合により人材の一体的活用が可能となり、それぞれが創業以来、培ってきた技術や技能を共有化し、開発力と生産効率を高め、国際競争力を強化する。八幡製鐵所は、14年早々高炉を改修、炉内容積を17％増の5千㎥に拡大する。同社は、合併効果をあげるため、13年春、君津の高炉1基など4製鐵所で生産設備の休止を決めた」

新日本製鐵㈱八幡製鐵所（当時）北九州市戸畑区飛幡町1−1、創業1901年、鋼材生産量414万トン（2000年度）、従業員数3703人。

◆鉄都の進化――八幡製鐵所2――世界的景気拡大のなかで

高級鋼特化と自動車基地対応

【新日本製鐵㈱執行役員 八幡製鐵所長（当時）】藤井康雄さん（2008／01）

連続フル生産、八幡しか出来ないモノを生み出す努力を

◉信条

「良い時にこそ、将来の困難に備え基礎体力を」、「元気に明るく」

――世界的な景気拡大の中で、鉄鋼業も高度成長以来のフル生産を続けているが、中長期的な経営環境は厳しい。そうしたなか八幡製鐵所は、昨夏、新幹線の約34倍の荷重を支える長寿命レールの開発で「ものづくり日本大賞」を受賞した。藤井康雄所長に同製鐵所の今後を聞いた。藤井さんは「八幡は、高級鋼を多く抱え、新興自動車基地に近い。安全、防災、環境、コンプライアンス（法令遵守）を大前提としながらも、新日鐵しか、八幡しか出来ない製品を次々に生み出す努力を続けるのが使命」と語った。

〈新年も忙しい年になりそうですね〉

藤井　米国のサブプライムローン問題や国内の建築基準法改正に伴なう住宅建設の停滞等、懸念材料もありますが、世界経済は中国はじめ、インド、ロシア、南米、中東等が成長を続けています。高炉関係は堅調です。フル生産は2002年度から6年目。これだけ長く続くのは高度成長期以来で、非常に恵まれた状況です。少なくとも年初はフル生産が続くとみて、しっかり需要に応えていきます。

〈その中で八幡製鐵所の現状はいかがですか？〉

高水準の生産が続く戸畑４号高炉
（新日鐵住金八幡製鐵所所蔵）

〔06年度粗鋼生産は389万トン、鋼材は419万トンで、前年比それぞれ21万トン増、45万トン増と高水準〕

　当所は、量的規模を追うのではなく、レール、電磁鋼板、高級薄板等造り込みが必要な製品や輸出向けの多品種少量生産型の高級鋼生産に特化してきました。高級鋼比率は90％程度、輸出比率は45％程度と全社平均より高目です。さらにこの10年来、日産、トヨタ、ダイハツ等自動車メーカーの九州進出で組立、部品メーカーへの鋼板供給も大きな柱になっています。

　おかげさまで自動車、造船、電機、輸出向け等の高需要で、フル生産状況です。お客様からは「1トンでも多く出して」と言われていますが、大きな増強投資をせずに、製造技術力をワンランク引上げる努力で、半期毎に新記録に挑戦しています。07年度も06年度より1トンでも多くと考えています。

〈所運営の重点をどこに置いていますか？〉

　まず、安全、防災、環境、コンプライアンス。生産増、利益達成も大切ですが、この4つを大前提として徹底して取り組みます。次いで国際競争力のさらなる強化。自動車用も含め、高級鋼分野が我々の生きる道で、いかにして世界トップの地位を5年、10年後も守りぬくか。同じ製品を作っていては、すぐに追付かれる。次の、そのまた次の製品を常に考えながら、製品開発、技術開発と生産現場での改善に日々取組んでいます。毎日一歩づつ登っても3年経てば大きな距離になります。

〈そのためには人材育成ですね〉

　当所は、5年前に高度成長前期の団塊の世代が引退、次のピークは5年後で、その備えの人材育成が重要課題です。このため新規採用を、5、6年前は10人程度でしたが昨年100人、今年は150人、以後当分100人規模で続け、次世代の人材を育成します。大きな世代交代です。高級鋼ほど最後は人の熟練に頼る部分が大きく、これらの人達がうまく育つかどうかに、当所のモノ造りの将来がかかってきます。技術伝承の体系はできており、その更なる充実が課題です。これは、関連・協力企業さんも同じで、グループあげての課題です。新規採用増で、従業員数も、直営は04年度の2800人を底に06年度2900人、07年度は3000人、今後も数年間は定年者を上回る新規採用が続きます。

〈内外遊休地への企業進出も自動車、リサイクル関連等活発です〉

旧シームレス鋼管工場跡地へは、01年以降、九州シロキ、豊田合成、三井スタンピング、安川電機、九州製紙など、多岐にわたる企業に進出いただいています。また、直近ではソフトバンクIDCが八幡東区に進出を表明、東邦チタニウムが若松の焼結工場跡に茅ヶ崎の本工場並みの工場建設に着手されるなど、順調です。相乗効果も期待でき、有難いことです。

新日本製鐵八幡製鐵所（当時）

圧延工場（同所蔵）

〈世界的な鉄鋼需要の拡大、アルセロールミタルのM&A（合併買収）攻勢等の中、将来展望と課題は？〉

中国だけでなく、多くの途上国がインフラの整備を競い、鉄鋼需要が世界的に拡大することは確実です。これまでは年率1％程度増の需要の奪い合いでしたが、今後は急増する需要をいかに自社に取り込むか、の競争です。レールならその寿命をいかに伸ばし、今ある商品の質を1ランクあげるか。自動車タンク用の鉛フリーメッキ鋼板（エココート）は当所しか作れない製品ですが、成形性に優れ、タンク容量も同じ重量なら、樹脂製に比べ約9リットル分大きくでき、トウモロコシなどのバイオ燃料への耐食性も強い。こうした、新日鐵しか、八幡しか出来ない製品をいかに次々に生み出すかです。これは、人件費をはじめ高コストが体質の日本の宿命でもあります。

〈八幡は、カーアイランド化が進む中に立地、アジアに近い優位性もあります〉

トヨタ自動車九州、日産、ダイハツの各工場が身近で、各トップとも会合等でお会いする機会も多く、ローカル同士のお話しが出来ます。何かあれば、すぐ訪問でき、需要家のニーズも入りやすい。韓国・蔚山の現代自動車もお得意さまで、相互の往来もしやすく、中国も上海は東京と同距離で、気軽に顧客訪問できます。このメリットは活かしていきます。

〈藤井さんは、31年間の新日鐵生活のうち25年間八幡勤務ですが、北九州経済の潜在力をどうみますか。将来像と提言を〉

北九州の最大の魅力は、日産、トヨタグループの進出に象徴されるように、モノづくりの優秀な人材が豊富な点にありました。しかし、これだけ企業進出が続くと、さすがに足元は苦しく、人材をどう確保するかが、産業都市・北九州の将来を決めます。他都市のようにモノづくりをしんどいと考えるのではなく、むしろ誇りとする風土は貴重で、ファッション的で華美な世界に憧れるのではなく、素朴で勤勉な九州らしさを失わず、モノづくりへの理解力を伸ばすことが、日本の製造業の最後の強さになります。当所も社員を小学校に講師派遣するなど、次代を担う子供たちがモノづくりに親しむ機会づくりに協力しています。九州に住む人は、若いうちから広い住宅を安く買え、病院、福祉も東京に比べれば恵まれ、幸せです。これらをもっとPRし、伸ばすことで人の集まる街にすべきだと思います。

〈激動期の経営哲学は?〉

幸い、今はフル生産で良い時期ですが、良い時にこそ、人材、設備、開発力などの基礎体力をつけ、将来の困難なときに耐えられる製鐵所にしておく。安全、防災も含め、毎日少しづつでも常に積み上げて行きたい。

〈座右の銘、趣味を〉

座右の銘は、それに束縛されたくないので、特にありませんが、心掛けているのは「元気に、明るく」。趣味は家内と年に数回、欧米豪の歴史遺跡を見て回ることですが、所長就任後は、何事にも即応できるよう国内旅行で我慢しています(笑)。

藤井康雄(ふじい・やすお)
1977年京都大大学院工学研究科修了、新日本製鐵入社。八幡製鐵所設備部長、生産技術部長等歴任。2003年八幡製鐵所副所長。05年参与・堺製鐵所長。07年執行役員八幡製鐵所長。九州経済連合会副会長。(09年常務執行役員君津製鐵所長、11年新日本製鐵退職、トピー工業社長)。

◆鉄都の進化――長期不況との闘い

「小倉ブランド」の創造を

分社で大企業意識変え、世界最強の「小倉ブランド」へ

㈱住友金属小倉社長（当時）　吉田喜太郎さん（2002／08）

◉信条

「お客様が望まれるものを、真面目に誠実と熱意をもって面白がって作る」、「日々は2〜3歩先の足元を見、迷ったときは遠景（未来と歴史）を見る」

――鉄鋼業界は、世界的再編の中、NKKと川崎製鐵が統合したJFEに対し、住友金属工業、神戸製鋼所等が新日本製鐵と連携、2グループ時代に入った。その中で分社・独立したばかりの㈱住友金属小倉（小倉北区）が、21年ぶりの新高炉に火入れした。今春就任したばかりの吉田喜太郎社長に、現状と今後の経営戦略を聞いた。

〈今春、火入れした新高炉は様々な工夫が凝らしてあるそうですね？〉

吉田　この厳しい時代に少しでも安くと、旧小倉1号の基礎の上に小倉、和歌山、鹿島の各高炉の部品で使えるものは極力「リサイクル利用」し、しかも炉内容積を16％拡大、25年間は使える世界トップ級の長寿命対策を施し、160億円かかるところを90億円台であげた。懸命に智慧を絞りました（笑）。

〈鉄鋼業界を取り巻く環境はますます厳しいですからね〉

かつては需要家は鉄鋼メーカーごとのシェアを固定的にしていましたが、この2〜3年で極端に変わ

住友金属小倉製鉄所（現新日鐵住金小倉製鉄所）

り、シェアが半分になった企業があると思えば、逆に2倍に増えるケースもあり、技術力の差が鮮明になってきました。商品開発力と経済原則中心の競争は厳しいが、それだけやり甲斐のある流れになってきたと思います。ただデフレと供給力過剰を背景とした鋼材価格の低下は行き過ぎで、2001年度決算はほとんどの鉄鋼メーカーが水面下の損益を余儀なくされました。この価格では製品開発、設備投資もままならず、いずれ修正されると思います。当社の主力製品の高級棒鋼、線材は欧米でメーカーが減り供給不足気味です。

〈その中で2年前に分社した地元企業・住友金属小倉の舵取りは？〉

〔製品の高級棒鋼、線材は6・5割を世界の主要自動車メーカーの部品用に供給、輸出は2割弱〕

「新高炉、新商品でパワーアップして、特殊鋼分野で最強の『小倉ブランド』を自力で勝ち取ろう」と呼びかけています。当社は高炉メーカーとしての住金の発祥の地ですが、昭和50年代から付加価値の高い高級鋼に切り換え、需要家も建設関連から自動車関連にシフトしてきました。全国的大組織は「大企業病」と揶揄されるようにどうしても意志決定に時間がかかります。市場対応で瞬発力が要求される時代に相応しい組織をと、実験的に2000年4月、小倉での棒線事業の分社化に踏み切りました。住友金属の新たな経営ソフトの先頭を走っているという自負と責任感を持っています。本社を小倉に置き、役員は5人と売上規模（700億円）の割りにはコンパクトで、万事スピーディになりました。大企業意識を変え、中小企業的に行こうと顧客の声に素早く応える努力を重ね、競争力も向上、順調な船出です。4月から全社でカンパニー制を採用し、他の事業所も分社化の方向に動き出しました。

〈今後の方向性と課題は？〉

「選択と集中」です。限られた経営資源（人材、資金）を「目標」を絞って投入して行く。それと早く成果を出すため、常に「いつまでに」という「時間軸」を明確にして行く。途中経過をみて必要なら修正していく。幸い『小倉ブランド』は確実に認められつつあり、顧客業界のグローバル化対策、環境対策、軽量化対策のニーズに応える「世界規模の最強の集団」を目指します。顧客メーカーはグローバル化で世界各地で生産し、最も安い資材を買う最適調達体制をとりつつあり、それに対応するため全世界で緊密な提携の網の目を張り巡らします。環境対策のため開発した鉛を使わない新型快削鋼技術をホンダ・アメリカ向けに米国ティムケン社に供与しました。英国コーラス社系のＣＥＳ社と特殊棒鋼・線材製造技術で包括的に提携、日本のユーザー向けはこちらが、逆に欧米のユーザー向けは先方がノウハウを教え合う地域間協力体制も確立しました。さらに日系メーカーの進出等で市場が拡大中のタイで線材に続き９月から磨棒鋼の現地生産も開始します。アセアンでの当社シェアは距離も近いので５割と高く、現地で対応できないときはすぐ小倉から駆け付け、向こうからもこちらに来て、分工場感覚でやれるのが強味です。商品開発のポイントは顧客の軽量化、環境対応、コスト低減ニーズに適う商品で開発陣を増やしつつ、住友金属中央研究所を研究費を払ってフルに活用します。カスタマーサービス部も新設しました。

〈北九州経済の現状、潜在力をどうみますか。そして提言を〉

「末吉社長」はよく経営されていると思います。新高炉の建設で地場の鉄鋼関連企業にも応援してもらってつくづく感じたのは、１９０１年以来の北九州の技術蓄積の厚さで、予想を超えるものがありました。たとえば鹿島で高炉を作るとなると、全国から関連企業を呼び集めることになりますが、ここでは大部分地元で間に合います。情報化等の潮流に的確に対応すれば、こうした技術の応用、活用、発展の余地は極めて大きいと思います。新空港、第２関門橋、響灘大水深バース、学術研究都市等ハード、ソフトのインフラ整備も楽しみですが、テクノセンターなども大企業と中小企業の連携の場として重要な役割を果しています。東京・大田区や東大阪市の中小企業集積の中に、キラリと光る世界的企業が多いといいますが、北九州もユニークな企業は多く、もっともっと増やしていくべきです。

〈北部九州周辺は日産九州、トヨタ自動車九州の立地等で新興自動車産地の期待が強いですね〉

現状は最終組立メーカーの立地に比べ、部品メーカーは最近、立地が増え心強い限りというものの、関東、中京、関西に比べるとまだまだです。私達の営業の窓口となる購買部門はやはり大阪、名古屋、関東に集中しています。当社製の自動車部品材も小倉から船積みして、大阪、名古屋、横浜に送られ、そこで部品になって九州の自動車組立工場にぐるっと大回りして帰ってくるケースが多く、当社製品で九州向けは15％程度です。今後、カーアイランド化でこの比率が高まれば当社の競争力は格段に強まるので、期待していますし、楽しみです。

〈転換期の経営哲学を〉

お客様が一番望んでおられるものを真面目に誠意をもって、しかも面白がって熱意をもって創意工夫しながら作っていく。地道にスピーディに。これに尽きます。

〈最後に座右銘、趣味を〉

特にありませんが、敢えていえば「日々は2—3歩先の足元を見、迷ったときは遠景（未来と歴史）を見る」でしょうか。趣味は仲間と一緒に時々福知山などにハイキングすることと手当たり次第の読書といったところです（笑）。

吉田喜太郎（よしだ・きたろう）
1971年東京大学経済学部卒、住友金属工業入社、人事労政部長、小倉製鐵所副所長、住友金属小倉取締役業務本部長を経て2002年4月代表取締役社長。
㈱住友金属小倉（当時）小倉北区許斐町1、資本金270億円（住友金属工業100％）、設立2000年4月（分社化により創業）、業務内容 高炉による特殊鋼主体の棒鋼・線材の製造・販売、売上高669億円（2001年度）、従業員数1170人。

◆鉄都の進化——耐火レンガ　黒崎播磨1——長期不況との闘い

高級品が武器　海外戦略も強化

【黒崎播磨㈱社長（当時）】平岡照祥さん（2003／08）

新製品を研究開発し、進むべき道を明確にする

◉信条

「基本に忠実に」、「小さな努力の積み重ね」、「一心、流水のごとし」

——鉄鋼業界の再編機運の中、一足早く合併した耐火物メーカーの黒崎播磨（八幡西区）が、新中期計画をまとめた。旧黒崎窯業と旧ハリマセラミックの2000年春の合併で誕生した耐火物国内トップの同社は、今後どう経営を進めるのか、旧ハリマセラミック出身の平岡照祥社長に聞いた。

〈デフレ下、耐火物業界の経営環境も厳しいですね？〉

平岡　耐火物は7割が鉄鋼業向け、あとは窯業、非鉄金属向けですが、長期不況に苦しんだ鉄鋼業は、今春のNKK、川崎製鉄の合併によるJFEの発足と新日本製鐵・住友金属工業・神戸製鋼所の提携で2グループに再編され、鋼材の値上げも浸透、復活の兆しが出てきました。耐火物業界はこの10年、価格が3割強低下、人員も3割減少と厳しく、回復はやや遅れています。

〈その中で、合併3年目の黒崎播磨が今春中期経営計画（2003～05年度）をまとめました〉

日本の昨年度の粗鋼生産は年間1億1千万トン程度ですが、世界は9億トンと拡大基調、特に中国は凄い勢いで増産中で、世界市場を目指した経営が基本です。「世界一の顧客価値の実現」を掲げ、国内は研究開

黒崎播磨工場全景

発もしっかりやり、生産コストは高いが品質が安定した高度な世界のナンバーワン製品を作る。グレードが低くても安い方がよいという製品は中国で生産、この2つをセットで世界市場に供給します。さらにこれまでは単体で売っていた精錬炉の部材を一纏めにして「精錬設備一式」、「精錬システム」として、最終的には「信用」としてワンセットで売って行く。それに必要な研究開発に取組んでいきます。

〈中国の生産拠点を増設しますね？〉

海外事業は中国・無錫《むしゃく》、スペイン、豪州にある合弁の生産拠点に加え、昨年、米国と中国・上海に独自の販売会社を設立しました。市場開拓を強化しつつ、無錫工場を拡充して低価格対応製品を増産します。中国は、将来は粗鋼3億トン時代の声もありますが、リスクと資金調達力を睨み、拡充していきます。国内は品質の高位安定した製品が中心です。たとえば連続鋳造用のノズルに使う耐火物の場合、1本6万円ぐらいでもトラブルがあると鉄鋼メーカーの損害は数百万円に及び高い品質と機能性が求められます。顧客価値の徹底追求、最強の生産・供給体制の確立、健全な事業体質の構築が中期計画の3本柱です。

〈内外の大競争を睨んだ合併の効果は如何ですか？〉

余剰設備の調整を終え、高品質を維持しながらコストのさらなる引き下げに努力する段階です。元来旧日本製鐵系で同根で、1950年八幡・富士両製鐵と播磨耐火等に分割、八幡・富士は70年一足早く合併し、新日鐵系耐火物2社の統合も時間の問題で、この不況下で実現しました。旧黒崎窯業は機能性耐火物に強く、旧ハリマセラミックは精錬炉の中の2次精錬分野が得意で補完でき、重複部分は生産拠点の統廃合で調整、人員も400人減量しました。研究開発の重複も解消、小人数で格段に強化され、前述の一貫セット売りもやりやすくなりました。

〈非耐火物事業で「100年使えるレンガ住宅」もはじめたそうですね〉

耐火技術を応用した景観材事業は、これまでの舗装用レンガ、建築内外装タイルに加え、重厚感のあるレンガ積み住宅の販売もはじめました。ファインセラミックス事業は、連結子会社マイクロン生産のIC封止材が、IC需要とともに急回復しました。半導体製造装置用の耐火物部材は、IT関連投資に左右され、どう安定した収益に持って行くかです。このほか、トンネル火災保護用に開発した高断熱耐火板（セラミックプロテクター）も日本はまだですが、オランダなどでは相当普及しています。当面、光ファイバー網をトンネル火災から守るための工事需要が今年あたりから出てきそうです。汚泥を高熱処理してペレット状の肥料を作るYTコンポスト（発酵・熱分解装置）も展示会などで好評です。

〈北九州経済の現状と潜在力、課題をどうみますか。そして提言を〉

北九州には、有力諸産業の集積があり、インフラをみれば響灘等広大な土地があるし、労働力は豊富で、強みは多い。だが、情報産業の発達で世界が小さくなった今、北九州だけで考えても限界があります。視野を広げ、ここを中心にどういうネットワークを組むか。ここが拠点でないと、と拘《こだわ》るとグローバリゼーションに合致しなくなります。たとえば響灘の大水深バースを中心に世界中を相手にした大きなネットワークをどう構築するか。北九州は企業間、都市間、その他様々なネットワークの中に何をちりばめていくか。ネットワークであるかぎり、こちらが得するだけでなく、相手も喜び、共栄できるものでないといけない。私達が持つ強味で相手も喜ぶものは何か、それに何を付け加えるか、色んな可能性があると思います。

〈中国の「世界の工場」化でモノづくりの将来への不安がありますか〉

モノづくりも2種類あり、電機製品などのように最終製品の特性・性能を正確に検査できるものと、耐火レンガのように検査できず、使ってみないと性能の善し悪しがわからない「作り込み品」があります。前者は人件費の安い中国などにかなり移りますが、後者は日本が強い。工業化の歴史が長く、品質管理、小集団、QC活動などを積み重ねた日本の品質への拘りには簡単には追いつけません。また、前者も日本製品の耐久力は定評があります。自信を持って良いと思います。堺屋太一さんが著書『知価革命』で「1本2、3万円のデザイン力のあるネクタイを」と書くなど、旧来のモノづくりはもう古いと思われがちですが、そうしたデザイン性や発想力でモノを作って食える人口は僅かです。１億２５００万人が生活していくためには地道にきちんとモノづくりに励むしかない。中国などで出来るものと、日本でしか出来ないものを峻別し、技術の伝承も含め伸ばしていくべきで、北九州の役割は大きいと思います。

〈激動期の経営哲学は何ですか〉

地道に生産性を上げ、研究開発で進むべき道を明確にする、市場分析をキチンとする。どんな時代でも、基本に忠実にです。小さな努力の積み重ね、トヨタの高収益の秘密もそこにあります。１００円ショップから買ってきた部品を使ってでもきちんと作れる。全従業員が自分の仕事を今日より明日はより良く、効率的にと真面目に積み重ねる。それを組織として執拗に続ける厳しさです。

〈座右の銘と趣味を〉

「一心、流水の如し」。水のように澄み切った心で無心に柔軟に、かつ力強く、環境に対応する。時節や面子に拘らない。趣味の読書は史記など中国の古典ものが好きで、これは人生の教訓の宝庫です。油絵は今は忙しく画いていません。将来やりたいのが東洋蘭の栽培。1年に1度、冬に咲く花の高貴な香りが何ともいえません（笑）。

平岡照祥（ひらおか・てるよし）
1968年東京大学大学院卒、同年富士製鐵（現新日鐵住金）入社、97年新日鐵取締役広畑製鐵所長。99年ハリマセラミック社長、2002年6月黒崎播磨社長。

黒崎播磨㈱　八幡西区東浜町1−1、資本金55億3796万円、設立1918年、事業内容　耐火物・ファインセラミクスの製造販売、各種窯炉の設計施工・築造修理、景観材の販売、売上高　973億円（2012年度連結）、従業員数1221人（13年3月末）。

◆鉄都の進化――耐火レンガ　黒崎播磨2――世界的景気拡大のなかで

最新技術の耐火レンガ生産

【黒崎播磨㈱社長（当時）】古野英樹さん（2007／06）

30年ぶり高水準の鉄鋼用耐火レンガ生産　最新技術で設備更新中

――鉄鋼、セメントなど工業炉用の総合耐火物業界で国内最大手の黒崎播磨は、合併による規模拡大効果をてこに「世界一の顧客価値の実現」を合言葉に体質強化策と設備の更新を進めている。古野英樹社長に海外展開、新規事業の開拓も含め、経営戦略を聞いた。

〈世界的景気拡大で耐火物業界も好調ですね？〉

古野　売上の75％を占める鉄鋼業界が中国を中心に世界的に需要旺盛で、国内粗鋼生産も約30年前のピーク1億2千万㌧に近い高水準で、耐火物業界も順調です。今後も、少なくとも北京五輪まで、あるいは上海万博までは、との見方が一般的です。

ただ過去30年間、鉄鋼生産は、概ね1億㌧台でしたが、耐火物使用量は、ユーザーの要請に応え、絶えざる高耐用化に努めた結果、3分の1に縮減。当社も合併、アライアンス（提携）を重ね、効率化してきました。さらにミタルスチールによるアルセロール買収など鉄鋼業の国際的再編の背景には、鋼材ユーザーニーズの2極化もあります。

〈需要の2極化ですか？〉

トヨタが自動車生産で世界一に迫るなど自動車産業の発展の過程で、日本の鉄鋼業は、新日本製鐵が「技術先進性」、ＪＦＥが「オンリーワン」を合言葉に、年々高級鋼化志向を強めています。一方、中国、インドなど新興国群・ＢＲＩＣｓでは国家建設に伴う汎用鋼需要が強く、中国では1年間で新日鐵とＪＦＥの全生産量に匹敵する7千万㌧の需要増と凄い勢いで伸びており、過去１００年の変化が、10年で起こる可能性もあります。高度技術を支える高級鋼と量的

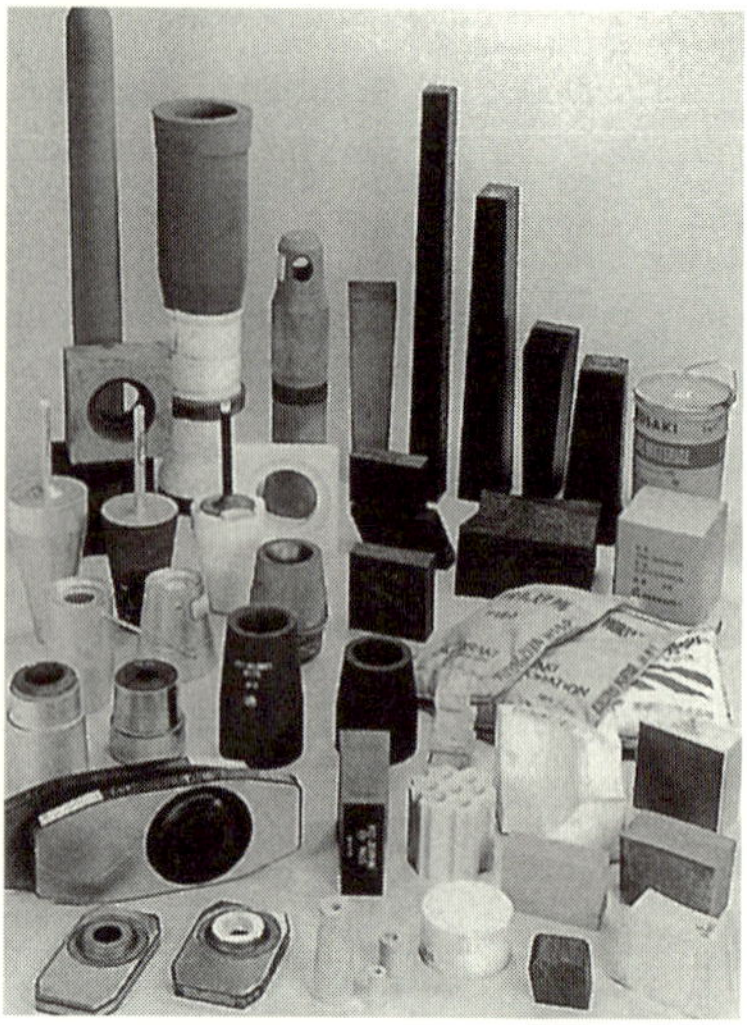

800～2000度の高温に耐える
「素材のための素材」耐火物

拡大の汎用鋼、この2つの需要に耐火物業界がどう応えて行くか、が課題です。

〈黒崎播磨としての戦略は？〉

一つは、世界一の技術を維持し、さらなる成長を目指す新日鐵を、関係会社として支え、高級鋼分野で高度耐火材料を安定供給する質の高度化です。

今一つは事業拡大のため、中国などで伸びる需要を、世界の3位メーカー（1、2位は欧州勢）として捉える方針です。そのためにはまず、生産設備の更新です。

過去の厳しい時代に、老朽化が進み、更新は装置産業の生命線。最新の材料で、最先端の技術成果を盛り込んだ設備に切り換え中です。ベースは「良く、早く、安く」という創業指針です。

〈海外の事業展開は？〉

中国秦皇島で首鋼集団と現地向け耐火物製造・販売会社も設立しました。

中国では、政府が鉄鋼業を7メガスチールに再編、高級鋼開発を進める方針で、当社は蓄積した技術力を売り込む。スペインに生産拠点、ブラジルにも技術供与先があり、各ルートで売り込みます。

M&Aは、一社でか、世界の仲間と一緒にか、どちらがより企業価値を高めるかの選択になりますが、製造業には技術の勝負こそが基本です。

〈新規事業の開拓をどう進めますか？〉

当社は、鉄鋼依存度が80%超と平均以上に高く、耐火物と同じ技術で相乗効果の発揮できるファインセラミックス等を強化中。半導体製造装置関連部品等で、収益の柱の一つに育っています。景観レンガなど生活空間セラミックスも豪州やベルギーから輸入、拡販中。リサイクルレンガも面白く、小倉城の修理で発生した古瓦を景観レンガに再生します。市の環境首都構想に寄与できれば幸いです。

〈技術開発が土台になりますね〉

研究開発・設備投資を怠れば、製造業は衰退あるのみで、従来以上に重視・注力しています。ただ最近は大学の耐火物学科が消え、鉄鋼冶金科も縮小傾向で、自前の人材育成が求められています。戦後の厳しい時代を生き、技術立国が基本と信じる世代には気になる流れで、方向転換を期待します。

団塊の世代の技術伝承も大きな課題で、現設備を最高に機能させ、高品質の製品をつくるため、昨年から「クロサキモノヅクリシステム」（KMS）という運動を展開しています。教育あり、安全あり、設備保全ありの運動論です。

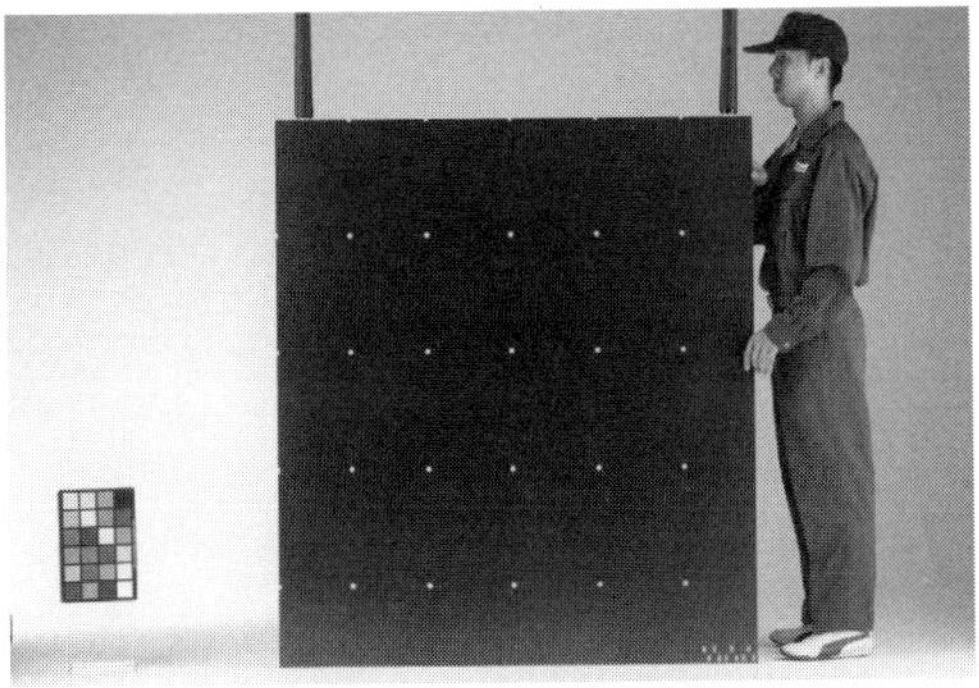

ファインセラミクス一精密測定機用基準器

〈中長期にどう展開しますか。方向性とビジョンを〉

あと11年で創業100年。世の中の百年企業をみると、立派な会社が多い。単に高収益であるだけでなく、それを地域に還元し、地域貢献しています。2003年に「世界一の顧客価値の実現」という事業目標を策定、現場力の向上、差別化技術の創造、財務体質の改善等取り組んでいます。グループ戦略は、新日鐵もそうですが、試行錯誤の結果、本業に関係のない分野は整理し、コア事業を中心に強い集団を目指します。黒崎窯業とハリマセラミックが合併して7年目、もともと同根で重複が少なく、融合は極めて順調です。

〈古野さんは、新日鐵八幡製鐵所長、九経連副会長を勤めました。北九州経済の潜在力をどうみますか？そして活性化への提言を〉

北九州は、鉄鋼業を中心に裾野を広げ、百万都市として発展しましたが、次代を担うのは、当面自動車産業です。日産に始まり、トヨタ、ダイハツ・中津が続き、マツダ防府、韓国現代・蔚山も近い。近年のさらなる新増設で、当初ためらっていた部品メーカーも競って進出中です。

進出の背景には、北九州の技術、人材集積、親子代々のモノ作りへの心構えがあり、北九州経済には好機です。インフラも空、海が整備され、情報ハイウエイは、新幹線沿い、日韓海底に加え、宮崎―北米ルートも整備、高レベルです。ただ問題は、東九州自動車道の整備の遅れ。北九州と大分、宮崎の産業を結んではじめて大動脈が完成します。地元企業は、国内での量の拡大は大きくは期待できず、技術革新で、他の分野にもチャンスを広げるるべきです。

〈激動期の経営哲学は何でしょう?〉

「技術に不可能はない」。あくなき追求が産業人の原点です。敵対的M&Aの脅威があっても、TOBをかけられたとき、株主に「売らずに持ちたい」と判断してもらえる企業経営こそ最大の勤めです。

〈座右銘、趣味を〉

「天の時は地の利に如かず、地の利は人の和に如かず」(孟子)。

全員の力を同じ方向で出しきることが大切で、この一年で、海外も含め全現場(工場・営業所)を回るというのが私の社内公約です。

それと「シンプル・イズ・ベスト」――物事は単純に考えるべし。最近、「古事記」、「日本書紀」等古典の世界に嵌《はま》っています。日本人の精神風土の原点は、八百万の神の多神教と武士道にあり、農耕民族と狩猟民族の混合、天孫降臨など、そのルーツは謎に満ちています。グローバル化時代、内外企業の経営姿勢の違いの理解に役立つと同時に、その謎解きは、将来、老後の大きな楽しみになります(笑)。

◆鉄都の進化――耐火レンガ　黒崎播磨3――試練を超えて

世界一の顧客価値の実現へ

【黒崎播磨㈱社長】　浜本康男さん（2012／01）

インド進出、着実な成長を　高機能商品の開発に注力

◉信条
「生き残るのは、変われる会社」、「駄目でもともと（ニックネームは駄目もと工場長）」

――世界経済は先行き不透明で、日本経済も東日本大震災と超円高で閉塞感が強い。新日鐵と住金が合併するなど企業環境も激変しつつある。黒崎播磨は独自のＭ＆Ａ（合併・買収）戦略でインド最大の耐火物メーカーを子会社にするなど「サバイバル＆成長」戦略に取り組んでいる。元新日鐵八幡製鐵所長の浜本康男社長に再編期の企業戦略などを聞いた。

〈２０１２年をどう展望しますか？〉

この5年間は過去30年に比べて巨大変化が毎年起きています。中国のミニバブルで潤ったが、リーマン・ショックで激落。やっと回復したと思うと今度は東日本大震災と原発危機。そして世界的な財政・金融危機から経済の縮小不安と歴史的円高に襲われています。超円高は経済の体力を奪い、産業の空洞化を進める「死に至る病」です。今年も厳しい試練の年になると覚悟しています。

〈どう舵取りをすべきですか？〉

サバイバル策と成長策を車の両輪のように常にバランスよく進めることです。生き残りの合理化策だけでは士気が渦巻き型に下降します。逆に成長策に

中国最大の生産拠点・無錫の合弁会社

資金を使い過ぎると失敗した時に会社が破綻します。絶妙の匙加減が必要です。

〈昨年度から中期計画「サバイバル＆成長」に取り組まれていますね。文字通りにそのお考えから？〉

当社グループは鉄鋼など素材産業に不可欠の耐火物事業（売上比75％）が主力です。次いで工業炉の設計・製作・建設などのファーネス事業（同16％）と半導体製造装置や精密測定基準器などのセラミックス事業（同７％）です。今後の生き残りを考えると、現事業の売上高を増やし、コストを下げ、新商品を開発する必要があり、中期経営計画を推進しています。

〈攻守のバランスの配慮ですね〉

バブル崩壊後、日本の企業はサバイバル策に傾斜し過ぎました。「借金で会社が潰れたら困る」とひたすら出費を減らし、人を減らした。しかしその間、成長プランが欠落し、今の苦境があります。日本発の世界的なヒット商品が少なく、むしろ韓国に先を越されている。一方、バブル経済期には「何兆円戦略」「売り上げ倍増」などの成長策が行き過ぎました。一部はうまくいったが、全体としておかしくなり「失われた10年」の原因を作りました。難しいことですが、常に両者のバランスを心掛けるべきです。

〈昨年、インドのＴＲＬ社を１０４億円で買収し、子会社化して連結売上高が一挙に２００億円も増えることになります。これも成長策ですか？〉

当社の主な顧客は鉄鋼業ですが、中国は既に世界の半分近い７億トンを生産しており、今後は横這いでしょう。次に離陸するのは人口12億人のインドと予測されます。買収したＴＲＬ社の親会社のタタ・スチールは新日鐵と長年にわたる提携関係があり、私も新日鐵時代、冷延工場の建設指導で訪問しました。非常に信頼度の高い会社です。この買収で海外連結売上比率が約30％に倍増し、耐火物では世界６位から４位に上昇することになります。

〈買収後、設備も新設中ですね〉

共に成長するには現製品の売上増と同時に、日本から耐火物の製造技術を移転し、そのための設備の新設も必要です。アジア、中近東、欧州へ拡販する絶好の位置に最新鋭設備を建設中です。

国内では、新日鐵との共同事業だったファインセラミックス事業を一昨年、単独事業化しました。仕事の回りも早くなり、国内の成長戦略の柱に育てます。

〈もう一方のサバイバル策は？〉

国内は人口減少で市場が伸び悩みますが、「世界一の顧客価値の実現」には、耐火物の生産技術の向上が死活の課題です。国内の重要なお客様に対する高品質・低価格・短納期のサービスを絶えず改善し、新しい高機能商品を開発する。世界一の技術力で顧客満足とコスト削減、高収益企業を実現する。現在1億トン以上ある国内粗鋼生産が9千万トンに落ち込む事態が万一到来しても、なお利益の出せる体質作りを目指して、生産の集約と物流の効率化の構造改革に取り組んでいます。過去10年間、老朽工場の閉鎖と新鋭工場への集約化を実施。工場の数はピークの約半分に減少。連結3子会社も昨年統合し、管理部門を一本化。建材事業の外壁用陶板は、積水ハウスさんの強いご希望により譲渡しました。

〈強みを伸ばす戦略ですか？〉

特に鉄鋼の連続鋳造工程で鋳型に溶鋼を注入するスライディングノズル用耐火物や、高炉で使われるマッドと呼ばれる耐火物の技術では世界トップレベルです。これらは、その出来栄えが鉄鋼の品質を左右し、鉄鋼用耐火物の中でも最も難しく付加価値も高い機能性耐火物です。最近、新素材のファノンも開発しました。微細なナノレベルのカーボンを内蔵しているので、割れにくく長持ちするレンガです。

〈日本経済は低成長の20年間ですが、その中で貴社はM&A戦略で売上高を倍増させましたね〉

1989年のスペインのAMR社の買収を皮切りに黒崎炉工業、ハリマセラミック、九州耐火煉瓦、SNリフラテクチュア東海、そしてTRL社。関連企業の合併や子会社化も含めて合併・買収を重ねました。おかげでこの20年間で売上高は2倍近くに増加しました。どの産業にも世界的なガリバー企業は存在します。規模が大きいほど低コストで開発の人材も豊富、設備近代化の大規模投資も可能です。国際大競争時代を勝ち抜くには、規模こそ競争力と考えるべきでしょう。問題はキャッシュ（保有現金）です。これを危うくしてまではやれません。これからも現金と相談しながら、好球必打です。

〈今後の海外事業の展開策は？〉

新興国が主体です。ＴＲＬ社は現経営者も管理方式も変えませんが、それとは別に９人の日本人・インド人の当社スタッフがインドに常駐し、新規稼動する製鉄所への販売促進などにも努めます。中国には既に12の投資会社があり、中方（中国側）との合弁で無錫に大きな生産拠点を持ち、ほぼ万全の体制です。インドの次はブラジル、東南アジアのベトナム、インドネシア、タイなどを研究します。先進国は北米、欧州に各事業統括会社を設立しました。欧州はスペイン子会社を活用、タタスチールが買収した英国コーラス系にも拡販します。日本製は世界最高品質ですが、インド、中国は中低価格品へのニーズが強く、その開発・生産も今後の重要課題です。

〈新成長分野の開拓については？〉

今後成長が予想される省エネ・環境関連分野では新日本サーマルセラミックスの株式を取得し、断熱用ハイパー製品事業に進出しました。製鉄所で必要とするさまざまな断熱材をフルラインアップで最適に供給できる体制を作りました。これにより二酸化炭素の削減にも寄与します。

〈中長期の方向性と将来ビジョンをお聞かせください〉

９次中期計画の目標である12年３月期の売上高１千億円はＴＲＬ買収で達成が確実。今後は国内市場を固めつつ、インドでの将来の売上高を２倍の４００億円に伸ばします。目標は耐火物総合売上高の世界一ですが、現在１位のヴェスヴィウス社（ベルギー）はグローバル化も早く世界的なガリバー企業。売上規模も当社の２倍です。身の丈に合った成長策で世界順位を一つずつ着実に上げていきたいと思っています。

〈そのためのキーの一つは研究開発ですね〉

当面の収益とは別に、耐火物の高度技術の継続的な開発なくして当社の存在意義はありません。中進国の追い上げから逃げ切るためには絶対に必要で、リーマン・ショック時も開発費予算（年間約12億７０００万円）は全く減らしていません。

〈人材育成を強調されていますね〉

ここが最も大切で心配の種です。絶えず「情熱力と業の力を磨こう」と呼び掛けています。「業の力」とは新しい良いものを低コストで作る力。「情熱力」とは目標を何が何でも達成しようという熱意です。この面では中国や韓国に負けていると思います。彼らは改善意欲が強く、目の輝きが全く違います。日本もかつてはそうでした。天然資源も軍事力もない日本、あるのは産業競争力だけです。働く人の力を高めるしか、活路はありません。「自分はこの分野では世界中の誰にも負けないぞ」という情熱力と英会話力と交渉力を持つグローバル人材を育てたい。

〈社長塾を開催されているとか？〉

若い社員と食事したり、管理職を約15人ずつに分けて半日演習し夕食を共にするP塾を重ねたりしています。Pは社長を意味するプレジデントの頭文字。まずは社長の情熱力でスタートさせました。会社は社長の力以上にはならないといいますからね（笑）。

インドTRLの社長歓迎式典で広場に集合した従業員

〈新日本製鐵と住友金属工業が今秋合併し、世界2位の鉄鋼メーカーが誕生します。元八幡製鐵所長として地元への影響等どう考えますか？〉

マスコミ報道以上のことは、残念ながらコメントはできません。ただ個人的には「規模は力」と思うので、日本の企業が規模を大きくするのは善と確信します。もし両社が合併して力をつければ、北九州経済にも非常に良いことだと思います。

〈北九州経済の潜在力と魅力、あるべき将来像についてお聞きします〉

北九州は約20年前、これ以上は発展しない「限界の地」とみられていました。それが今や東京と中国・韓国の中間に位置してアジアに最も近い地の利がある。産業・企業・技術が集積している。優秀で豊富な労働力を擁する。以上の点で存在感を高めつつあります。福岡、大分も含めて北部九州は国内で最も発展する潜在力を秘めています。

少子高齢化と人口減という厳しい環境ですが、日本人が豊かさを維持するには産業競争力の強化が不可欠です。幸い北九州は地震に強く、企業にとり「安全・安心」地域。自動車やタイヤ産業などの進出も相次ぎました。今後も産業誘致に力を入れ、企業にも市民にも魅力のある地域に磨き上げるべきです。福北地区を実質的な「第二首都」にするくらいの意気込みで取り組んで良いと思います。

〈ところで、社長は鉄づくり一筋40年の人生ですね〉

新日鐵では計5年間の本社勤務以外は、君津製鐵所冷延工場を振り出しに君津副所長、堺製鐵所長、八幡製鐵所長とほぼ一貫して現場で過ごしてきました。その間心掛けたことは、新人研修期に教わった「現場で自分で問題を発見し、自分で考え、提案し、実行する」ことです。提案がうまく結果を生んだ時の充実感は何物にも代えがたい。給料貰ってこんな楽しくて良いのかなとエンジニア冥利につきます（笑）。もう一つの心掛けは「良いことは何をやっても良い。先輩、上司の意向と違っても提案してドンドンやれ」。日本人の現場力は世界一。福島の原発事故でも所長以下全員があらゆる努力をされている。同じ現場人として涙が出ます。

〈激動期を乗り切る経営哲学は？〉

「世界一の顧客価値の実現」です。社長から新人まで顧客第一です。後は「生き残るのは、変われる会社」。変わるとは過去の自分を一度全否定することで、辛いことですが……。

〈最後に座右の銘と趣味を〉

「駄目でもともと」。この意識がないと変化にトライできません。新日鐵時代は「浜本工場長ではなく、ダメ元工場長」と言われるくらいこの言葉を言いました。趣味は12年前から始めた「百名山」の登山です。近畿以西の57の山に登りましたが、中部以東が未踏です。

浜本康男（はまもと・やすお）
1972年東京大学工学部卒、新日本製鐵（現新日鐵住金）入社。2003年取締役建材事業部堺製鐵所長。05年取締役八幡製鐵所長、07年常務取締役。09年黒崎播磨副社長。10年4月社長。

◆鉄都の進化――稀少金属――世界同時不況のなかで

金属チタン一貫生産体制を確立【東邦チタニウム(株)社長(当時)】久留嶋毅さん(2009/05)

地球救う若い金属、鉄都の仲間に　航空機・環境関連――万能の素材

◉信条
「着眼大局、着手小局(構想はなるべく大きく練り、実行は細心に)」

――チタンは鉄より軽くアルミより強くて錆びないスーパーメタルで、レアメタル(稀少金属)の一つである。東邦チタニウム(神奈川県茅ヶ崎市)は昨春、八幡東区の八幡製鐵所構内で世界最大規模のチタンインゴット工場の営業運転を開始。今夏には若松区響灘にスポンジチタン工場を完成、北九州地区で金属チタン一貫生産体制を確立する。「世界最強のチタン総合メーカーを目指す」久留嶋毅社長に、なぜ北九州を選んだのか、世界同時不況の逆風下の経営戦略、今後の課題等を聞いた。

〈米国発の世界不況の金属チタン業界への影響は?〉

久留嶋　米国の消費過剰体質にバブルの崩壊とグローバリズムによる世界一体化が背景にあり、回復には時間がかかります。チタンは実用化されてまだ約60年で世界需要も約15万トンの「若い金属」で、需要の半分は航空機用です。航空機も自動車同様に燃費向上のための軽量化が急務となっており、米国ボーイング社がアルミ合金から炭素繊維+チタン合金への「材料革命」に取り組んでいます。新モデルのB787を世界のエアラインから受注しており、全日空が1番機のデリバリーを受けますが、機体製造が遅れています。そ

若松工場

れと世界的不況による工業用、民需減で、当社をはじめ素材メーカーは生産調整を余儀なくされました。

〈逆風下、北九州では初の一貫生産体制確立ですね〉

チタンは航空機やロケットの機体、化学プラント、発電機から医療用、さらにはゴルフのヘッドや眼鏡フレームまで用途が広く「万能の素材」といわれます。世界の生産量は02年を底に07年までの5年間は年率16％の伸びです。当社も5期連続の増収増益で、07年度は過去最高益を記録しました。増産に努めましたが、1953年創業以来の本拠・茅ケ崎市の工場は住宅に囲まれた15万平方メートルで、拡張にも限界があります。そこで新拠点として北九州進出を決めました。投資額は八幡50億円、若松430億円。合わせると当社売り上げの1年分に相当する大型プロジェクトとなり「第2の創業」と位置づけています。ところが、昨年秋以降の世界同時不況の影響で環境が激変し、08年度は残念ながら減収減益です。航空機需要が回復し、再び成長軌道に戻るまでに北九州の2工場に力をつけ、回復期にいかに即戦力化するかが重要課題です。

〈北九州を選んだ理由は？〉

まず、八幡製鐵所の創業以来の鉄の文化というか、金属精錬の技術集積が豊かで、金属産業への理解と親近感が強いことです。また、新日本製鐵チタン事業部は当社の最大の顧客で、生産するチタンの半分以上を供給しています。響灘の用地（16万平方メートル）は拡張の余地があり、人材確保も湘南地域に比べてスムースです。世界生産量15万トンのうち、当社は1割の1・5万トンを茅ヶ崎で生産していますが、北九州も完成すればほぼ同じ規模となり、地震などの万一のリスクにも対応できます。

〈まず八幡製鐵所構内のインゴット工場が昨年4月、営業運転を始めました〉

金属チタンの製造は、カナダや豪州などから輸入した鉱石をスポンジチタン（海綿状の素材）に精錬する前工程（若松）と、これを溶解・鋳造して金属塊《インゴット》にする後工程（八幡）に分かれます。

前・後工程とも真空状態で生産し、後工程では電子ビーム炉という特殊な炉も使います。大規模炉は世界初です。フル稼働時には2、3割はリサイクル材を使えるのも強味です。チタンの生産はたくさんの電力を消費しますが、リサイクル材からは10分の1のエネルギーコストで生産できるのです。

〈若松のスポンジ工場についてはいかがですか？〉

チタンの埋蔵量は鉄、アルミ、マグネシウムに次いで豊富ですが、精錬技術が難しく、レアメタルと言われています。茅ケ崎で55年間蓄積してきた技術を全て注ぎ込み、若松のさら地に最も効率的な工場配置で、省力・省エネルギーでも最先端の生産性の高い設備を造ります。競争力には自信があります。地元雇用は当面、2工場で計約70人。特殊な技能を要するので茅ケ崎でトレーニング中です。第2期計画（八幡、若松とも生産量を2倍にする計画）も含めたフル生産がいつになるかは経済情勢も絡み、流動的ですが、最終的には２００人体制を考えています。技術開発力のある茅ケ崎と、最新鋭の生産設備を誇る北九州の東西2拠点を使い分けていきます。

〈中国などの参入で国際競争は激化するのでは？〉

確かに近年の世界的チタンブームで、中国ではこの2、3年に2社から20～30社に急増しました。しかし、世界的な不況で価格も調整期にあるので、今後は淘汰が進み、残るのは4、5社と思います。

チタンは精錬・抽出技術が極めて難しく、国内では当社と大阪チタニウムの2社です。世界的にも2、3年前までは8、9社でした。中でも航空機、特にジェットエンジン用の中核部品用となると4、5社に絞られます。当社はこのコアコンピタンス（中核技術）を基礎に、今回の大型投資でチタンの品質をさらに高め、世界をリードする「世界最強のチタン総合メーカー」を目指す戦略です。

〈具体的には？〉

チタンスポンジは真空下で生産するため大量生産が難しく、人手も電力代もかかり、価格的にはステンレスの10倍する高い素材ですが、これを新日鐵はじめ加工メーカーと協力して利用技術を高め、より買いやすく、使いやすい素材にしていく。現在世界需要は15万トンですが、これを2、3倍に高め、よりメジャーな素材に育てていきます。

〈今後の主な需要開拓の方向は？〉

一つは前述の航空機の軽量化です。チタンは半分が航空機用ですが、日本は残念ながら戦後長く航空

八幡工場

機産業を凍結し、自動車や電機に比べると産業として欧米より遅れています。米国には超高速戦闘機用も含め航空機向けチタンの大手御三家があり、その1社であるタイメット社（テキサス州）と2024年までスポンジを長期供給する契約を結びました。これは若松立地で生産力に余裕ができた結果でもあります。

もう一つは環境関連です。私達の製品の大半は非航空機用ですが、錆びないため海水に強く、化学プラント、原子力発電、海水淡水化関連などに使われます。地球温暖化やエネルギー危機、水不足対策などが人類共通の課題となる中で、温暖化から地球を守る設備に不可欠の「地球を救う金属」です。

〈若松工場の安全祈願祭で「北九州を世界に向けたチタンの一大供給基地にしたい」と挨拶されましたね〉

年産1万2千トンというと、鉄の街・北九州では少ない感じですが（笑）、総生産量が鉄の1万分の1のチタンの世界では大変な量です。世界総生産の約1割の一貫生産体制を1ヶ所で持つのは世界的に珍しく、鉄の都・北九州に新しい金属として新規に仲間に入れていただくのは大いに意味があります。

それと当社直営ではないが、チタンのリサイクルも一緒に計画して隣りの工場でやっています。「チタンの生産とリサイクルの世界的拠点」です。日本ではチタンのリサイクル・システムはまだ確立しておらず、若松エコタウンの集積に加わりたいと思います。

〈北九州経済の潜在力と課題をどうみていますか？〉

重厚長大型産業の不振期に、北九州も苦労されましたが、素材産業の高度化と時代の牽引役・自動車産業などの集積で、ものづくりという自分のDNAをベースに立派によみがえりました。私達も金属素材産業として1枚加えていただき、早く北九州の企業市民として融和し、共に発展して行きたい。関東との距離も、24時間空港があり、ITも発達しているので、さほどハンディは感じません。

〈自動車に続く次世代産業として航空機産業を誘致・育成し、愛知に次ぐ拠点化をという声もあります〉

航空機産業の波及効果は大きく、日本でも戦後の長い空白期を乗り越え、三菱重工業がリージョナル・ジェット機（ＭＲＪ）の製作に乗り出すなど動き始めました。素材は軽くて強いチタンと炭素繊維の複合材で日本の得意分野です。軽量化で最先端のボーイング社のＢ７８７も国際分業による生産です。炭素繊維の部分を中心に三菱重工業グループが35％生産をシェアしています。中部地区でやっと形が見え始めた段階ですから、日本としてもまずその支援が喫緊の課題となります。

〈茅ケ崎地区は個性的な「湘南企業」群の集積で過去5年間の上場企業株式時価総額の伸びが愛知や京都を抑えてトップでした。激動期の経営哲学は？〉

住宅地の湘南に個性派企業が育ったというよりも、鉄工所などの汎用的な工場が宅地化で廃業され、独自の技術力や市場ニーズに合った製品を持つ企業が今も残っているということでしょうか。世界で最強のコスト、納期を実現し、チタンをよりメジャーな金属に育ててあげ、世界に普及させるリーダー格の企業を目指すことに尽きます。

〈座右の銘と趣味は？〉

囲碁（３段）をするので「着眼大局、着手小局」。構想はなるべく大きく練り、実行は細心綿密にやるという意味です。最近、『昭和史』（半藤一利）と『経営の力学』（伊丹敬之）を興味深く読みました。

久留嶋毅（くるしま・たけし）
1970年東京大学法学部卒、日本鉱業入社。94年日鉱金属移籍。98年同社取締役。2002年新日鉱ホールディングス取締役。03年パンパシフィック・カッパー（日鉱金属と三井金属の銅部門合弁）代表取締役社長。06年日鉱金属副社長執行役員、07年東邦チタニウム代表取締役社長。12年同社取締役会長。13年同社相談役（非常勤）。

東邦チタニウム㈱　本社　神奈川県茅ヶ崎市茅ヶ崎3－3－5、八幡工場　八幡東区前田西洞岡2－3、若松工場　若松区響町1－62－1、資本金119億6300万円（13年3月31日現在）、売上高400億8100万円（13年3月期・連結）、従業員1030人（13年3月31日現在・連結）、事業内容　金属チタン、プロピレン重合用触媒、電子部品材料の製造・販売。

◆新素材を求めて——化学工業——長期不況との闘い

触媒を基礎にナノテク開拓

【触媒化成工業㈱（現日揮触媒化成㈱）・若松工場長（当時）】田中康夫さん（2004／04）

石油精製用触媒を基礎にナノテクノロジーの新分野開拓へ研究開発

◎信条

「開発のカギ『セレンディピティ（発見上手）』」、「現場は何かを語りかけてくる」

——触媒化成工業若松工場（現日揮触媒化成若松事業所）は、1社1工場で、全社の研究開発から製造機能まで全て持つ準本社である。基礎素材である触媒の世界的拠点であり、ナノ（10億分の1メートル）テクノロジー分野への展開を進めている。「現場に立つと五感を通じて何かを語りかけてくる」という現場第一主義の田中康夫工場長に新素材開発にかける夢と戦略、開発のポイントを聞いた。

〈「触媒」は一般には、馴染みがありませんね？〉

〈触媒化成工業は、北九州博覧祭でナノテク関連の展示をした先端技術企業。福岡ナノテク推進会議の有力メンバーである〉

田中　触媒は化学反応を促進したり、抑制する石油精製、石油化学、環境保全、電子産業になくてはならない基礎素材です。当社は原油を精製する過程で使うFCCが主力で、専業メーカーは、世界で4社、国内は当社1社ですが、品質、価格、サービスで激しく競争しています。国内シェアは75%、全石油精製メーカーに供給、国内市場は横這い基調ですが、輸出は中東向けなど盛んで、シンガポールに営業拠点を置き、マレーシア、豪州、インドにも輸

出しています。

〈若松工場は、準本社機能を持つそうですね？〉

1社1工場で、本社（川崎市）は役員、営業、経理、財務、知的財産権担当が常駐、研究開発、製造はすべて若松が担当、社員の9割は若松勤務です。製品は創業以来の触媒部門（売上の65％）と新規のファイン（精密化学）部門（同35％）の2本柱です。触媒部門はさらに自社独自の技術で生産するもの、他社と共同で研究・生産するもの、顧客の注文通り作る受託生産に分かれます。自社技術製品は主力のＦＣＣ、脱硫、脱硝用の触媒です。ファイン部門は、触媒だけでは成長に限度がある、と約20年前から取組み、当初7年間は売上にも寄与せず、辛抱の連続でした。今では売上の35％にまで成長しました。当社独自の基礎的要素技術は、粒子調整、粒子配列制御、ナノ細孔制御、マクロ構造制御の4技術です。これを組合せて光学的、電気的、力学的な諸製品を生み出していく。光学的製品の代表格がプラスチック・レンズのコーティング材、電気的製品は携帯電話や液晶などＩＴ関連が主です。

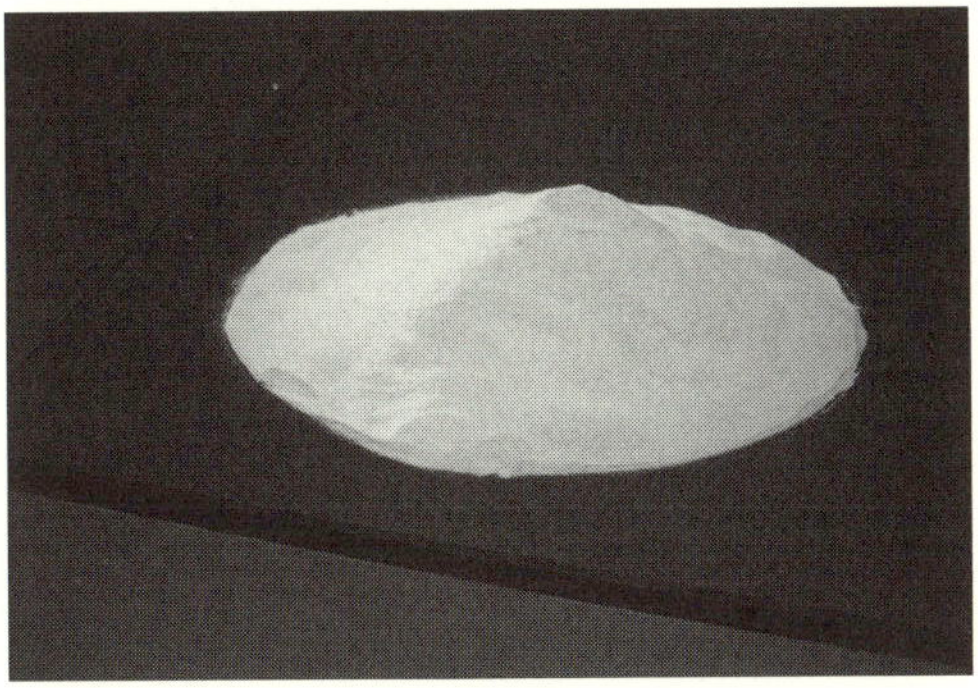

FCC触媒

〈これがナノテクとどう関わってくるのですか？〉

ナノ技術は、触媒を作る過程で蓄積した技術をさらに掘り下げたもので、最小は1ナノの原子、分子単位の超微細粒子を自由自在に配列して新製品を創り出す世界に到達しました。ファイン製品は微量でも高価で、触媒は1トンいくらの世界ですが、ファインは1グラムいくらもあります。液晶ディスプレイに使うシリカは原料は安価ですが、製品は金より高い（笑）。屈折率が1・6以上の高級プラスチック・レンズの表面に傷がつきにくく、見易くするため塗るコーティング材は、当工場製品が世界市場の95％を押さえています。安いレンズ用は手を出さず、極力高級品を狙っています。

〈研究開発の役割が非常に大きいですね？〉

当社の社員構成は、37％が研究開発（Ｒ＆Ｄ）要員で、34％の製造要員を上回ります。研究所は若松に触媒研、ファインA&I（アメニティ・インテリジェント）研、ファイン・マルチメディア研、新規事業研と4つあり、研究開発に取組んでいます。付加価値の高いものに特化しないと採算が取れません。触媒は比較的安く、量の勝負ですが、これも製品を年々バージョンアップしないとお客様に採用して貰えない。この分野も絶えず研究開発が必要です。

触媒は、これまで自社生産してきた石油化学メーカーが、石油精製の海外移管などで、専門メーカーに委託生産する傾向も強く、受託生産にも力を入れます。一方、輸出は中東での活発な設備投資などから増勢で、現在、輸出比率は間接輸出もいれて40%弱ですが、さらに拡大する方向です。中国は、国営石油化学メーカーが多数の研究陣を擁し、大規模に生産、親会社（日揮）も市場開拓中で、当面は慎重に見守っています。

〈今後、どういう方向をめざしますか?〉

第3の柱を求め新規事業として、燃料電池、太陽電池、消臭剤、抗菌剤などの研究開発を進めています。燃料電池は、自動車用、家庭用の開発に関係メーカーが鎬《しのぎ》を削っていますが、改質などの過程で固有の触媒が必要になります。消臭剤はすでに一部売上に寄与しています。長期ビジョンを策定、売上高は、現状の2倍、社員は1割弱増の４００人を目指しています。４００人という要員規模は、小回りが利いて、コンパクトで、機動性があって理想的ですが、現実には要員不足です。今も社員３７０人のほか製造、研究開発両部門の派遣、請負、パートなど非正規社員３３０人を加え、実働は７００人体制です。２０１０年時点では非社員約８００人を加え、実働１２００人体制になりそうです。若松での増強は敷地面からも無理で、海外展開の可能性もあります。社長は「ニュー5Sの精神」で達成しようと呼びかけています。英語の頭文字をとってスピード、スペシャリティ（専門性）、システム、ストラテジィ（戦略性）ですが、目玉はセレンディピティ（発見上手）です。田中耕一さんが実験の失敗の中から、何かを見付けノーベル賞に繋がる発見にいたりましたが、この発見勘が当社のような研究開発型企業には不可欠です。若い社員に「ノーベル賞をとったら賞金は全部君のものだ。発見上手になれ」とハッパかけています（笑）。

〈北九州経済の現状と潜在力をどうみますか〉

もの作りの伝統と蓄積は、有形無形に当社の支えになっています。高卒の製造要員の人材確保には恵まれていますが、大卒の研究要員の確保は、大都市圏に比べるとハンディがあります。また、研究者は常に時代の新しい風に当たり刺激を受けることが大切で、北九州、福岡は学会やイベントなどの機会が少ない憾《うら》みもあります。その半面、アジアに近い点は強味で、最近韓国での取引や出張回数も増えていますが、東京より近く、便利です。ただ、立地企業も自社経営に夢中で企業相互のコミュニケーションが今一つ、の感じもします。街全体に更なる若さ、活力も欲しい。モノ作りの街といっても何十万点のモノのうち北九州で作っているのはわずか。もっともっと様々なモノに挑戦して良いし、意見交換の場もあって良いと思います。ナノテクノロジーの拠点化も、産学官連携で可能性はあると思います。

〈激動期の経営哲学は何でしょう?〉

社員、協力会社、アルバイト、地域のことを考えると企業は永遠に生き続けるのが至上命題。そのため収益確保が基本です。しかし、企業の不祥事、事故等が起きると一瞬にして、全てが失われる危うさと背中合わせなのが昨今の企業です。収益第一で負の要素が表面化することのないように細心の注意が肝要です。

〈座右銘、趣味を〉

「現場第一」。現場に立つと五感を通じて何かが語りかけてきます。製品、原料を手で触り、装置を嗅いでいると全てが肌で分ります。趣味は昼休みの囲碁。社員食堂の一角で、色んな人相手に45分間集中すると、スカッとします。読みの勘を研ぎ澄ます訓練にもなります(笑)。

田中康夫(たなか・やすお)
1968年東京理科大学理学部卒、触媒化成工業入社。2002年取締役若松工場長。04年常務若松工場長。

触媒化成工業㈱若松工場　若松区北湊町13―2、開設1958年、資本金8億円、社員数370人、売上高約200億円、事業内容　触媒、ファイン製品の製造販売。

◆新素材を求めて――化学工業――世界的景気拡大のなかで

PC樹脂、アジアNo.1を目指す

【三菱化学㈱執行役員
黒崎事業所長（当時）】　清木俊行さん（2007／10）

快適・健康・環境の製品開発は化学屋の使命

◉信条
「人材の高度化」、「5年後に充実感を味わえる生き方を」

――三菱化学黒崎事業所は、同社の中核的な事業所であり、量産基幹樹脂から高付加価値の機能商品まで多様な製品群の生産拠点である。ポリカーボネート樹脂の最先端工場建設を進める同事業所の清木俊行所長に、今後の戦略と課題を聞いた。清木さんは「化学は全ての素材を提供する基幹産業の一つであり、快適、健康、環境関連の製品開発は、化学屋の使命」と語った。

〈世界的に景気拡大機運ですが、化学界の景況は？〉

清木　石油化学関連が、自動車関連需要の拡大で、いち早く回復、情報電子材料も上下の波が緩やかなこともプラス材料です。ただ今後、中国経済の好調がいつまで続くか、ここ2年間で中東、中国で続々と稼働する新鋭エチレンプラント群とどう競争するか、が重要課題で、末端製品に近い誘導品を生産する当所の責務は大です。

〈黒崎事業所の現状はいかがですか？〉

〈製品群が石油化学、無機・有機、炭素、情報電子関連等と多彩〉

石油化学系の2つの「量産基幹樹脂」――ポリカ

ーボネート（ＰＣ）樹脂と、それぞれの原料であるビスフェノールＡ、カプロラクタムが当所の売上、利益の約６割を稼ぎ、固定費の約８割を負担。これらに支えられ、カラーフィルター用色素を作るカラーレジスト、携帯電話の接続部に使われるポリイミド樹脂の原料、イオン交換樹脂、インク原料のカーボンブラック、医薬中間体等の高付加価値・少量生産型の「機能商品群」が育っています。独自の生産技術や製品機能で生き残り、利益を上げるユニークなものが多い。

〈ＰＣ樹脂関連の増設は久々の大型投資ですね〉

耐衝撃性、耐候性等に優れるＰＣ樹脂は、ＣＤ、自動車、家電、高速道路の遮音板等、世界的に需要が拡大中。三菱ガス化学と共同出資の販社・三菱エンジニアリングプラスチックスが国内の約45％、アジアの約20％強を占める戦略商品で、黒崎が技術中核工場です。コスト安で、環境に優しい新製法の工場を黒崎で立上げ、韓国、中国の現地生産分と合わせ、世界需要の伸びを上回る能力増で「アジア市場No.1」を目指します。年産８万トン体制となりますが、固定費負担等考えると、最終的には同20万トン規模が理想。競争も厳しく、更なるコスト削減等努力が必要です。

〈雇用等地元への波及効果はいかがですか？〉

製造、物流部門中心に約１５０人の雇用創出の予定です。製品の半分は輸出、同時に設備増設中のＰＣ樹脂の中間原料のジフェニルカーボネート年産10万トンの半分も中国・北京で計画中のＰＣ樹脂工場に輸出、合わせて年間約９千ＴＥＵのコンテナ貨物をひびきコンテナターミナル（ＨＣＴ）で船積みする計画で、同港の活性化に貢献できます。

〈中長期的な黒崎事業所の今後の方向性、戦略、課題は何でしょう？〉

石油化学関連の汎用品で頑張り、高機能商品で稼ぐという基本構図は今後も変わりません。当所の一番の使命は、生産技術力を高め、より良い製品を開発すること。物を作るだけでなく、安全を確保し、環境問題のマネージメントも含め、トータルに優れた生産技術を高めて行く。これを基盤に、中国、韓国のＰＣ樹脂、台湾のナイロン樹脂とＥＬ薬品、イタリアのイオン交換樹脂、韓国のカラーレジスト等の海外の現地生産の技術を、人材の供給も含めて黒崎がきちんと支援する。ＰＣ樹脂の規模拡大に加え機能商品群の更なる充実も課題です。

〈北部九州自動車１５０万台基地構想にどう対応し

ますか?〉

トヨタ、日産、ダイハツ等自動車メーカーの相次ぐ進出・増強で、九州における自動車関連のサプライチェーン（供給連鎖）の進出・集積強化がさらに進みます。当所はPC樹脂、ナイロン樹脂等自動車関連素材の生産も多く、顧客企業の九州大量進出で、カーエレクトロニクス関連等の素材開発も課題になります。最近注目の次世代素材の有機ELも当所で試作しています。有機ELは、有機物自体が発光するシンプルでコスト安の新素材で、完成すれば、最終製品までの作り方が全く変わってくるぐらいの色材の革命的技術です。最終的に当所で生産が実現するかは不透明ですが、研究陣が試作し、お客様に品物を供給しています。

三菱化学黒崎事業所の航空写真

〈事業所内外の遊休地の活用については?〉

事業所総面積約190万㎡のうち利用していない約28万㎡を賃貸可能な更地として整備、すでに大日本印刷の2工場、グループ会社2社の計4工場が立地。資本系列に関係なく、来て頂ける企業は、歓迎です。工場用地外の旧社宅地跡等の活用は、経営資源を本業に集中するため、その道の専門企業にお任せする方針で、北九州プリンスホテルのホテル事業はホテルマネージメントインターナショナルに、ホテルの一部・東曲里《まがり》町の土地建物は、野村不動産にそれぞれ譲渡。ただ、大きくは官民協働で策定した「黒崎再生10ヵ年計画」に沿った開発にとお願いしています。黒崎地区がより魅力的な街になることは、人材確保の面でも重要です。

〈北九州経済の現状と潜在力をどうみますか。活性化への提言を〉

かつての4大工業地帯の一画で、様々な業種とモノ造りの基盤の集積が強みです。鉄鋼も化学も自動車との繋がりを深め、素材と自動車を繋ぐ諸分野のメーカーも進出し、最終的には、自動車を中心としたサプライ・チェーンが形成されれば良いと思いますが、そのインフラの整備も進みつつあります。福祉、教育の充実でさらに住み良い街にするためにも、原資を産み出す産業力の強化は行政・民間共通の課題です。学研都市がカーエレクトロニクスセンターを作るなど素材と加工組立を「つなぐ」役割を果たし、北九州が発展すれば、さらに人材が集まってきます。

〈事業所運営の哲学は？〉

「人材の高度化」――人材をいかに育て、揃えて行くか。年齢構成がアンバランスで、技術者の絶対数が足りない中で、ここ数年来最大のテーマである世代交代を進め、海外支援に取組む。今は人を減らすことは考えるな、増やせと。団塊の世代の再雇用で先生役を確保しつつ、技術継承に努めています。手前味噌ですが、化学の力がないと世の中が成り立たず、自動車もテレビもできません（笑）。化学は全ての素材を提供すると同時に、最終製品を構成していく。新中期計画のコンセプトは快適、健康、環境――すべて化学屋の使命です。

〈座右銘、趣味を〉

「5年後に充実感を味わえる生き方を」。入社以来5年単位で職場を変わり、成果を自分で実感できるのは5年後、今を精一杯にと。趣味は、ゴルフと大分や宗像・沖ノ島沖での海釣。中、高、大学、社会人とサッカーを続け、今も50歳以上のチームに所属。誘いを待っています（笑）。

清木俊行（せいき・としゆき）
1972年東京大学工学部卒、三菱化成工業（現三菱化学）入社。黒崎工場配属。2002年黒崎事業所管理センター長、03年本社理事　環境安全品質保証部長、06年執行役員同、07年執行役員黒崎事業所長。

三菱化学㈱黒崎事業所　八幡西区黒崎城石1－1、生産品目約40品目1600種類（売上は非公表）、従業員数1153人（2007年4月当時）、操業開始1935年、事業内容　石油化学製品、無機・有機機能製品、炭素機能製品、情報電子製品他。

◆新素材を求めて――化学工業――世界同時不況のなかで

北九州は東アジアの拠点

㈱DNPプレシジョンデバイス
取締役黒崎工場担当
（大日本印刷㈱ディスプレイ製品事業部副事業部長）（当時）
山口正登さん（2008／11）

液晶時代、ディスプレイ用のカラーフィルターで世界一

◉信条
「新機軸は『お客様、組織内、組織同士の対話』から生まれる」

――大日本印刷グループは、テレビやパソコンの画面（ディスプレイ）の基幹部品・液晶カラーフィルター製造で、世界トップクラスのシェアを誇る。黒崎工場はグループ最大の生産拠点である。

〈リーマン・ショックで世界経済に減速感が強まる中、液晶カラーフィルター業界の経営環境はいかがですか？〉

山口　北京五輪に伴う薄型テレビ特需が期待ほど盛り上がらなかったのですが、この5～6年間でテレビやパソコンのディスプレイがブラウン管から液晶に急速に転換、用途も携帯電話から、カーナビ、ホームシアターまで拡大し、生活様式の多様化で、右肩上がりの成長を続けています。この基調は今後も変わりません。ただ成長分野だけに新規参入も多く、高性能・高機能化、コストダウンのための開発競争は激しく、息を抜けません。

〈最先端第8世代専用の黒崎第3工場が今夏操業を開始しましたね〉

第8世代液晶カラーフィルターは、縦2・2メートル横2・5メートル、畳5枚分の巨大なガラス（厚さ0・7ミリ）に加工し、一枚から32インチの大型テレビ画面が18面一度にとれて極めて効率的です。技術的にもこれまで三度に分け刷り込んでいた赤緑黒の色素を一度で済ますインクジェット方式を採用、大幅にコストダウンしました。世界でもこの方式を実用化しているのは、当社の亀山工場（三重県）と黒崎だけです。これで黒崎は当社最大のカラーフィルター生産拠点になりました。

〈黒崎工場の現状と特徴は？〉

当社の北九州進出は、2002年三菱化学と旭硝子の合弁のアドバンスト・カラーテック（ACTI）社に資本参加したのが始まりです。現在、第1工場は大型の第6世代を、第2工場（06年ACTIから譲渡）は携帯電話やカーナビなど車載向け、ゲーム機用など中小型を生産しています。これに超大型の第3工場が加わりました。累積投資額は約850億円。当社のカラーフィルター生産拠点は既設の大利根（埼玉県）、三原（広島県）、黒崎、亀山に加え、堺（大阪府）、姫路（兵庫県）を新設中です。黒崎地区は規模が最大で、製品構成も大型から中小型まで最も多彩な拠点となりました。研究開発は関東ですが、黒崎にも分室を設置しています。

〈なぜ北九州にそれほど力を入れるのですか？〉

色材原料のカラーレジストを供給してもらう三菱化学黒崎事業所の旧工場用地を活用しているので、電力、水等を共用でき、スピーディに工場の建設・操業ができます。地理的にも今後も液晶需要の拡大が予想される韓国、台湾、中国等の東アジアの真ん中に位置します。液晶産業は、国内需要もブラウン管からの転換が進む薄型テレビ用や携帯、車載用など堅調ですが、それ以上に東アジアで急拡大します。北九州は空路、海路のインフラも整備され、アジアが主

クリーンルームで完全防塵服を着ての
液晶カラーフィルター生産

要市場の液晶企業にとり重要な拠点です。

〈製品の内外の主な出荷先はどこでしょう？ ひびきCTの利用は？〉

国内は薄型テレビ、携帯電話用が拡大基調です。海外は、台湾や中国等アジア勢です。門司、博多港からの海上輸送が基本で、ひびきCTは便数の関係でまだ利用していません。

「黒崎第1工場」（八幡西区黒崎城石）

〈黒崎の強みはなんでしょう？〉

モバイルからテレビ向け（第3・5世代から第8世代まで）幅広い製品を生産していることです。共通の材料を使うので、大量仕入れによる規模の経済性が働き、顧客ニーズにも対応しやすく、研究開発面でもメリットが多い点でしょうか。

アジアに近く、技術と人材が集積し、用地も広大な余裕のある黒崎工場は、集積のメリットを活かし、競争力を強化すれば、さらなる拡張へと、その潜在力が評価される可能性もあります。

〈進出企業として北九州経済をどうみますか？〉

当社グループは、このほか05年、北九州学研都市に「DNPひびきの研究センター」を開設、先端半導体の設計に取り組んでいます。また、旭硝子と合弁のDNPテクノロジー戸畑工場でプラズマテレビ用背面板を生産、プラズマテレビメーカーに供給しています。アジアに近いだけでなく、北九州プラス福岡で人口250万人という九州最大の大都市圏の潜在力は大きい。それだけ人材も豊富です。ただ最近、自動車産業の活発な進出で、それはそれで結構ですが、人材確保の面でかつての魅力がやや色あせてきているかと。九州は、土地柄か温かみがあり、特に北九州はとくに進出企業に対して温かく協力的で、感謝もしています。

〈九州はシリコンアイランドとして電子部品産業の集積を誇ってきましたが、最近は関西や中部で集積が進みつつある印象もあります〉

確かにキーテクノロジーを持つ大手電機メーカーの周辺に部材メーカーが集積する傾向があり、九州は拠点が、各県に散らばっている面があります。アジアに近い北九州に中核となる電機メーカーの進出・集積が進めば、さらなる強みとなるのですが。

〈激動期の経営哲学を聞かせて下さい〉

当社の本業は印刷業で、液晶カラーフィルター生産も中核技術は写真製版技術の応用です。情報加工業は、顧客の情報を預かり、きちんと整理してニーズに合わせて必要な媒体に置き換えていくのが使命です。印刷技術と情報技術の融合による「P&Iソリューション企業」を目指し、全社的に「対話」を重視しています。お客様との対話、組織内の対話、組織同士の対話。お互いに発信し合いつつ、新しいものを創り出す「創発」です。世の中が動く中、一歩先んじるためには先を見る目と開発力がカギ。それはまさに人材をどう育てるかに尽きます。

〈座右の銘、趣味を〉

「謙虚さと感謝」。趣味は20代から盆栽です。鉢植えで大樹の風格を出すためには、3代100年はかかると言われ、苗から大輪に育てる楽しみは人の育成に似て無限です。一時300鉢まで増えましたが、仕事に追われ、水遣りを頼んだ家内が嫌がるので「選択と集中」で今は30鉢ほどです（笑）。

山口正登（やまぐち・まさと）
1975年慶応義塾大学工学部卒、大日本印刷入社。技術本部、岡山工場長を経て、2001年ディスプレイ製品事業部第三本部長。04年同副事業部長（黒崎工場担当）、08年役員。

㈱DNPプレシジョンデバイス黒崎工場　八幡西区黒崎城石1－1、設立2005年、資本金　DNPプレシジョンデバイス4・5億円、大日本印刷1144億円、従業員　3工場計約600人（協力企業含め800人）、事業内容　液晶用カラーフィルター（薄型テレビ、パソコン、携帯電話、カーナビゲーション等各種ディスプレイ用）。

高機能デジタル素材開発・量産基地

【新日鐵化学㈱九州製造所長（当時）】
松永伸一さん（2011／05）

次世代ハイテクの開発　そろった人材、インフラ、地の利

◎信条

「安全、環境保全、防災」、「設備に強くなる」、「基本に忠実に」

——新日鐵（現新日鐵住金）系の化学事業部門を担う新日鐵化学（現新日鉄住金化学）。その主力拠点である九州製造所（戸畑区）と研究所群は世界最大級の製鉄化学部門を基盤に、携帯電話や薄型テレビなどに使う高機能のハイテク素材を開発し、先端製品を次々と世に送り出している。松永伸一所長にハイテク素材基地の現状と将来性について聞いた。

〈近年、戸畑地区で情報電子関連の高機能デジタル素材の工場を次々と立ち上げていますね〉

松永　05年に回路基板材料「エスパネックス」の最新鋭量産工場が稼働し、09年にはガラスに代わる新世代の光学材料「シルプラス」の工場を新設しました。液晶、プラズマに次ぐ次世代の表示材といわれる有機EL材料「ルミエース」の量産工場も稼働しています。いずれも当社の独自開発商品で、ハイテク部材として広く使われています。さらに研究所では、リチウムイオン電池や太陽電池材料の新製品を世に送り出そうと、社長の直接の指揮のもと全社一丸となって開発に取り組んでいます。

〈貴社はもともと製鉄原料のコークスを作る過程で

新日鐵化学九州製造所（当時）

〈発生するコールタールなど副産物を有効活用する製鉄化学メーカーですね〉

当社は八幡製鐵所の化工部門が源流で、１９５６年に八幡化学として独立。70年に新日本製鐵化学工業に改名。84年に日鐵化学工業と合併し新日鐵化学（現新日鉄住金化学）となりました。伝統的な製鉄化学事業に加え、近年はその技術を基に開発した付加価値の高い機能材料事業の比重を高め、売上比は製鉄化学事業が３分の２、機能材料事業が３分の１です。リーマン・ショックで当社も08年度は11年ぶりの赤字となりましたが、中国など新興国市場向けの輸出の急伸などで業績は回復し、新たな成長軌道を追求しています。

〈九州製造所の現状と役割は？〉

当社は九州（戸畑）、大分、木更津、広畑の４ヶ所体制ですが、戸畑は製鉄化学コンビナートとしては国内最大級。製鉄化学と機能材料のほぼ全ての製品を生産しています。他の事業所は単一事業が多く、戸畑が全社の中核的存在と自負しています。

同じ構内に本社直轄の炭素材料・機能材料両研究所と基盤技術センターもあり、連携して新たな商品を開発し、企業化していく基地でもあります。全社のプロセス（製造工程）技術を統括しており、人材の育成、供給基地でもあり、新入社員は全員まずここからスタートします。売上高は全社の半分強、人員も全社１７００人中約７００人（研究所要員を含む）が配置されています。

〈戸畑の研究所群の現状は？〉

研究所は本社の各事業本部直轄で、直接の所管ではありませんが、当社の研究開発拠点は戸畑と木更津の２ヶ所です。木更津はエスパネックスの研究が主体で、それ以外の製鉄化学などの研究機能は戸畑にあります。研究企画は本社の所管ですが、戸畑は総合的研究機能を擁し、研究員も過半数が配置され、09年には新研究棟も完成しました。分散していた研究員が集結し、切磋琢磨して新しい発想が生まれやすい環境になっています。

〈製鉄化学事業は一般の消費者には馴染みが薄い事業ですね〉

製鉄所のコークス炉で石炭からコークスを製造する際、副生するガスとタールを当社が引き取り、このガスから軽油、ベンゼン、トルエン、キシレンや、スチレン系樹脂などを生産します。一方、タールは蒸留し、ピッチコークス（製鋼用電極）、カーボンブラ

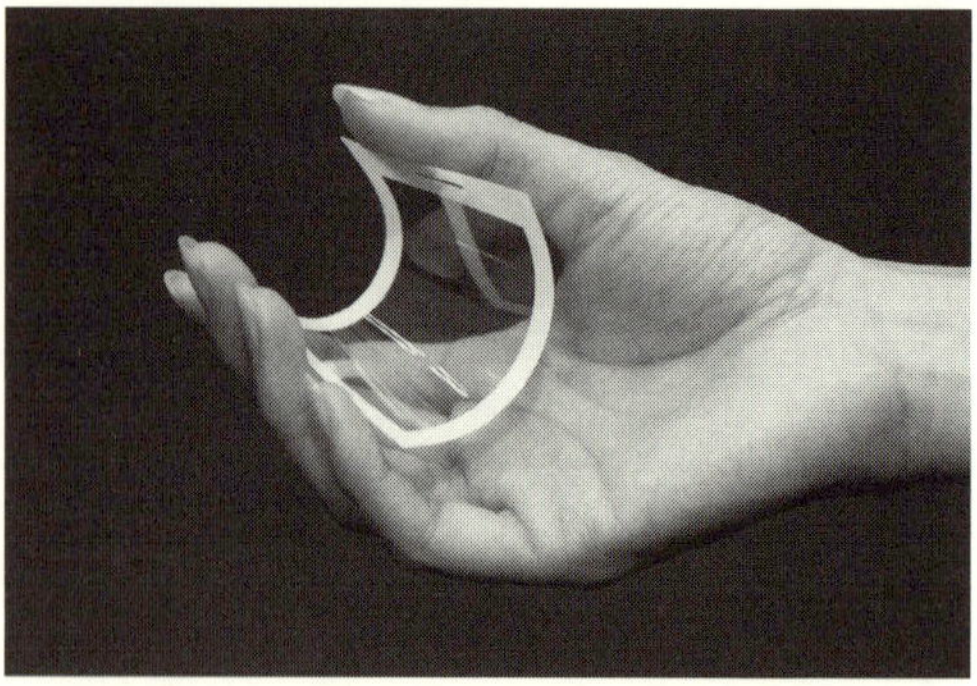

ガラスに代わる新たな光学材料「シルプラス」

ック（タイヤ補強材）、無水フタル酸（可塑材、塗料）などを作ります。タールと関連製品の生産は、新日鐵化学（当時）とエア・ウォーター・ケミカルの子会社・シーケム九州工場の担当です。

新日鐵と住友金属の全製鉄所、日本コークスで発生するタールは全量を船で当所に搬入し、各種炭素製品を生産しています。タール蒸留量はわが国の約半分を占め、単一工場としては世界最大級です。

〈最終的用途と市場はいかがですか？〉

ピッチコークスから作るニードルコークスは、鉄鋼メーカーの電気炉の黒鉛電極材として国内外に供給。特殊炭素製品材料は太陽電池や半導体のシリコン結晶の坩堝《るつぼ》に使われます。タイヤ補強材のカーボンブラックは、製品の7割がブリヂストンの各工場に出荷。さらに生産量が国内最大のナフタリンはコンクリートに混ぜると節水効果のある減水剤となるので、中国の建設事業向けに目下フル生産です。塩化ビニールの可塑剤となる無水フタル酸も「世界の工場」といわれる中国向けが伸びています。ＤＶＤなどに使われるポリカーボネイト樹脂の原料ビスフェノールＡも生産・出荷しています。

〈伝統的な製鉄化学（コールケミカル）事業は中間材主体で新興国向けが多いですね。もう一つの柱である機能材料事業の将来性は？〉

ハイテク化と環境重視の時代ニーズに対応するため、新たに研究開発を進め、既に新規事業として量産化しつつあるものもあります。全体として量は少なくても、付加価値の高い製品群が主体ですから、今後の成長分野です。

〈冒頭のエスパネックスは携帯電話用ですね？〉

情報通信の回路基板用の銅張積層板は、通常は銅と樹脂を接着材で貼り付ける3層ですが、接着材なしで2層にしたのが当社のエスパネックスです。何回折り曲げても接着剤がはがれる心配がなく、携帯電話やオーディオ製品に使われ、2層ではシェア世界一です。当初、木更津で開発・生産していましたが、用地が手狭で、05年に最新鋭量産工場を戸畑に新設しました。軽量化が進み、用途も広がりつつあります。

〈割れないガラス「シルプラス」も独自製品ですか？〉

ガラスと樹脂の混血児的な光学材料の高耐熱透明基板で、割れずに屈曲できるため「曲がるガラス」とも呼ばれています。木更津で試作のあと08年に戸畑で量産体制に入りました。ガラスに比べて軽くて割れない特性があり、ガラスに代わる新世代の光学材料高機能樹脂です。現在は薄型携帯の前面板に使用されていますが、タッチパネルやスマートホン向けにも用途開発します。改良を加えて「将来は自動車や住宅、ビルの窓ガラスにも割れないガラスとして使用されれば大化けするぞ」と夢を語り合っています（笑）。

〈次世代の表示デバイスとして注目される有機ＥＬ（エレクトロ・ルミネッサンス）向けの発光材料「ルミエース」も量産していますね〉

有機ＥＬは電圧を加えるだけで発色し、液晶やプラズマディスプレイに比べてコスト安です。戸畑にその研究所も工場もあり、赤色と緑色は既に開発を完了。あとは青色の開発が成否の鍵となっています。

〈戸畑がデジタル素材の開発・量産基地となった背景は何ですか？〉

戸畑地区は幅広く多様な製品を生産する中核生産拠点です。研究陣も同居し、人材の層が厚く、インフラが揃っているのが強み。全社的な建設部門であるエンジニアリング部隊もあり、君津や大分で工場新設のプロジェクトがあると戸畑から派遣しています。今後成長するアジア市場に最も近い独特のモノ作りの風土があり、人材も採用しやすく、新入社員の過半は九州出身です。新製品開発の産学連携もしやすく、この強みは今後、さらに強まるとみています。

〈中長期的な方向性とビジョンを〉

当社のグランドデザインの実現です。２０２０年の売上高5千億円（製鉄化学3千億円、機能材料2千億円）、経常利益５００億円を目標に全社一丸で取り組んでいます。戸畑は技術と人材の集積に加え、「選択と集中」のため生産を中止した工場跡など遊休地に工場の増設も可能。計画する人材に設計する人材、用地とすべて揃っているので、新商品を生み出し、量産化すべく、頑張らねばなりません。

〈ハイブリッドカーや電気自動車用として世界的に

工場萌え——九州製造所の夜景

需要拡大が見込まれるリチウムイオン電池の負極材や、次世代太陽光発電の色素増感太陽電池の開発もその一環ですか？〉

リチウムイオン電池は正極材・負極材・セパレーター・電解の4つで構成され、負極材は炭素材事業の延長として木更津と分担して開発中。正極材は新日鐵系の合金鉄メーカーが開発中です。一方、太陽電池は今使われているシリコン系は材料費が高額ですが、有機材料の色素増感太陽電池はペラペラで低コスト。窓ガラスや天井に張りつけて手軽に発電できる可能性を秘めています。これも炭素材事業の諸技術の応用編なので、九州工大の先生と産学連携で研究開発中です。共に当社の次世代の成長の柱にしようと、社長直属の「チーム新日化」が特別プロジェクトとして取り組んでいます。

〈人材育成のポイントは？〉

人材育成には従来から力を入れてきましたが、新製品を開発して生産し出荷するまでの時間がドンドン短くなっています。求められる人材像の見直しも必要です。従来の製鉄化学は鉄鋼業的な考え方で「俺の背中を見てついて来い」的な職人芸でよかったが、機能材料にシフトするとなると、常に変わりゆく社会やニーズの変化に敏感な人材も必要になります。即戦力も必要だが、サラリーマン人生40年の間に力を発揮できるように、初めの10年にしっかり基礎を作ることも重要です。研究要員も最初の1年間は、まずものづくりの現場を体験させ、勉強させています。

〈北九州では三菱化学も機能性素材の開発・生産に力を入れています。次世代ハイテク素材基地としての北九州の可能性をどう見ますか？〉

91年から九州で生産しているポリカーボネイト原料のビスフェノールAは三菱化学にも出荷しています。黒崎事業所と直接の結びつきはありませんが、同じ化学工場として新素材の開発を競い合うのは良いことだと思います。素材産業の立場から見ると、北九州はハードとソフト、両面のインフラが揃った代表的工業都市。用地、港湾、空港、大学が整備され、行政のサポートもあり、人材確保も容易です。

〈事業所経営の哲学は？〉

何よりも「安全、環境保全、防災」。地域社会と隣り合う製造所として社会的責任を全うするためには最重要事項です。そのうえで高品質の製品を安定的に出していく。それと「設備に強くなる」こと。私は新日鐵時代から一貫して、高炉など設備関連の現場管理の道を歩いてきました。その経験からモノ作りの基本は設備です。設備に強い人材を育てておかないと有事の際、的確なアクションがとれません。

〈座右の銘と趣味を〉

座右の銘は「基本に忠実に」です。技術屋根性からか、何かことがあると、納得できるまで原因を追求しないと気がすみません。趣味は休日の蕎麦と饂飩《うどん》打ちです。原料の配合が大切で、気象条件によって水分なども調節しなければなりません。それが楽しみで十数年続けています。化学も鉄鋼も技術はどんどん進歩しますが、最終的にコストを下げるのは原料しかありません。つまり、原料が決定的に重要で、蕎麦打ちや饂飩打ちも結局、化学や鉄鋼と同じだなとつくづく思います（笑）。

松永伸一（まつなが・しんいち）
1976年東京工大大学院修士課程修了、新日本製鐵入社。97年君津製鐵所高炉工場長、2000年同製銑部長。04年新日鐵化学入社、コールケミカル事業部君津製造所長。君津コークス事業部長、07年技術本部九州製造所長。09年常務執行役員。13年製鉄化学事業本部CNC建設プロジェクト担当、喜科墨（江蘇）針状焦科技有限公司総経理、尼鉄隆（江蘇）炭黒有限公司総経理。

新日鐵化学㈱（現新日鉄住金化学㈱）九州製造所
戸畑区中原先の浜46―80、本社 千代田区外神田4―14―1、資本金50億円、設立1984年（合併）、売上高1793億円（連結2010年3月期）、従業員数1000人、事業内容製鉄化学製品（炭素材、カーボンブラック、基礎化学品）、機能材料（光学ディスプレイ材料、回路実装材料、有機EL材料）等の製造販売。

◆素材関連産業の新展開——長期不況との闘い

鉄鋼土台に新生存領域拡大

㈱アステック入江社長（当時）　入江伸明さん（2002／12）

廃液再生で愚直にモノ作り

◉信条

「良い人生を共にでき、良かったと思える、後輩が果実を摘む『先憂後楽型』企業を」

——21世紀初頭、鉄鋼業が激変している。国際競争の激化するなか、鉄都北九州は、どう対応すべきか。入江伸明アステック入江社長（当時）は「鉄はいぜん『産業の米』であり、それを基本としつつ、各自それぞれに新しい発展の道を開拓する。高級・多品種の八幡は競争力があり、当社はスティール（鉄鋼関連）部門は、新日鐵さんと共に技術進歩に努め、スペース（新生存領域）部門は、起業家精神で塩化鉄廃液再生事業に取組みたい。日本人のＤＮＡは愚直なモノづくり向き」と説く。

〈鉄鋼業の環境変化は激しいですね〉

入江　世界的に低収益産業になりました。労賃の安い中国、韓国などを除き、日欧米とも厳しいですね。原料の鉄鉱石、需要家の自動車など上・下流は寡占化が進んでいるのに、この産業は新日本製鐵（現新日鐵住金）、浦項総合製鐵（現ＰＯＳＣＯ）ですら世界シェア４％程度、グループ化で強くなるしかありません。その半面、鉄は文明に不可欠で人口増の発展途上国を中心に、近代化への潜在需要は極めて旺盛、だが儲かりません。

〈北九州の鉄鋼関連業界はどう対応しますか？〉

成長産業ではありませんが、信用性、信頼性の極めて高い産業です。石油にとって代られた石炭のように代替産業があるわけでもなく「産業の米」です。この産業、企業としての高い信用力を維持しながら、自ら新しい発展の道を開拓していく。資源小国の日本は頭脳（教育）か、技術、つまりモノ作りで生きていくしかありません。鉄鋼関連企業はこの基本線でそれぞれＩＴ関連や環境産業、物流関連等に新分野を求めています。

〈アステック入江の現状と戦略は如何ですか？〉

スティール（ＳＴＥＥＬ＝鉄鋼関連）部門とスペース（ＳＰＡＣＥ――新生存領域）部門に２大別し、１９８８年の八幡高炉１基化時点で９対１程度だった売上高比が現在６対４程度となっています。スティール部門は超スピードの技術革新で新日鐵（現新日鐵住金）と共に闘い、技術進歩に日々努力しています。一方、スペース部門はベンチャースピリッツ、起業家精神が求められます。たとえば塩化鉄廃液再生事業は、独自開発のリサイクル技術で、半導体のリードフレームやテレビのシャドウマスクをエッチング処理した際の廃液を製鋼工程から回収した鉄粉で洗浄処理し、ニッケル、銅を回収すると同時に、廃液を新液に再生、循環利用させるものです。

最近力を入れているのが、商社が中国から輸入したスラグ鍋など製鉄用のコスト安の資機材の品質を監修し、ときに独自技術を付加して最終仕上げし、国内、もしくは海外に販売する新たな鉄鋼エンジニアリング事業です。中国は今や、粗鋼生産量世界一で各地で技術レベルは高くないが様々な安い製鉄資機材を製造する中小企業が育っています。あるいは製鉄工程から回収したファイン・メタル（鉄粉）を韓国に輸出したり、有価金属を含んだ廃液等を輸入し、金属を回収するなどアジアとの近接性を活かした国際分業的なビジネスも有望で、社内に担当セクションの新設も検討しています。塩化鉄を下水の凝集剤に使う公共部門や、かつて「美感遊創」が言われた頃、国会議事堂の洗浄に使った超高圧ウォータージェット洗浄工法で地熱発電所のパイプを洗浄するなど様々な新規事業を模索しています。

〈将来像をどう描きますか〉

経済の長期停滞でどこの経営者も社員も「縮み志向」になりがちですが、社会的に有用な良い仕事には必ず人も金も集まってくるのが経済です。社内でも「良い仕事を開発すれば人も金もついて来る」と説い

国内初の塩化鉄再処理プロセスを持つ
アステック入江広畑工場（姫路市）

ています。いわば社内ベンチャーの勧めで、社内の各グループごとに目標を決め、チャレンジしています。環境関連分野も中国沿岸部が中進国化する中でこれから様々な需要が出て来ると思います。サービス経済化するといいますが、第３次産業分野は日本人のＤＮＡからは一寸外れる感じで、本筋は愚直にモノ作りで行きたいですね。

〈北九州経済の現状と潜在力は？　そして提言を〉

末吉市政が当初、モノ作りを街作りのコンセプトの第１にあげたのをどう全うするかです。色んなプロジェクト（頭脳立地法、ＦＡＺ法など）に取り組み、建物も出来ましたが、最も重要なのは港湾、空港、物流などの産業基盤であり、アジアとの関連でモノ作りに邁進すべきです。日本に金融立国、商業立国は似合いません。北九州国際技術協力協会（ＫＩＴＡ）の大連における環境関連のＯＤＡ事業などは先進的で今後も力を入れていくべきだと思います。

〈素材産業の進化＋ＩＴ＋環境問題の方向ですか？〉

産業別に考えると解りにくいと思います。機能別にみると、鉄鋼にせよ、自動車にせよ、半導体にせよ、基幹技術と部品は日本、北九州で蓄積、生産する国際分業体制です。世界中から最も良い部品を集め、総合する時代です。そういう機能的な国際分業の中で北九州が最も良い地位を占めるために、アジアの製造能力も取り込んで、技術力をどう活かしコーディネートするかです。たとえば八幡製鐵所のレールは世界一で中国の新幹線建設で活躍するでしょう。高級・多品種・少量生産の八幡製鐵所は、今や大量生産・消費地立地型の君津、名古屋などに比べ、社内の存在感を強めています。おまけに自動車や半導体産業の立地増で九州は鉄の大消費地にも変わりつつあります。例えば、三井ハイテックはトヨタと組んで電磁鋼板で電気自動車のモーターコア生産にも進出します。こうしたモノ作りで勝負するためには労賃だけでなく、物流、エネルギー面の高コスト構造の是正は避けて通れません。人材の質の向上も重要です。市民が愛郷心を持ち、誇り高く、心が大きく暖かい産業文化都市を目指すべきです。産業都市はもともと純真な人が多く集まります。ノーベル化学賞受賞の田中耕一さんのような(笑)。ハードの整備の次は愛郷心のある人材の育成と活用が大きな課題です。

〈激動期の経営哲学を〉

何時の時代も良い会社とは、良い人生を共にすることが出来て良かったと思える企業です。それには自分の代で苦労しても、後輩が果実を摘むのを喜べる「先憂後楽」型の時間軸の長い開発、投資も必要です。近年は社会全般に自分の任期だけを考える自己中心型人材が増えてきた感じで不安です。

〈座右の銘と趣味を〉

常に活き活きとし、自分がどうあるべきかを考え、卑しくない(卑屈にならない、羨ましがらない、過去を悔やまない、先のことをくよくよ悩まない)。趣味は囲碁(日本棋院八幡支部長、5段)ですが、読書も好きで真贋に厳しい小林秀雄の評論や奈良の仏像を詠む会津八一の歌集など良いですね。

入江伸明(いりえ・のぶあき)
1958年早稲田大学政経学部卒、61年入江興産(現アステック入江)常務。副社長を経て75年社長。西日本工業学園理事長。北九州活性化協議会理事長。
(2008年2月他界)

㈱アステック入江　八幡東区西本町3―1―1、設立1957年(創業1910年)、資本金1億円、社長　高橋正幸、従業員数800人、事業内容　鉄鋼スラグ処理・同エンジニアリング、エッチング用塩化鉄廃液の再生とニッケル、銅回収他、建築総合企画・プラント工事。

◆素材関連産業の新展開——世界的景気拡大のなかで

包装材総合メーカーへ

【大石産業㈱社長】中村英輝さん（2007／07）

環境に優しい再生包装材の新工場建設　顧客課題を最適技術で解決

◉信条

「『大きくなる』より『つぶれない』百年企業へ
地道に着実に柔軟に」

——包装材メーカーの大石産業が、7月シェアトップの環境に優しい緩衝用包装材・パルプモウルドの新工場（鞍手町）の操業を開始した。青森、茨城、福岡3県とマレーシア、中国に生産拠点を置き、総合産業用包装材メーカーとして専門特化を目指す中村英輝社長に経営戦略、課題を聞いた。中村さんは「当社は中小企業の集合体的な中堅企業で、社会貢献と可能性を追求しつつ地道に着実に」と語った。

〈5期連続増収下、主力のパルプモウルドの新工場（鞍手町）が稼働しました〉

中村　古紙を再生して作る緩衝用包装材パルプモウルドは、ニッチ（隙間）製品ですが、当社が草分けで、シェアはトップです。環境にやさしいリサイクル製品で、おかげさまで社会貢献を重視する企業の間でご利用が増え、鶏卵、青果物、電機、衛陶、事務機輸送などに幅広く使われ増強しました。

〈専門特化する戦略ですか？〉

パルプモウルド、樹脂、紙袋、段ボールと4種類の包装材を総合的に扱う複合性が当社の特徴で、「ロジスティクスにおける最適解の提供」を目指しています。物流業務は、倉庫・輸送・保管・作業等を総合して、多様化しつつあり、その総称がロジスティクス（後方支援）です。お客様の大事な製品を壊さず安全に運び、取出しやすく、かつ最もコストを安くするには、どう包装、輸送したら良いのか。我々の持つ機能を通じて顧客の問題解決に貢献し、今ない機能を新たに生み出したい。コア技術は、原材料を買って加工し、新機能を創り出す応用加工にあります。

大石産業九州工場

〈業界の環境変化にどう対応しますか？〉

主力のパルプモウルドではほかに、新規開発した花菜ポットが、古紙再生でそのまま土に還る特性があり、イチゴ用などで好評、用途拡大を研究中です。第2の柱の食品容器向けなどの包装用樹脂も、ポリスチレンフィルム（熱ラミ分野）がシェア1位、最近はプラスチック原料もバイオエタノールなどの非石油化学系も増え、可能性が拡大しています。セメントなど粉材の輸送に使う大型紙袋は、創業以来の商品ですが、物流の小分け輸送化の中で、需要は漸減傾向。一方、段ボール製品も、同じ伝統的な包装材ですが、需要は増えています。樹脂、紙袋とも業界再編が進行中ですが、プラスアルファの付加価値をもつ製品の開発に力を入れています。

〈海外売上比率が15％に、グローバル化への対応はいかがですか？〉

１９９０年、マレーシアに進出、現地企業には難しい機能性の高い紙袋と樹脂袋を現地生産し、東南アジアの日系企業を中心に販売しています。２００２年に中国・大連で始めたパルプモウルド生産も、中国から日本へのモノの流れが年々拡大するのを睨んだ投資です。当面は、現地日系企業への供給ですが、将来は中国の国内市場向けも考えます。中国ビジネスの体験、情報収集の狙いもあります。宝くじは買ってみないと（笑）。グローバル化、ＦＴＡの拡大で関税も国境もなくなり、世界市場の一体化が進む中で、国内、海外という区分も無意味になります。インターネットで24時間、情報が渦巻き、情報格差がなく、世界中みんな同じことを考える。ネットで簡単に商売相手が見つかり、商社も取引仲介口銭より、投資業務で稼ぐ時代です。内と外の関係が今までよりフレキシブル化、流動化し、自分で体験してみないと分からない情報も多い。日本国内は、人口減少で良くも悪くも縮小し、その中で消費の質は高度化し、質の高い商品が求められるでしょう。国内、海外それぞれの市場特性に対応し、相乗効果を上げていきます。

大石産業パルプモウルド九州新工場写真

〈高度情報化への対応は？〉

早くから新規事業として取組んできたコンピュータ販売・ソフト開発の子会社「アクシス」、包装材のデザイン開発子会社「ファディモ」とオーディオビジュアル部門を統合・一体化して、情報デザイン子会社に再編しました。ＩＴのインフラからコンテンツまで担当します。海外展開と並び、可能性の追求です。

〈今後の方向性と将来ビジョンを〉

中期経営計画では、パルプモウルド、フィルムなど伸びるものをより伸ばします。当社は中小企業の集合体的な中堅企業と捉え、基本的には大それたことを考えず、各ユニットが稼ぎ、そして社会貢献できればよく、可能性は追求しつつ地道に着実にいきます。京都の企業の目標は「大きくなる」ではなく「つぶれない」ことで、社齢数百年の長寿企業も珍しくない。一方で、大きさのみを追求して消えて行った企業も数多い。昭和30～40年の右肩上がりの高度成長の終焉で、消費も生活の質も変わる中で、それに応じた商品、サービスが求められ、企業もそれに応じたかかわり方を求められます。

〈M&A時代への対応は？〉

本業にプラスになり、商品、サービスをより良くする場合は、効率的で利用すべきですが、マネーゲームによる企業売買が流行すると真面目にモノを作る人がいなくなります。

〈北九州経済の潜在力は？　そして将来像を〉

日本の人口が減るなかで、東京・福岡など一極集中型の都市とそうでない都市の2極化も進行、都市といえども、生き残りをかけてマーケティングに取組まざるをえない時代です。横浜市など成功して、伸びている地域も多い。北九州は中国に近い地理的優位性に加え、空港、港湾など最小限のインフラ整備も終り、スターフライヤーという、福岡市さえ持たない自前の航空会社も持ち、ある意味、先が楽しみです。素材産業の従業員は合理化で減りましたが、自動車産業等の進出で、産業構造が加工組立型へ転換、元気な街になる素地はあります。問題は若い人の地元定着です。地元の大学を卒業しても他地域へ流出、高齢化が進む。「高齢者に優しい街」も大切ですが、「若い人に魅力ある街」もマーケティングのポイントです。夜間人口を増やすためにも、若い人を引き込み定住化させる活力と「仕事の創出」が重要。企業誘致の条件整備などを戦略的に組立てていくべきです。

〈激動期の経営哲学は?〉

変化に共通のキーワードは「流動化」です。秩序、固定観念があちこちで壊れています。固定的に考えず「フレキシビリティ（柔軟性）」こそカギです。業界再編も、企業間提携が呉越同舟も含め自由自在にごく自然に出来る時代。大変な半面、裁量も増え、企業進化のしやすい環境です。

〈座右の銘と趣味を〉

「自然に」。生れつき肩肘張るのが苦手です（笑）。大石正巳元会長（故人・岳父）も偶然同じ言葉でした。趣味はゴルフと山歩き。尺岳や福知山、時に開聞岳、立山まで足を伸ばします。健康維持が基本です。

中村英輝（なかむら・ひでき）
1974年慶応義塾大学法学部卒、太陽神戸銀行（現三井住友銀行）入行。81年大石産業入社、87年取締役経営企画室長、89年副社長、91年社長。

大石産業（株）　八幡東区桃園2―7―1、設立1947年、資本金4億6640万円、売上高174億円（2013年3月期）、従業員数346人、事業内容　パルプモウルド、包装用樹脂、大型クラフト紙袋、段ボール製品等の製造販売。

◆素材関連産業の新展開――世界的景気拡大のなかで

総メンテナンス時代にすべきこと

㈱高田工業所社長　高田寿一郎さん（2008／06）

経営改革と人材確保の推進を

◎信条

「純情、情熱、希望」、「談笑決事」

――高度成長期に建設、稼動開始した生産設備や、ビル、道路、橋梁、トンネル等あらゆる構造物が保全、総点検の時期を迎えている。プラントなど建設・保全の専門企業・高田工業所（八幡西区）は、これに対応、保全部門の比率を高めつつ、新規事業も模索している。高田寿一郎社長に〝日本総メンテナンス時代〟の経営戦略、課題を聞いた。

〈景気が踊り場を迎えた中、設備保全業界の景況はいかがです？〉

高田　バブル崩壊後、業界は社員の仕事を確保するため出血の過当競争を展開し、極めて厳しい状況でしたが、２００４年度から急回復しました。背景は、新興国の成長と老朽化設備の更新・保全投資の急増です。今稼動しているのは、１９６０～70年代の高度成長期の設備が多く、フル操業には耐え難い状態で、無理して爆発、人身事故を起こすと企業の存続にも響く時代です。逆に施工の人手は団塊の世代の大量定年で減少基調です。業界は、足元、自社顧客の注文に応えるのに精一杯です。世界経済減速は、１～１年半遅れでこの業界にも、とみています。

〈貴社の現状と戦略、課題はいかがですか？〉

〈独自の技能工尊重、本工主義で大証２部（現東証

「本社は質素でも研修センターは立派に」
という思いで建てられた研修センター

2部）上場。産業再生法による2003年度からの再建5ヶ年計画を2年前倒しで達成。3期連続増収中。鉄鋼、化学、エレクトロニクスで売上の8割超）

まずは、既存事業の更なる体質強化です。鉄鋼は、新日鐵君津や八幡で高炉の大型化改修計画が進行しています。高級鋼の需要も底固く、改修経験者を絶やさず養成しておきたい志向がお客様と私共の双方にあります。化学も三菱化学黒崎の高機能樹脂の増設をはじめ保全投資が続いています。エレクトロニクス関連は山谷の波が大きいのですが、シャープ、東芝等の大型投資が集中する三重県で設備の配管工事等を担当しています。原子力発電所関連では、三菱重工業から北海道や青森、また九州電力からは過去の6基に続き、川内3号機建設工事の受注を目指しています。原発は、ゴミ一つもダメという超高度な管理と施工レベルを要求され、その経験を基礎に微細な半導体分野にも進出できた中核技術です。各分野で経験者を育成しつつ、「安全、品質、コスト、納期」の競争力を強めます。

〈海外の事業展開にも力をいれていますね〉

現地法人等のあるシンガポール、マレーシア、インドネシアを中心に日系メーカーの設備建設・保全に注力しています。日系は、一時は中国に軸足を移しましたが、最近は中国一辺倒のリスクへの警戒感から、化学、石油、電機産業が再び東南アジアで活発に投資しています。大規模工事の引合いもありますが「日本からの応援」が条件で、残念ですが余力がなく、現地でこなせる範囲で受注しています。

〈新規事業として、超音波関連に進出しましたね〉

ダイヤモンドブレードに超音波振動を加えることで、切断の難しい材料を切る「超音波カッティング装置」を開発、販売しています。超音波振動で半導体チップのような超微細・薄型製品の切断・研磨するこの技術は、ハイブリッド車も含め、応用範囲が広範です。半導体製造工程の真空ポンプの劣化度を異常振

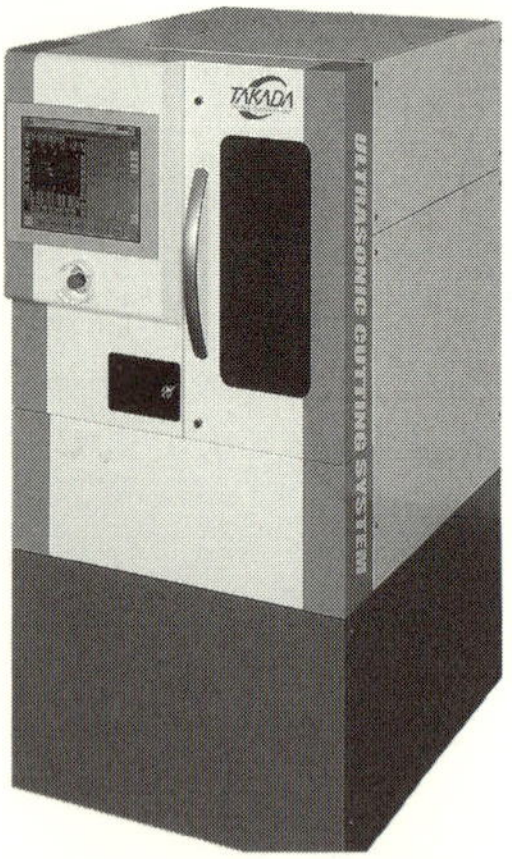

超音波カッティング装置

動で予知する装置も開発、エレクトロニクス業界に売込み中です。芽か蕾の段階ですが楽しみです。

〈経営再建の過程で企業体質をどう変えましたか?〉

従来様々な事業に試行・挑戦した結果、最も当社の強みを活かせ、安定感があるのは、鉄鋼、化学等の設備保全とわかり、そこに軸足を置きました。創業以来、ほぼ一貫して建設中心で設備建設と保全の比率は７対３でした。しかし、設備建設は、売上規模が大きい半面、安定・継続性に欠け、保全は仕事の範囲、期間が明確です。顧客企業も保全重視を強められ、今では５対５で、保全の中味も、鉄鋼、化学の２本建てです。要員も再建前は約１９００人でしたが、今はシニア社員も含め約１６００人とスリム化しました。定年退職者の９割を技能伝承も兼ねシニア社員として再雇用し、好不況に左右されない体質づくりを進めています。

〈短・中期の展望と課題は?〉

米国サブプライム危機以降の世界経済の動揺・変動は、過去の経験則が通用しません。先進国中心の高度成長期の山谷の繰り返しと違い、日米欧は低成長期、ＢＲＩＣｓ等新興国は高度成長期です。米国牽引の時代ではありませんが、新興国も日米欧ほどの底固さ、広がりはなく、非常に先が読みにくい状況です。その一方で鉄鋼、化学等の生産設備だけでなく、高度成長期に完成したあらゆる構造物——ビル、道路、橋梁、トンネル等が保全、総点検の時期を迎えています。膨大な保全が必要なとき、実際に工事をするのは第一線の技能者です。それが今、総体的に減っています。少子化で退職者が新規就業を上回り、経験実績のある技能者を集めるのは容易ではありません。日本全体が総メンテナンス時代を迎える中、底辺で支える人材の質と量の確保が急務です。

〈技能伝承がカギを握るということですか?〉

設備保全業は、何をするにも人。人が財産です。元来創業者が人材育成に熱心で「本社は質素でも研修センターは立派に」という伝統があります。昨年からは、高卒の新入技能社員について、半年間の研修も開始し、また、毎年「技能オリンピック全社大会」を開催しています。当大会には、半年間の研修を受けた新入社員も参加し、上位入賞することもあり、先輩を慌てさせています（笑）。

〈企業の将来ビジョンはいかがですか？〉

「屈強なパートナー企業になること」です。顧客企業もベテランの退職で下流の設備保全、建設だけでなく、上流の計画段階から相談・依頼される場面も増え、提案力が求められ、「人材の高度化」がカギです。

〈北九州の潜在力と課題をどうみますか？〉

アジアに近く、24時間新空港や響コンテナターミナル等の整備と地震危険度の低さで、自動車産業が大量進出、鉄鋼関連も新興国の成長と九州の自動車基地化で復活し、今後、インフラの整備が進めば、さらに魅力を増し、当地のモノ作りの風土はますます貴重になります。少子化による人材難が心配ですが、長期的には欧米のように外国人労働者の受入れも必要かと考えます。今は、自社経営で頭が一杯ですが、先輩が頑張って整備して頂いた空港、港湾等をどう活かすか、我々が真剣に考え、受け継いでいくべきと思います。

〈激動期の経営哲学は？〉

「純情、情熱、希望」（社是）。純情を社是にする企業は珍しいそうですが、「純情＝一生懸命、誠心誠意」は、人としても最も大切です。

〈座右の銘、趣味は？〉

社長就任当時は「行雲流水」（流に逆らわず、流の行方を見定める）。今は、顧問（父の高田賢一郎氏）から贈られた額の「談笑決事」。余裕を持って事を決めたい。どちらも難しく道半ばですが。趣味は月1回の乗馬と夕方のジョギング、時々のサキソフォン演奏です。馬は生き物だけに思い通りには動きませんが、機械の車と違う温かい爽快感があります。

高田寿一郎（たかだ・じゅいちろう）
1984年早稲田大学教育学部卒、86年米国エルマイラカレッジ卒。87年千代田化工建設入社、90年高田工業所入社、常務、副社長を経て2001年社長。日本メンテナンス工業会理事。

㈱高田工業所　北九州市八幡西区築地町1−1、設立1948年、資本金36億4235万円、売上高378億円（12年度）、従業員数1733人、事業内容　鉄鋼・化学・電力・半導体などのプラント建設・保全。

高度メッキ技術で基幹産業を支援

【石川金属工業㈱社長】石川増太さん（2012／02）

海外進出より国内深耕と多角化を仕事の競争力（高品質、低価格、短納期）を「研ぎ澄まし」顧客に提案

◉信条

「真実、思いやり、確認」、「一番きつい道を選び克服すること」、「私の頭が禿げても、うちのメッキは禿げない」（創業者）

――石川金属工業（小倉北区）は高度なメッキ技術で鉄鋼、窯業、自動車など北九州の基幹産業を支えてきた。近年は日産自動車系の一次部品メーカーと組み、大型自動車部品の量産を開始した。また、北九州産業学術推進機構（ＦＡＩＳ）や環境テクノスと連携し、低炭素型プラスチックの開発実用化にも挑戦中である。三代目の石川社長にグローバル化時代の中堅機械金属企業の戦略を聞いた。石川社長は「時流の海外展開ではなく、国内の現事業の『深掘り』で産業空洞化の防止に貢献したい」と内需深耕の戦略を強調した。

〈竹の繊維から低炭素型軽量強化プラスチックを開発する研究が経産省の戦略的基盤技術高度化支援事業に採択されましたね〉

石川　ＦＡＩＳと九州工大で基礎技術を開発され「生産設備に乗せたいので共同で」とお話をいただき、お引き受けしました。特殊処理した竹繊維をプラスチック材料に混合し、自動車用の内外装部品を

射出成形で成形し、軽量化・低炭素化を目指す技術です。竹はわが国に無限にあるのにほとんど未利用。成功すれば、石油由来の樹脂に比べ２割のコスト減が見込めます。

〈日産系のファルテック（本社・東京）と合弁で「いしかわファルテック」を設立。車の顔となるフロントグリル等の装飾メッキの量産に乗り出しましたね〉

近年の九州の急速な自動車基地化に対応してファルテックさんが進出するに当たり、協業のお話がありました。当社が土地と生産設備と人員を、先方さんが営業を担当。09年から最新鋭設備で量産しています。

〈先方からの提携申し込みが多いですね〉

創業以来、ＴＯＴＯさんも新日鐵さんも日産さんも、全てお客様が当社を見つけてくださり、その要請に応えた結果、今日があります。既存のお客様への営業はもちろんありますが、こちらから「仕事を下さい」と顧客開拓の営業したことがありません。

〈九州のメッキ業で貴社は草分け的存在ですね〉

１９２８年（昭和３年）、祖父の石川丈太が砂津の現チャチャタウン近くで祖母チエ子と共に従業員２人でメッキ業を始めました。メッキには防錆、装飾、通電、新しい価値の付加という４つの機能があり、モノ作りに不可欠の基盤産業です。創業後地場のお客様に恵まれ、取引先を増やしてきました。

〈「メッキのデパート」と言われていましたね〉

今は高度化・特殊化で「高級専門店」を目指しています（笑）。現在は金属表面処理を主体にグループ８社で総売上高は約82億円、総員６５０人です。事業展開は国内のみです。グループの売上構成は住宅設備が約45％、自動車が約30％、鉄鋼が約15％、その他が約10％となっています。

中核は創業以来の金属の表面に電気や化学反応により薄い被膜を形成するメッキ処理です。この分野は水栓金具類や自動車部品、電気の接点や集積回路部品を取扱います。また、プラスチックのメッキとその前工程である射出成形も手掛け、この分野で浴室部品や自動車部品を加工しています。さらに金属表面を精密研磨して組織と不純物などを観察し、品質保証や開発をサポートする業務を新日鐵さんから受注しています。

〈長期不況ですが、グループの拡大はＭ＆Ａ（合併と買収）と協業で？〉

まず91年、温度調節に独自技術を持つ「イー・テ

吊亜鉛メッキ

イ・エス」（下関市）に先方の依頼で資本参加しました。下関の南風《はえ》泊《どまり》市場のフグ用などの活魚槽の9割を受注し、観賞用熱帯魚水槽や当社のメッキ用治工具も製造しています。次いで92年には、西川ゴムさんからの要請を受け自動車の窓枠のゴム製品を量産する「いしかわ山口」（下関市）を設立。さらに99年にTOTOさんの大分工場向け水栓金具の研磨・メッキ・組立を主務とする大分事業部を「いしかわ大分」（大分市）として分社。また05年には、当社独自の排水処理技術をはじめとする設備制作の外販部門を「いしかわエンジニアリング」として分社独立。三菱化学さんの配管設備の保全のほか、地下水汲み揚げ浄化装置の委託製造・据え付けもしています。08年「いしかわファルテック」設立に続き、10年にはメッキ同業者の新西工業（若松区）がグループに加わりました。グループ全体を見渡すと、自分でも何屋か分からなくなるくらい業種が広い（笑）。

〈貴社の強みは何ですか？〉

表面処理という分野を創業以来愚直に育ててきたことでしょうか。

初代社長は根っからの技術屋で、目につくものを手あたり次第メッキしたそうです。とうとう石膏ボードまでメッキ槽につけ、溶けてしまった。「俺は社長ではなくて技術課長だ」「私の頭が禿げてもうちのメッキは禿げない」が口癖だったと伝え聞いています（笑）。メッキ膜厚に厳しく、お客様が「良い」と言われても「駄目だ、やりかえろ」と徹夜させたとか。その積み重ねが信用を築きました。

またメッキ業は公害規制も厳しく、新規参入は容易ではないことに加え、装置産業でしかも排水処理に生産設備と同額の投資がかかる。初代社長は、当時公害の激しかった北九州工業地帯において業界に先立って公害対策を打ち、結果先駆けての投資が減価償却を早め、現在のコスト的な優位性を我々に残してくださった。

オンリーワン技術こそありませんが、お客様の希望とのマッチングは物凄く真面目にやる。何を持って来られても全員でこなしてしまう。

〈これまでどこに経営の力点を？〉

人の育成と雇用の確保です。メッキは装置産業ですが、機械を動かすのも作業するのもすべて人です。初代社長も現石川政禧会長も、会社都合による解雇をしたことはありません。初代社長がお取引先から人員削減を勧告された際、自らの給与を一年返上、役員は1割カットなどで乗り切ったこともあるそうです。現会長も、みんなで稼いで分配するという意味で、給与は「利益分配金」、賞与は「利益再分配金」と呼んでいます。

〈低成長時代の経営戦略を教えてください〉

中核技術をさらに「研ぎ澄ます」。そして、付加価値がどこに落ちているのかを見極めてその部分を深掘りすることが当社の生きる道だと考えています。メッキは金属を溶かした薬に素材を漬け、溶けた金属を素材の表面に付着させる技術で、プレスなど他の加工方法と違いメッキ液の中でどのようにメッキが付いていくかを実際にこの目で見ることができない。当社はメッキの厚みを左右する様々な条件をデータベース化し、素材のCADデータを元にCGでビジュアル化し、現形状よりさらにメッキがつきやすいように製品の設計変更などを提案する手法を持っています。これを実際の工業製品に応用できているのはおそらく当社だけです。これを武器にモデルチェンジなどの開発段階からの参入を目指しています。

〈伝統の「研ぎ澄まし」ですか？〉

私はそもそも、技術とはその時々の社員が個人的に身につけているものと考えており、これをきちんとバトンタッチすれば会社は続いていきます。それには「受け皿」が必要で、02年に現職を拝命して以来、それまでの中途採用指向から新卒採用に切換え、年齢構成の歪みを意識的に直しつつ、特に3年前から新入社員教育を皮切りに、自社オリジナルの階層別研修に力を入れてきました。最近は一人遊び世代の若者が多いので、まず集団になじむ訓練や仕事の楽しさ・モノ作りの面白さを通じて「やりがい」を実感してもらうことから始め、技能伝承が行われやすい「受け皿作り」をしてきたつもりです。

〈企業が競って海外展開するご時勢ですが、貴社の海外戦略は？〉

正直言って慎重です。実は90年代初頭、取引先の中

いしかわファルテック工場内

国進出に伴い弊社単独ではなくメッキ業界で大連市に集団進出を計画したことがあります。工場用地も50年間の長期貸借契約で手当てしましたが、中国当局の担当者が代わったとたんに税免除の話が白紙になり、収益計画が根本から崩れたので1年で撤退を決めたという苦い経験があります。加えて国の内外を問わず、進出する以上は最高責任者が現地に住みつくぐらいの覚悟が必要だという祖母チエ子の口癖でしたが、私にはその覚悟がない（笑）。ただ、今も海外展開ブームですが、皆が同じ方向に行くのはいかがなものか。国内で生きていく細い道を探すのは大変厳しいが、私はそこに面白さを感じます。それが結果的に会社の仲間の雇用を守ることにもつながると信じます。

〈今後も国内で業績拡大を？〉

あくまでも今の仕事の競争力（高品質、低価格、短納期）を研ぎ澄まし、「こうすると、なおコスト安になりますよ」と取引先に提案し、次の仕事が来るように努めます。価格と品質が競争相手と変わらないなら、スピードで差をつける。設備は常に最新鋭化をめざし、そのために内部留保の蓄積と再投資に努めていきます。表面処理という恵まれた土俵の上で、モノ作りの基本が出来て、人の教育がきっちり出来ておれば、メッキをつける対象はおろか技術そのものが変わっても必ず対応できると信じています。

〈研究開発と商品開発は？〉

中小加工業の立場では、見通しの立たないものに巨額の開発費は割けません。私の次世代で独自商品を開発・生産する可能性はありますが、その時にチャンスをつかめるよう、今は生産技術を磨き上げ、設備と人を整備するのが私の使命だと思っています。私たちの世代はバブル経済の絶頂期も見たし、その後の崩壊も、リーマン・ショックも体験しました。九州の生産が増える背景に国内他工場が閉鎖された事実は、いずれ同じことが我々にも必ず起きるはずだから調子に乗ってはいけない。

〈北九州経済の潜在力と将来像、課題を〉

地域経済活動は会長が担当しています。会長は部品メーカーが集まった「パーツネット北九州」副会長でメッキ部会長も拝命しており、「かつてのシリコンアイランドから今は自動車メーカーの一大拠点になりつつあり、将来的には必ずよくなる。だが、ここ1、2年は横這いで依然厳しく、自動車の100万台生産はすぐ達成したが、150万台定着は時間がかかる」とみています。課題はここでも人です。どれだけ集め、どんな教育をするかです。

〈激動期の経営哲学は?〉

社是「真実、思いやり、確認」の実践と理念「わが社に関わりのある人たちが身も心も豊かになる」の実現です。「何が真実か」「人間は思いやりが第一」「そして確認」。これらは初代社長の信念でした。加えて現会長の強い思いを社の理念とし定めました。その取組みの一例として、仕入先への支払いは大型の設備資金以外は全て現金にするなど実現してきました。

〈座右の銘と趣味を〉

心掛けているのは、色んな選択肢がある中で、一番きつい道を選び、克服することです。家でくつろいでいてもふと仕事のことが頭に浮かび、とても趣味どころではありません。身をもって体験した会社経営やモノ作りに関わるノウハウなどの理論を体系化し、それを研修などで仲間に伝える原稿をパソコンの前であれこれ練っている時が一番充実していて楽しい。

石川増太（いしかわ・ますた）
1987年法政大学経営学部卒、東陶機器（現TOTO）入社、営業と大分工場で勤務。92年祖父創業の石川金属工業入社。94年取締役朽網事業部長、96年同第3事業本部長、2002年取締役社長。

石川金属工業㈱　小倉北区赤坂海岸2―1、設立1942年（創業1928年）、資本金　9950万円、売上高　グループ82億5千万円（単位40億円）、従業員数　グループ650人（単体約300人）、事業内容　金属メッキ、フープメッキ、プラスチック成形、物理解析・鋼材試験など。

地域が助け合って元気に

㈱ゼンリン最高顧問
北九州商工会議所副会頭（当時）
大迫忍さん
（2001／01）

新しい産業を創る　地図の誂え商品化　都市機能高め福岡と連携

◉信条

「雨ニモ負ケズ、風ニモ負ケズ、夏ノ暑サニモ負ケヌ」、「通用しない『自分だけよければ』」

――ゼンリンは、住宅地図のパイオニアである。別府市の商店街観光地図製作からスタート、全国制覇をなしとげ、全国シェア7割・住宅地図のガリバー企業である。汎用のカーナビソフトなどで世界にも進出している。北九州経済の振興にも熱心で、6月末原田康社長にバトンタッチ、自らは最高顧問に退いた大迫忍さんに、経営観、地域活性化策、人生観などを聞いた。

〈55歳で社長引退は思い切った決断でしたね〉

大迫　5年前の大病が一つのきっかけです。社長在任21年間も長過ぎました。今はかつてない「大変革の時代」。経営者は変化に合わせ、考え方を変えるか、もっと極端な言い方をすれば、交代すべきだと思います。私自身も変わり難くなったと考え、4月社長を退任しました。

〈退任早々、持ち株会社・北九州都心開発の仕事など、大変ですね？〉

高田商工会議所会頭とも話しますが、北九州は長年大手企業におんぶに抱っこできました。地場企業がもっと自分達でやらなきゃいけない。末吉興一市長誕生の時からもう少し行政と一緒にと高田さんが提唱された。力の及ばないところは大手企業さんにお願いするとしてまず我々がやるべきだと。

〈大迫さんは福岡ベンチャークラブ会長兼グローバル21世話人ですが、ベンチャービジネスの育成も急務です〉

ＩＴ関連が注目されている昨今ですが、もともと北九州はモノ作り関連でベンチャービジネスが育ちやすい環境です。また環境、福祉等の面でも目に見える独自技術が沢山あります。不況で資金面に問題がありますが、行政が進める学研都市建設は追い風となるでしょう。

グローバル化の最前線・米国ゼンリン

〈ゼンリン自体も創業期はベンチャー的でした〉

というより創業当時は「新しい産業」でした。住宅地図という商品は一般的ではありませんでした。汎用のカーナビソフトも当社が最初に開発しました。その意味ではベンチャーに近いといえます。

〈ゼンリンのコア（中核）ビジネスをどう自己分析していますか〉

全国市町村の95％をカバーする詳細な地図情報です。今まではこれを住宅地図やカーナビゲーションの地図ソフトという形で「既製商品」として提供してきました。近年は地図を核として、そのうえに様々な情報を付加した商品、お客様のニーズに合ったいわば「誂《あつら》え商品」の提供に注力しています。

〈世界的地図情報産業を目指し海外事業に取組んでいますね〉

現在、米国、オランダ、ドイツ、フランス、英国、中国に営業、制作の拠点を置いています。まだまだこれからの事業です。海外の地図作りには各国の文化、歴史、宗教が微妙に影響し、事前の勉強が不可欠だと改めて経験しました。

〈技術開発はゼンリンテクノセンター（戸畑区）が中心ですか〉

当社の技術陣に外部の応援陣も加えた開発拠点です。北九州は優秀な人材を確保しやすい利点があります。

ゼンリン北九州テクノセンター

〈北九州経済の現状と再生の方向性をどうみますか？〉

今がどん底です。しかし水資源、環境関連機能が豊か、それに整備中の新空港、大水深港湾、学研都市――21世紀の新都市が必要とする機能は全部持っています。これらが全てが揃うまで踏ん張ればよい。それと最近活発な福岡市との連携。競争でなく、一大都市圏として共働する。対アジア戦略も100万都市だけでは対応力が弱く、300万経済圏として機能分担し協力すべきです。北九州都心開発は福岡の企業も積極的に協力して頂いています。

〈問題は整備中の新インフラをどう有効利用するかです〉

それが我々民間の仕事です。いかに新しい事業を起こすか。もちろん商工会議所も考えますが、ものを創る技術はもともと多彩な街です。今は景気が悪いが、経営者の多くは思いきってやれば十分出来るはずです。ベンチャー育成と既存企業の業態転換、この両方が必要です。

〈都市機能では商業機能、賑わい空間が弱点といわれます〉

交通インフラ整備で人が集まっても、魅力がないと弱い。都心活性化策は、商工会議所として商店街や会員の意向を聴取中です。他地区から顧客を呼べればベストですが、福岡市をみても域外資本が伸び、街は活性化しても、地場百貨店が苦戦しています。街を活性化し、消費者に魅力のある商業機能を作り、なおかつ地場企業を守る。商工会議所として非常に難しい立場です。北九州は今人口が減っていますが、24時間稼働の大水深港湾、新空港が出来、そして福岡と相互補完すれば人が集まってきます。

〈経営不振に陥った老舗地場企業の支援、障害者・高齢者雇用などにも熱心ですね〉

地域は助け合いです。その時代、時代で元気の良い業種がリーダー役を務める。今不振でも元気の良い頃地域に貢献された企業は多い。その都度新しい元気な企業が支え、苦しくなれば次の企業が支える。高齢者・重度障害者雇用も地域に対する企業責任です。「自分だけ良ければ」では21世紀は生き難いと思います。あくまで体力の範囲内ですが。

〈激動期の経営哲学は?〉

決めたら進む、迷わないこと。間違ったらすぐ方向転換すればよい。とにかく前に行くことです。経営者は「失敗したら責任をとる、常に公平にものを見る」が要諦で、新社長にも助言しました。最近高田賢一郎さんの提唱で、若手経営者と安岡(正篤)学の輪読会を始めました。

〈最後に信条と趣味を〉

「雨ニモ負ケズ、風ニモ負ケズ、寒サニモ夏ノ暑サニモ負ケヌ……」(宮沢賢治)です。とにかく頑張る。父(創業者正冨氏)が若い私に「昼行灯型だが、それでよい。賢い真似をするほど愚かなことはない。その方が必ず人が助けてくれる」と言いましたが、その通りでした。

趣味は囲碁、読書、競馬。共通点は他人に迷惑かけず一人でできること。競馬は負ける方が多いですね(笑)。小さな地図博物館を作るのが夢で、室町再開発ビル内での開館に向けて世界の地図を少しずつ買い求め、整理中です。

大迫忍(おおさこ・しのぶ)
1968年中央大文学部卒、善隣出版社(現ゼンリン)入社、社長を経て、2001年6月最高顧問に就任。北九州商工会議所副会頭、福岡経済同友会副代表幹事、福岡ベンチャークラブ会長、北九州都心開発社長。(05年6月他界)。

㈱ゼンリン　小倉北区室町1―1―1リバーウォーク北九州内、創業1948年、資本金65億5764万円、売上高549億円(連結・2013年3月期)、従業員数連結3122人、事業内容「知・時空間情報」の基盤となる各種情報を収集、管理し、住宅地図帳などの各種地図、地図データベース、コンテンツとして提供。また、「知・時空間情報」に付帯、関連するソフトウェアの開発・サービスの提供。

◆デジタル地図を創る――ゼンリン2――世界的景気拡大のなかで

デジタル地図を活用拡大

【㈱ゼンリン社長（当時）】原田康さん（2006／06）

デジタル地図を危機管理・生活情報へ活用拡大、蓄積した技術力を世界へ

◎信条

「人を守る＝働く場の創出こそ企業の使命」、
「『尖った社員』の育成を」、「大忍」

――長期不況を乗り切った住宅地図のパイオニア、ゼンリンが情報通信革命下、好業績を上げ、ユビキタス社会のコンテンツ産業を目指し、東証2部から1部に昇格した。原田康社長に戦略を聞いた。

〈市町村数が3分の2弱に激減する平成の大合併で、全国の地図が大きく塗り変わり、大忙しですね？〉

原田　確かに主力の住宅地図部門は、過去5年間売上が減少基調でしたが、市町村合併で大量の買い替え需要が発生しています。データ更新の調査費も増え、損益面は厳しいのですが、販売増は大きなプラスです。ただ、ここ数年、収益の牽引役は、電子媒体のデジタル地図部門です。特にカーナビゲーションは、トヨタ、日産、ホンダさん等を中心に、当社製が国内市場の約75％を占めます。GIS（地理情報システム）も、国や自治体の危機管理や住民サービスや企業、銀行や生保の営業用などで活用範囲が広がっています。

〈IT（情報通信）革命の進展で、地図の役割は激変しますね〉

特に2007年から携帯電話にGPSがつくと、持った人の位置がわかり、それには地図が不可欠で

す。地図の情報量は膨大ですが、大容量通信化で必要な所だけ電波で取り出せます。自動車を案内するカーナビに対し、今売出し中のウォークナビは携帯で歩行者を道案内します。にわか雨で「小倉駅まで濡れずに行く」を求めると、地下、アーケードのコースが地図で示されます。最近は個人情報保護関連で、掲載を希望されないかたもおられますが、電力、ガスや、消防車やパトカーなど安全・安心面の利用も多く、社会インフラとしてご協力いただきたいですね。

〈グローバル化のインパクトも大きいですね〉

トヨタ、日産、ホンダさん等の海外展開に伴い、カーナビ需要も世界に拡大、共に進出しています。十数年来、欧州、米国、アジアと海外拠点を増やし、現地地図の作成、指導、システム開発などを行っています。現地地図の作成に自由な国もあれば、中国のように軍事的理由等で全く認めない国もあり、一事業10年と考え取り組んでいます。人件費の安い中国では上海と深圳で、日本の住宅地図のデータ入力をしています。

ゼンリン本社全景

〈社長就任直前の01年度は、創業後初の赤字決算。以後改革と景気回復で、売上高、経常利益、自己資本比率とも右肩上がりで急回復しました。過去5年間、経営革新をどう進めましたか？〉

奇手妙手はなく、全社員との心の通いあいがカギでした。長期不況下の当時、人員削減でしか、利益の出せない成熟産業も多かったが、当社は幸いなことにカーナビ、デジタル地図など成長分野がありました。主力の住宅地図部門で過去の成功体験に過度に依存した点が問題でした。まず全事業を黒字と赤字部門に分け、それぞれに数字を入れ、順番に黒字化していく3ヶ年計画を立てました。最初の1年間「鞄のあるところが社長室」と全国約１００ヶ所の出先に足を運び、率直に現状を説明、「こうすれば必ず黒

欧州ゼンリン事務所

字化できる。人員削減は絶対しない。削減するときは私が一番にやめる」と約束。全社「有言実行」で計画を1年前倒しで回復し、東証一部への上場への昇格を実現できました。

〈今後、どう展開しますか。そして将来ビジョンは?〉

本格的ユビキタス社会に向け、地図は重要「情報」であり、正確さプラス鮮度が生命です。ナマの情報ほど価値が高い半面、調査コストもかかります。両者のバランスを考え、日々鮮度を更新していく必要があります。グローバル化と通信技術の発達を考えると「日本のゼンリン」から「世界のゼンリン」に進化を迫られ、世界の地図への技術力が問われます。地図屋は宿命的に領土拡大しないと伸びません。当社は別府の観光案内図製作から始め、最後は北海道まで作り、日本一になりました。入力外注も漢字圏は中国が割安ですが、英語圏はインドの労働力も利用できます。要は世界のデータをどう集めるか。その過程で事業再編、関連会社の統合等も出てきます。

〈全社あげて「新質」の追求を呼びかけていますね〉

紙媒体からデジタル媒体への変化で、地図も2次元から3次元の世界へと高度化することにより、顧客には高さ、深みの面で新たなメリットが生まれます。当社も「3次元型の社員」育成が課題になります。これまで黒字化を目指し、トップダウンで頑張る過程で、社員が丸くなり過ぎました。今後は「尖った社員」――自ら考え、新しいものを生み出す「新質」追求型の社員育成も急務です。60年間、地味にコツコツと地図を作り続けた当社には創造的なＤＮＡがあります。

〈故大迫忍最高顧問が尽力された新空港も無事開業、北九州経済も新たな挑戦期を迎えています〉

新空港は大迫が北部九州の交通の要として、建設、スターフライヤー設立の段階から力を入れ「最後の仕事」と考えていたようで、ぜひ一番機に乗ってほしかった。奥田経団連会長は「地域でこれだけ日本全体を考えていた人は珍しい」と言われましたが、道州制実現はともかく、福北連携がもう少し具体化するまで元気でいてほしかったと思います。当社は全国に営業拠点があり、私自身、月の半分は東京勤務で空港利用は多く、期待していますが、これからがむしろ正念場でしょう。北九州の将来は、苅田、中津など周辺も含めて考えたいものです。モノ作りの街は、日中は忙しく、そんなに人口を増やす必要はありません。夜、仕事が終わり郊外から家族連れで北九州に遊びに来てもらう、福岡とは違う味のある街としての集客は可能です。個人的には北九州こそ当社発祥の地のように思っていますし、営業の中核機能は東京でも、管理・技術機能は北九州で、今後中国、アジアが成長すれば北九州の方が便利になる可能性もあります。地震対策等のバックアップを地方に置く時代、何でも東京ではないと思います。

〈社内HPに「ボスの部屋」を連載、全社員に本音を率直に吐露していますね。激動期の経営哲学を〉

「創業も難しいが、存続はなお難しい」、「人を守る=働く場の創出こそ企業の使命」を常々肝に銘じています。年間延べ28万人の調査員が歩いて調査を行う労働集約型モノ作り産業であり、伊能忠敬のように自分の道をコツコツ歩いて地味に価値を生み出すことが、企業の永遠の成長に繋がります。

〈座右の銘、趣味は?〉

「大忍」と「実るほど頭を垂れる稲穂かな」。前者は松下幸之助さんが平取締役から社長に抜擢した山下俊彦さんに贈った言葉で「辛抱第一」。後者は子供の頃からの母の口癖です。趣味は、落語鑑賞等、最近は「男の手料理」に凝っています。家内や子供から「有難う」といわれ、充実感があります（笑）。

原田康（はらだ・やすし）

1973年西南学院大法学部卒、西日本相互銀行（現西日本シティ銀行）入行。80年善隣（現ゼンリン）入社。97年常務管理部門担当。2001年社長。08年会長、11年相談役。

◆デジタル地図を創る――ゼンリン3――試練を超えて

時空間データベースで新価値創造

【㈱ゼンリン社長】 髙山善司さん (2012/09)

メディア・ミックス時代、紙にもデジタルにもきちんと対応 新領域へ絶えず進化する企業に

◉信条
「力強い謙虚」、「健全な猜疑心」、「『根拠のない自信』でチャレンジを」

――住宅地図や電子地図、カーナビ向け地図データなどで地図業界トップの㈱ゼンリン（小倉北区）が、「キュレーション（注）思考でより適した価値を実現する」を柱とする中期経営計画（2012〜15年度）をまとめた。印刷媒体と電子媒体の融合や様々な媒体が存在するメディア・ミックスの世界的変革期を迎え、主力商品をどう進化させ、新製品づくりを進めていくのか、髙山善司社長に聞いた。髙山社長は「時空間データベース（以下、DB）を構築し、既存・新規DBの用途開発で、絶えず進化する企業を目指したい」と語った。

（注）キュレーション＝キュレーター（一般的には博物館・美術館等の展覧会の企画担当の学芸員のこと。インターネットの世界では必要な情報のみを選別し、有益な状態にして配信する「情報を司る存在」）が、見る角度を変えて、新たな価値を発見し、提供すること。「視座の提供」。

〈東日本大震災では、地図が大活躍しましたね？〉

髙山　震災翌日、住宅地図帳を東北四県の災害対策本部に寄付しました。次いで住民の方々の所在確認

などに役立てるため、住宅地図ネット配信サービス「ZNET TOWN」を半年間無償で開放。被災状況を迅速に確認できるように被災後の航空写真と被災前の住宅地図データを重ねる作業もしました。仮設住宅の現地調査は、全5万戸を対象に、新入社員31人を含む80人で調査チームを結成、一気に1ヶ月間で調査。11月から提供を始めました。被災エリアが広範囲におよんでいたために苦労もしましたが、救援、復興支援、新地図製作で被災地復興の役に立て、私たちの社会的役割を噛みしめた1年半でした。

〈経済的にも、欧州の信用危機と超円高、大震災、原発事故による電力不足、さらに各業界の構造変化という「激震」が続いています〉

世界的な経済の混迷に加え、私たちの地図業界、カーナビ業界でも、利用される端末がここ数年来、携帯電話からスマートフォン、タブレット端末と多様化し、様々な端末から地図を見ることができるようになりました。地図企業としては「追い風」ですが、半面、地図が汎用品化し値段も下がり、特化するのが難しくなったともいえます。今後はコンテンツの量で稼ぐのか、付加価値の高いモノをきちんと収集して提供できるようにするか。選択を迫られます。

〈メディア・ミックスですね?〉

当社は企業向けサービスが得意で住宅地図の顧客は企業、商店が多い。ところが、様々な端末から地図を見ることができるようになり、一般消費者が地図に触れる機会が増えました。そこには、新たな価値が生まれる可能性があり、新たな価値を見つけ出す必要があります。今はまさに事業の大転換期です。リスクもあるが、チャンスもあります。きちんと手を打つ正念場です。

〈経営の現状をどう捉えますか?〉

幸い当社には、創業以来60年以上、先人の努力で積み上げてきた「知・時空間情報」のノウハウの蓄積と強固な財務体質(自己資本比率65・8%)がありま す。ただ、それに甘えて挑戦の意欲や失敗を恐れずに何かをやるという気風が希薄になるのは困ります。企業成長に最も大切なチャレンジ精神と意欲をかきたてないと将来の展望が厳しくなります。貴重な蓄積を土台に基本の軸は崩さずに、今こそ新領域へ挑戦すべきで、年頭には「『危機感を持ち』『論理性と熱き心(理と情)』で取り組む年に」と呼び掛けました。

〈新中期計画もその一環ですか?〉

当社は創業以来60年以上前から自分たちの足で全

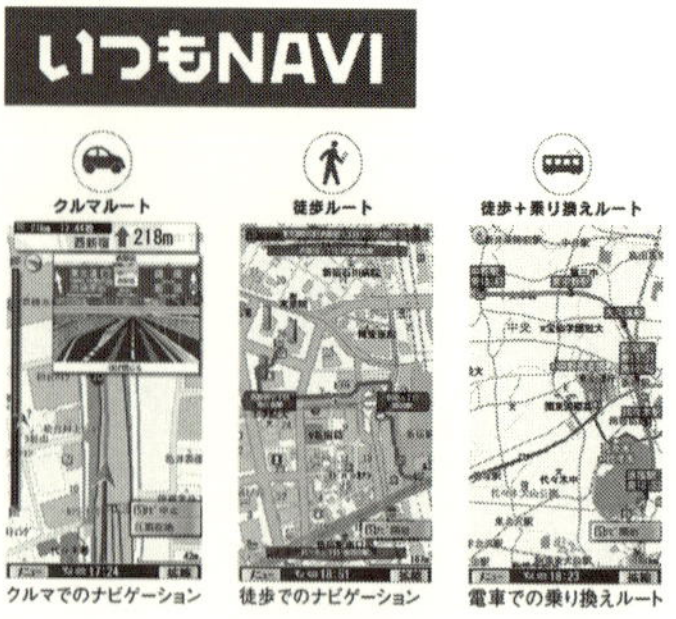

いつもNAVI

国をくまなく調査し、紙に印刷した全国の住宅地図を発行、次いで20余年前に、世界でも初めて住宅地図を電子化し、DB化しました。さらにカーナビ向けのDBを加え、時空間情報のDB化を進めており、地図DB関連事業が経営の柱です。住宅地図DBを用い様々な業務に活用するGIS（地理情報システム）は、今後も伸びる要素が強く、きちんと成長させていきます。一方、国内におけるカーナビ向けの地図DBのマーケットは飽和状態にあり、今後はより特化したものを創造していく必要があります。

〈より特化したものの創造といいますと？〉

要は地図を何に使うのか、使い方の問題です。今までは「地図が必要だから欲しい」、「はいどうぞ」と地図を提供するだけでよかった。今後、顧客のためにより適した価値を実現するためには、その地図が、何に使えるのかまで私たちが考え、ユーザーに提案する必要があります。今までの住宅地図、カーナビ向けの地図DBだけではなく、いろんなコンテンツが必要で、DBをきちんと作るため、新たな投資も必要となります。

〈DBの進化ですか？〉

地図の新たな用途開発のためには、実世界の地図のDB化が必要ですが、まだ出来ていないものも多く、もう一度原点に帰って「点・線・面・体」で作り直す。例えば、駅中などの商業施設の中は、階層になっているが、DB化はまだです。自動車でカーナビを使い映画館に行く。近くに駐車して、次は歩行者ネットワークを見て歩き、映画館にたどり着くが、それは何階のどの席かも分かるようにする。これらを実現するのが「時空間DB」です。それをきちんと整備しないと新たな用途開発もできません。

〈地図を立体化し、イベント情報を付け加えた新しい地図DBも開発したしたね？〉

ViewmapDBと呼んでいます。小倉ならリバーウォークや小倉駅、リーガロイヤルホテルのように、エリアの象徴的なビルを住宅地図やカーナビ向け地図データのノウハウをもとに、ランドマークとして立体化し地図に表示、各地域単位で観光やビジネスなど用途に応じ更新します。２０１５年度までに首都圏や政令都市での商品化を目指しています。

〈コスト削減をどう進めますか？〉

住宅地図とカーナビ向けの地図データは、これまで別々に作ってきましたが、新しい「時空間ＤＢ」は両者を一括して、一元管理するため、コストは下がります。これにより、15年度の売上高は６５０億円、営業利益は80億円レベルを目標としています。

〈貴社の強みと課題の自己分析は？〉

最大の強みは何事もきちんと真面目にコツコツとやっていく企業文化です。半面、住宅地図では当社はガリバー企業で競合他社が少なかったせいもあり、外向きの発想がいま一つで、外部環境の変化への敏感さがまだまだ。そこが課題です。経済が世界的に激動する昨今、リスクを取りたがらない風潮は他社も同じですが、それではいけません。

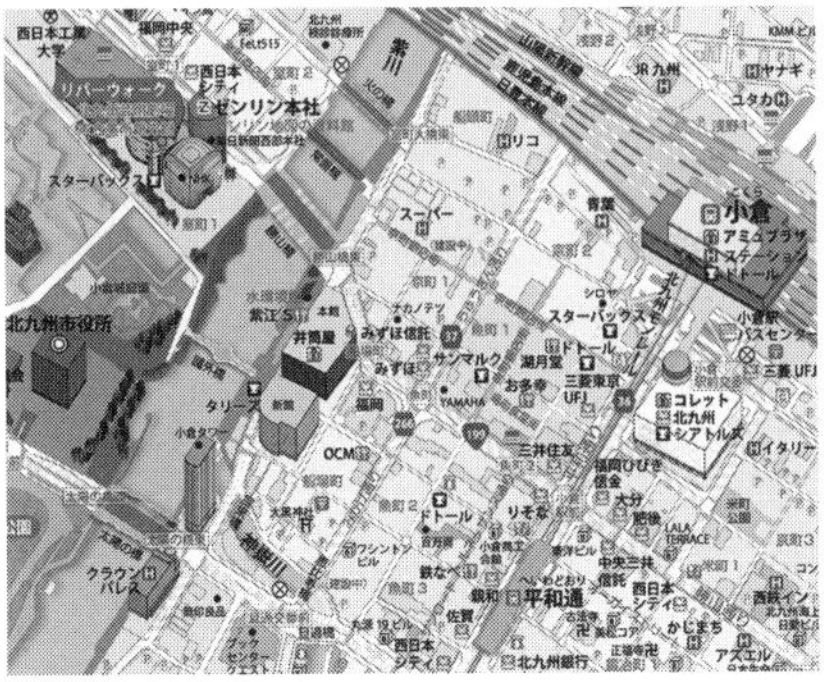

ビューマップ小倉市街地

〈コツコツと言えば、地図情報の収集は、全国で年間延べ約28万人が「足で稼いで」いますね？〉

毎日1千人の調査スタッフが全国を歩いて調査したり、計測車両で走り回っています。それらの情報はすべて北九州のテクノセンターに集め、維持・管理・研究開発します。コストもかかりますが、収集の仕方も時代に合わせて転換が必要です。これまで「正」とされてきたものもまずは否定してみる。必要で良いモノは残し、変えるべきは変える。変革の気持ちがないと、なかなかコストは下がりません。

〈髙山さんは08年、取締役就任1年余で、役員序列10番目から、原田康前社長の後任に抜擢されました。就任後力を注いだことは？〉

まず全社の一体化です。当社は、全国に営業・調査拠点があり、分野も多様で、仕事の内容も違い、ともすれば「隣はなにをする人ぞ」的になります。規模が大きくなると、目標を1つに集約するのが難しくなります。そこで社訓や経営理念を浸透させ、みんなが一体で使命の重要性を理解し、納得できるように会社のグランドデザインを描き、社員へ発信することに注力しています。

〈一昨年、地図情報マガジン「Ａｃｔｉｚｍｉｌｌｒｕｌｔｏ［みると］」の発行を開始しました〉

発行エリアは１００地区以上に拡大しています。このモデルは成功させると、どこも真似できません。

インド企業との提携調印式

中途半端では意味がなく、住宅地図同様に全国制覇を狙いたいという思いがあります。

〈昨年、インドの地図最大手と資本を結びました〉

欧米で展開中の海外事業の再検証を進め、アジアでは現地の地図会社と提携してカーナビ向け地図DBを拡販していく方針で、まず自動車需要の急拡大が予想されるインドでC・E・インフォシステムズ社に出資、持分法適用関連会社にしました。

〈ゼンリンの長期的な将来像をどう描きますか？〉

「情報を地図化する世界一の企業」です。当社は情報を地図化するノウハウと技術水準は高く、売上規模や収益ではなく、技術面での世界一企業を目指します。世界的な地図企業のナブテック社やテレアトラス社に比べ、集積した情報のプラットフォーム化では自信があります。

〈大迫忍元社長以来、北九州の活性化に強く貢献してきました。潜在力と将来像、課題をどうみますか？〉

原田康相談役（北九州商工会議所副会頭）との業務分担で、地元経済活動はお願いしています。北九州の経済力、企業集積は豊かで災害にも強い地域です。モノ作りの拠点で、当社がテクノセンターを置くメリットは非常に大きい。ただ、人の移動という観点で全国の町おこしにも関われる地図企業の立場からすると、地元の観光、特産品などもっと強くアピールしてもよいかなと考えます。私の出身地の佐世保も良いモノはいっぱいあるのに、あまり知られていません。もう少し地図や位置情報とつなげてPRすれば、まだまだ活性化の余地は大きいと思います。

〈首都圏での営業担当が長かったようですね？〉

26年前に入社して以来、関東で営業畑を歩み、九州での勤務経験はありません。当時は当社の売上高も百億円未満の中堅企業で、所長時代は営業所全体を考え、自分で決断して「部分最適」で運営できました。自分で即断せざるをえない中で決断力、考える力などが養われました。目標設定も社員のベクトルも合わせやすかった。しかし、今の時代は、ビジネスモデルも複雑で各拠点の集合体が全体として動く「全体最適」の時代、一本筋の通った戦略を描いていかないと各現場の「部分最適」を集めるだけでは「全体最適」になりません。分からないことは所長から部長、さらに本部長へと判断が必要となります。営業では数字の積み重ねで自分に納得でき、やり甲斐もありました。経営戦略室長勤務は一年で、それまで北九州にあった経営戦略室をはじめて東京に移しました。（社長就任は）経営のノウハウはないが、支社長なども経て全体のプロセスも知り、トータルバランス性を評価されたのかなと思います。

〈激動期の経営哲学は？〉

「進化」です。1回過去を否定してみて良いモノは続け、進化すべきは変えないと成長できません。メディア・ミックスの時代は、デジタルとアナログを意識する時代ではなく、紙にもデジタルにもきちんと対応できることが求められます。要は何で売るか、紙も携帯もパソコン向けもある。紙以外は進化し続け、地図DBも絶えず進化が必要です。ある程度の設備投資も必要で、そこから新しいモノが生まれます。失敗を恐れないチャレンジ精神で早く、多く新しい分野を切り開きたい。

〈座右の銘と趣味は？〉

入社直後は謙虚だが、自分の考えを言える「力強い謙虚」、中間管理職になると業務遂行にチェック漏れはないか「健全な猜疑心」。経営者としては「根拠のない自信」です。成功確率が7対3なら、だれでも決断出来るが、3対7で成功の根拠が不明確の時に自信を持って決断できる力です。趣味は、学生時代はオートバイで九州一周もしました。最近はカラオケで18番は、桑田佳祐さんの曲。56歳で30年以上トップを走り続けるバイタリティーに敬服しています。

髙山善司（たかやま・ぜんし）
1986年、西南学院大学商学部卒、㈱ゼンリン入社。2003年東京第二支社長、04年営業本部副本部長、05年経営戦略室長、06年取締役営業本部長、08年社長。

◆超微細加工技術を世界に——世界的拡大のなかで

省資源・省エネルギーを子孫へ贈る

【㈱三井ハイテック会長（当時）】 三井孝昭さん（2006／10）

日本にしかできないものを作るという強い心を

◉**信条**

「世界に役立つ製品」、「互恵互善」、「働く者の楽園」、「努力と意欲と行動力、自信、ロマン」

——北九州生まれの世界最大手ＩＣリードフレームメーカー、三井ハイテック。「省資源、省エネは子孫に贈る最大の贈り物」をスローガンに、日々革新中。従業員３人の零細町工場を一代で世界的金型メーカーに育て上げ、83歳でなお経営最前線に立ち、「趣味は三井ハイテック」と笑う創業者の三井孝昭会長に、独特の経営戦略と経営哲学を聞いた。

〈省資源、省エネは子孫に贈る最大の贈り物」と唱えていますね〉

三井　無資源国日本が、戦後急速に復興、高度成長できたのは、高レベルの人的資源のお蔭です。家電、自動車、ＩＣと主導産業が変わる中で、当社は、量産の礎・金型に特化、熱処理研磨加工と研磨機などを次々に開発しました。そして、独占せず日本の同業者に売り、使い方を伝授、世界にも広めました。私は「傘の理論」と名付けていますが、傘（市場）は狭いと、高さ（価格）が高い。しかし、傘（市場）を広げ量産すると、高さ、つまり価格は安くなり、みんなが使えます。大量生産で生活が豊かになったが、今度は地球の汚染と異常気象で、省資源、省エネが急務になりました。モノを作らなければ、世界の民度（国民生活）が向上せ

ず、平和が脅かされます。紛争中の国は、みな貧しい。平和のためには、「傘の理論」による豊かな生活と省資源、省エネの両立こそ人類最大の課題です。

〈具体的にどんな取り組みをしていますか？〉

主力製品のICリードフレームは、ポイント25だと材料1トンで100万個できますが、1／4に縮小すると400万個できます。金型は小さいほど加工が難しく、何千という超精密部品の加工精度が必要です。当初14本だったピン足は、今208本で髪の毛より細い。この1千分の1ミリ単位の超微細加工化こそが省資源、省エネです。

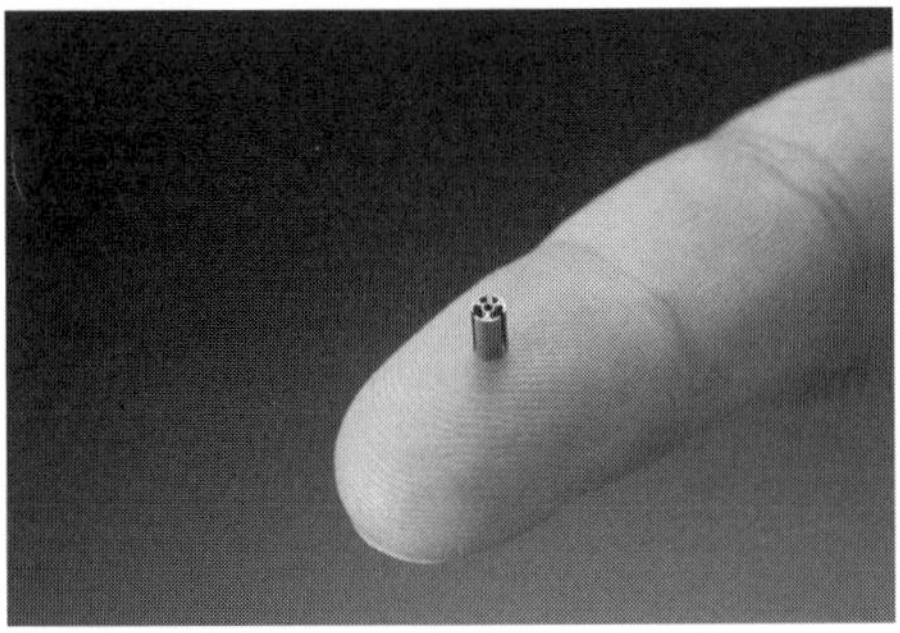

携帯用などにつかう超微細のモーターコア

〈最近は、環境対応ハイブリッドカーのモーターコア（鉄心）の開発・生産にも力を入れていますね〉

自動車モーターは回転数ゼロでスタート直後、急上昇します。ガソリンエンジンだけだと最初から急回転は無理ですが、ハイブリッドカーならこれが可能で、省エネ化にもなります。これを制御する車載用、特にハイブリッドカー用IC需要も急増中です。ハイブリッドカー大手のトヨタ、ホンダの部品調達は半径100キロ圏内ですが、モーターコアは、1千キロ離れた当社からの購入です。加工が非常に難しく、極薄化等で独自技術を持つためですが、奢《おご》り・油断は禁物です。

〈海外工場は米国、中国、東南アジア等10工場。売上比は55%。中国・広東の新工場も本格稼動、グローバル戦略も進んでいます〉

まだまだ拡大します。ニクソン・ショックによる円急騰で、初めて海外工場を作って以来35年、シカゴは工作機械販売だけに、リードフレーム生産は全てアジアに集約しました。当時75%だった輸出はゼロになるかと思いましたが、海外向けは今も約50%。技術が普遍化した製品から次々海外に移管しますが、日本でしかできない製品も次々開発され、現地社員の訓練が追いつきません。

〈技術開発の次の目標はモーターを多用する燃料電池車用ですか？〉

あくまで「省エネ、省資源関連」です。燃料電池車はまだ開発の初期段階で高コストと低寿命が壁です。その完成を待てず、ガソリン電気併用車が急拡大中です。トラック、バス用も研究しています。モーターコアで最も多いのは、冷房需要が急増中の発展途上国向けコンプレッサー用で、所要電力を1キロワットを500ワットに半減すれば、冷房が世界で2倍に増えても電力消費量は変わりません。電磁鋼板をプレスしつつ、組み立てるMAC（三井全自動コア組立システム）が世界中に普及しています。差別化商品の開発には「絶対日本でしか出来ないものを作る」という強い「心」が必要です。ニーズを理解し、どんな技術と機械が必要かを考え、形にする。努力と意欲と行動力、自信とロマンが鍵です。

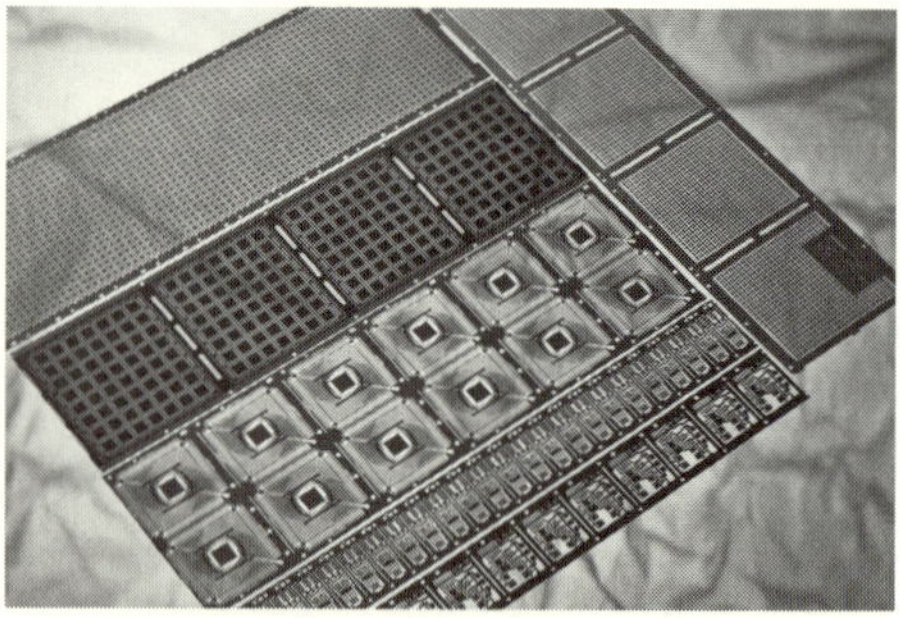

IC製造工程に革命を起こした
三井ハイテック製のICリードフレーム

〈八幡製鐵所構内で新日鉄と共同のモーターコア生産も増強しました〉

モーターコアは歩留まりが極端に悪く、材料1トンから500キロしかできません。屑を再び電磁鋼板に作り直すのに、工場のすぐ横だと最も省エネ的です。各国が関心を示しています。

〈新興国の技術レベルが上がり、日本の金型産業は空洞化の不安もあります〉

5年前、八幡西区野面に世界最新鋭の金型工場を作りました。10年前から設計し、設備を開発してきました。日本の金型業界が、中国から図面提出を求められ、倒産、自主廃業が続出した時期に、8500坪全館恒温恒湿（完全空調）の設備です。従来の空調は、機械部分だけで、工程の継ぎ目は温度調整で1週間加工できなかったのですが、窓を二重にして全館を魔法瓶構造にして冷房費を下げました。今朝も幹部に「そろそろ、追いついてくる企業も。次の飛躍策は？」と聞くとギクッとしていました（笑）。

〈北九州経済は、やはりモノ作りで活力をという声が強いですね〉

北九州に限らず、日本全体がモノ作りしかありません。当社は新しい金型を開発すると設備を売り、使用法を教え、体得した方々が立派な金型工場を作り、上場した企業もあります。こうした企業が日本のモノ作りを支えています。当社を退職後、起業した人達は、九州とくに福岡県に多く、金型を作り、社会貢献しています。九州はシリコンアイランドとして脚光を浴びましたが、進出企業は工場さえ作れば、金型は地場で簡単に入手できます。自動車は部品が多く、進出企業も多いのですが、当社出身企業と切磋琢磨しています。

〈シリコンとカーアイランドが融合、一体化すればもっと面白いですね〉

すでにそうなっています。当社の熊本IC組立工場は、今、車載ICの試作で大忙しです。日本の大手ICメーカーは、設計とICチップは、国内で作りますが、組立ては、賃金20分の1の海外です。私は当社の組立工場で、いつも「絶対高収益を出し、なんとしても日本でIC組立が成り立つことを実証しよう」と言っています。中国の組立てメーカーが日系の組立工場を買収して、巨大化し、自分達で作れない高度なリードフレームやチップを我々に発注して世界に売る、日本のICメーカーが中国組立メーカーの下請けになる可能性もあります。

〈激動期の経営哲学は？〉

社是の「世界に役立つ製品」「互恵互善」「働く者の楽園」。自分たちの製品をみているとこう変わると想像がつく。変わり目を早く予測することです。

〈信条と趣味は？〉

「志」。各製品で№1を目指す。20分の1の賃金に負けないためには「志」が必要です。趣味は三井ハイテック(笑)。毎朝6時に起き、必ず30分間海軍体操し、出社後は4階まで74段の階段を歩いて上がります(笑)。

三井孝昭（みつい・よしあき）
1936年安川電機製作所入社、47年旧制北筑中（現八幡高）卒。49年独立して社員三人で三井工作所（現三井ハイテック）を創業。59年タングステンカーバイド精密金型の開発に成功。69年金型打ち抜き式のICリードフレームを開発、製造開始。74年MACシステム（積層鉄芯金型の自動結速装置）を開発。「一億の頭脳で豊かな日本を」のスローガンを本社屋に掲げ、海外展開にも注力。90年会長。2002年社長兼任。06年会長。08年7月、87歳で他界。

㈱三井ハイテック　八幡西区小嶺2−10−1、創立1949年（設立1957年）、資本金164億388万円、社長・三井康誠、売上高546億円、従業員3267人、事業内容　プレス用精密金型、ICリードフレーム、IC組立、工作機械、モーターコア製造販売。

◆超微細加工技術を世界に――世界的景気拡大のなかで

知識のインテグレーション化を

㈱東芝セミコンダクター北九州工場長（当時）　本脇喜博さん（2006／09）

アナログIC、光半導体の世界的情報発信基地に 開発・評価センター併設で一貫体制へ（2012年工場閉鎖）

◉信条

「基本は人、『仕事にも、人にも興味と情熱を』」

――東芝は東芝セミコンダクター北九州工場（小倉北区）に、開発・評価センターを併設、アナログＩＣと光半導体の開発から生産までの一貫体制を整えた。本脇喜博北九州工場長に、北九州工場の役割と課題を聞いた。本脇さんは「アナログＩＣと個別半導体の光半導体という2分野での東芝の世界的開発・生産拠点として、『知識のインテグレーション化』に取り組みたい」と抱負を語った。

〈北九州地区でＩＣ関連のベンチャー企業等の進出が続いています〉

本脇　大いに歓迎です。半導体事業は規模の世界ですが、当工場で生産するアナログＩＣと光半導体は、いかに付加価値を大きくするかが勝負です。大規模集積回路（システムＬＳＩ）だと、開発に数十人要しますが、アナログＩＣは、優秀な技術者なら1人で設計可能です。ＩＣの技術開発や設計を得意とするベンチャー企業等の地元集積が進めば、開発、設計の外注も、連携もし易くなります。

〈ＩＴ革命進行の中で北九州工場の役割、現状は？〉

半導体には、メモリ、大規模集積回路、アナログＩ

東芝セミコンダクター北九州工場（当時）

C（バイポーラ）、個別半導体の4種類があり、当工場は、アナログICと個別半導体の光半導体を生産、この2分野での東芝の世界的開発・生産拠点です。アナログICは音や映像などアナログ情報をデジタルに変換、送った情報を再びアナログ情報に戻す際、不可欠の半導体で、用途は車載電装、テレビ、DVD、カメラ、オーディオ、家電、通信、パソコン用と極めて広範囲です。一方、光半導体には、LEDランプ、光の検出と送受信に必要なフォトカプラ、光センサ、トスリンク用等があります。当工場は、アナログICがエアバッグを膨らませる際に使われたり、光半導体がバックライトに使われるなど両分野とも自動車搭載用が得意で、今後も注力していきます。

〈生産体制は国際的ですね？〉

当工場でウェーハ加工までの前工程を担当し、アナログICは、東芝LSIパッケージソリューション（宮若市）と中国の無錫《むしゃく》、マレーシアの子会社で、また光半導体は、豊前東芝エレクトロニクス（豊前市）、タイとドイツの子会社で、後工程の最終組立を行っています。課題は、更なる小型化、軽量化、高性能化、高付加価値化、構造的工夫ですが、アナログICは回路設計の技術者の育成に7—8年を要し、不足気味です。

〈開発生産一体化、開発期間の短縮を狙い、「頭脳拠点」北九州開発・評価センターを併設しました〉

「量産だけでなく、開発も」と、3年前、新設しました。従来、当工場は量産のみで、技術・製品開発は本社技術開発本部が川崎、横浜両市で行っていましたが、一部を当地に移管し、製品開発や、ものによっては商品企画から一貫してこちらで担当しています。アナログICと光半導体の開発効率の向上を図った形です。ちょうど当地では、産学連携拡大の機運が急速に高まった時期で、福岡、北九州地区の大学と、アナログLSIの回路設計などテーマごとに共同研究体制をとり、一部は製品化にこぎつけました。

〈今後の方向性、将来像は？〉

東芝で、アナログICと光半導体の開発から生産までを一貫して担当するのは当工場のみで、世界的情報発信基地を目指したい。それには、一つは、開発・評価センターを中心に「知識のインテグレーション化」で、付加価値の高い製品群へのシフトを進めます。もう一つは、工場敷地が手狭な中で、何らかの形での規模の拡大です。方法は、今の時点では白紙です。当面は、今ある経営資源をフルに活用しつつ、

東芝セミコンダクター北九州工場（当時）

大学等外部との連携でバーチャルな経営資源を拡大し、いかに付加価値を高めていくかがポイントです。

〈シリコンアイランド九州、その中での北九州地区の可能性は？〉

大きいと思います。産学連携も、大学まで北九州で30分、福岡で1時間と至近距離にあります。前述のように半導体といっても、大規模集積回路とアナログIC、個別半導体は、性格が違い、大分、熊本は前者に重点をおいているので、北九州は後者で、特徴が出せると考えます。前者は、設備投資も雇用も大型ですが、それだけ波も大きい。半面、アナログIC、個別半導体は、規模は大きくないが、安定し、ニーズも拡大中。その中でいかに世界シェアを拡大するか。高い能力を持った技術者の育成が課題です。

〈自動車関連の相次ぐ進出で、カー&シリコンアイランド化が課題になっています〉

自動車用IC、光半導体は当工場の得意な分野です。今後、自動車のさらなる電子化で搭載半導体が増え、さらに日系メーカーのシェア拡大で、車載用の需要はまだまだ拡大します。本来なら直接、当地で開発段階から連携するのが、最善ですが、今は、自動車メーカーの開発陣が東海、関東に集中しており、近距離のメリットが活かせません。将来が楽しみです。

〈北九州経済の潜在力は？　活性化への提言を〉

人口が減少傾向にあるのは一寸淋しいですが、経済の活力は上昇機運にあると思います。かつては工業の街で、活力の半面、公害等もありましたが、今は逆に環境保全志向を強め、ハード産業からの転換も進み、まだ拡大の実感はないものの、先行きが楽しみです。住んでみると、諸施設が充実しながらも、自然も近くバランスがとれ、住み易さでは福岡に負けません。更なる活性化に半導体産業として参画できればと思います。

〈本社経営変革推進本部で経営革新を経験しました〉

90年代末、米国GE社が経営革新運動で世界最強になったのを参考に、東芝でも全社的にMI（マネ

東芝セミコンダクター北九州工場（当時）

ージメント・イノベーション）運動が始まり、1期生として勉強出来ました。統計学を駆使し、製品品質だけでなく、経営品質を改善する活動であり、その中で東芝の巨大さ、部門間のカルチャーの違いなどを知ることができました。運動は進行中で、当工場でも製品の改善、経営の効率化を推進しています。

〈30歳で米国大学院に社内留学、2学期連続80点以下は即退学の厳しい環境で猛勉、5キロ瘠せられたとか。経営哲学は?〉

基本は「人」です。仕事の能力だけでなく、人間的魅力と仕事に対する情熱を高める。工場でも、海外との直接会話、取引が増え、英会話力のレベルアップも必要。大学とのお付合いも共同研究だけでなく、聴講等で能力と人間力向上を呼掛けています。

〈座右銘と趣味を〉

仕事に対しても、人に対しても興味と情熱を持つ。個人的には「今日できることを明日に伸ばすな」。社宅が近く、週末はよく中央図書館を覗きます。好きなスポーツは卓球ですが、忙しくてラケットを握る機会がありません（笑）。

〔同工場の後身――㈱東芝セミコンダクター＆ストレージ社北九州工場は、超円高などに伴う東芝の有色LED事業からの撤退で、2012年9月工場閉鎖した。1920年操業開始、70年からICの生産もはじめ、96年にはIC累計100億個を達成したが、91年の歴史に幕を閉じた〕

「産業構造が変わる中で危機感と先見性を持って官民一体で進められる北九州市の街づくりは、全国的にも有名な環境都市のような成果となっており、日本だけでなくアジア、世界が注目する都市として成長されることを祈念しております」本脇喜博

（2013年10月）

本脇喜博（もとわき・よしひろ）
1980年九大工学部卒、東芝入社。01年経営変革推進本部グループ長、04年システムLSI第二事業部長付兼北九州開発推進室長。06年4月北九州工場長。

㈱東芝セミコンダクター　小倉北区下到津1―10―1（当時）、生産量アナログIC年産12億個、光半導体36億個（当時）、従業員数約1300人（当時）、創立1920年（2012年工場閉鎖）、事業内容　アナログICと光半導体の開発・製造。

◆独自製品で勝負——産業関連——長期不況との闘い

量から質への転換を

岡野正敏さん（2003／04）

【岡野バルブ製造㈱社長
北九州商工会議所副会頭（いずれも当時）】

メンテナンスの高度化で知識産業化へ　素材技術の蓄積も強み
地域も「選択と集中」が必要

◉信条

「得意淡然、失意泰然」、「小事は情で処し、大事は意で決す」

——岡野バルブ製造は、わが国最大手で電力向けの高温高圧バルブを中核に世界でも5指に入る。「量から質への転換」を目標に、メンテナンスの高度化など知識産業化を目指す岡野正敏社長に経営戦略を聞いた。

〈デフレ下、バルブ業界も厳しいですね〉

岡野　バルブの国内生産額は、90年の約5千億円をピークに漸減傾向にあり、昨年は4千億円前後です。国内のコスト高から中低級バルブを海外生産する企業もあり、輸入は増加傾向です。「量（売上）から質（収益）への転換」を迫られています。バルブ工業会としては、体力を消耗させる価格競争を避け、各々の得意分野への特化・集中やサービス分野へのシフトを、と呼びかけています。

〈その中で、1937年日本初の国産高温高圧バルブを生産、業界最大手である岡野バルブの現状は？　そして経営改革をどう進めますか？〉

業界同様、売上高も利益も漸減傾向ですが、収益力強化に努め、黒字経営を維持しています。中身（売上構成）はモノ作りからサービス分野へと大きく変わりました。10年前はバルブの製造部門とメンテナンス（設備維持保全）部門の売上比は約６：４でしたが、今は約４：６です。新規投資が減る一方で、メンテナンスはより高度で専門的な技術が求められつつあります。単なる保全からソフト開発やデータベース構築などに高度化し、多様化しています。デフレによる売上減と需要構造の変化の中で、力を入れたのがコスト競争力の強化です。たとえば、製造部門からサービス部門への労働力配置の流動化・効率化で、試行錯誤して、専門以外の分野もこなせる多能工化を進めつつ、これまで１本だった勤務体制を顧客の職場事情に柔軟に対応し、休日や出勤時間別に7種の「変形労働時間制」を導入し、成果をあげています。

岡野バルブ本社

〈知識産業化ですか？〉

受注先は電力向けが9割、残りはＬＮＧ船用特殊弁や石油関連などです。原子力発電は今、エネルギーの安定確保という戦略的重要性と環境問題等がからみ、転換期にあります。その中にあって、メンテナンスは、より高度な技術が要求され、他社との差別化が課題になってきます。当社はいわゆる「メーカーメンテナンス」で、物づくりと一体なのが特徴で、データベース力とシステム力が強味です。短時間に効率的に処理するとか、外部から管理するとか、様々な高度技術の開発が要求されます。１９２６年創業以来80年間常に国内最先端で高温高圧バルブを開発製造してきたおかげで、当社が手掛けた累計約１００万台のバルブの全設計図面、生産工程管理記録、メンテナンス記録等がデータベースに保存されています。この膨大なデータを加工すると、取引先の設備の適切な補修時期や保全課題が顧客以上にわかり、無駄のない説得力のある提案ができます。これが当社の知的財産です。製作・販売から保全まで、バルブの生涯にわたってライフサイクルのすべてに責任を持つ「知識産業」化を武器にしていきます。

〈海外事業はいかがですか？〉

原子力発電所用の主蒸気隔離弁

輸出比率は円高と世界的需要減退で、現在は低下しています。技術的に高度なバルブは、各国が戦略的に国産化する傾向もあります。

〈新規事業の開拓についての考え方は?〉

バルブ専業の発想にとらわれず、大手のやらない技術的隙間をと考えています。省力化のためのメンテナンス・ロボットも手掛けました。当社は鋳鋼工場をもち、材料についてのノウハウが強味です。材料メーカーは今、どんどん海外に生産移管していますが、特殊な材料技術を活かす道はないか考えています。物づくりに意欲を持つ新しい人材の確保や産学提携も課題になります。ただ多角化に力を入れたものの、撤退された企業が多い事例を見聞きするにつけ、バックボーンの本業こそ基盤で、多角化のためこれを失っては元も子もない。「選択と集中」の時代にふさわしく慎重にと考えています。世界の高級バルブ業界は米日欧に3極化し、当社の競争相手は5～6社程度です。技術開発も重要で次世代のバルブや新素材の開発など手掛けています。スピードの時代、長期計画よりまず目に見える成果を出し、さらに発展させていくスタンスです。

〈北九州経済の現状と潜在力をどうみますか。そして提言を〉

目にみえるハードも大切ですが、北九州にはある分野での業界ナンバーワン企業がたくさんあります。TOTO、安川電機、ゼンリン、三井ハイテック、タカギ、シャボン玉石けん等々、当社もそうです。ただ一般的に、技術力は全国的、世界的で作るのは上手だが、売るのが苦手な街とも言われています。名人芸で「良いものを作れば必ず売れる」と考えがちですが、今や販売力、マーケティングの時代。作って売れる街への転換が必要です。全体として一層の「商人魂」が求められています。それと「情報発信力」です。何でもよいから企業も行政も常に全国に向けて情報を発信し、北九州へ行けば何かがあるぞ、と人が集まる街にして行く。商工会議所も、髙田会頭以下「とにかく元気な街に」が合言葉で、形骸化を避けて「役に立つ、身近な会議所」を目指しています。福岡と北九州は、財政制約も強まる中で、「グレーター福北」を目指し、より一層、機能分担すべきです。地域も、企業同様「選択と集中」が必要です。

〈激動期の経営哲学は何でしょう?〉

「一致の次善より、不一致の最善」。経営者として勇気がいりますが、もたれ合い、責任逃れで乗りきれる時代ではありません。

〈信条と趣味を〉

「得意淡然、失意泰然」。調子に乗ったり、落ち込んだりせず、良い時も悪いときも同じでいたいと心掛けています。もう一つは「小事は情で処し、大事は意で決す」です。毎朝、その日で一番嫌なこと、気の進まないことから、真っ先に処理するように心掛けています。趣味は自宅の片隅の狭い菜園で、大根やコマツナなど野菜を作ること。最近は仕事が忙しく、家内の花づくりに押され縮小気味ですが……(笑)。毎年一回11月末、1週間～10日間断食します。すごい集中力が生まれます。

原子力発電用主蒸気逃し安全弁

岡野正敏（おかの・まさとし）
1965年学習院大学経済学部卒、68年㈱岡野バルブ製造入社。86年社長。2012年会長。北九州商工会議所副会頭、日本バルブ工業会会長を歴任。

岡野バルブ製造㈱　門司区中町1―14、資本金12億8625万円、創業1926年、事業内容　高温高圧バルブ、鋳鋼品、メンテナンス機器、バルブメンテナンス工事。

◆独自製品で勝負――産業関連――世界的景気拡大のなかで

表面処理技術中核に多角化

【三島光産㈱社長】三島正一さん（2006／12）

多様なニーズに応えコア技術の範囲の多角化　技術の裏打ちで競争力を確保

◉信条

「常に感謝、モノを大切に」、「『なにくそ』のチャレンジ精神！」

――三島光産（八幡東区）は表面処理（メッキ）技術を中核に、鉄鋼、化学、硝子、窯業から電機、自動車、宇宙関連まで多業種を対象に事業展開するマルチ型企業である。製造ラインの請負事業、エンジニアリング、機工を三本柱に、鉄鋼の連続鋳造用鋳型などユニークな独自製品も数多い。三島正一社長に、経営戦略、地域活性化策、経営哲学などを聞いた。

〈21世紀に入り、景気の振幅がさらに大きくなりましたね？〉

三島　本格的なグローバル時代の到来で、いつどう変わるかわからない不透明な時代です。一つの事業だけに依存せず、3本柱でそれぞれ特徴のある仕事をと考えています。

〔3本柱は、製造ラインの請負事業が50%、設備等のエンジニアリングと金型等の機工が各25%〕

〈自社事業の現状と課題をどう自己分析しますか？〉

機工部門は金型、特に鉄鋼の連続鋳造用鋳型が特許のメッキ技術を駆使した耐磨耗性等で、シェア日本一ですが、競合企業と製品の超長寿化を競争中です。長寿化するほど自社売上は鈍りますが（笑）、顧

連続鋳造関連（ビームブランク鋳型）

客優先です。国内市場は限度がありますが、海外では需要が拡大中。先般、中国・宝山製鐵と共同営業の契約を結び、中国各製鉄所への売込みも努めています。一方、ＦＡメカトロニクス部門は液晶用原料ガラスの工場搬入、製品の出荷関連装置等が得意分野ですが、液晶生産は日本、韓国、台湾の独断場。薄型テレビブームで、液晶、プラズマディスプレイ等の家電メーカーが工場の新増設を競い合っています。当社も多忙で分散していた製造ラインを集約、一貫生産体制を整えるため、小倉工場横に新工場を建設中で来年２月に完成します。

〈主力の鉄鋼等の製造ライン請負事業は？〉

長期不況で設備縮小を経験した厚板部門も、新日鐵八幡構内の新日鐵・住金合弁のステンレス厚板工場が今夏ごろから増産傾向に、又、君津製鐵所の普通鋼厚板も月産16万トンから18万トンにそれぞれ設備を増強、それに伴いフル生産で、人の手当てと教育に大忙しです。中国経済の高成長、船舶不足から来る造船業の活況も背景にあり、先は分かりませんが、２〜３年はこの基調か、と。ただ今後もビジネスパートナーとして信頼されるように改善提案など仕事の中味の絶えざる高度化が必要です。

〈新しい柱、自動車関連に力を入れていますね〉

これまでもエンジニアリング部門で、自動車工場の搬送・溶接ライン設備を製造、各メーカーの新増設に対応しつつ、機工部門でドアトリム、バンパーなどの金型、その金型を使って成形部品を製造していました。先般、塗装を得意とする平和自動車工業（小倉北区）をＭ＆Ａ（合併・買収）で子会社化、エンジニアリング—金型—成形—塗装の一貫体制を確立しました。この平和自動車が昨年末、自動車部品大手のイノアック社と合弁の塗装会社㈱Ｈ＆Ｉを設立、行橋の大型工場の敷地に新工場を建設中で、これも来年２月に完成します。ただ東海地区の企業に比べ、後発で早く互角に争えるように急追します。

〈中核（コア）技術は、表面処理（メッキ）ですか？〉

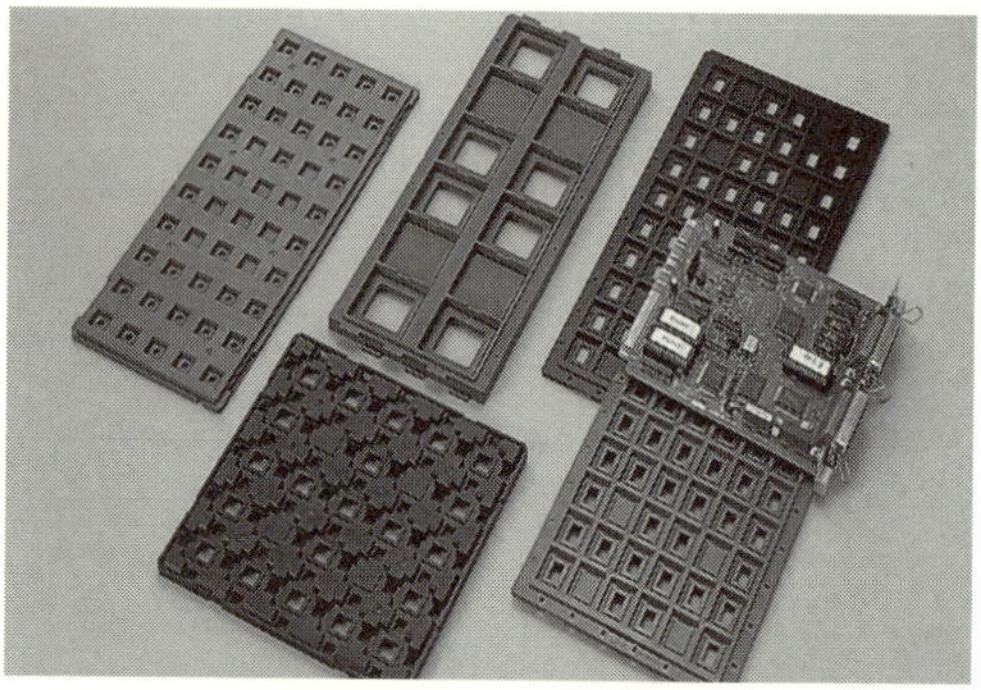

国内シェアNo.1を誇る新規事業のICトレイ

かつては製造ライン請負事業の1本だけでしたが、「何か独自の技術、製品を」と、約50年前、社員3人を無理して京都府立工業試験場に派遣、3年間メッキ技術を習得させました。この技術を育て、耐腐食・耐磨耗メッキが武器の連続鋳造用モールド、鉄鋼圧延機用ロール、化学用ドラム、航空宇宙関連ではH2型ロケット部品などユニークな商品群が生まれ、「宝の山」となりました。ここから磁気センサーを開発、その応用からもさまざまな独自商品が誕生しました。長大橋のワイヤーロープの長さを計る装置は瀬戸大橋など全国の長大橋で活躍、病院のMRI（磁気診断装置）用の「MRI磁気遮断装置」は、地下鉄、自動車等の発する磁気からMRIを守り、全国で普及しています。「多角化」とは、コア技術を次々と広げていくことであり、技術の応用範囲を広げつつ、さらに専門性を高めていきます。一度全く未経験の分野に手を出しましたが、その道の先輩企業に歯が立ちません（笑）。

〈海外展開と新規事業についてはいかがですか？〉

米国にトヨタ自動車の搬送ラインのエンジニアリング、香港に、中国・東南アジア向けのプラスチック成形品の各子会社があります。連続鋳造用モールドはインドからも引合いがあり、積極的に拡販します。新規事業では、人材派遣のヒューマンブリッジ（小倉北区）は、当初は自社向けの人材派遣用に設立、最近は当社と無関係の一般的な人材派遣業として展開中ですが、人手が足りません。IT関連では、キャノンの事務機販売からスタートしたミシマOAシステムが、ソフト開発、さらに八幡東区の東田ITセンターで、データベース事業に進出、地震等に備えたソフトの保管業務をはじめました。

〈多角経営の強味と課題は？〉

多様化、国際化が進む中、さまざまな産業に関係し、多様な技術者集団を抱えると、いろんな企業ニーズに応えられるのが強みです。ただ、事業部制で権限を移譲すると自主性が育つ半面、自分の担当分野さえよければと、部門にまたがる難問、挑戦を避けがちで、これを防ぐため〝横串〟を入れます。最近、全社技術戦略会議を設けました。

〈今後の経営の方向性を〉

2010年ビジョンで、製造ライン請負は基盤事業、自動車関連は戦略事業（グループ売上比約23％に）、機工は№1を堅持、FAは領域拡大を目指しつつ、不採算部門は選択と集中で見直します。

〈北九州の潜在力と課題をどうみていますか〉

門司港レトロ、エコタウン、学研都市、新空港も整備。これまで鉄鋼の街でしたが、それに加え、今では安川電機、東陶機器、ゼンリンなど異業種企業群も活躍し、さらに自動車産業の大量進出で、人口こそ100万人を切りましたが、中身は大きく変わっています。それぞれが自分の力を出し合えば、面白い街になります。課題は企業は人なり、人材育成です。

〈経営哲学を〉

「ありがたい」「もったいない」。常に感謝、モノを大切に。そして、窮地で独自のメッキ技術の開拓をはじめた時のように、「なにくそ」です。

〈座右の銘、趣味は？〉

「縁尋機妙《えんじんきみょう》」『法苑珠林』。良い縁がさらに良い縁に発展する。趣味は茶道。最近腰を痛め、不規則ですが、毎朝、炭火起こしからお手前まで1時間弱かけて、家内と茶を楽しんでいます。

〔その後の主な事業展開。2007年行橋第二工場、FA工場新設、11年ICトレイメーカーとして事業展開（国内シェア№1）。13年、ロシアに合弁子会社（MMP社：ミシママシュプロム社）を設立〕

三島正一（みしま・まさかず）
62年中央大学経済学部卒、三島光産入社。常務、専務を経て、76年社長。

三島光産㈱　八幡東区枝光2―1―15、資本金3億円、設立1949年（創業1916年）、売上高290億円、従業員2千人。

◆独自製品で勝負――産業関連――世界同時不況のなかで

「水」に特化、小さな世界一企業

㈱東洋電機工業所会長　荒岡俊宣さん（2009／06）

苦しくても独自の製品開発を
北九州は「デメリット解決産業」の振興と「頭脳仲人制」で

◉信条
「人に喜ばれ感謝されるモノ造り」、「決断力と『よい考え、よい発言、よい行動』」

――世界同時不況の進行と厳しさを増す雇用問題。新たな起業と雇用の創出が緊急課題になっている。東洋電機工業所（八幡西区）は資本金5千万円、従業員82人の中小企業だが、主力製品の水中攪乱サンドポンプでは世界一の市場占有率を誇り、欧米に現地法人も置き、世界の国土開発に貢献する「小さなグローバル企業」である。創業者の荒岡俊宣会長に、独自商品の開発法やベンチャー起業の成功の秘訣などを聞いた。

〈世界同時不況は自動車、電機などわが国の基幹産業を直撃し、企業景況感は戦後最悪で、価値観の転換を迫られています〉

荒岡　これまで人類は、便利さ、利益などメリットのみを追い求め、デメリットを切り捨て、ひたすら成長を追求してきました。ここへきて、企業は新商品のタネに困り、消費者は豊かで贅沢な生活のためには借金を厭わず、不況で収入が減ると耐える力がない。ここらで原点に戻り、これまで切り捨ててきたものをメリットに転換する「デメリット解決産業」の振興が急務です。

〈主力の水中撹乱サンドポンプとはどんな機械ですか？〉

水面・水中・水底をかき混ぜても濁らせないで沈殿物などを吸い上げる世界初の機械です。鉄鋼業では、高炉操業で濁った廃水を一晩置いて沈殿させ、それを吸い上げて、水を再利用できます。川砂利や港湾浚渫《しゅんせつ》の土砂の吸い上げにも使え、一般工場、土木現場、上下水道などおよそ水を使う所では全て使用できます。硬い固形物を吸い上げるとポンプは壊れやすいですが、独自の強い材料を使っています。明石海峡大橋の基礎工事でも使われ、水深も通常は30メートルまでですが、水圧とポンプ中の圧力を同じにすることで200メートルの深海の海底ケーブル敷設にも使えます。内外で70件以上の特許、実用新案権を持ち、小さな機械ですが、世界中で使っていただいています。

「死の海」洞海湾の海底ヘドロの浚渫・浄化で活躍した東洋電機工業所製土砂吸い上げポンプ

〔同社独自の水中撹乱ポンプは、溶存酸素ゼロで「死の海」と言われた洞海湾のヘドロ除去に活躍、奇麗な海の回復に貢献。さらに、英仏海峡で鉱石運搬船が沈没した際、英海軍のヘリで運ばれた同社の撹乱ポンプが、吸い上げに成功したほか、スエズ運河の護岸のヘドロ除去にも使われるなど、グローバルに活躍している〕

〈内外に販売ネットワークを展開、「小さな世界一企業」ですね？〉

国内は東京、大阪、名古屋、広島に支店・営業所があります。海外はカナダに米州の、ベルギーに欧州の販売統括現地法人を置き、さらに韓国、台湾、マレーシア、インド、豪州、イスラエル、トルコ、アフリカなど約20ヶ国に現地代理店があります。売り上げ構成比は国内65%、海外35%の割合です。

現地法人は、この製品に惚れこんで「一生を賭けたい」という現地人社長に任せ、配当だけもらっています。現地代理店はアフターサービスが主務で、その教育は北九州本社が担当。維持補修の出来る企業としか契約しません。

〈世界同時不況の影響はいかがですか?〉

当然、厳しさは増しています。ただ、人間は生きている限り水と共に生きる宿命で、水関連ビジネスは景気に関係なく、水利用が増えるとそれにつれて水処理需要も増えます。大きな伸びもないが、極端な落ち込みもなく、穏やかに世の中のためになる地味な産業です。お蔭様で業績も厳しいながら、まずまずです。

〈独立・起業のきっかけを聞かせて下さい〉

八女工高卒業後、約1年間、福岡の電車モーターの修繕工場で働きました。終戦直後で、夕方になると電圧が低下して暗くなる。電圧を上げる変圧器を開発したら凄い売れ行きでした。ところが、社長が「こんなもの作っていると西鉄から仕事が来なくなるからやめろ」と言う。「人様が喜ぶものを作ったのに生産中止とは……」と見切りをつけ、故郷の北九州に戻り、亡妻の妹婿と2人で折尾で創業しました。

〈弱冠19歳の社長誕生ですね〉

初めは「何かお困りのことは?」という便利屋です。高田工業所創業者の高田寿夫さんから頼まれ、ビニール溶接機を考案製作して、よく売れたこともありました。結構儲かっていましたが、いま一つ喜びがない。たまたま八幡製鐵所に行った時、ゴムの作業着で胸まで製鉄の汚水に浸かり、沈殿物をスコップで混ぜて吸い上げている現場を見ました。なぜ撹拌機を使わないかと聞くと、「水が濁り、使えなくなる」と言う。汚水を混ぜる力より、吸い上げる力を強くすれば濁らないというアイデアが閃き、考案したのが、人が汚水に入らなくてもすむ撹乱法です。後はその応用、進化です。当時はどこでも水処理で困っていました。沈殿した微粉炭の吸い上げ再利用や、土木現場のポンプの目詰まり解消などに利用が広がりました。

〈そこで「水」に特化ですか?〉

当時は人工衛星で人類が月に行こうかという時代でしたが、水中は潜水艦で潜る程度。「こんなにみんなが苦労しているなら、水関連のメーカーになって人の喜ぶことをやろう」と水中撹乱ポンプの汎用品を完成させて東京・晴海の国際見本市に出展したら、三重県桑名市の砂利業者が注文してくれた。以後、生コン、微粉炭業者などあちこちから注文が来た。輸出も東京見本市が縁で1957年ごろ、タイから注文が来て売れ出した。その時、事業はやはり人に喜ばれ、世の中に感謝されるモノを作るのが一番と痛感しましたね。

〈無借金経営を貫いていますね〉

全国に営業拠点を展開し始めた頃、ある都市銀行から「融資するから一貫工場を建てないか」と持ちかけられたが、断りました。借金すると企業は確かに大きくなる。しかし、不況で注文が減ると元利の返済ができない。綺麗な建物で元利返済に追われるより、無借金で細かく行こうと。立ち上げ期の5年間こそ借金しましたが、それ以後は自己資本中心主義です。

英仏海峡で沈没した鉱石運搬船を引き上げるため、鉱石除去に活躍した水中攪乱サンドポンプを運ぶ英国海軍ヘリコプター

お蔭で4～5年ごとの不況にも、笑顔でおれます。個人的にもクレジットカードは一切使わず、現金主義です（笑って財布を見せる）。

〈業界の競争は厳しいでしょう?〉

日本に5～6社ありますが、「特許で不毛な喧嘩をするよりも」と各社長を呼び、それぞれどの機種に特化したいか希望を聞き、得意な製品・部品を決め、お互に売り買いして仲良く共存共栄しています。「中小企業が世界を相手にする時は市場規模が100億円超の事業は禁物」というのが私の信念です。100億円を超えると必ず大企業が出て来て激しい価格競争になります。攪乱ポンプ市場は世界で60億円程度です。これはどえらく売れるぞという商品は自ら作らず、大手に任せて特許権の5%だけ取るに限ります。

〈ベンチャー起業の成否のカギは何だと思いますか?〉

人に喜ばれ、かつ市場が限られている製品を、専業で深耕する。当社の場合は、攪乱ポンプを中核に水中で活躍するさまざまな機械です。陸上のことには一切手を出さず、専門業者に情報やアイデアを提供する。現代は儲けることは何でもするという風潮があり、ライオンや虎のような巨大企業に依存するテナントのような商法は手っ取り早いが、今や巨獣が食い合う時代。倒れればもろとものリスクがあるので、苦しくても自力で生きていける独自の製品・サービスを創る。大きくは儲けないが、ニコニコ笑える企業をつくる。

〈逆風下の経営戦略とこれからどう展開しますか？〉

顧客のニーズに敏感に、水関連の事業分野の絶えざる技術開発と改良で特許を取得する。顧客訪問でも、トップとの懇談も重要ですが、私は極力現場を回ります。工場、沈澱処理場、工事現場……どこへでも長靴を買って行って、自社の機械の運転状況を見て「頑張れよ」と撫でてやる。そして現場の一番末端の人と冗談を言いながらコンビニで買った弁当を食べる。すると「この機械のここで困っている」という話も出る。そこを改善すればさらに良い商品になります。私が退社する毎日夕方、その日の出荷トラックが出発します。それを見ると私は手を合わせて拝みます。「頑張ってこいよ」と。

〈北九州経済の振興方向と潜在力、課題をどうみますか？〉

100人が1キロの荷物を持って100メートル歩くのが1日の仕事とします。米国という合理化の国が荷物を2キロにしたら50人にできると「効率的」な提案をして実行する。すると、日本の合理化屋が5キロは持てるという。それを続けると、最後は1人で100キロになり、へたばる。今後は、世界も日本も北九州も、便利で高収益のメリット産業だけでなく、デメリットを改善するデメリット解決産業にもっと力を入れ、バランスのとれた新産業構造を目指すべきです。

リサイクル、環境産業もその一つです。北九州のモノ造りの伝統・技術・人材集積は素晴らしく、優れた企業も多い。問題は無数の知恵、アイデア、設備、技術をどうつなぎ合わせるか、です。私はヘッド（頭脳）仲人制を提案したい。「こういうことは出来ませんか」「それはこうしたら出来るよ」とか、あるいは設備も社名も出さず「こういう機械があります。貸します」とやれば「借りたい。使いたい」という名乗りがある。その出合いから新しい技術、産業、企業が生まれます。

〈激動期を乗り切るための経営哲学は何でしょう？〉

24歳で「水を征して社会に貢献」の社訓を作って以来、10年単位で社訓を充実・進化させてきました。地球温暖化と世界的水不足の今は「水とともに、世界の国土開発、産業と経済に貢献」と「楽しい家庭、楽しい会社」です。これから事業を始める若い経営者に助言したいのは「自分がしようとしていることが単なる金儲けでなく、人に喜ばれ、感謝されることと繋がっているか」を絶えず自問することです。2軒のレストランがあるとします。閉店後、1軒は「今日お客様が喜ばれたか」と自問する。もう1軒は「お客様が何人だったか」と聞く。「喜ばれたか」と聞く店の方が、どうしても客が増えます。

〈阪神淡路大震災やアフガニスタン難民への救援寄金、現代美術センター北九州への寄付もその精神からですか？〉

綺麗な目の子どもが抱かれたまま死ぬ映像を見て、全社で寄金しました。一人一人に宛てた末吉興一前市長の感謝状を家に飾っている社員も多いですよ。

〈座右の銘と趣味は？〉

決断力と「よい考え、よい発言、よい行動」です。私が6歳の時、母が鳴水の小川のほとりに連れて行って、石の上に立たせ、おでこをポンと押す。小川にひっくり返り、濡れる。また立たせて押す。また倒れて濡れる。なぜこんなにいじめるのかと悲しかったが、3回目は思わずパッとよけた。すると母は「3回目も落ちたらバカと言おうと思った。男は1回押されたら決断してよけにゃ」と。この厳しい教えのお蔭で瞬時に決断する力がつきました。判断基準は、考え・発言・行動が良いか悪いか。良い考え、良い発言、良い行動なら決断して良い。事業も技術開発も、分岐点も、金が儲かるかどうかでなく、良いか悪いかです。

趣味は山登り。阿蘇の噴火口など頂上で広々と見渡すのが好きです。技術開発も同じで、完成した時は嬉しい一方、頂上まであと10^{メートル}で引き返す勇気が必要な点も似ています。

荒岡俊宣（あらおか・としのぶ）
1947年八女工業高校卒、西鉄の協力会社勤務を経て48年10月東洋電機工業所創業。59年㈱東洋電機工業所社長。2008年会長。若松北海岸ともろビーチゴルフ場社長。㈶秋月美術館理事長。九州山口経営者賞受賞。

㈱東洋電機工業所　八幡西区則松1－7－10、設立1959年（創業1948年）、資本5000万円、売上高約30億円（2012年・欧米等のグループ企業含む）、従業員数　グループ130人、事業内容　水中攪乱サンドポンプ、水中機械設備設計、製造、販売。

◆独自技術で勝負——産業関連——世界同時不況のなかで

ピンチを契機に「技術で生きる会社」へ

【㈱フジコー社長】　山本厚生さん（2009/09）

独自の溶射技術を応用した光触媒開発

◉信条

「常に夢と計画性を持ち、人生意気に感ずべし」、「『明るい貧乏』をしよう」

——中堅金属製品製造業の㈱フジコー（戸畑区）が、経済産業省の09年度「元気なモノづくり中小企業300社」に選ばれた。鉄鋼業の鋼塊鋳型補修から出発し、100余の特許・実用新案を持つ研究開発型企業。選定理由となった独自の溶射技術を応用した光触媒技術で、若松区響灘に光触媒製品工場の建設を計画している。山本厚生社長に、研究開発重視のイノベーション経営の抱負を聞いた。

〈ものづくり日本大賞優秀賞に続く表彰ですね〉

山本　当社は、今年創業57年目ですが、「技術で生きる会社」を目指し、40周年で毎年技術年報の発行を開始、50周年の02年旧牧山工場跡に開発技術センターを新設、以後売上高の4%を投入して新技術の開発に努めてきました。ようやく芽が吹き、お認め頂いて感謝しています。

〈技術重視の経営への動機は?〉

1952年、先代（父の秀祐氏）が八幡製鐵所製鋼工場の一部を借りて、苦心の末、不可能といわれていた鋳型（粗鋼を鋼材に圧延する前に鋼塊にする）の修理と再利用に初めて成功しました。それまで新品しか使えなかった鋳型のリサイクルに成功した結果、大幅なコスト削減が可能となり、全高炉メーカーから注文を受け、各事業所に拠点を作りました。ところが73年の石油危機前後に、鋳型を使わずに溶鋼を直接鋳造する連続鋳造法が主流となる大技術革新が起き、受注量が激減しました。

〈経営基盤の地殻変動ですね〉

売上高の7割を占める鋳型修理部門の従業員は、最盛期の１５００人が81年は７００人に半減、社長になった私の初仕事が人員の大幅削減です。実に辛い日々でした。あとで良く考えると、鋳型修理が忙しい最盛期にこそ、新技術を開発し、新しい事業を開拓すべきだった。それを怠った結果が今の苦境だと。一つの柱に頼りすぎてはいけない。新技術で誕生した当社は、新技術を創造し続けないと先の展望はないと肌で感じ、技術開発路線に注力してきました。

使用済みの圧延ロールのリサイクルに成功した再生ワークロール

〈選定理由の「超緻密・超密着性溶射皮膜応用の光触媒技術」とは?〉

光触媒は、酸化チタンが太陽や蛍光灯などの光を受けると、表面に強力な酸化力が生まれることを利用して、接触する細菌など有害有機物を分解する環境浄化素材です。ＴＯＴＯが先駆者となった先端技術で、新規参入も相次いでいますが、塗装と同じやり方で床や壁に潤滑材を使って酸化チタンを塗っていくと純度が薄まり、期待の殺菌・抗菌の効果が今ひとつです。一方、当社には鋳型修理のために長年蓄積してきた金属などの溶接や高熱でとけた素材を高速で表面に吹きつける溶射など複合的な高度の接着技術があります。この溶射技術で光触媒を特殊加工する実験を重ねた結果、純度１００％に近い強い光触媒性能が出来ました。短い時間で臭いが消え、これを応用すると無臭のトイレ・タイルとか、完全に菌が死ぬ空気清浄器のフィルターが作れます。病院の薬品臭やネイルサロンの塗料の強い臭いも消せて、

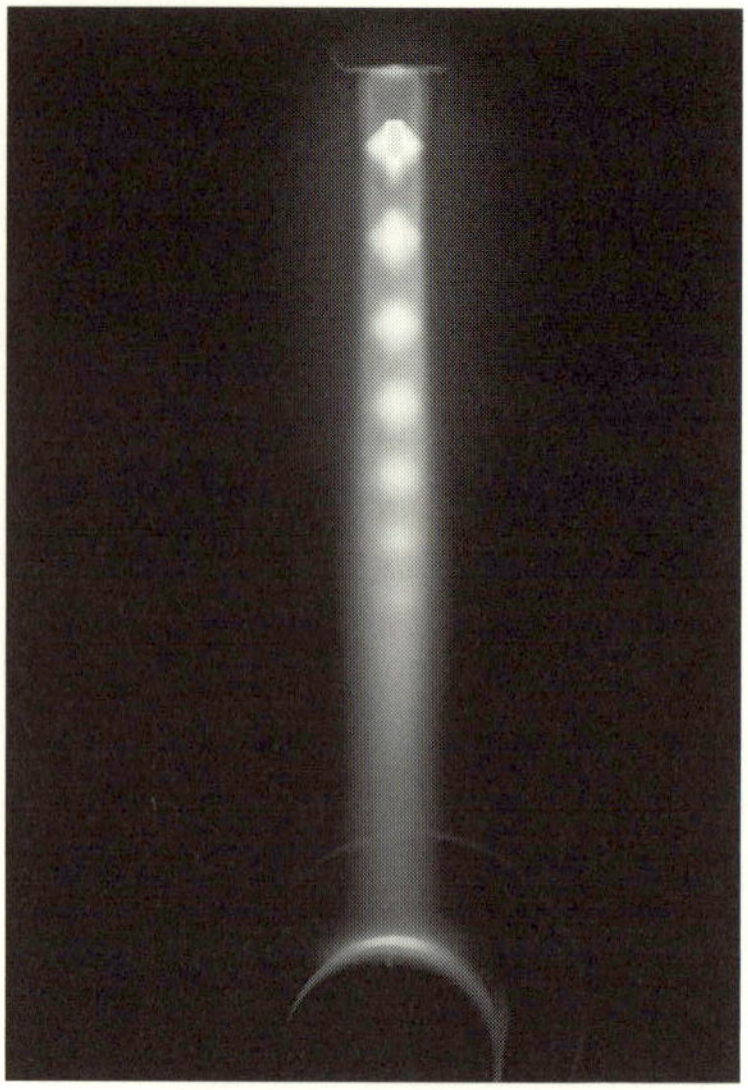

フジコーの中核技術の
高速フレーム溶射法

最終的には水処理にも応用できます。

〈モノレール平和通駅の男子トイレで実用実験していますね?〉

悪臭が消えたと喜ばれています。黒崎播磨のタイルに溶射で特殊加工したもので、大腸菌が劇的に死滅するというデータも出ています。課題は、コストダウンです。

〈この技術で若松区響灘に工場を建設するのですか?〉

響灘のブリヂストン工場の隣りの用地を取得しました。投資額10億円、従業員の新規雇用は50人の予定です。光触媒の住宅用タイルや空気清浄機のフィルター、ボイラーの内部の腐蝕防止のコーティングなど環境関連を取扱います。

〈ところで、フジコー全体の経営実績と戦略は?〉

5年連続増収でしたが、本年度は減収の見込みです。売上構成は、製鉄所構内の請負事業がほぼ7割です。住金小倉、新日鐵君津、ＪＦＥの西日本、東日本、神戸製鋼加古川など全国7製鉄所で製鋼関連の設備保全から操業の請負、補修をおこなっています。第2の柱が同3割を占める製品事業で、山陽工場（岡山県）で圧延ロールやローラー、破砕設備等の耐蝕・耐磨耗性部品を、仙台工場（宮城県）で産業機械を製しています。これらに3年後、若松工場が加わります。

〈中核技術は表面処理ですか?〉

鋳型の再生利用のために蓄積した溶接、溶射、肉盛り等の表面処理技術です。なかでもＣＰＣ（複合素材連続鋳造法）プロセスと呼んでいる表面改質技術は、当社のオンリーワン技術です。鋳型再生利用を出発点に、圧延ロール、ローラーの再生利用と製作、それらを組み込んだ機械設備や部品の製作、プラントエンジニアリングへと展開してきました。圧延ロールは鋼板を圧延するロールの表面に負荷がかかり、磨耗するので、Cr（クロム）、V（バナジウム）等耐磨耗性の強い合金で補強して再び使います。独自の新品ロールも製作しています。

〈経営で最重点にしているのは？〉

前述の技術開発が一つ、もう一つは人材育成です。70年代の技術革新で鋳型補修の仕事が消えていく過程で、当然新しい分野に挑戦しましたが、現業部門は赤字の拡大で人員削減を迫られる。新事業に取組むがすぐには利益が出ない。２つの赤字の攻勢を受けて毎日夜眠ると、目の前に２つの点が近付いてきます。よく見ると「倒産」の２文字です（笑）。毎夜、夢をみる。絶体絶命の窮地を救ってくれたのが当時の従業員達です。社を愛する連中が顧客企業に行って一生懸命「何でもいいから仕事を下さい」などとやり始め、非常に活躍してくれました。あれがなかったらダメだったろうなと思います。その中で「人財」というものを深く考えさせられました。今も不況で落込んでいますが、２度と人員整理はしたくない。ただ時代の変化に対応した人材の能力向上は不可欠です。新しい業務計画を推進できる新しい人材の育成です。

〈具体的にどう進めますか？〉

最終的には抜擢も有力手段です。一人一人の個性を見ながら、「何年までこのポストを与えるから、能力向上計画を立てて頑張れ」と目的をはっきり明示する中で育てていく。全体教育とは別に個別の教育も必要です。3年ごとに中期計画を作りますが、前期実績を乗り超えないと企業の成長がありません。目標を超えたらこれだけ全員の報酬も上がると。固定給は基本的には世間相場ですが、業績給は全員が目標を達成して初めて上がり、それを固定給に反映させる。それを3年間隔で繰返せば、他社を上回る処遇になります。抜擢で若手にもチャンスを与えつつ、社を愛する気持ちは依然残さねばなりません。

〈技術開発で産学官連携は？〉

大学や公設研究機関と連携せず、企業の勝手な思いだけ開発しても効果が上がりません。また、開発技術の商品化も自社の力だけで出来る範囲は非常に狭くなりました。今回の光触媒技術も黒崎播磨との連携で商品化できました。昔の研究開発とはイメージが違ってきています。大学との研究連携も、担当していた学生がそのまま当社に就職するなど人材確保に繋がっています。

〈世界同時不況の逆風下、経営のあり方は？〉

光触媒の浄化力を応用した車載用の空気清浄機

鉄鋼業の大幅減産の影響は顕著で、過去のピークにもどるにはあと2〜3年はかかるとの見方もあります。寒風下は「巣籠もり」でジッとして体力維持をという企業も多いが、今こそ次期の伸びに備えた仕組みを作る勝負どころと思います。鉄鋼の構内作業の現場は全国7ヶ所ありますが、全事業所を結び、橋をかけて情報交換を密にし、設備の補修工事等の際、各事業所から全人材を結集して、集中的に仕事ができる体制を準備中です。大きな工事にも小さな工事にも対応できる体制です。管理者は不況でかえって忙しくなりました（笑）。

〈中長期的ビジョンと課題は？〉

今回の世界経済の混乱は金融業が引き起こしたもので、基本的には、モノ造り産業の時代到来と考えています。日本が存在感を発揮するチャンスです。中期経営計画の柱は岡山工場のロール専用工場への転換です。最近作り始めた15トンの大型ロールもＣＰＣの製造技術で作れます。これまでリサイクルされていなかった小型ロールの再利用も計画中で、コスト削減を目指す顧客企業も強い関心を示し、シェア拡大のチャンスです。海外は、インドやロシア等新興国にも営業の手を広げています。

若松工場は、鉄鋼業の景況と関連のない事業なので、当面、計画通り進めます。主柱の鉄鋼関連に過度に依存するとリスクも高く、鉄鋼の絶対額は増やしつつも、依存度は下げていく方向で、光触媒など鉄鋼以外の第3の柱は拡大していきます。

「フジコーはその後、鉄鋼、環境、介護の3つを柱に事業展開。09年熱延大型圧延ロールの再生と光触媒関連事業を開始。12年複合型介護施設「都の杜」を開所、光触媒製品で施設内感染と異臭の抑制に努め、13年光触媒製品用の「若松響工場」を竣工した」

〈光触媒技術では、ＴＯＴＯも恩賜発明賞を受賞、北九州は先進地です。次世代産業基地としての北九州市の可能性と課題は？〉

末吉前市長時代から環境の世界に取組んできたの

は正解で、世界的な環境産業都市への発展を期待しています。当社の若松工場もその一翼をと思います。製造業の技術、人材集積は素晴らしく、昔、八幡製鐵所が鉄鋼関連の若手経営者を集め、成吉思汗にちなんで「青狼会」と名付けて切磋琢磨したことなどが基盤を作り上げました。65歳以上が人口の28%と政令都市随一の高齢都市であることを逆手に、介護福祉の先進モデル都市づくりも重要です。

〈激動期の経営哲学は?〉

社訓1条の「常に夢と計画性を持ち、人生意気に感ずべし」。それと「明るい貧乏」。先代がいつも「明るい貧乏をしよう」と言っていました。同じ貧乏でも、先に夢があり、見込みがある貧乏は明るい。不況下でも前を向いて事業を進めていく。

〈趣味は?〉

40歳から始めたスキー。毎冬、北海道、東北などを回るのが楽しみです。40歳以上のスーパースラロール(滑降)大会で70人中69位でしたが(笑)、景色の良い大自然で、時速65キロで旗をよけて滑り降りる爽快感は格別ですよ。

山本厚生(やまもと・あつお)
1964年千葉工業大学金属工学科卒、富士工業所(現フジコー)入社、78年副社長、81年社長。北栄会(西日本シティ銀行北九州地区顧客会)前会長、元八幡製鐵所商友会常務理事。

㈱フジコー　戸畑区中原西2-18-12、設立1952年、資本金1億円、売上高98億円(2012年度)、従業員数780人、事業内容　溶接・溶射・CPC複合製品・溶接材料製造販売、機械加工、プラントエンジニアリング、製鐵作業・設備保全、光触媒製品製造販売、介護事業。

◆独自製品で勝負――産業関連――世界同時不況のなかで

研究開発型計測器でオンリーワン企業

【㈱松島機械研究所社長】 松島徹さん（2009／12）

中印進出へ　マイクロ波レベル計初国産化

◎信条

「現実には限界があるが可能性は無限である」、「常に新しいもの、常に何か違ったことを」

――研究開発型の計測器メーカー・㈱松島機械研究所（八幡西区）が、第一回北九州オンリーワン企業に認定された。国内の人口減少と新興国の台頭、60年ぶりの政権交代等で「海図なき航海」が続く中、新製品開発と新興国市場開拓に注力する松島徹社長に地場中小機械工業の新成長戦略を聞いた。

〈独創技術で、高い市場占有率を誇る企業を市が看板企業として支援する「北九州オンリーワン企業」に選ばれました。まず貴社の事業内容から？〉

松島　当社は、鉄鉱石、セメントなど粉体の貯蔵量を計る各種レベル計を中核に、ベルトコンベアの安全装置などの粉体機器の専門メーカーです。特に鉄鋼業の高炉計測機器は国内シェアほぼ100%です。粉体のレベル計はタンクやサイロのなかの貯蔵物の在庫量を計る計器です。錘を垂らす古典的なものから、超音波の到達時間で距離を計る非接触型式まで多彩ですが、素材産業には不可欠の機器です。

認定対象となったパルスレーダ式マイクロ波レベル計は、パルスレーダー波を発射し、測定対象までの往復伝播時間で距離を演算します。温度や材質に左

右されない最先端のレベル計でこれまでドイツ製を輸入していました。

〈開発に取り組んだ動機は？〉

創業以来の当社の製品群の老化対策です。中小企業だからこそ、「コアな技術は自社で」と5年間社員を激励し、国産化に成功しました。経産省の06年度「元気なモノづくり中小企業３００社」に認定されており、それに続く栄誉です。真っ先に社員諸君に「皆さんの努力の結果で、有難う」と報告しました。国内産業が使いやすい製品の開発を心掛け、全レベル計の品揃えが完成しました。時間と資金がかかりましたが、応用範囲が極めて広く、先が楽しみです。

〈その一方で03年の中国・上海市の生産子会社設立に続き、今年はインドでの販売代理店開設と新興国市場の開拓にも力を入れていますが〉

「既存製品は新興国で、新製品は国内で」という市場の棲み分け戦略です。当社は創業以来、様々な基幹産業を陰で支えてきました。最初が石炭のボタ選別機、次いで鉄鋼の高炉やセメント工場、発電所など鉱物原燃料を使う設備やタンクのレベル計、その輸送用コンベア周辺機器などです。日本のプラントメーカーは、東南アジアや中東にセメントなどの設備を大量に輸出していました。その部品として当社製品も間接輸出され、売上高の３～5割を輸出が占めました。しかし、日本のプラントメーカーによる素材型重工業のプラント輸出は最近激減、セメント、鉄鋼製造設備は圧倒的に中国製が増え、中国に主導権が移り、中国企業は全地域の競争入札に参加しています。

〈中国企業の国際競争力は強いですか？〉

豊富で安い人件費に加え、優秀な人材が多く、しかもエンジニアはほぼ１００％英語ペラペラ。単に安いだけではなく、世界的に中国の製品が行き渡る素地が出来ています。

一方、日本の素材産業は、構造的に縮小不安がちらつきます。電力需要も国内の人口減少が続けば増えるのはいずれ首都圏だけになるでしょう。鉄道網、鉄橋、道路、下水処理場等のインフラ関係もほぼ整備が終わりつつある。自動車も、内需よりは海外販売で収益を支え、これ以上の生産増強は望めそうにありません。

〈国内市場の縮小不安ですね？〉

国内では、我々が過去30～40年間主力としてきた商品がだんだん売れにくくなってきた。ところが中

中国・上海の生産子会社
「上海達宏松島機械公司」（上海市嘉定区）

国に行ってみると、下水道も発電所も道路も未整備です。当社のレベル計もベルトコンベアやコンベアの動きを保護するスイッチ類も、鉄鋼関連設備も中国ならまだまだ売れます。

〈03年上海に進出した動機は何ですか?〉

中国で製造・販売する際、大都市上海は各種の人材が得やすく、派遣する社員も日本とほぼ同じ環境で暮せます。車で50分で生産工場にも行けます。今や上海子会社は製品を安く仕入れる当社の外注工場であり、全中国への販売総代理店、メンテナンスの総合拠点に成長しました。昨春から営業担当副社長を派遣、さらに力を入れ始めたところ、昨年9月のリーマン・ショックです。

〈世界的に需要が蒸発しました〉

生産財市場は昨年春までは例年並みでしたが、ここへきて国内需要は落ち込みが顕著です。先日も名古屋に行きましたが、トヨタもプリウスはともかく本業の普通エンジン搭載車はほとんど売れていないといいます。鉄鋼メーカーの設備投資もまだ様子見です。液晶関連も中小企業からの購買価格の3割引きを要請していると聞きます。

一方、国内製鐵所の高炉稼動は10数基に対し、中国ではこの2ヶ月間だけで5基の新高炉が火入れしており、中小高炉を3千㎥級に集約・再編中です。

〈中国シフトはまだ進みますか?〉

中国は自動車用鋼板など高級鋼板は日本から輸入せざるをえない現状ですが、国内生産を目指しています。しかも円高基調です。当社も、今までは中国の現地生産は簡単なスイッチ類等だけでしたが、今後は一台500万円の付加価値の高い大型製鉄関連機械装置類も中国で現地生産して販路拡大を目指し、同時に、国内用として日本に持ち帰ることも検討せざるをえなくなります。中国経済にも波はあり、課題やリスクもありますが、当社に限らず関係は緊密化すると思います。昨年の創立60周年記念行事は、全社員で上海に行き、現地と交流を深めました。

〈今夏は、インドの地場企業とも販売代理店契約を結びました〉

コルカタ市の鉄鋼専門の操作盤メーカーと契約しました。セメント専門の代理店も探しています。インドは中国以上の人口大国になるのに、インフラ整備はさらに30年遅れています。鉄道、鉄橋、レール、下水道の整備は全てこれから。初のインド視察の際、偶然ドイツの競合計測器メーカーの社長と鉢合わせしました。欧州メーカーも国内市場が飽和状態で、ロシアや東欧、アジア、中国、インド等新興国をこれからの一大マーケットとして捉えています。

〔同社は２０１０年ダストスイッチの製造販売を開始、11年韓国浦項駐在員事務所を開設、12年タイバンコク・12年米国シカゴ各駐在員事務所を開設。海外ネットワークの整備を進めている〕

〈このままだと縮小が心配される国内市場はどう開拓しますか?〉

これまでなかった、より付加価値の高い新製品開発と新市場開拓です。マイクロ波レベル計の自社開発もその一環です。お陰で技術者が今までブラックボックスで立ち入ることの出来なかった分野に入り、マイクロ波とは何かをつかんだ。これを使って色々なものをつくる気概が出てきたのが最大の収穫です。

これまでマイクロ波を使って粉体の貯蔵量を計ってきましたが、今後は粉の流れ自体の計測も考えます。粉体もベルトコンベアで運ぶ１《トン》当たり何十万円の鉱石やセメントだけでなく、１《グラム》いくら、百《キロ》数千万円のパイプラインで運ぶ製薬、食品も考えています。さらにもっと先にはナノ粒子に対応できるセンサーの開発の夢も拓けます。

〈長寿化・健康社会に対応した製薬、食品分野の開拓ですか?〉

レベル計も、これまでは高炉、セメント、ゴミ焼却場用でしたが、製薬メーカーのプラントでもテストしてもらっています。粉の流れをある程度アナログで表示できると食品メーカーでも使えます。

もう一つは機械装置の開発です。製薬、食品産業をみると収益を上げているのは機械装置本体のメーカーです。錠剤を作る機械、粉を作る機械などでセンサーで検出したものを機械にフィードバックするシステムと機械の開発が次の生き残りかなと模索しています。そのためには高度な機械加工技術が必要で、安川電機さんの下でロボットの精密製造をこの５年

松島機械研究所本社の精密作業用のセミクリーン工場

間少しづつやっています。

〈国内でも機械加工というモノづくりへの回帰ですか？〉

当社は創業以来、自社で工作機械をあまり持たず、部品を全部外注し、組立てだけしてきましたが、最近、機械加工の内部化も進めています。中国も進出7年目にして地元企業との競争が激化。今までは3～4割高くても「日本企業製は上質だから」で通っていましたが、最近は中国製も品質が向上しています。製品価格を下げて中国市場を確保するためにも、部品加工の自社開発・生産体制が必要になります。もう一つは中国市場専用の製品開発です。たとえば畜産の配合飼料用のレベル計は日本ではワイヤロープ1《ミリ》で高さ20《メートル》計れれば十分ですが、中国や米国は5《ミリ》ロープで高さ50《メートル》、日本のセメント工場並みの大型が必要で、上海で作りはじめました。

〈宏会長（父）は長年北九州の異業種交流推進に尽力されましたが、北九州中小機械工業の今後の発展策は？〉

鉄鋼、電機、窯業等地元の基幹産業との関係は、引き続き重要ですが、それに止まらず、不況を機に市場、商品品種のさらなる拡大、差別化が求められています。国内の人口減少で、同じ商品では市場が縮小して仕事量が減ります。海外展開や国内でも関東・関西に出ていって新市場の開拓が必要です。北九州の企業の技術力、人材力、潜在力は大きく、関東、関西の商品展示会に根気良く出展したり、川崎、横浜、千葉に出張所を出す。代理店でも良い。福岡の展示会に長野県等の企業が福岡取扱代理店名で出展しています。他流試合はリスクもあるが、チャンスも拓けると思います。

〈激動期の経営哲学は？〉

社是の「現実には限界があるが、可能性は無限である」。可能性への挑戦です。去年と同じ商品を作り、同じやり方では必ず後退する。色んなものに挑戦を、と言っています。

それと社員にやって貰っているという感謝の気持。創業者は根っからの技術屋で自分で製品を設計、創造しましたが、私は今回のオンリーワン技術も「コア技術は自社で作らないと競争に勝てない」と企画はしましたが、実際の商品化は社員達の血のにじむ努力のお陰です。打ったら響く自由闊達な社風を心掛けています。

〈座右の銘と趣味は？〉

「常に新しいものに挑戦、常に何か違ったことを」。趣味は健康のためはじめてまだ1年の自転車競技。最近も山口県で１３０キロの中距離競技で完走しました。楽しいですよ。

松島徹（まつしま・とおる）

１９７８年福岡大学工学部卒、㈱松島機械研究所入社。常務、副社長を経て、96年社長。（社）日本粉体工業技術協会理事。八幡法人会理事。

㈱松島機械研究所　八幡西区大字則松、設立１９６３年（創立１９４６年）、資本３５００万円、年間売上高16億４千万円（09年３月期）、従業員数１２０人、事業内容　粉体・液体用レベル計、ベルトコンベア保護機器、電動式アクチュエータ、各種制御機器、システム装置、レーザー計測機器の製造販売。

◆独自製品で勝負──生活用品──試練を超えて

試練を超えて、独自製品を開発

【㈱タカギ代表取締役】 髙城寿雄さん（2012／06）

倒産のピンチを乗り越え、オンリーワン製品で不況下連続増収へ

◉信条

「趣味と実益と社会貢献の一致」、「意識だけの大企業はマイナスに」

──リーマン・ショック後の厳しい環境下、全国的な浄水器・散水器メーカー㈱タカギ（小倉南区）は、次々と独自のヒット商品を生み出し、ベトナムにも進出、8期連続の増収増益を続けている。倒産の危機を契機に下請けからメーカーに転換、飛行機操縦が趣味で大学院にも在籍する異色経営者・髙城寿雄社長に、不況下の成長経営の秘密、新製品開発や人材育成法を聞いた。髙城社長は「たえず顧客が求める製品とビジネスモデルの創造に努めること」と語った。

〈生活用品業界の現状は？〉

髙城　過去最高益を上げる企業と老舗の破綻、全てが二極化しています。どの企業も成長できた右肩上りの時代は終り、日本が新商品を開発してもすぐ新興国に真似され、より安く作られるグローバル時代です。明暗の差は、創造力、人材力や組織運営力にあり、気が抜けません。

〈貴社はリーマン・ショックを挟む8年間連続増収増益を続けています〉

おかげさまで売上高は今年3月期166億円で8年間で2倍に、利益は3倍に伸びました。売上の内訳

は主力の「蛇口一体型浄水器」が3分の2、園芸散水器が3分の1で、いずれも当社の独自製品です。好調の要因は独自の商品力の強さとビジネスモデルにあると見ています。

〈具体的に言いますと?〉

たとえば主力の蛇口と浄水器を一体化した「みず工房」。浄水器は必ずゴミがたまり、従来型は1年に1回業者が顧客宅を訪問、取り替えます。当社は4ヶ月に1回カートリッジを送り、誰でもが簡単に交換でき、浄水器部分も5年ごと無償交換します。お店を通さない直販システムで、トラブル発生や苦情には、24時間通話料無料ダイヤルで対応、翌日にはお伺いして速やかに解決する方式です。

〈不況下の成長のポイントは何ですか?〉

まず製品力です。顧客のニーズに合ったオンリーワン特許製品の独自開発に努め、リーズナブルな価格で提供する。次に、顧客密着のため、主力製品は直販体制をとる。これにより消費者の要望が直接入ってきて、それが次の新製品のヒントになります。第3に新製品を2年間隔で切れ目なく開発していく努力です。

〈そもそも起業は金型の下請けメーカーでした〉

中学生のとき発明展に入賞するほど発明好きで、23歳でプラスチック射出成形品の量産に不可欠の金型の下請け工場を開業しました。プラスチック時代の前夜で九州ではまだ専門業者がなく、東京、大阪でしか出来なかった。設備もない、資金もない、技術もない。「ないない尽くし」の起業です(笑)。弟を東京に勉強のために3年間派遣、私も足を運び、3年がかりで職人さんを3人招き、指導してもらった。やっと九州松下電器納入の精密金型が作れるまでになり、借金して2億円かけ新工場を建設したところで、石油危機です。

〈いきなりピンチですね?〉

回復に3年かかる大不況で、資金繰りに困り、1977年和議法による会社更生を申請しました。「不安定な下請けをやめ、自分で家庭用品を作る独立のメーカーに転換しよう」と決意、債権者会議で「必ず利益を出してお返しします」と頭を下げました。新製品の作り方は九州松下さんの下請けの過程で分かっていて、要はアイデアです。まず作ったのが、灯油タンクにポンプを組み込み、石油ストーブに楽に給油できる「ポリ缶ポンプ」です。普通のポンプの20倍の値段をつけたが、大ヒットです。続いて省エネシ

本社社屋

ャワー、さらに一個で直進・シャワー・キリなど5つの目的に使える散水器「ノズルファイブ」と2年に一つずつ新製品を発売しました。資金も人手も足りないなか、私自身24時間体制で工場に泊まり込み、操業から新製品の特許取得までやりました。

〈倒産のピンチがメーカーへのチャンスを作った？〉

70人の社員は10人に減り、見習工と東京から招いたベテランだけ。ベテランが直接新人に教え、技術が一流になり、宝になりました。規模縮小で運転資金に追われない。発明好きの職人の私が、朝、目が覚めるとすぐ資金繰りを考えるのは「地獄」ですが、朝から夜まで好きな発明に専念できるのは「天国」です（笑）。5割カットの債務返済も、新事業が軌道にのると債権者のご厚意で「髙城さん、一割返してもらえば、おしまいにしましょう」となりました。

〈次々新製品を開発、蛇口一体型浄水器の発売は1999年ですね？〉

散水器は、最大手スーパーで売って貰いましたが、7％の協賛金を取られる。なんとか直売ビジネスをと、九州歯科大と共同開発の細菌セラミックを使い、開発したのが蛇口一体型浄水器です。全国の家庭に売り込もうと悪戦苦闘中、たまたま広島の宅地開発企業を訪問。社長に説明すると「浄水器が付いて値段は蛇口と同じ、これは良い」と、その場で現場に電話し「今の蛇口は全部一体型に取り替えなさい」です。そこで開発業者の本社が集中する東京神田に支店を出すと、瞬く間に全国に普及。1億円かけて営業マンを100人雇いました。今では浄水器のトップ3社の1社になり、新築マンションの6割、戸建ての3割のシェアを確保、目下増改築需要に注力中です。

〈先般、ベトナムで初の海外生産もはじめました〉

需要が伸びるが、現工場は満杯、移転用の新工場の用地買収も地主さんが多く時間がかかる。そこで海外生産を決めました。ベトナムを選んだのは、約9年間5人づつ受け容れてきた実習生が、真面目で企業忠誠心も強く、日本人に似ていたからです。仏教国で10年にわたる独立戦争に2回勝利し、盆栽が盛んで手先も器用です。09年末ハノイ近郊で生産を開始。浄水器部品を樹脂成形組立て、日本に輸出します。散水器の一部も生産移管、さらに欧州にも製品輸出すべく、目下増設中です。

〈開発から製造・販売、アフターサービスの自前体制も特徴ですね?〉

自社で開発し、金型の製造から生産ラインの自動機械の製造、ソフトの開発まで全て出来るのは強みです。会社全体が一つの研究機関的な機能を持ち、これが独自の商品開発にも役立っています。

〈アメーバ経営を唱導しています〉

会社が大きくなると、もたれ合いになります。各人の生産性を「見える化」し、個々人が成長しないと企業の成長もなく、採算性も改善できません。商品は必ず市場価格が低下する宿命で、常に新しい製品を出し続けないと企業は衰退します。

〈人材育成もカギですね?〉

募集には工夫を凝らしています。他社と違う点は、飛行機好きの優秀な理系学生に入社を呼び掛けていることです。私は34歳のとき渡米し米国で航空機操縦の免許を取りました。そのときの同期生で、ホンダの創業者・本田宗一郎さんの専属パイロットでホンダ航空の訓練所長だった渡辺良平さんを当社に招き、学生に無料で操縦教育してもらい、人材確保に努めています。さらに、創造性重視で学歴、国籍、年齢、在社年数、性別を問わず、様々な大学からタイプの違う人材を採用します。特に商品開発は、金太郎飴でなく、好奇心旺盛で積極的なタイプを集めないと会社の社風が駄目になります。

〈不況下は、人材も集めやすいでしょうね?〉

65歳定年延長が問題になっていますが、当社は健康で必要な人なら70歳近くまで働いてもらいます。中小企業は良い指導者がいないと若手の教育もできません。大手電機メーカーが九州工場を閉鎖したことで、優秀な工場長や部長クラスが相当数当社に入社。おかげで「売上百億円の壁」を越えることができました。家庭用品市場は景気の影響は軽く、不況期は製造コストも下がり、「不況またよし」です。

〈今後の方向性と将来ビジョンは?〉

蛇口一体型浄水器は、現在の売上の2倍(200億円)程度までは行きます。しかし、その間に次のビジネスを考えないと一製品分野依存は危険です。既

広島ショールーム

存の製品を海外に売るか、全く新しい分野に多角化するか。新分野の開拓に際しては、水回りにこだわらず、「お宅は何屋？」と言われる位、幅広く試行錯誤していくことも考えています。

〈さらなる海外展開については、いかがですか？〉

世界へ積極的にと言いたいところですが、人材が育たないまま中国等新興国に進出すると、力が分散し失敗します。そういう企業を沢山みてきました。騙されてもしぶとく生き残れる人材の育成です。京セラの稲盛（和夫）さんも言っていますが、海外進出や新規事業開拓には№2を出す心意気が必要です。№1を出すと本社があぶなくなります。当社は当面、まず散水器の世界最大メーカー、ガルディナ社のお膝元のドイツで駐在員事務所も開設しました。

〈株式公開の計画はありますか？〉

目下慎重に研究中です。資金調達、知名度アップなど色々とメリットがある半面、短期業績向上を迫られ、多くの最終顧客を抱える当社はM&A（合併買収）にあうリスクもあり一長一短です。いずれにしろ、上場基準をクリアする実力と社内整備は必要で、社内で株主総会、取締役会、執行役員制の役割など勉強させています。ただ「中小企業と腫れものは、大きくなると潰れる」といわれ、中堅、中小企業が意識だけ大企業になるのはマイナスで要注意です。

〈北九州の潜在力は？　今後の将来像と課題を〉

北九州はモノ作りの技術と人材の集積が厚く、発展の潜在力は豊かです。県市のグリーンアジア国際戦略総合特区構想には、当社も浄水、散水器技術等で寄与出来ればと思います。ただ北九州の工場は、臨海部が95％、内陸部はわずか5％で東日本大震災のような津波や地震に弱い構造であり心配です。今後は防災面から、また人材確保の面からも、緑に包まれた内陸工場用地を積極的に整備すべきです。その際、北九州は風致地区が全市面積の26％（福岡は3％）を占め、高さ制限も厳しく柔軟な対応が望まれます。

〈地域あげて製品開発も重要です〉

それには、まずトヨタ生産方式を勉強するなど基礎的競争力の強化も重要です。次いで世界に通用するどんな商品を作るか、それにはどんな人材がいるのかを点検し、ユーザーニーズと自社のコア技術をマッチングさせる。その点私は、最近の学生の理科離れが非常に心配です。理科が好きな子は、小学生で7割、中学生は5割、高校3割と激減。「理科好きの七五三」という言葉もあります。理科を面白く教えられるよう先生のレベルアップも急務です。

〈激動期の経営哲学は？〉

お客様との信頼関係の構築です。当社のCMは拡販よりも、浄水器ご利用のお客様に、安心してお付き合い頂くのが狙いです。それと「趣味と実益と社会貢献の一致」。社員も私も好きなことだと夢中で創造、それできちんと利益を出す。社会貢献では東日本大震災の被災地・岩手県普代村で故人の元村長・和村幸得氏が強い思いで15・5メートルの巨大水門と防潮堤を築き、住宅街が救われたと聞き感動、漁協に個人で密漁監視船を寄付させて頂きました。

〈座右の銘と趣味は？〉

「我ことにおいて後悔せず」（宮本武蔵）。クヨクヨしていると自分が潰れます。まず自分が潰れない、それには細かいことに拘らないことです。趣味は発明と飛行機操縦です。

髙城寿雄（たかぎ・としお）
1960年東京都大井職業訓練所修了、61年高城精機製作所創立、79年㈱タカギ設立、同代表取締役。95年立教大学法学部卒業。一橋大学大学院国際企業戦略研究科経営法務専攻修士課程修了。現在同博士課程在学中。（公財）北九州国際交流協会理事長、北九州日米協会会長。2013年盛和塾世界大会にて稲盛経営者賞製造業第一グループ（売上高50億円以上）第1位受賞。第5回ものづくり日本大賞経済産業大臣特別賞受賞。

㈱タカギ　小倉南区石田南2―4―1、資本金4億9800万円、設立1979年（創業1961年）、売上高166億円（2012年3月期）、従業員数584人、事業内容　園芸散水用品、家庭用浄水器、プラスチック用精密金型の開発、製造、販売、緑化事業。

第3部　新たな産業の台頭

戦前・戦後からの伝統的な製造業と並び、近年ウェイトを増しつつあるのが新しい産業です。「自動車産業」は、全国的には新顔ではなく、また市内の立地は限定的ですが、北九州経済圏という視点でみると、日産自動車九州にはじまり、トヨタ自動車九州、ダイハツ九州と段階的に進出が増え、関東、中京に次ぐ国内第3の、世界でも10指に入る新興生産拠点として重味を増しつつあります。開発も含めた一貫生産体制を確立し、アジアとのシームレスな分業体制を築くなかで、新たな基幹産業となり、部品メーカーも成長、素材産業の再生にもプラスとなりつつあります。

地球環境の保全、低炭素化が人類的課題となり、北九州市が世界環境首都を目指すなかで「環境関連産業」も、北九州エコタウンを中心に存在感を高めています。公害との闘いのなかで、技術力を磨いた素材産業の公害対策機器関連産業に加え、エコタウンに立地したリサイクル産業、スマートコミュニティ（節電実験都市）など低炭素化産業が集積しつつあります。また太陽光発電や最先端石炭火力の技術開発に取り組む企業も立地しています。

ソフトウェアなど「情報通信関連」では、金型ソフトの世界的メーカーをはじめとしたモノ作りを支える企業が特徴的ですが、不動産鑑定ソフトといった都市型ソフトでアジア企業との連携を進める例もあります。オンリーワン技術で全国展開を図る「ベンチャービジネス」の成長も期待されます。

17年間赤字後、自然流石けん開発

【シャボン玉石けん㈱社長（当時）】森田光徳さん（2003／12）

全国にお客拡大、長期不況の中で右肩上がりの成長を実現

◉信条

「好信楽（好きだと知恵も浮ぶ。世のための不屈の信念で楽しみながらやる）」

——シャボン玉石けんが、世界環境首都を目指す北九州市の第1回環境賞奨励賞を受賞した。消費者の身体と環境に優しいユニークな無添加石けんの独自性が評価された。17年間赤字を続け、倒産の危機に瀕するなかで、ついに事業化に成功。以後、12年間長期不況下でも右肩上がりの成長を続ける森田光徳社長に、新技術・新製品開発の秘訣を聞いた。森田さんは「赤字続きでも『おかげで子供の湿疹がなくなりました』というハガキ一枚の礼状が神様に見え、苦労が吹き飛んだ。あれが無かったら耐えられなかった」と目をうるませた。

〈第1回環境賞奨励賞受賞、おめでとうございます〉

森田　地道にやってきたことが評価され、嬉しいですね。無添加石けんの製造を始めて約30年、当時は環境とか身体に優しいとか誰も言わなかった。それ行けドンドンの高度成長期に、儲かっている合成洗剤が有害だからと無添加石けんに切り換えたため、「馬鹿だ」、「経営者ではない」と散々でしたが、自分で悪いと知ったものは売れない、という気持を貫き通しました。赤字が続いたが使った人から届く礼状が心の支えでした。お客様から礼状を貰える仕事など滅多

にありません。いつかは黒字になると虚仮《こけ》の一念でやってきた。身の回りに化学物質が氾濫し、環境破壊は年を追って問題化してきました。

〈デフレ経済下の洗剤業界の景況はいかがですか?〉

内外大手メーカーの合成洗剤が9割、私達の無添加石けんはまだ1割弱ですが、合成洗剤は頭打ち気味で、石けんが伸びています。アトピーとかアレルギーが増え、消費者が身体、環境に良いもの、安心できるものを求めている結果です。ただ、バブル崩壊後10年右肩上がりできた無添加石けんも、昨今年不況の影響か、纏《まと》め買いせず、必要分だけ買う傾向が出ています。

〈それにしても「失われた10年」に一貫して上昇基調とは特異ですね?〉

お蔭様で12年間確実に利益を出し堅調です。1990年の売上高2億円が今年(8月期)は55億円(27・5倍増)です。当時は販路が九州山口で赤字体質でしたが、91年合成洗剤と無添加石けんの安全性を比較した『自然流「せっけん」読本』を出版してから東京、大阪など全国から注文がきて、一挙に黒字に転換しました。現在、スーパー、百貨店、薬局など固定流通網で約5割を、残り5割を電話、FAX、最近ではインターネットによる注文が増えている通信販売で売り、当初1千人程度だった友の会会員も約18万人に拡大しました。店舗網が手薄だった関東などが多いですね。

〈1冊の本が起爆剤になったわけですね?〉

〔70年代、旧国鉄の依頼で無添加石けんを開発、それを使うと森田さん自身が長年悩まされた湿疹が消え、合成洗剤の生産を中止、無添加石けん専業に。100人いた社員も一時は5人にまで減った〕

合成洗剤を製造販売していた頃、月8千万円あった売上は無添加石けんに切り換えて78万円と1%以下に落ち込みました。以後17年間赤字続き、銀行も黒字転換前の3年間は融資をストップ、進退窮りました。少しでも従業員にと、私自身は給与を返上、毎月個人預金口座から生活費を引き出し、家内に渡しましたが、その預金も底をついてくる。無添加石けんの良さを世間に知ってもらえば必ず売れるという自信がありましたが、広告宣伝する余裕はない。そこで自分で解り易い解説本をと、毎朝3時から出勤前まで、日曜は終日書き続け、6ヶ月後に脱稿、友人の友人がいる農文協に送りました。「一読して駄目なら送り返してほしい」と。1週間後、「面白い。出します」

ユニークなシャボン玉石けん本社

の返事がきた。現在29刷目（約10万部）です。出版前は1ヶ月100万円だった通販の売上が今は1億円（100倍）です。商品が悪いと客は逃げていきますが、良くても必ずしも売れない。知ってもらってはじめて、「お宅の赤ちゃんも、湿疹があるね、ウチはこの石けんで治ったよ」と口コミで広がります。当時湾岸戦争で全世界に流れた油まみれの水鳥の映像で、地球はどうなるのかという危機感が世界に広がりはじめたという時代背景もあります。

〈環境保全、健康志向は時代潮流ですが、今後の事業をどう展開していきますか？〉

これまでの日用品に加え、新たに業務用品として「石けん系消火剤」分野への進出を考えています。3年前から北九州市消防局、北九州市立大、古河テクノマテリアルと共同研究してきた世界初の技術で、従来の合成洗剤中心の輸入消火剤だと飛散した泡に毒性が残りますが、これだと環境負担を大幅に減らすことができます。軌道に乗れば、国内だけでなく、韓国、台湾や欧米への輸出も可能です。成功すれば将来売上規模40～50億円、当社の第2の柱に育つ可能性も秘めています。また日用石けんの分野でも全日本デパートメントストアーズ開発機構と今夏、オリジナルの贈答用石けんを試験販売して好評で、加盟店に広げていきたい。また、琉球大学の研究陣とはじめたEM菌（有用微生物群＝下水処理、土壌改良、環境汚染防止用等に有効）と無添加石けんの併用の技術開発も新分野開拓に結実しそうです。海外は韓国の百貨店から無添加石けんを扱いたいとの引合いがあり、試験販売を始めています。幸い若手経営陣、社員も育ちつつあり、売上高100億円体制まで持っていって世代交代できれば、と考えています。

〈北九州経済の現状、潜在力をどうみますか。そして提言を〉

エコタウンや響灘大水深港湾の整備、小倉伊勢丹の来春開業、あと4～5年したら確実によくなると見ています。不況といい、商店街に活気がないのも確かですが、緑が多く、食べ物が新鮮で安く、こんな住み良い街はない。観光資源も豊富です。当社も工場見学という形で毎年約1万人の「産業観光」客を受け入れています。半分は小中学生の修学旅行などで、無添加石けんの生産工程や合成との違いなど実地に環境問題を学ぶ目的で全九州からバスを乗りつけ、勉強後、スペースワールドなどへと向っています。市の将来像は鉄の街のイメージからは卒業すべきですが、他所で出来ないものを創る「もの創りの街」にはこだわりたい。金型、無添加石けん、その他色々あります。日本一が結構多い。焼きうどん、パンチパーマも北九州生まれ（笑）、色んなアイデアと技術が生まれる街です。底まで沈んだら、あとは昇るだけ、悲観からは何も生まれません。苦しいときほど笑顔を、が私の主義です（笑）。

〈転換期の経営哲学を〉

金儲けだけを考えては駄目で、世間の役に立つことを志と感謝の念を持ってやる。一人では何もできません。「駕籠に乗る人、担ぐ人、そのまた草鞋を作る人」といいますが、草鞋でも作らせて貰えるという感謝の気持を忘れない。体験上、金を儲けようと思ってやると、大概失敗します。世の中の為になることを一生懸命やっておれば、結果としてお金がついてきます。

〈座右の銘と趣味を〉

〔年100回超の講演、年7回発行の友の会だよりの巻頭言執筆で多忙〕

「好信楽」。何事も特に仕事は好きでないといけない。好きだと知恵も浮び、身体も使い、苦になりません。次にこれは世のため、人のためになるという不屈の信念を持つ。それを楽しみながらやる。赤字が続いても未知の消費者から、「おかげで子供の湿疹がなくなりました」などと礼状がくると、苦労が吹き飛びました。趣味は酒を飲むことと古典の読書。社員の発案ではじめた月1回の始業前勉強会では「大学」や「論語」を輪読しています。2000年の風雪に耐えた古典は歳とともに味が深く、時流に乗ったベストセラー物はほとんど読みません。

森田光徳（もりた・みつのり）
1954年学習院大学卒、㈱森田商店（現シャボン玉石けん㈱）入社、64年社長。若松を愛する会会長。（2007年他界）。

◆世界環境首都を目指して——試練を超えて

消火剤共同開発と感染症対策

【シャボン玉石けん㈱社長】　森田隼人さん（2010／03）

無添加石けんの進化　「衛生管理」など新分野にも注力
強みは工科系大学・人材の集積　産学官連携で雇用の創出を

◉信条

「父の『好信楽（自社製品を好きになり、良さを信じ使ってもらうことを楽しむ）』」

——「人と環境に優しい」無添加石けんの開発・販売で成長したシャボン玉石けん（若松区）は今年2月、創業100周年を迎えた。石けん系消火剤の販売、感染症対策研究センターの設立……と、同社は環境や健康などの新分野の開拓に注力している。森田隼人社長は30歳の若さで先代カリスマ社長の後を継いだ。気鋭の3代目に事業継承法や今後の経営戦略などを聞いた。

〈創業100周年ですね〉

森田　当社は1910（明治43）年に祖父が日用雑貨問屋「森田範次郎商店」を起業し、戦後、父の光徳が32歳で2代目を継ぎ、合成洗剤の販売で繁昌しました。たまたま旧国鉄の依頼で無添加石けんを開発したのがきっかけで、自分が長年苦しんだ湿疹の原因が合成洗剤であることに気付き、周囲の反対を押し切って合成洗剤の販売をやめ、無添加石けん専業に切り替えました。8千万円あった月商が78万円と100分の1に激減し、約100人の従業員も見切り退職で5人になり、

17年間赤字が続きました。しかし、無添加石けんの社会的有用性を信じ、自ら『自然流「せっけん」読本』(20万部)を書き、ブランドを築き上げました。

〈隼人さんはさらに若い30歳で3代目になりました。経営理念は？〉

大学卒業後すぐ入社。まず工場で経験を積み、その後1年の半分は東京をはじめ全国で営業を、残り半年は新分野の消火剤開発などに携わりました。07年、代表取締役社長に就任し、以来「健康な体ときれいな水を守る」企業理念の下、石けん部門では使い勝手の良い液体石けんを開発しました。幸い売上高は毎年2ケタの伸びで、固形と並ぶ4割のシェアを占め、生産能力倍増のため工事中です。

〈北九州市立大学、市消防局などと共同で石けん系消火剤を開発し、商品化しましたね〉

水の豊富な日本では消火に水を使うのが当たり前ですが、海外では早くから「少ない水でどう消すか」が重要テーマでした。日本でも阪神淡路大震災の一斉消火で貯水タンクが枯渇し、ビル火災では放水で下の階が水浸しになる被害も大きく、近年「少ない水でどう消すか」が緊急課題となりました。北九州市消防局が米国製消火剤を試用したら、消火効果は大きいが泡が消えず、環境への影響を心配されて当社に相談をいただきました。

〈石けんで火を効率的に消せる？〉

壁に放水すると、表面張力の関係でほとんどが跳ね返り、消火に効くのはわずか1割です。ところが、石けんを混ぜると、表面張力が下がり、水の滲み込む面積が格段に広がることにより、少ない水で消火できることがわかりました。市、大学等と共同で800種類もの消火剤を試作し、7年間辛抱強く実験しました。途中から消防車・消火器メーカー、モリタ(大阪市)も参加し、消火剤搭載の消防自動車も完成し、発売に漕ぎ着けました。

〈現在の普及状況はいかがですか？〉

当社の消火剤を搭載した消防車は全国に約300台。国内の全消防車(1万4千台)の2%ですが、毎年1千台ずつ更新され、そのうち100台が当社の消火剤搭載です。

海外でも環境に優しい消火剤は未開発で、昨秋、姉妹都市の米国タコマ市で市消防局と共同でプレゼンしました。寒冷地ではやや使い勝手が悪いので、引き続き品質向上の共同研究を大学と続けています。

〈山火事や林野火災用の消火剤の開発・研究もしてい

環境に配慮した産学共同開発の
泡消火剤による消火作業

るのですか?〉

米国、豪州をはじめ世界中で山火事が頻発し、国の助成で研究をスタートさせました。山火事は水では火勢を止められず、泡の遮断効果で消すのが最も合理的です。しかし、環境に悪影響を及ぼすものは使えず、当社の出番になります。現在以上に発泡効果の高い製品が求められています。研究員が昨年、イタリアで空中消火の研究学会に初参加しました。北九大の先生は「来年中に実用化も可能」と言われ、市場規模は一般建物用以上になるでしょう。

〈新型インフルエンザが流行していますが、広島大学と感染症対策のハンドソープを共同研究し、年末に発売しましたね〉

パンデミック対策として、NPO瀬戸内海環境会議の紹介で広島大学と共同実験すると予想以上の効果でした。消火剤開発のときのノウハウを生かし、抗ウイルス効果のある石けんを選り分けました。次に、製品を産業医大と共同で病院内で試用し、殺菌効果が実証されました。手洗いで荒れた手に雑菌が繁殖する院内感染が懸念されていますが、手肌へのやさしさはそのままに、感染病予防の有効性が実証されました。石けんの新たな可能性として、販売に注力します。

〈昨年末、社内に感染症対策研究センターを新設しましたね〉

家庭・医療施設・高齢者施設の衛生管理を提案するためです。センター長は九大名誉教授、副センター長は産業医大教授。いずれも感染症の専門家です。センターと言っても箱モノはなく、各研究室で研究し、成果を学会で発表します。当社はコーディネート役です。

〈営業面では東京営業所を新設しました。内外の市場開拓策は?〉

「無添加石けんの安全性」を広める作業が重要です。関東は国内最大の市場ですが、売上高の構成比は九州と同じ程度です。人口比でいけばもっと売れるはずなのに、これまでは出張販促しかやっていませんでした。それで08年に営業拠点を作りました。現在売上は多少増えた段階ですが、将来は3～5倍に増やしたい。

海外は韓国、台湾、シンガポール、タイ、中国、ロシア、米国、豪州等で代理店に商品を輸出しています。アジアではコメと同じで安心安全のイメージで富裕層に人気があり、着実に伸びています。韓国が最も多く、中国はこれからです。

〈激動期に30歳の若さで創業社長の後を継ぎましたが、事業継承に当たって何を心掛けましたか？〉

まず企業理念の継承です。無添加石けんを創造した先代の偉大さはブレなかったことです。無添加石けんに切り替えて会社は破綻寸前になりました。それでもなお「健康な体ときれいな水を守る」という信念を貫いたのは凄い。

一方、インターネットなどには関心がいまいちでした。インターネットは今や販売促進だけでなく、情報発信の場としても急伸しています。先代が築いた土台の上に時代の変化を加味して、ブレず発展をと努めています。

〈地場企業でも2代目、3代目が増えています。難しさは？〉

ご自身で起業された経営者は「自分は思い切って自由にできる」と言います。「自分が作った会社だから、自分の代で無くなっても納得がいく」という思いもある。しかし、私達2、3代目は、長年会社を支えてくださったお客様や従業員の信頼を裏切ることは絶対できないというプレッシャーがあります。先代が築き上げた信用を維持しながら、新しさをどう付加するか、日夜腐心します。

〈現場の技術継承も課題ですね？〉

「釜炊き10年」。当社の石けん製造法は1人前になるのに10年かかると言われています。現在も、父と苦労を共にした元取締役工場長に週1回、ご指導いただいています。石けん一筋60年の方で、技術面だけでなく「シャボン玉精神」を継承する力強い援軍です。会社が苦しかった時の体験談も参考になります。

〈今後の戦略と将来ビジョンはいかがですか？〉

少子高齢化で市場の縮小は免れません。数少ない子どもに愛情とお金と時間を注ぐので、一つを選ぶ時のお客様の目は逆に肥えます。

無添加石けんと合成洗剤との違いをどう伝えてい

コールセンター

くか。メディア、インターネットなどあらゆる手段で種を播き、消費者と対話を重ねていきます。石けん作りの技術・ノウハウをもとに、健康、環境、防災などの社会ニーズを先取りし、無添加石けんを中核に感染症対策、消火剤、その他の新製品開発で、現在60億円の売上高を１００億円まで伸ばせればというのが目標です。

〈消費者ニーズをどう汲み上げますか？〉

通信販売を行っていると、電話やネットでお客様の様々な声が入ってきます。お褒め、お叱りの全てに目を通し、幹部全員に回します。新製品の８割はお客様の声から生まれます。「石けんが酸化して臭いのがあった」と聞けばすぐ現場を調べ、「お蔭で子供の湿疹が治りました」と聞くとお金を貰って感謝までされる喜びで一段とやり甲斐が出ます。

〈北九州経済の潜在力と問題点は？　そして活性化への提言を〉

モノづくりで素晴らしい技術の集積があるが、それを消費者にうまく伝えるのが苦手と聞きます。最大の潜在力は多様な大学があることです。北九大と共同で消火剤開発に取り組み、初めて大学の凄さを実感しました。当社研究室のレベルは急上昇し、目に見えない利益です。研究・実験機材は当社では考えられない高水準のものが揃い、多くの学生が研究に従事してくれます。モノの見方も私達には思いもよらない角度から論理的に考え、学ぶ点が非常に多い。大学側も学生に社会経験をさせるメリットがあり、北九州は産学連携の最適の環境にあります。

また、西日本工業大学デザイン学科が授業で当社の製品デザインのプランニングをしてくれました。1年目は残念ながら不採用でしたが、今後も若い力を借り、一緒にやっていきたい。北九州学術研究都市は大きな武器です。そこで学んだ卒業生が地元に残りたくなるような魅力を地元企業が発信し、新たな雇用を創造できれば、技術都市・北九州を維持・発展させる可能性は十分あります。

〈経営哲学は?〉

先代が説いた「好信楽」です。シャボン玉石けんを好きになり、その良さを信じ、それを使ってもらうことを楽しめてこそ、企業の存続・発展があります。朝7時半に出社し、社員と一緒にシャボン玉石けんでトイレや床を磨き、汗を流すのが楽しみです。

〈座右の銘と趣味は?〉

座右の銘も「好信楽」。趣味は年に1回のスキューバダイビングと、車通勤の途中「ボサノバ」を聞くことぐらいでしょうか。

森田隼人（もりた・はやと）2000年専修大学経営学部卒、父の経営するシャボン玉石けん㈱入社。01年取締役、02年副社長、07年シャボン玉石けん㈱、シャボン玉販売㈱等グループ4社社長。

シャボン玉石けん㈱　若松区南二島2―23―1、設立1949年（創業1910年）、資本金3億円、従業員数89人、売上高62億円（09年8月期、連結）、事業内容各　種石けん、シャンプー、リンス、ハンドソープ、漂白剤、天然消火剤等の製造販売。

◆「世界環境首都」を目指して――長期不況との闘い

資源循環型社会をめざして

【北九州市環境局長（当時）】 奥野照章さん（2001／10）

響灘エコタウン好スタート、学研都市と静脈産業育成

◉信条

「明るく前向きくよくよせず、いつも相手の立場に立つゆとりを」

――循環型社会のモデルづくりを目指し、響灘の閉鎖工場跡に整備された北九州エコタウンが、国内最大のリサイクル企業の集積地として、内外から４万人の見学者を集めた。基礎研究から実証研究、事業化の３分野を全て持つ北九州エコタウンの特徴、今後の展開、課題、静脈産業基地の可能性などを市環境局長の奥野照章さんに聞いた。

〈北九州博覧祭のメインテーマの一つは「環境」ですね？〉

奥野　１９０１年の八幡製鉄所創業にはじまる産業都市・北九州は４大工業地帯の一翼として発展した半面、産業公害に悩みました。この「影」の部分を企業、行政、大学、市民が連携し克服しました。この経験を活かした環境国際協力とエコタウンなど環境産業への取組みを再検証し、21世紀にさらに発展させます。また博覧祭終了後は展示施設を拠点に環境教育、学習にも力を入れます。

〈響灘エコタウン（41ヘクタール）は建設中も含めペットボトル、ＯＡ機器、自動車、家電、蛍光管、医療用具の６リサイクル工場、20の実証研究施設が立地。土地賃貸方式の中小リサイクル団地は自動車解体業７社、

環境ベンチャー17社が進出、全国14指定地区でも抜群の集積を誇る」

〈エコタウンは昨年海外からも含め4万人の見学があったそうですね〉

末吉興一市長を先頭に、各界の協力で予想以上に集積が進み、国の環境関連立法や循環型社会の思想に適合する先駆的事業となりました。最近国の都市再生本部ができ、来年度の目玉の一つとして首都圏でも実現の機運です。この要因は市内の関連技術と人材の蓄積、産学官民のチームワークに加え、響灘の2千ヘクタールの広い土地を擁し、他都市が一番苦労している管理型処分場が立地している地の利、そして各分野でキーパーソンに恵まれたことです。学術研究都市、実証研究エリア、総合環境コンビナートと基礎研究から実証研究、事業化の3分野を全て持つのが強みです。

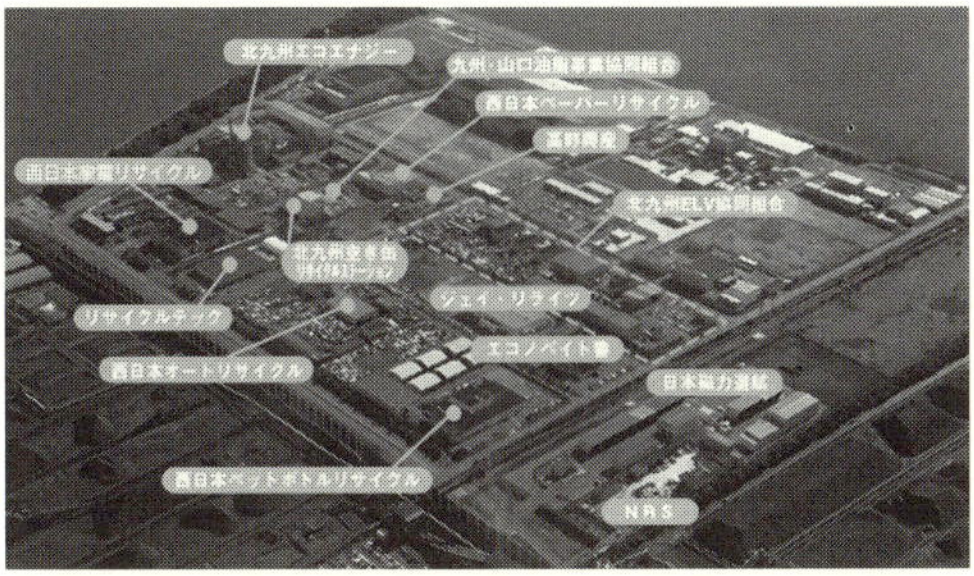

エコタウン全景

〈今後の展開方向と課題を〉

コンビナートは今後、建設、食品、木材、紙の各廃棄物のリサイクル施設整備も予定しています。響灘で立地計画中のPCB処理事業は環境事業団が行う事業として国から要請を受けたものですが、これは北九州の技術力や人材、エコタウン事業などの先進的な環境政策が高く評価されたもの、わが国廃棄物問題に先導的役割を果すことが出来れば大変意義があります。

また実証研究20施設は3～5年間で研究成果をあげれば役割は終わるサンセット方式で、第2期の展開を考える必要があります。ゼロエミッション（廃棄物ゼロ）のためには、残渣を溶融施設で処理し、副成物を原料や電力に転換する複合中核施設が必要です。立地企業間で排出物や製品の相互活用を図るコンビナート内の連携も是非具体化したいものです。緑化、景観形成もふくめ、エコタウンという名にふさわしい周辺整備も宿題です。最大の課題はエコタウン地域は初期投資の2分の1の国庫補助が貰えますが、その継続です。環境産業は正直いって収益性は高くありません。経営負担軽減のための国の支援が発展の大きなポイントです。市としてもエコタウンの中核施設となるエコタウンセンター（2001年6月開館）で見学者説明や研究支援に力を入れていきます。

〈もう一つの環境国際協力については？〉

北九州国際技術協力協会（KITA）が大きな役割を果しています。私も5回ほど東南アジアに行きましたが、戦後北九州が公害に悩んだころによく似ています。アジアは世界的成長地域ですが、排水処理も大気汚染管理もできていません。ゴミの山で子供が金になりそうなものを引き出しています。中国大連市への環境協力は81年の谷前市長時代に遡り、87年末吉市政でJICAの協力を得て幅広い国際協力事業になりました。大連の事業は地方の取組みにODA資金の提供を受け、インドネシアのスマラン市、フィリピンのセブ市、ベトナムのホーチミン市でも推進中です。その共通点は新日本製鐵等が公害対策の中で取組んだクリーナープロダクションという省エネなど低公害型生産技術の導入、指導です。ただODAの資金的支えがないと一自治体では限界があります。北九州の企業の現地ビジネスの拡大も重要です。

〈昨夏のアジア太平洋環境閣僚会議には43ヶ国・地域、500人が参加しました。その成果「北九州イニシアチブ」声明をどう具体化しますか？〉

北九州イニシアチブの最大の特徴は、本来は国家間の環境改善の会議ですが、第一線で実務を担当する都市に焦点を当て、北九州の取組みをモデルにアジア太平洋の都市群が環境改善を約束し、国がそれをバックアップすることです。実践に向け11月20日、第1回ネットワーク会議を北九州市で開催して、先進事例を報告し、具体的にプロセスを検討します。各国とも国の支援が必要で、ローカルODA＝地方自治体枠がほしいですね。

〈研究学園都市の役割はいかがですか？〉

北九州市には基礎研究、実証、実業が徐々に一体化する良い土俵ができつつあり、これらを経験できる人材育成の場が研究学園都市です。テーマは情報通信と環境の2つですが、両者は切り離せず一体です。日米市長会（99年10月）で環境最良情報を都市間で共有する構想が決まりましたが、これをさらにアジア太平洋地区に情報発信して行きます。また福岡県リサイクル総合研究センターは、大牟田、北九州で集積した環境技術情報をアジアに発信し、産学官の共同研究拠点にする構想と聞いています。

〈戦略産業「環境関連」が北九州の産業構造転換に果す役割をどうみますか?〉

動脈産業の国内総生産約500兆円に対し静脈産業（環境産業）は20兆円で、静脈が動脈にとって代わることはありえません。しかし今後ウェイトは高まっていきます。同時に重要なのが「産業の環境化」です。物質収支で日本産業の再生資源利用はわずか1割です。これを各企業が増やす気にならないと環境産業は拡大しません。バージン材（新品）でなく、使える再生資源は極力使って頂きたい。また自動車の製造工程と逆の工程で解体している現場をメーカーの設計者が勉強しています。リサイクルしやすい製品の生産方法を考えることも重要です。消費者も再生品を積極的に使ってほしい。国がグリーン購入法を制定しましたが、日本の社会システム、消費構造として再生資源を活用する空気を作らないとうまく回りません。廃棄物収集の入口から中間処理を経て、再生品利用の出口まで、動脈硬化を起こさず、ぐるっと回る循環社会システムに変えて行く。そのきっかけを造るのが北九州エコタウンです。私達の基本スタンスは、全てを市民に公開することですが、一方で事業所、企業はもちろん、市民も自分が出した廃棄物の行方に関心を持って頂きたい。これこそが資源循環型社会の精神的基礎と思います。

〈最後に信条と趣味を〉

何事にも明るく、前向きにくよくよしない。いつも相手の立場に立って考えるゆとりを持ちたい。趣味というより勤務時間外は酒、麻雀、ゴルフ、庭いじり、どれも中途半端で下手です（笑）。

奥野照章（おくの・てるあき）
1966年立命館大学法学部卒、北九州市役所入庁、企画調整部長、97年4月環境局長。（2002年退職。ひびき灘開発社長、05年北九州エアターミナル社長、11年門司港開発社長）。

北九州市環境局　業務内容　公害防止、廃棄物処理、環境政策立案他、職員数816人（当時）。

世界初の自動車再利用技術

〔西日本オートリサイクル㈱（WARC）社長（当時）〕
和田英二さん（2004／06）

解体（再利用）の技術開発を　視察相次ぐ、中古部品を拡販

◉信条
「権限委譲と複眼思考」、「誠心誠意」

——自動車リサイクル法がいよいよ来年1月施行される。西日本オートリサイクル（若松区）は、鉄鋼関連の吉川工業が80年余蓄積してきた鉄スクラップの処理技術を中核に、「シュレッダーダストを出さない世界初のリサイクル技術」を売りに、2000年2月エコタウン内で操業を開始した。和田英二社長に現状と課題を聞いた。和田さんは「20世紀の最大の反省点は再利用の技術開発を怠ったこと。北九州の課題は今までのモノ作りとは違う新たなモノ作りの創出」と語った。

〈自動車リサイクル法の施行が迫りました〉

和田　自動車のメーカー、ディーラー、解体の各業界が準備に懸命です。自動車1台の重量は約1トンで、鉄と非鉄金属が8割弱、残りが樹脂、ゴム、硝子などです。静脈産業は、解体業→シュレッダー（破砕）業→最終処理業の3業種です。廃車後はまず解体業が中古部品を取り出し、残った車体殻をシュレッダー業が破砕、金属類を回収し、最後の残渣を最終処分業が処理する仕組です。最終処分場不足と不法投棄問題もあり、1昨年同法が成立しました。

〈最近、内外から視察が相次いでいますね？〉

マハティール前マレーシア首相をはじめ、国連

大学、ＥＵ、韓国、中国、東南アジアや国内から累計３万５千人に視察頂きましたが、１割以上は自動車メーカー、特に設計関連です。当社の中核技術は、鉄スクラップを80余年手掛けてきた吉川工業（八幡東区）の蓄積技術の活用を狙った経営多角化の一環で生まれました。国内の年間廃車は約５００万台、発生する鉄屑は約３５０万トン、八幡製鐵所の年間粗鋼生産量に匹敵します。自動車は初めてでしたが、「高炉メーカーも使える高純度鉄屑を、より資源循環的に、既存企業と差別化できる独自技術で」回収しようと特別チームを結成、手作業でギリギリまで不純物を除き、鉄純度を高め、残渣を出さない「シュレッダーレス手法」を開発、まず八幡製鐵所構内で実験し、次いでエコタウンで事業化されました。

西日本オートリサイクル工場の全景

〈解体から再利用までの具体的な流れは？〉

自動車メーカーの組立ラインが順次部品を取り付けて行くのと丁度逆で、完成車から部品を逐次取り外します。まず「液抜き」工程でオイル等を、「前処理」でタイヤ等を抜き、「解体」でエンジン等を外し、「非鉄金属回収」で銅等を除く順序で解体し、鉄だけ残った車体をプレス機で鉄塊に固め、鉄鋼メーカーの転炉用に納入します。１日45台、１台平均８分30秒の処理能力でスタート、現在月間１５００台処理体制です。鉄スクラップの販売だけでは事業が厳しく、回収した中古部品の販売に力を入れ、今では鉄スクラップ４割に対し、中古部品を６割まで増やし、中古部品の取れそうな車の集荷に努めています。

〈この新方式への反響と採算性はいかがですか〉

設備投資の補助金を国から５割頂き、各方面にオープンにしています。また吉川工業がこのノウハウを販売するエンジニアリング事業をはじめ、国土の狭い日本向きのＷＡＲＣとして類似の方式は北海道など全国に増えています。内外の自動車メーカーでは「解体しやすい車作り」設計の参考にして頂いています。操業開始以来、採算性確保のため、コスト削減の治工具（生産をアップさせるために使用する道具）開発と環境整備に力を入れる一方、中古部品の販売拡大に努めてきました。現在、出資企業からの出向者の人件費支援を受けて、営業黒字を出していますが、まだまだ経営努力を要します。福岡を中心に廃車を集め、中古部品は、業界の在庫情報の共通化オンラインを通じ、全国に販売しています。

破砕工程

〈今後の展開と課題は？〉

「リサイクルの産業化」時代と言いますが、環境産業の難しさは排出量とパイが限られ、廃材の取り合いになることです。リサイクル法の成立で車所有者がリサイクル費用を負担、メーカーが価格に上乗せして徴収し、特にシュレッダーダスト処理、フロン・エアバッグの回収を進めることになり、新規参入がさらに増えます。設備過剰、過当競争も懸念される中、目指すは、排出者、自動車メーカーから信頼され「選ばれる企業」です。法施行は地位向上の千載一遇のチャンスと思います。

〈北九州エコタウンに立地する利点はありますか？〉

大いにあります。20リサイクル施設が集中立地、約30万人が視察に訪れ、全国のトップランナーとして素晴らしい成果をあげています。ただ、敢えて今後の課題をあげると、「環境産業コンビナート」とは言え、当面、脈絡のない企業がワッと立地した段階で、物流面など事業者間の連携が十分とはいえません。自社の立上げに必死で手が回らない面もありますが、次世代のエコタウンは、テーマを絞り、たとえば「自動車環境産業コンビナート」なら解体業、リビルド（加工再生）業、オークション会場があり、業者も消費者もここにくればワンストップ（一つの取引所）で取引できるシステムが欲しいですね。

〈エコタウン2期計画は、リユース（再利用）、リビルドの機能集積もうたっています〉

私達の思いや反省と市の2期計画が一体となって、より進化したエコタウンになることを期待します。廃車だけでもお隣の自動車リサイクルゾーンと合わせ、年間5万台集まります。用地は2千ヘクタル、潜在力は十分です。中古製品の販路拡大が今後の課題だけに、もっと人の集まる地域にしたい。私も一員の

「響灘鳥が囀る緑の回廊創設」検討委員会でも議論中ですが、私は響灘の土地利用を工業用に限定せず、エコ「タウン」らしい集客型地域作りも必要と思います。

〈北九州経済の潜在力をどう評価しますか？〉

私も含め20世紀の最大の反省点は「もの壊し」（再利用）の技術開発を怠ったことです。リサイクル原料は新鮮材より割高だからと使わない。これを使ってなお収益の上がるコストへの挑戦、技術開発が急務です。環境問題は「地域」の環境問題です。20世紀は規模利益追求の大量生産型設備しか開発しませんでした。しかし、「地域」はパイが小さい。そこに大型設備を作ると、ムダな物流費、エネルギー費を使い北海道からまで集材しないと稼働率が上がりません。21世紀は地域のパイに見合った小型の設備開発が不可欠です。今までのモノ作りとは違う、北九州の新たなモノ作りの課題です。また工業だけだと効率化↓人口減が不可避で、3次産業の振興も重要です。5年間米国南部の100万都市ヒューストンで勤務しましたが、近くに同規模のダラスがあり、雑誌が定期的にあらゆる指標で両市の比較を掲載、両市は必死で魅力的街作りを競っていました。北九州、福岡も更に切磋琢磨すべきです。

〈激動期の経営のポイントは？〉

「権限委譲と複眼思考」。部下を出来るだけ信頼して仕事を任せる。提案も一人の意見だけでなく、必ず反対の立場の人の意見を聞いて、最終判断するように心掛けています。

〈座右の銘と趣味を〉

「誠心誠意」。真心こめてやれば必ず信頼してもらえます。無趣味で家内から「何か趣味を作れ」と詰め寄られています（笑）。

和田英二（わだ・えいじ）
1966年大阪大学基礎工学部卒、八幡製鐵（現新日鐵住金）入社。92年八幡製鐵所シームレス鋼管部長、95年吉川工業取締役八幡支店長、99年西日本オートリサイクル社長。（2006年西日本オートリサイクル退社。07年北九州国際技術協力協会・技術協力部専門部長。12年同退職）。

西日本オートリサイクル㈱　若松区響町1―62、資本金1億円、設立2000年2月、売上高5億5千万円（当時）、従業員32人（パート除く）、事業内容　使用済み自動車の分解・処理、中古部品の販売・輸出。

◆世界環境首都を目指して――世界的景気拡大のなかで

北九州で「動脈と静脈を結合」

【日本磁力選鉱㈱社長】原田光久さん（2007／04）

エコタウンに非鉄金属総合リサイクル工場建設　新システム創造を

◉信条

「資源は有限、創意は無限」、「『我も人も』の共生主義で」

――日本磁力選鉱（小倉北区）が、北九州エコタウンで非鉄金属総合リサイクル工場を立ち上げた。鉄鋼関連のスラグ（鉱滓）から使える鉄分を選別、再利用するのが本業の同社は、リサイクル技術を選別が難しいとされてきた銅、アルミ、マグネシウムなど非鉄金属にも拡大する。原田光久社長に新工場の特徴、海外戦略、などを聞いた。原田さんは「動脈産業（ものづくり）と静脈産業（リサイクル）の結合が北九州の課題」と指摘する。

〈資源環境問題が深刻化する中、リサイクル産業の業況はいかがですか？〉

原田　環境規制は国により基準が違いますが、日本は近年、急速にリサイクル基準を厳格化、さらにＢＲＩＣｓ等新興国の台頭による資源不足もあり、循環型社会の実現は地球的課題となりました。創業以来「モノを大切に」という理念で、リサイクルに力を入れてきた当社にも追風です。

創業者原田源三郎さんの自筆のパネルの前に立つ原田社長（右）

〈エコタウンで非鉄金属総合リサイクル工場を立ち上げましたね〉

創業当初は、鉄鋼関連のスラグ（鉱滓）から使える鉄分を選別して再利用する事業が中心でしたが、銅、アルミなど非鉄分野にも拡大、関東以西の各地で事業展開しています。非鉄リサイクル技術の集大成として、若松区響灘のエコタウンに新工場を建設、目下内容を充実中です。最近の売上増は、主力の鉄鋼関連の増産に加え、非鉄など他分野への拡大努力も芽が出てきたことでしょうか。

〈主力は鉄鋼関連で、製鋼スラグ処理の全国シェアは約30%で国内トップです。現状はいかがですか？〉

スラグを破砕し、鉄分とその他に選別して、粒鉄は鉄鋼メーカーに、残りはセメント原料、路盤材、土木用資材として各業界に販売します。各地の製鉄所構内で受託処理したり、全国から苅田工場等に買い集めて集中処理したりしていますが、中国特需も影響する鉄鋼業の活況と価格の上昇で、当面順調です。副産物のセメント原料は、他の成分を混ぜて各セメントメーカーのご希望の副資材に作り替え、付加価値をつけています。リサイクルの妙味は、不純物を取り除く「引き算」と、副産物に付加価値をつける「足し算」の創意工夫にあります。

国内最大級の非鉄金属総合リサイクルを目指すひびき工場の第３期プラント（若松区響町）

〈今回建設した非鉄金属関連の新工場の特徴・強みは何ですか？〉

アルミや銅の廃棄物や加工屑を選別、精製してアルミ合金や伸銅メーカー等に販売していますが、最近はマグネシウムも増えています。非鉄金属は、様々な金属が混った複合材が多く、その選別技術がポイントです。新設のひびき工場は、家電や自動車のラジエーター、被覆銅線や各種複合金属を、まず磁力選別機で鉄とその他に分け、鉄以外の資源は風力選別機で軽いアルミと重い銅、アルミ混合物に選別し、各々再利用します。加えて、エコタウンに立地する多様なリサイクル工場の複合材の選別や再利用にも当社の分別技術を活用できれば、と考えています。

〈環境関連機器の製造販売や海外事業にも力をいれていますね〉

直営、受託加工のほか、その過程で自社が開発した選別機器等を販売したり、その操業技術を移転するエンジニアリング事業も強化しています。特に、新興国では、今まで未利用で処分していたスラグから、鉄分を回収するニーズが増えています。最近（05年）、中国上海の宝山製鉄所系列のステンレスメーカーと合弁で現地にリサイクル工場を開業しました。そこでの実績をもとに次なる市場開拓に期待しています。

〔日本磁力選鉱は、07年、宝山に続く中国市場開拓のため現地パートナーとスラグ処理の技術協力契約を締結、これまで3つの製鉄所に技術協力。次なる市場として、インドやアセアン諸国を調査している。また、海外（韓国、中国、インド）の大手製鉄所向けに冷間圧延油の脱鉄機としてハイガムスの受注が増加している。同社の磁力選別技術が高級鋼（電磁鋼板、高張力鋼板）の品質向上に欠かせないとの評価から、今後も高ガウス磁力選別機のグローバル需要に期待している〕

〈貴社のコア（中核）技術は、「選別技術」ですね。その特徴は？〉

選別技術は創業期、高炉ガス灰やスラグから鉄分を回収した時以来、蓄積・改善を重ねてきました。様々な素材の混合物を、磁力や風力、静電気、磁気反発力等を使って分けます。混じり方で選別方法を変えたり、組合せたりで、より効率的、合理的に選別します。外見的には他社と同じでも、分け方、技術の組合せ方等で違いがあり、それが独自のノウハウです。

〈循環型社会移行、ゼロエミション（廃棄物ゼロ）が企業の課題となる中、産業界のニーズは高まっていますか？〉

このところご相談が増え、十年前はリサイクルを提案しても興味も示されなかった需要家が、最近では向こうから相談にみえます。かつては、リサイクルを考えず、最終製品さえ安く作れば、という動脈主体のモノづくりでしたが、最近は副生品まで考えた製造を重視、こちらも「こう作って貰うとリサイクルしやすい」と言い易くなりました。リサイクル法の影響もあり、リサイクル製品の受入れ先や、どう使うかの関心も高まり、元の素材に戻す「水平リサイクル」も増えてきました。二酸化炭素発生を少なくし、省エネルギーで鉄等を創ることで温暖化防止に寄与したいですね。

〈今後の方向性とビジョンを聞かせて下さい〉

中国特需などによる鉄鋼業界の活況で最近は「新鉄器時代」の声までも出ていますが、リサイクル先進国として海外需要の拡大も期待できる半面、私達が名前すら知らなかったミッタルスチール（オランダ）がM&Aで一躍、新日本製鐵の数倍のメーカーになるなど、全く先の読めない時代となりました。どの国からも抑えられない過剰資金が世界を駈け回っているという話もあります。その中で、しっかりやらねばなりません。「CRS（「企業の社会的責任」重視の経営）に積極的に取組み、資源循環型社会に技術で貢献する総合リサイクル企業」を目指し、昨秋中期経営計画を策定、推進管理委員会も設置しました。最終処分場不足で、貴重なリサイクル資源の海外流出もみられ、国際循環とは言うものの、果たしてこれで良いのか、私達の技術力でもっと国内で再利用できないか、との思いもあります。株式公開は当面考えていません。M&A時代には、非上場もメリットがあります。

上海の合弁会社の起工式（2007年）

〈北九州経済の、特に環境技術面の潜在力とあるべき将来像を〉

エコタウンや学研都市の整備で、研究開発から生産までの一貫体制ができた所へ、自動車産業の大量進出です。リサイクル産業の難しさは、廃棄物の原料構成の多様さ、複雑さにあり、その選別分離がポイントで、動脈産業のメーカーと静脈産業のリサイクル企業の情報交換、リサイクルを考えた製品作りがカギになります。北九州はその最先端にあり、動脈と静脈が結合して血液が回り出すと、今までにないものが生まれる可能性があり、大きな潜在力です。進出企業もここならキチンとやって貰えるという安心感で出ておられる。産官学の連携がより重要になります。

〔同社の非鉄金属リサイクル事業は、05年の1期事業（家電・自動車リサイクル事業所から発生するラジエター類の処理）に続き、家電・自動車スクラップの全量国内リサイクルを目指し、08年2期事業（ミックスメタル、ハーネス等の処理）を展開。さらに携帯電話・小型電子機器回収実証実験の成果をもとに、12年3期事業（レアメタル・貴金属濃縮回収）と、段階的に事業の拡充・高度化を図っている。13年4

月小型家電リサイクル法施行に伴い、同年6月認定事業者に選定された」

〈激動期を乗り切るうえでの経営哲学は何でしょう?〉

「独創的才能を傾倒し、天与の資源を開発、その特性を成実させよう」、「資源は有限、創意は無限」です。

〈座右の銘、趣味を〉

「我《われ》も人《ひと》も」。自分だけでなく他人も大切に、という共生の気持ち。無趣味ですが、新聞雑誌を読むのは好きで、インターナショナル・ヘラルド・トリビューンの社説は、毎日必ず目を通します。率直な所、日本のジャーナリズムはカバーする範囲が狭いと感じます。

原田光久(はらだ・みつひさ)

1959年東京大学工学部卒、三井物産入社。ニューヨーク支店等勤務を経て、79年父・源三郎氏経営の日本磁力選鉱入社。副社長等を経て、86年社長。

日本磁力選鉱㈱　北九州市小倉北区馬借3―6―42、創立1949年、資本金4億4860万円、売上高132億円(2012年9月期)、従業員数400人、事業内容　製鋼スラグ処理、各種金属リサイクル、リサイクル機器販売他。

◆世界環境首都目指して——世界的景気拡大のなかで

街全体を循環型社会に

【楽しい㈱社長】　松尾康志さん（2008／09）

「楽しく」生ゴミ・リサイクルの環　エコベンチャー、全国展開へ

◉信条
「経営も人生も、最終的答えは世の中（市場）が出す」、「面白く、楽しく、助け合って」

——北九州エコタウンに立地する「楽しい株式会社」（若松区）は、スーパーや外食産業の食品残渣を微生物の力で分解して堆肥にし、農家が買い取り作った農作物を今度はスーパーなどが買うという好循環の「メリーズシステム」を創出、全国展開を図っている。百貨店を希望退職して起業した松尾康志社長に、環境ベンチャービジネスを軌道にのせるまでの秘訣と今後の課題を聞いた。

〈環境をテーマにした洞爺湖サミットで貴社の製品である竹割り箸40万膳が使われました。「楽しい」という社名も、事業もユニークですね〉

松尾　好気性微生物のゴミ分解力を活用した食品残渣発酵分解処理機をスーパーや外食産業にレンタルし、半年に1回発酵分解物をリサイクルセンターに回収して堆肥にします。その堆肥を契約農家に売り、農家の農作物は残渣を排出したスーパーが買い取る。これでリサイクルの環ができます。一方、使用済み箸を買い取って、知的障がい者福祉施設で焼き竹炭にして堆肥に混ぜる。この北九州生まれの循環の輪が「メリーズシステム」で、全国展開しています。

廃プラスチック・廃食用油等の廃棄物から重油・軽油相当の油を抽出する「接触分解油化装置」（エコタウンの同社内）

〈珍しく、面白い社名をつけましたね？〉

お客様に喜ばれて楽しい、社会に貢献して楽しい、儲かって楽しい会社に、との思いを込めました。システム名のメリーには「楽しい」とメリーゴーラウンドのように色んな方々のリレーで「循環する」という意味があり、参加者全員にメリットのある仕組を一生懸命考えました。

〈これまでの実績はいかがですか？〉

九州、関東中心に２１２社がシステムに参加。年間８千トンの生ゴミを処理し、契約農家１００戸が野菜を作っています。竹箸も年間６千万膳を販売し、16福祉施設が竹炭にしています。生ゴミの収集・焼却に比べ処理コストは20％、二酸化炭素（CO_2）の排出は43％カットできます。さらに障がい者の社会参加で、経済・環境・福祉の３価値の調和を目指しています。

〈最近は中小の自治体も参加しているようですね〉

自治体は新規焼却炉の建設が難しく、生ゴミの減量が急務です。処理機は減量に役立ちますが、高額なので購入は財政的に厳しい。ですが、レンタルならお手軽で、滋賀県多賀町も導入、来年はさらに増えます。収集・焼却費は、１トン当たり北九州のような大都市で３・７万円、山村は８万円かかります。

〈㈱メリーズ・ジャパン（松戸市）を設立しました〉

当社と橋梁メーカーの駒井ハルテック、日本一の野菜流通企業デリカフーズの共同出資です。全国展開は当社単独では難しく、環境分野進出を目指す両社と思惑が一致しました。当社がノウハウを提供、本社は駒井ハルテックの社屋内です。市場規模は予想以上に大きく、売上は当初予想の１・５倍です。名古屋でもデリカフーズ名古屋工場内に拠点を置きます。

［その後、メリーズシステムに参加する自治体、事業者は３８０事業体に増え、年間2万8千トンの生ゴミを減量・堆肥化している。生ゴミを堆肥化し、使用済竹割り箸のリサイクル竹炭を混ぜ合わせて土に戻して独自のリサイクルループをつくる地域循環型システ

ム「メリーズシステム」に油化技術、炭化技術を有機的に組み合わせた「北九州エコタウン発　廃棄物とバイオマスの新資源化システム」は第3回北九州オンリーワン企業特別賞に認定された」

〈起業前は百貨店で勤務しておられたと聞きました〉

黒崎そごうで外商を中心に19年間働き40歳のとき経営危機による早期退職募集に応じました。30代で自宅前の空地に音楽ホールと教室の会社を立上げて、40代は環境をと、親しかった工業薬品製造のジャパンケミカル（八幡西区）に新規事業として環境事業部を立ち上げて貰いました。損失は私がかぶるという自己責任を条件に事業部長に就任しました。

関東地区の食品残渣を堆肥物などに転換する
松戸資源循環センター

〈それから新社に移行したのですか？〉

韓国の生ゴミ処理機メーカー大成E&B社（金浦市）と生ゴミ発酵処理機を共同開発して試験的に販売し、翌年独立して「楽しい」を創業しました。ところが1台数百万円もするのでなかなか売れず廃業必至の状況に追い込まれました。進退窮って、レンタル制とリサイクル・ループを考え、着手しました。問題を自分で全て抱え込まず連携の輪を作ろうとしたことが良かったと思います。

〈ベンチャー起業8年間の教訓は何ですか？〉

必ず色んなリスクがあります。リスクを避け続けていると半分は1～2年で退場します。リスクは当然と覚悟して、必死で乗り越え方を考える。苦しいときこそ知恵が出るチャンスなのです。良識や常識は大切ですが、時には反対側の非常識からみることも必要です。常識を超えたことにお客様は感動します。そして「面白く、楽しく、助け合って」がカギですが、「助け合うは足し合う」と考え、足りない所を補い合い、参加者全員に応分のメリットが重要です。

〈改正食品リサイクル法で、規制はさらに強化されます。今後の方向とビジョンを〉

売上げを何倍にとは考えません。この循環システムは伸び過ぎるとバランスが崩れます。コツコツと積み上げ面的に拡大しつつ、絶えず収支を見直し、グルグルと回り続ける「持続可能なビジネスの仕組」にしていく。急激に伸ばせば急激に衰退します。リスク管理と資金調達、事業メッセージをきちんと伝え、お客様と感動を共有できる人材育成に努めます。

〈世界環境首都を目指す北九州市は環境モデル都市にも選定されました。課題は何でしょう?〉

市外に出て初めてわかりましたが「北九州エコタウンに本社を置く」というだけで一目置かれます。全国26エコタウンでダントツの技術・企業集積です。ただ、それは公害克服、リサイクル技術です。今こそ北九州市は一歩を進め、持続可能型低炭素革命のトップを目指すべきです。古紙の急騰や樹脂が中国に大量に流出するともう「リサイクルができない」ではまずい。大量廃棄から大量リサイクルへ転換しただけでなく、さらに街全体を循環型で回して持続できる仕組みとビジネスモデルを産学官民で創る、そうすることで持続型低炭素社会へ転換できます。

〈激動期の経営哲学は?〉

経営も人生も、最終的には、答えは世の中が出す、お客様が出す、マーケット（市場）が出す。それに応え常に半歩先を「楽しく」行くです。

〈座右の銘と趣味を〉

「小事に忠実な人は大事にも忠実である。小事に不忠実な人は大事にも不忠実である」。目の前のことを一つ一つきちんと積み重ねていく。趣味は炭焼き。休日、自宅の炭焼き窯で火を前に焼いていると妙に落着きます。

松尾康志（まつお・やすし）
1981年同志社大商学部卒、㈱黒崎そごう入社。2000年同社退職、ジャパンケミカル環境事業部長。01年楽しい㈱創業、社長。07年㈱メリーズ・ジャパン社長。NPO環境コア副理事長。日本環境経営大賞、北九州市環境賞・九州ニュービジネス大賞の各奨励賞受賞。

楽しい㈱　若松区向洋町10－1北九州エコタウン実証研究エリア内、設立2001年、資本金3500万円、売上高2億3千万円、従業員数9人、事業内容食品残渣地域内循環システム、安全な竹割り箸と使用後のリサイクル、循環有機野菜の流通・販売。

◆世界環境首都を目指して——試練を超えて

脱公害から低炭素社会へ

【環境テクノス㈱社長　北九州環境ビジネス推進会代表幹事】　鶴田暁さん（2010／04）

ビルの一室で起業し、公害規制とともに成長　環境コンサルタントのアジア進出

◎信条

「不易流行（変えるもの、変えてはいけないもの）」、「世のため人のためになることを」

——環境総合コンサルタント「環境テクノス」は北部九州を中心に事業を展開するが、中国にも拠点を置き、アジアビジネスにも熱心である。その経営戦略と環境首都・北九州における環境産業の振興策について、鶴田暁社長に聞いた。鶴田さんは北九州環境ビジネス推進会（ＫＩＣＳ）代表幹事と北九州市環境産業推進会議環境ビジネス部会長も務めている。

〈環境産業一筋に37年ですね？〉

鶴田　八幡化学（現新日鐵住金化学）で6年間、技術屋として石炭化学製品の製造・開発や排水、排ガスなどの公害対策に従事しましたが、大組織の歯車生活が息苦しく退職。「何か、世のため人のためになることを」と、35歳で八幡東区中央町の芳賀ビルの一室で「公害研究所」を設立しました。

〈脱サラ・ベンチャーですね？〉

当時は高度成長期。大気汚染、水質汚濁、騒音などが急拡大していました。先輩の企業を回り「何か環境の仕事ありませんか？」と尋ねても、今の中国と同じで当時の中小企業は公害対策どころではない。たまに「何もないけど騒音の測定でもして」と頼まれる

上海事業所入居ビル

と、母校の九州工大に駆け付け、測定器を借りて測りました。退職した先輩が手弁当で応援してくれ、冒険《ベンチャー》というより危険《デンジャー》企業でした（笑）。行政指導が徐々に厳しくなって仕事も増え、1976年、㈱北九州公害技術センターに進化し、初年度売上高は3千万円でやっと社員を採用しました。

〈石の上にも3年。以後は順風満帆でしたか?〉

公害が急速に社会問題化し「企業は悪」視される中、公害対策基本法の施行や公害国会で規制が強化され、北九州でも公害防止協定の締結など官民一体で公害を克服する機運が盛り上がりました。排煙濃度などの計量証明が公的機関以外に民間でも可能になり、以後は倍々ゲームで業績は拡大しました。

80年代頃からは産業公害防止から都市環境保全に時代が転換。計測対象も海、河川、地下水などに広がり、環境事前評価などコンサルタント事業も入ってきました。そこで87年「環境テクノス」と社名を変更。さらに90年代は地球環境が問題とされ、環境基本法、リサイクル法が制定されました。発展途上国の問題解決も必要となり、アジアに進出し、現地の観測体制の整備も進めました。

〈現在、環境総合コンサルタント業として福岡、大分、長崎県以外に上海、大連にも拠点がありますね〉

「環境保全から創造まで」と大気、水質、土壌の測定・分析業務を中核に、自然・生活系調査、環境計画、二酸化炭素の評価などのコンサルタント業務、排水の浄化・再利用のメンテナンス、研究開発などをしています。売上高は6億円強で、この10年ほぼ横ばいです。国内は常時観測体制も完備し安定期です。ダイオキシン、PCBなどで新たな需要が発生する半面、公共事業関連が落ち込み、綱引き状態です。

最近は地球温暖化防止のための低炭素社会化をめざして省エネ診断、LCA評価などのコンサルタント業務が伸びています。研究開発では、ダイオキシンや重金属などの有害物質の含有量を測定・分析する際の基準（モノサシ）となる「環境標準物質」を独自開発し、産総研や日本分析化学会の認証で全国に販売しています。

〈開発は産学連携が主ですか？〉

九州工大とはエコタウン（若松区）の実証研究エリアで、生分解プラスチックスをリサイクルする研究に取り組んでいます。また、福岡大とは、焼灰のダイオキシンを薬剤で無害にする共同研究の結果、環エンタープライズ社（福岡市）を設立しました。

〈中国には、早くから注力してきましたね〉

91年の環境測定業界の酸性雨調査に参加したのが始まりです。日本の60年代と同じで、煤煙で空が暗く、川はヘドロが一杯。廃棄物の垂れ流しで6価クロムが流出し、強酸性の排水が上水道の取水口のすぐ横で垂れ流され「手のつけようがない」印象でした。

〈初の合弁事業は95年の上海ですか？〉

当社でアルバイトをしていた九州工大の中国人留学生が「一度上海に来てください」と強く言うので市場調査しました。その結果、危険廃棄物焼却炉、重金属の排水処理や石炭ボイラーの排ガス処理などのニーズが高いことがわかりました。その留学生（当社社員）の人脈で上海の鉱山機械の国営企業と合弁で上海九州環保設備有限公司を設立しました。当時の中国には、コンサルタント料を払うという通念がない（笑）。日系自動車部品メーカーのゴム製品加工の下請けなどで、経営を下支えしました。

〈05年、上海緑環商品検測有限公司を設立しました〉

カドミウム、鉛など人体に有害な化学物質が電気製品や自動車部品などにどの程度含まれているかを検査し、基準以上の製品の輸入を認めない「ＲｏＨＳ規制」がＥＵから始まり、中国でもこの検査会社を求める声が日系企業の間で高まり、有限公司を設立しました。日系は当社だけ。高度な検査設備を持ち、市場も華東から東北部に拡大しています。

〈大連事務所も開設しました〉

北九州と縁が深く、日系企業が数百社進出している大連に08年、東北三省所管の事務所を作りました。情報収集や脱硫装置の開発、北九州の企業の優秀な環境技術の紹介の拠点としてパートナーの発掘、コンサルティングも行う計画で、九工大博士課程を出た中国人を採用、配置しました。

〈中国は今や経済規模で日本を抜く勢いですが、環境関連の成長テンポはいかがですか？〉

中国の環境産業は年率17％の伸びで、日本（同2

北九州環境ビジネス推進会（ＫＩＣＳ）の大連商談会

%）の8倍強です。中国政府は最近規制を強化し、環境関連予算も増額しています。外圧もあるが、経済の急成長で平均年収が3千ドル（約30万円）の時代を迎え、「衣食足りて……」の段階。日本の70年代に似ています。省資源・省エネやリサイクル技術への関心も高い。

〈地理的に近い日本は有利ですね？〉

世界の関心が中国にあります。ところが、欧米に比べ、日本は個別対応で信頼性は高いが価格も高い。相手のニーズに対応したビジネスモデルも提供していない。一方欧米は官民一体でファンドがらみの柔軟なニーズ対応のビジネスモデルを提供しています。

〈貴社の今後の経営戦略と展開方向は？〉

今後は中国だけでなく、インド、ベトナムでも市場調査の需要増加が見込まれ、人材育成と多国籍的な人材採用が課題です。当社は人件費が売上高の65％を占め、人材が最大の資産です。資格取得を奨励しています。個人ごとに達成目標を決め、まず公害防止管理者、次は環境計量士・技術士、博士とスキルアップすると同時に国際的人材の育成に努めています。社員が目的を持って主体的に勉強します。環境の仕事をしたい人は一般的にホスピタリティーが高く個人的なＮＰＯへの参加も認めています。

〈鶴田さんはＫＩＣＳ代表幹事、九州地域環境・リサイクル産業交流プラザ（ＫＩＲＩＰ）副会長としても、環境産業界をリードしておられる。〉

ＫＩＣＳは98年、市の支援で関係企業が「地元の環境技術のビジネス化にも力を入れよう」と設立しました。会員は現在43社。部長級が毎月欠かさず技術・市場情報の交換や企業視察など例会を開き、延べ１３５回になります。大連環境保護産業協会と友好協定を結び毎年展示会、商談会を中心に相互訪問しています。既に13社が中国で活躍しています。

一方、ＫＩＲＩＰは99年、「環境産業を半導体と並ぶ九州の二大産業クラスター（集積）に育てよう」と九州経済産業局の呼びかけで設立されました。全九州の環境産業関連の465個人・団体が参加し、これも大連市と友好協定を結んでいます。

〈別々に活動してきた両者が今年初めて合同でセミナー、商談会を開きました〉

遼寧省の大連、瀋陽両市で開催しました。環境産業は規制ビジネスで、政府の政策の影響が大きく、中国は特にそうです。大連を窓口に全中国の事情がわかります。九州側は約40社、中国側は大連40社、瀋陽44社が参加、商談も多く活発でした。

汚水・排ガス処理などのニーズが多く、公共下水道関連も目立ちました。中国は水不足が深刻で、排水再利用や海水淡水化への関心も強く、水の国日本との違いも感じました。

〈環境産業が北九州の次世代基幹産業に育つ可能性はいかがですか?〉

役者もインフラも全てそろっています。年間10万人が視察するエコタウン、学術研究都市の開発力、市の先進的な環境政策、多様な環境技術とノウハウを持つ企業群、素材産業の基盤技術、最終処分のできる管理型埋立地、豊富で安い工場用地と物流機能、アジアへの玄関口。後はこれらをどう生かすかです。

〈低炭素社会のモデル都市を目指す北九州市は2030年のCO_2排出量を05年比の30%減、50年50%削減、アジアで同150%削減する目標を掲げています〉

政府の削減目標（2025年25%減、50年50%減）に比べ、北九州市の25年と50年目標は全国とほぼ同じです。一方アジアの150%削減はかなり意欲的目標です。全体の70%が産業からの排出であり、産業界の役割は大です。

〈「環境が経済を拓く」と北九州商工会議所を中心に市環境産業推進会議が設立され、鶴田さんは環境ビジネス部会長に就任しました〉

KICSは環境保全、リサイクル関連の集まりです。環境推進会議は低炭素社会実現に向け、より幅広く、太陽エネルギーなど再生可能エネルギー関連から、環境に優しい商品を作る企業まで含む大世帯です。4部会（環境ビジネス、産業エネルギー、新エコタウン、環境経営）を設置。互いに連携して相乗効果を上げ、ビジネスの視点での結果が求められます。過去の蓄積を生かし、ビジネスと雇用を創造していく。実践的な体制を作るには、トップだけでなく部長級実務家の参加も必要です。

〈CO_2削減目標の達成には何が必要ですか?〉

まずは会議所加盟の8千事業所への啓発活動です。効果的な事例紹介、診断と改善提案、それにビジネスモデルの創造も必要でしょう。アジアの150％削減についても、例えば大連、青島、天津でエコタウン建設を指導・助言しています。北九州エコタウンは年間20万トンのCO_2を削減していますが、リサイクルすればエネルギー使用量もCO_2も減ります。北九州の支援で中国にエコタウンが完成すれば大量に減ります。このようなプロジェクトの中で多くのビジネスが生まれることを期待しています。

〈2010年代をどう展望しますか？〉

「環境、アジア、中小企業、地方の時代」です。環境問題抜きにビジネスは出来ません。同時にグローバル・リスクの時代です。世界が変わると、国内でしかビジネスしていない企業でも変わらざるを得ない。中小企業も世界を視野に入れ、ダーウィンの進化論の「生き残るのは強いものではなく、変化出来るもの」で、変態していく必要があります。

〈この激動期の経営哲学は？〉

「不易流行」。グローバル化で企業は変身しないと生き残れません。しかし、絶対に変えてはいけないものがある。企業の社会性と信頼性、助け合い、法令順守などです。

〈座右の銘と趣味を〉

「世のため人のため」。山口県大島町の醸造業の3男でしたが、母が信心深く、恵まれない人にそっと施していた影響です。趣味はゴルフを年数回。毎月1週間は中国出張。休日は講演や講義の準備です（笑）。

鶴田暁（つるた・さとし）
1963年九州工大卒、65年大阪大学大学院卒、八幡化学（現新日鐵住金化学）入社、73年公害研究所設立。76年㈱北九州公害技術センター設立。87年環境テクノスに社名変更。98年北九州環境ビジネス推進会代表幹事。99年九州地域環境・リサイクル産業プラザ副会長。02年北九州商工会議所環境委員長。

環境テクノス㈱　戸畑区中原新町2－4北九州テクノパーク内、資本金4千万円、設立1976年（創業73年）、売上高6億3千万円（09年5月期）、従業員数72人、事業内容　環境コンサルタント、自然・生活環境調査、測定分析、研究開発、エンジニアリング。

◆新興自動車基地を担う——世界的景気拡大のなかで

地元に根を張り、世界トップレベルへ

㈱デンソー北九州製作所社長（当時）　柳生昌良さん（2006／04）

分社化と新工場建設で世界トップレベルの企業へ　集積が集積を呼ぶ

◉信条

「巧詐は拙誠に如かず（地道に誠を積重ねる人こそ宝）」、「無口で口下手な拙誠を見つけるには現場に足を運べ」

——北部九州のカーアイランド化が拡大・進化する中で、デンソー（愛知県刈谷市）は北九州製作所を4月から分社化、カーエアコンに加え、ディーゼル・エンジンの燃焼噴射装置部品の新工場を11月稼働させる。柳生昌良新社長に分社化の背景と今後の経営戦略、新興カーアイランドのあり方などを聞いた。柳生さんは「地元に根を張りつつ、世界トップの技術を目指したい。高度人材に恵まれた北部九州は、日々の努力の積み重ねで集積が集積を呼ぶ可能性も」と語った。

〈まず新工場建設と分社化の背景から〉

柳生　第一は、トヨタ、ダイハツなど当地の顧客メーカーの増産への対応です。第二は、工場と経営資源を愛知県に一極集中して、人材の確保が難しくなる中で、操業13年目の当工場は、敷地に余裕があり、何よりも技術、技能面で優秀な人材が確保できます。増設後、最終的には１１００人規模の大工場になります。そうなると地元に根を張り、地元に盛り上げて頂く会社にした方がよい。それと、愛知本社から多くを引き継ぎつつも、一皮剥けて人の活躍の場を広

デンソー北九州本社

げるなど「本体では出来ないことを、新しい気持ちで伸び伸びとやってみたい」と分社化しました。生産に特化、機動力があり、チャレンジ精神溢れる会社を目指します。

〈新工場で生産する燃料噴射装置部品はディーゼル・エンジンに燃料を高圧で微粒化して噴射燃焼し、排ガス中の有害物質を削減する装置の部品で、世界で需要が急増中の環境対応型商品ですね？〉

従来からのカーエアコンシステムは、西日本の生産拠点として、今後もユーザーの増産に適確に対応していきます。一方、新工場は燃料噴射装置「コモンレール」の構成部品の世界への供給基地となります。コモンレールの中核部品・インジェクターは、ロアボディ、ノズル等非常に重要な部品からできており、ミクロン単位の「超」精密で、設備投資も高額です。これを当工場で生産、世界中のお客様の近くの生産基地に送り、組み立てます。高機能部品はあくまで国内で作るという考えに基づく世界的部品生産基地です。

〈製品は輸出専用ですか？〉

ハンガリーに送り、日系も含めた欧州の各自動車メーカーに、また、残りはタイ工場からアジアのメーカーに供給、各メーカーで最終組立されます。これまでは西尾、善明両製作所（愛知県）で内外に供給してきましたが、北九州はこれらと並ぶ世界への供給基地となります。高度な技術、技能を要するものは国内に残す方が自然で、経営面でも正しく、また愛知の特定箇所に、これ以上過度に経営資源を集中するのは、効率的ではありません。

〈マザー工場を目指すと聞いています〉

今作っているエアコンシステムは、世界数十ヶ所のお客様の近くの工場で作っていますが、品質、コスト、納期の面でダントツの姿を見せつけるお手本、これがマザー工場です。世界各国、各工場が競い、実力をつける中で、安閑としていると、すぐ抜かれます。その中で腕を磨き、世界の各拠点でトップの実力をと願っています。コモンレールは、当面西尾からの技術移転が課題です。資材調達も当面は内製中心で、製品は、地元の港から海上輸送となります。

〈製作所の将来像をどう描きますか？〉

現在はエアコン部門270人で、トヨタ自動車九州、ダイハツ車体のほか、一部マツダ、三菱自動車にも供給、部品は北九州、直方、春日等の地場メーカーからも供給を受けています。夢としては存在感があり、もの作りの分野で「作りはあそこだぞ」と一目も二目も置かれる会社を目指したい。地元に根ざし、成長しつつ、世界トップレベルが目標です。世界中の工場とコスト、品質で激しく競争し、結果は冷厳な数字で出ます。設備は変わらない中で、どれだけ人間の知恵と工夫を出し続けられるか、他を上回る技能や設備の改善をどれだけ深く、高くやり続けられるか、です。

デンソー北九州製作所

最新鋭のレクサス向けカーエアコンの
配管差圧検査行程

〈自動車産業の大集積地・愛知に比べると、北部九州は新興ですね〉

北九州は非常にレベルの高い人材が集まっており、先行したトヨタ、ダイハツを見ても、努力すれば世界トップレベルのもの作りは可能、と勇気づけられます。新参者ですが、もともと産業集積がある上に、民間、行政、大学が一体で人づくりや、物流のインフラ面――空港、港湾などの基盤づくりの努力を積み重ねてこられた。それが今実りつつあるのかと。企業は互いに引き合う性格があり、集積が集積を呼びます。開放的な海外志向性も感じます。愛知も今でこそ、世界的な自動車産業集積ですが、かつては小集積で、今の姿になるには、ある時期の猛烈な努力と進展がありました。九州も少しづつの努力が実を結び集積が始まったと思います。

ハードの集積の一方で、そこにいる人達が地道に、もの作りのソフトを磨き続け、改善を積み上げていく。奇手妙手はなく、日々研鑽し、けなげな努力をたゆまず重ねて行く。先端技術と産学連携も重要ですが、基礎にはそういう集団がたくさん出来て、ここで切磋琢磨していくことが大切です。

〈北部九州自動車100万台基地構想等、期待が高い半面課題も多いですね〉

ポスト100万台構想も検討されていますが、地元調達率の向上に向け、インフラ、特に東九州道など循環高速交通体系の整備で早く宮崎までも2時間圏内とするべきです。北部九州といわず、マツダ、三菱も含め、西日本の拠点を志向すべきと聞いています。ベンチマークというか、各々の巧さを、お互いにオープンにし合い、良いとこ取りで切磋琢磨して行きたい。北九州経済はライバルであり、パートナーでもあるアジアとの連携がカギと思います。ただ、釜山も上海も大変思い切ったことをしており、手強い相手です。その点、人流、物流の武器である新空港、港湾の整備は心強いと思います。

〈柳生さんは、入社後、一貫してトヨタ生産方式のデンソーグループ世界拠点への導入定着に尽力されました。転換期の経営哲学は?〉

全ては「人」に始まります。人は自分で考え行動し、自分を高め、それを通じて存在感を認め、幸せになります。設備も資産も重要ですが、まずは一人一人が主体的に自分を高め、世と人のためになる、それが会社を伸ばすと思います。

〈座右の銘と趣味は?〉

製造一筋で来て好きな言葉は「巧詐は拙誠に如かず」(韓非子)。巧くやるより地道に誠を積重ねる人こそ宝。「拙誠」を積む人は無口、口下手で見つけにくいが、「現地現物」で努めて現場に足を運び自分の目でみることで見抜けます。趣味はランニングマシンで1日10キロ走ること、ストレス解消になります(笑)。

柳生昌良(やぎゅう・まさよし)
1978年早稲田大学大学院理工学科卒、日本電装(現デンソー)入社。2004年常務役員(生産企画、生産管理、試作、施設部担当)、06年デンソー北九州製作所社長兼務。(現在　浜名湖電装社長)。

㈱デンソー北九州製作所　八幡西区本城5—4—1、資本金60億円、設立2006年4月、事業内容　カーエアコン、カーヒーター、ディーゼルエンジン燃料噴射装置部品製造・販売。

◆新興自動車基地を担う――世界的景気拡大のなかで

自動車ピラミッド全体の高度化を

【松本工業㈱社長】 松本茂樹さん（2007／11）

北部九州自動車150万台時代と地場企業の高度化　税金のかからない財産固有技術に見合った仕事を「身の丈」に合わせて

◉信条

「社長から一従業員までどこを切っても絶えず『改善する心』を」

――北部九州自動車150万台基地時代が「現実」になった。いちはやく、地場企業として、自動車部品産業分野に参入、軌道に乗せた松本工業（小倉北区）の松本茂樹社長に軌跡を聞いた。パーツネット北九州（部品メーカーなど47社）の副会長でもある松本社長は「品質、コスト、納期の要求は厳しいが、日々の改善努力で『企業の質』は高まり、『税金のかからない財産』になる。今後は『ピラミッド全体の高度化が急務』」と呼び掛ける。

〈日産、トヨタに次ぐダイハツの進出で、150万台時代が目前です〉

松本　27年前、異業種から部品生産に初参入した当時は、日産1社の20万台時代で、モデルチェンジも10年以上の間隔でした。それが今や、トヨタ、ダイハツも進出、世界的な生産基地です。労働力も自動車産業にシフト、産業・就業構造が変わり、我々2次部品メーカーも人手不足気味です。しかし、日産で言えばメキシコ、中国の海外兄弟工場とも競争する国際産地間競争の

部品製造の省力化ラインも自社製。「中国の20分の1の低コスト生産」実現を目指す松本工業・豊前工場

時代です。九州の自動車産業の1次—2次—3次部品メーカーのピラミッド全体の高度化が急務です。

〈パーツネット北九州は、参入を呼びかけています〉

150万台時代になっても、地場中小企業の自動車部品参入が急増、とはなかなかいきません。「自動車はハードルが高い」「今、食えているから今さら」という企業も多い。参入先発企業として感じるのは、品質、コスト、納期（ＱＣＤ）の要求は確かに厳しい。しかし、それを達成するための日々の改善努力で「企業の質」は明かに上昇し、「税金のかからない財産」が蓄積されます。だから参入を勧めています。ただし、初年度からの黒字は難しく、多少の赤字は覚悟が必要です。自動車で大きな黒字は出ないが、赤字を出さない体質を必死で作っていくと、他の仕事に応用でき、総合的なプラス効果が出てきます。

〈売上構成では自動車部品6割以上と過半を占めますね〉

現在、2次部品メーカーとして、日産系1次部品メーカーにシートフレームを、トヨタとダイハツ系部品メーカーにドアビーム部品を納入しています。当初の25年間は、1個100円程度のプレス単品を月に200万個納入してきましたが、2年前に単品を組立て付加価値の高いシートフレームの受注に成功。今秋生産開始の新型車部品も新規受注し、来年の自動車関連売上は5割増の見込みです。それに合わせ、プレス、ロボットを増強しています。自動車は、単価はともかく一度受注すると仕事が5～10年間続く。苦節27年、気がつくと20万台から150万台生産に拡大した地域の真っ只中に自分がいる。好運です。

〈参入成功のポイントは何でしょう?〉

部品の生産だけでなく、そのための生産設備や工具等を外注せず、3分の1の低価格で自社製作する力を磨き、総合原価を引下げたこと。それと1次部品メーカーの指導で、管理のノウハウを習得できたこと、の2点です。自動車生産は、製造技術だけでなく、管理技術が決定的に重要です。トヨタには「カンバン」の指示で、毎日1万個のドアビームを12回にわけてきちんと納品しています。品質の均一な部品を、言われた分量だけ、指定の時間に納める管理能力です。当社も1個の受注から徐々に増やしてきた。まず一歩を踏み出すことです。

〈「賃金が20分の1の中国に負けないコスト」を?〉

中国での現地生産を計画、土地も見、人を雇う寸前までいったが、体力を考え「国内で勝負しよう」と思い直しました。「3分の1の費用で7倍の効率」を上げ、コストを中国の20分の1にすれば対抗できます。韓国・釜山やタイ・バンコックの企業と提携、技術を供与し、現地進出の日産1次メーカーに代行納入してもらい、一部は輸入しています。あくまで「身の丈にあった経営」を心掛け、無理な拡大はしません。

〈一方で、自社製品の開発・販売にも熱心です〉

中小製造業の夢は、自分で商品を作り、自分で値段をつけ、自分で販売する「メーカー」になることです。プレス工程で出る金属屑を自動除去する「ピクシー」は、省エネ型ということで中小企業庁長官賞を頂きましたが、現場の「こういうものがあったら良いな」という発想から生まれたニッチ(隙間)製品です。金型1台に1個は必要で、全国に7代理店を配置、米国でも特許を取り、内外のプレス工場に拡販しています。簡易避難梯子も、全国のマンションの防災用に5千台ぐらい売れています。今、パレット(容器)を自動搬出する装置も産学官連携で開発中です。

〈今後の方向性とビジョンを聞かせて下さい〉

当社は父が43歳のとき、脱サラで住友金属の構内請負で起業。「利益の出ているときに健全な赤字部門を設立」をモットーに、11事業を手掛け、8事業が残り「8勝3敗、打率0・73」です(笑)。主力の自動車関連は、量的拡大ではなく、あくまで自社の加工技術を活かせる製品・シートフレーム、マフラーなどの受注に特化し拡大します。スーパーは、不振の駅前に代わり、郊外のホームセンターの駐車場横に「新鮮自由市場」を開設、形が不揃いだが新鮮で安い野菜を産直で提供、好調です。主力の自動車部門は自分で統括しますが、スーパー等は責任者にまかせ、データ管理をしています。自社製品開発ではメカトロニクス、たとえば一つのモーターで数種の機械を動かすようなカラクリ利用も研究中です。

〈カーアイランドの課題は、部品の地元調達率5割を

〈7割に引上げることですが、その可能性は?〉

地場中小企業が参入しにくい業種もあり、また部品の購買の窓口が、組立メーカーも部品メーカーも関東、中部の本社に集中しているのも確かに障壁です。部品を使う側は、遠方でも長年付き合った企業が安心との思いもあり、地場企業も新規参入に慎重という状況では、地元調達7割実現は容易ではありません。部品の需要側、供給側、行政の三者が、それぞれ思い切って一歩前に踏み出す何かが必要です。世界中に工場展開する日系自動車メーカーは、結局は、一番安く高品質の部品を買う。この自社技術なら自動車に使えるという固有技術を持つ地場企業は、体力の5~10%でも投入して新規参入すれば、むやみな拡大はしなくても、長い目で見返りがあります。

〈激動期の経営哲学は何でしょう?〉

自社の固有技術に見合った仕事を「身の丈」に合わせて進めることとバランスです。8勝3敗で生き残ってきたのは、1社・1業種集中は避け、絶えず「自社の強味」と「商品の将来性」のマトリックスを描き、自社の強味を活かせる仕事に特化した結果です。トヨタは、モノ造りの原点――原理、原則、職人さんの技のローテクを大切にし、社長から一従業員まで全員がどこを切っても絶えず「改善する心」を持っている。これが世界一の秘密であり、強味です。

〈座右の銘と趣味を〉

「創造と挑戦」。それと稲盛和夫さんの「成功=能力×熱意×考え方」。考え方が一番大切。余暇は気功学的な「気」が充満しているといわれる屋久島に一度登りたいと、体力づくりのため家内とトレッキングに励んでいます(笑)。

松本茂樹(まつもと・しげき)
1976年慶応義塾大学法学部卒、三井物産入社。83年父武彦さん創業の松本工業入社。92年社長。パーツネット北九州副会長。

松本工業㈱ 小倉北区三萩野1―2―5(工場―豊前市)、創立1966年、資本金4800万円、売上高83億円(13年1月期)、従業員数300人、事業内容自動車・住宅部品、建築、食品スーパー、金属製品、自社製品。

◆新興自動車基地を担う――世界同時不況のなかで

ハイブリッド車の一貫生産体制構築

【トヨタ自動車九州㈱社長（当時）】　須藤誠一さん（2010／05）

トヨタ本体では出来ない実験も　九州人の負けん気でトップ級の競争力
さらなる成長へ人材育成　設計・開発の頭脳拠点整備も

◉信条
「人は褒めることで能力を発揮、杉林は共生し合って伸びる（切磋琢磨）」

――北部九州で自動車の年産150万台を目指す福岡県の拠点構想。人気のハイブリッド車一貫生産体制を築いたトヨタ自動車九州（宮若市）は同構想の中核と期待されている。世界金融危機後の北米市場の落ち込みと品質問題などの逆風をどう乗り切るか。須藤誠一社長にその戦略と課題を聞いた。須藤社長は「量から質への転換」を強調。さらなる安全・品質重視と人材育成により、高級コンパクト車生産工場を目指すと語る。

〈生産の現況を教えてください〉

須藤　自動車の生産拠点にという地元の期待の中で先行投資を進めてきましたが、世界金融危機以降、計画通りには進んでいません。車両生産台数は最盛期（44万台）の8割で、ここ2、3年は続くかと覚悟しています。

〈先行きの見通しは？〉

当社は過去数年の集中投資で、エンジン生産の苅田、ハイブリッド部品専用の小倉、車両組み立ての宮田という3工場の連携で車を一貫生産できる体制を構築しました。環境に優しいハイブリッド車は今後

トヨタ自動車九州の中核の宮田工場

も需要増が期待でき、トヨタの世界的商品戦略の中核です。その一貫生産体制を確立したのは大きな強みです。ハイブリッド車比率はトヨタグループ全体でも当社が最高レベルの工場になりました。

ただ、エンジンの苅田工場は残念ながら3500ccの大排気量専用で、生産はやや落ちます。

ハイブリッド部品の小倉工場は生産計画をほぼ達成できそうです。「コンパクトなハイブリッド車」というキーワードで考えると、小倉工場はさらに小さなハイブリッド部品の製造を追加する必要があります。

苅田工場は2千cc級のエンジンも製造できると非常にバランスがよくなります。苅田のエンジン、小倉のハイブリッド用トランスアクスルを宮田で組み立て出荷する。この自己完結体制が可能になります。

米国向け大型車の需要減少という逆風で新たな課題が鮮明になり、夢を実現するチャンスが生まれました。減産に耐え、じっと我慢して工場の中身を変え、当社の付加価値を高めていけば、将来の市場動向にも適合でき、逆に先行きが非常に楽しみです。

〈他にも課題はありますか？〉

もう一つは人材育成です。当社はトヨタグループの優等生を目指し、人材第一を掲げてきました。しかし、05年に宮田工場第2ラインを立ち上げてレクサス車の生産を開始して以来、急速な業容拡大で若く経験のやや浅い社員が増えています。これは弱みであり、エネルギッシュで色んなことにチャレンジできるという強みでもあります。当社はトヨタグループのベンチマーク（指標）を目指して努力し、安全性や生産の柔軟性、製品の品質などで国内15工場のトップグループに入っています。人材育成のシステムを今後一層強化すれば、若手がさらに優秀な人材に成長する可能性を秘めています。

〈設計・開発担当の頭脳拠点の整備も進めています〉

「自動車生産だけでなく、企画・デザインから一貫して行える会社に」というトヨタ本体の期待があります。不況下も粛々と進めており、仕入れ先と相談しながら上部車体の内・外装のデザインなどを設計、開発していきます。既にこの3年間で累計約150人の開発要員を採用し、トヨタ本体で教育中です。2、3年後にこちらに連れ戻し、設計の仕事ができるようにしたいと思います。

〈九州独自の方式はありますか?〉

設計だけでは視野が狭くなるので、現場のモノづくりを経験しながら開発もできる幅広い人材育成を検討中です。設計・開発部隊と生産技術陣、工程の品質保証からその車の市場評価までチェックする品質管理部門、この3部門の技術者が同席で設計していく。不具合が万が一にも発生しないように常にアンテナを張り、必要なら改良を重ねていく、開発・生産・品質管理の一元化を目指します。

〈トヨタ本体と違う試みですか?〉

トヨタ本体は社員7万余人の大世帯ですが、当社はその1割強の8千人弱です。コンパクトな会社だからこそ裁量の余地も多く、当社の強みです。量より質を高め、付加価値を追求していく。不況はそのきっかけになったと前向きに捉えています。

〈部品の地元調達率のアップも期待されています〉

現在、当社の8車種の地元部品調達率の平均は約55%です。これを一律約70%に上げていきたい。この数字は福岡県の150万台拠点構想に対応する日産、ダイハツ、トヨタの3社共同の目標です。

トヨタ本体と直接取引のある1次部品メーカーは一部を除き既に当地に進出済みですから、2次部品メーカーを基本的に地場企業にお願いする方針です。デンソー、アイシン精機、豊田合成などの外注先や全く新規参入となる地場企業、さらには日産系やマツダ系の部品メーカーまで幅広く声をかけていますが、まだ現状は愛知県に頼っている部分がなきにしもあらずです。

〈地場企業の参入には県、市も力を入れてきました〉

福岡県の自動車産業参入アドバイザー制度には、各社が技術者を出してお手伝いしてきました。また、当社は独自に1次部品メーカーと「モノづくり研究会」を特設し、意欲のある企業と分野別に勉強しています。日産九州工場も同じような組織を作られたとか。この際、自動車産業参入アドバイザーをトップに、各研究会の要員が経営相談や実際のカイゼン指導に当たるシステムに改編するのも一つの方法です。

エンジン生産専門の苅田工場

生産高に応じて資金を分担し、北部九州が共同で取り組む計画も進んでいます。

〈メーカーや県の枠を超えた全北部九州の自動車産業連携策ですか？〉

一本化で技術レベルも上昇し、道州制議論にも繋がります。調達面ではもう一つ、東アジアがあります。台頭目覚ましい中国ともともと元気な韓国。九州の地の利を生かすなら当面は両国の部品メーカーと少し取引できないかと考えます。日産もルノーの提携先が韓国にあり、積極的と聞いています。

〈韓国、中国の関連企業等との取引ですか？〉

九州の経済発展が我々の一番の責任です。世界に伍して、熾烈なコスト競争に打ち勝つためには、良い意味での刺激も必要です。一部ベンチマークになる部品を輸入し、これに勝てるものをどう作るかという研究も求められます。今の部品メーカーの仕事を減らすのではなく、地場調達を今後70％に引き上げる中で、幾らかをアジア製に切り替えてみることで、みんなの刺激になれば、ということです。国際競争下「１００％地場製のみ購買」は困難な時代です。

〈品質、コスト、納期をめぐるグループ工場間のグローバルな競争が激化する中では、国境を超えた連携も必要になるということですか？〉

今まで愛知県外では１９９２年稼働の当社が最新鋭組み立て工場でした。しかし２０１１年には、グループのセントラル自動車（神奈川県相模原市）が工場移転のため宮城県に進出し、最新鋭工場になります。当社の稼働20年目に当たり、第1ラインがそろそろ老朽化・更新の時期です。負けてはおれません。常に品質とコストでグループ№１でなければ、仕事はやってきません。

〈グループ1の競争力は最新鋭の設備が生んだ？〉

それともう一つ。九州人の負けん気です。17年前の宮田工場の操業開始時、「愛知県から九州に帰って仕事をしたい」という希望者が二千数百人いました。母屋を出て新天地に年産20万台の新鋭工場を立ち上げましたが、バブル崩壊でその後4、5年は能力の半分しか稼働しない。やむなく愛知県のグループ工場に応援出稼ぎに行く苦難の繰り返しでした。だが、管理職は「今に見ておれ」という負けん気が非常に強かった。だから、常に努力を怠りません。それと若い社員が多く、労務コストメリットから手厚く人を配置できた。高品質を維持するために最終工程でチェックし、不良品を一切出さないような工程作りも可能でした。

ハイブリッド基幹部品を生産する小倉工場

最新鋭設備、負けん気、マンパワーの3つが相まって品質では当社がトップクラスです。品質保証部が出荷前に抜き取り、1台に2、3時間かけて検査しています。不具合は1千台に1台、それも1ヶ所あるかないかです。直近まで品質はずっと1位でした。

〈自動車市場の今後をどう展望しますか？〉

急成長の中国でさえ1千人当たりの保有台数はまだ20台。日本の60、70年代並みです。しかし、グローバル化で日本など先進国が20～30年かけたものを新興国は5～10年の猛スピードで達成しつつあります。先進国は伸び悩むが、新興国のモータリゼーションで、世界保有台数は２０３０年に20億台と2倍に増え、半分は新興国が占めるという予測もあります。

新興国では当面「走る・止まる・曲がる」の基本性能さえあれば良いという安価な車が普及しますが、すぐにより成熟した車社会に移行します。より快適に、より楽に、と付加価値をつけた電子機能満載車の需要も高まります。高級なプレミアム車と低価格のコンパクト車の二極化です。当社は生産設備からも小さくシンプルな車は得意ではなく、プレミアム車を多少小型化した「プレミアム・コンパクトカー」が主力商品になります。

〈北九州市の潜在的な経済力をどうみていますか？〉

諸製造業の集積で、モノづくりに強い意欲を持つ人材が豊かで、設備保全や基礎技術も素晴らしい。プレミアム・コンパクトカー時代には、高齢者が安心して楽しく乗ることができる車の開発が急務で、電子制御化やソフト開発がカギとなります。その点、北九州学術研究都市のカーエレクトロニクス研究は期待大です。ソフト開発とモノづくりが結びつけば、愛知県や関東地方とは違ったユニークなカーアイランドに発展する可能性を感じます。

〈激動期の経営哲学をお聞かせください〉

「企業は人なり、人材第一」です。米国に前後6年間勤務しました。そこで、多様性の尊重、長所を伸ばす褒める文化、チームワークの重視、現地人材の活用の重要性——を学びました。「人は褒めることで能力以上に働く。杉林は共生し合ってこそ真っ直ぐ伸び、切磋琢磨が必要」とは土光敏夫・元経団連会長の言葉ですが、それにも通底し、すべて人がキーワードです。

〈座右の銘と趣味を〉

過去の成功、失敗に学ぶ「温故知新」と、誠意を尽くせばいずれわかってもらえる「誠心誠意」です。趣味はゴルフと時代小説。米国は移動時間が長く、藤沢周平の著書は読了し、今は佐藤雅美を読んでいます。独特の情緒が魅力ですね。

須藤誠一（すどう・せいいち）
1974年東京理科大理工学部卒、トヨタ自動車工業（現トヨタ自動車）入社。主に生産管理畑を歩き、2003年常務役員。愛知万博の目玉、トランペットを吹くロボットの製作も指揮。05年TEMA（米国）社長、08年トヨタ自動車九州社長。13年トヨタ自動車副社長（ユニットセンター担当）。

トヨタ自動車九州㈱　宮若市上有木1、設立1991年、資本金450億円（トヨタ自動車100%出資）、売上高7763億円（2013年3月期）、従業員数約7600人、事業内容　自動車、同部品の製造販売。

◆新興自動車基地を担う――試練を超えて

空洞化防止へ九州を分社化

【日産自動車九州㈱社長】　児玉幸信さん（2011／09）

日本のモノ作り力の復活へ「九州ビクトリー（勝ち残り）戦略」
自動車産業の「西部フロンティア」　アジアと連携で世界一の競争力へ

◉信条

**「人材の多国籍性こそ強み、成果に向け
ゴーン社長流の1分単位の時間管理を」**

――日産自動車㈱は今年8月、九州工場（苅田町）を分社化して日産自動車九州㈱を設立した。10月1日から本格的事業を開始する。国内生産100万台体制を死守するための再編だ。児玉幸信社長に分社化の背景と今後の展開、カーアイランド九州の可能性などを聞いた。児玉社長は「日本のモノづくり力の復活が至上命題。地元と近隣アジアとの連携の中で世界一の競争力を目指したい」と抱負を語った。

〈いま、なぜ分社化なのですか？〉

児玉　日産は最多期に年間250万台を国内生産しましたが、地産地消を原則に海外生産を拡大し、今は国内110万台です。うち国内販売は約60万台で、そこまで国内生産を減らしてよいのか。日本の自動車産業の発展は独自のモノづくり力のお陰です。米欧やアジアなどの新興国に比べ、開発力、生産技術力、現場の改善力など総合力ではやはり日本が強い。グローバル経済下で今後、競争は激烈化しますが、モノづくり力は失ってなりません。この力を維持向上させる適正規模が100万台です。この水準を維持しないと、

港に面した日産自動車九州の工場群

国内で新しいアイデアやチャレンジが生まれません。

〈その中核を九州で担えというわけですね？〉

国内60万台となると残り50万台は輸出です。トヨタさんも「日本でのモノづくりに限界を感じ始めて」いますが、80円レベルの円高で輸出採算をとるには素早い意思決定が必要です。九州工場の分社化で輸出競争力を強め、小型車生産で利益が出る形にと最高トップが決断しました。

〈なぜ九州ですか？〉

日産、トヨタ、ダイハツなどで150万台生産が可能な大集積があり、山口県のマツダ防府も加えると200万台になる。米国流に言えば新たな「西部フロンティア」の誕生です。加えて、九州の部品メーカーは縦系列を超えて各社と自由に取引し、鍛えられ、独特のしなやかな強さを持っています。これをネットワーク化できれば、競争力を強化できます。

〈九州が新興市場の東アジアに近いことも？〉

韓国の現代自動車は米国市場で急速に伸び、強力なライバルですが、その部品メーカー群は品質も向上し、労務コストも安く、九州からわずか200キロの韓国南部に立地しています。1100キロ離れた関東から部品を運ぶのに比べると、低コストです。さらに中国の自動車産業も急拡大中ですが、部品メーカーに日系も多い。広州、上海は海上で約1千キロと関東より近い。九州、韓国、中国の部品メーカーが国際分業体制を構築できれば、競争力を強化できます。さらに、北九州は長年モノづくりに取り組み、工業高校のレベルも非常に高い。日産の入社試験で一番平均点が高いのは九州です。敷地内から輸出できる外貿埠頭を備え、さらに「分社で自由にやれ」と言われ責任重大です。

〈分社化でどう変わりますか？〉

これまでは日産全社の中の1工場。甘えも通用しましたが、今後は単独決算を迫られ、自立が求められます。経営者だけでなく、3500人の社員全員の変身が必要です。麻生渡・前福岡県知事から「よく決断をしましたね」と言われましたが、分社化で地域との絆も強まります。取引先の部品メーカーも既にほとんどが分社化し、独立独歩です。組立メーカーが一番遅れました（笑）。

〈日産グループ内での役割は？〉

生産力は年間53万台。日産車体の12万台と合わせると65万台。日産グループでは世界最大級です。栃木工場は高級車、グローバルマザー工場の追浜工場は電気自動車など先進技術を創り、世界に発信する拠点。対して九州はコスト力で国内生産の半分を受け持ち、日本のモノづくりを発信するコストリーダー拠点です。そのためには地元部品メーカーやアジアの国々との協力体制の確立が大前提です。

〈九州工場は中型車主体から小型車生産も移管され、「九州シフト」が言われていますね〉

決して（シフトが）確約されたわけではありません。怖いのはコスト競争に負け、海外への生産移管が進む事態です。分社化はチャンスも多いが、油断もできない壮大な挑戦です。

〈「九州ビクトリー（勝ち残り）戦略」として部品メーカーに3割のコスト削減を求めていますね〉

12年度末の製造原価を09年度比で3割削減できれば、業界一のコスト競争力となり、1^{ドル}80円～85円の円高基調でも十分対抗できます。

次のモデルチェンジでどこまでコストを落せるか。開発・生産・購買・部品企業の四位一体で検討しています。部品の納入経路を1点ずつ追跡すると、安いはずの海外輸入部品が関東、東海を経由して納入され、物流コストも加えると九州産よりかえって高い部品も結構あります。これを短縮し、無駄な動きをなくせば、九州産でも中国産に対抗できます。

〈地場調達率70％の目標は達成できますか？〉

調達率は車種により差がありますが、現在3分の1強が九州域内調達、3分の1強が関東、残り約2割が海外からの輸入です。しかし、九州地場メーカーの部品も構成部品をみると約3分の1は関東産です。合計すると関東原産が約5割を占める。それを1100^{キロ}も運んでくるのは非効率です。基本的には関東からの調達をなくして、九州と東アジアからの調達を地場調達分とみて、両者で100％を目指しています。

〈東アジアの調達ルートは？〉

一番多いのは中国の上海と広州地区。次いでタイ

ゴーンCEO（中央）の九州工場視察

です。日系部品メーカーが多く、純粋な中国企業はさほど多くありません。韓国からの部品は少ないのですが、今後は徐々に増やす方針です。

〈2013年日韓ナンバーの部品輸送トレーラーが日韓直行運行を開始した〉

〈グループ最新鋭の日産車体九州工場が隣りで本格稼働を始めました〉

コスト競争力も強く、当社からみると強力なライバルです（笑）。同じ敷地内にあり「良いところを学び合い、切磋琢磨しましょう」と、双方の幹部が2週間に1回昼食を共にし、情報交換しながら、協力のあり方などを話し合っています。

〈九州初の四輪車を生産して30年余り。日産九州の強みと弱みは？〉

神奈川県を本拠とする関東企業が突然、九州に進出した。本体との常時1千キロもある距離が、強みにも弱みにもなりました。強みは、遠い本社に頼れず、保全・工務・試作など「全部自分たちで作ってしまうぞ」という比較的自立意識が強かったことです。気概のある人材も多い。逆に弱みは日産全体の動きに疎く、よく一歩遅れたことです。

〈技術的にはいかがですか？〉

エンジン工場からスタートし、車両の一貫工場になり、円高で業績が急激悪化したとき、ゴーン社長のリバイバルプランで全社大改造しました。九州はエンジン工場を閉鎖し、車両工場だけになりましたが、エンジン経験者が工場の各部門に散らばり、良い意味でコスモポリタン的になり、異質な文化の人材が融合しました。エンジン工場の文化は、ミクロン単位の精度を求められ緻密です。一方、車両工場はミリ単位と一桁粗いが、大勢が集まって一つのものをスピーディに大量に生産する文化です。そこへエンジン経験者が加わり、緻密さと量産性が融合して、独特の力強さが生まれました。人材面のベスト・ミックスも九州の強みです。

〈自動車産業は世界的転換期です。今後の展望は？〉

グローバル化とＢＲＩＣｓの台頭で自動車需要が急増し、車両生産の地産地消が進んでいます。結果、国内生産の空洞化も懸念されていますが、日産は世界４００万台体制のうち１００万台は日本でつくり続けます。日産全体の伸びの中で日本市場は相対的に縮小しますが、日本全体が発明・開発を重ね、モノづくり力の発信基地になっていく。ＢＲＩＣｓは賃金が毎年10％上昇し、元などの為替レートも高くなります。今の優位性は早晩後退し、次はインドネシア、アフリカなど新新興国に流れていきます。

〈自動車のフロンティアが移動しつつある？〉

その間、日本の自動車産業が、日産なら１００万台の国内生産を堅持し続ければ、生産が日本にブーメラン的に戻って来る時代が必ず来ます。１ドル81円は実際の国力を上回っており、円相場が変り、新興国が賃金面の競争力を徐々に失っていく瞬間に、日本の出番が来ます。日本のメーカーはどこもモノづくりの革新――自動化を推進しています。雇用面では多くを期待できませんが、自動車の生産台数の復活・好転はありです。競争力は波を打ち、必ず揺り戻しがあります。要は私たちが自分の役割を認識し、いかに踏ん張っていくかです。

〈九州で電気自動車の生産の可能性については？〉

国内需要が急増すれば別ですが、当分はないと思います。次世代車は、燃料電池車やプラグインハイブリッド車の開発もあり、いま戦国時代です。レシプロエンジンもまだまだ便利で、今後どう動くかは予測困難です。

〈入社後、随分色々な分野を経験されていますね〉

もともと生産管理畑でした。欧州日産（オランダ）で営業サポートを４年半経験して追浜工場生産課長になり、ゴーンＣＥＯ（最高経営責任者）の改革時は物流統括でした。次いで人事制度の企画立案、採用担当で年間1千人を採用しました。人事、経理、商品企画、海外営業、生産管理……こんなにあちこち歩き回った人間あまりいません（笑）。お陰で、いろんな価値観があることや、組織は一旦でき上がると時代に合わせ柔軟に変化することが難しいことなどを学びました。人脈がものすごく広がりました。

〈ゴーンＣＥＯの改革で印象的だったのは？〉

学んだことは多いのですが、真似の出来ないことも。1分単位の時間管理です。会議が1分でも伸びると予定が狂い、途端に機嫌が悪くなる。それだけ成果に向けて自分の時間の最大限管理に真剣だったのですが、中々近づけません（笑）。

〈カーアイランド九州の現状と将来は？〉

部品メーカーは縦系列を越えて取引していますが、組立メーカーの相互交流はありません。お互いに立ち入れない面もありますが、組立各社が人材の共有化など共通で追い求める目標があってもよい。産・学・官の連携が盛んなので、組立メーカーの産・産の連携も面白いでしょう。地場部品メーカーが今後伸びる鍵は開発力です。製造能力を高め、デザインや性能実験力なども加われぱもっと強くなります。自前は大変でも地元大学と共同研究で開発力を伸ばせば、新たな可能性が開けます。

〈激動期の経営哲学は？〉

向かうべきビジョンをみんなで共有すること。そして、環境は常に変化し、「今日やったことは明日だめになっているかもしれない」と思い続けること。全員が役割を自覚すると強くて勝てる集団になります。グローバル時代はダイバーシティ（多様性の重視）が重要です。日産の強みは役員の半分が非日本人で、いろんな国の多様な考え方がぶつかり合うことです。東日本大震災で部品供給が途絶えると、全世界から代表が横浜に集り、情報を各本国に流しました。それが自然にできる会社になりました。

〈座右の銘と趣味を〉

ノーベル賞の湯川秀樹博士の「急がず、休まず」。それと「クールヘッド・アンド・ウォームハート（冷静な頭脳と温かい心）」です。趣味はワイン。欧州勤務時代にワインに凝り、多い時は300本を集めました。同じ銘柄でも産出年によって味が全く違います。同じワインを数本買い、毎年1本ずつ飲むと、味が毎年変わる。非常に面白い飲み物です。

児玉幸信（こだま・ゆきのぶ）
1978年一橋大商学部卒、日産自動車入社。欧州日産出向、追浜工場生産課課長、物流統括部主担、01年人事企画部長、05年原価低減推進室長。09年九州工場長、11年日産自動車九州㈱社長。

日産自動車九州㈱　京都郡苅田町新浜町1―3、資本金1千万円（日産100%出資の完全子会社）、設立2011年8月（操業開始1975年）、従業員数3500人。

◆新興自動車基地を担う——試練を超えて

九州で唯一の非鉄鍛造技術

【㈱戸畑ターレット工作所社長】清永誠さん（2011／07）

自動車部品に進出　国籍にこだわらぬ人材確保　アジア・地方・中小企業の時代

信条

「『相手本位、内容本位、先行本位、逆境本位』で危機に強い自立型企業に」、「至誠」

——東日本大震災で大打撃を受けた日本経済だが、TOTOの専属協力企業からスタートした㈱戸畑ターレット工作所（小倉南区）は手堅い。自動車部品産業に進出し、自社ブランド製品も手がけ、自立型中小製造業を志向している。清永誠社長に「小さくても強い」モノづくり企業のあり方を聞いた。清永社長は「21世紀はアジア、地方、中小企業の時代。苦しくても挑戦を」と夢を語った。

〈逆風が相次ぐ中、高強度アルミ鍛造技術の開発に取り組んでいますね？〉

清永　当社は06年に自動車部品産業に新規参入したばかりですから、この逆風はこたえます。

高強度アルミ鍛造技術は九州工大と共同開発中です。アルミの重さは鉄の3分の1と軽いが、強度が半分なのが弱点です。新技術はアルミを一定温度に加熱し、一定速度で鍛造し、鉄の8割まで強度を強めるものです。自動車部品に使えば、軽量化とコストダウンにつながります。

〈新規参入ながら挑戦的ですね〉

自動車部品の世界は品質・コスト・納期（QC

自動車部品専用の第二工場

D）の改善競争が激しく、新規参入すると「お宅にしか出来ない技術は？」と聞かれます。実績のない新参者は自動車でこれから必要となるもので勝負しようと、燃費改善などの環境対応を狙いました。日本市場は人口減で先細りですが、新興国の自動車普及はこれからです。

ハイブリッド車の重量はガソリン車の1・5倍と重く、電気自動車も含めて「いかに軽くするか」が世界的課題です。当社が50年間得意としてきた非鉄鍛造の塑性加工技術を生かして、他社に真似できない「鉄に近い強度のアルミ」を創れないかと考えました。北九州市から産学連携助成を受けて基礎研究を行い、国の委託事業となり、10年度に試作に成功しました。

〈貴社は元々ＴＯＴＯ専属の水栓金具切削加工メーカーでしたね。蛇口やシャワーヘッドなどを作る〉

62年の創業以来、水栓金具をターレット旋盤で加工し、今も住宅設備関連は売上高の33％を占める主力事業です。石油危機後、住宅ブームが一段落した時、先代（故松本敏生社長）が「1社依存だと甘えも出る。複数の仕事ができれば提案力もつき、親会社にもプラスになる」と新分野進出を決意。まず給湯機やエアコン部品に拡大しましたが、これらも住宅建設の繁閑の波を被ります。

〈次が電力関連機器に進出ですね？〉

開閉器や制御部品など配電インフラ関連の小物部品は電力会社の認定部品が多く、景気にあまり左右されません。安川電機との取引も増え、今や売上高の35％を占める第2の収益源です。しかし、40年間懸命に積み重ねた住宅設備や電力関連事業ですが、少子高齢化と住宅過剰の日本では更なる成長には限界があり、先細りの不安もあります。

〈そこで自動車産業にも進出？〉

企業は永続が使命です。04年のダイハツの中津進出で北部九州は自動車生産の世界ランキング10位以内のカーアイランドに成長、参入要請が強まりました。自動車部品の量産をこなせばＱＣＤの世界的な競争力がつき、国内で世界相手の仕事ができます。参入するならと早目にと考え、03年参入ビジョンを策定しました。

〈異業種からの参入は苦労も？〉

まず専門人材が必要ですが、運よく日産自動車で車両生産に従事後、部品メーカーに出向した人材を得ました。部品を買う側と売る側の両方を経験した人物です。また、トヨタ系のアイシン九州を中心に「メードイン九州の自動車を作ろう」と設立されたリングフロム九州にも加盟。技術はマツダ系の高橋金属（福山市）と提携し、トヨタ自動車の改善指導も受け、06年に自動車部品専用の第２工場を建設しました。

〈現状と成果はいかがですか？〉

１次部品メーカーを通じてトヨタ、日産、マツダ、ダイハツの部品を20種ほど量産しています。九州の地場調達率を50％から70％に引上げる際、カーエレクトロニクスとゴムと塑性加工がネックと言われましたが、アルミの塑性加工事業は北部九州では当社だけです。逆風続きで売上構成比は18％。自動車事業は単独では赤字ですが、借入金の返済は着実に進んでいます。「地場参入のモデルケース」として国、県、市、商工会議所、金融機関等から積極的にご支援を頂き、新卒採用などで知名度と信頼感が高まりました。何より「会社が変わる」ことを社員が実感し、ＱＣＤの実力が格段についたのが大きな成果です。

〈一方で自社ブランド製品の開発にも挑戦しましたね〉

値段も数量も全て取引先が決める下請けを長年続けてきて「一度自分たちで作りたい物を作り、値段も決めたい」とメタルグッズ事業を始めました。幸せを呼ぶ置物「幸福郎」や自分で組立てる金属玩具「ロボルト」を製品化し、百貨店などで販売しましたが、ＰＲ不足か予想ほどには売れなかった。下請けは規格通りに作って納品すれば、確実に換金できます。「仕事を頂けることの有難さ」が改めて骨身にしみました（笑）。市は今年度から北九州ブランド品を欧州で販路開拓する事業に着手すると聞き、さらに磨きをかけて「鉄都の土産品」として売り出します。

〈創業以来、力を入れたことは？〉

独自性と一貫体制です。初代社長は戦後、どこも鉄関連を手掛けている鉄都で「他社のやらないこと」を求めて銅、アルミなどの非鉄金属分野にこだわりました。兄（戸畑製作所）は鋳造、弟の当社は水栓金具の切削加工に特化しました。しかし、設備さえあればどこでもできる。先代は「さらに差別化を」と非鉄の鍛造分野を開拓。九州で唯一の非鉄金属鍛造メーカーとなりました。もう一つは、自社で設計から加工まで一貫して出来る体制の確立です。製品開発力と提案力が習得できました。

〈今後の展望と企業戦略を〉

21世紀はアジア、地方、中小企業の時代です。日本の中小企業は高度成長期は大企業1社依存型でうまくいきましたが、今後は自立型でグローバル戦略を目指さざるを得ず、内外で提案力とスピードが求められます。当社は「塑性加工のエキスパート」と「パートナー企業」を目指します。非鉄金属ならば、注文品の数量や用途に応じて鋳造でも鍛造でも作り方から提案できる企業です。タイなどアセアン諸国が今後ナショナルブランドを創る際にも、日本の中小企業と組んで協力できます。当社は住宅機器、電力、自動車分野で非鉄金属の塑性加工のコア技術を武器にモノづくりから営業戦略、人材教育まで現地企業と連携するアジア戦略の展開も可能です。先般、タイの企業が当社を集団訪問、私もマレーシアとタイに行ってきました。

〈そのための経営課題は?〉

この10年間、知らぬ間にライバルがアジアの企業、外国の工場になっています。まず間接部門の機能強化のため経営管理部を新設しました。自動車部品の専用工場はトヨタさんの指導で改善が進みましたが、売上高の8割を占める既存の住宅、電力部門はまだ改善の余地ありです。買い過ぎ・持ち過ぎ・投入し過ぎ・時間のかけ過ぎの見直しと創意工夫を呼び掛け、コスト低減で国際競争力を更に強化します。

〈人材の確保と育成策は?〉

最重要課題です。今後は日本人にこだわらない人材確保に努めます。開発中の新素材が日本の自動車メーカーに採用されれば、アジアのメーカーにも売り込めます。塑性加工技術はアジアでもほしい技術ですが、言葉や文化の壁があり、営業も製造部門も多国籍化が必要です。中国人の正社員が1人、実習生が4人働いていますが、みんな熱心です。当社の価値観を共有し、アジアで活躍できる人材なら、国籍にこだわらず確保していきます。

〔その後、ウズベキスタンと中国の留学生を採用し、元留学生社員が計3名に。自動車関連ではエンジン系部品の受注が決定した。独自のメタルグッズの関連では、新商品として冷えやすい金属製のビアタンブラーを商品化し、特殊用途LED照明（集魚灯や殺菌用）の開発を産学連携で進めている〉

〈ところで、清永さんはこの会社が4社目だそうですね〉

大学卒業後、まず上場直後の三井ハイテックに入社。2年弱営業をやり、モノづくりの基本と営業を身につけました。次いで大学の先輩が設立したアルバイト派遣会社に誘われ転職しました。「起業ごっこ」の感じで工事会社に再転職。出向で三菱重工下関造船所のFRP（強化プラスチック）ボートの木型製作に携わりました。そこへ伯父から「戸畑ターレットが取引先の拡大・営業強化のためお前が欲しいそうだ」といわれ、26歳で当社に入社しました。

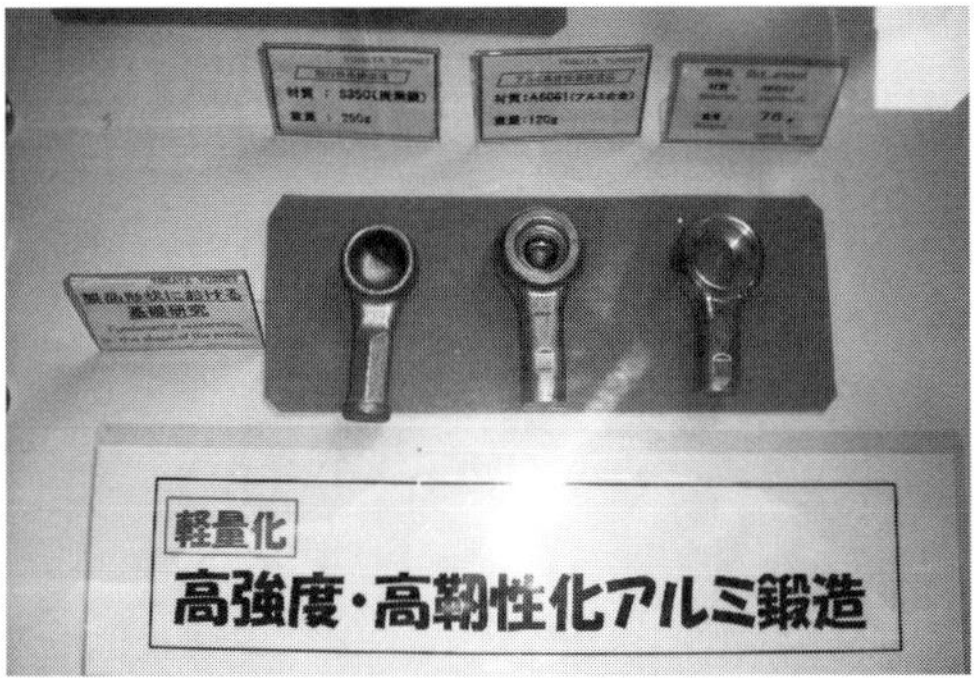

軽くて強いアルミ材の部品

〈取引先を180社増やしたとか？〉

先代は意欲のある人間にはどしどし仕事をやらせて伸ばすオーナー経営者でした。営業主任で入社しましたが、7年間で11回名刺が変わりました。係長、課長、次長、部長、取締役と（笑）。33歳の時、経営に参画を求められて専務取締役に就任。まず中期計画策定を提案しました。大企業では当たり前の計画経営ですが、中小企業も「こういう会社になりたい」「するぞ」という方向付けは必要です。内外に宣言すると実現しないまでも努力、成長、自立には不可欠です。

人材確保も中小企業は、大企業のように看板と福利厚生に頼れず、社長の個性と職場の雰囲気で「面白そうだ」「一緒に何かやれそう」と惹きつけるしかありません。先代は血縁も姻戚関係もない44歳の私に経営を託された。珍しい事業継承例で、負託への責任を痛感しています。

〈北九州経済について提言を〉

北九州は石炭層の地盤が厚く、地震に強い。アジアに近く、モノづくりの技術集積もあります。九州工大、北九州工専、県立3工業高校など工業系技術者を育む「学の世界」も充実しています。問題は、折角育てた貴重な新卒人材が地元で就職せず、他県で活躍していることです。新しい血が入らないと企業も地域も発展できません。今、北九州活性化協議会を中心に市、学校、中小企業が協力して、北九州らしい産業人材の育成プログラムを作成中です。

北九州の中小製造業は初代がゼロから会社を築き、2代目がそれを大きくした。だが、学歴のある3～4代目は目標が不明確です。若手は身の丈主義に甘んずることなく、地元人材を活用して自立型、アジア戦略、ビジョン経営を目指すべきです。先代が出来なかったことに挑戦する覇気を持てば、この閉塞感は打破できます。中小製造業が元気になれば、雇用も所得も消費も生まれます。

〈経営者としての哲学は?〉

(人材)統合の思想です。当社は私以下異業種からの中途入社組が多いのです。企業の破綻は、まず内部が崩壊し、外的ショックで倒れます。本当に強い会社は危機の際、逆に結束が強くなる集団です。経験も学歴も違う混血集団が何かをやり遂げるには、共通の価値観と目標が必要です。危機に際して共有すべきは「相手本位、内容本位、先行本位、逆境本位」の価値観です。私の長い営業経験から言っても、自分だけ良しとする人で他人から好かれる人はいません。顧客や他部門がどうしたら喜ぶか。これを考えるのが日本人の強さです。毎月、終業後自主勉強会も開いています。

〈座右の銘と趣味は〉

「至誠」(孟子)。テクニックでなく誠の心で接すれば人は必ず動きます。趣味はゴルフの他、博物館や古戦場の見学です。泊りがけで萩の松下村塾を見に行ったこともあります。

清永誠(きよなが・まこと)
1984年北九州大学商学部卒、三井ハイテック入社。2社を経験後、89年㈱戸畑ターレット工作所入社。96年専務、2003年副社長、07年社長。九州工業大学技術交流会幹事。北九州地域産業人材育成フォーラム企画部会委員。

㈱戸畑ターレット工作所　小倉南区新曽根11－21、設立1962年、資本金2200万円、売上高13億1400万円(2012年度)、従業員数98人、事業内容　住宅設備関連、電力関連、自動車部品関連の非鉄金属部品、メタルグッズの製造販売。

◆情報通信革命を担う――世界的景気拡大のなかで

ＩＴ技術で日韓中小企業交流

【北九州国際ＩＴビジネス推進会
会長（当時）
㈱ランテックソフトウェア社長】　庄司裕一さん（2006／03）

日韓中小企業の弱い分野を相互補完、競争力強化

◉信条
「『１００％お客様優先主義』と人を感動させる『人間力』」

――新北九州空港開港で、内外諸都市と直結するなか、北九州のＩＴベンチャー企業の国際化集団・北九州国際ＩＴビジネス推進会（ＫＬＩＣ）が、発足2年目を迎える。不動産鑑定ソフトで全国一のランテックソフトウェアの社長でもある庄司裕一会長に、日韓中小企業の相互交流の背景と今後の展開、ランテック社の経営戦略を聞いた。

〈初の日韓ＩＴ企業の交流・商談会を開きましたね〉

庄司　ＫＬＩＣは、中小企業の国際情報の収集、会員企業の海外取引き促進、グループ自体の共同事業実施の３つが狙いです。昨年末、北九州側12社と韓国側ＳＩＣＡＭ（ソウルの一部上場級のＩＴ企業で構成）の5社が参加、北九州市で交流会を開き、盛況でした。商談は個々の企業で進めていますが、北九州の企業から韓国企業へのコンテンツ製作の発注や、動画を再生するソフト、インターネットによる3次元立体映像の表示技術、アンケート集計システムなど韓国のソフトを日本に輸入、販売する商談等が進行中と聞いて

日本（北九州市、石川県、沖縄県）と韓国（釜山）のＩＴ企業の合同懇談会（那覇市で）

います。

〈なぜ、まず「韓国」ですか？〉

韓国は、97年の通貨危機の際、ＩＭＦの救済資金でインターネットの世界一のインフラ整備を進め、ソフトを開発、インフラ整備で遅れた日本にはない、面白いビジネスモデルとソフトが大量に生まれています。「これは何年後かの日本に当てはまる」と考えました。韓国は国民性もあり、「こういうものを作りたい」と言うと会社の決定を待たず作ってしまうほどスピードが速い（笑）。日本だと1年かかるし、韓国は地理的に近いのも魅力です。

〈今後、どう展開しますか？〉

これまでは夢を語り合ってきましたが、今年は新空港開港で、具体的に行動する年です。まず、韓国は、ＳＩＣＡＭ会員以外の企業情報も収集できるよう連絡網とデータベースを構築、将来はウェブ上で電子会議や商談会も出来るようにします。次にネットワークを台北、モスクワ、中国、東京、大分等の内外のＩＴ企業集団にも拡大、輪をアジアに広げていきます。さらに、「新連携」支援制度を利用して、主要メンバーで新会社を設立、共同事業を行うことも模索します。これまでのように各企業が1対1で取引するのではなく、地方中小企業団同士がローカルとローカルに、地方の特色を生かした形で国際ビジネスを深めていく時代です。

〈本業のランテックソフトウェアも海外志向ですね？〉

主力事業は、不動産鑑定士向けのパッケージソフトで、全国３２００の不動産事務所の約半数が当社の顧客で、毎年発表される土地公示価格の3分の1に当社のソフトが使用されています。93年の創業当初から手掛けた商品で、まず鹿児島に営業所を開設、南北から九州市場を攻略、3年間で九州一になり、現在、9割は当社製です。売上は、毎年倍々ゲームで増えました。アフターケアのきちんと出来ない所には販売しない方針で、東京にも営業所を開設、全国を攻め、創業12年目でシェア日本一を達成しました。しかしアフターケアとサポートの量も増え、単価も低下、不動産ソフト1本柱では売上の伸びに限界があります。そこで、自社ソフトの開発と並行、海外との提携に乗出しました。

〈韓国・仁川のＩＴ企業「セイワールド」との提携ですね〉

セ社と共同で、インターネットに繋ぐだけでホームページを瞬間作成できるソフト（ＡＳＰ）の日本語版を開発、2年間で3千本販売しました。海外との提携は、開発期間の短縮、ソフトのサポート・コストの節減等で効率的です。さらに、グループ化すると相手企業もメリットが増え、北九州という地域そのものを強く売出せるため、ジェトロや市貿易振興課の支援もえて、ＫＬＩＣを設立しました。さらにソウルの企業に呼掛けて、ＳＩＣＡＭを設立してもらい、交流会となりました。この輪をもっと広げて行きたい。「海外」、「グループ化」、「地方色」こそ、国際化時代の地方中小企業の成長戦略です。

〈もともと、脱サラでベンチャーを起業したそうですね？〉

東芝九州情報機器の営業マンでした。学生時代からパソコンとプログラム開発が趣味で、20歳のとき「35歳になったら独立を」と計画を立て、経験を重ね、93年バブル崩壊直後、元同僚らと3人で創業しました。上手くいかないとみんな辞めてしまいますが、ベンチャーを軌道にのせるポイントは、一つは「絶対諦めない」、もう一つは「自分1人で出来ないことは、他人の力を借りる」ことです。

「ランテックソフトウェアは、その後不動産鑑定士向けパッケージソフトの開発、販売以外にも、ＷＥＢ事業、海外事業、経営コンサルタント部門など事業を拡大、足元の北九州市のユーザーも増えている」

〈北九州のＩＴベンチャー産業の現状と方向性は？〉

北九州のＩＴ産業は、大手系が主流ですが、中小ベンチャーにも、面白い企業はたくさんあります。プログラム開発が得意な企業、デザインで出色の企業、営業がピカ一の企業など多士済々です。熱血漢が多く、イベントなど開くと、ワッと集まり、ノリが良く、地方色豊かです。弱い所を補うには連携、グループ化が不可欠です。北九州は特色が出しやすいと思います。次のステップは、今年中に、ＫＬＩＣをある目的を持った会社組織——ＬＬＰ（有限責任協同組合）とし、独自の商売を模索、それが進むと、共同出資や資本統合に発展していく可能性もあります。資本金1千万円企業が、10社集まれば1億円。得意分野を持寄り、新しい連携スタイルに進んで行けます。これは東京などの中小企業では難しいでしょう。

〔KLICの活動はその後も続き、会員のなかからアジアに進出する企業も登場。庄司さんは名誉会長に就任した〕

〈北九州経済の現状と課題は？〉

新空港開業は、KLICの大きな武器になります。永年懸案だったインフラがやっと整備され、あとはこれをどう活かすかですが、そこは市内の企業、グループの知恵、アイデアを吸い上げ、活用して欲しいですね。私達も空港活用法をグループで研究中です。

〈激動期の経営哲学は？〉

徹底したお客様優先主義。顧客の要望を100％満足させる。たとえわがままでも、全てにおいてお客様の要望を重視、早朝でも、深夜でも動く。『お客さんに良くなってもらいてぇんです。』（沼澤拓也）という本に共鳴しました。

〈座右銘と趣味を〉

「人間力」――人を感動させ、心変わりを起こさせるために何をすべきか。感性に訴える人間力をつけることで、営業力・経営力もつくし、人間の喜びや痛みがわかるようになる。デジタルなIT企業だけど、アナログ的なところが一番大切です。趣味は、釣と酒。営業用の車に釣竿、ボートを載せ早朝仕事の前に釣りに行くこともあります。お酒は大好き、アジア人は酒文化で、特に韓国人は酒呑みが仕事と言う人が多く、波長が合います（笑）。

庄司裕一（しょうじ・ひろかず）
1979年明治大法学部卒、85年東芝九州情報機器入社、1993年ランテックソフトウェア社長。2004年KLIC会長。（その後KLIC同名誉会長）。

北九州国際ITビジネス推進会（KLIC） 活動内容 国際事業の共同展開等、設立2004年6月、会員12社。

㈱ランテックソフトウェア 小倉南区蜷田若園3—13—47LAビル3階、資本金400万円（当時）、年間売上1億4千万円、設立1993年、事業内容 ソフトウェア開発・販売。

◆情報通信革命を担う――世界的景気拡大のなかで

金型設計ソフトで世界トップ

〔コンピュータエンジニアリング㈱（現㈱C&Gシステムズ）社長
北九州情報サービス産業振興協会（KIP）会長（当時）〕

山口修司さん（2007／03）

金型用設計・製作ソフトに特化し世界トップ
モノ作りから生まれモノ作りを支える産業に

◉信条
「生産性の限界に挑戦する」、「心の若さを保ち続ける」

――コンピュータエンジニアリング㈱は、金型用のCAD―CAM（コンピュータによる設計、製造）に特化、日本の量産型工業の基盤――金型産業を縁の下で支え、シェアは国内30％、世界推定12％で各トップメーカーである。山口修司社長にシェアトップの秘密と経営戦略などを聞いた。

〈元気なモノ作り中小企業300社〉に選ばれましたね

山口　はじめは驚きました。当社はFA用のソフトウェア業で、物理的なモノを作る企業ではない。しかも、製造業の中でも部品産業、中でも金型産業と極端に絞った分野でのモノ作りの設計、製造面のお手伝いです。しかし、モノ作りの範囲がソフトにまで広がってきた時代の反映と解釈、努力が認められ喜んでいます。

〈最近の景況はいかがですか？〉

私達の顧客である金型業界は、極めてニッチ（隙間）な分野ですが、20年前から現在まで、一貫して

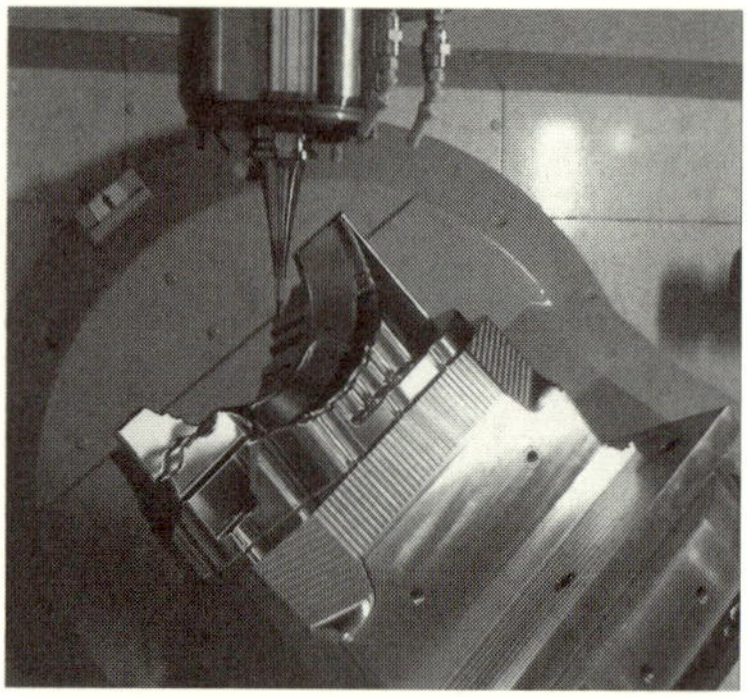

C&Gシステムズのコンピュータ支援製作ソフトを使用し、工作機械で同時に5軸を切削する高精度・高効率の加工が可能

世界シェア42%を占め、2位の米国以下、欧州、韓国を大きく引き離し、日本の圧倒的な得意産業です。90年代、製造業の凄まじい中国進出で、部品・金型産業も浮き足立ち、今後モノづくりは中国か、と空洞化が心配されましたが、数年前から棲み分けが明確になり、落着きと自信を取り戻しました。中国、アジアで受注して、現地で作れるものは現地で、技術的に難しいものは、日本に持ちかえって作る。超精密、超薄型、超小型、超高品質と「超」のつく分野は、日本の生産技術でしか製造出来ないものが数多くあります。北部九州でも、世界に向けて活躍しています。ただ、日本でしか作れない「超金型」は、限りがあり、業界全体の国内生産量、売上は横ばいか微増基調です。

〈シェア日本一の要因をどう自己分析しますか?〉

創業当初から「生産性の限界に挑戦する」を社是に、事業をCAD―CAM、特に金型用に一点集中してきました。専門特化でこそ最もお客様の生産性の向上に寄与できます。第2は、最大限の支援サービスです。一般のソフトは、マニュアルをつけてお客様に売れば終わりですが、金型ソフトの場合、使われるNC工作機械の機種もメーカーも千差万別で操作方法も違います。これら全ての膨大な種類と数のお客様の機械の最新情報を把握し、お客様の所へ行き、機械に合わせて据付け、使い方を現地で技術移転する。トラブルが発生すると東京、大阪、名古屋の各拠点、代理店から即時に駆けつけます。またコールセンターには、ベテランを配置、顧客と同じ画面を見ながら、遠隔で問題点を見つけ解決します。お客様の現場にすぐいける体制――これが一番の強味です。金型に絞り、23年間、地道に積み重ねてきた成果です。

〈グローバル化への対応は?〉

顧客の金型業界が、グローバル戦略で各国に複数の生産拠点を展開され、それに対応して、韓国、シンガポールにメンテナンス要員を張りつけ、台湾、中国(上海、北京、深圳)には専属代理店を置き、即応しています。さらに国内の技術者不足で、中国、ベトナム、インドで簡単なソフトウェアを現地生産すべく、試行錯誤中です。

〈金型産業とCAD―CAMの将来像は？〉

BRICs――ブラジル、ロシア、インド、中国の人口は合計すると約30億人、最近は、第2グループのベトナムなどVTICsの台頭も注目されています。これら先進国の何倍もの人々が、日本や欧米並みに、テレビ、冷蔵庫、洗濯機、エアコン、オーディオから自動車まである豊かな文化生活を求めると、その部品点数は膨大なものになります。自動車の1車種をとっても部品は2・5万点、それを大量に均質に作るためには、2・5万の金型が必要です。各メーカーが数十車種、さらに各家電、携帯電話等、天文学的な部品と金型が必要になります。その42％を日本で作る。大変な需要です。

㈱C＆Gシステムズ（旧コンピュータエンジニアリング㈱）の現本社

〈今後の方向性と経営戦略は？〉

単なる金型用のCAD―CAMメーカーから、生産管理、原価・工程管理も含め、問題解決型の金型経営総合支援メーカーへの進化を目指していますが、基本はやはり、設計、製造過程の生産性向上ソフトの技術革新です。そのためには、工作機械メーカーやグローバル化支援の専門企業等他企業との連携、チームプレーが重要になります。

〔同社は2010年、経営統合して「株式会社C&Gシステムズ」に社名を変更した〕

〈北九州に立地するメリットとデメリットをどうみますか？〉

〔売上構成は、関東40％、関西20％、中部20％、海外15％、九州その他はわずか5％〕

起業の際、小さな会社なのに、優秀な人材が集まり、さらに福岡県工業技術センター、九州工大などからも様々に支援頂けたのは、北九州なればこそです。大都市圏で創業していたら、果たしてここまでこれたかどうか。問題は、今後他企業との提携戦略を進める際、対象の企業群が大都市圏に集中、日常的接触が難しく、スピードに欠ける点でしょうか。

〈北九州ソフト業界の現状と北九州経済の活性化策を〉

北九州には、新日鐵住金、安川電機などモノ作りで基礎体力（人、モノ、金）を持つ企業が多く、各社はその情報部門を分社化してきましたが、近年、これらの分社企業が地元に満足せず、全国、世界に目を向けつつあります。これまで中核企業のピラミッドの中で、言われたことだけやっていた企業群が、ピラミッドの変形で独立して力をつけ、積極的に打って出る機運にあり、中央の展示会にも積極参加しつつあります。モノ作りの中から生まれたソフトウェア業がモノ作りを支える一大産業になろうとしています。そこへ自動車関連産業の大量進出です。ＫＩＰとして、北九州商工会議所のものづくり部会にも参加、自動車１５０万台構想への対応も話し合っています。環黄海圏では自動車４００万台市場、ソフト関係の需要増も期待できます。関東、中部の顧客を訪問すると「北部九州は最近熱いですね」と。ただ、金型ソフトと関係の深い設計開発部門は、依然大都市圏に集中しており、その分散・誘致が次の課題になります。

〈経営哲学は？〉

創業以来「生産性の限界に挑戦する」。毎週、全員で唱和しています。

〈座右銘、趣味を〉

「心の若さを保ち続けること」「笑顔を絶やさない」。趣味は自家用クルーザーで壱岐、対馬等まで「海上散歩」することでしたが、最近は「歩く」ための健康ゴルフ。だからカートには絶対乗りません（笑）。

山口修司（やまぐち・しゅうじ）
1969年福岡工業大電子工学科卒、日立製作所入社。78年コンピュータエンジニアリング設立、社長。北九州情報サービス産業振興協会会長。（現在C&Gシステムズ会長、北九州ベンチャーイノベーションクラブ＝KVIC＝会長、福岡県工業技術センタークラブ副会長。KIP会長は退任）。

コンピュータエンジニアリング㈱（現㈱C&Gシステムズ）　八幡西区引野1－5－15、資本金5億円、売上高34億円（2012年度）、従業員数220人（110人）、設立1978年、事業内容　金型用CAD－CAMを中心とするシステムの製造、販売。

◆新エネルギーに挑む――世界同時不況のなかで

国内初、ソーラーマンション開発

太陽光発電集合住宅から、メガソーラーにも進出

【芝浦特機㈱社長（現芝浦グループホールディングス会長）】新地哲己さん（2009／11）

◉信条
「計画、努力、進歩」、「自ら幅広く体験した知恵者型へ」

――地球温暖化防止のためのCO_2（炭酸ガス）削減が世界的課題となっている。国内初の全戸個別供給型太陽光発電付きの賃貸マンション開発で、05年度新エネ大賞経済産業大臣賞を受賞した芝浦特機㈱（小倉南区）。同社グループは近年メガソーラー事業にも進出している。新地哲己社長に、低炭素社会先取りの企業戦略と経営哲学を聞いた。

〈芝浦特機は、05年国内初の太陽光発電付きの賃貸マンションを小倉南区上石田で開発し、全国的注目を集めました〉

新地　独自の技術で集合住宅にはじめて戸別発電システムを導入。マンションの屋上に電池を並べ、一戸当たり太陽電池パネル10枚分で、各戸が年間最大1500㌔時を自家発電し、余った電力は、九電に売る。メーターが買電と売電の2つあり、売った電力料は九電から毎月、各戸の口座に振り込まれます。それまで1戸建てではありましたが、マンションは初めてで、多くの賞を頂きました。

〈そもそも開発のきっかけは？〉

中小・零細企業の必死の生残り策です。私は門司

国内初の全戸個別供給型太陽光発電付きの賃貸マンション「ニューガイア上石田」（小倉南区石田）

工業高校を卒業後、小倉の家電販売店に6年間勤務しましたが、物足りず、24歳で独立して門司で家電販売店「シンチデンキ」を起業しました。当初は繁昌しましたが、ベスト電器など家電量販店の台頭で伸び悩みます。それならばと出店相次ぐ家電量販店が必要とする店舗用空調工事業に転換しました。ヤマダ電機、コジマ、ナフコ等を顧客に急成長しました。これもやがて新規出店の減少で、価格競争が激化、工事費が当初の半値以下になりました。そこで「今後は環境ビジネスの時代」と02年、太陽光発電装置の販売・工事を始めました。

〈ニーズの先取り戦略ですね？〉

当初は戸建て向けを営業しましたが、売れない。家電販売店で売ってもらおうにも、一般家電品に比べて高価で、なかなか売れません。「なんとか他社とは違う独自の売り方はできないか」と模索中に、ある若手社員が「集合住宅に戸別太陽光発電を導入したら」と提案しました。マンションに取り付けるためには、電柱の柱上変圧器１００キロＶに対しインバーター（直流・交流交換機）を数倍増設する必要があります。九州電力に相談すると、何回行っても「全国的に前例がなく無理」です。そこで九州経済産業局に行き「新規性、先進性、将来性のある新エネルギービジネスに挑戦したいが、電力会社が聞いてくれない」と斡旋を依頼しました。局の口効きで、やっと計画説明にこぎ着けましたが、九電側は問題点を5～6点あげ、「それを全て実証実験で解決できたら、対応しましょう」。

〈大変ですね〉

そこで太陽電池メーカーのシャープアメニティシステム（大阪市）の社長に直訴、実験を重ねて、遂に成功。実証実験の結果を２５０万円かけ、解り易い3次元画像におさめて説明、やっとＯＫです。前例のないことをして、万一の事故の際、どこが責任をとるかという難問があり、双方で責任分岐点をきちんと決めました。現在８００余世帯が集合で自家発電していますが、事故歴はゼロです。霞ヶ関にも何回

嘉麻市のメガソーラー全景
（出力2000キロワット、年間210万キロワット時）

も通い、それまで対象外の集合住宅や分譲マンションにも補助金を付けてもらいました。

〈以後、戸別太陽光発電付き賃貸マンションを各地で展開しました〉

北九州、福岡両市や、大刀洗町等で建設しました。当時は売電の電気代が振り込まれる賃貸マンションは全国どこもなく、全て完成前に満室で、今も空き待ち状態です。九電からの振込額は1戸当たり月4800円から何十円まで差がありますが、国の促進策で11月から売電価格が1キロワット時当たり48円と2倍になります。

〈経営で最も注力している点はなんですか?〉

顧客満足です。社内で「わが社のオーナーは賃貸料を払って頂く入居者。君達の給料は全て入居者から頂く家賃収入であることを忘れるな」と言っています。4ヶ月に一回アンケートし、常に改善を心掛け、住んでいる人の満足感を高める努力を続けています。それと現場重視。30数年間、技術者商人として、常に現場で技術を磨き、問題解決を重ねてきたことが大きな武器です。

〈今後の経営戦略とビジョンは?〉

全社挙げて取組むのは地球温暖化阻止です。CO_2の排出をいかに少なくするか。CO_2ゼロの本社ビル建設を計画しています。国は総発電量に占める現在の自然エネルギーの1・5%を20年までに20%に拡大する計画で、補助金交付や買電価格引き上げを実施します。ただ、15%をすぎると電圧上昇で、電力会社への逆送電が技術的に困難になる不安もあります。それと最近のように先の見えない時代には、中核事業の柱が一つだけでは不安です。私は10本の柱を創る構想で、持株会社・芝浦グループホールディングスを新設、私が会長になり、5人の新社長を作ります。

〈芝浦グループホールディングスの現状は?〉

中核の芝浦特機が空調設備と太陽光発電の工事担当です。これに、ビルメンテナンス業の九州メンテナンス、各種不動産を所有するニューガイア、メガソ

福岡県みやま市のメガソーラーパネル群
（元三池炭鉱・有明鉱跡）

ーラーのニューガイアエナジー、事務機器のアスリード、芝浦グループホールディングスでグループを形成しています。

［芝浦グループは、その後、再生エネギー特別措置法（再生エネルギーの全量買取を電力会社に義務付けるもの＝再エネ法）施行に対応し、九州各地でメガソーラーの建設を進めている。嘉麻市のメガソーラーは、出力2千キロワット、年間210万キロワット時で再生可能エネルギー固定価格買取制度全国第一号として九電に売電、月間1千万円を売り上げている。このほか、熊本県南関、福岡県みやま市でも建設、全九州10ヶ所で出力6万キロワット時を目標としている。

また福岡、沖縄両県で太陽光発電搭載のマンション18棟（出力1200キロワット）を建設した。メガソーラーの設計から施工、保守管理まで一貫して手掛けられるノウハウを持つのが強みで、パネルは国内と韓国、ドイツ等に発注している。自社のメガソーラー事業に投資するファンドを設立し、売電利益を投資家に還元することも検討している］

〈環境首都・北九州市は太陽光電池メーカーも誘致したいですね？〉

これまで公害防止、リサイクル産業が主でしたが、太陽光など低炭素社会型に目が向きつつあるのは心強く、独自性のある地域づくりを期待しています。

〈激動期の経営哲学はどうあるべきですか？〉

企業環境変化の幅は大きく、スピードも速く「計画、努力、進歩」です。今後は、目先の利で金融バブルを引き起こした知能型経営者ではなく、自ら幅広く体験した知恵者型の時代です。どん底に落ちることも貴重な体験です。私は30歳で、面白いように儲かって天狗になり先物取引等に嵌《はま》り、8千万円の借金を作って、死に場所まで考えました。だが極限まで追い詰められると知恵が出ます。世界的不況の今は、追い詰められた経験の多い中小企業にとって、むしろビッグチャンスです。新エネ大賞受賞後、各分野から講演依頼が増え、皆さん私のような中小企業経営者の体験を熱心に聞いてくれます。

〈座右の銘と趣味を〉

「人を信じて、己を信じる」。まず相手を信じると相手も信じてくれる。趣味は仕事。幼少時に父が連帯保証人になり大借金、その返済で、縄ないや牛乳・新聞配達を10年続け、夜昼・土日なく仕事をするのが習性になり、むしろ楽しいですよ。

新地哲己（しんち・てつみ）

1971年門司工業高校卒、家電販売店勤務後、77年独立してシンチデンキ（門司区）創業、84年芝浦特機㈱設立、社長。2005年太陽光発電付き賃貸マンション建設で新エネルギー財団の新エネ大賞経産大臣賞受賞、北九州エコプレミアム選定。

芝浦特機㈱（現芝浦グループホールディングス㈱）

小倉南区上石田4―17―22、設立2009年、資本金4億5400万円、従業員数118人、事業内容 集合住宅用太陽光発電システム設計・施工・販売、空調工事、配管工事、賃貸・分譲マンション企画販売・管理、輸入自動車販売。

芝浦特機（当時）

次世代エネルギーの開発拠点へ

【電源開発㈱若松総合事業所長（当時）】
松野下正秀さん（2010／02）

高効率石炭火力発電　大型太陽光発電、バイオ燃料も

◉信条

「一歩一歩、常に前に向かって進み、イノベイト（革新）を」、「一期一会」

――地球温暖化対策が世界の緊急課題となる中、電源開発（Ｊパワー）の若松総合事業所（若松区）は高効率発電と地球温暖化ガス抑制を両立させる多目的石炭ガス製造技術（ＥＡＧＬＥ）の開発や大規模太陽光発電などに取り組み、次世代エネルギーの開発拠点である。環境モデル都市北九州の一翼を担う同事業所の松野下正秀所長に、低炭素社会実現のための課題や未来への戦略などを聞いた。

〈若松総合事業所は北九州市と同い歳だそうですね〉

松野下　五市合併で北九州市が誕生した１９６３年に運転を開始した若松火力発電所が前身です。筑豊の低品炭を燃料にした当社初の石炭火力発電所でしたが、89年にその役割を終えて廃止。それ以後は石炭火力関連の先端技術の開発と人材育成に取り組み、また、石炭を燃やした後に残る石炭灰の埋め立て場として活動してきました。

〈Ｊパワーは04年に完全民営化され、事業を多角化しましたね〉

若松では、トマト工場の響灘菜園を設立しました。太陽光発電にも取り組んでいます。現在、若松地区

は若松総合事業所と若松研究所（後藤秀樹所長）の2所体制で構成し、当社の次代を担う拠点として位置づけられています。

〈若松研究所は何の研究を？〉

当社の研究所は若松と茅ヶ崎（神奈川県）の2ヶ所です。

若松研究所の目下の柱は、多目的石炭ガス製造技術の開発研究（通称EAGLEプロジェクト）です。これは新エネルギー・産業技術総合開発機構（NEDO）と共同で、より少ない石炭でより多くの電力を引き出し、発電効率を上げる技術の開発です。例えば100トンの石炭で発電するのと同じ電力を60トンで発電すれば、それだけCO_2を削減でき、地球温暖化防止に貢献できます。

〈発電の効率化と温暖化対策の同時推進ですか？〉

現在の火力発電は石炭を燃焼させた熱で蒸気を作り、蒸気タービンで発電します。新方式は石炭をガス化炉で一酸化炭素や水素などの可燃性ガスに変換します。このガスを燃やしてガスタービンで発電し、さらにその排熱で蒸気を作り、蒸気タービンでも発電する複合発電でより多くの電力を生み出します。研究は第一段階でガス化技術の開発に取り組み、第二段階でCO_2の分離・回収技術の開発に取り組んでいます。石炭のガス化は欧州が先輩ですが、若松の成果はそれを凌駕しています。

〈新方式は今後の火力発電を変えますか？〉

各国の電源構成を調べると、石炭の割合は中国で8割、インドで7割、米国で5割を占めており、これらの国はいずれもCO_2排出国の上位にいます。当社の最新鋭・最効率の石炭火力発電は超超高圧操業の磯子発電所（横浜市）ですが、仮に磯子の技術をこの3ヶ国の火力発電所に導入すると、日本が1年間に発生させるCO_2の全量分を削減できます。「究極の石炭利用発電」といわれる若松のEAGLEプロジェクトが実用化されれば、さらに多くの削減が可能です。実用化のために、中国電力㈱と共同で大崎発電所（広島県）の敷地内に若松の約7倍の大型実証設備を造り、試験する計画です。

〈海洋微生物を利用したバイオ燃料の開発や医療に応用するマリンバイオテクノロジーの研究もしているそうですが〉

淡水微生物は現在も火力発電所の処理水浄化技術に活用されています。海洋微生物の持つ機能を色々に応用できないかと、研究を始めました。まだ5年

電源開発若松全景

程度ですが、全国の海から1万1千株以上の海洋微生物（光合成微生物）を収集しました。処理水浄化技術への適用と併せ、バイオ燃料製造等、他分野への適用も視野に研究を進めています。海洋微生物からバイオ燃料が採取できれば、CO_2ゼロのエネルギー確保になります。採算ベースに乗せるにはまだまだ時間がかかりますが、夢のある研究分野です。

〈響灘沖で洋上風力発電の実証研究の計画も?〉

当社は陸上の風力発電は国内2位ですが、洋上は未開拓です。当社も含めた研究企業グループがＮＥＤＯと共同で、まず海中に鉄塔を建て、風向、風速などを観測調査して、事業化の可能性を探るための手法の研究の計画段階です。

〈自然エネルギー利用では、08年響灘太陽光発電所の運用を始めていますね〉

ＮＥＤＯと共同で多結晶シリコンのパネル５６００枚を並べ、出力は1千キロワット。九州では当面最大級の規模で年間発電量は１００万キロワット時です。火力発電に換算するとCO_2排出量４５０トン相当ですが、太陽光ではゼロです。

北九州市は昨年7月、環境モデル都市に選定され、世界環境首都としてのイニシアチブを強力に推進するという非常に強い意志を感じます。響灘埋め立て地にはエコタウンをはじめ循環型社会をめざす企業が多く、次世代エネルギーパークを形成しており、当社もその一員です。

〈食品会社のカゴメ㈱と合弁で響灘菜園を設立しましたね〉

石炭発電で出る石炭灰を埋め立てた8万5千m^2の用地に年間最大２５００トンのトマトを収穫できる温室を建設、ハイテクによる通年栽培で操業しています。温室内の温度・湿度・灌水は全てコンピュータ制御です。暖房時に発生するCO_2は回収してハウス内でトマトの光合成に利用しています。

かねてからカゴメ社には九州にもトマト工場を作りたいとの希望があり、埋立地の活用をめざす当社のニーズと一致しました。トマトは小売向けもありますが、主力はハンバーガーやサンドイッチなどに使う業務用で、主として関東・関西方面に出荷しています。150人の地元雇用を生み出しています。

〈石炭火力発電所の運転要員の訓練もここで?〉

当社は全国に7火力発電所を持っていますが、その中央制御室を模擬盤で再現した施設があります。新人の運転技術習得、中堅社員のレベルアップ研修、発電設備の修理・保全技術の研修などを実施しています。08年度までに累計9407人が受講しました。

〈石炭灰による埋め立て事業も進めていますね〉

石炭火力実験EAGLE

もとは若松火力発電所の石炭灰を埋め立てるためでしたが、現在は主として松島火力（長崎県）や橘湾火力（徳島県）などの石炭灰を1、2号地で埋め立てています。現在の埋立地が完成した後は北側に建設中の新しい埋立地に移行します。これまでに埋立てた土地と合わせると合計190㌶にのぼり、福岡ドームの30倍の用地が生まれます。

〈埋め立て地は響灘コンテナターミナルにも面しており、新発電所建設など今後の活用策はありますか?またEAGLEプロジェクトに燃料電池と組み合わせるとさらに効率が上がるようですが、この研究を若松でやる予定は?〉

電気事業者として長期的には発電所という願望はあっても、需要動向が極めて厳しく、難しい状況です。燃料電池については茅ケ崎で研究中です。若松のEAGLEプロジェクトでも精製したガスから取れる一酸化炭素と水素はいずれも燃料電池で使うことができます。蒸気タービンとガスタービン、燃料電池の3つを組み合わせれば、さらに発電効率はよくなりますが、これも残念ながら実用化するまで技術が熟していません。

〈今後のビジョンと課題は?〉

全社では、少子高齢化等で国内の電力需要の大きな伸びが望めない中、新興国先進国も含めた海外事業をさらに推進し、海外発電所の建設投資などに注力します。同時に国内では環境に優しい次世代エネルギーの開発や電源の多様化に取り組んでいきます。
若松地区はＥＡＧＬＥプロジェクトの熟度をより高めつつ、太陽光、風力など新電源を採算性も吟味しながら研究・開発・利用を進めていく必要があります。

〈北九州経済の潜在力や課題をどうみますか？〉

重工業中心に活動し、過去に公害問題も克服。主要産業が新たな事業に挑戦しつつあります。北九州市が進めている「アジアも含む低炭素社会の実現」構想には積極的に協力していきます。環境対策だけでなく、より新たな環境産業を創造し、経済活動の活性化によって新たな雇用も生みだす「低炭素社会づくり」は困難だが、可能だと思います。

〈激動期の経営哲学はどうあるべきでしょう？〉

止まることなく一歩一歩常に前に向かって進むこと。当社トップも「ＰＤＣＡ（計画を立て、行動し、点検してさらに改善する）精神でイノベイト（革新）しよう。これなくして会社の持続的な発展はない」と常々言っています。それと地域とのきずな。地域行事には積極的に参加して、当社のイベントとして毎秋「いきいき若松」の名で構内を開放し、ＥＡＧＬＥや太陽光発電所の見学会を開いています。

〈座右の銘と趣味を〉

「一期一会」。沖縄から青森まで転勤が多く、その時々にお会いした地元の方々との縁を大切にしたいと思っています。趣味は健康管理のためのテニスと読書。ある時期、松本清張に凝り、文庫本で全作品を読みました。調べに調べ、緻密に取材を重ねた作品が多く、独特の重厚感が魅力です。

松野下正秀（まつのした・まさひで）
1978年九州大学経済学部卒、電源開発㈱入社。大間原子力総合立地事務所所長代理、経営企画部東北地域担当部長、09年設備企画部若松総合事業所長。（その後、電源開発本社総務部長）。

電源開発㈱若松事業所　若松区柳崎町1、設置1963年（全社は1952年設立）、資本金1524億円（全社）、従業員数100人、関連企業も入れると200人（全社は2224人）。

◆オンリーワン目指すベンチャービジネス——世界的景気拡大のなかで

長持ちさせる技術を北九州に

【計測検査㈱社長】　坂本敏弘さん（2010／08）

ひび割れ検査の独自技術開発
モノづくりだけでなく、点検・保全で長持ちさせる安心・安全の技術を

◉信条

「『21世紀に必要とされる企業』目指し隙間《ニッチ》で差別化」、「お互いに相手を尊重しながら、競い合う『競和』の精神で」

——非破壊検査業の計測検査㈱（八幡西区）はトンネルのひび割れや漏水などを正確・簡単に検査する独自技術「マルチ・アイ・システム」を開発し、全国で活躍している。坂本敏弘社長に産・学・官連携の開発秘話や経営戦略などを聞いた。坂本社長は「環境制約と財政難で厳しさを増す中、21世紀はモノづくりと同じくらいに構造物を点検・調査する技術が大切になる」と、検査技術のさらなる高度化に取り組む決意を明らかにした。

〈マルチ・アイ・システムとはどんな技術ですか?〉

坂本　道路や鉄道のトンネル内の履工面のひび割れを正確・簡単に見つける技術です。これまで、トンネルや橋梁、ダムなどのひび割れや漏水の点検・調査は人の目視検査に頼ってきました。それを機械化しました。

　複数のデジタル・ビデオカメラをトラックに乗せ、トンネルの中を時速50キロで走らせながらカメラで履工面を撮影します。撮影した画像を解析し、ひび割れ

トンボの目のように複数のカメラで撮影・検査する
マルチ・アイ・システム

や漏水がないか調べるシステムです。トンボのようにたくさんの目で複眼的に観察・撮影するので「マルチ・アイ・システム」と命名しました。

　動画で撮影した映像をコンピュータで静止画に変換し、それを画像処理して貼り合わせると、トンネル全体の展開画像が出来上がります。ひび割れを一目で正確に、かつ誰が見ても確認できるのが特徴で、特許を取得しました。ダムでもビルでも、コンクリート構造物のひび割れは点検・調査できます。

〈病院のレントゲンやＣＴ（コンピュータ断層撮影）のように構造物の〝患部〟を調べるわけですね？〉

　非破壊検査による設備診断は本来、医療の考え方をそのまま工業用に応用したもので、Ｘ線、超音波、磁気などを使いますが、マルチ・アイ・システム技術は画期的なのです。ただ、顧客から「画像は鮮明だが、これを維持管理に生かせないか」という要望がありました。その開発中に新潟市の㈲ジーテックが維持管理システムを開発していることが分かり、提携しました。この結果、撮影したひび割れの長さや密度が計算でき、時間とともにどう変化するかまで掴めるようになり、補修の必要性も判断できるようになりました。

　両社の技術のドッキングは経済産業省から中小企業新連携の認定を受けました。おかげさまで全国の道路や鉄道のトンネルを中心に検査に利用していただいています。鉄道トンネルは関東圏のＪＲや地下鉄からの引き合いが多いようです。

〈このシステム開発に取り組んだ動機は何ですか？〉

　当社は先代の故・坂本武社長（実父）が１９７４年に創業し、三菱化成（現三菱化学）黒崎工場のプラントの保守検査業務からスタートしました。以後、化学プラントなどの保守検査や鉄鋼・コンクリート構造物の応力測定の検査部門、土木施工管理のための計器設置と計測などの計測事業を２本柱に拡大してきました。

　ところが低成長期を迎え、検査受注等が伸び悩み、新分野の開拓が急務となりました。そこで「橋梁などの床板等のひび割れ検出システムの開発」を99年、北九州市の中小企業産学官連携研究開発特別助成事業に申請し、デジタルカメラで撮影して画像処理する研究に着手したわけです。

〈危機意識から新分野に取り組んだわけですね〉

市の紹介で九州工業大学の工学部、情報工学部の先生方や福岡県工業技術センターのご支援で、橋梁の点検装置を試作していた時、山陽新幹線の福岡トンネル（久山町）でコンクリート片の剥落事故が発生しました。あわや大惨事につながりかねなかったということで、運輸省（当時）が緊急点検を指示し、大勢の人が壁を叩きながら目視検査をしました。さらに運輸省は全国的な点検も指示しました。そこで当社は、当初橋梁用に開発したシステムをトンネルにも応用し、全国に売り込みました。

〈現在のシステムの普及状況は？〉

目視検査に比べ、マルチ・アイ・システムは客観的なデータが入手でき、現場の作業が比較できないほど時間短縮できます。また、長大トンネルは目視検査では手に負えないのですが、このシステムは全表面を非常に短時間で点検し、高品質な情報を安価に提供できるようになりました。おかげさまで01年に関東圏内の地下鉄に初めて採用されました。次いで道路トンネルなどにも採用され、以後、各分野で普及しています。

〈貴社はここ5年間、連続増収ですが、これがその要因ですか？〉

そうです。当社は従来、検査と計測の2本柱で、それぞれ売り上げの45％を占めていました。それが近年は、マルチ・アイ・システムによる構造調査部門が第3の柱として成長。売り上げの各30％を占める3本柱体制となりました。売上高は毎年8％前後の伸びで、昨年8月期は7億8600万円でした。

〔同社はその後、三菱電機と提携、ひび割れ検査専用車のミームを開発、活動範囲をさらに全国に広げ、売上を伸ばしている〕

〈経営方針も変化しましたか？〉

先代は38歳で脱サラし、当社を創業しました。当時は大量生産・大量消費の高度成長期でしたが「モノをつくるだけでよいのか。それを長持ちさせる技術が育たないといけない」と設備の保守点検業に特化し、「誠実・礼節、競和、創造」を社是に、安心・安全の提供に努めてきました。その経営理念は変えていません。差別化のための研究開発と人材育成、それと財務基盤の確立に経営の力点を置いています。

〈具体的には?〉

まず創業以来「経営資源の限られた中小企業が成長するためには、同業他社とは違う差別化が必要」と意識的に「すき間」を狙う戦略できました。機械、電気、化学などの技術を広く浅く知り、それらの境界を埋める技術者を育ててきました。さらに、長年にわたり設備診断一筋でやってきた経験とデータやノウハウの蓄積が強味になりました。

また、中小企業の共通の悩みは資金不足です。当社は早くから、財務基盤の強化に努めてきました。この人材と自己資金の基礎があればこそ、すぐには収益につながらない研究開発にも力を入れることが出来ました。開発コストを抑えるため、できるだけ低利の融資や補助金による開発に努め、産・学・官の連携や市の開発助成金も活用しました。

〈リーマン・ショック後の最悪期は脱したものの、財政悪化や資源問題、温暖化対策などの制約で経済的な厳しさは続いています。今後のビジョンと課題は?〉

工場や構造物が稼働するかぎり定期修理・保全は必要なので、非破壊検査業は好不況の影響を受けにくいといわれます。しかし、リーマン・ショック後は、どこも受注が伸び悩み傾向にあります。一方、国土交通省の各種データを見ると、既存のトンネル、橋梁、建物は築20~40年と老朽化が進み、きちんとした維持管理が急務となっています。非破壊検査業は大きくは伸びなくても、今後ますます重要になる分野です。その中で、できるだけトップランナーとして走れる企業でありたいと思っています。

マルチ・アイ・システムの海外展開は当面、韓国・ソウルの中小企業と提携しPR中です。「将来は世界最大最長のドーバー海峡トンネルの調査の仕事を取りたいね」と夢を語っています(笑)。

〈このシステムに続くオンリーワン技術は?〉

まだ熟していませんが、開発研究を進めています。人材の層が限られており、あくまでも当社のコア技術の周辺ですが……。ベテラン技術者が定年を迎える中、いかに技術伝承していくかも課題で、若い人材の採用・育成にも力を入れています。

〈工場、道路、鉄道、ビルなどが次々に更新期を迎える一方、財政難です。重大災害を防ぐためにもこれらの設備の診断・保全をする業界の役割は大きいですね〉

昔は50年~100年もつといわれたコンクリート

も高度成長期以降、塩害その他で劣化しています。これらの維持管理技術は今後非常に大切になります。全て新規に作り直すのが最善ですが、財源難ではそうもいきません。ライフサイクル・コスト管理で、コンクリート構造物などの厳密なコスト計算をしながら、最も効率的な維持管理技術の開発が求められます。

〈企業の設備投資も国・地方の公共投資も限られる中で、施設をいかに長持ちさせ安全に使うかは、地球環境保全とも密接に関連してきます〉

計測検査㈱本社

橋を作り、寿命がくれば建て替えることはできますが、それだけ新たに鋼材、セメントが必要になります。取り壊したものは建設廃材として産廃最終処分場で処理しなければなりません。その経済的、社会的、環境的コストは極めて大きい。もし30年の橋の寿命を維持管理技術の高度化で100年に伸ばすことができれば、3倍長く使えます。それだけ余分な資源を使わなくて済む。二酸化炭素の削減にもなります。当社のマルチ・アイ・システムが北九州市のエコプレミアム（エコサービス部門）に選んでいただけたのも、そうした観点からと思います。

〈環境首都を目指す北九州の潜在力と将来像、課題をどう見ますか？〉

まだ自社の経営で精一杯の段階ですが、北九州の産業の技術力は大手も中小もすごく高いものがあります。ただ今後、大手の仕事だけに頼ってやっていくのは段々と難しくなるとみんな感じています。発想を転換し、蓄積を生かし、依存しないで独自に挑戦していけば、もっと活気づくと感じます。

〈北九州はモノづくりとリサイクルに加え、既存の設備・施設を長く大事に使うメンテナンス（維持補修）産業に力を発揮すれば、新たな強味になりますね〉

鉄鋼、化学、セメントなど地元の大手素材メーカーは、新しい素材の開発、例えば腐食しない素材などの開発に既に取組まれています。たまに新しい素材が出てきて検査が大変ということも経験します。長く使える素材、一度作ったら壊れない設備の開発も出てきます。そうなると非破壊検査も不要となりますが。もちろん、そうなれば別のことを考えます（笑）。

〈激動期をどう乗り越えますか？〉

「21世紀に必要とされる企業」「お客様から望まれる企業」「なくなっては困る企業」を目指します。基本は創業以来の社是である「誠実・礼節、競和、創造」です。誠実・礼節は長年ボーイスカウト運動に参加した創業者が、社会人の基本として説いたもの。競和の「競」は相手に打ち勝つニュアンスがありますが、当社は「和」を重視し、お互いが相手を尊重しながら、競い合って会社の発展に尽くすことを心がけています。

そのうえにオンリーワンの技術を確立し、お客様が抱えておられる問題を設備診断を通して一緒になって考えていく。それと私自身心掛けているのは「調和」です。トップダウンではなくボトムアップで色んな意見を聞き調整しつつ、皆さんと会社を発展させていきたい。

〈最後に座右の銘と趣味を〉

「自分がされて嫌なことは人にしない」を心掛けています。趣味は、実益を兼ねてコンピュータです。大学時代とシステムエンジニア時代の計20年ほどキーボードに触れており、マルチ・アイ・システムを「画像処理で」と提案しました。帰宅して会社の仕事のプログラムを作るのも楽しみです。「経営者は枕元にメモ用紙を」と言いますが、私の場合は「枕元にコンピュータ」です。プログラム作成が行き詰まった時、夢の中でたまたま動作するプログラムを組むことができ、そこでハッと目が覚め、すぐにコンピュータを立ちあげたら、本当に完成していたこともあります（笑）。

坂本敏弘（さかもと・としひろ）
1983年福岡工業大学電子工学科卒、㈱共和電業入社。98年父親が創業の計測検査㈱入社、東京事業所長。2001年取締役技術部長、03年副社長、08年社長。

計測検査㈱　八幡西区陣原1−8−3、設立1974年、売上高9億3千万円（12年8月期）、従業員数90人（うち正社員73人）、事業内容　非破壊検査、材料評価、構造解析、応力・振動測定、土木・環境関連計測、コンクリート構造物の健全性調査。

◆オンリーワンを目指すベンチャー企業——試練を超えて

高機能フッ素樹脂加工で独自技術

【㈱陽和社長】越出理隆さん（2012／08）

隙間《ニッチ》特化と空港に近い立地活用　医療機器分野にも挑戦

◉信条

「変わることは変わらぬこと、変わらぬことは変わること」

——中小製造業は、超円高、新興国の追い上げ、国内産業の空洞化懸念のなかで、高度化、新分野進出を迫られている。高機能フッ素樹脂の精密加工業の㈱陽和（小倉南区）は、隙間《ニッチ》分野への特化と空港に近い立地の利を活かした独自経営で、昨年、北九州オンリーワン企業に選ばれた。越出理隆社長にニッチ企業への道、戦略と今後の方向性などを聞いた。越出社長は「中核技術を医療関連などにも応用し、絶えざる変革で次世代製品を開発したい」と語った。

〈フッ素樹脂の精密加工で独自技術を開拓し、北九州発の独創技術を持つオンリーワン企業に選ばれました。フッ素樹脂とは、一般に聞き慣れない原料ですね？〉

越出　一般的な樹脂は１００度で溶け出しますが、フッ素樹脂は、２６０度まで溶けない高耐熱性とほとんどの薬品に侵されない耐薬品性などの優れた性質を持っています。半面、原料価格は一キロ５千円と鋼材の百倍もしますので、必要な機能個所にしか使えない特性を持っています。原料の国内年間生産はわずか２８０００トンとニッチ（隙間）型です。生産量は少ないものの、高機能化を求めて他樹

陽和社屋全景

脂からの転換が進み毎年増えています。

〈勢い、製品もニッチ型ですね〉

当社は、このフッ素樹脂の特性を活かして半導体製造装置部品（売上比40％）、バルブなど産業機械部品（同32％）、電気機械部品（20％）、理化学食品部品（8％）を加工製作しています。市場は関東が半分、九州は2割ですが、世界に通用する技術とノウハウと自負しています。

〈貴社の強みと特徴は何ですか?〉

フッ素樹脂は、爪でも傷がつくくらい柔らかく、切削加工の際、堅い金属と違って機械で強く抑えると寸法や形状が変化してしまい加工が非常に難しい材料です。成形工程も普通大手素材メーカーの担当ですが、当社は大手並みに素材製作から取組み、マイクロ《メートル》（100万分の1《メートル》）レベルの切削や、溶着の三工程一貫の複合技術を得意としています。内側に節が出ないように平らに加工するビードレス溶着技術も他社は真似が出来ません。当社はこれらの技術で、例えば、半導体の前工程の製造装置の継ぎ手や、特殊な液薬の配管ラインをコンパクトな配管に集約化するなど顧客の抱える問題を解決、半導体装置や製薬メーカーの競争力強化にも貢献しています。

〈スタートは、水中ポンプの輸入販売ですね〉

創業者（父・保隆さん）は、九州工業大学出身の技術屋で、1954年、炭坑用の水中ポンプの分解修理業を起業しました。製品も部品もドイツからの輸入で、修理のたびに海外から取り寄せ、大変でした。特に消耗品のパッキンが不足がちでゴム等を原料にその自社製作を始めました。徐々に工場の規模を拡大していきましたが、一九六六年頃、化学プラント用にフッ素樹脂で包んだ高機能パッキンが出始め、フッ素樹脂の成形加工に乗り出しました。ところが、四年後の70年に父が急逝しました。

〈いきなりのピンチですね〉

母（敏子二代目社長）が跡を継ぎ、叔父（福田文博三代目社長・現会長）と一緒に事業を拡大。地元九州では市場に限界があるため、東京で販路を開拓し、北沢バルブ（現・キッツ）さんと取引を開始、フッ素樹脂部品の生産を始めました。バルブメーカーの成長とともにフッ素樹脂のシール部品の少品種・大量生産に取り組みました。1995年の円高で、取引先が部品の海外調達に転換し、安いイタリア製品が大量に流入し、値段が半額に落ち、汎用品の注文が激減しました。

〈またもピンチですね〉

そこで、もっと付加価値の高い製品へ転換するしかないと半導体製造装置部品に進出しました。複雑な精密機械でより高い精度を求められますが、装置メーカーと試行錯誤しながら、高品質を実現。大量生産型から少量で高付加価値製品への体質転換に成功しました。その過程でフッ素樹脂の加工技術を深化、精密加工のノウハウが社内に蓄積され、次の展開に繋がりました。

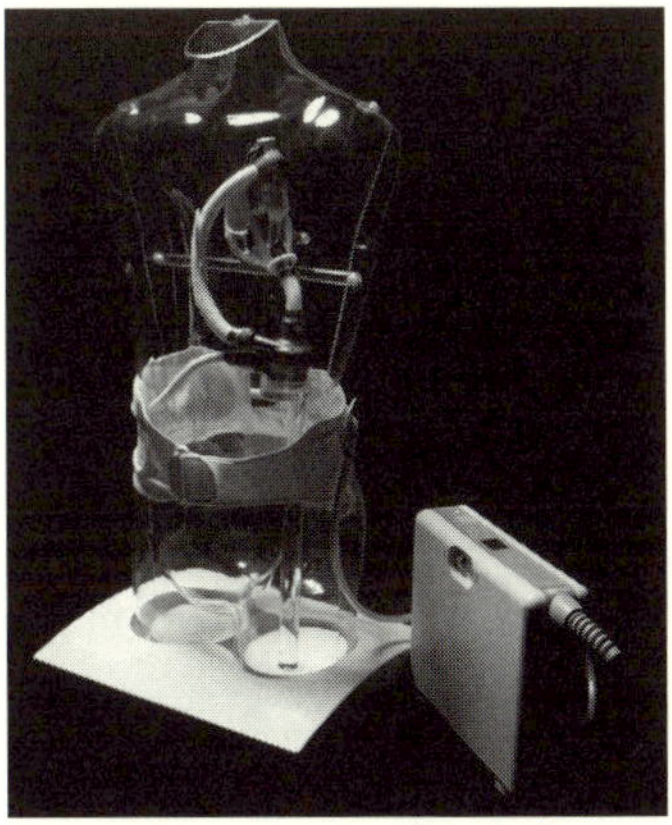

埋め込み型補助人工心臓

〈今後の展開方向は？〉

近年は国内の半導体メーカーが生産を撤退、投資の中心が台湾、韓国、中国に移行しつつあります。日本の半導体装置メーカーはまだ国内で作っていますが、いずれ海外移管も考えられます。産業用のバルブも同様で、次をどうするか、再び新分野へ挑戦の時期です。

〈その一つが医療関連ですか？〉

市場調査をして開発中です。目玉は当社の溶着技術を応用した体内埋め込み型補助人工心臓の基幹部品です。11年前からサンメディカル技術研究所（長野県諏訪市）と共同で部品開発、臨床試験も終わり、昨年4月に厚労省より認可を受け、発売になりました。これをつけることで在宅治療と3～5年の存命が可能になります。今後、医療分野へ進出する際の大きなPRポイントになります。アジア最大のメドテックジャパンをはじめ、医療機器製造専門の展示会に出展、引き合いもいただいています。

〈先が楽しみな分野ですね〉

血液分析装置など医療分析機器やカテーテルチューブなども有望分野です。医療関連は今後、日本が戦略的に伸ばしていく分野ですが、工業系と違って、窓口は厚労省で、薬事審査・臨床実験などが必要で製品化に5年かかることもあります。しかし、医療関連製品は、感染予防のため使い捨てが多く、採用が決まると月々何万個と生産されます。売上比は現在まだ1・5％ですが、今後、増やしていきます。医療関連以外では高機能食品、健康食品、栄養補助剤も面白い。製薬メーカーが食品をつくる時代で、厳しい管理をした精密な製造装置が必要になります。

〈顧客は関東、関西ですね〉

これら製品の開発部門は特に関東に集中、残念ながら北九州にはほとんどなく、出て行くしかありません。ただ、軽薄短小の高付加価値製品なので急ぐ際は、車で5分の北九州空港から航空便で発送、東京営業所（品川区）から顧客に配送します。北九州立地のハンディはあまりありません。都内の顧客が都内で買われるより、北九州から送り届けた方が早いケースさえあります。

〈臨空団地立地の強みですね〉

新工場移転前も、曽根の旧空港横にありましたが、便数が少なく欠航も多かった。今は24時間の海上空港になり、便利になりました。技術者は急ぐ時は朝5時半の一便で出張、夜は11時の最終便で日帰りすることも可能で、新空港には感謝しています（笑）。関東から工場見学に見えるお客様も空港から5分の当社には驚かれ「わが社から羽田に出るまでの方が遠い」と（笑）。

〈アジアなど海外への進出は？〉

生産拠点は国内から動かしません。私たちの使う工作機械は金属加工と同じ汎用機械で、ノウハウ部分が大きく、海外に出るとノウハウが流出してしまいます。ただ国内に残る以上、世界に通じる技術を身につけないと生き残れない覚悟ですが……。

〈新分野開拓に向け課題は？〉

ニッチ市場なので、新製品にたどり着くまで、手探りをしながら顧客ニーズと摺り合わせして、進まざるを得ません。新分野は顧客ニーズがどこにあるのか、見えにくく、次々に展示会に出展しています。

〈北九州経済の潜在力とあるべき将来像と課題をどうみますか？〉

北九州の工業力は、他に比べて強く、潜在力は大きいと思います。ただ心配なのは、大手の専属協力企業としての歴史が長く、優良企業の看板で恵まれてきた半面、成長が阻害された面もあることです。今後は多くの企業が営業力、開発力の潜在力を活かし、市場に出ていく力をつける時代です。それに取り組めば、飛躍できる力を持つ産業都市です。

〈外に攻めて出る時期ですね〉

自社の強みをしっかり理解したうえで「差別化」する。当社も展示会に頻繁に出るようになってまだ7、8年、はじめはただ製品を並べて「どうですか」でした。しかし、東京は大田区、大阪は東大阪市の競争相手があり手強い。毎年出展するごとに「彼らにできないものは何か」、「うちは何が強いか」、「お客様に何をPRするか」を考えます。出展を重ねるたびに溶着など他社にできない当社の強みが明確になりました。

切削加工エリア

〈越出さんは、途中入社ですね〉

大学の経済学部を卒業後すぐ松島機械研究所（八幡西区）に入社しました。母（2代目社長、敏子さん）が松島宏社長（当時）と異業種交流会の付き合いで親しく「預けるから鍛えて」と依頼。2年間お世話になり、中堅・中小企業の厳しさと活力を学びました。次いでフッ素の原料メーカー・ダイキン工業に入社、化学・油圧・空調・特機など各事業部を持つ主力の淀川製作所（2千人）で3年間、労務を勉強しました。中堅と大手それぞれの長所短所を勉強したあと、今度はダイキンのスーパーディーラーの極東商会（東京）に入社、工事屋さん相手に営業をしました。

〈色々と武者修行しましたね？　二代目社長のポリシーでしたか？〉

一番しんどかったけれど、勉強になったのは、30歳で北九州に帰り、小倉北区で極東商会系の空調機や冷凍用の部材販売店「カパス」を、ゼロから新規に出店した時です。東京、大阪で商売して北九州に帰ると、初めは「閉鎖的な街だな」とビックリします。打ち解けると逆に非常に親密になりましたが。初年度から黒字になり、18年間両社を兼務し、陽和の新社屋建設・移転を機に、陽和の経営に専念しました。

〈激動期の経営哲学は何ですか？〉

「従業員の満足度」をいかに高めるか。「顧客満足」も大切ですが、それ以上に重要です。従業員が満足し、士気があがって初めてお客様に満足いただける製品とサービスができます。リーマン・ショックの際は、当社も売り上げが瞬間的に前年の半分に落ち込んだ月もありました。雇用調整助成金を受給して社員が週3日、パート社員が週4日休みましたが「雇用は守る」と人員整理は一切せず、みんなで我慢しました。人を大事にする経営が必要で、法政大学の坂本光司先生に来ていただいて話を伺い、感銘を受けました。近年、産業界でうつ病が増えていますが、当社はメンタルヘルスのカウンセラーと契約、月2回来てもらっています。

〈座右の銘と趣味は〉

「変わることは変わらぬこと、変わらぬことは変わること」。企業は変わらなければ、取り残され、衰退してしまう。一方、環境変化に合わせて変われば、成長を持続でき、企業としては変わらない。私自身も会社も常に変化に対応、チャレンジし続けます。趣味はゴルフ。一緒に回った人の人柄がよく分かります。それと毎朝のストレッチと30分間の散歩でしょうか。

越出理隆（こしで・のりたか）

1983年山口大学経済学部卒、㈱松島機械研究所入社。85年ダイキン工業㈱淀川製作所（摂津市）勤務。88年極東商会（東京都）勤務。90年㈱陽和入社、同年新規事業部門として「カパス小倉」（小倉北区）開設。91年陽和取締役、2003年社長、11年日本弗素樹脂工業会副会長。

㈱陽和　小倉南区朽網3914−75、設立1958年（創立1954年）、資本2千万円、売上高12億6千万円（2011年度）、従業員数90人（社員47人、パート43人）、事業概要　工業用精密樹脂部品、フッ素樹脂の素材成形・精密切削・溶着など加工、エンジニアリングプラスチック部品製造。

第4部　流通・サービス産業の新成長

全国をはるかに上回るペースで進む高齢化の進行で、この流れを逆手に、北九州を「健康福祉都市のモデル都市に」という動きが出てきました、また、独自の経営手法で北九州を本拠に全国、海外展開する企業も増えています。タクシー台数日本一企業や、大手ホームセンター、釣具の専門量販店、ファッションブランド店などです。

福岡一極集中に対抗し、北九州都市圏からの集客を増やすためには、都心に魅力的な空間を創出することが急務でした。その中で、既存の都市型百貨店に加え、複合商業施設「リバーウォーク」の開業は大きなインパクトとなりました。

また小売業相互の競争激化のなかで、小商圏に限定し、地域密着で競争力を高める企業群もみられます。定住人口の低迷下、交流人口を増やすには、観光開発も急務ですが、テーマパークのスペースワールド、門司港レトロに加え、産業観光、「工場萌え」など新たな魅力づくりも進んでいます。

モノ作りを支えてきた「国際物流」の分野で、ユニークな企業が多いのも北九州の特徴です。国内市場とアジアとを結ぶ海運業の発展に加え、新北九州空港の開港と地場航空会社の誕生で、陸海空の人流・物流の基盤が整ってきました。

人材派遣など新たなサービス産業も成長。第6次産業ブームのなかで、農業団体の大同合併や「食」関連の産業の活躍の一方、金融界では信用金庫の合併・一本化が進み、地元地方銀行の誕生、各地方銀行の北九州本部の機能強化などの動きも出てきました。

◆健康福祉のモデル都市づくり――世界的景気拡大のなかで

北九州市を「健康福祉都市」へ

〔（社福）年長者の里理事長
㈱エルダーサービス会長
㈳北九州高齢者福祉事業協会長（当時）〕 芳賀晟壽さん（2008／03）

高齢者福祉と医療の総合デパートづくり
4次産業（福祉・教育）の充実が街を元気に

◉信条

「我が老を老とし、人の老に及ぼす（自分の家のお年寄りを大切にするように、他家のお年寄りも大切に）」、「先義後利」

――北九州市の高齢化率は全国を上回り、政令都市No.1である。年長者の里（八幡東区）は、全国でも珍しい「高齢者福祉と医療の総合デパート」づくりに取り組み、長期・短期の入居施設、通所、訪問介護・看護等20種ものサービスを一ヶ所で提供、最先進事例として内外からの視察も多い。この道50年、「日本一の介護サービス」を目指す芳賀晟壽理事長に事業にかける思いを聞いた。北九州高齢者福祉事業協会長でもある芳賀さんは「北九州市は高齢先進都市を逆手に健康福祉都市のモデルに。世界環境首都エコタウンに次ぎ、介護事業観光のスポットとして、交流人口増に貢献したい」と抱負を語った。

〈北九州市の65歳以上の高齢者は人口比22・6％で全国（20・8％）を上回り、全国以上のテンポで高齢化が進んでいますね？〉

芳賀　厚労省は日本の総人口を分かりやすく100万人に仮定すれば、2055年には30万人激減して70万人、その内29万人（41％）が高齢者と推計しています。北九州市はそれを上回る高齢化の恐れがあります。特に、①孤独死につながる独居老人の増加は深刻で、北九州高福協はその支援を目指していますが、特別養護老人ホームの待機者が2400人もいます。施設の整備が追いついていません。次は②人材難です。福祉は沢山の「優しい手」が必要です、少子化と賃金や労働条件が悪く、他産業との競争で遅れをとっています。「介護は、企業が世界で活躍する際、留守を守る安心の銃後の守りであり、これが崩れれば他産業のグローバル展開も出来ない」と経団連との北九州懇談会で御手洗会長（当時）に直訴したら、真剣に頷いていました。

〈その中で、年長者の里は全国でも珍しい「高齢者福祉と医療の総合デパート」づくりを進めています〉

年長者の里のように介護サービスを一ヶ所で提供する「フルセット型」は全国でも例がないと思います。当法人は1950年から八幡西区の郊外で養護老人ホーム単体の運営をしていましたが、89年に現在の八幡東区大蔵に移転、特養ホームを併設、今では2万4千平方メートル《メートル》の敷地で様々な複合施設の整備に微力を尽して参りました。さらに、複合多機能化のメリットは各施設が相互補完し、ご利用者のニーズに応え易いことです。例えば、ケアハウス入居者が体調を崩せば老人保健施設に移る。認知症があればグループホームに入居。重症化すれば、提携先の新日鐵八幡記念病院に依頼します。視察、見学は国内の県・市議員や自治体関係者、介護保険がスタートする韓国、これから高齢化の始まる中国大連市等から絶えません。

〈関連企業のエルダーサービス（芳賀祥泰社長）の「介護のディズニーランド」をめざしたカフェ型デイサービス、就職活動支援サイトも新機軸ですね〉

実務は芳賀祥泰社長が担当していますが、「介護は究極のサービス業なり」と、ホテル業をお手本にした若手らしい経営です。介護の職員がおしゃれなカフェ風の服装をする等雰囲気は病院よりレストランのようです。ヤフードームのホークス戦見物など高齢者の元気づけに役立っています。デイサービスの1号店は小倉北区の自動車ショールームの跡を借用し、総ガラス張りです。2号店はユニクロ折尾店の跡を賃借して通所施設に改装、保養地風を演出しつつ低

年長者の里 小倉（東館・西館）プラネタリウム付

コストを狙っています。施設は北九州市だけでなく福岡市、関東にも展開。九州ニュービジネス優秀賞を受賞しました。高齢福祉事業は新しい産業で、若い経営者の活躍の余地があります。

〈エルダーサービスの芳賀社長は、経営のかたわら、北九州市立大学で教壇に立つ介護経営の専門家。「日本を世界一高齢者が住みやすい国に」をモットーに、高齢入所者にパソコンを教えるなど先進的な介護事業を実験。最近増えつつある介護事業経営者などを対象に、情報誌「介護塾」、『福祉の学校――安全、安心、快適な福祉国家を目指して』などを発刊。08年第4回「ハイ・サービス日本300選」にも選ばれた〉

〈今後、どういう方向に事業展開しますか。また課題をどうみますか？〉

私共のミッションは「施設全体で地域社会に貢献し、地域経済の活性化に貢献すること」です。私共の高齢者福祉事業は「健康福祉サービス業」であり、安心の拠り所です。さらに、健康だが、一人暮らしが不安という独居高齢者の為に、有料老人ホームを建設します。北九州は高齢化先進都市ですから、年長者の里は介護事業観光のスポットとして、交流人口の増加に寄与したいものです。エコタウンの様に集客に寄与できれば幸いです。

一昨年（06年）まではヘルパー養成講座は毎回定員オーバーで〈介護バブル的〉でしたが、昨年から一転して定員割れです。介護はローテク産業で合理化が困難です。ベテランでも新人の二倍・三倍は働けず、生産性の向上が難しい。給料が低い為に介護に心を残しながら転職していく職員の事例が続出しています。これでは「銃後の守り」が崩れます。地価や人件費の高い大都会はさらに厳しく、横浜市が当法人に特別養護老人ホームの進出を打診したり、東京都が都外の老人ホームに都民を送り込む等大変な状況です。

〈北九州高福協はどう対応しようとしていますか？〉

２０００年に介護保険制度が始動し、従来は社会福祉法人だけに制限されていた福祉の世界に、民間企業等多様な経営主体の参入が始まったので、福祉法人の公共性を守り、意見交換、相互研鑽、行政等との連携の場として、北九州地区の49法人、67施設（職員数約８千人）が加盟して02年に北九州高福協を結成しました。その後北九州市と福岡県の協力の下、社団法人となり北九州市の地域包括支援センターにケアマネージャー等23人を派遣し行政と緊密に連携を続けています。社団法人化が出来ているのは横浜市と広島市の３団体だけです。

年長者の里本部全景

〈「高齢福祉日本一」の夢実現への展望と課題は?〉

１００歳長寿時代、90歳からが一人前の高齢者です。元気シニアが70歳位までは働き社会貢献する「健康福祉モデル都市」を創る。毎日でなくても、体力に応じて働くことで健康増進、福祉の人材不足の対策になります。「年長者の里は２０１０年から72歳定年制に移行した」

経済連携協定でフィリピンから2千人を受け入れるとなりましたが、４年生大学卒・日本語堪能・介護福祉士の条件では誰も来ません。規制を中学卒・ヘルパー２級に緩め、日本のサービス業で働いている20万人のフィリピン女性の１割が介護に携わってくれると、２万人となり人手不足はかなり解消されます。

複合施設化で財務基盤を強化し、職員の異動交流が可能となり、部外者による福祉オンブズマン制度の採用は経営の透明性を高め、経営者が襟を正す意味で有効です。

小倉北区の白銀に「年長者 小倉」約２００床の複合施設を建設。地域密着の交流サロン、介護付き有料老人ホーム、サービス付高齢者住宅、日本初のプラネタリウム完備のデイサービスセンター等々、施設全体で地域社会に貢献し地域経済の活性化に貢献していきます。

いきいき福祉講座

〈北九州経済の潜在力と将来像は？そして、活性化への提言を〉

「ものづくり」は重要ですが、北九州市では企業・工場誘致を過度に強調して、賑わいの街づくりがなおざりになってきました。交流人口の増加を図り、人に来てもらって、お金を使ってもらって、はじめて物が売れ、物づくりが増え、雇用が増え、人口も増え、税収も増えます。都市間競争の時代、交流人口を増やすには都市のブランド力アップが何より重要です。「北九州市は各区バラバラで発信力を欠く。認知度も低く存在感が発揮できない」と言われます。都市の名前と同じ駅がありません。新幹線の駅名の発信力は強く、小倉駅を「北九州シティ駅」と替えるべきです。パブリシティ効果は30億円にはなります。

都市経営戦略として、賑わいの街づくりで交流人口を増し、福祉・教育文化の4次産業を助成し、若者を呼び込み、70歳まで働ける職場づくりと支援体制で、人口減少を食い止め、健康福祉都市のブランドを確立します。北九州商工会議所に「健康福祉サービス部会」が創設され、介護・医療・福祉・理美容等々社会福祉法人も網羅して、ヘルスケア全般を担っています。

〈高齢福祉の経営哲学として大切にされていることは？〉

「先義後利」。「義（公共性）は利に優る」サービスが先で利益は後。「我が老を老とし、人の老に及ぼす」自分の家のお年寄りを大切にするように、他家のお年寄りも大切に。谷伍平先生の色紙です。

「利潤はエンジン、理念はハンドル、倫理はブレーキ」、「仏の心で鬼になれ」が好きな言葉です。

〈信条と趣味を〉

健全な自己中心性。私も後期高齢者となり「小さな正義心」です。事業大事だけでなく、てんで格好良く生きたいものです。趣味はガーデニング。40年来、庭木の剪定をしています。自然は見て感じるのも楽しいが、「触って自分流で作る」楽しさ・喜びは格別です。

芳賀晟壽（はが・あきとし）
1962年京都大学法学部卒、富士銀行入行。64年（株）芳賀入社。専務、社長を経て会長。90年年長者の里理事長。98年（社）北九州高齢者福祉事業協会長。2000年（株）エルダーサービス会長。08年北九州市社会福祉協議会長。

（社福）年長者の里　八幡東区大蔵3－2－1、創立1950年、事業費80億円、職員数593人、事業内容　介護と医療の総合デパート。

㈱エルダーサービス　八幡東区中央2－24－5、設立2000年、従業員数252人、事業内容　介護サービス事業。

無縁社会をハートフル有縁社会へ

【㈱サンレー社長】佐久間庸和さん（2010／11）

地縁再生へ隣人祭り　「人は老いるほど豊かになる」

◉信条
「会社は社会のためにあり、従業員は最大の資産」、「禍転じて福となす」

――冠婚葬祭全国大手のサンレー（小倉北区）は、隣人祭り支援や遺族の悲嘆を和らげるグリーフケア活動、葬祭事業の新たな試みで注目されている。「葬式無用論」に対し、作家・一条真也名で『葬式は必要！』を出版した。佐久間庸和社長に冠婚葬祭業の新経営戦略と地域振興策を聞いた。佐久間庸和社長は「葬式は人生の卒業式。薄れゆく人間関係の再構築が社会的急務で、高齢化率トップの北九州でハートフル社会の実現を」と夢と志を語った。

〈『葬式は、要らない』（島田裕巳著）に対抗、葬祭入門書『葬式は必要！』（双葉新書）を出版しました〉

佐久間　名前も住所も分からず死去する人が3万2千人もいます。無縁社会といわれるなかで、島田さんの本が売れていると聞き、社会の危機を感じ筆を執りました。死は誰にでも平等にきます。死は不幸でなく人生の卒業式であり、最高の自己表現の場なのです。無用論の根底には日本の血縁と地縁という縦・横糸が共に切れた、共同体と人間関係の崩壊があり、これはうつ病や自殺の激増と同根です。自殺の原因は事業不振、資金繰り難、リストラなどによる複合的な波

状ストレスです。また最も深刻なうつ病は愛する家族を失った時です。こうなると時間も空間も、グニャグニャになって、異次元の世界に入り、そのまま放置すると心が破壊されます。この歪んだ空間を一旦断ち切り、元の空間に戻すのが葬式です。人類普遍の癒しの方法です。

〈葬式無用論の背景には価値観の多様化や所得格差拡大、将来不安もありますが〉

無用論の主な主張は2点。一つは05年の日本と92年の米韓を国際比較し、葬儀の費用が高いとする点。もう一つは葬式仏教の制度疲労で、「お坊さんは本当に故人を弔ってくれているのか」という疑問。でもこの二つは解決可能です。突然の死なのに葬儀の形式や費用を1日で全てを決めようと無理するのが一番の問題です。生前に「思い出ノート」を作り、どの宗派でやるか、総費用はここまで、葬儀で使う音楽や写真はこれ、と細かく決めておけばあの人らしいという納得の葬儀を経済的に行えます。

〈無縁社会化は避けられますか〉

21世紀の理想はハートフル社会ですが、現実はハートレス社会のようです。九州はまだ地縁・血縁は、残っていますが、関東は薄らぎ、沖縄のみ有縁社会が残っており、冠婚葬祭にも多くの人が参加し、費用も安い。現代社会の心の危機を救う日本の思想家は「先祖と付き合う」で血縁を重視した民俗学者・柳田國男および「隣人と付き合う」で地縁─隣人愛を説いた大正期の作家・賀川豊彦だと思います。

〈設立44年目のサンレーの現状と新戦略は?〉

お蔭さまで、年間売上高は近年180億円台を維持し、今年12月期は190億円を目指しています。内訳は冠婚4、葬祭6の割合です。業界は厳しく、今まで高単価だった企業は、売上を落としています。当社は営業地域でシェアとサービスで各1位ですが、価格は、大体3位に抑えています。高くなると私自身が社員に注意します。顧客本位の互助会精神もあるが「一番の高価格企業は長続きしない」からです。

〈抑制価格を維持する秘訣は?〉

当社は冠婚葬祭互助会のビジネスモデルを全国ではじめて確立し、高度成長期には全国で店舗展開しました。互助会の全国団体である全互協の初代会長を務めた先代社長である父は経営不振に陥った約20社の互助会を引き取り、事業の多角化を進めました。このため長期不況期に、厳しい局面に遭遇しました。そこで01年私の社長就任と共に「選択と集中」で本業以外の事業から撤退、本業もシェア1位地区の九州、北陸、沖縄等に絞り、経営資源を集中しました。抑制価格は過去10年間の体質改善策の効果です。

〈何に集中したのですか?〉

まず力を入れたのは米国経営学者ドラッカーの「全ての産業は知識化し、知識労働者になる」という知識化論に基づく人材強化です。労働集約型から知識集約型サービス業への進化です。「一流とは立地・設備ではない。一流の人材のいるところ」と全社で一級葬祭ディレクター試験合格者数日本一を目指しました。二宮尊徳、リンカーンなど貧しい者が這い上がる武器は勉強です。勉強会を重ね188人が合格。全国一で、サービス力を向上しました。良い人材を抱える企業は市場からも選ばれます。知識集約化を達成し、次の目標は精神集約型への進化です。思いやり、感謝、感動、癒し……などの心の良い働きをお客様に提供する。笑顔、挨拶、お辞儀などで「超一流になろう」と言っています。

〈財務体質の強化は?〉

借入金は一時、売上高を上回る240億円もありましたが、10年かけて昨年完済し、ほぼ無借金体制です。身の丈主義で世のため人のために努力すれば、お客様も増え、借金は減ってゆく。商売の真髄と思います。「古い施設も多いが、社員が親切で何を聞いてもわかる。残してあげよう」という思いが会社を支えます。利他の精神こそ企業生き残りの基本と体感しました。

〈今後の展望は?〉

今の社会に最も必要なことは格差社会、無縁社会をハートフルな有縁社会に転換することです。「結婚式の出席者が少なく、金を払って友人のふりをしてもらった」、「葬儀ができず、直葬が増えた」などの話を聞きますが、そうした社会には「人間関係の豊かさ」の再構築が必要で、そのお手伝いこそ当社の社会的使命です。もっと人間関係づくりのお手伝いをと始めたのが隣人祭り支援です。

〈隣人祭りとは?〉

パリで老婦人が孤独死し、変わり果てた姿で見つかりました。隣の青年が「何年も隣人だったのに一言の挨拶もしなかった。人間としてこれで良いのか」とアパートの住人に呼び掛け、集まってお互いに自己紹介した。以後、人間関係ができ、挨拶もするようになった。今の日本も幼児の置き去り、長寿表彰者の白骨化など信じられない事件ばかり。食事会などを開いて、近所の人が集まり、孤独死の防止、老人の安否確認、子どもの一時預かりなどをする。北九州では年間130回開催し、人間関係づくりに努めています。

〈地縁の再生ですね〉

死は太陽の光と同じく「みんなに平等」で、お金持ちも貧しい人にも等しく訪れます。だが参列者が一人もいない孤独葬は、気の毒で涙が出ます。独り暮らしのお年寄りは、それぞれの葬儀に出席できます。

サンレーグランドホテル（北九州紫雲閣）

映画「おくりびと」は、世界で絶賛されましたが、おくりびとは納棺師のことではなく、葬儀の参列者全員です。人はだれでも「おくりびと」であり、そしていつかは「おくられびと」です。今秋から北九州のホームレスの方の葬儀は、全て当社が実質無料でお世話させて頂きます。NPO法人北九州ホームレス支援機構を喪主に、当社が故人の尊厳を保つ葬儀を行う。市の葬祭扶助はいったん頂きますが、同額を支援機構の会館新設などの活動資金として寄付します。

〈グリーフ（悲嘆）ケア・サロンを開設しました〉

うつ病の危険が最も高いのは愛する人を失ったときですが、亡くした人によって失うものが全く異なるのです。親を亡くすと「過去」を、配偶者は「現在」、子どもは「未来」、恋人や親友を亡くすと「自分の一部」を失うと言われます。それぞれにどう言葉をおかけするか。私は古今東西の宗教、哲学、文学で遺族にかける言葉を全て調べ『愛する人を亡くした人へ』という著書にまとめました。当社の葬祭ディレクターは全員持っています。しかし、一番悲嘆者の心を癒すのは同じ経験者の話です。未亡人の会、子どもを亡くした親の会で「自分はこう立ち直った」と語り合う場をご提供しています。同業他社も注目し、視察も多い。自殺とうつ病の防止は日本の社会の切実な課題です。

〈「全国セレモニーネットワーク」は24時間対応で全国統一葬儀セットを提供するそうですが、狙いは？〉

隣人祭り

昔は当社も全国で冠婚葬祭業を展開しました。しかし、冠婚葬祭はファーストフードやコンビニと違い、地域に根ざす文化産業です。当社の企業文化に合った地域は当社直営で、それ以外は地元の冠婚葬祭企業とネットワークを組み、紹介するシステムです。当社が総幹事役で、現在128社900会館が参加し、登録客数は145万人。このネットワークを使い、隣人祭りも全国化をと考えています。

〔サンレーは、12年高齢者介護事業に進出、有料老人ホーム1号店「隣人館」を飯塚市に、同年大分県中津市に結婚式場を開業、北九州積善社の全6施設と従業員を取得した〕

〈市内の老人クラブで「人は老いるほど豊かになる」と自著『老福論』を元にした講演を行ない、好評だそうですね〉

個人も地域も自分の「強み」を活かすべきです。高齢者の加齢は「弱み」ではなく「強み」。人生経験が豊富で学ぶところが多く、貯金も多い。日本は世界一の高齢化国、北九州市は政令市一高齢者が多い。つまり北九州は世界一の高齢化先進都市です。高齢者が多い「好老社会」は、負担を考えれば不幸ですが、素晴らしいと考えれば世界一幸せな都市です。欧米、中国をはじめ世界中が日本を追って高齢化するので「高齢者が幸せに暮らせるモデル都市」が必要になります。その最適地は北九州市。国や企業の支援を得て、高齢者が誇りを持ち、住みやすく生きやすく、遊びやすく、葬儀の選択肢も多い都市を目指すべきです。

〈世界高齢福祉首都構想ですか？〉

医療のトップの方々とも話しますが、北九州の一番の先進産業は医療産業です。「全国に1台しかない数億円の検査機器」等を北九州に集中し、医療先進地を目指す。他で受けられない検査が受けられれば、医療観光でも潤い、永住希望者も現れる。徹底したお年寄りの街にする。日本の独居老人は300万人、その3分の1が来ても、人口200万人です。

高度成長期は生と死だけでしたが、高齢社会では老と病が入り「生老病死」が課題です。北九州の経済人は「製造業によるモノづくりで課題を解決する」と考えがちですが、新しいサービスの創造で解決する発想も必要です。公害問題を解決して環境都市になったように、「孤独死」を逆手に取って世界一の隣人祭り都市にする。高齢化幸福都市にする。世界中から視察団が来ますよ。

〈『孔子とドラッカー』など年齢と同数の著作を発表。大学で教壇にも立ち、精力的ですね〉

著作活動はお客様に「私たちはこういう社会を作りたいので、こうお手伝いしたい」と発信する政党のマニュフェストのようなものです。当社は人間尊重の「礼」の思想を広める「天下布礼」が旗印です。

〈経営者と作家の両立の秘訣は？〉

テレビはニュースと特番の録画以外は極力見ません。出張の移動時間に書き、まず会社の勉強会で話し、連載コラムや著作に書き、講演でも使います。

〈激動期の経営哲学は？〉

「利によりて行えば怨み多し」（「論語」）と「会社は社会のためにあり、従業員はコストでなく、最大の資産である」（P・ドラッカー）。社員の誕生日には、自筆の誕生カードにささやかな品物をつけ贈ります。

〈座右の銘と趣味を〉

「知行合一」（王陽明）。知ること、すなわち、行うこと。それと「禍転じて福となす」。今色々新しいことに挑戦できるのも10年前、資金難の中一生懸命知恵を絞り勉強したおかげです。趣味は、花が好きで家族でガーデニングを楽しんでいます。

佐久間庸和（さくま・つねかず）
1988年早稲田大学政経学部卒、東急エージェンシー入社。89年㈱サンレー入社、2001年社長。88年から一条真也のペンネームで著作活動。一般社団法人全日本冠婚葬祭互助協会理事・事業継承委員長。全国冠婚葬祭互助会連盟副会長。北陸大学客員教授。第2回孔子文化賞受賞。

㈱サンレー　小倉北区上富野3－2－8　資本金3億9750万円、設立1966年　売上高192億8700万円（2012年度）、従業員数1631人、事業内容　冠婚葬祭業、ホテル、老人介護施設、営業網　北九州、北陸、沖縄、大分、宮崎他。

小倉から日本一タクシー企業

【第一交通産業㈱会長】　黒土始さん（2001／01）

非敵対的M&Aで成長　首都圏拡大と人材育成に力を注ぐ
地域振興には発想の転換を

◉信条
「努力は天才に勝る」、「『世の中のお役に立つ』事業とサービスを」

――第一交通産業（小倉北区）は、小倉でわずかタクシー5台で創業、40年間で経営難に陥った企業を中心に約100社のM&A（企業の合併買収）を重ね、今年、全国25都道府県で5千台弱を保有するタクシー日本一企業に成長した。創業者の黒土始会長に、「小倉から全国へ」の軌跡と経営観、今後の戦略等を聞いた。黒土さんは「この産業の優劣は『人材』、人の教育に尽きる、そして全国展開にふさわしい経営の統括と管理体制が土台」と語った。

〈旅客都市交通の規制緩和で、タクシー業も新たな競争時代に入ります？〉

黒土　当初1999年度実施の方針でしたが、急過ぎて混乱が起きないよう2001年度に延ばして貰いました。自由競争の中で努力するところは残り、そうでない企業は転廃業し、現在約1万社約20万台の業界が、07年度には2～3千社30万台の新しい産業地図に再編されましょう。どの規制業界もそうですが、これまでのように免許の上に安住できず、経営能力があり努力する企業、利

用者に役立つ企業が残る時代が到来するとみています。

〔黒土さんは業界に先駆けていち早くタクシー無線を導入した。労働争議を契機に、労働問題を猛勉強、「相互信頼」の社是を制定した。日本一のタクシー経営者でありながら、自らは運転免許を持たず、常に「利用者」の目線で経営をする、が秘かな誇りとなっている〕

〈今後、どう展開していきますか？〉

まず引き続きM&Aによる経営規模の拡大を追求します。今後10年間で40県1万台体制が目標です。たとえば保有台数50台の企業でも社長、専務、事務員がいりますが、当社グループに入れば、課長と係長級2人で十分で高生産性、コスト安です。資材も全国一括購入でき、利用者の信頼も大きい。こうした展開がスムーズに行くのは、全国展開にふさわしい経営者の統括と管理体制が土台となっており、40年間営々とノウハウの蓄積に努力してきました。

この産業の優劣は「人材」であり、人の教育に尽きます。とくに乗務員は、サービス産業にとっては「商品」そのものであり、乗務員教育には全力をあげてきました。業界で初めて自動車学園を創設、３教官４教室と練習場を持ち、北海道から鹿児島まで全国の新規採用乗務員に経営理念、サービスのあり方、安全を学んで貰います。当社の強味です。

〈今後の展開の戦略地域はどこですか〉

まだ拠点のない地方都市にも進出しますが、今後は政令指定都市、とくに市場規模の巨大な関東の事業を拡大したい。1台当たり売上が北九州約2・7万円に対し東京約６万円、分譲住宅も２５００万円に対し、５千万円と2倍です。関東のウェイトはまだ10％程度ですが、10年後には関東50％、その他地方30％、九州は20％程度になると思います。

〈高齢化対応で福祉・介護タクシーにも注力していますね〉

あくまでも輸送が本業で、輸送サービスの一環です。高齢者の輸送には、ホームヘルパー2級の資格保有者が当たっています。いわば、タクシーの「ボランティア」事業で、福祉用車は高額ですが、タクシー車両以外で数百台保有し、特別車両以外は普通運賃です。介護については別会社も作りました。

〈規制緩和で新しいタイプの輸送の創造が可能になります〉

乗合タクシーのテストケースとして、福岡市の親

介護で活躍する小型福祉タクシー

富孝通りと北九州を結んで、深夜乗合のミッドナイトエクスプレスを地元の要望で運行中ですが、当社のタクシー利用も増え、相乗効果が出ています。フリーバスも早く取組みたいものです。一応の路線を決め10~15人の乗客で途中どこでも乗り降りできるシステムです。バスとタクシーの中間であり、諸外国では実施済みで、これも許可制です。将来、コンパクトに利益の上がる部門、観光バス、市町村などの要望のあったものはバス事業もやろうと、広島などで、スクールバスとか乗合とかも手掛けています。人だけでなく物も運ぶ。今でもヤマト運輸と提携して、深夜宅急便の閉店後、急ぎの物を当社が配達していますが、地域密着で24時間営業のタクシー業にとり、ビジネスの隙間は沢山あります。

〈貴社はタクシーの営業地域主体にマンションなど1万戸を販売しています。タクシーに次ぐ売上規模の不動産事業の展開方向は?〉

以前、欧米のタクシー業界を視察し、1千台程度保有の大手と副業的な零細事業所への2極分化を見て、日本の今日を予感しました。経営多角化の必要性を感じましたが、その方向は「人を使わない産業」ではないかと。民主主義、資本主義が進むにつれ、人の価値は高まり、人件費も高くなる。ならば、人を使わない仕事はと考え、浮かんだのがオフィスや商業ビルなど不動産の賃貸です。住宅はマンションと一戸建の建売りです。住宅はある程度飽和状態で、今後はこれまでの需要増は見込めず、スピードを下げ、良い物件を良い土地に建て、提供するコンパクト経営で行きたい。これも首都圏が中心になります。タクシー事業との相乗効果を狙い、マンションの顧客には当社のタクシーを利用して貰っています。

〔第一交通産業は09年、会長自らの企画で若年層の低所得化に対応、1500万円~1900万円の低価格住宅を開発、発売した〕

〈北九州経済は物づくりに加え、第3次産業の振興も重要です。北九州の現状、潜在力をどうみますか〉

サービス業経営者の立場からみると、北九州はあまりにも物づくり重視に傾いています。物づくりのリーダーとサービス業では発想が違います。製造業は製品を世界に売るため、世界に目を向け、人件費を中心にとにかく地元調達のコストを安く、安くと考えます。地域密着で地域の資金循環の極大化を望むサービス業とは違います。北九州の潜在力自体は大きいのです。南は東九州軸を思い切って開発し、西は宗像郡、東は山口県までの商圏で魅力ある商業施設とアクセスを整備し、お客さんが集まるようにする。観光面も門司港レトロなど評価できますが、その他にも資源は豊富です。もっと外に向かってＰＲすべきです。全国のＪＴＢで「北九観光」のパンフレットがないのは寂しいですよ。今こそ体質と発想の転換が必要です。企業経営でも同じですが、壁を破るには自由な討論が土台で、若い人が経済同友会や活性化協議会などでドシドシ議論する。それを商工会議所や行政も吸い上げて行く体制がほしいですね。

北海道から沖縄まで、全国の従業員を
小倉に集めて人材育成に取組む
ユニークな「第一自動車学園」

〈転換期の経営哲学は？〉

規制緩和と競争原理の導入。これをしないかぎり発展がありません。経営者としては競争がグローバル化する中で今まで以上の体質強化を目指し競争力を磨く。そのため毎日計数と睨めっこです。経営は計数です。利益目標を設定すれば何をすべきか解ってきます。

〈最後に信条と趣味を〉

「努力は天才に勝る」。自分で言うのもなんですが、私はとにかく努力、努力できました。それと「社会の役に立つ」。社会のため、世の中のためになる産業、「ありがとう」と言われるサービスが結局利益を生み、社会に評価されます。趣味はゴルフと読書。経済、芸術、文化等、乱読ですが、伝記ものなど好きです。芭蕉も読み、風景画が好きで「見かけによらず、ロマンチスト」と冷やかされます（笑）。

黒土始（くろつち・はじめ）
1943年大分経済専門学校（現大分大学）中退、60年第一交通（現第一交通産業）社長。2001年6月会長。全国乗用自動車連合会相談役（元副会長）。

第一交通産業㈱　小倉北区馬借2―6―8、設立1960年、事業内容　旅客運送、不動産賃貸・販売、ファイナンス、自動車整備・販売、介護、パーキング、不動産再生、ゴルフ練習場、資本金20億2755万円（単体）、売上高878億円（2012年度連結）、車両台数8080台、従業員15千人（グループ）。

◆全国、海外へ——第一交通産業2——世界的景気拡大のなかで

全国各地で地域No.1を

タクシーは「動くインフラ」　私鉄の「沿線開発」と同じくタクシー中心に多角化を

【第一交通産業㈱社長】　田中亮一郎さん（2006/08）

◉信条

「創意、誠意、熱意」、「人にも自分にも誠実に」

——40数年前からの「非敵対的」M＆A（企業の合併・買収）で、タクシー産業日本一になった第一交通産業。近年は、沖縄で路線バス事業を買収するなど交通事業を拡大しつつ、不動産、金融、自動車関連、通信販売、介護福祉など多角展開にもさらに力を注いでいる。田中亮一郎社長に経営戦略を聞いた。田中さんは「多角化というが、あくまで交通事業を核に周辺に広げる、点から面への展開。『日本一』より、まず各地で『地域一』を目指したい」と語った。

〈最近の景況と経営環境はいかがですか？〉

田中　企業業績は回復し、富裕層の支出は増えていますが、一般消費者のサービス需要は今一つで、2極化しています。タクシー中心の交通事業、不動産業は、法律改正、金融再編など外的要因が変化しつつあります。銀行合併で、A銀行では正常債権扱いだったのに、B銀行では要注意先に変わるなどで、業界再編機運が高まってきました。金融再編は、都銀からタクシー業界の主取引先である地銀、第2地銀、信金へと移行、規制緩和と過当競争も重なり、業界地図がかわる可能性があります。地方中小企業全体が直面する問題ですが、これをチャンスに、さらに非敵対的M＆Aや新規

沖縄ではバス事業にも進出

事業に挑戦できる基盤を築き、次の飛躍への足掛りを固める年です。

〈非常に多面的な自社事業の特徴をどう自己分析しますか〉

〈主力のタクシー事業は現在29都道府県に１２５子会社、保有６５９７台。さらに不動産、金融、自動車関連、通信販売、介護福祉など多角展開でも著名〉

多角経営といわれますが、あくまで交通事業を中心に、周辺を固めていく戦略です。私鉄の「沿線開発」と同じで、私鉄の「線から面へ」に対し、当社は「点から面へ」の展開です。40戸のマンション一棟建てれば、40人のタクシーの顧客が生まれ、飲食ビルを作ればまたお客さんが増える。事業ごとに収益を上げつつ、全て交通事業に結びつけていく。通信販売も「タクシーの運転手さんは、美味い店、観光の穴場に詳しいだろう」と情報発進力を期待したご利用客からの依頼がきっかけです。今２００品目を無料掲載で宣伝していますが、全国６千台が１日30～40回お客様を乗せ、延べ20万人に接触、1割のお客様がみるとしても2万人です。売れればまたお店からタクシーをご利用頂ける。要はギブアンドテイクの世界をいかに創り出すかです。

〈地域密着型ですね？〉

「日本一」より、まず「地域一」です。いくら保有台数が多くても、その地域でしか売上を上げられません。不動産も、飲食ビルも、ファイナンスも、全て地元で完結する仕事で、グルッと回ってまた戻ってきます。だからタクシーは全て地元に本社を置く子会社で、地域で義務を果たし愛され、地域№１を目指し、それが集まって結果的に「日本一」になる。その全国ネットワークを広域のインフラとして何ができるか、が今後の事業課題になります。

〈M&Aも有力手段ですね？〉

黒土会長の創業以来、「敵対的」買収はなく、全部相手先の経営者、従業員等から「引受けて」と頼まれ、当社のやり方で経営効率化し再建しました。資本は北九州でも、運転手さん以下全て地元ですが、「日本一グループの一員」の方が元気が出るし、車両、燃料もスケールメリット（規模の経済性）で安く購入できます。ただ、日本一といっても全県展開ではなく、全国シェアは5％弱、中途半端です。かといって1日1台2・5万円の平均運賃を下げてまで直営網を広げるわけにもいかず、フランチャイズ的な業務提携の拡大を模索中です。現在全国タクシー7千社の9割は30台以下で、無線もつけられず、当社が無線センターを設置、そこに参加して貰う形も可能です。今後、高齢化、人口減少が進む中で、タクシーは地方に絶対必要な事業です。運賃収入は、北九州2万円に対し東京は5万円、中央企業は、低収益の地方に関心が薄く、今が地方でのシェア拡大の好機です。

〈全国一万台構想など今後の展開方向を〉

47都道府県に1県平均200台ずつとして、約1万台を配置する計算で、200台というのは各県で介護、便利屋、運転代行、ジャンボ、乗合タクシーなど高付加価値タクシー業務を総合展開する最小限です。東京もまだ300台で、1千台はほしい。目指すは地域No.1です。

タクシーを「動くインフラ」と考えれば、色んな可能性があります。通信系も24時間365日、衛星でタクシーの位置を確認し、配車室には地図情報が全てパソコンでデータベース化されています。今は当社事業でだけ使っていますが、インフラと考えれば、他業種にもメリットを供与、29都道府県で展開できます。他業種と当社の設備投資を補い合う形で、提携の拡大、スピードアップもできます。先日もゼンリンの原田康社長と食事中、「今や鮮度が地図の命とか、鮮度の高さは、タクシーの配車室の地図が一番です。1県単位で買い取ってくれませんか」というと「それは面白い」と。十数年前、私は当社に入社する前、米国でタクシーが電気、ガスの検針業務を請負っているのを見聞しました。各家のメーターに発信機、タクシーに受信機があり、1日2回定期的に5分間、情報発信する。それをタクシーが受信し、帰って電気会社向け機械に入力、手数料をもらうシステムで、日本でもいつでもできます。タクシーが走るだけで、自動的に仕事ができる世界を作り、運転手さんに手数料も払える。そのためにもシェア拡大が土台になります。

〔第一交通産業は、2010年中国上海駐在所を開設、12年中国大連にゴルフ練習場1号店開業。ミャンマーに自動車整備の子会社を設立するなどアジアへの展開に力をいれる一方、京阪電鉄系のタクシー子会社を買収、京都・滋賀・福井にも進出した。神奈川県鎌倉市では病院事業にも参入し、地域密着をモットーに展開している〕

〈北九州の潜在力をどうみますか。そして将来像は?〉

製造業のおかげで「基礎体力」ができ、今後は、いかに商業を元気にするかです。隣に博多という強力な競争相手があり、同じことをせず、棲み分けを図りつつ、極論すると、ベッドタウン化も一策かと。博多に住む異質の人々がこちらにくれば、人口も増え、商業もちがった発展をします。それには若い人に住み良く、高齢者に優しいなどの受け皿づくりが必要です。経済界もいかにこちらに引き寄せ、真の「相互交流」を促進するか。新空港開港は、外から大量に人が入ってくる点で、新幹線開業以来ですが、認知度が低くもっと全国に知ってもらう必要があります。

〈激動期の経営哲学は何でしょう?〉

「人材の育成」ですね。労働集約産業は、機械化できず、人が全て。相手にメリットを与え、自分もお返しをもらうためには「人間性」の向上も大切です。全国展開では、50代後半の異分野の中高年の中途採用にも期待します。M&A後はよく混乱しますが、面白いことにこれを乗り越え、軌道に乗せるのは50~60代のベテランで、定期採用の若手では対応できません。団塊の世代の退職で、大企業の組織を管理した人材がタクシーの世界に入り、2、3年勉強すれば、がらりと違う会社になる可能性もあります。

〈座右の銘と趣味を〉

「創意、誠意、熱意」。人にも自分にも誠実に。趣味はゴルフとテニス。移動時間中はジャンルを問わない読書。食事制限もしています。健康管理と「見た目」も大切です(笑)。

田中亮一郎(たなか・りょういちろう)
1982年青山学院大学卒、全国朝日放送入社、85年第一交通産業非常勤取締役、95年副社長、2001年社長。創業者・黒土始会長の娘婿。

◆全国、海外へ――試練を超えて

正直商売基本に衣食住遊で全国へ

【㈱ナフコ社長（当時）】深町勝義さん（2010／07）

爪先立ちせぬ財務重視　競争激化のなか連続増収　「暮らしのクリエーター」へ

◉信条
「『お店はお客様のために＝正直商売』の紙片を机の中に入れて毎日眺める」

――消費不況が続く中、ホームセンター業界全国5位のナフコ（小倉北区）は7期連続の増収を記録した。店舗も九州・中国を基盤に関西・中部・四国に展開していたが、最近は関東や北陸にも出店。創業者の深町勝義社長に7年連続増収の秘訣、北九州発全国展開の軌跡と経営戦略などを聞いた。深町社長は「顧客本位と身の丈主義の出店、人材の育成、国際商品調達でさらなる成長を目指したい」と語る。

〈リーマン・ショック後の消費者の節約志向とデフレ基調で、流通業界は大変な苦境にあります。だが、ナフコは3月期決算も好調でしたね〉

深町　当社は生活総合提案型の「暮らしのクリエーター」を目指し、21県に263店を展開しています。資材・DIY（日曜大工）園芸、生活用品、家具・ホームファッションを3本柱に「衣・食・住・遊」の様々な商品を品揃えしています。特に九州・中国地方では各地域の一番店を目指しています。商品開発、良品特価、接客力向上という基本を忠実に実行し、お蔭さまで今年3月期の売上高は2085億円になりました。03年のジャスダック上場当時（159店、売

上高1750億円）に比べ店舗数は65％増、売上高は20％増です。

〈右肩上がりを続ける要因は？〉

ホームセンター業界は全国3・5兆円市場といわれますが、環境は厳しく、その中で、7年連続で増収できたのは前述の基本に忠実な姿勢に加え、継続出店が第1の要因です。利益プラス減価償却の範囲内で毎年15店前後の出店を続け、一昨年末には、埼玉県の取引先のショッピングセンターの要請で初めて関東に実験店を出しました。

グループ最大級のホームプラザ・ナフコ南宗像店

〈継続出店の他に要因は？〉

第2の要因は園芸、農業資材、建設資材など当社が得意とする分野が比較的順調に伸びたこと。農業資材と園芸関連は定年退職者の園芸熱や、食の安全・安心志向などから野菜の苗などがよく売れています。また、建設資材も一般消費者だけでなく、従来建材店から購入していた工務店などプロの建設業のお客様も近年増えており、これも堅調でした。第3には、創業以来心掛けてきた顧客第一主義、人材育成の重視、身の丈主義などの蓄積効果でしょう。

〈今年で創業73年目。その第一歩は小倉・魚町商店街の家具店でした〉

1947年、家業だった魚町の家具店1店からスタートしました。私は53年入社ですが、60年代に雑誌「商業界」のセミナーに参加したのが最初の転機でした。「お客様第一の〝正直商売〟が基本。これに磨きをかけた店が成功している」という事例をたくさん聞き、一生懸命実践しました。当時、目の前で丸和さんがスーパー1号店を開業されたのも刺激になり、家具のチェーン店化に力を入れました。「10～20年後の商業」と題するセミナーで「将来は車社会になり、商店街は苦境に立つ。対応には人材育成がポイント」と聞き、大卒者の採用にも踏み切りました。

〈家具店からホームセンターに進出した動機は？〉

家具が伸び悩み始めた70年代、「米国でホームセンターという新たな業態が成長している」と聞き、米国の流通業の視察ツアーに参加。本場のホームセンターを見て「よし、これを日本でも」と決意しました。日本のホームセンター第1号店は一般にドイト社とされていますが、それ以前に、既に門司でトミヤマさんが家庭・建築金物専門の店を出し、こちらが実質的な国内第1号です。この店も参考に、当社1号店を下関市に開業しました。以後、二日市など6店舗を矢継ぎ早に展開しました。業界でも早い方です。家具店チェーンは当時、北九州を中心に20店を展開していましたが、石油危機で売り上げが急落。ホームセンターへの転進は絶妙のタイミングでした。

〈以後、全国展開ですか?〉

従来からの家具と新しいホームセンターを合わせた店を福岡、山口両県を皮切りに九州7県、次いで中国5県へ。その後も四国、関西、中部と出店を加速しました。家具店だけでは成長は限られていたでしょう。いち早くホームセンター業に進出したので、2千億円企業になることができました。

〈この間、経営の力点は?〉

第1は正直商売＝顧客本位です。店はお客様のためにある。ホームセンターはセルフサービスが基本ですが、商品の陳列場所を尋ねられたらご案内し、説明する。それが「ナフコは親切だ」と口コミになります。ただ、衣・食・住・遊で約8万点の商品群があり、従業員の商品知識の習得は大変ですが……。

〈商品数が多く、百貨店を超える万貨店ですね(笑)〉

そこで第2に人材育成とチームワークが必要になります。しかし、出店が続くと人材供給が追いつきません。商品知識の習得に加え、高度な社員教育も求められます。最初は北九州市内の貸しビルの会議室などを借りて教育していましたが、コンピューターの導入で情報化も急進展してきました。そこで96年、宗像市リサーチパークに「ナフコ宗像センター」を開設しました。新人から管理職までの教育・研修や店長会、商談会にも利用します。さらには、POS（販売時点情報管理）による単品管理や受発注業務の中核となるシステムの開発などでも重宝しています。

〈必要なチームワークとは?〉

小売業は職場に1人の英雄がいるだけではうまくいきません。パート、アルバイトさんも含め、全員参加・衆知集約型の努力が不可欠です。まさに「企業は人なり」です。自主的・積極的に取り組む社員をプラス評価する加点主義を導入し、職場の自主性や創意工夫を尊重しながら、相互のコミュニケーション能力の向上に力を入れてきました。

〈03年、ジャスダックに上場しました。効果は？〉

資金調達面の利点もさることながら、社員の士気が向上し、取引先のメーカーや問屋さんからの信用も高まりました。何より、企業経営が一段とガラス張りになり「見える化」効果が大きかったと思います。

〈上場企業ですが、本部は貸しビルの一部に入居。質素主義ですか？〉

基本的にはローコスト・オペレーション（無駄な費用支出を抑えた経営）が土台で、諸経費を節約し、店舗の建設費も過大にならないよう極力注意しています。利益を生まない豪華な本社を建てるより「お客様のために1店でも多く出店を」という方針できました。

〈人口減少による市場の縮小、消費の多様化、「日本は一つ」と考えるナショナル・チェーン化の流れがあり、流通業界は、サバイバル競争が激化する雲行きです〉

確かに先行きは厳しいが、人々は豊かな暮らしを求め、それに不可欠な商品群を提供しています。商品力、人材力、店舗力をさらに磨き、次の中期目標として全国３００店・売上高２５００億円を目指しています。

今後も年間15店前後を目標に出店を続けますが、あくまでも利益と減価償却の範囲内です。財務の健全性重視（自己資本比率57・6％＝２０１０年3月期）は変わりません。借金して無理な店舗増・売上増で破綻した企業も多く、つま先立ちはしません。「みんなで頑張って利益を出し、出店し続けよう」と言っています。

〈関東に初出店しましたが、今後も続きますか？〉

候補地は「行きつ、戻りつ」です。近年のナショナル・チェーン化で、ホームセンターのコメリ（新潟県）さんがここ2、3年で九州に約１００店舗を出され、家具のニトリ（北海道）さんも鹿児島まで店舗展開されています。他地区への攻めだけでなく、足元の守りも必要です。他社の出方を見ながら、全国展開し、足元も固める。関西の電器チェーンのエディオンＷＥＳＴさんの15店舗に提携出店しますが、こうした他業態との提携も含めて「行きつ、戻りつ」（笑）で発展していく時代です。良い意味の危機感も必要です。出店に関する店舗開発は私が直接担当しています。どこに店を出し、どんな内容にするか。それらは戦略的に重要ですが、夢があり、楽しいものです。

〔ナフコは、後継の石田卓巳新社長のもとで、２０１６年3月期末４００店舗を目指し、近畿、中部地区へ積極出店計画を推進中。新業態の低価格家具店の展開にも力を注いでいる〕

〈グローバル化で海外展開は考えていますか？〉

海外出店は研究段階ですが、海外からの仕入れは着実に増えており、取り扱う商品の３分の１は輸入品です。このため、07年、小倉北区砂津に家具物流センターを新設しました。商品部が直接輸入するか、取引先を通じて、東南アジアや中国など海外からコンテナのまま輸入し、センターで仕分けし、各店舗に配送しています。洗剤などは大半が日本製ですが、箒などの清掃具や団扇、台所用品などは国内で生産されなくなり大半が輸入品です。エクステリア関係の石材やレンガ製品などもそうです。これらの分野では「メイド・イン・ジャパン」は全国的に減っています。良い品をいかに安くアジアで開発・製造して仕入れるか。それが今や競争力を左右する時代です。

ナフコ宗像センター

〈自主企画製品《プライベートブランド》の開発をはじめ、他社との差別化戦略は今後もますます重要ですね〉

輸入品の大半はＰＢですが、国産品も重視しています。長年好評で定番化したコタツ１００種や学習机50種など国内の有力メーカーさんに生産を依頼した商品などもオリジナルです。また西川産業さんのコタツ布団や寝具なども共同開発です。今後の戦略商品となる太陽光発電装置も広島のメーカーさんと提携して研究中です。

ソファ、寝装品、ベッド類を独自に組み合わせ、ライフステージに合わせて21種類の21世紀型生活を提案する「ツーワンスタイル」のお店は当社独自の業態です。またポイントカード制の導入で固定客（会員４３０万人）サービスに努める一方、「ナフコ協力会」（メーカー、問屋など約３００社で結成）で取引先とのさらなる親密化を図っています。

〈北九州の流通業界も各社が工夫を凝らしています。この地域の潜在力と課題をどう見ていますか？〉

百万都市・北九州を本拠に事業ができたことは幸運でした。福岡、山口両県合わせると７００万人市場で「愛知県を中心とする中部以上の好立地」（四島司・元福岡シティ銀行頭取）と言われます。発展するアジアにも近く、九州の他県はもとより、関東、関西地方に比べても、見劣りしない立地条件だと思います。厳しい環境ですが、サンリブさん、ハローデイさん、サンキュードラッグさんなど、それぞれに頑張っておられるのは心強いですね。

〈ギラヴァンツ北九州のユニフォームスポンサーになりましたね〉

郷土のお蔭でここまで来れました。北九州商工会議所からお話があり、喜んでお受けしました。百万市民の一体感の象徴として頑張ってほしいですね。

〈激動期の経営哲学は？〉

お店はお客様のためにある＝正直商売。これしかありません。社内で耳にタコができるほど繰り返し説いています。それと社内のガラス張りの対話。組織と組織の競争では、経営の意向が1万人に及ぶ現場の従業員に迅速・正確に伝わり、逆に、苦情や顧客情報など最前線の意見が経営に伝わるコミュニケーションが大切です。これが当社の強みです。

〈座右の銘と趣味を〉

座右の銘も「店はお客様のためにある」と書いたものを机の引出しに入れていつも見ています。趣味は出張も含めて旅行。新しい商業施設が出来たと聞くと見に行きます。米国視察は年1回程度ですが、その時にはホームセンターだけでなく、様々な業態の店を見て楽しみます。日本の明日を予測するには、欧州より米国が参考になります。それと健康維持のための散歩。毎日1時間半、自宅近辺を歩くように努めています。人も企業も健康第一ですからね(笑)。

深町勝義（ふかまち・かつよし）
1951年下関商業高校卒、53年深町家具店入社。70年㈱ナフコを設立し社長。元小倉法人会副会長。10年社長を娘婿の石田卓巳氏に譲り会長に。

㈱ナフコ　小倉北区魚町2―6―10、設立1970(創立1947年)、資本35億3800万円、売上高2241億円(13年3月期)、従業員数1万1296人(臨時雇用含む。正社員は1557人)、事業内容ホームセンター、家具、ホームファッション。

◆全国、海外へ——世界同時不況のなかで

製販一体で「釣り文化」を世界へ

ネットと実店舗の新業態店開店　韓中パワーと共栄路線でユニバーサル化を追求

【㈱タカミヤ社長・福岡経済同友会北九州部会長】高宮俊諦さん（2009／07）

◎信条

「昨日は二度とはこない。明日という日を待つことなかれ。今行く今をしっかり励め」

——釣り具の小売・卸売の大手である㈱タカミヤ（八幡東区）は、顧客、商品、物流を統合する独自のシステムを基盤に実店舗とネット店舗の連携、アジア市場への展開等の経営戦略と合わせ地域貢献活動にも取組むユニークな経営を進めている。高宮俊諦社長に、世界同時不況後を見据えた経営戦略と地域活性化策を聞いた。高宮社長は「選ばれる街、北九州10の提言」をまとめた福岡経済同友会北九州部会長（現福岡経済同友会北九州地域委員会委員長）でもある。

〈世界不況下、釣り具業界の景況はいかがですか〉

高宮　トヨタからメガバンクまで赤字決算で深刻な状態です。幸い、釣りは、不況下でも、近くの海や川で気軽に楽しめる「安近短」型レジャーであり、年齢や性別に関係なく、家族皆で楽しめます。高額品の売行きは確かに若干減少しつつありますが、釣り人口（約1500万人）は増加傾向で売上もほぼ前年並みで、一般の流通・外食産業に比べ影響は軽微です。

〈その中で貴社の業績は?〉

現在、国内65店、ネット店5店、韓国5店で小売、卸売、フィットネス事業等を展開しており、売り上げは4年連続、10％強の伸びです。その要因としては、バブル崩壊後の長く厳しい不況の時期に色んな仕組みを作ってきた成果と思っています。第一に、情報武装した物流センターの整備。情報と商品の流れのスピードアップとローコスト化を推進しました。第二は、顧客情報管理システムの構築です。約40万人の会員様が最近10年間に何を買われたのかが瞬時にわかり、優良顧客の顔が見える仕組みで、現在では、総売上の8割を占めています。第三は、人財育成です。「社員の成長は会社の成長」と位置付け、常時約40人が泊まり込みで集合研修を受けることができる「人財創出センター飛翔倶楽部」を5年前に設けました。創業者精神でもある「タカミヤイズム」をはじめとして、トップと社員が価値観を共有するための研修を、新入社員から管理職までを対象に定期的に実施しています。

〈昨年末、新業態「メガフィールドポイント八幡本店」を開きました〉

ＣＭ（クリック＆モルタル）ショップと呼んでいます。クリックはネット店舗、モルタルは実店舗で両者の複合店舗です。ネット通販は、ここ数年毎年5割増の伸びで、更に昨秋、自社サイトを立上げ、商品数を2倍の10万品目に増やした結果、売上も倍増しています。不況で買物も自宅からネットで済ます「巣篭り消費」の追風もあり、順調に伸びています。近々、英語サイトも設け、将来は中国語、韓国語、ロシア語と多言語化していく予定です。

〈釣り具の卸売（ＢｔｏＢ）にも力を入れています〉

現在、卸部門では、全国の釣具小売店４００店と取引をしていますが、ＢｔｏＢの新システムは、小売店が24時間10万品目の商品情報と売れ筋情報を瞬時に閲覧し、即発注できる仕組みで、業界では初の試みです。一昨年には、ウキや疑似餌の大手メーカーである「釣研」（遠賀郡水巻町）をグループ化し、製造─卸─小売─ネット販売と、釣りをキーとした製販一体の取組みをスタートしました。

〈これを基盤に海外戦略ですか？〉

94年韓国タカミヤを設立、現在5店あります。また、07年東アジアの製造販売一体拠点として中国に新工場を設立、独自の商品開発・供給力を強化しました。日本市場は成熟しており、少子化─人口減によって限界もあります。一方、世界では釣りの盛んな国は非常に多く、ロシアの釣り人口比率は日本以上。

トルコ、南アフリカなど新興国でも盛んです。

日本の釣り具は品質も、機能性もすば抜けて高い評価を受けています。日本は、春夏秋冬、沖縄から北海道まで、季節と地域により釣れる魚種や釣の方法が全く違います。モノづくりもそうですが、日本人の高い感性により、釣りの技術も世界最先端で、結果的に日本の釣り具の国際競争力を高めています。日本の釣り文化は歴史があり、奥が深く、釣った魚の料理の仕方も多彩です。これらを、地球環境の重要性とセットにして世界に発信することで、世界の人々の心を癒し、自然との触れ合いの素晴らしさ、親子のふれあいや生命の大切さを子供のころから感じてもらいたいと思います。

実店舗とネット通販の融合実験店

〈世界的な日本食ブーム、クールジャパン人気と通底しますね？〉

韓国は16年間の実店舗販売で取引先も増え、中国工場は青島と南京に2ヶ所。昨年から日中の郵政と組んで富裕層向けのネット販売も始めました。当面はアジア圏が主体ですが、他の新興国との取引も出てきます。ネット販売の反応の良い国には、将来、実店舗や物流センターの展開も考えたいですね。

〈小倉紫川横で1・5坪の店で創業して60年になります。この間、重視してきたことは？〉

創業者（父義諦氏）はまさに勤勉、努力の人。強烈なリーダーシップで、創業から20年余りで社員数400人の企業と営業・財務基盤を作りました。頑強な父が78歳で急逝した後、私は創業者精神をベースにしながらも、それまでのトップが全てに関わる経営を分権型の組織経営に転換、同時に同族廃止宣言もしました。そして、海外進出、物流センター・会員制度・情報システム・eコマース等の整備を進めました。その間、一貫して重視してきたのが前にも述べた人財育成です。各時期に最先端の事業を積み重ねてこられたのは、長年に亘って築き培ってきたタカミヤイズムという社風と、トップと社員が共通の目標・価値観を持つ、全社一体経営を進めてこら

春の風物詩となった紫川鮎放流祭

れたからだと思います。

〈タカミヤ・マリバー環境保護財団や紫川にアユを取り戻す会の創設、塵芥回収車マリバー号による清掃など地域貢献に力を入れていますね〉

当初、創業者が中心となってお世話になった地域への恩返しにと高齢者・身障者支援、環境保全、自然愛護活動を始めましたが、未来永劫続けるには仕組みが必要と財団を設立しました。現在ボランティア、NGO等約60団体に助成、マリバー号でほぼ毎日市内のゴミの回収に当たっています。「身の丈」にあった社会貢献（CSR）は雇用創出、人財育成・納税と合わせ、企業の社会的責任です。新入社員の入社動機の半分近くは「会社が環境保護等の社会貢献事業に取組んでいるから」が占め、社員も誇りに思っているようです。全国65店舗が、毎月1回地域の清掃をすると年間延べ８００回です。人のために何かをするというその気持ちが本業の「おもてなしの心」につながります。旧本社跡をフィットネスクラブに転換したのも、地域の皆様が一番望まれる健康志向のものをと考えたからです。

〈同時不況脱出後の世界経済と企業のあり方は？〉

タイムラグはありますが、これからも中国、インド、ロシア等未だモノが不足している新興国の高成長は続き、日米欧の成熟国との格差が縮まります。これからの10年間でアフリカ等一部を除き、生活レベルが上がり、それによって消費のあり方も変ってきます。国も企業も地域も、今こそ自分の特色、持ち味を持ち、そういうグローバルな時代に通用する技術、人財、商品力（強い自社製品）、仕組み、もてなし力を磨いて、チャンスに備えるべきです。

〈新中期経営計画の方向性は？〉

タカミヤユニバーサルプラン２０１５は、15年の連結売上高３００億円が目標ですが、規模より中味重視です。「ユニバーサル化」で人財も仕組も商材も世界で通用するものを目指します。グローバル化は規模やシェア拡大のイメージですが、ユニバーサル化は、普遍的な価値観の共有、心の部分も重視します。今後、世界化してもどの国の社員も社会貢献やお客様との絶対の信頼関係の構築などの共通の価値観を掲げ、自然の大切さや釣りの楽しさ、社会的意義を訴え、持続可能な地球環境作りに取組む企業を作りたいのです。

日本の価値観は世界共通です。韓国も進出当初は、接客サービスは未成熟でした。応対に親切さが乏しく、お店も暗かった。日本のおもてなしの良さを伝え、今では日本とほとんど変らない水準に達しています。中国のレベルも、急速に変ると思います。

〈日本はトヨタ方式などモノづくりだけでなく、接客技術も世界的ですか?〉

タカミヤ　釣り文化だけでなく、日本の接客業のレベルも非常に高い。これは目に見えない日本の財産ですよ。意外と気がつきませんが、お客様に気持ち良くお買物をしていただくという日本のおもてなしの心は世界で通用します。語学力やコミュニケーション能力が足りない弱みはありますが。

〈先般、福岡経済同友会北九州部会は「選ばれる街、北九州10の提言――ワークライフバランス社会の実現にむけて」をまとめましたね〉

当部会は4~5年に一度提言を重ねてきました。従来は地域の活性化のための産業振興策が多かったが、今回は視点を変え、市民の目線で「北九州が魅力ある街になるにはどうしたら良いのか」を考えました。政令指定都市の中で、人口減少や高齢化が一番早く進む北九州で、住民から見ても、外部から見ても住み易い、働き易い街をどう創るか。仕事や学校があり、歩いて買物でき、高齢者も子育て世代も安心して働ける職住調和の提言です。さらに北九州の強みのモノづくりと環境関連の技術伝承の仕組をどう作るか。環境産業の市場規模予測は数十兆円、環境モデル都市として最先端を行く北九州がこれを雇用創出にどう活かすか、市民はふさわしい行動をどうとるか。全国・世界的なものづくり技能大会の誘致や都心集積型サービス産業の振興等も提言しています。

〈提言の経済諸団体の連携は、具体化しました〉

商工会議所、同友会等北九州の6団体が、すでに3回会合を開きました。画期的で福岡でも強い関心を示しています。各経済団体が北九州活性化のために、平素考えていることを持ち寄り、実現のために行政や市民と連携を取っていかねばという思いです。

〈北九州の潜在力の評価は?〉

豊かな自然環境を背後に控え、アジアのゲートウエイを目指す北九州は高いポテンシャルを持っています。北九州空港の滑走路延長や東九州道のインフラ整備等でさらに立地優位性が増します。かつて公害を克服し、現在は少子高齢化対策に取組んでおり、環境産業、ゴミや廃棄物のリサイクル、PCBの廃棄処理等の技術は世界でもトップクラスです。これからの北九州の大きな武器になると思っています。日本は工場排水や空気を制御する仕組みに強く、とくにエネルギー効率は世界一で、北九州がこれをトータルに発信すればビジネスになります。モノ作りだけでなく、新たな技術やサービスを生かした、世界で通用する業種も育ちつつあり、潜在力は無限です。

〈信条と趣味を〉

「昨日という日は二度とはこない。明日という日を待つことなかれ。今行く今をしっかり励め」。今を最大限に生きること。

最近の楽しみは海外の企業視察と現地の人達との出会いです。近年、欧米、中東、インド、ロシア等で異業種の一流企業を見学し、改めて日本の経営効率、エネルギー効率の良さと、逆に新興国の企業や社員のバイタリティ、ハングリー精神、生きるための凄い目の輝きなど今の日本が失くしたものを感じ、多くを学びました。21世紀ユニバーサル化のキーワードは、世界の多様性をいかに受け入れるか。当社も米国、中国、韓国、モンゴルなどから、価値観の全く違う社員が集まって同じ目的に向かって違和感なく働いています。

髙宮俊諦（たかみや・としあき）
1969年立教大学経済学部卒、㈱髙宮諦商店（現㈱タカミヤ）入社。93年社長。タカミヤ・マリバー環境保護財団理事長。2000年北九州商工会議所副会頭。02年福岡経済同友会北九州部会長。（財）日本釣振興会副会長。

㈱タカミヤ　八幡東区前田企業団地1─1、資本金9千万円、設立1963年（創業1949年）、事業内容　フィッシング、キャンプ、軽登山、マリン用品等の卸・小売販売、売上高166億74万円（2009年1月期）、従業員数740人（09年4月）。

◆全国、世界へ――世界的景気拡大のなかで

「ミズ・レイコ」ブランドを世界に発信

（株）ニューロビングループ代表　池浦正勝さん（2009／10）

生活全てがファッションである　小倉・東京で文化発信活動にも尽力

◎信条

「『顧客の明日の幸せ』考えるファッション産業は、平和の中で育つ」、「日々之好《よき》日」

――㈱ニューロビングループ（小倉北区）は、北九州発のオリジナル高級婦人服「ミズ・レイコ」ブランドを、小倉―東京の2極体制で全国、海外に発信するファッション・文化企業である。創業者の池浦正勝代表は、「北九州をファッション都市に」とかつて北九州ファッション協会を設立、その一方でNPO法人足立山麓文化村村長を務め、最近は豊の国風景街道推進協議会会長として広域連携に取組むなど地域活性化にも熱心である。

〈ミズ・レイコ（池浦さんの妻・鈴子さん）ブランドを核にニューロビングループはファッションと文化発信を手広く展開していますね〉

池浦　婦人洋品店ニューロビンを小倉・魚町で創業以来、福岡市と東京の銀座と渋谷に進出、オリジナルブランド「ミズ・レイコ」を確立し、全国専門店130店に卸すアパレル業を展開しています。文化発信事業は、小倉のNRCC（ニューロビン・カルチャーセンター）と東京・渋谷の「カラート71」の2つのファッション＆カルチャーホールを拠点にファッションショーや発表会、音楽会など各種文化活動に取り組んでいます。

文化発信のニューロビン・カルチャーセンター（NRCC＝小倉北区鍛治町）

「カラート71」は代官山の高級住宅街にダイヤモンドをイメージして建てた総ガラス張り（71カット）の施設で、ファッションショーだけでなく、記者会見、テレビや映画の撮影会場に使われ、ルイ・ヴィトンの新製品発表はほとんどここで開かれています。2センターとも福岡の建築家・葉祥栄さんのユニークな設計で、ファッションとアートと音楽の競演、文化発信の場となっています。

アパレルの企画開発、製作、小売、卸、カルチャー、経営管理、不動産管理各部門でグループを形成しています。高級婦人服は、小倉と東京でサンプルを作り、若松の2工場と中国・上海の1工場で製作しています。上海工場は、かつて東京の当社で働いていた中国人夫妻が管理しています。

〈重工業都市・北九州でファッション企業が生まれ育った要因は何でしょう？〉

１９６０年、魚町銀天街で7坪半の洋品店を八幡生まれの私と若松出身の妻鈴子（＝ミズ・レイコ）の２人で創業した当初は、衣食住も不十分で生きて行くのに精一杯の時代で、洋装品の仕入れ、販売が主でした。その後70～80年代と、社会が豊かになり、「感性の時代」に移行したのが好運でした。ピエールカルダンが70年代初頭日本に上陸、パリやミラノ発のオートクチュール（高級婦人誂え服）やプレタポルテ（高級婦人既製服）が入ってきました。ファッション＝おしゃれ心は感性の世界です。感性は理屈ではなく、感性でしか伝わりません。デザイナーはごまんといますが、独特の個性で自己表現できるクリエイター（創造者）は稀で、妻はその人種でした。いざ創作をはじめると、ファンが増え百万都市のリッチなお客様が支えになりました。

〈東京進出のきっかけは？〉

ファッションで勝負するなら東京でと考えていた矢先、仕入れで知り合った美智子妃（現皇后）のデザイナー・芦田淳さんから「渋谷の土地建物を譲りたい」と話があり、渋谷に東京本社を構え、76年青山にアパレル店を出し、88年銀座にも出店、98年カラート71を開設しました。海外では81年ジャパン・ファッション・フェアのニューヨーク・ショーでフィナーレを飾り、パリにも研究所を設け、「ミズ・レイコ」ブランドを世界に発信しました。幕張の東京モーターショー用にトヨタ自動車からコスチュームの制作も依頼され、地方都市発進のハンディを感じたことは特にありません。

ファッション、アート、音楽の発信の場となっている総ガラス張りの「カラート71」（東京・渋谷）

〈ミズ・レイコさんのファッションの強味、特徴は何ですか？〉

一口で言えば、究極の女らしさを「ワンマテリアル・ノンシーズン・ノンエイジ」（一つの素材で全シーズン、全年齢層のファッションを作る）と彼女の「もったいない精神」でしょうか。ソアロンという半合成繊維（天然パルプを圧縮した樹汁に化繊を混ぜた繊維＝トリアセテート繊維）にこだわり、40数年この素材だけに絞ってきました。薄く軽くて、光沢と弾力性があり「女性の肌のように気持ちのよい肌触り、着やすさ」といわれる生地の良さを最大限に引き出し、春夏秋冬、しかもどの年齢層にも着れるデザインを次々考案、世に問いました。また「もったいないから」と、普通なら捨ててしまうハギレを活かして装飾品「レリーフワーク」を制作、これをデザインに盛り込み、思い掛けなくユニークな芸術性を出しています。アイデアに行詰ると素材に頼り、色々に替えてみるデザイナーが多い中、一つの素材だけにこだわる芯の強さや切れっぱしにいたるまで全て無駄なく使いきる経済性が、ファッションの才能に加えて、強味になったと思います。

〈パートナーである正勝会長の役割は何ですか？〉

企業ビジョンの策定や総合企画、プロデュース、経営管理などです。実は創業前の私は、結核で10年間療養、とくに4年間はベッドに寝たまま、世の変化をあれこれ想像する生活で、冗談に「寝コロンビア大学」留学時代と言っています（笑）。奇跡的に生還して、26歳で小倉で「銀天街にないもの」を目標に洋品店をはじめました。自分以外は全てお客様という思いで必死でした。ただ、世話好きで、仲間を集める習性があります。たとえば各地方の一番店の店主が、仕入れのため東京に集まり、安宿で深夜まで飲み、情報交換する中で「アン（フランス語でオンリーワン）婦人服服飾研究会」を作りました。参加者は北海道から鹿児島までで、次第に増え、小倉で地方持回り研究会を開いた際、レイコのオリジナル婦人服を見せたところ「うちでも売らせろ」となり、小売り店が小売り店に卸す異例の展開で、卸売り先は現在全国130社に拡大しています。

〈20年前、北九州ファッション協会を設立しました〉

「生活すべてがファッションである」と異業種に呼びかけ、89年全国では6番目の旗上げでした。北九州には鉄鋼、化学、窯業、機械など製造業だけでなく、ファッション産業も振興し、厚味を持たせようと賛同者を説得し、北九州ファッション協会とファッション産業開発協同組合を設立しました。

〈今後の企業経営の方向性と中長期の展望は？〉

世界同時不況の波は、ファッション業界にも及んできています。百貨店業界の苦戦に象徴されるように、消費者の低価格志向の中で、ものを売ることが大変難しい時代になっています。私達の業界も堅実にお客様の声をしっかり反映し、プレタポルテ（高級婦人既製服）だけではなく、お客様の要望に徹底的に応えながら作っています。幸い、当社は自己資金による投資にこだわり無借金主義経営を貫き、財務基盤は安定しています。自分らしさを追求した、オンリーワンの個性あるファッションを求める顧客ニーズは常に根強く、環境変化を見極めながらも、時代に合った「感性の世界」を引き続き追求していきます。同時に本業の継続に加え、引き続きボランティア活動にも力を入れていきます。

〈足立山麓文化村や市民参加型のウェブサイト「北九州ブログ」を開設、地域活性化に取組んでいます。〉

北九州が真の国際都市になるためには、地元の歴史と文化を掘り起こし、市民が地域に誇りを持つとともに、外部の人にも知ってもらう必要があります。96年旧自宅の和風家屋と庭園を事務局兼主会場にＮＰＯ足立山麓文化村を作りました。足立山麓の豊かな自然の中には、奈良時代に和気清麻呂が創建した妙見宮や須賀神社、江戸時代に黄檗《おうばく》文化の華を咲かせた広壽山福聚寺などがあり、史跡の宝庫です。和気清麻呂と道鏡の伝説や山麓の冷泉で清麻呂の足の怪我がなおり、足立山と呼ばれるようになった伝承もあります。「足立の山から文化の風を」をモットーに活動、05年には創作神楽「あだち」を作り発表しました。

宇佐神宮奉納

「北九州ブログ」は、北九州の元気を全国に発信し、その魅力を市民の方々にも知って頂こうと、07年に発起した市民参加型の日・英・中3ヶ国語のWEB媒体です。この1年間約38万件のページビューがあり多くのコメントが寄せられています。

〈今年は、北九州―宇佐の豊前街道を国土交通省の「風景街道」の一つの「豊の国歴史ロマン街道」として指定を受け、観光開発する広域連携に注力していますね〉

北九州―苅田―行橋―豊前―吉富―中津―宇佐の旧豊前街道約77キロには、妙見宮、福聚寺をはじめ、小倉・中津城、宇佐八幡、豊前国府跡、福沢諭吉旧居など貴重な史跡が数珠つなぎになっています。指定に向けて、国、県、市町、NPO大学関係者で推進協議会が結成され、会長を仰せつかり取組んでいます。北九州ではこれまで長崎街道の観光開発には熱心でしたが、経済的・文化的な結びつきは、むしろ豊前街道の方が強く重要です。当社のお客様も約3割は山口と豊前からです。文化塾や文化サロン、講演会の開催などで一体感を強め、内外の観光客の誘致にも努めたい。道州制の時代を迎え広域連携は、民間の方が進めやすく、国や自治体の補助金を当てにしない自立路線を目指しています。

〈激動期の経営哲学は?〉

様々にビジネスを展開し、ボランティア活動も経験して、改めて「人と人との巡り合い」の大切さを痛感します。単なる出会いは多いが、運命的な「巡り合い」は稀で、どんなことがあっても別れない濃密な人間関係をいかに多く作るかです。

それとファッションは、顧客の明日の幸せを考える産業です。平和の中でこそ育まれます。あらゆる生活型産業の存立条件は、平和であり、今後50年を生きる人々のために環境創造のお役に立ちたいものです。

〈池浦さんはその後、中国上海理工大学の日本文化交流センターの最高顧問を委嘱され、たびたび中国を訪れ、日中友好の文化交流に努めている〉

〈「生命の日」を設け、国民祝日にしようと運動しています〉

1945年8月の八幡大空襲の際、小学生の私は逃げ惑いました。10年の闘病生活で九死に一生を得ました。昨今の毎年3万人を超える自殺者や逆に「だれでも良かった」という無差別大量殺人には胸が痛みます。皆で生命の大切さを確かめ合う日を1日設けようと呼びかけています。

〈座右の銘と趣味を〉

「日々之好日《よき》」。趣味は、仕事と人のお世話＝ボランティア活動です。どちらも充実感があります。ゴルフもパチンコもやらないのが欠点でしょうか（笑）。

池浦正勝（いけうら・まさかつ）
八幡高校病気中退、闘病生活後、60年魚町でニューロビン開業、71年㈱ニューロビン社長。89年北九州ファッション協会設立、専務理事。96年足立山麓文化村設立同村長。2000年豊前の街道をゆく会会長。08年豊の国風景街道推進協議会会長。小倉北区日赤紺授会会長。北九州市産業経済・街づくり功労賞他受賞。

㈱ニューロビングループ　小倉北区鍛冶町2―2―11、設立1982年、資本金2千万円、年間売上高7億円（グループ）、従業員数50人、事業内容　高級婦人服の製作、卸売り、小売り、ファッション&カルチャーセンター経営。

◆都心に賑わい空間を創出――長期不況との闘い

新たな生活文化の提案

（株）井筒屋社長（当時）　中村眞人さん（2001／12）

右脳型消費（感性重視）の時代、新たな生活文化の提案と経営改革を

◉**信条**
「悲観的に計画し、楽観的に行動する」、「全国各地の懸命な街づくりに学ぶ」

――井筒屋は、北九州の老舗百貨店であり、地域一番店である。全国の百貨店業界と同様に、消費不況の逆風のなか、差別化と地域密着路線を模索、そごう黒崎店舗を買収、新黒崎として開業した。「これからは右脳型消費（感性重視）の時代」という中村眞人社長に新たな生活文化の提案と経営改革策を聞いた。

〈新黒崎店の開業は順調のようですね〉

中村　黒崎としては地盤沈下防止と都心活性化を、当社としては西に長く小倉一極集中が難しい北九州商圏にあって、地域一番店として西の拠点、第２の本丸を築けました。商圏を広げ、百貨店市場規模３００億円のうち２２０億円を確保したいと考えています。

〈そごうの破綻、売場２・４倍増の新黒崎店開業も寄与して井筒屋の今期売上予測は前年比約25％増、岩田屋を抜き九州一の見込み〉

〈小売業の経営環境も激変しました〉

ユニクロのような低価格路線店の台頭、ダイエー、マイカルなどの大型量販店（ＧＭＳ）の低迷の中で、百貨店は比較的堅調です。特にグッチなど高級輸入ブランド品が好調で「消費の２極分化」が顕著です。

女性が消費を主導する「女性の時代」もますます鮮明で、今や8割が女性客、男物売場も女性同伴が圧倒的です（笑）。経済原則を重視して「左脳」で価格の安いものを買う実利的な消費をユニクロ型、感性・情緒を重視して「右脳」で夢を買う消費を百貨店型とすれば、夢重視派の女性は強力です。これに応えられない中小百貨店は一段と厳しくなります。

〈井筒屋集団の現状、課題は？〉

〔累損120億円を抱え、構造改革3ヶ年計画で中津、大牟田両店を閉鎖する一方、リバーウォーク向いに「紫江'Sリバーサイドチャイナ」を建設するなど攻めの投資も〕

売上は幸い好調で、個人消費の長期低迷もコスト削減などで対応できますが、構造問題の解決が急務です。連結会計の導入でグループ10社中、本社等を除く8社、百貨店では5社のうち3社が債務超過となりその解消が最優先課題です。当社に限らず土地、株式などの値下がりによる資産デフレで担保余力が減り、会計基準のグローバルスタンダード化の荒波に直撃され建設、流通業界は構造改革が待ったなしです。都心の一等地などに自社で資産を持つストック型経営は、借店・借地のフロー型経営に比べどこも厳しく改革は容易ではありません。

〈その中で新百貨店像は？〉

今後は消費者の情報嗜好に対応できる生活文化の提案力のある百貨店以外は淘汰されます。最低商圏人口50万人、売場面積2・5万㎡以上の規模が必要で、それ以下の中小規模店は消費の2極化に対応できず、数が減りましょう。当社で提案力のあるのは小倉、黒崎だけで、博多、久留米、宇部、飯塚各店は専門特化が求められます。それぞれ地元で歴史と信用力のある店だけに、「信用のある大型小売店」として中身を変えて行きます。たとえば久留米店は最上階を大型書店に、その下は特産品を結集した「筑後文化村」に、1日乗降客40万人通過の博多店はその消費者に最も喜ばれる利便性の店に転換します。全国どこにも教科書がない転換です。連結会計の導入時代は意志決定のスピードと明快さが要求され、これら広域5社の社長は私が兼務し、小倉に統括センターを置き、人事、財務、投資を一体的に運用します。今春配転希望者91人を各地区から小倉に受け入れ、各店とも上期で黒字転換しました。小売の多様化の中でチャンスはたくさんあります。各地域ごとに飽和したもの、逆に欠けた物を、生活者としての自分の目で考えて行けばアイデア次第で無限の商機があります。一方、お客様サービスは、そごうと競争していた当時以上に徹底するように、厳しく注意しています。

〈北九州は福岡に比べ近隣客を惹きつける賑わい集積が今一つ、更なる活性化が課題と言われます〉

福岡市は一極集中が進む九州の首都で、都市の性格が違います。福岡と北九州はほぼ同一経済圏で東京と横浜、大阪と神戸のように相互に行き交う住み分けと補完の関係を築き、交流人口を増やすべきです。面白いのは門司港レトロで、女性の買物と同じ「右脳」の産物です。心の豊さの時代といいますが、癒し、楽しさ、文化などハッピーと感じる感情を引き起こすのは建物の規模でなく、知恵です。今後はフェスティバルマーケット（商業観光）が重要で門司港は東の拠点、各地に広げていくべきです。ここ数年行政の努力でハードのインフラは相当整備されました。問題は民間が知恵とアイデアと情熱でこれをどう活用していくかで、経済人、商業者が頑張らねばなりません。

井筒屋全景

〈地域活性化のため小倉そごう跡には中央百貨店をの声もあります〉

今の条件では困難と思います。地方中枢都市ならまだしも、東京、大阪の資本は関心がないし、あえてリスクを取らないでしょう。万一進出店舗が売上不振で債務超過になれば、本体の赤字要因に直結します。福岡に進出した中央大手も連結会計時代の今なら、出なかったと思います。しかも北九州は売場面積過剰都市です。そごうの2店舗7・5万㎡が消えてやっと適正規模になりました。どこかが新規出店すれば共倒れの危険があります。横浜のラーメン博物館、広島のお好み焼き横丁に全国の人が行く時代です。金をかけなくても、知恵とやる気があって若干の投資があれば街が生き返ります。ただ小倉そごう跡の利用について当社が云々するときではありません。街の魅力という点では、リバーウォークなどは面白いと思います。繁華街のすぐ近くに川と城と緑、それに清張記念館など文化施設と商業施設がある。大濠公園とキャナルシティと岩田屋を一緒にしたようなスポットで福岡と違う楽しさが味わえます。街づくりは合意形成が大変ですが、郷土愛でわが故郷を光り輝く都市にしたいものです。

〈激動期の経営哲学を〉

こういう時代だからこそ志、夢を高く掲げたい。自社だけでなく運命共同体の地域の発展を常に考える企業になりたい。それと「悲観的に計画し、楽観的に行動する」。何が起きるか解らない時代、想定される悪いことを全て計画に織り込む。小売業は一人一人のお客様の毎日毎日の細かな消費の数字の積み重ねです。売れなければどう対応するか常に考える一種の危機管理が必要です。

〈中村さんは国内地方小都市のタウンウォッチングが趣味だそうですね〉

秋田の能代港の延々2キロの岸壁に地元や東京の人の絵が描き込まれた「はまなす画廊」、まさに壮観です。東北日本海側の田舎でおらが街起こしのため知恵と情熱を絞っています。また能登半島の日本海に面した夕陽の美しい町では「ギネスブックに載った世界一のベンチ」が話題です。延長2キロの木製ベンチ、その後側に地元産の素焼に、赤ちゃん、母と子、お年寄りなどの手型を押したタイルが並ぶ。日本中到るところで地元を愛する人々が、自慢できるものを作っている。それをくそ真面目にやるところが、人の胸を打つ。これぞ「右脳」の世界です（笑）。

中村眞人（なかむら・まこと）
1966年慶応義塾大学商学部卒、井筒屋入社、94年常務、98年社長。日本百貨店協会理事、北九州活性化協議会副理事長。

㈱井筒屋　小倉北区船場町1―1、創業1935年、資本金105億3200万円、売上高873億円、社長　影山英雄。

◆都心に賑わい空間を創出――世界的拡大のなかで

都心に時間消費型空間創造

【リバーウォーク北九州管理組合法人理事長（当時）】出口隆さん（2004／10）

五市合併40年、息長く、北九州都市圏の若い人たちの楽しい街に

◉信条

「『人真似しない独自性』と緊張の中で認め合う『共生的な和』を」

――都心の時間消費型空間であるリバーウォーク北九州が開業して1年半、北九州都市圏の新名所として定着してきた。北九州市の企画局長、助役として、長年グランドデザインを描き、門司港レトロの整備にも参画した管理組合法人理事長出口隆さんに、建設にかけた思いと、北九州の都市づくりの歩み、課題を聞いた。

〈リバーウォーク北九州が、開業して1年半、集客効果は大きいですね〉

出口　ルネッサンス構想に基づき「北九州都市圏の都心を作る」「その都心に新たな魅力を創出する」という二つの目的がありましたが、ほぼ期待通り達成できたと思います。来場者は山口、大分両県、筑豊、福岡と広範囲で、特に山口が多いようです。

〈様々な異質のものが醸し出す独自の複合パワーが魅力ですね？〉

特に造形的に斬新な建築物群――初めての色も形も違う5つの独立した建物が、周辺の小倉城、庭園と一体で、これまでの北九州になかった景観を紫川左岸に作り出しました。それと屋外のテーブル、パラソ

ル、そして堀でゆったり過ごす「時間消費型」の空間。欧州では自然なのに、日本ではなかなか定着しなかった空間が大変な人気で、真冬でも利用者が多く、屋外ストーブまで設置しました（笑）。文化的なホール、美術館、ギャラリー、地図の資料館などの複合性も文化に接し、創造する場として歓迎されています。

〈都心の回遊性が一気に増し、賑わい空間が広がりました〉

小倉駅―伊勢丹（現在のコレット）―井筒屋―室町が、紫川を挟んで一体化し、ループ化しましたが、勝山橋、特に鴎外橋をマイタウン・マイリバー構想で拡張されていたことが期待以上の効果をあげました。若者が遊べる、消費と憩いの空間の誕生が、近く着工するA２棟への西日本工業大学の都心キャンパス進出に繋がりました。

〈課題は何でしょうか。そして今後どう展開していきますか？〉

〔初年度、来場者数は目標を上回り、商業売上はやや下回った〕

再開発組合の課題は、まず残るA２棟、B棟を05年度末までにきちんと仕上げ、少なくとも収支ゼロで円満に清算・解散することです。全国的に再開発事業が苦戦し、巨額の赤字決算も多い昨今、至難の技ですが、努力し達成したい。そのあと施設を維持補修し、事故なくきちんと運営していくのも地味ですが、重要な課題です。商業施設等の更なる売上増のためには、各部門ごとに一段と魅力を高め、より多くのお客に来街してもらう必要があります。管理組合法人、北九州紫川開発、運営会社のエフジェイ都市開発（現在、福岡地所）を中心に色々仕掛けますが、同時に専門店街の皆さんも、常に新たな感覚でそれぞれに社業振興に努力して頂く場面です。

〈都心部が一体となって更なる賑わい空間を充実させる努力も必要ですね〉

リバーウォーク、井筒屋、小倉伊勢丹（現在のコレット）、商店街全体で、市の支援も得て街をより楽しくするため、常に楽しい演出を行い、日々積み重ねる必要があります。息長く努力し、それでいてマンネリに陥らないように、新鮮に続けていく。もう一つは、冬場対策です。北九州、特に紫川周辺は冬、川風、海風が交差し息もつけないことがあります。私案ですが、駅南から都心への骨格ルートに「動く歩道つきシェルター」を考えて良いと思います。米国中部のセントポールとミネアポリスは、川を挟んで隣り合う「双子都市」ですが、冬場極端に寒く、両市とも中心市街地では、ビルとビルの2階部分を無数の橋や通路で繋ぎ自由に行き来し、賑わっています。小倉駅北口とも違う新しい発想で、民で出来る所、官が担当する所を分け、出来る所から極力コスト安に作っていけば、新名所となり、更に楽しい街になると思います。

〈出口さんは、「厳しい経済環境の中での再開発事業であり、中核店舗とされてきた百貨店の出店見合わせなどもあり、一時は難航した。しかし、関係者のご協力で持株会社である北九州紫川開発の強化が実現し、高級車レクサスの販売店、西日本工業大学の参加などもあって、最終的には過不足なく円満に精算、2006年末全事業を無事完結出来た。今後とも広く

リバーウォーク北九州

都市圏の若い人達に新しい風を吹き込んでいただく施設であってほしいものです」と回顧されている〉

〈出口さんは企画畑が長く、長年北九州の都市作りに参画されました。ルネッサンス構想（1988～2005年）も仕上げ段階、この40年間の都市作りをどうみていますか？〉

五市合併以来40年、前半の20年は「多核都市」の理念で世界でも稀な連合都市の実験に取組み、成功しました。ただ、当時ここまでと想定できなかったのが高速交通革命です。合併直前までは、博多―小倉間はSL快速で1時間25分、県庁から北九・京築への出張は1泊2日の時代です（笑）。それが新幹線、高速道の開通で両市間の流動性が高まり、重力の法則が働きはじめた。後半20年は末吉興一市長の提案、議会の承認で「2核都市」作りに取り組み、最近の都心形成でやっと「一つの都市」に再編されました。

〈この間、色々と逆風も吹きました〉

国土政策が、旧4大工業地帯への工場立地や大学新設の抑制を続け、さらに地方ブロックの中心都市重視政策で国の出先機関が中心都市に集中し、北九州、岡山、神戸など非中心大都市は割を食いました。企業も追随し旧国鉄本社福岡市への流出、新日本製

リバーウォークの基礎工事（中央は米国の著名建築家ジョン・ジャーディ氏。その右が出口さん）

鐵の第4技研の千葉県移転など厳しい事態が続きました。ルネッサンス構想の20年でやっと克服できた感じで、これから先どうするかが非常に重要になります。

〈産業構造も大きく変わりましたが、産業政策については?〉

脱工業化、情報社会化の議論の中で、モノづくりにこだわり、「国際テクノロジー都市」を打出したのは正解でした。ただ、鉄鋼をはじめ重化学工業の要員減が想定以上のスピードで、その穴を埋める電子・精密、都市型産業の誘致が、地価の安い他県との競争で今ひとつ思うように進まなかったのも事実です。今後はユニークな環境産業の集積が期待されます。

〈北九州の潜在力と今後の展開方向をどうみますか?〉

最大のポテンシャルは、交通運輸面での扇の要的な立地条件です。明治以来国も基盤整備しましたが、高度成長後の世界と日本の潮流変化の中で、新時代に相応しい施設更新が出来ず、立遅れました。特に東九州軸が遅れ、道路で言えば旧街道—国道・バイパス—高速道、鉄道でいえば在来線—電化複線化—新幹線の3世代のうち、いずれも2世代目止りです。世界と向き合う港湾、空港しかり。これらの大幅立遅れが、せっかくの拠点性を減殺してきました。他地域並みに3世代目まで整えるのが急務です。魅力ある都心で求心力を強め、世界的・アジア的視点で交通運輸機能を充実し、学術研究機能を更に強化する。それによって再成長は可能と確信しています。

〈激動期の経営哲学はどうあるべきですか?〉

まず「市場原理」。行政時代は、「こうすれば市民に喜ばれるだろう」というサービスの論理でしたが、民間の人々と仕事して、世の中はユーザーの論理で動き、経済原則に反しては長続きしないとわかり、常に自問しています。次に可能な限り人真似をしない「独自性」。モノをつくるにも、仕組を作るにも、よその情報は参考にしても真似はしない。そして、反対意見に対しては、最後に1対1で、腹を割って意見を交換し、納得してもらうよう心掛けています。

〈信条と趣味を〉

人間関係では「共生的な和」。日本人の「和」はとにかく仲良くのニュアンスですが、各自が個性を持ち、緊張関係の中でお互いを認め、尊重し合いつつ共生したい。Ａ2棟の意匠担当のＭ・グレイヴス氏にも、隣接のＡ1棟と「共生」するデザインで、とお願いしました。趣味は九州鉄道史の研究と地図の収集です。地図は高いものもあるにはありますが、旅行や出張先のホテル、観光案内所での「ギブ・ミー・フリーマップ」（笑）収集が多く、1万4千点溜まりました。〔ゼンリンの地図の資料館開設にも故大迫忍さんの依頼でアドバイザー的な役を務め、海外の古地図収集にも協力した出口さんは、インターネット上にサイバー・ミュージアム「ＤＥＧ・ミニ・マップ・ミュジアム」を開設、所蔵地図を広く公開している。特に1555年のアジア地図は逸品である〕

出口隆（でぐち・たかし）
1956年中央大学法学部卒、（99年九州大学大学院博士課程修了・博士）。57年旧小倉市職員。91年企画局長。93年助役、門司港レトロの開設にも参画。96年室町一丁目地区市街地再開発組合理事長、97年北九州都市協会会長。2003年リバーウォーク北九州管理組合法人理事長。

リバーウォーク北九州管理組合法人　小倉北区室町1－1－1、開設2003年、事業内容　リバーウォーク北九州の資産管理と運用。

小倉の日本茶と文化を世界に発信

(株)つじり社長　辻利之さん（2011／04）

抹茶カフェを台湾に出店　小倉の強みは豊かな人材ネットワーク
「ローカル（小倉）に根を張り、ビジョンはグローバルに」

◉信条

「創意工夫『店づくり、街づくり、自分づくり』」

――日本茶販売「つじり茶屋」（小倉北区）店主・辻利之さんは「店づくりは街づくり」と地域起こしに熱心で、昨年10月地元有志で発足したＷｅＬｏｖｅ小倉協議会の事務長（現会長）として、ワクワク・ドキドキの街づくりに参画している。抹茶カフェの創造や台湾出店など本業で新機軸を打ち出したアイデア社長に、街の活性化策を聞いた。

〈九州新幹線が全線開業しました。北九州は？〉

辻　西九州軸（福岡―熊本―鹿児島）がさらに強まり、東九州軸（小倉―大分―宮崎）が弱体化します。特に京築地区の衰退が心配です。それを阻止するためにも「小倉《まち》に行こう」を合言葉にＷｅＬｏｖｅ小倉協議会が発足しました。

〈福岡では博多駅周辺と天神の両商圏が競って集客力を強めていますね〉

「福岡一極集中は避けられない。ならば全線開業を前向きにとらえ、小倉のスタイルとスケールでその魅力を発信していこう！」と、方策を練って参りました。博多と小倉は、昭和の高度成長期までは良い勝負でしたが、残念ながら今では大きな差がつきました。

小倉の強みとは何か？　それは地元で活動する産・学・民の団体の活動が多彩で活発なことです。豊かな大手企業の文化、NPO団体の活発な活動、市民センターのサービス体制、自治会活動、メディア、大学生、などです。こうした地域の力は博多にも負けない。各団体がネットワークを深め連携し、それを小倉の魅力としてブラッシュアップし全国に発信していく。博多や鹿児島に行くお客様に北九州で途中下車していただく。例えば学生さん達との連携で、地元の歴史や食文化など街中の魅力が分かる地図を作ったり、街中案内係《コンシェルジュ》として育成する等、出来ることを淡々とやり続ければ、街は必ず再成長すると確信します。

〈ところで「つじり」は昨秋、台湾に出店しましたね〉

台北市都心の統一阪急百貨店の地下に抹茶カフェ「台北辻利茶屋」を開店しました。広さ50㎡で客席10数席ですが、連日1千人以上が来店され、行列が絶えません。京都宇治の辻利抹茶工場から出来たての本物の茶を、台湾の皆さんに楽しんでいただいています。4～5名のスタッフで運営し、坪当たりの売り上げ効率はたぶん世界一です。小倉で創った日本茶販売の新業態をいつかは世界に発信したいと思っていました。始まったばかりですが、長年の夢がやっと花開きました。

〈「ローカル（小倉）に根を張り、ビジョンはグローバルに」と仰っていましたが、その実践ですね〉

私が社長に就任した1990年代前半は、大手飲料メーカーがペットボトルや缶入りのお茶の販売を始め、凄い勢いで業績を伸ばしていました。商店街のお茶屋は潰れてしまうとの危機感を持ち、「若者はお茶に何を望むのか？」「苦いお茶をもう少し甘く、そして楽しいものに変えることは出来ないか！」と研究を重ねました。

その結果、おしゃれ・おもしろく・お役に立つという3つをキーワードに、「抹茶カフェ」を創りました。堅苦しいお茶の世界やお点前に遊び感覚を取り入れ、又包装紙やパッケージにもシンプルなデザインを施し、店内の装飾や置物もお洒落にした新業態です。

〈お役に立つお茶屋ですか？〉

この街における自店の役割を追い求めたのです。例えば行き交うお客様に店頭で1年中お茶の無料接待をします。たとえ商品をお買い上げでなくても気持ちよくトイレをお貸しする。赤ちゃんのミルクのお湯も準備する。常に笑顔の新しい時代のお茶屋さ

台湾つじり茶屋の行列

ん創りです。また、公民館などでお茶の出前セミナーも開いています。お洒落な環境を整え、厳選された高品質の抹茶を、女子学生がお小遣いで買える価格で提供しました。当時女子学生の間で「つじる」という造語が流行《はや》りました。つじりに行って何か甘いものを食べようかという時「今日、つじろうか?」と言う。「つじる」「つじれば」「つじる時」と活用の造語まで生まれました(笑)。

〈その新業態を国内で広めました〉

まず10年前、福岡市天神のイムズの地下1階に出店しました。しかし、失敗して3年で撤退。価格設定のミス、新商品の開発力やスタッフの教育も不十分でした。更には7、8年前、東京の大手商社2社から「面白い業態なので関東で店舗展開をしませんか」というお誘いもありましたが、「近い天神ですら失敗しました。まだ多店舗展開のノウハウがありません」とお断りしました。その後、天神の教訓を胸にスタッフの教育、商品企画、売上管理などの研究を重ね、台北出店に漕ぎ着けました。

〈台湾の出足が好調な原因は何ですか?〉

まず良きパートナーと人材。大学時代の友人の子息（日本人）と現地法人を設立し、現地のスタッフは全員日本に留学経験があり、日本文化に興味のある人ばかりです。２ヶ月間隔で小倉から現地に指導に行きます。立地も地下鉄駅から台北市政府や世界第２の超高層ビル「１０１」方面に毎日10数万人が行き来する動線上にあり、階上にはユニクロもあり大きな追い風となりました。台湾の人々は日本への親近感と好奇心が強く、日本の老舗の抹茶の味がクールジャパンとして支持されました。

〈今後はどんな展開を考えていますか?〉

台北、台中市内の商業施設や香港、シンガポールの商社からも出店要請があります。しかし、チェーン展開となると、顧客の嗜好が刻々と変わるなか、商品開発と販売促進で日々店を磨くことが求められます。出店は簡単ですが、どう維持するか? １号店で羽織・袴の正式なお茶会を開き、日本茶の素晴らしさを体感してもらうイベントもやりながら、慎重かつ大胆な出店方法を考えています。

〈全社の経営状況と課題は?〉

当社はもともと幕末の1860年、初代辻利右衛門が京都府宇治市で創業した「京都辻利」の支店です。利右衛門は玉露の製法の改良や、ブリキで内張りした茶櫃を考案したアイデアマンで、宇治茶を全国に普及させ、平等院鳳凰堂の玄関に銅像があります。大正12年小倉に九州支店を開設、九州にきた祖父母が小倉つじりを独立させました。

現在、市内3店舗（京町と魚町銀天街とコレット内）で、日本茶等を販売し、喫茶店を兼営しています。抹茶は宇治の工場からの直送。さらに最近では地元の八女茶のウェイトを高め、星野村の農家に年間契約で栽培してもらい、知覧茶、嬉野茶も扱っています。一時は、玉屋店、アミュプラザ店、ラフォーレ原宿小倉店、天神店など8店舗を構え、売上高も現在の2倍以上でしたが、消費不況などで撤退の辛酸もなめました。

スターバックスは米国の地方都市シアトル生まれの小さな店でしたが、全世界にコーヒー文化を広げ、都市名を世界に発信しています。私も小倉ならではの日本文化の香り豊かなお茶屋を創り、世界へと広げ、小倉を海外にPRするのが夢です。まだほんの一歩を踏み出した段階ですが。

〈辻さんは「店づくりは街づくり」と地域起こしに熱心ですね〉

小倉生まれの小倉育ちで、愛郷心は人一倍です（笑）。小倉の商店街が昭和30、40年代に比べて目に見えて衰退するのが悲しく、「何とかしなければ」と思い続けてきました。20歳代後半から北九州青年会議所（JC）の活動に参加。それが私の街づくり活動の原点になりました。2万人が参加したJCアジア太平洋会議も参加し、組織の指導力、事業の推進力、行政やマスコミとの接し方などを学びました。それらがその後の自らの活動に大いに役立ちました。

〈その後、商店街の活性化に努められた?〉

40歳でJCを卒業、商店街中心の街づくりに参加しました。リバーウォーク北九州の開業に際しては、京町銀天街（現小川由之理事長）の一員として文化の香る賑わいの街にと、「京町川柳」を募集し、各店主が専門性を活かして講義する「京町寺小屋」を開催、常盤橋広場で産地直送の市も開きました。紫川を利

つじり本店

用した街づくりでは、昔懐かしい貸しボートを復活しました。江戸時代、京町の常盤橋は長崎街道の起点でした。伊能忠敬が京町の大阪屋に泊まり九州の測量を開始し200年目の2001年、この歴史を活かそうと記念碑も作りました。

〈店と街は運命共同体と考えましたか？〉

街が賑やかでないとお店に客が来ない。お店が楽しくないと街に人が来ない。湯布院温泉の人気のひとつは、亀の井別荘や玉の湯など超一流の旅館があるからです。各店主が自分の店を磨き、たとえ小さくても「この街にこの店あり」と言われる店づくりに努める。それが数店舗あれば、街の強力な磁力になります。私も10年前は街づくりに力を入れ過ぎ、社業疎かの時代がありました。今はまずは自分の店を磨く事が大切と思います。自分の店が輝く事により、この街に貢献を出来ればと思うのです。

〈北九州の街づくりの方向性は？〉

英国は古き良き伝統を大切にしつつ、音楽やファッションで最先端のデザインを生み出しています。かねてから憧れていた私は90年代末、一人で幾度かロンドンのお茶屋さんや街並みをじっくり見て回りました。開発優先の日本や米国と違い、残す・崩す・作り変える・創るの基準が厳しく、伝統的建物や街並みを残しています。街に新規出店の要請があると、コミッティー（日本でいう商店街組合）で受入れの可否を決めます。誰でも気軽に集まって語れるコミュニケーションの場「パブ（パブリック・ハウス）」やティーパーティーも印象的でした。昔の良さを残し、今あるものを活用し、毎日一歩ずつ積み重ねて夢を実現する手法は、箱もの建設優先と揶揄される、北九州市も参考になるかと思います。

〈北九州市の中心商店街の潜在力と課題は？〉

北九州市の中心商店街は近年、買物客の減少、後継者難、駐車場やトイレなど共同施設の不足、イベントのマンネリ化など多くの課題を抱えています。一方、北九州市は環境首都として技術力に優れ、紫川などの自然景観と豊かな歴史に恵まれ、都市はコンパクト。若いデザイナーも多く、各種の人的ネットワークも広がり、潜在力は高い。目立たないが淡々と自分の世界を作れるタイプの人や、議論好きでコミュニケーション力のある高齢者も多くいます。

歴史の古い商店街の改善・改良は、郊外に新しい街を開発するのに比べ、何倍ものエネルギーを要しますが、都心回帰の流れもあります。さまざまな人々の力を結集し、知恵と汗で小倉の魅力を磨き上げ、インターネットをはじめ多様な媒体で発信すれば、潜在力は必ず開花します。

〈経営哲学を〉

父が作った社是「誠実にして和し、精励社業を愛し、常に社会に奉仕する時、我ら栄えるものなり」。父は店頭販売一筋。朝から晩まで街行く人にお茶をお勧めし、それを喜びとし、淡々とお茶を売り続けました。お客様に十分説明し、商品を理解していただいた上でお買い上げいただく。私も日本茶と日本文化の素晴らしさを、地域の方や海外の皆さんに楽しんでいただける様、地道な茶商人であり続けたい。

〈座右の銘と趣味を〉

「創意工夫」。暇さえあれば街中を見て歩き、新たな商品開発とサービスのヒントを探し、実行します。「店づくり」、「街づくり」には深い関心がありましたが、53歳になった時これに「自分づくり」を加え、仲間とのジャズボーカルやフォークソングや、ラテン系のレッスン等を趣味にしています。仕事も街づくりも楽しいが、時にストレスも膨らみます。そんな時、「自分づくり」は100%楽しく、その最中に店づくりや街づくりのアイデアも再三浮かびます（笑）。

辻利之（つじ・としゆき）
1976年慶応大文学部（英米文学）卒、78年㈱つじり入社。93年同社長。2001〜07年紫川マイタウンの会会長、00〜08年京町銀天街理事長を経て、10年10月WeLove小倉協議会事務長。

㈱つじり　小倉北区魚町3―2―19、創業1923年、資本金1千万円、売上高非公表、従業員数18人、事業内容　茶、茶道具、喫茶店経営。

◆地域密着で生活支援――ハローデイ1――長期不況との闘い

小商圏・人財力で「感謝感動経営」

【㈱ハローデイ社長（当時）】加治久典さん（2004／01）

ピンチをばねに小商圏・人財力で、背伸びせず明るく楽しく、感動を

◉信条

「感謝・感動・ご先祖様」、「『明（朗）、元（気）、素（直）』のプラス言葉で『笑顔』を」

――長期の消費不況下、中堅スーパーのハローデイ（小倉南区）が、10年連続増収増益を続けている。生鮮3品を中心に規模に拘らない経営で店舗網を拡大しつつある。創業者である加治久典社長にその秘密を聞いた。加治さんは「かつて無理な拡大でピンチに追い込まれ、従業員、お取引先に助けられ、感謝感動経営に転換、背伸びしない身の丈経営に徹し、明るく楽しいアミューズメント型の創造を心掛けた」と明かした。

〈04年の日本経済と流通業をどう展望しますか？〉

加治　業種によりバラツキはありますが、全般的には良くなるとみています。株式市場の回復で、長期不況もそろそろ幕引きの年としたいものです。戦後日本の復活は中小企業が担ってきました。中小企業が前向きに元気を出さないと日本の再生はありません。一方、流通業における再編は今後も続き、格差が鮮明になります。大型店も、我々小商圏の地域密着型のスーパーも「地域一番店」しか残れません。特徴のない店、どこにでもある中途半端な店には厳しさが続きます。

〈そういう長期不況下、10年連続増収増益の要因は何

ですか？〉

半径１キロの小商圏で、お客様から一番支持される店を目指し、「立地力」、「商品・店舗力」、「人財力」の強化に努めてきました。無理な背伸びはせず、銀行借入は売上の15％以内に抑え、そのため店舗は賃借りを主体（全店舗の６～７割）としています。集客力を強めるため、「新鮮な食品をお値打ちで」だけでなく、「明るく楽しく、感動できる」アミューズメント・フード・ホールの創造を心掛けてきました。売上規模15～20億円の店を年間３店舗程度出店し、毎年約50億円づつ売上が増えていく仕組です。物流コスト引下げ等のため、北九州と福岡の中間の宮田町に非生鮮食品の物流センターも開設、運営は専門業者に委託しています。しかし、最も重視し、力を入れたのは「人財力」です。従業員のモチベーションを高め、いかなる事態にも対応できるように教育に力を入れ、人を大事にもしてきました。

〈この路線は過去の無理な拡大路線の反省から、と聞きました〉

バブル期、コンビニや深夜スーパーへの分不相応な多角化と過剰投資で売上高55億円と同額の銀行借入、しかも金利９％という無茶な経営をしました。赤字で利益が出ないのに、借入で投資を重ね、自己破産寸前の地獄を見ました。これを教訓に、将来つぶれない、良い会社にするためには、現金収益の範囲で投資する「キャッシュフロー経営」しかないと判断し、投資は税引利益＋減価償却の範囲内に抑えています。店舗網は北九州９、遠賀筑豊８、福岡11店で福岡地区が多いのは、人口が増え良い物件も多いためです。（破綻した）寿屋さんの新宮、松崎店跡は土地建物とも購入しました。月々の返済は賃借りした場合の家賃程度に収まっており、いつでも転売できる優良物件です。

〈最重点という「人財力」はどう育てていますか？〉

人財育成は実務の中で学ぶＯＪＴと研修が主体で教育サポート部も新設しました。従業員を「感謝」の気持ちで大事にし、結果的に社員、スタッフ（パート）さんの愛社精神につながっているようです。10年間赤字が続いた前述の経営危機で、全財産を処分し、自宅は差し押さえ、借家に住み、車は10万円の中古に変えました。その「どん底時代」、従業員は２５０人で、10年間男子社員を入れる余裕がなく、スタッフ（パート）さんに頑張ってもらうしかなかった。その感謝を行動に移したいと考え、従業員１人１人の誕生日に

「アミューズメント・フード・ホール」

私の手作りケーキとお祝いの手紙を送りました。私の気持ちが通じたのか600万円の黒字が出ました。社員は「社長、これで車を買って下さい。でないと私達も新車に乗りにくい」(笑)。しかし、私は感謝の気持ちで一杯でその600万円全額を特別賞与に充てました。また1年に50人程度ですが、スタッフさんの海外研修もはじめました。どちらも10年余続けています。この心の絆、どん底を経験したからこそ、今日があり、ここまでやってこれました。

〈長期停滞下、米国型経営や「リストラ」ばやりです〉

いろいろ事情はあると思いますが、そういったやり方では社員の心が離れ、愛社精神がなくなりはせぬかと心配です。日本的経営のトヨタはリストラせずに最高益を更新しています。ただ、特別に貢献した人に厚く報いるなど信賞必罰は重要ですし、「危機感」は必要です。和を重んじながら、「ボンヤリしているとわが社だってなくなるぞ」と常に危機意識を発信しています。業績の良いときほど危機感を持ち謙虚になる、傲慢になったらそれで衰退します。そして、ピンチはチャンスです。

〈今後の展開方向は？〉

基本的にはドミナント戦略で商圏を福岡県と下関周辺に限定し、それ以外への拡大は考えません。来年下関、再来年には久留米など筑後地区に出店、将来的には、店舗80～90店、福岡県の小売販売額シェアの10％確保を目指します。この範囲だと宮田の流通センターから、高速道を使わずに全店に配送でき、流通コストも抑制でき、効率的です。先の失敗から、「企業は人財の成長に合わせて発展する」ものとわかり、無理せず、着実な成長を志向します。

〈北九州経済の現状と潜在力をどうみますか。そして提言を〉

単なる工業地帯からの全面転換が必要で、これからの産業を優遇して誘致すべきです。不況下、北九州の流通業は善戦しているといわれますが、40年間で人口倍増の福岡の流通業は市場に恵まれ、普通にやって儲かったが、人口減の北九州は身体も頭も使って必死でやらないと生き残れなかった。それが幸いしました。謙虚にハングリー精神が鍛えられた。ただ、どの分野でも企業は、今までと違ったやり方でないと生き残れない時代です。製造業なら、より高付加価値型へシフトするとか、時代がドンドン変わるなかで、どういう戦略を立て、他所とちがう特徴をどう出していくかだと思います。

〈激動期の経営哲学は?〉

「感謝、感動、ご先祖様」です。今日のハローデイがあるのはお客様、従業員、取引先のお蔭。OB、現役、取引先で亡くなった方々(現在65人)の供養塔を建て、毎月1回お経を上げるほか、毎週月曜日の朝礼でも3分程度供養します。退職した人にも毎年、年賀状に「日本一のお守り」を添えて送っています。

〈座右の銘と趣味を〉

「想念実現」。想って念ずれば必ず実現する。それと「笑顔」。社内では「暗(い)、病(気)、反(対)」のマイナス言葉は極力使わず、「明(朗)、元(気)、素(直)」のプラス言葉を使います。だから当社の挨拶は「お疲れ様」でなく、「お元気様」です(笑)。趣味は55歳からはじめたテニスでテニスクラブ横に自宅を建て、90歳全日本チャンピオンを目指しています(笑)。新年も皆さん、「お元気様」(笑)。

加治久典(かじ・ひさのり)
1956年福岡県立京都高卒業、57年かじや商店入社、71年㈱かじや社長、88年㈱ハローデイ社長。

㈱ハローデイ　小倉南区徳力3−10−1、資本金3億6182万円、創立1958年、事業内容　スーパーマーケット(アミューズメント・フード・ホール)、売上高非公表、従業員数　約5600人、グループ店舗49店舗。

◆地域密着で生活支援――ハローデイ2――試練を超えて

寝ても覚めても新たな試み

㈱ハローデイ社長　加治敬通さん（2010／01）

危機克服、「感謝感動経営」で17年連続増収増益、楽しくて高くない店を

◉信条
「『縁する人々を幸せに』目指して」

――未曾有の消費不況の中、２０１０年が明けた。中堅スーパーのハローデイの増収増益路線はその後も続き、17年間連続となった。20年前、破綻の危機に直面しながらの奇跡の復活劇は人口減少のその後もなぜ続くのか。加治敬通社長に聞いた。加治さんは創業者の父親譲りの「感謝・感動経営」論をさらに進化させて展開した。

〈石川県のスーパーが貸し切りバスで見学に来るなど貴社は「日本一視察の多い店」と言われ、経済産業省のハイ・サービス日本３００選にも選ばれましたね〉

加治　当社は北九州を本拠に福岡、筑豊、筑後のほか下関、熊本で40店を展開。鮮魚売り場にクジラの模型を置き、お菓子売り場では童話の世界を演出するなど「アミューズメント・フード・ホール」を打ち出し、お客様にも従業員にも楽しい感謝・感動の売場づくりを絶えず心掛けてきました。お蔭さまで92年度16店舗で売上高63億円が08年度40店舗５７４億円になりました。

〈長期不況下、17年間右肩上りを続け売上高は９倍増。その要因は何ですか？〉

バブル期の１９８９年から91年に倒産寸前の危機に遭遇し、初めて「会社は何のために存在するのか」と自問自答しました。それまでは、とにかく会社を

大きくしたい、上場したいと、拡大一辺倒でした。しかし、潰れかかった会社を支え、助けて頂いたのは働く方々とお取引先様でした。以来、会社の存在目的を「規模を大きく」から「縁のある人々を幸せにする」に転換しました。楽しい職場づくりに努め、気がつくと17年間連続の増収増益でした。

〈倒産寸前の危機と言いますと？〉

私は父（久典会長）が経営するスーパー（16店舗）を継ぐつもりで、大学卒業後2年間、4店舗の小さなスーパー（静岡県清水市）で勉強しました。「小さい方が何でも経験できて勉強になる」という父の助言通り、魚を切り、酷暑に一日中コロッケを揚げ、夜は決算の勉強です。修業が終わり、帰郷して父の会社の決算書をみると、何と「売上高と借入金が各60億円、借入金利は9・7％、営業利益はマイナス1億円、赤字は10数年連続」と、破綻寸前でした。

〈大ピンチですね〉

借入金で拡大路線を走り、一応は成功したのですが、行き詰ったのです。東京の先輩に相談すると、当時はバブル期で「就職を世話するから上京しろ」と言われ、私もその気で面接先も決めました。その時、父から「会社を潰そうと思う」と言われ、これはショックでした。父は何事にもプラス思考で「暗（い）、病（気）、反（対）」というマイナス語を嫌い、「明（朗）、元（気）、素（直）」というプラス語が口癖。強気一辺倒できた父の初めての弱音です。「成績の良い2店をお前に残す。残りはライバル店に買ってもらう」という。親を裏切って逃げ出す私に、父は人生を賭けた店舗群を手放し、優良店だけをくれるという。思わず「待ってください。死に物狂いで店長を2年間やってみます」と申し出ました。

〈火中の栗を拾いましたね〉

500万円もらって店を改装し、早朝から深夜まで睡眠4時間、本当に死に物狂いです。北九州中のスーパーを見て回り、出来ることは何でも真似しました。その結果、全社（16店舗）で1年間に1億円の損失を出しましたが、私の店は1店舗で8000万円の純利益を計上しました。バブル経済の末期で、遊休地を思い切って売りに出したら運よく売れ、借金も20億円に減り、売上高も上昇して、窮地を脱しました。

〈大変な努力ですね〉

自信をつけた私は、業界の大先輩に「潰れると噂が立つと、取引先は商品を卸してくれず、社員は辞める。良い時は良いが、悪くなると手の平を返したようになる」と偉そうに愚痴りました。その社長は「君は確かによく頑張った。だが『逃げていく取引先や従業員が悪い』と言う時、君の指の形はどうなっている？　人差し指を相手に向けるが、３本の指は自分に向けている。神様が『相手も悪いが、己にも悪い所が３つある』と仰っているのだ。私が取引先なら潰れるかもしれない店に商品は納めないし、給料をもらえないかもしれない会社では働かない。君は目の前の悪い人ばかり見て、そんな会社でも商品を納めてくださる取引先や働いてくださる従業員、目の前に大勢いる良い人々をなぜ見ない！」と大喝されました。

〈鋭い指摘ですね〉

それまでは、自分一人でやらねばと歯を食いしばり、夜も眠れなかった。大喝された瞬間、頑張っているスタッフ（パート）さん達の顔が浮かび「自分は一人ではない、一人で頑張らなくてもよい」と涙が止まらなかった。お客様、取引先、従業員への感謝の気持ちが骨の髄まで沁み込み「縁のある人々を幸せに」と考えるようになりました。

〈会社の存在理由の転換ですね〉

倒産寸前の地獄を覗き、はじめて掴めた真理です。父は自宅も社有車も売って会社の寮に住み、クーラーの効かない中古車に乗りながら、パートの方々の誕生日には心をこめてケーキを作り、プレゼント。利益が出ると、頑張ったパートさんを海外研修旅行に、取引先を年１回温泉に招待する感謝デーも始めました。

〈「感謝・感動経営」ですね〉

上司が上司たり得るのは部下がいるからで「部下に感謝」が当社の社風です。本社のトイレは幹部が交代で清掃し、各店の便器も多くは店長と部門長が交代で磨く。スーパーは全国に何千社もあり、扱う商品はどこも同じです。「こうすればお客様にも店にも良い」と分かっていてもなかなか実行できません。会社が従業員を大切にし、心が通じ合うと「一つやろうじゃないか」となる。約３２００人の全社員がお客様を喜ばせようと商品開発やサービスに少しでも努力や工夫をすれば、積み重なって大きな結果になります。

〈生鮮４品を中心に、販売は福岡県内が主力。店舗の商圏は１キロ圏に絞り、銀行借入は売上高の15％以内に抑える。堅実な戦略ですね〉

借金による多角化・拡大路線が破綻したので、92年以降は身の丈主義を貫いています。それも連続増収増益の一因です。売上目標は決めても、固執はしません。新しい経営理念を浸透させる社員研修を続けています。1回12人が宮若市で1泊2日します。これまで58回実施し、9割方終わりました。「縁する」人々を幸せにするには「強く、優しく、明るく、元気な人」が理想です。強い人とは、自分が悪いと思ったら部下でも妻子にでも頭を下げ、ありがとうと言える人。それではじめてお客様に感謝ができます。

〈ところで、米国の業界視察によく出掛けていますね〉

ハローデイ店内

次の展開ヒントを求めて国内のスーパーを見て回り、業界の大先輩に同行してスーパー発祥の米国の主要店も回りました。米国は日本より10年先行しており、競争が凄まじい。1店が出店すると1ヶ月後、隣に別の店が出店し、競争して1年以内にどちらかが潰れます。

〈食うか食われるかですか〉

日本ではまだ真の競争がないが、10年後は間違いなく日本もこうなる。「下手をするとまた破綻の危機」と思うとゾッとしました。潰れないためには進化が必要で、そこで生まれたのが「寝ても覚めても新たな試み」という、もう一つの経営理念です。92年に徳力本店を改装して成功。以来17年間「改装や新規出店の際は必ず何か新しいことにチャレンジしよう。売り場と商品と飾り付けで各1点の工夫を」と心がけ、これまで93回挑戦しました。精肉、青果、鮮魚、デリカの部門ごとに挑戦するのですから厳しいですよ。

〈従業員に感謝はするが、甘くはしない？〉

甘くすれば会社が潰れます。3ヶ月続けての改装でも、その度に新しいことを試行する。挑戦しない店長には「会社は潰せないのであなたを変えざるを得ない。許してください」と言うと、彼は断固やります。

〈優良社員の海外研修旅行は？〉

米国のラスベガスが多いですね。毎月人口が数千人増え、新しい業態のスーパーが集まっています。まずロサンゼルスで従来型スーパーを見て、バスで移動しつつ沿道のアウトレット店を見学。最後にラスベガスのアミューズメント施設を体験し、帰ると早速、当社のアミューズメントに取り入れる。半分以上は未来のスーパーのための勉強旅行です。

〈今年も先行き不透明の厳しい年になりそうです。中長期の景況展望と貴社の企業戦略は？〉

「日本経済はこれ以上悪くはなっても良くはならないし、個人所得も下がっても上がらない」と厳しく予測しています。消費者の節約志向は常態化し、日本も身の丈消費型に移行しつつあるという前提で今後も出店します。日米とも巨大商業資本の独占化が進み、一般の流通業者は、よほどの特徴と価値を持たない限り、生き残れない時代に入ります。徹底的に安いか、徹底的に楽しいか。ハローデイは楽しさに加え、高くはない店を志向。投資は今後とも自己資本の範囲内に抑えつつ、割安な物件があれば、積極的に出店します。

〈北九州経済については？〉

人口が停滞的とはいえ、百万都市として市場の潜在力は豊かです。数店規模のベンチャー的な地元スーパーが新しい考え方で出店しつつありますが、大歓迎です。既存業界は過去の成功体験にとらわれがちです。競争がないと進化も遅れます。全国的な大手資本の進出は、地場の取引先の商品が入りにくくなり、地域経済にはマイナスですが、地場スーパー同士の切磋琢磨は必要です。

〈座右の銘と趣味を〉

父の口癖の「感謝、感動、ご先祖様」です。趣味は実益を兼ねて海外旅行です。南米以外の4大州・40ヶ国に行きました。どの国にも様々な食べ物、スーパー、市場があり、新しい食に出合うと感動し、新たなエネルギーが湧いてきます。

加治敬通（かじ・のりゆき）
1987年駒沢大学経営学部卒。89年㈱ハローデイ入社。専務営業本部長、同開発本部長、副社長を経て、08年社長。（社）北九州中小企業経営者協会副会長。

◆地域密着で生活支援——世界的景気拡大のなかで

一社多業種のメリットを活かす

【㈱スピナ会長（現相談役）
北九州商工会議所副会頭】

竹澤靖之さん（2008／07）

選択と集中、同業との経営統合で体質強化

◉信条
「過去の経験則に捕らわれず、未来をしっかり予測対応」

——スピナ（八幡東区）は、1906年創業の官営八幡製鐵所の購買会をはじめとする製鐵所周辺業務のアウトソーシングで小売、サービス、運輸、建装、緑化等、生活密着の5事業16業種を展開する鉄都北九州ならではのユニークな流通・サービス業である。06年春西日本鉄道が株式の9割を取得、新たな段階を迎えた。北九州商工会議所の副会頭も務める竹澤靖之スピナ会長に経営戦略と地域活性化策を聞いた。

〈景気の現状と業界環境はいかがですか？〉

竹澤　米国経済の停滞、円高等で、大手製造業が減速、個人消費も株安、物価高騰、高齢者不安等で依然低迷気配。その中で全小売業に占めるビッグストアの比率は6割強と寡占化が進行中。一方でオーバーストア（過剰店舗）による一店当たりの商圏人口は本来の半分という構造問題を抱えています。寡占化は更に進み、当社も競争力の強化は待ったなし、差別化による店舗網の拡大と一店当たりの収益強化がポイントです。

〈その中でスピナは、今後の経営をどう進めますか？〉

売上の8割を占めるストア事業は、近隣の店舗の

小倉の中心部に開店したスピナマート大手町店

買収や、昨秋開業した小倉・大手町店のように他店と一味違う店舗を創り、差別化戦略を推進しています。八幡、戸畑、小倉のスピナマート6店は、日常品だけでなく、デパ地下的な上級品も一部品揃えし、売上げ30億円近くの店もあります。地域密着に徹し、朝市開催や独自商品販売も好評です。

〈ストア以外の部門はいかがでしょう?〉

〈ギフト商品、工具機械、堅パン・羊羹、健康機器等の卸売から書店、ゴルフ練習場、総合ビル管理、清掃、タクシー、バス、建装、緑化まで多彩〉

各種商品販売の「商事部門」は、顧客ニーズに即応した販売がポイントです。健康用品特にイオン整水器の売れ行きが好調で、エコタウン産のエコスーツやネクタイも販売。新日鐵大分への営業も拡大中です。「アメニティサービス部門」は極めて広範で、特にビルサービス事業は、近隣の同種事業の買収や西鉄の不動産管理業務の移管も受け、さらに通信事業の受託等、情報収集とともに、いち早い対応に努めています。「建装部門」は一般の建築・内装工事のほか、太陽光発電設置でJパワー若松の大型工事のほか離島工事も手掛けています。「緑化環境部門」も、新日鐵広畑・大分の住宅団地の造成、緑化をはじめ、屋上緑化では20～30センチの深さの土地に、3メートルの木が育つ当社の技術で関東も含め積極的に営業を展開しています。

〈近年、事業再編、「選択と集中」に注力してきました〉

長年継続してきた事業の中には、歴史的使命を終えたものや、不採算事業もあり、事業分野毎に競争力や将来性を吟味し、厳しい事業は整理する反面、投資分野を厳選して収益力を強化。結果として、利益が2倍に、有利子負債は半減しました。

〈一昨年春、新日鐵が西鉄に経営権を譲渡、西鉄9割、新日鐵1割に。新段階に入りました〉

西鉄は運輸に次ぐ柱として福岡、佐賀両県でストア39店舗、年商約500億円ですが、北九州は4店と手薄です。一方、新日鐵は85年以降の複合経営から近年は鉄本業回帰で、両社の思惑がピタリ一致。人心の一体化を図り、今後1年をかけ西鉄ストアとスピナストアの合体作業を進め、来年4月には当初のねらい通り、物流システム、商品調達等で本格的な統合効果を実現します。

〈新たな「攻め」ですね？〉

両社合わせて700億円規模のスーパーチェーンが誕生。店舗、システム面で両社の長所を結集、異種交配効果を追求し、新たなスーパーを創る意気込みです。社名は西鉄ストアですが、北九州の店舗はスピナ名称でという声が強いようです。残されたストア以外の事業部門は、新日鐵や関連企業等との安定的な関係を重視し、引き続き別会社として事業の継続、拡大を図ります。一社一業種が通例の世の中で、12業種を一社で持ち、幅広いニーズに応えられ、一人の営業マンが多分野を売り込めて効率的なのも強味です。ストア、新会社とも、新しい環境下の再スタートに燃えています。

官営製鐵所購買会以来、多彩な事業を展開する
スピナ本社

〈北九州の潜在力をどうみますか。そして課題を〉

福岡市とは違って世界一、日本一の技術が沢山ある産業都市です。天神中心に同心円的に発展し、九州の中核都市となった福岡と違い、地形が字の通り「π」型で一極集中は難しいが、軌道系を活用して将来日本に求められる脱炭素社会型のコンパクトシティ（旧五市）を作りやすい潜在力がある。課題は産業都市といっても、大手素材産業の請負的企業も少なくなく、先端的な高付加価値産業、商品開発型産業への転換が望まれます。また近年、地元企業の新規上場が少なく、インキュベーション（企業孵化）機能も川崎市や東大阪市等に比べ弱いのも気になります。

〈商工会議所の副会頭として活性化への抱負は？〉

目指すべきは世界に誇るモノづくりの拠点化と環境都市づくり。自動車、半導体、環境産業に加え、次世代産業として航空機、ナノテクも面白い。自動車部品は3万点だが、航空機は30万点。最先端の素材、部品の組立て等、高付加価値型産業です。一方、福北連携強化は重要課題です。東アジアで500万、1千万都市も台頭する中、福岡と北九州がチマチマ競う時ではなく、一体でアジアに対応する競争力をつける時代。道州制を見据えて、関門、北大（北九州・大分）連携も大切です。当面低炭素社会の環境モデル都市（全国10都市）指定を目指し、官民で準備中です。2050年の炭素発生量を現状から50％削減するもので、北九州は日本一、世界一の環境技術も蓄積しており、KITAも強い武器です。超寿命の200年型住宅の実現等も急ぎたい。またJAPICの九州委員会の創設や小倉、黒崎の中心市街地活性化も喫緊の課題です。自然が豊かで開放的な北九州の良さと、先端技術に北九州市民がプライドを持ち、人が集まってくる賑わいの街を創り、次代を背負うしっかりした青少年を育成すれば、活力ある都市になります。

〈激動期の経営哲学は？〉

25年前、新日鐵本社で、米国企業と合弁で油井管部品会社を設立した時の米国の会長の言葉「経営とはバックミラー覗きの運転ではなく、しっかりと前を見据え、ハンドルを切り、ブレーキを踏み、アクセルを踏むこと」――過去の経験則に捕らわれず、未来をしっかり予測対応せよ、が印象的です。私は何事にも自分の座標軸の確認と、「着眼大局、着手小局」。経営の根本を見据え、「選択と集中」の実践を心掛けています。

〈座右の銘と趣味は？〉

「一期一会」。人とのネットワーク。「人脈」こそ人生の私有財産。そのためにはまず相手のお役に立つことから始めるのが要諦です。趣味は、仕事（笑）。昔は絵画やデザインでしたが、今は近所の散歩とゴルフで体調維持です。

竹澤靖之（たけざわ・やすゆき）
1958年八幡高校卒、八幡製鐵㈱（現新日本製鐵）入社。本社鋼管事業部部長代理、八幡製鐵所総務部担当部長（新規事業開発）、94年スピナ取締役、2001年社長、07年会長。07年11月北九州商工会議所副会頭。北九州市環境産業推進会議会長。北九州市海外水ビジネス推進協議会会長。

㈱スピナ　八幡東区平野2-11-1、設立1952年、資本金4億8千万円、売上高263億円（当時）、従業員数1640人（当時）、事業内容　ストア、各種商品卸、総合ビル管理、緑化、商業開発他。

◆地域密着で生活支援――世界的景気拡大の中で

ドラッグストアの高密度出店で成長

【㈱サンキュードラッグ社長】平野健二さん（2007／09）

健康と美容　ドラッグストアの高密度出店で成長
集中展開「かかりつけ薬局」が目標　栄養士充実、病気予防も

◉信条

「世の中は最終的には『お客様（消費者）の望むようにしかならない』」

――「成長業種」のドラッグストア業界もそれだけ新規参入が多く、競争が激しい。その中で、地元中堅のサンキュードラッグ（門司区）は、北九州・下関地区で60店舗網を集中展開、21年連続増収を続けている。07年3月期は先行投資で増収減益となったが、増収の秘訣は何か。２代目の平野健二社長に聞いた。

〈業界の競争は激化気配ですね？〉

平野　ヘルス・アンド・ビューティ・ケアと言われる医薬、健康食品、化粧品関連のドラッグストアは、80年代から今世紀初頭までは、市場拡大が続き、店舗数も増え、成長産業とみられていました。しかし、近年人口減少、デフレに加え、店舗も1万5千店と飽和点に達し、ゼロサムゲームに突入しました。さらに薬事法改正で09年春以降、医薬販売が自由化され、他業種がドッと参入してきます。一方、80年代の医薬分業で、5万店強まで増えた調剤薬局も、取扱が60％と医師取扱分を超え、振興策も終焉、10年後には2・5万店まで減ると言われ正念場です。

〈その中で地場中堅の貴社の戦略は？〉

国内初の乗車のまま調剤薬を受取る（ドライブスルー）サービスを始めたサンキュードラッグ・コスパ相生薬局（八幡西区）

ローカル型を目指す当社は、マツモトキヨシのような都心型と違い、1キロ間隔で高密度出店して行きます。医薬の消費者は、高齢者が圧倒的（70歳の薬の服用は25歳の平均7倍）で、その便益最優先です。マーケティングの集客理論によると「集客数＝お客様と店舗の距離の2乗に反比例」で、店への距離が半分に縮まると来店客は4倍に増えます。これを最も忠実に実行したのが、コンビニ業界で、医薬、日用品を扱うドラッグストアも極力身近に立地すべきです。1店当たりの商圏人口が小さくても、家計支出が大きく専門性も高い調剤は成立します。しかし人口減による来客減を補うには、ドラッグストアの集客力も必要です。狭い商圏だと介護施設への介護用品の配達も容易で「ドラッグと調剤の組合せ」＋「狭い商圏に高密度のネットワークを張る」戦略で、競争激化の中、相乗効果を追求します。

〈それで北九州・下関集中ですね？〉

〔特攻隊から忍耐力と強運で奇跡的に生還した父・清治さんが51年前、門司・栄町商店街11坪の店を創業。調剤併設店展開も他店より早かった〕

この地区は高齢化が進み、人口の割に医薬健康市場が大きい。山が多く、平地が少なく「大商圏に大型店」という大手のライバル店が出にくい。ローカルチェーンは地域密着が生命ですが、60店舗の一極集中立地で、「薬歴の全店共有化」ができ、自宅、勤め先、駅の近く、どの店に行っても、自分の薬の情報が瞬時に取出せる「かかりつけ薬局ネットワーク」が可能になりました。

〈乗車のままの薬の受け渡し（全国初）を始めました〉

病院からFAXで処方が届き、車の中で薬を受け取れます。20年前に米国に留学して以来、毎年訪米、全米最大のドラッグストアチェーン、ウォルグリーン社の調剤部門責任者とも10年来の付き合いですが、米国では薬の受け渡しの際、病名を他人に聞かれるのが嫌でドライブスルーを利用する人も多いとか。実験的に八幡西相生店ではじめ、好評です。

〔ナフコ、ハローデイと並び北九州小売界の「質素な本社」三羽烏の一つで「余力があれば、利益を生まない本社より店舗に投資したい」組である〕

〈人材育成も業界の課題ですね〉

個人がビジョンを持つことが大切で、各人が自分でキャリアプランを作り、自己研修を行い、会社がポイント制で支援しています。先週も米国オレゴン州の大学薬学部で社員3人と1週間の体験入学をしてきました。日本の薬学部は4年制でしたが、今年から6年制に移行、米国の6年制を体験してもらいました。米国では、20年以上薬剤師が最も尊敬される職業にランキングされています。

最近オープンした桃園薬局

〈今後の方向性と課題は？〉

業界は、今後スーパーに負けないローコストで安さを追求し物販を伸ばす型と医療に傾斜し専門性を追求する型に2分し、当社は後者です。米国では物販のみの企業はディスカウント店に押され衰退、身近な相談機能も持つ調剤併設型が生き残っています。北九州・下関のドラッグ市場規模は2千億円、当社はまだ２００億円、今後１５０店規模までは出店可能です。圏外に出る気はありません。さらに、日本の医療費は、現在年間30兆円が２０２５年には56兆円に膨張（厚労省は48兆円に抑える方針）、予防が国民的課題になります。福岡県は65歳以上の高齢者の１人当たり医療費は90万円（全国平均60万円）で全国一高く、健診受診率は32％で最下位級です。逆に健診受診率がトップの長野県は県民医療費が全国最低です。早めに健診を受け、病気予防を応援するのもドラッグストアの責務です。当社は薬剤師と管理栄養師合わせて計１５０人、特に栄養師の数は、売上が10倍のドラッグストアより多く日本一で、食のアドバイスにも力を入れていきます。

過去21年間は15％成長でしたが、今後は10％成長が目標で、高密度の店舗網は、新分野にも役立ちます。

〈北九州・下関経済の潜在力、活性化の方向性は？〉

今の北九州は2025年の日本の人口構成と同じで「未来都市北九州」と言っています。この地域の最大の特徴は、駅ごとに三方山に囲まれ、一方が海に面し、100万人のローカル都市なのに、JRの駅が多く、各駅を起点にバスが出て10分ぐらいでほぼ市内全域に到達できる。しかも、駅ごとに住宅、商業施設が集積、コンパクトな生活圏のクラスターを作り、高齢者にとり、こんなに住み易い構造の街は他にありません。人口減といいますが、100万人を切ったことで北九州は、下水道普及率日本一、水は豊富、道路渋滞はなく、地価も安定。マクロ経済的にはともかく、「住む」という点では、良いことが多く（笑）、これにさらに磨きをかけ、PRして行くべきで、当社も寄与していきます。

〈激動期の経営哲学は？〉

政治、経済、行政、業界団体の舵取りは色々ありましょうが、10～20年単位でみると、世の中は、最終的には「お客様（消費者）の望むようにしかならない」。目先にとらわれず、お客様が望まれることは絶対実現するぞという信念です。米国は、自由な環境に置くとどんな変化が起きるかの実験場で、直近はともかく10年先の日本を考えるにはヒントが一杯で、毎年行って流通業の店舗を見、トップと面談しています。

〈信条と趣味を〉

「相手に何かをして欲しいと思ったら、相手のお役に立つことをまず考える」。頭を下げて頼むのではなく、お役に立てば、欲しいものは自然にやってきます。趣味はゴルフ、スキー、スキューバなど諸スポーツと一人旅。大学3年で欧州を一人で歩き回って以来で、旅行予約せず、訪れた街、裏通りを気侭に見て回るのが好きです。

平野健二（ひらの・けんじ）
1982年一橋大学商学部卒、85年米国サンフランシスコ州立大学経営大学院修了（MBA取得）、参天製薬入社。86年サンキュードラッグ入社、93年代表取締役、2003年社長。

㈱サンキュードラッグ　門司区黒川西3－1－13、創立1970年（創業1956年）、資本金9億94万円、連結売上高149億円（2007年3月期）、従業員数1316人（パート926人含む）、事業内容　医薬品、健康食品、化粧品、ベビー用品、日用雑貨、保険調剤、介護福祉サービス。

◆世界・アジアの港と結ぶ——世界的景気拡大のなかで

国際一貫総合物流網の構築へ

【鶴丸海運㈱社長】 鶴丸俊輔さん（2006/07）

質の高い「物流」が求められる時代　ひびきCT開港、腰を据えて
拡大のための拡大は追わず　アジア各地で不定期輸送

◉信条
「最大多数の最大幸福を」、「一点の素心（幼児の心で物事に接する）」

——鶴丸海運（若松区）は、メーカー系物流企業が多い中で数少ない独立系物流企業としてアジアを中心に外航事業を展開しつつ、荷役、通関から超重量物の陸上業務まで幅広く手がけている。国際一貫総合物流網構築にも力をいれる鶴丸俊輔社長に今後の経営戦略などを聞いた。鶴丸社長は「拡大のための拡大は追わず、多分野の強みを活かし、筋肉質の企業を」と語った。

〈海運界の景況も順調ですね？〉

鶴丸　ここ2～3年、主取引先の製造業が好調であり、原材料、製品の荷動きも活発で売上は伸びています。ただ、燃料費、船の建造費、安全運航経費が軒並み高騰しているのに、運賃交渉は難航、業界の船腹需給調整のための暫定措置事業も問題含みです。

〈自社の事業の業況は？〉

売上構成は海上運送45％、港湾運送28％、陸上運送27％と幅広く、中核の海運は、内航7、外航3の割合で、内航の主力貨物は、セメントで、鋼材、一般貨物等

国際物流で活躍する「フェニックスアイランド号」

の輸送もしています。メーカー系列の物流企業の多い中で、当社のような独立系は少なく、様々に営業努力をしています。一方、外航部門は大小10隻で、韓国、中国、極東ロシアからタイ、ベトナムまでのアジアで不定期輸送を展開しています。外航営業強化に向け東京支店を支社に格上げ、人員も増強しました。港湾運送事業は、関門、博多で鋼材、屑鉄、鉱石等の荷役、輸出入コンテナ貨物の通関業務を行っています。陸上運送は、北九州、苅田、大阪、東京で展開中ですが、一番の強味は生産設備など超重量物を港から現地まで運ぶ仕事で、難しいが、得意中の得意です。

〈経営戦略のポイントは?〉

最近はお客様の成長戦略上、物流の役割が見直され、物流で競争力格差が出てくるという見方が定着し、「生産、販売、物流は三位一体」という認識が高まっています。地道に高質のサービスを提供し、信頼関係さえあれば、自ずと受注が増える環境で、国内は「質的充実」、海外は「量的拡大」を目指しています。

〈近年、特に国際一貫総合物流網構築に力を入れていますね?〉

中国、東南アジア、日本の3国間の国際複合一貫物流事業を展開する計画です。当社のような規模の企業の海外事業はいかにあるべきか。人真似は必ず失敗します。背伸びせず、リスクの最小化を図りながら、当社が何十年にわたり蓄積してきた各種の物流技術、ノウハウ、人材を活用し、国内の得意分野をそのまま、海外へ横展開する。美味しい商談は多いが、現地の法律、商習慣の違いによるリスクをさけるため、顧客はおのずと日系企業になります。

〈日本の自動車メーカーの進出も盛んです〉

現在日系自動車メーカーは、中国や東南アジアで完成車工場を建設、ジャスト・イン・タイムで納入するため周囲に部品メーカーが惑星の様に立地しています。当社は、ある日系部品メーカーの原材料(日本製高級鋼材)の物流を手がけており、日本から現地工場までの輸送は、少しでもキズがつけば即返品という厳しい「物流品質」が要求され、日系物流企業しか扱えません。日本から中国の現地事業所までドア・ツー・ドアで、通関から輸出入、港の手続きまで私共が全責任を持ってやる「国際複合一貫輸送」が最終目標です。

〈経営革新の取組みは？〉

この10年、結果的に事業の「選択と集中」を進めてきました。これまで経営多角化で子会社を作り、本業以外にも手を広げ、採算が取れなくても、惰性で続けてきたものもありますが、全部棚卸しして、採算性、将来性等を検討、トップダウンでやめるべきはやめ、本業を強化しました。

タイ国内の物流事業のため設立した
現地法人のトラック群

〈中長期の目標、将来像は？〉

拡大のための拡大は考えていません。規模拡大はあくまでも結果です。幸い、売上高は右肩上りで増えてきましたが、これは筋肉質のより良い会社を目指し質を追求してきた結果で、今後もこの方向でいきます。内航、外航の海運、港湾運送、陸運、このどれが欠けても当社の持ち味は出せません。会社はトラック運転手から港湾作業員、全く異質のカルチャーや気質を持った集団であり、経営会議においても、かえって新鮮な議論ができ、結果的に良い持ち味が出て、面白いですよ。

〔鶴丸海運はその後、危険物倉庫事業の開始、タイ現地法人の設立によるタイ国内での物流事業を開始。ひびき物流センターを開設した〕

〈確実に環黄海時代の足音がするのに、ひびきコンテナターミナルが、苦戦しています〉

新空港が離陸したから、次は「ひびき」と言われますが、同じ港でも毎日何万人かの個人が自分の好み、判断で利用する空港と、冷徹に利潤を追求する企業が、採算性、利便性をよく吟味して選択利用する港湾とでは大差があります。一時的に、諸料金引き下げなどの優遇措置で、船集めをする手もありますが、一過性で長続きしません。門司、博多、神戸、横浜、どの港も、開港から何十年の時間と先人の努力で国際的に認知され、興隆しました。ひびきも、立ち上げた以上、何が何でも成功させるべきだし、失敗は断じて許されません。急がば回れ、10～20年のスパンで腰を据えて取組むべきです。

〈北九州の将来像と課題は？〉

インフラ整備も進み、地域振興の努力が進行中ですが、あれもこれもと欲張り過ぎている感じもします。モノづくり、賑わい、観光等々、意欲的ですが、福岡に比べ、北九州の個性はやはりモノづくり。トヨタなど自動車メーカーの相次ぐ投資は、やはり北部九州の製造技術への高評価のあらわれです。環黄海時代も睨み、あくまでもモノづくりを中核に都市づくりを進めていくべきです。

〈経営哲学は？〉

会社を支えている「従業員、株主、取引先、地域社会」の最大多数の最大幸福を心掛けています。いわゆるステークホルダー（利害関係者）ですが、どれに偏ってもよくない。従業員の幸せも、利益が基本、利益が出ないと、体力が落ち、事故に繋がりやすく、取引先にも迷惑をかけます。4者のバランスこそ指針です。

〈座右の銘と趣味を〉

「一点の素心」（「菜根譚」）。幼児の心で物事に接する。つい業績本位に走り勝ちですが、努めてありのままに判断する。趣味は、週1回のカラオケでストレス解消と、健康維持のためのウォーキングとゴルフ。

鶴丸俊輔（つるまる・しゅんすけ）
1975年九州大学工学部卒、日立製作所入社。94年鶴丸海運取締役。常務、専務を経て98年社長。

鶴丸海運㈱　若松区本町1―5―11、資本金2億円、売上高250億円（連結・05年度）、従業員360人（05年3月末現在）、創立1921年、事業内容　海運（内航・外航）、国際物流、港湾運送、陸上運送、環境関連他。

◆世界・アジアの港と結ぶ——世界的景気拡大のなかで

モノづくり支え、海陸一貫サービスへ

【門司港運㈱社長（北九州商工会議所副会頭）】野畑昭彦さん（2008／04）

福岡にも進出し港湾間競争に対応　門司の原点はあくまで港の発展

◉信条

「ワン・フォー・オール、オール・フォー・ワン（一人は全員のために、全員は一人のために）」

——門司港運（門司区）は、関門を拠点に九州・山口の工業製品の海外輸出と、製品・原料の輸入をはじめ、船内荷役から港運サービスまで広く手がけ、海陸一貫総合港運サービス業を目指し、最近、博多港にも拠点を新設した。北九州商工会議所副会頭でもある野畑昭彦社長に、アジアとの港湾間競争、そのなかでの経営戦略と港湾物流都市北九州のあり方等を聞いた。

〈2008年、港運業界も回復機運ですね？〉

野畑　価格的には厳しいものの、お蔭様で順調に業績を伸ばしています。95年の阪神淡路大震災で神戸港が被災した際は、作業に追われましたが、その後の長期不況と行政が特定の大型港への依存は危険と多くの地方港でコンテナ設備を整備、貨物が地方港に分散した結果、関門の積荷は激減しました。しかし02年を底に上昇。現在も米国サブプライムローン問題等で減速懸念はあるが、どんな環境下でも、お客様との信頼関係の構築を最優先に取組んでいきます。

〈門司港運は船内荷役から出発、順次業務を拡げ、売

上構成は港湾運送約50%、輸出入貨物取扱30%、倉庫16%。港湾業務は広範ですね〉

コンテナを軽々と持ち上げ、世界への積荷を
縦横に荷役する門司港運の設備類（関門港で）

門司、下関、苅田に施設と人員を配置、船内・沿岸の荷役―コンテナ業務―輸出入手続き―倉庫保管と港運サービスを総合的に海陸一貫で提供し、荷主の信頼向上に努めています。門司に拠点のない横浜、神戸、名古屋等の海運企業や荷主とのネットワークを大切に、小回をきかせ、北部九州・山口の工業製品の海外輸出と、製品・原料の輸入等の作業が主です。タイヤ等の船内荷役、中東向け中古自動車輸出やカナダ、北米からの肥料原料の輸入代行、博多、宇部港の入出港手続き等多様です。輸入は中国発が増え、積荷管理はコンピュータで行っています。

〈最近、福岡営業所を開設しましたね〉

本来は20年前に進出すべきでした。福岡市もポートセールスは熱心で、近年博多港のコンテナ貨物の伸びも目覚しく、横浜、神戸の同業者からの業務委託も多く、当社も拠点を作りました。中国経済の成長で上海、青島、大連港もそれぞれ大きく発展、それに近い北九州は潜在力も大きい。下関―青島、蘇州（大倉港）間のフェリーも週3便となりました。

〈今、注力している経営課題は何でしょう?〉

当面最大の課題は、団塊の世代が引退していく中で、若手を採用、教育して技術・技能をしっかり伝承していくことです。荷役は、在来荷役（バラ積み）と革新荷役（コンテナ）がありますが、特に前者は熟練を要します。中期課題は、同じ市内に関門とひびきにコンテナターミナル（CT）が2つあり、その調整です。ひびきは当面集荷はボツボツですが、周辺の企業立地を進め、その積荷を中心に利用を進める方向です。利用が増えれば、船会社等も門司からひびきへと移転、集約のケースも出てきます。門司港の整備は止めて、ひびきだけを使い勝手の良い港に、というのは困ります。100余年北九州を支えた港湾都市として、整備を続けてほしい。

〈グローバル化とアジアの台頭、コンテナ港の分散化の中で、港間競争は内外で激化しています〉

行政は従来、東京、横浜、大阪、神戸、名古屋、北九州、博多等12港を主要港としてきましたが、阪神淡路大震災以降分散化政策に転じ、近くは小野田、宇部、大分港等でコンテナ化を進め、コンテナ港は全国で一挙に64港に増え過当競争です。一方、アジアの台頭でシンガポール、上海港等が1港で日本の全港湾を上回るコンテナ量を扱いはじめると、今度はスーパー中枢港湾整備構想で、首都、近畿、中部、北部九州各圏の大港湾の強化に乗出しました。荷主には物流経費の削減のため工場に近い港からの出荷が最善です。阪神淡路大震災時に関門に荷が集中したのはハブポートの釜山に近かったためです。太刀浦は韓中、東南アジアへの航路はあるが、北米、欧州はない。しかし、釜山に持っていけば、全世界に送れます。阪神、京浜に行くより便利で、韓国の船会社とも連携しています。

ジャンボタイヤの荷役もなれたもの

〈太刀浦ＣＴの船内荷役の共同化は革新的です〉

04年から全国初の共同化に踏切りました。寄港船の荷役量は平均コンテナ２００ＴＥＵ程度で作業は3時間で終わります。従来8社縦割りでやっていたのを関門コンテナターミナル社への社員出向で1本化し、作業員入れ替えの無駄を省きました。ひびきＣＴの稼働で「遅れをとるまい」との危機感もありました。全国から視察にみえています。

〈今後の展望と方向性を〉

企業としては、人材の確保・育成を最優先に、無事故・安全を重視しています。港の発展が企業の発展で、年間40万ＴＥＵが少しでも増えるように、使い勝手の良い港にしていく。関門港運協会（加盟29社）は、ひびきＣＴだけでなく、関門の整備も続けてという立場です。北九州はモノ造りの街ですが、モノを造るということはそれを動かすことと表裏一体で、モノを動かす街――物流都市でもあり、その一端を担う自負心を大事にして行きます。

〈北九州経済の潜在力をどうみますか?〉

全体としてモノ造りの街の強化と中心市街地の活性化に努めるべきで、そのためにも、スポーツ・文化などで「全市の一体感」を強めることは大切です。私もニューウェーブ北九州の応援で、広島まで行きました。ただその半面、門司も企業、官庁の撤退等で人口が減っています。門司港レトロでの観光振興は大切で効果的ですが、門司の地域発展の原点はあくまでも港であり、その活性化も重要です。関門連携も、大学間、商工会議所間、市間と各レベルで盛んですが、いずれはこれらを束ねて一つにする努力も必要でしょう。両市の観光パンフレットを相互に配り合うだけでなく、関門地区一体の観光地図をつくる工夫も必要かと。

〈転換期の経営哲学は?〉

門司港で生まれ育った企業として、地元に根を張り、地元と共に生きて行く。企業を大化けさせる野心はないが、地道に存続し、地域になくてはならない企業を目指します。

〈座右の銘と趣味を〉

学生時代ラグビーをやっていた関係で「ワン・フォー・オール、オール・フォー・ワン」(一人は全員のために、全員は一人のために)。10年前から元PTA役員で、ロックンロールのバンド「フラッパーズ」を結成、ドラムとボーカルを担当しています。門司を中心に頼まれれば小倉、八幡、下関まで足を伸ばし年20回程度パーティーで演奏しています。ライブ後異業種のメンバーとワイワイやる一杯が最高です(笑)。

野畑昭彦(のばた・あきひこ)
1980年日本大学経済学部卒、横浜輸送入社。89年門司港運入社、98年専務、2002年社長。関門港運協会長(現在退任)。九州地方港運協会長。07年北九州商工会議所副会頭。(13年日本港湾協会副会長)。

門司港運㈱　門司区西海岸1−1−11、設立1942年、資本金1億円、売上高45億7千万円、従業員185人、事業内容　港湾運送、輸出入貨物取扱、倉庫業。

◆世界・アジアの港と結ぶ――試練を超えて

世界一のアウトソーシング企業を目指して【山九㈱社長】中村公一さん（2011／02）

3PL・3PMを武器に業務拡大　外国人社員も「ナショナル社員」と呼称

◎信条

「公言実行」、「自問自答」、「感謝」、「『人を大切に、有難う』の心は万国共通」

――山九㈱は、北九州からスタートした物流・機工の会社である。物流だけでなく、設備の製作から据え付け・保全に至る全てを一貫体制で出来る技術を武器に、世界で活躍するグローバル企業の山九・中村公一社長に今後の経営戦略や北九州の活性化策などを聴いた。中村社長は「当社独自の強みを活かし、アウトソーサー（業務の外部受託）世界一企業を目指したい」と語った。

〈貴社の現状は？〉

中村　内外の貨物に対応する物流部門と、鉄鋼・化学・石油・電力などのプラント製作、据え付けから操業支援、設備保全を担当する機工部門の2本柱です。これに工場構内でお客様の業務をサポートする業務があります。

売上高は大体、物流部門6、機工部門4です。市場別では国内9に海外1ですが、従業員数は国内が1万5千人で海外は1万3千人とほぼ互角。人件費の安い新興国は売上高が低目に出るためで、今後は、お客様の海外移転の急速化により、海外のウェイトが高まって行くと思います。

〈08年秋のリーマン・ショックで業界の環境は変化し

ましたか？〉

輸出貨物は一時7割減と急落しました。しかし、09年春を底に新興国との貿易が増加し、緩やかに回復。当社はショック前の水準に戻りました。一方、機工業界は当初受注残を抱えて安定していましたが、顧客企業の設備投資の見直し、保全費の削減などが進み、影響が今後1～2年に現れるので大変です。新規案件はほとんど海外です。

山九九州エリア統括部（戸畑区先の浜）

〈工場の海外シフトの原因は？〉

一つは円高と日本の割高な法人税負担（日本41％、中国20％台）が原因ですが、もう一つは原料価格の高騰です。中印や東南アジア諸国など新興国の台頭で資源エネルギーは奪い合い状態です。工業立国日本はライバルの急増で原料価格が急騰し、国内工場では国際競争力の維持が困難になりつつあります。このため、素材産業は、鉄鋼がブラジルや印度など鉄鉱石産出国に、石油化学は産油国に進出するという資源立地を強めています。消費財産業も国内の人口減少と市場縮小で巨大市場を求めて中印に進出中。中国、東南アジアに強く、海外輸送や海外工事を得意とする当社にとっては大きな好機《ビジネスチャンス》ですが、半面、国内に多くの拠点と従業員を抱えており、将来の働き場の確保という面から国内の活性化も大きな課題です。既に日本の国際競争力は20数位に落ちています。それをどう強化するかは喫緊の課題です。

〈今後の経営戦略で、どこに力点を置きますか？〉

国際競争力の更なる強化です。近年、産業界は自社事業を中核《コア》ビジネスと付帯ビジネスに分け、限られた経営資源を中核ビジネスに集中。付帯ビジネスは専門業者に外部委託する傾向を強めています。付帯ビジネスの代表格が物流と設備保全《メンテナンス》ですから、まさに当社の出番です。

当社はここ数年、顧客企業から「ぜひアウトソース化したい」と思われる業態を目指してきました。そのために「品質の向上、『人財』の育成・再生産、現場力の強化・向上」に取り組み、「お客様の信頼」獲得に努めています。少子高齢社会で現場力は放って置くとどんどん衰退します。若い人財を採用し、教育し、再生産し、顧客の信頼を得て、業務を着実に増やしていきたい。その際、武器となるのが物流面の３ＰＬ（サードパーティ・ロジステックス＝一括物流）と設備保全面の３ＰＭ（サードパーティ・メンテナンス＝一括保全）です。

〈物流面の３ＰＬと設備保全面の３ＰＭとは？〉

商品をＡからＢに運んで運賃を頂くだけでなく、お客様の貨物を全量一括お預かりし、その中で物流を最適化するのが３ＰＬです。色んなルートで運んでいたものを「この方が効率的で環境負荷も低いですよ」と提案する。また、流通在庫を「見える化」し、工場を出たお客様の商品が今、国内外のどこにあるか、瞬時に把握し、生産計画にも役立てます。

３ＰＭとは、長年お客様の構内で生産設備の様々な作業をしてきた専門技術や知識を活かし、日常の保全業務から大型の定期保全まで全て総合管理し、お客様が自社でやられる以上の最適状態でご提供することです。これは、設備診断などしっかりした専門能力を持ち、全てを把握していないとできません。

〈貴社は北九州地区とのつながりが深いですね〉

本社機能は東京ですが、登記上の本店は門司です。九州エリア統括部（戸畑区）が、八幡、北九州、若松、門司、福岡、大分、大分東、宮崎各支店などを統括しています。北九州は鉄鋼、化学など素材系の全国大手企業が多数立地され、我々を磨いて頂いたし、今後とも大事なお客様です。特に機工部隊の本拠地・プラント事業部各部門は旧岡崎工業本社（八幡西区築地町）にあり、近くに全国に２ヶ所の、機工を中心とした能力開発研修センターもあります。技術系の新入社員は北九州で２年間、徹底的に教育し、３年目にはじめて現場に出します。北九州は当社の人材供給基地であり、工事ごとに現場が変わるエンジニアリングの機動基地でもあり、重要な地域です。

〈物流面での九州のウェイトは？〉

戦前の関門港は大陸への玄関口で横浜、神戸に次ぐ存在でした。現在は残念ながら韓国・釜山港の後塵を拝しています。今後、中国が台頭する中で、東アジア経済圏を活性化させるには関門の地位向上が必須です。当社の全社売上高に占める九州の比率は約15％で、人口比（全国の約10％）を上回っています。

〈社長就任から25年間、どこに経営の力点を？〉

円高不況とグループ会社（中村汽船）の自己破産

グローバル溶接競技大会

など逆風下の船出でしたが、多数のお客様に助けられ、さらにバブル景気も追風に、3年でV字回復できました。その勢いで業態が似ている岡崎工業さんと合併。足りないところを補い合って非常にうまく統合できました。以来、お客様への恩返しの思いを胸に「顧客ニーズに合った良い仕事をきっちりやる」よう心掛けました。ただ、顧客ニーズは好不況などで常に変化します。これを適確に汲み上げるには、現場での適確なコミュニケーションと、ニーズに応えられる技術・技能等の現場力の絶えざる向上が必要です。また、企業城下町の「旗本」のような安定した立場に安住せず、荒野に出てマーケットで戦えるコスト削減に努め、それをお客様に還元する。それでお客様が成長され、さらに仕事を増やして頂く。この好循環を目指し、絶えず努めてきました。

〈中国での拠点拡大や郵便事業株式会社（現日本郵便㈱）との提携など国内外で事業を拡張していますね〉

「選択と集中」で、伸ばす分野と手を引く分野を明確にしました。一般建築や引っ越しから撤退し海外を強化、中国だけでも9現地法人・40店舗を展開し、一昨年にはサウジアラビアに、昨夏はインドにも現地法人を設立しました。将来は資源争奪戦がらみでアフリカでも拡充したい。これまで現地従業員は「ローカル社員」と呼んでいましたが、昨春から日本人同様「ナショナル社員」に呼称を統一しました。真にその国に役立つ会社を目指し、できれば将来は現地人材を社長にしたい。その中からインターナショナル社員が育ちます。既にインドネシアの社員がフィリピンや中東で活躍中で日本人も負けておれないよと（笑）。米国P&G社の化粧品は全量を当社が全国のドラックストアに日夜配送しています。「郵政民営化で日本の郵政が世界の郵政へ転換する」と聞き、当社の航空貨物部門を分離し、共同出資して別会社も作りました。

〈2018年目標の長期ビジョンをまとめましたね〉

創立１００周年の２０１８年ごろ支店長として活躍する年代の社員に当社のあるべき姿を検討させました。社会の少子化、グローバル化が今よりもっと明白になる中で、もう一度我々の事業を整理し直そうと。物流・機工・構内作業のビジネスモデルを１社で全て持つ企業は世界でも当社だけです。これをもっと活性化させる。まず海外にプラント建設で進出する。次にプラントの輸送、据付け、工場の操業は当社の専門ですから「外部委託しませんか。設備の維持管理《メンテナンス》も原材料や製品の輸送も当社でできますよ」と呼びかける。そういうトータルでの営業展開をもっと鮮明にします。物流・機工・構内サポートを総合して、アウトソーシング（業務の受託）の世界一企業を目指します。

〈国内で新規開拓する分野は？〉

深耕拡大分野としては今後成長が予想される環境・エネルギーを、また新規開拓分野としては医薬、食料品を考えています。ただ国内で新たな業種に参入するのは、既に優秀な業者がいて非常に壁が厚いのも事実です。そこで「ブーメラン戦略」で行こうと。当社は海外に精通し、ネットワークもある。医薬品関連の顧客企業が海外に進出される際、まずプラント建設などでお付き合い頂き、十分な信頼を頂いてから国内の仕事の受注に進むいわば迂回戦略です。

〈北九州の潜在力をどうみますか？ 活性化策を？〉

モノ作りの集積と関門の物流の拠点をどう強化するか。近年、産業界の熱心な海外進出の半面で、北九州に限らず日本の産業拠点全体の地盤沈下が進んでいます。対策の一つは東九州道の早期整備です。現在は本州の貨物を大分、宮崎、鹿児島に運ぶのに鳥栖で仕分けするのが一番効率的です。東側に高速道がないからです。東九州道が全通すれば、モノの流れが変わり、門司が物流拠点に戻ります。対アジアでいえば、韓国や中国とＦＴＡを結べば関税のない世界が生まれ、距離的優位性の中でより有利になります。

〈北九州港の活性化は？〉

釜山港との競争などは、日本の制度設計自体に関わる問題で、地方だけで解決は困難です。現在国内に外貿埠《ふ》頭が１００以上あり、そこへ世界の格安の外航フィーダー（積替え）船が入ってくる。その港から北部九州、阪神、京浜各港を核に内航フィーダーを回すというのが政府のハブ港湾振興策ですが、高価格です。荷主は外航フィーダーで釜山や台湾・基隆に送り、太平洋を渡る大型船に積み替える方がよほど安上がりです。補助金出してでもほぼ同額にしないと荷主は選択しません。

〈山九は九州工大に寄付講座を開設、市に交通遺児奨学金を寄付、ギラヴァンツ北九州の社長も山九出身など地域との関連も深いですね〉

エンジニアリング事業の基幹技能は配管、据え付けなどの溶接です。これをさらに高度化したいが、一企業の力では限界があり、大学の力を借りようと九州工大さんに寄付講座を開設しました。奨学金は、物流業界で交通事故はあってはならないとの気持ちも込め、事故の遺児のサポートを始めて41年になります。

〈経営哲学を教えてください〉

社訓3原則。「公言実行」「自問自答」「感謝」の3つです。公言実行はやりたいことはまず表明し、自分を追込み努力する。自問自答は一人よがりでなく、相手の立場に立って物事を考える。感謝はここに存在すること自体色んな方々のご支援のお蔭で、顧客からの苦情、クレームは至らない点を教えて頂くチャンスと考え、改善すれば一歩成長できます。海外でも日本語のまま「SANGENSOKU」と唱える現地社員もいます。「人を大切に、ありがとう」はどの国でも通用する精神です。

〈座右の銘と趣味を〉

「志楽」。志を高く、楽しみながら挑戦する。趣味は、お客様とのお付き合いゴルフと美術展の鑑賞。家内と「この中から一枚だけ貰えるとしたらどれか」と見て回る。楽しいですよ。

中村公一（なかむら・きみかず）
1973年成蹊大学卒、山九運輸機工（現山九）入社。常務、副社長を経て86年36歳で社長に。経済同友会企業法制委員長。

山九㈱本店　門司区港町6－7、本社　東京都中央区勝どき6－5－23、九州エリア統括部　戸畑区大字中原先の浜46－51、設立1918年、売上高3873億円（連結・2010年3月期）、従業員数25978人（連結・同3月現在）、事業内容　各種物流、プラント建設、設備保全、生産・物流操業支。

◆空の時代に挑む——長期不況との闘い

新空港「価値ある離陸」へ全力

(財)新北九州空港推進協議会会長（北九州活性化協議会会長）（当時）　江副茂さん（2002／06）

西日本のメインポートに　米国の先進空港も視察
地元経済の競争力向上が課題

◉信条

「技術はある時点で根底から一変するもの」、「至誠天に通ず」

——2005年秋の新北九州空港開港まであと3年余。大交流時代を迎え、関西以西初の24時間営業可能な海上空港の実現で、北九州の立地条件は各段に向上する。民間支援団体である新北九州空港推進協議会の江副茂会長に期待と課題を聞いた。江副さんは「将来は『西日本のメインポート空港群』の一つになる可能性もある。それには響灘大水深港湾や学術研究都市との連携に加え、後背地の北九州経済自体の競争力を高めることが必要」と語った。

〈新空港開港への期待は高まっていますが、建設は順調ですか〉

江副　国土交通省が工事中で、浚渫土砂に山土などを加え、土質改良中で外観上は空港用地が姿をあらわし、連絡橋も橋桁が完成しました。

当初、現空港は東京往復が3便だけで百万都市の「空の玄関」としては極めて不便で、関門海峡の浚渫土砂を活用すれば建設費も格安という発想で具体化しました。ここへきて福岡空港が容量限界を迎え、代替空港の整備も20年近くかかり、その間の航空需

低コストで建設された新北九州空港

要増などを考えると、アクセスなどを整備すれば「西日本のメインポート空港群」の一つになる可能性が出てきました。響灘大水深港湾や学術研究都市との連携、後背地の臨空産業都市整備などさまざまな展開が期待できます。

〈新空港の民間支援2団体は昨年11月統合して「新北九州空港推進協議会」に陣容強化しました。推進協議会の活動内容と今後の課題は何でしょうか?〉

北九州市だけでなく周辺の利用可能な市町村との連携が重要になるにつれ、組織の拡大強化の必要が出てきました。

協議会は、空港の役割のPR、新空港の問題点などの研究、物流機能やアクセスの整備等の提言などが主な活動であり、講演会の開催や海外の先進地空港の現地調査などに取組んできました。

今後は開港が迫るにつれ旅客・物流の利用促進に努め、広報宣伝をもっと広範囲に進める一方、提言活動もより積極的に展開し、青年会議所等とも連携、若い人の積極的参加も呼びかけていく必要があります。

〈「夢」実現の条件は、いかに乗入れ航空会社、路線、便数を増やし、使い勝手のよい空港にするかですね〉

利用乗客や貨物荷主等の顧客に一番良いと思ってもらえる姿をいかに早く実現するか。一般の商品・サービスと全く同じで、いかにお客様に満足して買って頂ける商品を設計し、適切な価格で売りこむか、卸段階で喜んで扱ってもらえる商品を開発するかです。そのため官民一体で極力路線を増やし、便利にするだけでなく、乗客、荷主から選んで貰える他の空港にない「魅力」づくりが求められます。着陸料や駐機料は、「2種のA空港」として勝手に設定はできませんが、24時間体制やサービス面で色々魅力づくりが可能です。

〈魅力ある空港作りは国際競争そのものですね〉

一昨年米国の先進空港を手分けして調査しましたが、一口に空港機能といっても、旅客空港、貨物空港、

（機体）整備空港、自家用機駐機専用空港など実に多彩です。

たとえば航空貨物大手のフェデックスが拠点を置く米国メンフィス空港は辺鄙な土地にありますが、夜間に100機以上が飛来し、1万人のアルバイトが働き、積荷を各方面向けに仕分けし、朝一斉に送り出す「空の宅急便基地」です。中国を将来の巨大市場として重視するある米国航空会社は「3千メートル滑走路があれば北九州でも出来る」といっています。生花を航空便で送る台湾の会社は24時間空港ができれば早朝の花市場に間に合うので利用を検討したいと。

広い土地と背後の北九州に蓄積された工業技術力を活用した航空機の整備基地が形成できれば北九州独自の強味になります。

〈アジアの空港との連携はいかがですか？〉

仁川、台北、香港、シンガポールの各空港を調査しましたが、調査チームによると業務のオペレーション、機内食などの面で世界最先端のサービス技術を創造しているシンガポールの企業は新北九州空港に関心を示したそうです。アジアの空港間競争に対抗するためにも、北部九州、山口の複数空港としてのメインポートの一翼を担う空港連携は積極的に取組む必要があります。

空港連携は海外の事例としても国内線と国際線、乗客と貨物、近距離と遠距離、便数など色々な選択肢がありますが、新福岡空港構想の調査決定、第8次空港整備5ヶ年計画の行方などもからみ、今後の検討課題です。

〈旅客・貨物両面で利用を促進するためには、地元の北九州経済自体が力をつける必要がありますね〉

新北九州空港に限らず、学術研究都市、響灘大水深バースなど諸プロジェクトが他都市もうらやむ形で進行中です。博覧祭も決算はともかく、北九州の新しい街作りの方向をみんなに見てもらった効果は大きいと思います。問題はこれらの施設を活用するソフトの部分で残念ながら半歩も1歩も遅れています。

産業構造は福祉、環境・リサイクルのほか、新たな自動車産業基地としてクラスター（産業技術集積）の形成を促進していくべきです。生産機能に比べ開発等の知的な集積が遅れており、空港の活用も兼ねて進めるべきです。若者を引きつける文化的側面や面白い街というイメージも必要です。

〈転換期の経営哲学を聞かせて下さい〉

業績悪化企業も多いが、会計制度変更で、退職金積増しを極端に早めるなど前向きで、みかけより企業の構造改革は進んでいます。勇気を持って大胆にやるべきです。技術はある時点で根底から一変するもの、アジアでこの技術革新の能力があるのは日本、もっと未来に自信を持ってよいと思います。

〈最後に信条と趣味を〉

「至誠天に通ず」。何事も一生懸命やれば天(社会)は必ず応えてくれる。応えてくれないときはどこかがおかしいと反省する。経営や科学、文化関連などについての読書や写真が趣味で、街のスナップ等大分撮りましたが、最近は忙しくてやっていません(笑)。

江副茂(えぞえ・しげる)

1955年名古屋大工学部卒業、東洋陶器(現TOTO)入社。92年社長、98年会長。

◆空の時代に挑む――スターフライヤー1――世界同時不況のなかで

開業3年飛躍へ着実な力

【㈱スターフライヤー社長（当時）】　堀高明さん（2009／03）

全日空と提携、航空ビッグバン、11年春福岡便新設　地域振興の道具に

◉信条

「他社のやらないことに挑戦」、「『明日も翔ぶ』の心意気で」

――北九州生まれの航空会社「スターフライヤー」が新北九州空港の開港に合わせて06年3月、地元企業など約120社の出資で離陸して満3年。世界的にも珍しい航空ベンチャー企業は、北九州―羽田線の定着、関空―羽田線と貨物業務への進出などで水平飛行を模索してきた。世界同時不況の突風が吹きつける中、堀高明社長に操縦方向を聞いた。堀さんは「他社のやらないことに挑戦、航空機を多く飛ばして地域の企業や人々が活動しやすい『道具』になりたい」と語った。

〈リーマン・ショックの航空業界への影響は？〉

堀　昨年末以降、ビジネス客の出張減、個人の旅行抑制などで目立って落込んでいます。ただ、投機で狂騰していた燃料費が落着いてきました。乗客減を最小限に抑え、いかに収支を改善するか、正念場です。来年秋には羽田空港の拡張完成で発着枠が大幅に増えるので、そのチャンスを生かしたい。

〈スターフライヤー社は、ライト兄弟の「フライヤー号」にちなみ、人類初飛行100年目の02年12月17日、航空大手のOB6人が設立。なぜ「北九州」ですか？〉

当初、北九州、神戸の24時間空港化を図り、羽田と

黒い機体

結ぶ2眼レフ体制を考えましたが、神戸は当分24時間飛行は考えないとのことで北九州に絞りました。北九州・下関地区は本来、20～30年前に大型空港が出来ていて当然の大市場ですが、様々な事情から、航空間競争で完全に福岡に遅れをとりました。

〈スター社の最大の特徴は、出資段階から地元の経済界、行政の全面支援でスタートした点ですね〉

北九州、福岡のトップ級の主要企業など100社以上が出資してくださり、県・市の補助金もいただいた。こんなに地元総支援の会社は世界的にも例がなく、今後もないと思います。一番機の最前列には、亡くなる直前までご支援くださった故大迫忍ゼンリン最高顧問のご家族に搭乗していただきました。地元のご期待に応えるべくこれからがまさに正念場です。

〈就航3年間の成果と課題は？〉

「他社のやらないことを」というのが創業以来の合言葉です。早朝5時半から深夜25時まで、北九州—羽田間を11往復でシャトル的に飛ばす。大手以上の広い座席で快適性を追求し、従来だと1泊2日はかかった北九州と関東圏の往来を日帰りや半日に短縮する。全て新造機を使い、欠航率の低さは業界No.1です。お蔭様で今年1月当社のお客様が3年弱で200万人を達成しました。当社座席の2割を提供している全日空や、旧空港時代から飛んでいる日本航空も加えると、新空港利用客は旧空港の年間30万人から100万人以上に拡大しました。

〈この間、北九州は企業進出が目立ちましたね〉

日銀短観では北九州の景況感は昨年6月以降、全国最高です。ギャラクシーエアラインズ（佐川急便グループの貨物航空会社）の08年9月の撤退は残念ですが、旅客・貨物便が24時間飛び、この地域が常に首都圏と太く繋がっていることが工場誘致の「道具」になっています。臨空産業団地も売れ、旧空港跡に新臨空団地を造る動きもあり、有難いことです。

〈経営もほぼ安定軌道ですか？〉

主力の北九州―羽田線は当初、首都圏での認知度が低く苦戦しましたが、07年6月に全日空と共同運航を始めてから、搭乗率、単価、収益性も含め、全国でも指に入る良い路線に育ちました。また、羽田増便の希望を断たれ、その代わりに参入した関空―羽田線も当初、競争相手に伊丹・神戸空港あり、新幹線ありで苦戦しました。しかし、昨年11月の全日空との共同運航開始以来、安定軌道に乗りました。

〈昨年は韓国仁川への国際チャーター便事業に、また福山通運と航空貨物事業に相次いで進出しました〉

創業以来「実力がついたら、ぜひ東アジアへ」が悲願で、その布石です。航空貨物事業は、当社の機体の貨物部分を全て福山通運に「ご自由にお使い下さい」とお任せする形ですが、1機2トン以上積めます。1日11往復、年間240日として年に約9600トンの輸送が可能です。（撤退した）ギャラクシーエアラインズが月曜を除く毎日、貨物専用機を飛ばして運んだ貨物量よりも多い。今年は一歩進め、上海航空の貨物専用機と、済州航空が3月から仁川―北九州間で週3往復する貨物機のハンドリングを引き受ける計画です。

〈ところで収支面はいかがですか?〉

残念ながら創業以来経常損失（06年度21億、07年度15億円）ですが、欠損幅を縮め、08年度第3四半期は関空での全日空との共同運航などにより単月黒字を出せる状況になりました。目論見が違った要因の一つは歴史的な燃料費の乱高下で、これは誰も予想できません。開業前は原油価格が1バーレル当たり32ドル、それが就航時は約2倍の60ドル前後です。当社は燃料費が1ドル上昇すると3千万円のコスト増になり、約10億円の支出増。これは痛かった。予定していた羽田増便の枠が取れなかったのも誤算でした。ただその分、関空―羽田線を開設したので、それらを加えれば乗客数はそう落ちていません。また、原油価格もやっと40ドル±5ドルで落ち着き、売り上げも08年度185億円を予想し、ほぼ当初の数字に近づきます。今年も厳しい状況が続きますが、何とか利益を出せる状態を目指して全力を注ぎます。

〈総合的な評価と今後の課題は?〉

新規航空会社はどうしても「大丈夫かな?」のイメージが強く、安全第一で全機を新造機とし、お蔭様で安全運航は業界でもトップレベルと評価されています。北九州から首都圏へ行くのに新幹線や福岡空港に流出していたお客様を取戻すという目標は、第1

段階は達成できたと思います。ただ首都圏から北九州への乗客需要のうち、日本航空と当社（全日空との共同運航も含む）のご利用はまだ半分で、残り半分はいまだに福岡空港経由です。これは福岡のイメージが強過ぎ、北九州空港とこの地域自体の認知度がまだ低いことも響いており、継続課題です。

ゆったりとしたキャビン

〈軌道系アクセスがないことも響いていますか？〉

確かにアクセスは北九州空港のウィークポイントです。例えば、小倉北口から15分間隔でシャトルバスが出て、何も考えずに行って乗れば30分で空港到着となるとまた違ってきます。福岡空港の利用客は東京の山の手線のように時間を考えずに行って乗れます。少しでもそれに近づけたい。鉄道など軌道系となると、もっと路線網を広げ、便数を拡大し、乗降客が増えないと維持コストが賄えません。当面は「バスをシャトル的に運行し、小倉駅から軌道で」というのが現実的です。中長期的な重要課題です。

〈来年は羽田空港の第4滑走路完成、発着枠拡大で「航空ビッグバン」時代到来といわれます〉

確かに大チャンスで、まず北九州―羽田線を増便します。次いで11年春の九州新幹線の全線開通に合わせ、羽田―福岡線を新設します。当初7往復、次いで10往復が目標です。当社は北九州と福岡の両経済界の出資で誕生しており、これで両市の株主に責任を果たせます。北九州―東京、福岡―東京と2本の核路線を持つことで、将来、東アジアに飛べる体力をつけたい。国際線は利益も大きいが損失も大きく、目標として掲げつつも体力に見合って慎重に進めます。

〈株式公開の見通しは？〉

まず09年度黒字化し、できれば10年度にもという気持ちはありますが、その時の市場の状態もあり、株主のためベストタイミングを狙って慎重に行きます。今年は新路線もなく、全員がスキルアップに努め、来年後半の羽田開放に向け、会社の態勢をきっちり構築します。無駄を削り、スリム化し、小さくても収益を出せる体質を作れば、必ず将来の展望が開けます。

〈北九州は新空港開業整備や自動車産業の進出などで全国屈指の活況を呈していましたが、世界同時不況で自動車産業が大幅減産し逆風が吹いています〉

一時足踏みしても、ハイブリッド車など高機能車を生産する日本メーカーのシェアはむしろ高まるとみます。日産、トヨタ、ダイハツの北部九州の諸工場は全国でも最先端・最新鋭・最効率的の工場ばかりで、優先的稼働の可能性があります。非製造業は「儲かっていない」といわれますが、他の地方はもっと厳しく、日本航空が全便撤退した福島空港など地方の疲弊も目立っています。私達の役目は、そうならないよう航空機を多く飛ばして地域の企業や人々が活動しやすい「道具」になること。今後どんな産業が進出するにせよ、その足として「あそこは良い所だよ」といわれるようにきっちり仕事をしていく。

東京に比べて家賃は半分、食物は新鮮でうまい。大学も多く、そこからの人材供給もある。企業進出には突出して良いエリアです。観光面でも日本でも最高の産業観光のエリアです。いのちの旅博物館の恐竜の骨や剥製群を「恐竜博物館」としてうまく宣伝すれば、北海道の旭山動物園並みの人気を呼ぶ価値があると思います。北九州の食や門司港レトロと結べば大きな潜在力があり、まず当社が生まれ育った北九州を固め、そのうえで新幹線開通や道州制でポテンシャルの高まる福岡に参入し、ネットワークを組み、福岡県が私達のエリアと考え、地域のお役に立つのが目標です。

〈逆風下の経営哲学は？〉

原点に帰る。輸送業は安全に・定刻に・快適にお客様に移動してもらうのが基本。それとピンチはチャンス。経済動乱のおかげで燃料原価は正常化した。奇策はなく、粛々と役割を果たせば必ず生き残れます。

〈最後に座右の銘と趣味を〉

恩師の言葉で「明日も翔ぶ」。翔ぶためには利益、発展、安全の確保が前提。趣味も今は飛行機を飛ばすこと。ゴルフも長年ご無沙汰です。

堀高明（ほり・たかあき）
1973年日本大学理工学部卒、㈱東亜国内航空（現・日本航空ジャパン）入社。93年ヒロセ入社。96年エクセル航空（東京上空遊覧のヘリコプター会社）社長。2002年航空各社OBと㈱スターフライヤーを設立、社長。

◆空の時代に挑む――スターフライヤー2――試練を超えて

ハイブリッド・エアラインを目指して

【㈱スターフライヤー社長】米原愼一さん（2012／05）

航空大競争時代、東証2部上場　初の国際定期便も

◉信条

「明るく前向きに、逃げず、知ったかぶりせず」

――就航6年目の地元新規航空会社・㈱スターフライヤー（小倉南区）が、昨年12月、東証2部に上場。さらにこの7月には初の国際定期便北九州―釜山間を運航する。今年はLCC（格安航空会社）の参入が相次ぐ航空大競争時代元年。スターフライヤーを今後どう『操縦』するか、米原愼一社長に戦略を聞いた。米原社長は「大手以上のサービスとLCCの低価格を両立させた『ハイブリッド・エアライン』として規模拡大を」と抱負を語った。

〈念願の東証2部上場を果たしましたね〉

米原　おかげさまで新規航空会社ではスカイマーク以来10年ぶり、資格審査の厳しい東証銘柄となり、信用度が上昇しました。装置産業で資金需要の大きい当社としては有利に資金調達でき、社員の士気向上、人材確保などメリットは多い。しかし最終目標は1部上場であり、社内では「株価に一喜一憂せず、『ベンチャー企業』としての挑戦的精神の持続を」と言っています。株主の過半数を地元企業・個人で占め、上場後も安定株主として応援いただき感謝しています。

〈今夏、初の国際定期便北九州―釜山が就航します〉

全国に約100ヶ所の空港がありますが、日本の

航空会社が自社機で国際定期便を就航しているのは成田、羽田、中部、関西の4空港のみで、北九州が5番目。福岡含め他の国内空港全てが海外航空会社の乗り入れです。朝夕2往復、日帰りしやすい時間帯の運航で便利な路線にしたいと思います。韓国南部と北部九州・山口では、空・海路合わせて年間150万人の往来があり、その1割の15万人の塔乗が目標です。

〈運航開始して6年。事業の現状はいかがですか？〉

地元の企業、個人の皆様、それに投資会社からの出資に加え、行政などの支援で創業した会社です。主力の旅客輸送は06年3月の開港と同時に3機で北九州―羽田線12往復を運航。翌年1機を追加して、関空―羽田線4往復を立上げました。さらに昨年、2機を追加して幹線の福岡―羽田線に5往復（現在10往復）で参入。はじめは知名度も低く、09年度はリーマン・ショックで売上高、乗客数とも激減するなど苦戦しました。しかし新しいビジネスモデルの航空会社として「感動あるエアライン」を目指して努力し、やっと業容拡大体制に入れました。北九州―羽田線は固定ビジネス客が多く、利便性も含め地元のご理解を頂けたと感謝しています。

〈航空貨物事業にも参入しました〉

通常、LCCは、到着後次の出発までの時間を極力短くし、航空機の稼動時間を長くするのが一般的なビジネスモデルです。欧州では到着するともうお客様の行列待ちで、電車のように掃除もせず直ぐ飛び立ちます。ですから、貨物は扱わないのが常識ですが、当社は08年福山通運さんとの提携で、短時間に効率よく貨物を搭降載する仕組みを構築し、事業化しました。LCCとしては日本でも海外でもほとんど例がなく、売上比率は2％強ですが、収益性の高い事業に育ちつつあります。

〈海外航空会社の塔乗手続の受託事業も始めました〉

当社が運航する各空港にカウンター業務や航空機の誘導などの基地要員を配置していますが、その施設と人員の効率的活用と国際線運航のノウハウ取得を兼ねています。北九州では中国・揚子江快運の定期便（現在、運休中）の定期便、福岡と羽田では米国デルタ航空の地上業務を受託しています。この付帯事業についても収益性を高めています。

〈09年6月、創業期の資金集めや事業化にご苦労された掘高明さんの突然の退任で社長に就任しました〉

残念ながら就航以来3年間赤字が続き、累積損失も50数億円に達し、資金繰りも厳しく、主力株主等と

東証上場の際の電光掲示板

の話合いのなかで、旧経営陣が責任を取られ退任されました。

当時コンサルタント事業を経営し、スターフライヤーの株主でもあった私に、後継社長候補推薦の依頼がありました。数人推薦したが実らず、初めは私に「非常勤取締役をしてほしい」。次いで「常勤取締役を」、さらに「社長を」（笑）。もともと飛行機好きでもあり、お受けすることにしました。

〈就任後の経営の力点はどこに？〉

会社のコンセプト自体は私も大好きで、ビジネスモデルを変える気は全くなく、まず力を入れたのは社内のベクトル合わせです。航空各社出身者が多く、志は高いが方向性が定まっている状況ではなく、これを一つの方向にまとめることに努めました。次いでキャッシュフロー（現金収支）を高めることに注力。さらに、自己資本20億円程度増強と、株主還元と資金調達の多様化のための早期上場を目指しました。

幸い、リーマン・ショックで急落した搭乗客数も旅客単価も回復し、さらに就任初年度は高騰していた燃料費も落ち着きました。減資で約54億円の累積債務を一掃、銀行借入も整理しました。09～10年度と2年連続黒字を達成。20億円の資本注入は途上ですが、それに代わる銀行団の融資枠20億円の組成を昨夏設定することができました。業績も改善されてきたので、昨年末一気に東証上場に漕ぎつけました。

〈昨夏、幹線で激戦地の福岡―羽田線に参入しました〉

福岡―羽田線は世界でも2番目に塔乗客の多いドル箱路線です。福岡県の会社で福岡市に株主も多い当社としては、業容拡大と利便性向上のため早く入りたかった。就航した7月は塔乗率50％台でしたが、8月以降は70％台に、順調な滑り出しとなりました。

〈いわば、本格離陸期ですが、今年は内外のLCCが本格就航する「航空大競争時代」。一方、10年夏、1日深夜1往復で北九州―羽田に参入したライバルのスカイマーク社が3便に増便（現在は撤退）、北九州も競争熾烈です。どう闘いますか？〉

新LCC3社は成田、関空が基地です。運賃低下など競合の渦には巻込まれるものの、羽田便と直接の競争はありません。一方、スカイ社は日本のLCCの先駆けで私達も勉強になります。両社の1便当たり人件費、燃料費等運航コストはほぼ同じレベルに近づいていますが、違いは規模です。現在の当社の機材数は6機、スカイ社は24機と実に4倍です。装置産業は規模が大きいほどメリットも多く、コスト効率も上がります。当社は、今後早期に12機体制構築を目指します。これまで全てリース契約での調達でしたが、初の購入も予定しています。設備投資による経費増と中長期的なコスト削減策とのバランスや綿密な市場調査も踏まえ規模拡大に努めます。

〈「ハイブリッド・エアライン」の今後の展開は?〉

運賃はLCC並み、サービスは大手以上という当社の「ハイブリッド・エアライン」モデルは、座席間隔が広いぶん、座席数は2割少なく、テレビ、飲み物などサービスも無料で、高品質です。こうした航空会社は、最近世界的に増えつつあります。規模拡大の方向は、当面2013年の羽田増枠で10枠を希望、まず福岡—羽田線を2倍の10往復にして1時間間隔でご利用いただけるようにしたい。さらに枠が貰えれば、九州を含む他地域の主要都市と羽田を結ぶ路線の新設も研究中です。国際線もアジアに近い北九州の地の利を活かし、地元企業の海外展開、国際分業拡大による需要増も睨み、韓国、中国、香港、台湾等を視野に研究中です。国際線は競争が激しいと言いますが、大手とは違うやり方で勝算は十分にあると考えます。

〈人材育成も重要課題ですね?〉

これまでは大手の訓練施設を借用していましたが、自前の訓練センターを北九州空港島に建設し、運用開始に向け、準備中です。パイロット訓練用のシュミレーターとキャビンアテンダント訓練用の模擬機内、整備室や模擬カウンターなどを備え、市民にも見て頂けるようガラス張りで作ります。

〈貴社の強みと弱み(課題)は?〉

強みは国内約100空港中、6つしかない24時間空港のうち羽田、関空、北九州の3つを小型機材でつなぐ「多頻度運航」です。機体も人も最早朝から最深夜まで働き、1日当たり稼動時間は国内で最も高効率です。サービスも、日本版顧客満足度調査の国内航空業部門で昨年3年連続の1位を頂きました。費用はLCCだが、顧客満足度は大手以上という創業以来の当社のビジネスモデルの力です。弱みは、規

パイロット訓練用のフライト・シミュレーター

模がまだ小さいこととと、先発に追付くのにまだスピード感が足りないことです。

〈懸案のアクセスの不便さは?〉

世界一便利な福岡空港と比較すれば確かに不便ですが、九州の他の諸空港に比べれば便利な方です。ただ昼間に小倉から空港への直行バスは1時間に1便という現実は課題です。出発15分前までに空港でチェックインを謳っていながら実際には1時間以上前にチェックインせざるをえなくなります。小倉駅前にサテライトの共用チェックインカウンターを開設、ここで50分前に手続きすれば、ギリギリでも良いとなるとまた印象は変わります。ひと工夫が必要です。

〈米原さんはもともと三井物産の商社マンですね〉

74年三井物産入社以来、航空機部でダグラス社の旅客機やベル社のヘリコプター等を輸入販売していました。香港支社に赴任、93年日本に戻り、通信事業なども手掛けました。「50歳世代交代」が私の持論で、２０００年末慰留されましたが、自己都合退職。静岡県伊豆の田舎でお百姓の真似をしていたら、香港時代に知り合った世界最大の華僑資本のコングロマリット、ハチソン・ワンポア社から誘われ、01年日本法人副社長に就任しました。

〈異色の経歴ですね?〉

世界のコンテナヤードや通信事業や不動産を手掛ける会社で、当時の英国人社長サイモン・マレーさんと懇意だった縁です。彼は70歳ですが、南極点に犬を使わず橇だけで到達した最年長者としてギネスブックに載った冒険家です。英国の高校を中退後、アルジェリアの外人部隊に5年間いて、除隊後ハーバードのビジネススクールに入学、70年代末仲間3人と起業、ハチソン社の社長にもなった人です。彼とサイモン・マレー・カンパニー・ジャパンを設立。07年上場コンサルタント会社アセット・インベスターズの非常勤取締役に就任後、前述の経緯で当社に来ました。私自身は航空業界出身ではありませんが、航空業界出身の役員も在籍して、必要に応じてその経験や意見を参考としつつ経営に当たっています。

〈北九州経済の潜在力と活性化策と課題は？〉

世界経済の今の混乱は、マネーゲーム的な「虚業」の成長にあり、21世紀は汗を流すモノ作りとロジスティックを含む輸送などの「実業」の復権が内外の課題です。産業都市北九州には原点回帰の年です。貨物は陸海空の便利なところに集まり、空港が24時間稼働の当地は恵まれています。ただ北九州地域の努力だけでは限界があり、当地の技術、ノウハウ、人材の集積を活かし、後背地であり、市場でもある中国、韓国等を結び、グローバルな新しい形のモノ作りも考えるべきです。人、モノの動きが活発になれば、当社もおおいにお手伝いできます。企業進出や観光客の誘致の道具にもなります。

〈激動期の経営哲学は？〉

軸足がぶれないこと。「安全運航、低価格、高品質」のビジネスモデルで規模拡大に取り組みます。

〈座右の銘と趣味は〉

三井物産時代の上司から頂いた「明るく前向きに、逃げず、知ったかぶりせず」。趣味は飛行機の操縦です。35年前操縦免許を取得、10年前には6人乗りの双発機を所有し、東京・調布飛行場を基地に休日に全国あちこち飛ぶのが楽しみです。鉄道、船、乗り物は全部好きです。

米原愼一（よねはら・しんいち）
1974年慶応義塾大学卒、三井物産入社航空機部勤務。83年香港支社、93年航空機部。2000年退社。01年ハチソン・ワンポア・ジャパン副社長、02年サイモン・マレー・カンパニー・ジャパン副会長、07年アセット・インベスターズ取締役、09年スターフライヤー社長。

㈱スターフライヤー　小倉南区空港北町6、設立2002年、資本金12億5千万円、売上高251億円（12年度）、従業員601人、事業内容　航空運送事業、その他付帯事業。

◆新サービス産業の台頭——世界的景気拡大のなかで

総合人材サービス業目指し

㈱ワールドインテック会長兼社長　伊井田栄吉さん（2007／05）

グローバルな総合人材サービス業へ、幅広く人材提供　団塊世代の転職サービスも

◉信条

「経営は教育なり」、「和顔愛語」

——ワールドインテック（小倉北区）は、産業都市北九州生まれの製造請負大手で、創業以来13年連続増収中の新サービス産業である。05年ジャスダックにも上場した。伊井田栄吉社長に戦略と今後の展開方向を聞いた。

〈米国生まれの新産業で近年急成長した製造請負・人材派遣業界の景況はいかがですか？〉

伊井田　最近、景気回復で正社員雇用が増えていますが、人の働き方、活きるカタチは多様化し、今後いかに景気が良くなっても、かつての終身雇用、年功序列に戻ることはないと思います。現在50〜60歳代の人までは「一度入社した会社で一生働く」でしたが、今の若い人は、自分を磨くために働く。企業も個人も意識が変わり、正社員、契約、派遣の仕事の境界が薄れ、人々は軽やかに行き交い、正社員化で、人材ビジネスの市場は、むしろ拡大します。製造請負への産業界の期待は高く、教育投資面の役割も上昇しています。

〈長期連続増収の要因は？〉

〈ワールドインテックは不動産業みくに産業グループの多角化で93年創業。80年代までは親会社—下請けの「縦型・自己完結型」だった日本の製造業が、

中国などとの人件費格差が開く中で、一部で「横型・アウトソーシング（外部委託）型」に転換するのに対応して急成長。売上構成は製造請負派遣7・5、研究技術者派遣1・2、情報通信1・3〕

当社は、製造請負に特化、上流の研究開発から中流の製造、物流、下流の販売まであらゆるものづくりの国際競争力をサポートしています。顧客業種も半導体・液晶から自動車・機械、さらに医薬・化粧品・食品と全分野を網羅、特定産業の凹凸に左右されません。今一つは全国展開で、九州からスタートし、東北、関東、関西、中部に約70拠点を整備しました。顧客企業は、1事業所だけでなく、全国的に請負を依頼できるサービスを求めておられ、最終的には、日本海側も含め100拠点にまで拡大します。

〈戦略の重点をどこに？〉

単なる「アウトソーシング」（業務請負）ではなく、「コ・ソーシング」（顧客と協業）を目指してきました。メーカーは、長い歴史の中で、生産技術や品質管理など非常に優れた能力を蓄積しておられる。一方、私達、人材ビジネスは人に対する思い、教育、やる気を起こす動機付けなどの能力を磨いています。双方の良い文化、強味を共有し、合体して独自の請負モデルを創ってきた。将来は合弁事業も考えます。また、誕生間もない製造請負業は社会的認知も遅れ、3年前の製造派遣の解禁で、偽装請負問題も発生しました。当社は全国に先駆けて、自主的に請負と派遣の境界明確化、棲み分けのルール・製造請負基準書を作り、福岡労働局から認可を受けました。株式公開で、顧客側には法令遵守面で、社員間には情報公開等で安心感が高まりました。今後は、少子化で働く人が減って行く中で、社員との絆を強めつつ、高齢者や外国人雇用を拡大し、一人当たり生産性の向上でコストアップを吸収するのが課題となります。

〈中長期的な方向性は？〉

製造請負企業として、ものづくりに特化し、出来るだけ早く、業界トップの売上高4桁（1千億円台）を達成すべく、人、モノ、金の経営資源を集中します。これをクリアした段階で総合人材サービスを目指したい。人材市場は、グローバル化で東、南アジアと世界に広がっていきます。まず国内で業界№1の地位を固め、次いで海外に注力します。すでに台湾子会社に続き、上海、韓国でも現地法人の設立を計画、エンジニアの採用、育成の体制も整えました。

〈中国煙台市と人材相互交流提携に調印しました〉

国際人材ビジネス業務提携の調印式
（中国・山東省の煙台にて）

煙台には優秀な自動車技術関連の短期大学があります。若いエンジニアを迎え入れる一方、日本の優秀なシニア技術者を送り出し、現地で教師として腕を振るって頂く。自動車、半導体分野で中国、ベトナムの技術研修生の受け入れも始めます。

〈新規事業の展開方向は？〉

ものづくりの全面的人材サポートで、唯一残っていたのが正社員雇用の支援ですが、子会社ワールド・サーチ&コンサルティングを設立、「エジソンサーチ」というサイトで技術者の転職を、また「団塊仕事ドットコム」で団塊世代の転職を支援する紹介事業も始めました。60歳定年でその企業に必要とされ再雇用されるのは精々2～3割と思います。残りの7～8割の方に地方の中小、零細企業を紹介し、あと10年頑張って頂ければと思っています。また、情報化時代にものづくりだけでなく、情報通信の端末ビジネスもと、光通信系で、コールセンター運営のイーサポートを買収、子会社化しました。

「その後、ワールドインテックは、時代と共に「人が活きるカタチ」の創造を目標に、「人材・教育」「情報通信」「不動産」を3本柱に、「どんな外部環境変化にも耐えうる企業グループ作り」を目指している」

〈本格的M&A（企業の合併・買収）時代にどう対応しますか？〉

一方が一方を完全に飲み込む企業買収は、考えていません。文化の違う企業同士が融合して、新しい文化を創りだす経営融合型のM&Aは可能性があり、意見交換している会社もあります。その際当社が主導権をとるか、より将来性があれば先方がとっても良いと柔軟に考えています。

〈北九州経済の現状と潜在力をどうみますか、活性化への提言を〉

末吉市政の20年間で空港、港湾、都市高速とあらゆるインフラが整備され、これを本当に活かすのは今からです。素材産業城下町からの脱皮、自動車基地化も進み、素晴らしい街へのチャンス到来ですが、企業誘致の第一条件は「人」です。全九州で、人材に関するあらゆるご相談に応じ、進出企業、地場企業、行政をサポートできる体制を作りたい。他地区で企業の投資・進出情報をキャッチすれば、市と情報交換し、県や西日本工業大学と連携して進出相次ぐ自動車産業向けの高度人材育成センターも作りました。製造請負企業として工業都市・北九州での立地は、イメージ的にも人材確保面でも強みです。ただ、全国的に動くとき、南の端でコスト高なのが悩みで、営業の主力は東京、管理は九州の二元体制です。

〈経営哲学は？〉

経営は教育なり。社員教育――それも事業面だけでなく、ルールをキチンと守る道徳の基本を身につけ、個々人が明確な目標を持った組織づくりです。ニート、フリーターは、幼児期の家庭教育が不十分だった子に多く、昨年構造改革特区で開校した私立ひらおだい四季の丘小学校の自然の中で逞しく生きる、心の強い子育てに共鳴、支援しています。忍耐力と夢を持つものづくり人材の育成は、幼少期にこそ重要です。

〈座右の銘と趣味を〉

「和顔愛語」。極力、明るく人に接したい、と。趣味は「仕事」ですが（笑）、ホッと心を和ませる花が大好きで、歩くとつい花屋さんに足が向き、つい買ってしまいます（笑）。

伊井田栄吉（いいだ・えいきち）
1981年みくに産業創業、90年北九州リハウス（現九州北部リハウス）設立、98年ワールドインテック社長。2007年会長。九州ニュービジネス大賞受賞。

㈱ワールドインテック　小倉北区馬借町1－3－9、資本金7億86万円（2012年12月31日現在）、設立1993年、売上高530億700万（12年12月期・連結）、従業員数　10584名（12年12月31日現在・連結）、事業内容　上場企業を主体とする研究会開発、情報技術、製造分野の総合コンサルティング、人材コンサルティングおよびアウトソーシング。

複合的サービス業で人の喜びを創造

【㈱ウチヤマ・ホールディングス社長】内山文治さん（2011／12）

複合的サービス業の相乗効果で幼・青・老の共生する社会づくり

◉信条

「社会から常に必要とされる企業・人間であること」、「起きて半畳、寝て一畳、天下取っても二合半」

――㈱ウチヤマホールディングス（小倉北区）が高齢者介護事業とカラオケ事業の全国展開を本格化させている。内山文治社長は飲食業、不動産業、温泉ホテル業も兼営し、独創的な複合サービス企業を創造した。不況下に連続増収のウチヤマＨＤの成長の秘密、戦略などを聞いた。内山社長は「幼年層・青年層・老年層が共に心豊かに暮らせる地域社会づくりを全国に広げたい」と夢を語った。

〈過去5年間連続増収ですね?〉

内山　06年のウチヤマＨＤ設立以来、売上高は3倍弱の伸び。10年度の連結売上高は162億円で経常利益20億円です。売上高の構成は飲食・カラオケが90億円、介護が70億円。有料老人ホームの室数は全国8位、カラオケ店舗数は九州・沖縄で1位です。

〈北海道、秋田、京都など各地で介護福祉事業を展開していますね?〉

当社は福岡、大分両県を中心に介護付有料老人ホームなどを展開してきました。昨年、北海道東神楽町長から「固定資産税を5年間減免するから高齢者施設を作ってほしい」と誘致を受け、進出しました。秋田県や京都市の介護施設からも「経営が行き詰まり、再建してほしい」と依頼され、千葉県にも施設を建設中です。

〈誘致は、貴社のどんな点が評価されているのですか？〉

高齢者介護事業は約10年前、入居一時金が数百万円という時代に、お客様の入退居の選択権を尊重し、業界初の「一時金ゼロ」で出発しました。同時に「お客様の笑顔と感謝は、自分たちの喜びと感謝」と職員教育にも力を入れました。その結果が口コミで広がり、ご評価いただいたと、素直に喜んでいます。

〈地元福岡県は飽和状態ですか？〉

いいえ、まだ足りません。現在全国で43万人の高齢者が入居待ちしていますが、大半が経済的理由からです。金持ちはどこでも入居できます。生活保護受給者など経済的に余裕のない人も入れる施設の提供を目指しています。現在43ヶ所・３千床ですが、年間10ヶ所ずつ開設する計画です。

〈カラオケ事業も首都圏に本格進出していますね〉

まず東京・池袋（20室）、次いで歌舞伎町にも開店しました。カラオケ事業の「コロッケ倶楽部」は九州・沖縄８県で80店弱を運営し、九州１位ですが、山口、広島、三重各県に続き、最大市場の東京に進出しました。日本一の激戦地ですが、競争力、サービス力は自信があります。

〈競争力の源はどこに？〉

介護施設も同じですが、同業他社に比べて建設費を抑え、低料金を実現している点でしょう。本業が不動産業で建築はお手のもの。昔の同業者からお買い得物件の情報も入り、設計も内装も自社でやるので出店コストは２～３割安い。関東では利用料金最大２割安の店舗網を展開します。また、最近は高齢者のお客様が多く、昼間格安の「いきいきデイ」は高齢者で一杯ですが、介護事業を通じて高齢者の好みは熟知しています。さらに居酒屋兼業の強みでおいしい食事も提供できます。

〈不況下の連続増収の秘密は？〉

第一にホスピタリティ（心からのおもてなし）です。各事業とも「楽しむ」がキーワードで、地域を明るく心豊かに暮らせる健全な社会にしたい。若い社員には「自ら楽しもう」と言っています。自分たちが仕事を楽しめば、お客様にも笑顔が伝染します。それには笑顔と五つのりの実行です。気配り、目配り、心配り、言葉配り、思いやり。次に「住まい、食、福祉、娯楽、癒し」と業種が実に多様な点でしょうか。異業態ながら、相剰効果をあげています。

〈毎朝4時半から社長が全国の職場からの日報に目を通し、現場との対話を密にしていますね?〉

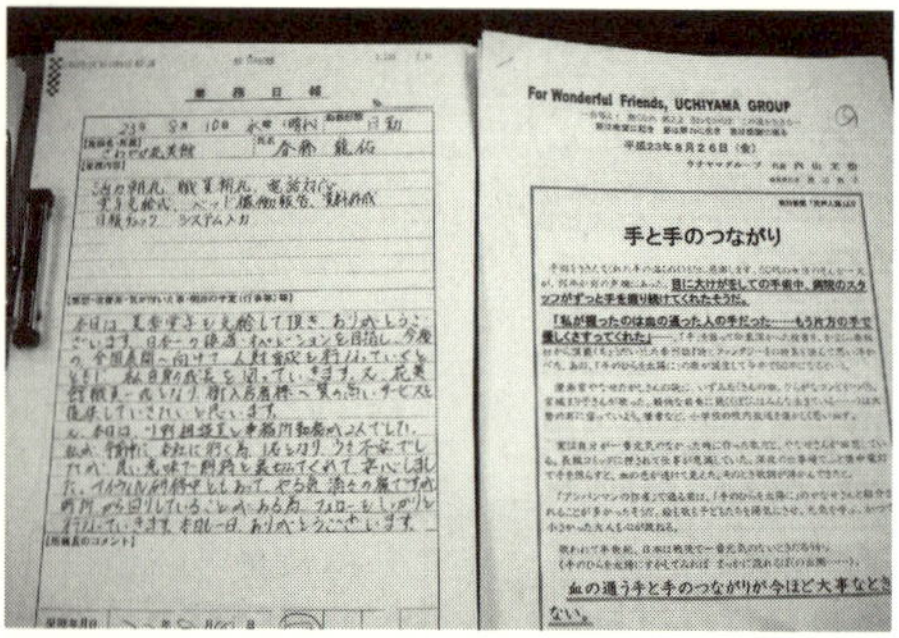

早朝、内山社長が克明に読み、コメントを書く、
現場からの400枚の日誌

　手書きの日報をファックスでもらい、始業前に全部読み、コメントを付け、指示通達書と合わせて送り返すのが日課です。かつては全社員を対象にしていましたが、今は現場が150ヶ所、社員も3300人に増え、各現場の幹部だけでも400人を超えているので1時間半かかります。直筆の報告を読むと現場のイメージが湧き、各人の成長具合も分かります。私には楽しみでストレス解消の元です（笑）。どこまで全国展開できるかは、人材の成長次第です。

〈不動産流動化による施設建設資金の調達も業界では先駆的ですね〉

　自社保有の福祉施設をファンドなどに売却し、20年契約などの長期賃借で銀行の借入金残高を削減し、融資枠を増やしています。05年介護業界のトップを切り日本企業に売却。次いで10年シンガポールのREITに売却しました。これも不動産業との兼業のおかげで閃いた発想です。

〈内山さんのビジネスの原点は米穀小売業でした〉

　父が南小倉駅の近くで米屋を経営していました。18歳で家業を継ぎ、朝から晩まで猛烈に働きました。得意先によっては留守宅に上がって米櫃に米を補充し、後で代金をいただく間柄にもなりました。「商いの基本はお客様との信頼関係」を体得しました。

〈不動産業への進出はなぜ?〉

　米屋の支店を出すと不思議とそこが道路用地になり、高値で収用されたので不動産業に興味を持ちました。一方、米は余る時代になり、スーパーでも売り始めた。そこで1971年、親族みんなが反対する中、内山ビル㈱を設立、賃貸マンションと商業ビルの1棟売りを始めました。日本列島改造ブームで、まだ基礎工事の段階で建物が売れてしまう。福岡市や東京にも手を広げ、150棟のビルをはじめ、戸建てや木造アパート、宅地造成など計300ヶ所を手掛け、最盛期は住宅専門金融会社の融資先として全国の上位60数位に入り、九州では1位になりました。

〈バブル経済の頃ですね?〉

90年に銀行主催のゴルフコンペでやたら元気な経営者に出会いました。カラオケ業者と聞き、翌日店舗を見せてもらい「これならやれそう」と進出を決断しました。黒崎の空きビルをカラオケ店舗用に改造。厨房つきでおいしい料理を出し、24時間営業という新ビジネスモデルを始めたら、これが大当たりして来客が急増。都心にファミリー向け10店舗をチェーン展開したところで93年に土地バブルの崩壊です。

〈間一髪でしたね?〉

銀行融資の総量規制で不動産業への融資がストップ。新聞に住専大口貸出先100社のリストが掲載され「破綻必至」の噂も流れた。メーンバンクのK銀行が来て「今後融資は出来ませんが、絶対に潰しませんから、仕事は当分一切しないで下さい」と頭を下げる(笑)。取引先や従業員も離れていく。絶体絶命です。そこで好きな読書に没頭しました。これが後日非常に役立ちました。何しろバブル期は昼はゴルフ、夜は接待で頭は空っぽでした(笑)。そうこうするうち、K銀行の新任支店長(後に頭取)がカラオケ業の将来性を綿密に調べ上げ、融資を再開してくれました。おかげでカラオケは九州一に拡大、居酒屋業にも進出でき、完全に転換再生しました。

〈高齢者事業への進出はなぜ?〉

子どもの頃から医者になるのが夢で介護福祉に関心がありました。家族の猛反対を押し切って96年、基本財産約3億円で社会福祉法人を設立。銀行が不良債権の担保として入手した戸畑区新川の工場跡地を改造し、介護の第1号施設を開業しました。高齢者の需要が多く、80室は一挙に満室になりました。

〈老人ホーム事業は、他の事業と毛色が違いますね〉

「お客様に喜んでいただく」という一点では同じです。しかも人様の命をお預かりして人生の仕上げのお手伝いをする「究極のサービス業」です。こんなに素晴らしい事業はなく、従事する私たちは幸せです。入居者は元国会議員、元裁判長、元弁護士、元医師、有名画家など素晴らしい先輩も多い。戦後の復興を支え、今の日本の繁栄の基を築いた人生の大先輩ばかりで、若い社員は多くを学べます。人間はみな年をとるのですから、高齢者をもっと大切にすべきです。

〈バブル崩壊後の大ピンチを潜り抜けて強い企業に

北海道のさわやか東神楽館

なったのですね〉

瀬戸際の経験は実に良薬でした。芥川龍之介に「杜子春」という作品があります。昔、中国に貧しい青年がいた。しょんぼりしていると仙人が現れ「どうした？」と尋ねると「貧乏で友達が一人もいない。金持ちになり、幸せになりたい」と答えた。仙人が超大金持ちにしてくれ、友達が大勢押し寄せて贅沢に暮らしたが、破綻して再び仙人が現れる。同じ問答を繰り返して再び金持ちに。だが3回目に杜子春は仙人に「幸せになりたい。親にも孝行したい」と言った。

幸福はお金では得られないという寓話ですが、私もそっくりの経験をしました。バブル最盛期はちやほやされ、厳しくなると誰も寄り付かなくなった。そんな中で「事業の真の使命や人間の幸せとは何か」を根本から考えさせられました。

〈貴社の将来像は？〉

目標は「幼・青・老の共生する社会づくり」です。幼年層も、青年層も、老年層も共に楽しく暮らせる社会づくりを追求したい。自分も楽しみ、お客様も喜ぶ。乏しいながら困った人に手を差し伸べる。これが人生の究極の目的でしょう。人の喜びを創造する笑顔の社会づくりです。

〈東日本大震災の被災者やリーマン・ショックで解雇された非正規社員の緊急雇用で注目されました〉

介護は人手不足業種ですから、緊急雇用は人材の充足、知名度アップと当社にもプラスでした。東日本大震災で当社グループは被災地に義援金550万円を送りましたが、全部お客様の浄財です。当社は一銭も出していません。みなさんが善意をお持ちで、きっかけをご提供しました。

〈今秋、世界最貧国ラオスに小学校施設（200人）を贈りましたね〉

これも建設費450万円は全部当店のお客様の寄付です。「困っている人にプレゼントを」とギブ・アンド・ギブを呼び掛けました。みなさん、個人では寄付できないので、きっかけを求めておられます。

〈北九州はモノづくりの街ですが、企業の海外移転も懸念され、サービス業の振興も急務です〉

人口が減りつつあり、福岡並みの活性化を目指したい。地方ほど医師不足で、北九州大学に医学部を新設し、若い人が増えれば高齢者も元気になります。高齢化率が政令都市随一の北九州市は高齢福祉先進モデル都市になる潜在力があります。

北欧3国を視察しました。介護施設の職員が休む土日は、入居者の食事は冷凍食品で、日本の方が進んでいます。最も進んでいるのは米国・豪州で「社会貢献したい」と介護ボランティアの希望者が順番待ちの状態です。この点、日本は後進国。製造業は機械とモノが相手ですが、サービス業は生きている人間が相手。心と感情と笑顔が鍵となります。民間も頑張りますが、行政も環境づくりをお願いしたい。

〈経営哲学は？〉

社会から常に必要とされる企業・人間であることを念じています。マザー・テレサは「この世で一番悲しいことは、誰からも必要とされないこと」と言いました。社会から必要とされることが最高の幸せです。

〈座右の銘と趣味を〉

「起きて半畳、寝て一畳、天下取っても二合半」。人間は畳1畳分の空間があれば生活できる。貧富に関係なく食べる量も同じ。要はシンプルに生きることです。趣味は読書と毎日小一時間の散歩。本は月に20～30冊読み、毎月10冊をお勧め本として社報で紹介しています。童話や絵本は大人でも心が洗われる作品が多いので、必ず2、3冊は推薦します。

内山文治（うちやま・ふみはる）

1959年18歳で家業の米穀商に入職、46年不動産業・内山ビル㈱を設立、社長。90年カラオケチェーン㈱「コロッケ倶楽部」設立。06年㈱ウチヤマ・ホールディングス設立、社長。

㈱ウチヤマ・ホールディングス　小倉北区熊本2―10―10、設立2006年10月（創業1971年）、資本金7億2560万円、売上高163億円（11年3月期）、従業員数約3300人、事業内容　介護付有料老人ホームなど42介護施設運営、カラオケ店73、居酒屋26、温泉ホテル2、不動産管理各事業。

総合人材派遣業を開拓

【㈱ケィ・ビー・エス社長 北九州商工会議所女性会副会長】 安部高子さん（2011／08）

少数精鋭の身の丈主義で「小さな一流企業」へ　常に「先駆的事業」を模索

◉信条
「人のやらない隙間《ニッチ》を見つけよう。そのためのアンテナを磨こう」

――総合人材派遣サービスの㈱ケィ・ビー・エス（小倉北区）の安部高子社長は起業家であり女性創業者である。32歳で市内初のバンケット（宴会）サービス企業を設立。近年は福岡、佐賀両県で国際理解教育事業なども展開し、さらに各種経済団体の活動にも熱心だ。安部高子社長に女性の起業の条件、総合人材サービス業の経営戦略などを聞いた。

〈昨春、佐賀市にも事務所を開設しましたね〉

安部　当社は一般人材派遣・有料職業紹介と宴会サービスなどの人材請負を2本柱とする総合人材サービス企業です。国際理解教育事業は小学校の英語教育義務化によって、福岡県内だけでなく佐賀県内からも派遣受託が増えたので、現地事務所を開設しました。九州の他県からも委託要請があれば事業展開を考えます。

〈国際理解教育事業？　耳慣れない言葉ですね〉

英語できちんと自分の意思表示ができる公教育のグローバルな人材の育成を目指して世界各地からネイティブ・スピーカーを集めて始まった文科省のJETプログラムが起源です。当社では2000年に北九州市からの委託で始めました。米国、英国、カナダ等の現地人材を契約社員として雇い、小中高校や幼稚園などにＡＬＴ（英語指導補助教員）として派遣します。直近3年間で北九州市をはじめ、佐賀、飯塚、久留米、朝倉市など県南市町村公立校に延べ１２０人のＡＬＴを派遣しています。さらに英語授業の支援、英語教員の夏季研修、カリキュラムの開発、教材の作成も受託しています。

〈バンケットサービス事業からのスタートですね〉

ホテルや企業の依頼で、各種パーティや国際会議などにコンパニオンを派遣し、雰囲気を盛り上げて交流や商談のお手伝いをする事業ですが、当社はその先駆者であり地域一番店です。今も売上高の半分を占めています。この他にも、企業や公共施設に受付係を派遣し、再就職支援の職業紹介事業も行っています。海峡ドラマシップの指定管理者も5年間務めました。製造業以外の各分野の人材育成と研修、派遣、職業紹介を総合的に行っています。

〈そもそも起業された動機は？〉

自立のためです。八幡南高から尾道短大を卒業し、家業の旅館経営を手伝いながら、茶道、華道の習い事の合間に、中学生向けの学習塾の英語教師のアルバイトをしていました。ところが父母が相次いで他界し、兄が継いだ旅館業も行き詰りました。生活のため、八幡西区の3ヶ所で中学生向けの学習塾を始めました。英語は私が教え、理数科は九州工大大学院のアルバイト4人に任せました。成績不振の子を調べてみると、小学4・5年段階で落ちこぼれていることが分かり、4・5年生向けの集団課外授業を無料で実施しました。成績が上がると勉強する面白さを体感する子どもたちを見て、人を育てる達成感を味わいました。

〈79年の「北九州バンケットサービス」の設立は？〉

学習塾は夕方からなので昼間は暇です。テレビで福岡のバンケットサービス業のニュースを見て「面白そう」とアルバイトのコンパニオンに応募しました。元々が商売人の娘。家で仲居さんなども雇っていたので「これなら自分でもできる」という直感でした。福岡市にニューオータニが開業する頃でした。

採用されてシステムやノウハウを聞き出し、開業しました。コンパニオンは、お花、お茶の習い事の友達が面白がって引き受けてくれ、半分は起業ごっこでした。北九州ではパイオニアだったので、営業もしないのにホテルや地場企業から注文が殺到。山口、中津、福岡からも呼ばれ、アッという間の急成長でし

バンケットサービス用の制服管理

た。忙しくて寝る間もなく、好評の学習塾は撤退。「将来落ち着いた仕事も」と思い、和風料理屋を始めました。

〈事業を一般人材派遣業に拡大したのは不況がきっかけですか？〉

バンケットサービスは好不況の波に極めて敏感です。バブル崩壊後、基幹製造業が断腸の思いで人員削減に踏み込む姿を見て、雇用拡大が優良企業の証しではなくなる時代の到来を肌で感じました。バンケットだけでは限界があると感じ、業界団体（全国）の副会長として「少子高齢化で働く人も減る。次の仕掛けを」と警告しました。だが、本社機能が集積する大都市はまだバブルの余熱もあり、聞き入れない。そこで独りで新分野進出を決断し、勉強して一般人材派遣業の資格を取りました。

〈不況下の新分野進出ですね？〉

人材派遣業は米国発祥の事業です。テンプスタッフ社（東京）の篠原欣子《しのはらよしこ》社長に教えを乞うと「スタッフの遅刻、欠勤などは日常茶飯事。謝ることが苦手だったら、あなた、この仕事は無理よ」と（笑）。一般事務派遣は当時、東京でブームになりつつありましたが、九州では麻生グループ（福岡市）がいち早く市場を抑えておられ、進出の余地なし。模索していた矢先、運よく北九州市から「国際理解教育を始めたいが、事業計画やカリキュラムを立案できますか？」と問い合わせがありました。学習塾の経験とバンケット業を産業として定着させるために必死で学んだ経営ノウハウを生かして、事業計画を立案して提案したら合格。これが今では第2の柱に育ちました。前後してTOTO、NHK、松本清張記念館などから受付派遣も受注しました。派遣人材を顧客先にスタッフ移籍する有料職業紹介、独居高齢者への給食事業受託にも進出、社名も㈱ケィ・ビー・エス（KBS）に変えました。

〈経営者として目標はどこに？〉

目指すは「小さな一流企業」です。無理に会社を大きくせず、少数精鋭の身の丈主義に徹します。「人財」

が当社の資産であり商品。人材育成が全てです。スタッフが現場で共に働きながら教えるＯＪＴ方式でやる気・能力・体力を重視し、積木のように根気よく続けます。スタッフは女性が多く、離婚して子育て中のママさんスタッフには「子育てをおざなりにしたら、働く意味はないよ」と土日の子連れ出勤も認めています。最近増えた米・加の国際理解教育の補助教員たちも「会社のために何ができるか」を一生懸命考え、入札でも「絶対とるぞ」と頑張ってくれています。国際色豊かです。

〈人材派遣業は90年代に規制緩和の方向でしたが、その後は現在も規制強化の方向ですね〉

一定期間だけ働く人を求める企業と、一定期間だけ働きたい求職者の出会いの場を提供、人材を育成する。人材派遣業は産業として基本的に必要不可欠な事業です。求人企業と求職人材のミスマッチを調整し、雇用の創出に貢献する社会的責任もあります。

〈今後の業界展望と貴社の将来ビジョンを〉

これまでの少子高齢化と人口減少、財政制約、新興国台頭と国際競争激化に加えて、東日本大震災と原発事故。日本経済は今後、どの産業分野もますます厳しくなります。その中で生き抜くには、国の支援をあてにせず、自ら力をつける自立の精神が不可欠です。人材派遣業も例外ではありません。各産業分野で正社員さえ過剰になる一方で、敬遠されて人手の足りない職種が必ず出てきます。世界の人々が認める良質な日本人の特性——愚直、勤勉、必死さがダサイと言われ出して、国力が低下し始めました。今こそ必死で働かねばと考えるのですが……。慢性的な人手不足の分野に、外国人も含め、どう人材を確保するか、懸命に探っています。世の中は常に変わり、ＡＬＴもこのまま拡大が続くとは限りません。どんな事業も5年間隔で波が来ます。生き抜くには「次に何をするか」、それも社会が求め、他人がやらない先駆的事業を常に考え続ける必要があります。

〈北九州の活性化策は？〉

北九州はダサイというイメージがありますが、上辺だけでなく、生産・技術の実体があり「ダサイは大いに結構」です。ただ個々にモノを真面目に作っているだけでは限界を感じます。東京・大田区や東大阪市のように、中小企業群がそれぞれの特性を生かして集団化し、夢のあるプロジェクトに共同で取り組めばさらに楽しみです。親会社への気兼ねや旧五市の壁もあるようですが、もっと横の繋がりを強めれば、新しい展開が期待できます。鍵は、モノづくりの世界でスター企業が輩出する仕掛けを作り、新しい第3次産業の創造にどう結び付けるかです。

〈地域間競争も激化、北九州の生き残りも大変です〉

国際理解教育のＡＬＴ（語学指導助手）
米英豪加から国際色豊か

新興国に比べて日本の人件費は割高で、大手の海外シフトと国内の縮小傾向が進みつつあります。一方で、欧米、アジア、インド等から優秀な外国人がたくさん来ており、北九州の大手企業も囲い込みに熱心です。今までのように単純な右肩上がりの成長だけを夢見ていると不平不満も出てきます。縮小経済に耐えつつも、グローバル化の中で、みんなに住みやすい街づくりを改めて考え直し、各都市がそれぞれ独自の都市づくりのビジョンを掲げるべきです。人材派遣業の新たな役割もその中で出てきます。北九州の場合、モノづくりの集積を生かし、生産現場の迫力を売り物にする産業観光の振興もその一つです。

〈安部さんは北九州商工会議所女性会（会長＝深町宏子前ナフコ顧問）の副会長ですが、来秋、女性会全国大会を開催されるとか〉

北九州は女性経営者が少ないといわれますが、創業者を陰で支えた女性の実力者も多いのです。女性会は発足以来20年間、子どもインターシップ事業や「働く女性のための環境づくり」として学童保育の整備を市に要望するなどの活動を続けてきました。深町会長は全国大会に「北九州の良さを知ってもらい、リピーターとして北九州を再訪するファンを一人でも増やしたい」と積極的で、みんな張り切っています。

〈元気な地域づくりには、新規の起業も急務です。先輩として女性起業志望者にどんな助言をしますか？〉

私自身、まだ道半ばで奮闘している身ですが、自分への戒めも兼ねて創業塾などでは「人のやらない隙《ニッ》間《チ》を見つけよう。そのためのアンテナを磨こう」と話しています。女性に限らず、経営の3要素（人、モノ、金）の乏しい起業家が、他人と同じ事をしていては勝ち目はありません。社会に受け入れてもらうには買い手が必要で、それには社会参加も重要です。経済団体で揉まれ、勉強する仲間を作ると、得る所も多いですよ。

〈それにプラス商売人魂ですか？〉

飯塚市で中小炭鉱を経営していた父は閉山後、八幡に出て旅館を経営。私が洋裁学校の宿題で裁縫をしていると「自分の着る物をセコセコ縫う人生と人に縫わせた物を着る人生と、どちらが良いか」と大喝しました。「小なりといえども自分で経営する気概を持て」と言いたかったのでしょう。私の場合、サラリーマン家庭でなく、商売人の家庭で育ったＤＮＡ（遺伝子）と負けん気の強さ、ハングリー精神もバネです。

〈経営哲学を〉

「正攻法」。必ず正面からきちんとやる。コネなどに頼ると足元が崩れ、小企業には致命的です。自信のある商品をきちんと作り、問題のないものだけを売る。それと、当たり前の事を当たり前にやる。バカにしないで、バカになって、ボヤボヤしないでちゃんとやる。正直、勤勉、自分らしさです。

〈座右の銘と趣味は〉

「人材を人財に」。磨けば誰でも必ず光ります。趣味は休日のガーデニング。疲れて誰とも話したくない、会いたくない、モノも言いたく時がありますが、そんな時、草花が癒してくれます。ガーデニングは土づくりが基本で、人間社会と同様です。基本を飛び越して応用をしようなんて、とんでもないと考えます。手を抜くと絶対に育たないなど教えられることが多いので、人生を生き抜く参考書でもあります。

安部高子（あべ・たかこ）
1967年尾道短大経済学科卒、79年㈱北九州バンケットサービスを設立、社長。90年㈱ケィ・ビー・エスに名称変更。北九州商工会議所女性会副会長、小倉法人会副会長、福岡経済同友会幹事。北九州市社会福祉審議委員、同男女共同参画審議会委員を歴任。

㈱ケィ・ビー・エス　小倉北区砂津1－2－13Ａ1ビル1階、設立1979年、資本金1千万円、従業員数100人（派遣含む）、売上高2億3千万円、事業内容　一般人材派遣、有料職業紹介、人材サービス請負各事業。

◆観光都市北九州へ――長期不況との闘い

予期せざる楽しみと感動を

門司港レトロとセットでオンリーワンの魅力づくり

㈱スペースワールド社長（当時）　村山紘一さん（2002／07）

◉信条

「苦労に打ち克ち何かを創る」、「感動が人生の豊かさを決める」

――新日本製鐵（現新日鐵住金）が、複合経営路線の一環で創業した「宇宙」が中心テーマのテーマパーク・スペースワールド（八幡東区）が、創業12年目を迎えた。長期不況でテーマパークは、全国的に冬の時代を迎えているが、スペースワールドは、年間来場者200万人前後を維持している。新興観光都市・北九州の目玉として、どう差別化していくか、村山紘一社長に聞いた。村山さんは「予期せざる楽しみと感動をどう創りだすかが課題」と指摘する。

〈長期停滞でテーマパークを取り巻く環境も厳しいですね？　各地の相次ぐ破綻の一方で、東京ディズニーシー、大阪ユニバーサル・スタジオ・ジャパン（ＵＳＪ）の開業などで競争は激化傾向です〉

村山　デフレによる個人消費の低迷が響いています。東京ディズニーランド（ＴＤＬ）等2、3のパーク以外はどこも厳しいようです。ＴＤＬはディズニーの独特の魅力に加え、後背地の人口が多く、周辺の地価の上昇で設備投資がやり易いことも見逃せません。人口密度が小さい所に立地し、投下資本が大きい所は売上が落ちると厳しいと思います。

〈スペースワールドの現状はいかがですか？〉

幸い福北大都市圏に立地し、昨年度来場者数は１９４万人、前年比３％減で落込みは最小限に止まっています。客層はヤングファミリー、カップル、学生が多く、中心は広島以西の日帰圏で、福岡県が３割、北九州がその３分の１を占め、韓国、台湾、中国などからも５％程度来ています。ＴＤＬに比べ面積も４分の１ですが、初期投資も３００億円と少ない。ＴＤＬが８時間遊ぶ「終日型」とすれば、ＳＷは３～４時間の「半日型」で往復の時間を入れて１日の日帰り行楽か、宿泊する人は近隣の観光地とセットで楽しんで貰っています。収益を上げるためには入場料収入プラスアルファが必要です。ＴＤＬは入場料と土産品等キャラクター・グッズの売上がほぼ同額ですが、当社はＴＤＬのような強力なグッズがなく、何でカバーするかが今後の課題です。

スペースワールドの全体図
（スペースワールド所蔵）

〈デフレ下の経営課題をどうみていますか？〉

長期不況下でお客様が減りつつあり、テーマパークはこれまでと違う企業構造の構築が求められます。パークの魅力度を上げることと収入が減っても利益を上げられる収益確保の体質づくりが主要課題です。具体的には「宇宙」がテーマというものの、今は宇宙飛行士の訓練体験と宇宙物の映画が中心です。無重力だとどんな気分か、ロケット発射の瞬間や真っ暗闇の宇宙ではどんな気持になるか、などスリリングな体験を盛りこんだパビリオンを作りたい。来場者に快くお金を使ってもらうためには、より美味しい食事や魅力あるグッズの開発、パークの雰囲気づくりも必要です。夏場の暑さ対策として、涼しい雰囲気や木陰づくりも課題です。また、入場料の工夫や近所の市民に気軽に入場して頂くことも大切です。ＴＤＬでは年間パスを使って毎日散歩に来る人達が数十人いるといいます。気楽に来て貰うためには桜、紅葉など季節感のある植栽も重要です。

〈再編期のテーマパークですが、そのあり方をどうみ

目玉のジェットコースター「ヴィーナス」（同所蔵）

ていますか?〉

就任してまだ1年で勉強中ですが、テーマパークは米国と日本では主流ですが、欧州のエンターテイメントはリドのショーや奇術のように、凄い専門性を持ち、小型だが粒ぞろいで、別の形で発達しています。つまり楽しさは多様です。ＴＤＬの感動は「情愛、ノスタルジア、冒険、未知」にあるといわれますが当社の場合、「情愛」――癒し系のホッとする何かをどう付加するかも課題です。富士山と河口湖を借景して欧州風の庭園と建物に自奏楽器を配した「オルゴールの森博物館」は小さいながら独特の魅力を創り出しているパークで参考になります。来場者に「予期せざる楽しみ」「意外な感動」「不思議」を楽しんでもらうことも重要です。要はオンリーワンの魅力をどう創るかです。

〈「セットで1日」の残り半日の遊び方についてはいかがですか〉

近い東田地区は、イオングループの商業施設がすぐ隣に出来ます。その来客が買物の合間に当社の観覧車などを一定料金で利用できるような工夫もしたい。皿倉山の夜景ももっとＰＲすれば、神戸、函館以上の魅力があります。

〈北九州の観光客はスペースワールド、門司港レトロの開業で2・4倍に増えました。新興観光都市・北九州の戦略をどう描きますか?〉

東京からのお客様に聞くと、長崎は異国情緒と中華料理、博多は大都会だが東京のようにゴミゴミしていなくて、自然や史跡、美味しい料理が魅力と言います。北九州も観光資源は多彩ですが「北九州」は「北部九州」と混同され、地域の鮮明なイメージが描きにくいようです。門司港レトロは懐古型で未来型のスペースワールドとセットで売出していますが、まだまだ点を線にするところまではいっていません。平尾台や関門橋、松本清張記念館などここだけしかない名所も多く、モデルコースを作れば北九州の新たな魅力を開発できます。

〈北九州の潜在力をどう評価しますか。提言を〉

100万人の人口集積に加え、工業に関しては世界的な知識集団で、現場で何かを作るノウハウの集積があります。私自身の体験でいうと50歳台で製造業（鉄鋼）から全く異質の小売業に転身しましたが、2～3年新しい分野を素直に勉強すると、過去の製造業で身につけたものが色々な場面で形を変えて生きてきます。違いは製造業は研究開発や新製品開発で付加価値のつけ方に時間がかかるのに対し、小売業は単純に言えば仕入れて売ることとなので「色々悩むよりとにかくやってみよう」というスピード感が大切です。北九州市がより魅力的な街に変わるには、慣れ親しんだ「生産者の視点」から「生活者の視点」に切り替えることも重要です。

〈激動期ですが、経営哲学は？〉

厳しい時代だからこそ、企業の本当の実力が試されます。「感動」をキーワードに「活き活き挑戦」することです。お客様にはまた来て頂ける大きな感動を、社員はただ「楽しい」ではなく「苦労に打ち克ち何かを創る」プロジェクトXのような感動です。感動の深浅が、人生の豊かさを決めると思います。

〈最後に信条、趣味を〉

「エバー・オンワード」、限りなき前進です。かつては陶芸など楽しみましたが、今は仕事に追われゴルフと読書程度。ぽっかり空いた時間に無目的にボーッと時間を過ごすのも楽しいですね（笑）。

〔スペースワールドは、2005年新日本製鐵の事業構造の見直しの一環として、リゾート経営専門の加森観光に営業譲渡された〕

村山紘一（むらやま・ひろかず）
1965年早稲田大学政治経済学部卒業、八幡製鐵（現新日本製鐵）入社。93年八幡製鐵所副所長、福岡経済同友会副代表幹事。95年スピナ社長。2001年6月スペースワールド社長。九州経済同友会企画副委員長。05年九州観光国際推進機構事業本部長。08年九州電力社外監査役。

㈱スペースワールド　八幡東区東田4−1−1、設立1988年（営業開始1990年）、資本金1千万円、社長　加森公継、来場者数非公表。

◆観光都市北九州へ――世界的景気拡大のなかで

塀のないテーマパーク北九州を

【日本観光旅館連盟会長（当時）、サンレーグループ代表】　佐久間進さん（2007／07）

賑わいづくりと北九州観光クラスター（集積）戦略
埋もれた「宝物」もっと活用　下関―北九州―福岡の観光連携

◉信条
「最高の満足、最適の利益」、「対話こそ人生」

――北九州市が、「集客産業」育成を目指し、にぎわいづくり推進本部を設置した。日本観光旅館連盟（現日本旅館協会）会長で、北九州商工会議所観光サービス部会長の佐久間進サンレーグループ代表に新興観光都市・北九州のあり方を聞いた。佐久間さんは「個性的な観光資源の豊富な北九州はこれらを磨き、繋げば『塀のないテーマパーク』にできる」と説いた。

〈国が「観光立国」、市が「にぎわいづくり振興」政策に取組む中、観光関連業界の景況はいかがですか?〉

佐久間　穏やかな景気回復と言われますが、観光関連は今一つ実感がありません。初期投資が大きいホテル・旅館業界は、全国的な地価下落→担保価値低下も響き、息が抜けません。新北九州空港開港も目立った宿泊客増とまではいきません。ただ、観光立国推進基本法の制定、2010年訪日外国人観光客数1千万人計画等で追風が吹き始めました。

〈日本観光旅館連盟も「観光クラスター戦略」を柱に据えています〉

日本観光旅館連盟（当時）

「街の賑わいが、わが宿の繁盛」で、まず皆でまちづくりに参加しようと。ホテル・旅館が「点」なら、街は「面」、それを繋ぐ「線」が観光で、美しい風景、美味しい食事、楽しいイベント等です。あそこへ行って歩きたいというまちづくりです。かつては、個の時代で、別府の大規模ホテルのように宿泊、レストランからショーまで全てを抱え込む強者が繁盛した。だが、今や共生・連携の時代。各自が自分の特徴を生かしつつ、不得手なところは他店にまかせる。そういう協力体制ができた観光地は好調です。湯布院、黒川温泉しかり、これが観光クラスター（ブドウの房のような地域集積）です。先日も、北九州・松山商工会議所交流で松山に行きました。「日本一の伝統の温泉」、「日本一みやげ物の豊富な商店街」をうたい、買物ならここ、クラブはあそこ、共同風呂はここと完全に機能分担し、協力と競争で賑わっていました。

〈北九州でも「集客産業」育成目指し「にぎわいづくり振興」がスタートしました〉

歴史のある温泉町や観光地と違い、北九州の場合、クラスター作りに難しさはあります。キーワードは「塀のないテーマパーク」だと思います。テーマパークは、一部を除き、全国的に苦戦しています。しかし、北九州には門司港レトロ、リバーウォーク、松本清張記念館等がある。下関には水族館や宮本武蔵と佐々木小次郎の巌流島、明治維新の故地、源平戦跡があり、繋げば塀のないテーマパークです。さらに福岡には、博多座やドーム球場もあります。下関―北九州―博多間は、新幹線で30分。「連携観光」もこれからのコンセプトです。観光とか楽しみは、江戸時代に源流があり、廃藩置県で変わりましたが、今や廃県置州―道州制の時代。広域に考え「道州観光」を作る時です。すでに北九州と下関は同じ観光パンフレットを作製しました。訪日外国人観光客も昨年７３３万人を達成、２０１０年1千万人達成は確実です。中国、韓国への窓口である北九州、下関、福岡には追風、要は官民の情報共有と魅力の共同ＰＲです。

〈北九州観光の特徴、魅力をどう打出しますか？〉

まず、産業観光ですね。産業観光と言えば、新日鐵の鉄、ＴＯＴＯの衛陶、安川電機のロボット等の生産工程を見てもらうイメージですが、実は、まだ奥が深いと思います。松山の交流会の際、タオル産地・今治市の「タオル美術館」に足を伸ばしました。建設費9億円で年間売上10億円、完全黒字です。特産タオルに有名図案家や漫画家の作品を印刷、販売してい

10年前に比べ観光客が6割増えた門司港レトロ

ます。耳目の不自由な画家が、その場で来館者の希望に応じて書いた作品も即売している。実に楽しい。これぞ産業観光と思いました。タオルの生産額は、ピークの７千億円の２割にまで低下、その打開策として知恵を絞り、タオルにデザイン、文化を加え、付加価値を高めています。体験型の産業観光は、北九州でもシャボン玉石けんが好評ですが、工夫次第でもっと資源を活かせるのではと感じました。たとえばロボットの工場見学のあと、模型ロボットの玩具が並んでおれば、喜んで買うでしょう。１次産品なら合馬のタケノコ、関門の蛸もあります。

〈北九州しかないものを磨くわけですね？〉

私は北九州の２大宝物は、エコタウンと小笠原流礼法と思います。生ゴミに乳酸菌を混ぜて黒豚などの飼料にするなど、様々な最先端リサイクル技術を蓄積、見学でき、エコツーリズムは視察観光では大成功しています。しかし、担当者が１人で、１日30～50人止りです。もったいない。旧小笠原藩の礼法も、全国に発信できる文化です。今、政府も「親学」を呼びかけるほど日本人の礼儀作法が乱れています。北九州に行けば、日本古来の小笠原流礼法が学べるという仕掛作りのプランを練っています。北九州には、産業遺産も数多くあり、これも貴重な資産です。ただ、モノづくりの歴史に興味を持つ観光客は、やはり限られ、一般の観光客をワッと集める楽しさでは、今一つと思います。函館に行って「素晴らしい夜景でしょう」と自慢されましたが、内心では皿倉山や関門の夜景の方が数段上だぞ、と思いました（笑）。夏目漱石が、松山に住んだのは、１年２ヶ月ですが、松山生まれか、と思うぐらい足跡を観光化しています。それに引き換え北九州に４年住んだ森鷗外、40年以上暮した松本清張はどうか。北九州には、色々資源があるのに、十分に活かしきっていないと反省します。やはり、北九州は、街全体にモノづくりの発想が強過ぎるのかなとも。モノづくりの経営も、今後は「楽しい街」、「住みたくなる街作り」を重視しないと、良い人材を確保出来ない時代に入りつつあります。木村尚三郎元北九州市コンベンションビューロー理事長は「住んで良し、訪れて良しの街作り」が口癖でした。函館は、今、観光客の永住化政策を推進しています。

〈国も地域も観光振興の時代、中長期の方向性は？〉

２０３０年外国人観光客４千万人（１５００万人は中国）は可能という試算もあります。新空港も、日韓中英の４ヶ国語表示と、筑豊まで含めたローカルカラーを打出すべきです。市民も企業も、ホスピタリティ（もてなしの心）が求められます。10年来「百万にこにこホスピタリティ運動」を展開してきましたが、これを全国運動にと、日本観光協会の中村会長に提案しています。基本は挨拶、親切で、これが昨今失われた心のゆとり回復に役立てばと思います。

〈経営哲学は？〉

「創業守礼」。ここでの礼は、人間尊重です。誕生、七五三、長寿祝と人生の通過儀礼を祝うのは人への思いやりで、良き家族関係の基盤です。

〈座右の銘と趣味を〉

「最高の満足、最適の利益」。お客様の満足が私の満足です。趣味は「対話こそ人生」。色々な方と出会い話し、聞く一時が一番楽しいですね（笑）。

佐久間進（さくま・すすむ）
１９５９年國學院大学文学部卒、62年東京ＹＭＣＡ国際ホテル専門学校卒、66年サンレー設立、同社長、2001年サンレーグループ会長。日本観光旅館連盟会長、北九州商工会議所観光サービス部会長、北九州市観光協会顧問（元会長）。（一般社団法人全日本冠婚葬祭互助協会顧問（初代会長））。

㈳日本観光旅館連盟（現一般社団法人日本旅館協会）東京都千代田区内神田2－14－10、会員数４３２０事業所（当時）、事業内容　会員施設のサービス向上改善、経営接客等の調査研究、関係官庁・団体への提言、連携。

◆6次産業化を目指して——世界同時不況のなかで

農協合併で県内最大規模に

〔北九州農業協同組合（JA北九）代表理事組合長（当時）〕　野中敏昭さん（2010／06）

3農協合併で県内最大規模に　地域特性活かし農業再構築へ 危機感で強い農家作りに知恵絞る

◉信条

「『自主、自立、相互扶助』の『報徳精神』」、「何事も徹底的に窮める」、「規律」

——JA北九州、JA北九東部、JAおんがの3農協が昨年10月、経営基盤を強化し「農業問題に真摯に対応するため」合併、北九州農業協同組合（愛称・JA北九）が発足した。北九州市と中間市、遠賀郡をエリアとする県内最大規模の農協は、どのような農業ビジョンを提示するのか？　野中敏昭組合長は「エリアの強みや潜在力を生かしながら、本格的な農業の再構築を目指す」と語った。

〈北九州市と遠賀郡の農業の現状をどう見ていますか？〉

野中　担い手不足の深刻化、輸入農産物の増加、国内農産物価格の低迷など厳しい環境下にあります。管内の農家数と農業従事者はこの5年間で17％減りました。耕地面積も水田は8・5％減、畑11・9％減、樹園地14％減と右肩下がりです。同じ都市農業形態の福岡市と比べますと、北九州は耕地面積10アール当たりの農業生産所得は70％、1農家当たりの生産所得は約60％しかなく、後塵を拝しています。

〈北九州エリアには豊かな潜在力と地域特性もある

と思うのですが〉

玄界灘、響灘、周防灘と3面の海に面し、海岸線が200キロと長く、無霜地帯があります。福智・平尾山系の森林資源と豊かな里山文化もあります。冬暖かいので遠賀郡岡垣町高倉には全国有数のビワ産地もあり、多様な農水産物が育つ自然環境に恵まれています。さらに福岡と並ぶ大消費地があり、市民との食の交流が容易です。当農協は地産地消の直売所を9ヶ所持っていますが、食の提案と農産物の換金が容易で、流通コストが低いのは他地区に比べて大きな優位性です。

３農協合併・ＪＡ北九発足式

〈合馬タケノコ、若松キャベツなど特産品もあります〉

小倉牛は伊万里牛に比べても肉質が優れ、畜産農家が、多頭飼育でなく量より質の良質生産しています。合馬のタケノコも適地に加え、農家が客土作業をし、手間を入れた栽培をし、竹山というよりタケノコ園です。キャベツも1戸当たりの栽培面積が広く、農家の熱意と創意工夫が競争力を支えています。

〈3農協が合併した背景は何ですか?〉

このままでは農業も農協も衰退の一途を辿るという危機感からです。次世代対策をやらなければなりません。正組合員は８９５４人。ここ10年間で６％減り、65歳以上の高齢者が約6割を占めます。

農協事業の根幹は農産物の生産販売ですが、販売・購買事業は右肩下がりです。合併前の3農協の農産物販売額と、資材等の共同購買額は10年間で25～29％の減少です。米の減反と農産物の輸入増もあり、全国共通の問題です。一方、信用事業ですが、貯金残高は２０８７億円で微増、貸出金残高は７２７億円で横ばいです。金融制度改革も影響し、特に都市農協は他の金融機関の激しい攻勢を受けています。

〈合併は避けて通れなかったということですね?〉

農協の使命は組合員の経済を豊かにすることです。そのためには力の蓄積が必要です。小組織では高度な機能が発揮できません。組織基盤を強化するために合併しました。さらに、6割を占める高齢者の大量引退が迫っており、「団塊の世代」にどう受け継いでもらうかが当面の課題です。この世代はわが国経済激動期と雇用環境の激変を体験しています。正組合員（になること）を選択してもらうには、合併で「次代を創造する農協」を実現するしかありません。

〈合併後のＪＡ北九の陣容はどうなりますか？〉

正組合員、准組合員合計３万５２５４人は県下１位です。貯金残高２０８９億円は県下４位の規模になりました。エリアを３区分して農業振興、金融共済の地区本部を置き、支店・出張所は25ヶ所。営農活動・育苗・ライスの各センターや直売所を展開しています。来春、機構改革でさらに一体化を強めます。

〈３農協の合併を「３」以上にするための施策は？〉

中期経営計画を策定中で、まず、総合農協としての事業の専門化と総合力を発揮して、組合員に対する営農・生活指導を充実させます。指導には高度な専門技能が要求されるため、合併でより深く専門的な営農指導ができます。また、肥料など諸資材価格も大量仕入れで安く供給できます。金融事業も資金量が３倍に拡大。これまで出来なかった事業、組合員並びに利用者への金融サービスが濃密にできます。

〈経営の効率化も必要ですね〉

３農協の管理部門を一本化し効率的に再配置すれば人員の２割はスリム化できます。従業員は７００人弱で、労働生産性は１人当たり約８００万円と全国農協の平均値ですが、約1千万円の「中の上」を目指せます。効率化でサービスを強化し、より魅力を高め、自己資本比率19％程度は現状維持します。

〈都心部の直売所の増設や加工食品の開発など「攻めの事業」も展開する予定ですか？〉

直売所は、黒崎、小倉南区横代の市総合農事センターに新設しました。加工食品は米粉パンを井筒屋、日本橋高島屋で販売中です。合馬タケノコを使った炊き込みご飯の素を開発し、発売する計画です。今後も地元産品の加工を増やします。さらに准組合員を増やし、地域密着の活動を強化するためＪＡファンづくりに取り組んでいます。

〈農業生産力の維持強化に向けての将来計画は？〉

食料生産が農業の基本使命です。担い手の高齢化で耕作出来ない農地が増え、余力ある専業農家による受託耕作も高齢化で行き詰まり気味です。近年の稲作経営は大農機具に依存しており、農機具１セット３千万円を要します。一方、米の価格は１俵（60キログラム）１万３千円程度とひと頃の半値です。受託農家の高齢化で自身の農地も耕せなくなれば農協が土地を預かり耕作するしかありません。代理耕作や部分作業請負の公社設立を検討しています。高齢者の健康維持のため、山間の空屋や耕作放棄地を活用して草花や園芸作物づくりを農協が施設運営するアイデアもあります。

〈五市合併（１９６３年）や信用金庫の合併（２００３年）に比べ、農協の合併は難産でしたね〉

農協は組合員の組織で資産は組合員のものですから、自治体の合併とは違う難しさがあります。北九州市内は、西部の北九州市農協と東部の北九州東部農協の2大体制でした。93年に北九州・遠賀地区の大合併構想が浮上し、それに向けて北九州東部と曽根、中間市と遠賀郡農協が段階的に合併しました。08年に3農協が合併協議会を設置し、一歩一歩積み重ねて大統合を実現しました。やっとスタートラインです。

先輩から農業の基礎を習う新農業者育成研修合同視察会（小倉南区春吉）

〈同じ都市型の福岡市農協との差をどう縮めますか？　営農生活指導員1人が担当する正組合員数は北九州市は福岡市の半分です〉

高度な農業技術人材の育成・配置をして農業振興を図るには、強い財務基盤の確立が大前提です。資金の調達運用による利益向上を図り、経営を効率化。事業全体を拡充して地域農業振興のできる都市農業を目指します。営農だけでなく、組合員の生活関連をどう豊かにするか。都市農協は組合員の資産管理事業と相続のお世話も含め、きめ細かに対応する必要があります。

〈北九州市も農林水産振興施策に注力してきました〉

福岡市は自治体の予算規模も大きく、さらに県や国の補助事業をうまく活用しています。当農協は発足直後で、当面は体制整備に注力しますが、行政との強力なタイアップに前向きに取り組んでいきたい。

〈具体的に言いますと？〉

北九州市は地産地消や学校給食などソフト面に力を入れ、効果を上げていますが、今後は「経営力を持った強い農家をどうつくるか」というハードな根幹対策をやっていきたい。福岡市は10アール当たり農業生産所得が北九州より高い背景には、花卉《かき》農家数の差もあります。福岡市は施設栽培が多く、花卉産地として集積している。福岡市の花卉園芸の盛んな地域と似た気象条件の地域が北九州にもありますが、残念ながら花卉農家数が少ない。野菜にしても、露地栽培は年間2回転ですが、施設栽培は6〜7回転は可能です。病虫害発生も殆どありませんので農薬も不要になり、安全安心な野菜が供給できます。施設園芸の振興には施設資金の支援も必要ですが、リースという制度を活用して、農協財務強化されますので、一部を助成して市と一緒に考えていきたい。行政と一体となって「強い農業者作り」に知恵を絞る時です。

〈地域ブランドを増やし、全国に発信する考えは？〉

一般に「ブランド売込み＝東京」と考えがちですが、地産地消型もあります。京野菜や加賀野菜は地場の生活文化になじみ、全国ブランドになっています。北九州の地場野菜も農協直売所で食べ方を宣伝する。努力でブランドの概念を変える必要があります。

〈農商工連携で、商工会議所も北九ブランド育成を提唱しています〉

我が国の農業総生産額は約8兆円ですが、食品加工、流通・外食産業までの国民の食関連の総支出額は100兆円を超えています。農業がいかに素材生産に留まっているか、利益機会を逃してきたか。もっと生産物に付加価値をつけ、取り分を取ってよい。それには提携です。農業も1次産業（素材生産）×2次産業（食品加工）×3次産業（流通・農村観光など）の6次産業時代といわれますが、取り分の拡大に取り組むべきです。

〈最近は建設業や運輸業など異業種からの農業参入も盛んですね〉

農業の将来性に関心が深まることは有難いことです。ただ他分野の方々がどのくらい農業を理解されているか？　農業は大自然が相手でごまかしが効きません。古来の「棲み分け」が壊れて、農業者は本来の取り分を異業種から取られようとしている。だから「入り込まれる隙をなくして頑張ろう」と呼びかけています。経営感覚を磨き上げる好機ですが……。

〈食料自給率の引き上げが課題になっていますね〉

カロリーベースで現在41％の自給率を「10年後50％、20年後60％に引き上げる」と計画されていますが、まず困難でしょう。英国は国際分業論を称え自給率を38％までに落とし、第2次大戦で食糧に困窮しました。自給率1％の回復に5年を要しました。生産技術は高いが、高齢化した日本農業はより重大な決意が必要です。中国産の輸入は冷凍餃子事件で停滞気味ですが、中国政府が安全管理を国家政策にすると脅威です。一方、我が国の市場開拓は、ビタミン摂取が必要な酷寒のシベリア地方へキャベツ、ブロッコリーなどの輸出も可能なビジョンが画けます。

〈激動期の農業経営のカギは？〉

国際競争に勝てる強い農業づくりです。それには、圃場整備が喫緊の課題です。次世代が農業を継承できる基盤整備をしなければなりません。農業者は自分の経営をよく見、よく知り、何より基本を大事にすること。まず土づくりや農業気象の予測です。そのうえできちんと経営すれば、高度な技術はついてきます。

〈農協を運営する哲学は？〉

「自主、自立、相互扶助」の報徳精神の協同組合に帰ることです。私は青年期、静岡県庵原村で研修しました。二宮尊徳の報徳精神を修了、みんなでコツコツ貯金し、困った人に融通し合う頼母子講を風土化し、日本の農業協同組合の原理を育みました。農業は手詰まりと言われますが、未来を洞察し、農業への夢をどう与えるかです。それには、農協の力だけではなく、国、県、市、他分野との連携が必要です。

〈座右の銘と趣味を〉

「窮める」こと、何事も徹底的に。それと「規律」です。組織では特に大切で、まず私自身を律する心掛けです。趣味はクラシック音楽の鑑賞。余暇は30アールのカキ園で快い汗を流しています。

野中敏昭（のなか・としあき）

1955年農林省九州農業試験場園芸部専修科卒業。58年福岡県園芸農業協同組合連合会入職。62年東海農業試験場園芸部専修科留学。福岡県園芸連本部、東京事務所等勤務。94年北九州市西部農業委員。2006年北九州市農業協同組合代表理事組合長。09年北九州農業協同組合代表理事組合長。

北九州農業協同組合（JA北九州）八幡西区穴生1－8－2、設立2009年10月、出資金33億円、農産物売上高42円、購買費供給高24億円、貯金残高2242億円、貸出金残高660億円、共済契約保有高8043億円、正組合員8505人、準組合員29407人（09年度末）、従業員610人（12年度末）、事業内容　営農生活指導・販売、購買、信用・共済、不動産、旅行、葬祭、福祉。

◆6次産業を目指して――世界同時不況のなかで

美味創造で10年連続店舗増

【㈱資さん社長（当時）】　大西章資さん（2010／10）

「北九州のうどん」追求し30年　不況期こそチャンス、福岡地区へも進出
起業にはまず自己資金の蓄積を　「日めくり人生訓」で社員教育

◉信条

「サラリーマン感覚でなく『商売人たれ』」、
「『深謀遠慮』＝先見性」

――うどん・そばチェーンの㈱資《すけ》さん（小倉南区）は、外食産業不況のなか、この10年間ほぼ一貫して店舗数、売上高を増やしてきた。今年に入り、福岡都市圏への出店攻勢を本格化させた大西章資社長に、消費不況下の外食産業の成長戦略を聞いた。自作の人生訓を日めくりカレンダーにするなどアイデア豊富な大西さんは、「不況期こそチャンス。将来は、福岡地区で北九州とほぼ同数の多店展開を」と多店舗化の夢を語った。

〈㈱資さんは04年度を除き、この10年間右肩上がりで成長してきました。まず事業の現状と特徴からうかがいます〉

大西　当社は、うどん、そば、丼、カレー、おでんなどの和風ファーストフードの飲食店チェーンを北九州、下関、苅田で展開。今年に入って新たに門松（粕屋町）、志免町、中間、陣山、橋本各店を出店、合計30店舗になりました。ほかにてんぷら工房と鯨肉の卸・小売りもしています。

〈不況下着実な出店増の要因は何ですか？〉

うどん店は多く、常にお客様から比較されます。お

いしいか、店の感じが良いか、すぐ食べられるか。この3つのニーズに合う店づくりが鍵です。家庭では絶対に出来ないおいしいスープとこしを維持し、常においしさを研究し続ける。食材も有機栽培のワンランク上の良いものを使う。コスト上昇分は多店舗化でお客様が増えれば容易に吸収できます。おいしければ、リピーターが増え、売上も上がり、コストも吸収でき、再投資の好循環が生まれます。

〈最近、出店速度が早まりましたね〉

好況で地価が高騰、家賃も高いときは出店しにくい。04年度の売上高一時足踏みは、好景気で家賃が高く、適地を確保できなかつたためです。逆に不況で地価が下落するときは、出店コストが安く、チャンスです。最近出店した某店は、好況期に高くて見合わせた所で、当時の3分の2で賃貸契約、「あのとき無理して出なくてよかった」(笑)と。門松店は大手レストランの撤退跡です。

〈福岡進出を強める構えですが、その背景は?〉

北九州はほぼ出尽くし満杯です。それと人口規模です。早くから出店したかったが、うどん製造工場の生産力が追付きませんでした。創業以来の戸畑工場は手狭でアクセスも悪かった。2年半前にここ(小倉南区上葛原)に本社と工場を新築移転、生産力を拡大しました。ここから東インター経由福岡へ一直線です。下関も近い。ここに移ったことで福岡出店作戦が容易になりました。

〈今後も福岡の出店は加速しますか?〉

東郊の粕屋郡に進出、次いで西区に出店しました。まず回りからとり囲み、最後に中洲など中心部を押さえようかと。出店できる土地や場所は沢山あり、一定の広さがあれば、積極的に出店します。ゆくゆくは北九州地区並みの店舗数になる可能性もあり、店が増えれば福岡工場の新設も夢ではありません。

〈うどん店開業までの準備期間が長かったとか?〉

もともと電波少年で、海外航路の船舶通信士を夢みて、高校と電子専門学校を卒業しました。ところが親は「船は沈没する」と猛反対です。夢破れ家出して東京でキャバレーのボーイや照明掛かり、弁当の配達、酒店の配達など色々やりました。いずれも食事付きで給与は貯金しました。最後は明電舎の下請けの板金工場で、東京~沼津間130キロのトラック運転手をしました。毎日親会社から材料を受け取り、完成品を納入する。ここで素晴らしい出会いがありました。夜8~9時に帰社するともう誰もいませんが、創業者の会長は必ず残っていて、報告すると「お疲れさん」。そしてしばしば「一丁いこうか」と小料理屋に誘われ飲みながら色々教えて頂きました。

〈貴重な修業と出会い、経営学の直伝ですね？〉

戸畑に戻り、雇用保険を貰いながら、家業の精肉店を手伝い、開業資金作りを続けました。東京時代の貯金と合わせ、２００万円貯め、戸畑区天神町で電機修理業を開業しました。高校時代にアマチュア無線の資格を取得、電子専門校も卒業し、真空管式のテレビ修理などは朝飯前です。親も半分出資。もともと好きな仕事で、テレビの修理が終わっても機器の掃除、蛍光灯みがきなど付加サービスに努めました。お蔭様で繁昌し年商1億円まで行きました。

〈順風満帆ですね？〉

29歳で1億円稼ぐと人生が変わります。「働くだけでは面白くない」とスキューバ・ダイビングも始めました。ところがエレクトロニクス革命で真空管式のテレビがトランジスタ、IC（集積回路）へと変わり、真空管で学んだ技術では修理できなくなった。

〈そこでうどん店へ転業ですか？〉

丁度、趣味のスキューバ・ダイビング仲間のうどん店経営者（戸畑区）から「24時間営業の店を廃業するが、君やらないか」と誘われた。軽い気持ちで引き受けたあとが大変です。東京風の黒い醤油うどんでまずい。お客様はタクシー運転手や飲んだ帰りの人などですが、まずいと二度と来てくれない。それから味の猛研究です。まずスープをおいしくと考えたが、素人の悲しさ、中々うまくなりません。

〈まさに悪戦苦闘の日々ですね？〉

色々聞きながら、来る日も来る日も材料を変え、みりんや醤油の量を変え、自分で食べたり、客の反応をみたり。ついに1年半後「これはうまい。マスター、明日もくるよ」と言って貰える味にたどり着きました。80年、年商2億5千万円段階で有限会社「さぬき屋食品」を設立しました。味が確立し、お客が増えると儲かる。ならばもう一店、もう一店と北九州地区で1年に2～4店ずつ出店し続けました。

〈拡大の要因、立地戦略をどうみますか？〉

有名うどん店の味に負けないようにおいしく作り続けました。コンビニがまだなく24時間営業も強味で、深夜、10～15人が行列して、売上も深夜の方が多かった。麺は自社工場製で、一つ一つ材料を吟味しながら、麺と具を作り、製造コスト安も武器です。店は直線で4キロ離し、建物を賃借りして改装しました。当初は、中心部の人の集まりやすい場所に出店しましたが、車社会化とともに、駐車場付きの店づくりを進めました。車の流れを観察し、車のスピードが早い道路沿いは、お客様が店に入りにくいから避けました。

〈ユニークな「ぼた餅」の開発もしましたね?〉

北九州の各スーパーの催事を1週間単位で回り、お客様の反応をみながら、甘さ控えめのぼた餅を完成させました。ぼた餅は小豆と砂糖と塩のバランス。これが合えばおいしく、みつかるまで辛抱強くやりますが、味の創造は楽しいですよ。

福岡進出の1号店門松店

〈カナダ・バンクーバーで不動産賃貸業も〉

半分趣味ですよ(笑)。日本の金利は0・数%、カナダは銀行預金でも4%の90年代末でした。都心近くで店舗つきの土地を安く購入。家具店、ピザ店などに貸しました。カナダは家賃が高く、月200万円になります。経営は現地マネージャーにまかせ、2ヶ月に1回出張します。ついでにウドン店、中華料理店などを食べ歩き、研究します。買値の2・5倍になったし、そろそろ売却を検討しています。

〈今後の経営戦略を〉

引き続き慎重かつ大胆に店舗展開していきます。同じ500坪の店でも、場所によって売上が全然違ってきます。ノウハウを活かしながら良い土地を厳選し、良いと分かれば躊躇せず、スピーディに出店します。

〈問題は人材確保と育成ですね?〉

多店舗化で一番重要な課題です。まず地域募集し、「お互いに頑張っていこう」という人に入社してもらいます。他店とは味も作り方も全く違う「資さん流うどん」や丼などのノウハウを教えます。ほしいのは真面目で向上心と協調性のある人物。学歴・経験は不問です。

〈独自の社内評価制度と賃金体系を採っているそうですね?〉

10人が同期入社して、横一列の賃金が続くことはありえません。頑張る人と頑張らない人の差が出

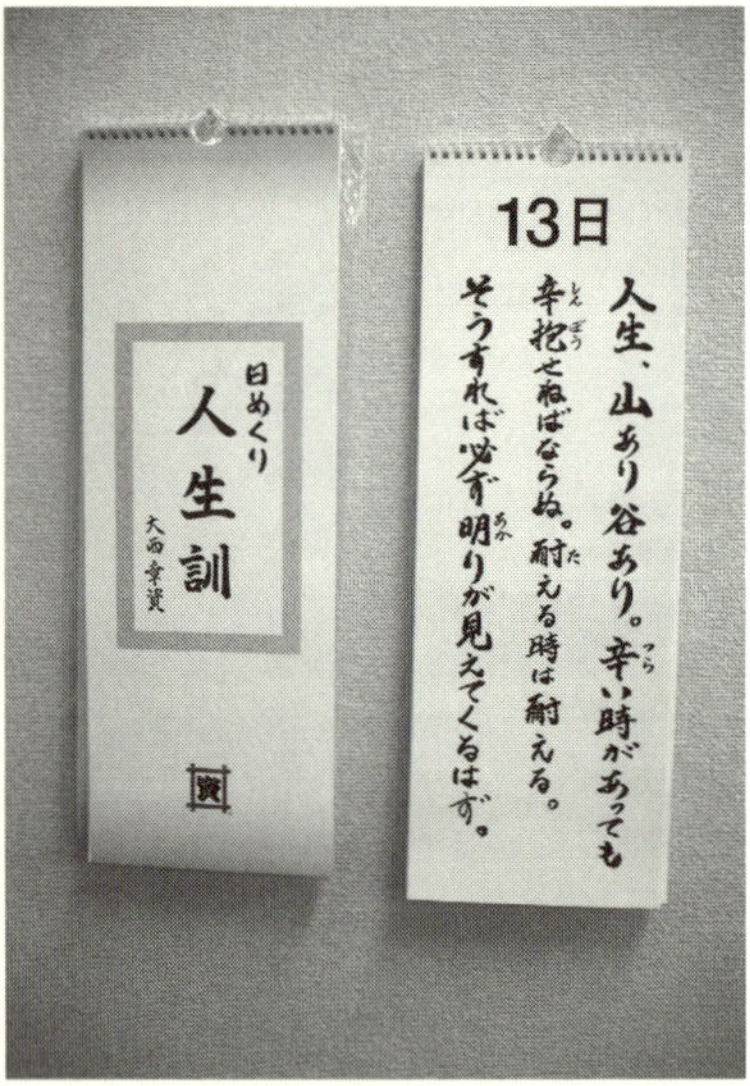

資さんの「人生訓カレンダー」

てきます。同じ賃金だと頑張る人がやめていきます。頑張る人の店は売上げも増え、当然年収も増えます。頑張らない人には、店は任せられず、やめて頂くしかない。一方で18歳独身と45歳家族持ちが同じ賃金というわけにはいかないので配慮しています。目指すは会社を頑張る人の集団にすることです。

〈「大企業の使捨て歯車になりたくない人歓迎」という採用コピーは挑戦的ですね（笑）〉

大企業は頑張っても認めて貰えない人が結構います。頑張ったのに窓際族とか、55歳で早くも定年とか。当社は65歳定年で健康な間は働いて貰います。ただ、自分で商売したい人は独立できる体制も作った方が良いかなと考え、フランチャイズ制も検討したい。

〈自筆で日めくり人生訓カレンダーを作成、店に掲げていますね？〉

「人生、山あり谷あり。辛い時は辛抱。耐えれば必ず明かりが見えてくる」「何時までもあると思うな親と金。良い時は長く続かず。良い時ほど蓄えよ」「人間の頭はみな同じ。なぜ上下の差が。考え方と行動力が違うだけ」「生涯勉強……」など。私の人生体験を振り返り、日頃から「私自身かくありたい」と願い、「社員諸君にもこうあってほしい」と考えたことを人生訓カレンダーにしました。全て当たり前のことですが、当たり前が出来ていないのが現状です。毎日見て噛みしめてほしいわけです。残部をお客様に実費でお分けしていますが、結構買って頂いています。

〈北九州外食業界の今後は？〉

人口比でみる限り、明らかに店舗過剰です。今後出店できるのは、よほど自信のある企業か、ファミリーレストランとは明らかに違う何か特徴のある食を持つ個人でしょう。一般的な店では厳しいと思います。

〈北九州経済の潜在力と活性化策と課題を〉

ピーク時の人口106万人は福岡市を上回っていましたが、1割減り、消費市場も1割縮小しました。

企業誘致は、響灘などで着実に続いていますが、まだ足りません。モノづくりの伝統と実績のある地域であり、今後とも積極的に企業誘致に努めてほしい。同時に、水道料など他都市より高く感じ、生活面での住みよい街づくりも必要です。企業や人が集まってくる街づくりを地道に進めるほかはないと思います。起業による雇用創出も必要です。

〈全国的に低開業率、高廃業率のなか、若き起業家への助言を〉

まず自己資金を貯めること。最近はロマンやアイデア一杯の起業志望者は多いが、貯金していません。私は開業資金として200万円（現在の800万円相当）を貯めました。石にかじり付いても貯めれば銀行がその3倍貸してくれます。ゼロの人には貸しません。金を持ちきるタイプと、持てば使ってしまうタイプがあり、後者は何回起業しても駄目です。計画的に蓄えきる人間になって欲しい。

〈激動期の経営哲学は？〉

「深謀遠慮」つまり先見性です。足元だけでなく、常に数年先のことを見通しつつ、商売のやり方を工夫していく。私もあのまま電機修理業を続けていたら、先細りだったでしょう。

〈座右の銘と趣味を〉

「商売人たれ」。大企業のトップはみんな商売人です。サラリーマン感覚ではやれない。社員にも言っていますが、商売人は少ないですね。趣味はアマチュア無線。以前はスキューバ・ダイビングやヨットでしたが、最近は健康維持のためのゴルフです。

大西章資（おおにし・しょうじ）
1961年戸畑高校卒、63年福岡電子工業専門学校卒。上京してキャバレーのボーイ、照明係、弁当配達など経験。65年㈱藪製作所（東京都）入社。67年大西無線（戸畑区）開業。71年丸安うどん（同）開店。80年（有）さぬき屋食品設立、社長。97年㈱資さんに組織変更、社長。2012年会長。

㈱資さん　小倉南区上葛原2－18－50、設立1980年、資本金2千万円、売上高49億7800万円（2012年8月期）、従業員数1100人、店舗網　北九州市を中核に下関・福岡市、苅田・粕屋・志免町に計40店舗うち福岡地区8店舗、事業内容　飲食（うどん、そば、丼物、ちゃんぽん、活魚）、卸小売（鯨肉）。

◆金融で地域活性化――福岡ひびき信用金庫1――長期不況との闘い

規模拡大でより地域密着へ

【福岡ひびき信用金庫理事長（当時）】古川育史さん（2002／02）

八幡・若松信金合併、規模拡大で　より地域密着・支援型へ

◉信条

「『足で稼ぐ根性』こそ、（信用金庫の）非価格競争力の源泉であり強味である」

――北九州の地元金融機関である北九州八幡信用金庫と若松信用金庫が、昨年末合併、資金量は鹿児島相互信金に次ぐ九州・山口2位となった。金融システム危機の余韻さめやらぬ時期の再編。古川育史理事長に背景と今後の展開、課題などを聞いた。古川理事長は「合併は金融ビッグバンによる激動期の体質強化に最も有力な手段であり、成否のカギは人心の融和」とし、次の北九州4金庫の一体化への意欲も示した。

〈合併して3ヶ月、ペイオフ凍結の解除を目前にして滑り出しはいかがですか?〉

古川　順調です。ともに80年近くの歴史と文化を持ち、一気に変えるのは大変ですが、早く双方の長所を融合、新しい企業風土を作りたい。数多の事例からみても合併成功の最大の鍵は「人心の融和」です。旧若松の本部要員30人も八幡に結集、一体化しつつあります。

〈金融界はまさに激動期ですね〉

金融ビッグバンで、長年の規制に守られた護送船団方式から自己責任時代に移り、業種間の垣根が低くなり、異業種も参入してきます。顧客ニーズの高

度化で業務も保険、投信、401Kへと多様化し、電子メールを使った取引、モバイルバンキング、ICカードの利用とIT関連の業務と関連投資が増えました。さらに金融検査も一段と厳格化、従来は資産の査定だけだったが、今や自己査定、リスク管理、法令遵守の3つを求められ、本部の管理体制の強化、そのための投資が急務となりました。それにはある規模以上の一人当たり資金量と高収益を上げる経営体質が必要で。合併はその最も有力な手段です。

〈具体的な展開方向はいかがですか？　既に複合店舗の閉鎖、5エリア分権体制と執行役員制は導入済みですが〉

人員面では1+1=2でなく、1・5にと、まず31人の理事を16人に半減しました。520人の職員も自然減で3年間で40人程度削減します。一方、IT投資は情報系で最近高速大容量、オープン形式の独自LANを本支店間に張り巡らしました。勘定系は従来通り九州信金共同事務センターを利用します。情報技術は日進月歩で「遅れず、過剰投資にならず」が要諦です。

〈融資の拡大も課題ですね〉

信金の使命は地域密着と地場中小企業の育成です。最近は「貸し渋り」から担保が足りなくなると返済を求める「貸し剥し」という言葉まで登場する有様です。債務者を5分類にわけ、破綻懸念先、実質破綻先、破綻先の3つは不良債権として正常先より各段に高目の個別引当金を積むことを義務付けられています。貸したくても貸せば引当金が必要になり、金融機関が慎重になる例が増えています。

当金庫は昨秋、中小企業診断士の有資格者をチーフに正常先以下の顧客対象に「企業支援チーム」を編成、企業に入って、本当に悪いのか、問題点を改善すれば良くなるのか、金庫の責任で見定めリスクテイクしてでも地域企業の成長支援の積極的体制をとっています。従来の単なる返済猶予からさらに踏みこんだ具体的支援です。それには収益の上がる体質作りが不可欠です。当金庫の営業区域は福岡県一円と下関市、特に八幡、若松、小倉地区に限定され、そこから逃げ出すことは出来ません。とにかく地域に育ってもらうしかない。運命共同体です。

八幡駅前の再開発などに支援、協力しています。預貸率を58%から65%に引上げるのが理想ですが、当面事業向けは厳しく、個人の住宅・消費者ローンや地方公共団体向けが中心になっています。ベンチャー

福岡ひびき信金本店全景。設計は八幡出身で
全国的な名建築を手掛けた村野藤吾氏

育成も重要ですが、特別のノウハウが必要なため、北九州テクノセンターに技術評価してもらっています。また信金キャピタルにも紹介しています。

〈最終的には北九州４金庫の一体化という方向でしょうか。４金庫が合体すれば資金量は５千億円を超え、第２地銀中位行並みになります〉

4年前、内部用に「21世紀ビジョン」を策定、「北九州は一つ」の立場で1兆円金庫実現を構想したことがあります。今回の合併はその第一歩で、次は新北九州、門司、築上各信金との一体化が課題ですが、いつどんな方法でやるかは白紙です。4月のペイオフ凍結解除を睨み、各地で規模拡大に向けた合併の動きは盛んです。時価会計の導入などで大口取引先が破綻すると一気に体力が弱る情勢で小規模金融機関の多い九州は流動的です。信金業界ではかつては小型でもキラリと光る特徴があれば生き残るといわれましたが、最近は中央で1兆円、地方で5千億円の資金量とそれに見合う人材集団が最低の生存条件といわれます。

〈北九州経済社会の潜在力をどう評価しますか、そして提言を〉

東田地区の製鐵所の跡地に日本テレコム、セイコーエプソン、ジェイコムなどIT関連の企業が進出し、産業構造の転換が進んでいます。これがどこまで進むか。長野県が本拠地のセイコーエプソン首脳の話では東南アジア、米国にも生産拠点があり、長野ー成田の出国だと半日かかるが、北九州だと福岡空港までわずか1時間、さらに人材確保も容易です。設計図を東南アジアに送り、現地で組み立て、うまく行かないときも空路北九州に取り寄せれば調整可能で、北九州は試作、研究基地に最適と聞きました。

合理化の極致のハイテク産業は1社1社はかつての製鉄業ほど大量の人員を雇用し、広大な裾野の形成はできませんが、新しい産業の芽吹きと遊休地の活用は楽しみです。響灘の大水深バースや新北九州空港、エコタウン、学術研究都市を活用した次世代産業育成効果に期待し、金融面で支援できる力を蓄えるのが私達の役目です。地域活性化には各経済団体が横の連携を密にしつつ各団体が活発に提言し、市がそれを積極的に取り上げて行くのが理想的です。

〈激動期の経営哲学は何でしょう?〉

40年間金融機関で働いてきましたが、今や株式市場が売りをかければ大銀行といえども安閑と出来ない時代です。リーダーシップ、先見性は当然として最も重要なのは「リスク管理」です。1件1件に内在し隠れているリスクを見つけ出し、危険分散も含め、いかにトータルに管理し、時には自分の責任でリスクを引受けるか。「リスク管理なくして成長なし」、それとスピード経営です。

〈最後に信条と趣味を〉

「温故知新」と「努力、根性」。新しい手法も歴史の流れや今ある商品の中にヒントがあることが多い。地域密着の信金はドブ板(を踏む小口)営業と揶揄されることがありますが、この「足で稼ぐ根性」こそ私達の非価格競争力の源泉で強味です。無趣味でビジネス書を読み、庭木を剪定するぐらいですが、最近は「まず隗《かい》より始めよ」で努めてパソコン、デジカメに慣れ親しんでいます(笑)。

古川育史(ふるかわ・いくし)
1959年北九州大学商学部卒、八幡市信用金庫入庫、98年北九州八幡信用金庫理事長、2001年11月福岡ひびき信用金庫理事長。九州北部信用金庫協会会長。全国信用金庫協会副会長。

福岡ひびき信用金庫 八幡東区尾倉2-8-1、設立2001年(創立1924年)、預金積金残高6322億円、出資金35億8千万円、会員数73460人、従業員数613人、店舗網 北九州、筑豊、京築、福岡に50店。

◆金融で地域活性化——福岡ひびき信用金庫2——世界同時不況のなかで

顔の見える地域密着経営を

【福岡ひびき信用金庫理事長(当時)】谷石喜一さん(2008/10)

5信用金庫合併の福岡ひびき信金発足5年、「地域の金融」の足場固めて

◉信条

「競争の激しい所にこそ利の元あり」、「地元のため汗をかき、労を惜しまず、共に成長する」

——県境を越えた地域金融の地域再編が進む金融激動期。北九州地区の5信用金庫が合併し、新「福岡ひびき信用金庫」が発足して5年になる。北九州市内に本店を置く唯一の金融機関のトップに経営戦略や将来ビジョン、地域経済のあり方などを聞いた。谷石喜一理事長は「合併で体力がついた。競争から逃げず、地域密着で中小零細企業との取引拡大に力を」と語った。

〈広域再編時代で北九州の金融界も大変ですね〉

谷石　北九州地区は福岡、西日本シティ、山口の各大手地銀が再編で拡大しつつ激しく競争しており、オーバーバンキング（店舗過剰）です。しかし、競争の激しいところにこそ利の元ありで、必ず当庫の役に立てる仕事とニッチ（隙間）があります。競争から逃げず、大手と金利、融資額等で激しく争いつつ、同時に信用金庫の主な顧客である零細企業・個人事業主との取引に力を入れる両面作戦でシェア拡大を図っています。

〈「隙間」といいますと？〉

ご承知のように信金は中小企業専門の協同金融組織で、従業員数、資本金、対象地域、融資額の規制があ

ります。当庫の融資先は従業員5人未満が45％、20人未満だと80％を占めます。中小小規模企業は小口で効率が悪いと地銀の手の及びにくい隙間ですが、地域の貴重な存在です。三井ハイテック、ワールドインテックなども当初は小規模でしたが、一生懸命努力され、当庫も応援し、共に成長してきました。大きくなると「卒業」して地銀、都銀に移行される例も多く、寂しくもありますが、起業の苦難期を共に努力するのが金融機関としての使命であり誇りです。ただ、この隙間も、信金並みの店舗数を誇る巨大なゆうちょ銀行が攻勢をかけており、安閑とはできません。

ひびき経営者賞の授賞式

〈米国のサブプライムローン危機、原油・原材料価格の上昇、円高・株安などで戦後最長景気も減速し、先行き不透明感が強まっています〉

北九州は、大手製造業が好調で、日銀短観でも全国、九州の平均を上回る景況です。しかし、中小小規模企業は厳しく、昨年末から、住宅建設の低迷や不動産価格下落もあり、業績悪化の兆しがみえます。当庫は先の3月期決算（純損失38億円）で思い切って早目に貸倒引当金の積み増しなど前倒し処理を行いました。取引先にも警戒を呼びかけ、大口融資希望にも出すべきものは出しつつ、慎重に対処しています。

〈北九州地区の信用金庫は体質強化のため5年前に大同合併しましたね〉

金融激動期に対処するため、古川育史前理事長（現会長）時代の03年10月福岡ひびき（八幡、若松）と新北九州、門司、築上、直方の5金庫が合併しました。リストラ先行でなく、職員の融和を最優先にした緩やかでファミリーな合併で、資金量6千億円、職員６００人、60店舗を目指してきました。職員数は６５７人（合併前８０９人）と未達成ですが、店舗数は約４割弱減の55（合併前88）となるなど、全体としてほぼ目標を達成し、全店一体化も進み、北九州の預金シェアも10％を確保しました。しかし、この規模の金庫の全国平均は40店舗、６００人、預貸率60％（ひびき54

%）で、もう一段の努力が必要です。そこで地域の競争関係と将来を睨み、礎として不良債権の前倒し処理を決断しました。

〈合併の効果は？　そして問題点はありますか？〉

第一に規模の拡大効果です。お客様のニーズに応え、融資上限を高める体力がつきましたので、地銀、第二地銀に対抗できます。第二は地域での認知度の向上で、北九州市や豊前市の指定（代理）金融機関として市の金庫を預かり、地域との関係がさらに強まりました。問題は、これに職員が安住し、気の緩みが出るのではないかとの懸念です。信金は常に地元のため汗をかき、労を惜しまない姿勢こそが命です。競争の中にこそ利の元ありです。

福岡支店の入居ビル

〈今後の経営の重点をどこに置きますか？〉

経営は古川会長（全国信用金庫協会副会長）と2トップ体制で進めていますが、第一は地域密着型経営です。「（顧客の）顔を見る、声を聞く、そして能動的に動く経営」を目指しています。これまでも経営大学や若手経営者育成のためのニューリーダー会、キラリと光る経営を表彰する経営者賞など地域の企業のレベルアップの努力を重ねてきました。今年は全国信金の商店街応援キャンペーンに合わせて、管内97商店街のアンケート調査もしています。第二は、サービス産業として恒常的な課題である人材の育成です。全職員が感度を磨き、優れた企業をみつけ、6千億円金庫に相応しい能力を高めていくことです。融資・運用・事務面でのリスク管理も、今後ますます重要ですが、当庫は先進的なリスク管理統括室を特設し、全国の信金に講師を派遣しています。

〈昨春、福岡市に進出しました〉

8年前、八幡と若松の両金庫合併の際あえて「福岡ひびき」と名乗って以来の懸案事項でした。北九州企業も近年、福博進出熱が高く、それへの対応でもあります。福岡支店は初の融資特化型店舗ですが、時期も良く1年半で資金量は当初の3倍の100億円。

職員も今春10人から15人に増員しました。今後、数店を出店する可能性もあります。

〈福岡ひびき信用金庫の将来ビジョンは？〉

旧八幡信金時代の1997年に「20年後1兆円金庫」のビジョンを作りました。これには「長」くお付き合いする、「頂」点を究める、信金を「超」えた金庫などの「ちょう」を実現したいという気持ちを込めました。この精神で目下、預貸総和（預金＋貸金）1兆円を骨子とする新3ヶ年計画（09～11年）を策定中です。福岡銀行が越県再編で地銀日本一となり、私たちには脅威ですが、同時に、負けられないという目標もできて、励みにもなります。

〈北九州地区の潜在力と課題は？〉

既存の鉄鋼に自動車関連の進出で産業の柱が増えました。遊休地も多くて潜在力も十分。当庫も関連協力企業への融資等でお手伝します。ただ、地元の中小小規模企業の育成、新産業の創造も劣らず重要です。当庫もベンチャーキャピタルを設立。資金需要は当初、北九州7：福岡3と予測していましたが、現実には北九州3：福岡7と逆でした。企業の技術や融資の相談に乗る経産省の地域力連携拠点（全国316ヶ所）として、北九州地区では当庫と商工会議所だけが認められました。

〈今後の北九州への提言を〉

五市合併して45年。いまだに旧市意識が残り、お祭りも各地ごとの開催で、職員は年間400回、延べ2千人が参加しています。わっしょい百万夏祭りも全国的な集客力が今一歩と残念で「選択と集中」でさらに全市の一体感を強めてほしいものです。

〈経営哲学は？〉

地域密着です。信金の原点は「困った人に資金の余裕のある人が融通し助け合う」です。あくまでも「誠心誠意、地域のため尽くす」です。

〈座右の銘と趣味を〉

「失意泰然、得意淡然」。要は平常心です。趣味は仕事。数少ない休日に、家内運転の車でドライブするのが息抜きでしょうか。夫婦の貴重な対話の場となっています（笑）。

谷石喜一（たにいし・よしかず）
1964年北九州大学商学部卒、北九州八幡信用金庫入庫、01年福岡ひびき信用金庫常務理事。専務理事を経て、06年理事長。（12年5月、70歳で他界）。

◆金融で地域活性化――福岡ひびき信用金庫3――試練を超えて

地域密着で「百年金庫」づくりへ　【福岡ひびき信用金庫理事長】野村廣美さん（2012/11）

協同組織金融の原点へ　まず一丁目一番地作戦の展開から
地域貢献、経営者支援活動も

◉信条
「積小為大《せきしょういだい》」（二宮尊徳）、「出る杭はドンドン出よ」

――欧州危機、円高、大震災と電力危機――。日本経済の先行きも不透明な中、昨秋の北九州銀行の発足を機に競争が激化する北九州金融界。その中で九州最大規模の福岡ひびき信用金庫（八幡東区）が創業90年、合併10年を前に中期経営計画で「百年金庫作り」に乗り出した。野村廣美新理事長に今後の経営戦略等を聞いた。野村さんは「中小企業の苦境こそ信用金庫の出番。原点に戻り、身の丈主義の地域密着金融で地域活性化に貢献したい」と抱負を語った。

〈地域金融の広域再編で競争が激化する中での登板ですね？〉

野村　昨秋、山口フィナンシャルグループ翼下の北九州銀行が、小倉に本店を構えたことで、金融激戦地・北九州は、地元地銀が副頭取級の代表を常駐、北九州本部を建て替えるなど競争が激化しています。資金需要が停滞、顧客獲得へパイの取り合いで金利引下げ競争も急進し、当金庫もあおりを受けました。その中で当金庫は身の丈主義に徹し、金利競争には巻き込まれない、しかし、古くからのお取引先やメイン先は断固死守します。今こそ私たちは銀行とは違い、協同組織金融である信用金庫の原点に戻り、地域の住民、企業の課題、悩みに向き合い、その解決と地域活性化に全力投球します。

〈昨年末、念願の期末預貸金総和1兆円を達成しました〉

新規資金需要の低迷、既存取引先への低金利肩代わり攻勢で住宅ローンが1%を割る厳しい環境下でしたが、全庫一丸で達成できました。3年後に期中平均残高で預貸金総和1兆円を目指す第一歩です。

〈新中期経営計画（2012~14年度）で「ネクスト・ステージ、百年金庫への展望」を打ち出しました〉

創業90周年を機に「新たな視点での経営基盤の確立」が狙いです。重点戦略は、第一に営業体制の再構築、第二に経営合理化の徹底、第三に顧客基盤の拡大（本業回帰）、第四に運用資産の健全化（リスク管理の充実）、第五に人材の活用（自分作りと自分磨き）、第六に危機管理態勢の強化です。創業百年を見据え、持続可能な信用金庫を作り上げます。

〈具体的な進め方は？〉

まず信用金庫と銀行の違いを明確にします。なぜ信用金庫が出来たのか。明治以降、銀行は出来たものの、お金を借りられない中小・小規模企業が、大企業、大銀行に対抗して「相互の助けあいで資金を」と創られたのが、信用金庫です。その原点に帰るのが営業体制の再構築です。

〈信金の原点回帰ですか？〉

まず「一丁目一番地一号作戦」です。信用金庫は本来、全世帯取引と全世帯メイン化が理想です。あらゆる顧客に信金の良さを知っていただくため、支店の周囲500メートルから一軒ずつくまなく回り、悩みや課題を聞く。融資、相続、事業の承継、よろず相談を受けながら一つずつ解決する「町医者的な金融機関」です。ムダ、ムリ、ムラを省き、店舗は統廃合で50店を新設と廃止で47店体制とし、業界平均（39店舗）に近づけます。

〈昨年、企業コンサルティング部を新設しました〉

当面の課題は来年3月の中小企業金融円滑化法終了への対応です。これまでも、ライフサイクルに応じた取引先企業の支援強化で、創業・新事業支援、事業再生・事業継続支援を実施。財務制限条項を付した融資や、ノンリコースローン（非遡及型融資）等、不動産担保、個人保証に過度に依存しない融資にも力を入れてきましたが、さらに磨きをかけます。

〈コミュニティ・ソーシャルビジネスの支援も?〉

NPO法人「ひびしん地域支援センター」を創設しました。女性創業塾や創業支援からはじめ、将来はシンクタンク的な機能もと考えています。

女性創業塾

〈運用資産の健全化は?〉

預貸本業が厳しく、国債・有価証券の運用も増えますが、当金庫の統合的リスク管理は、業界でも進んでいる方で、全国信用金庫協会の研修所に職員を講師として派遣しています。金融庁の金融検査マニュアルに従い、自己資本、貸出金・市場・流動性の各リスク、システムリスク、風評リスクなどを総合管理。リスクの計量化にも力を入れています。危機管理も逃げずに対応し、早期の着手解決を図るようにしています。

〈最後は人ですが、人材の育成・活用は?〉

まず「苦楽を共にする」。苦労したあとに、決して楽《らく》はない。しかし、楽しみと喜びがある、これを求めていこう、と。次に「出る杭は打たれる」と言うが「出る杭はドンドン出よ」。能ある鷹は爪を隠せというが今や「ある爪は前に出せ」。自分の能力を出し、新しいものにドシドシ挑戦を、と呼び掛けています。

〈03年の福岡ひびき、新北九州、門司、築上、直方の5信金合併から10年、合併効果をどうみますか?〉

古川育史会長（当時理事長）主導で、信金の地域認知度が上がり、規模拡大効果で融資上限が高まり、地域の隅々まで資金供給が可能になりました。念願の市指定代理金融機関の認可が下り、合併で88店舗、800人体制を60店舗、600人に効率化、年間22億円の経費削減ができ、これまでに各金庫に蓄積された不良債権の償却が進みました。

〈貴金庫の強みと課題は?〉

強みは90年間、積み重ねてきた地域密着路線です。「地域貢献は信金の本業の一つ」と文化活動、地域行事にも積極参加してきました。例えば、「ひびしんビジネスフェア」。200余社が出展しますが、単なる出会いの場を提供する他金融機関主催との違いは、開催前にすでに一社当たり5～10社、計1千～2千社の商談相手を先に見つけます。出展が決まると、渉外職員140人と50人の支店長が「この企業はこの企業と合う」と事前マッチングを行います。フェア開催当日は、いわば、商談確認日で、フェア終了後はきちんとフォローします。これは支店長も担当も、事前に各企業の現場を訪れ、仕入ルート、独自技術、経営者の人柄などすべて熟知していないと出来ません。当然、成約率も高くなります。さらに福岡、佐賀、長崎三県の信用金庫の顧客が集まる「しんきん合同商談会」も2月に福岡で初開催しました。

ひびしんビジネスフェア

〈福岡ひびき経営大学、経営者賞も定着しましたね〉

経営者賞はこれまでの技術革新・商品開発、販売サービス部門に加え、NPO等障害者福祉サービス事業等も顕彰するソーシャルビジネス賞を新設し、今年度は太陽パンが受賞されました。これら熱心な企業には経営大学の講師を依頼、ビジネスフェアにも出てもらいます。

〈中小企業育成に徹しますか？〉

今の時代、大きくなることがすべてではありません。小さくてもしっかり社会的責任を果たし、収益をあげて従業員に還元する。そういう企業を育てていきたい。中小企業金融円滑化法終了後も、可能性のある企業とは最後までお付き合いします。

〈近年地銀も顧客の海外展開支援に力を入れています。国際化への対応は？〉

これは出遅れ気味で、今後の課題です。04年、上海で上海交通大学や北九州市貿易振興課と共同で20社が参加したビジネスフェアを開催しましたが、続きませんでした。鹿児島相互信用金庫さんが非常に熱心に国際化に取り組んでおられ、そのノウハウも学びつつ、信金中金とも提携して取り組んでいきます。

〈信金業界の中長期展望と福岡ひびきの役割は？〉

日本企業の99・7％を占め、経済を裾野で支える中小企業が苦境に立つほど、信用金庫の存在意義は高まります。中小企業金融円滑化法終了後もしっかりで、地元企業が難局に直面、困られた時にリスク管理しながら、ギリギリまでどう支援していくか。各金融機関の地域密着路線の真価が問われます。

〈福岡支店以後の福岡作戦は？〉

北九州の顧客の福岡地区進出、福岡企業との取引増に対応するため、将来的にはあと2、3店舗、北九州と福岡の中間地帯などに出店したいですね。

〈ところで、野村さんは途中入庫ですね〉

八幡生まれの八幡育ちで、大学卒業時は住宅産業の花盛りで地場の段谷産業に入社しました。ところが、関東地区の営業要員と分かり「北九州で働きたい」と退職、旧八幡信金に入庫しました。「攻撃は最大の防御なり」と全戸訪問、全戸取引、全戸メインを目標にがむしゃらに新規開拓、各支店長を歴任し、顧客の支持でシェアを拡大できました。その過程で体得したのが「誠意と熱意と（新たなものを創り出す）創意とスピード」のモットーです。部下の育成と「信用金庫と取引してよかった」と思われる関係作りにも腐心しました。

〈五市合併から40年遅れの5金庫の合併期は業務部長、一体化は大変でしたね〉

はじめは各金庫の長所を集める「良い所取り」を目指しました。しかし、うまくいきません。そこで「標準化」に切り換え、人事、渉外、事務など全業務をひとまず最大所帯の八幡信金を基準に標準化し、あとで良い所取りに取り組む二段構え作戦に変更しました。合併前から78店舗全部に足を運び、全支店長、渉外係と面談、どこに問題があるか、どう標準化するか、朝から夕まで話し合い、問題点を把握。夜は研修です。投資信託業務は八幡だけで、他金庫は未経験です。商品の特殊性から研修し、預金中心の金庫では「融資業務をしないと食べていけない」という議論から始めました。お蔭さまで合併2年後には預金も融資も１００億円以上伸びました。

〈北九州経済の潜在力と課題、浮揚への提言を〉

対外活動は古川育史会長の担当ですが、素材産業主体の4大工業地帯に、自動車、半導体、環境各産業と頭脳拠点の学研都市が加わり、グリーンアジア国際戦略総合特区指定で、環境技術世界一の世界環境首都構想も定着しました。当金庫も環境関連融資を積極化し、産学連携フェアにも積極出展しています。課題はピーク比十万人減の人口減少と労働力人口減、政令市随一の高齢化率で、起業支援が急務です。全長２１０キロの海岸線と１００億ドルの夜景の帆柱山など未開発の観光資源は豊富で、当金庫も市内の38店舗を活用、「ひびしんうまかもんマップ」、「ひびしん珍しかもんマップ」を創るアイデアも検討中です。北九州は東九州道の開通で大きく変わります。九州の回遊性が生まれ、人・モノ・金が大きく動きます。洞海湾環状高速道路をつくり、若松、八幡、戸畑、小倉を結べば、市内の一体化と回遊性もさらに増します。洞海湾をウォーターフロント開発し、新しいレジャー地に人が集まればもっと面白くなります。

〈激動期の経営哲学は？〉

コンプライアンス（法令遵守）とリスク管理の徹底。その中での堅実・健全経営と「身の丈経営」です。九州最大規模の信用金庫は誇りですが、発祥の理念を忘れ、身の丈を外れた経営をすべきではありません。信用金庫の良さ、誇りを守っていく。そして、「誠意と熱意と創意とスピード経営」です。

〈座右の銘と趣味は〉

「積小為大《せきしょういだい》」（二宮尊徳）。小さなことを積み重ねていって大きくする。私は3万円の定期預金を喜んで預かりに行きました。すると、次は5万円。そして、最後には1千万円の定期を預けて戴いた経験があります。日掛けでも小さなものからコツコツと積み重ねる。これぞ信金道です。趣味は下手なゴルフと健康維持のための早朝、深夜のウォーキング。自宅の回りを約30分ずつ歩いています。

野村廣美（のむら・ひろみ）
1972年福岡大学経済学部卒、段谷産業入社。73年北九州八幡信用金庫入庫。94年木屋瀬、96年穴生、98年折尾、2001年黒崎各支店長。02年業務部長、04年福岡ひびき信金常勤理事、06年常務理事、2012年6月理事長。

◆金融で地域を活性化——長期不況との闘い

元気印は「前手当」の早い企業

【福岡銀行常務・北九州本部長（現福岡中央銀行頭取）】末松修さん（2003／02）

企業再生とプロジェクト融資に力　福北連携の効果追求
中小零細・個人の「窓口」広く

◉信条
「『時間流すな、汗流せ』——今を一所懸命に」

——金融ビッグバンと金融システム危機で、金融界が激動している。北九州でも、西日本・福岡シティ両銀行合併、地元5信用金庫の大合併などで競争激化の機運である。福岡銀行の末松修北九州本部長に、戦略を聞いた。末松さんは「不良債権の処理も他行に先駆けてメドがつき、『健全性』と『収益力』を武器に地場企業の挑戦を支援していきたい」と語った。

〈金融界は未曾有の激動期を迎えましたね〉

末松　1997年以降激変し、メガバンクの登場でさらに変わりました。財閥系銀行の系列を超えた合併など驚天動地でした。当面重要なのは不良債権の処理です。ただ、不良債権さえ処理すれば、日本経済が再生する見方もありますが、新産業創造、税制改革、財政による需要創出など総合的対応が不可欠です。

〈その中での北九州地区の現状はいかがですか?〉

〈福銀北九州本部管内は34支店、600人、預金量約1兆2千億円、貸出約8千億円で中小地銀並み、全行の各21%、17%を占める〉

北九州は一部元気印の企業もありますが、全体としては全国並みに水面下の企業も多い。元気印企業はリストラや構造改革をいち早く済まし「前手当」の早かった企業です。水面下の企業にも、地銀は逃げるわけにはいきません。オーナーが立派な考えで一所懸命やっておられる先は当行の再生チームが緊密に情報交換し、お手伝いしています。一方、〝ゆったり〟されている先は「もっと頑張って下さい」と激励しながら、共に再生の道を探っています。

〈北九州は西日本・福岡シティ両銀行合併に加え、福岡ひびき等5信用金庫の大合併、山口銀行の北九州シフトなど他地区以上に競争激化要因が多いですね〉

西日本・福岡シティ両銀行とは今も同じ土俵で競争していますが、合併で店舗網と人員を削減、体質強化を図られれば、一段と強力なライバルに変わり、意識しないと言えば嘘になります。ただ、当行は中期経営計画「新世紀プラン」に基づき競争力強化に努めており、今後も粛々と実行するのみです。それが結果的には資金量で拮抗する合併新銀行への対抗力になると確信します。北九州5信用金庫の大同合併も、私達がこれから一段と力を入れたい中小・零細企業、個人企業向け金融の分野で一層手強い競争相手の出現となります。しかし、この分野でも当行はすでに法人ビジネスセンターを小倉に設置、市内2300の企業に、来店されなくても電話とFAX、インターネットで情報を提供、営業店とタイアップして効率的な融資、渉外業務に努めており、この路線を着実に進めていくことが対策になります。これまで比較的大企業、中堅企業との取引のウェイトが高かった当行は、経済の土台である中小企業向け融資比率を西日本・福岡シティ銀行並みに70%台半ばに持って行く計画です。山口銀行は北九州本部設置に続き、昨年2月広島本部、10月北九州経済研究所も開設、東西に力を入れて行く構えですが、地元行として情報提供など総合的取引で対抗します。

〈自治体関連はいかがですか?〉

当行とみずほ銀行が一年交代で市指定金融機関を務め、指定代理の西日本・福岡シティ銀行と話し合って開発関係などお手伝いしています。担当者が毎日のように担当局を訪問、エコタウン、学研都市、響灘大水深港湾など主要開発プロジェクトや第3セクターについて、情報をお聞きし、発展性、採算性、継続性を見極めつつ、出資、融資、人材の派遣等金融機関として適切な形で活性化に参画、支援しています。

〈金融激戦下、今後の経営をどう進めて行きますか〉

福岡銀行北九州本社

メガバンク、地銀も含め、今後の主戦場の一つは中小零細、個人金融分野です。金融界は大きく変わりますが、基本的に求められるのは「健全性」と「収益力」です。不良債権を少なく、良質の貸出を増やし、自己資本を高める一方、新しいビジネスで多様な収益源を開拓する。幸い当行は、貸出も昨年8月から増勢に転じ、02年9月中間決算では業務純益は過去最高です。01年3月期で不良債権を思いきって処理し、信用コストが年間100億円程度に軽減されたこと、本部業務のスリム化と営業店への戦力投入、効率化のための店舗統廃合と個人強化店への移行、乾いたタオルをさらに絞る諸経費の節減等が奏功しました。投信や変額保険など相場で動くリスク商品の取扱も増え、従来の利鞘中心の商売に比べ、お客様への説明義務は増えましたが、手数料収入も増えつつあります。IT化促進も業務の効率化や顧客管理で威力を発揮しています。地銀は地域の企業、個人、団体と共に歩み、共に栄えるのが宿命で、地域から逃げることはできません。

〈北九州経済の潜在力は？　活性化への提言を〉

北九州は4大工業地帯の一角として、鉄鋼、化学、窯業などの重厚長大産業群が集積し、独特のモノ造りの技術の蓄えがあります。大手企業が生産拠点を他地区や中国、ベトナムなどに移し、「空洞化」で受注が減りつつあり、たしかに現状は厳しい。しかし、産業構造の転換は遅れましたが、公害克服の歴史による環境保全技術がエコタウンに結実し、学術研究都市で本来のモノ造りの技術と環境技術を融合させ、新しいものを創り出そうとするなど、官民一体で懸命の転換・活性化努力が進んでいます。

流通関連も頑張っておられる。各企業が本業を見据え、高い技術力を生かし、うまく方向転換しながら、県内、九州、全国市場に出て行く。私達は情報収集しながら、金融機関として側面からサポートしたいと考えています。北九州の潜在力を顕在化し、若者が集まる活気のある街、知的産業の起こる街を産学官連携で作りたいものです。

福北連携も官民で盛上りつつあります。百万都市が50キロ圏に近接しているのは、東京と川崎・横浜、阪神ぐらいで北九州・福岡・中間諸都市の役割分担を明確に連携効果を追求すべきです。

〔福岡銀行は、近年の金融機関の北九州シフトに対応、2013年春新北九州本社を開業。ビル竣工式で谷正明ふくおかフィナンシャルグループ会長は「北九州は、人口は減少しているものの、技術力の蓄積が最大の魅力、地域での存在感を高めたい」と抱負を述べた〕

〈激動期の経営哲学はどうあるべきですか〉

元気印の企業の特徴は、経営者の人柄に加え「計画性」です。事業着手に先立ち「採算性」、「継続性」、「将来性」を徹底的に吟味してかかる。投資を何年で回収できるか、市場・業界調査を真剣に、最悪も想定する。後始末でなく「前始末」のしっかりした企業です。

私個人は「誠心誠意」。製造業もサービス業もお客様に喜んでもらってこそ存在意義がある。お客様に軸足を置いて考えれば、どんな難問も何とかなる――が私の体験的持論です。時代がどう激変しようと心と心の繋がりは変わりません。

〈座右の銘と趣味を〉

「時間流すな、汗流せ」。仕事も遊びも、今していることに一所懸命に。休日とアフター5は○▽□。分かりますか？　ゴルフ、飲み会、麻雀です（笑）。公用がないかぎり誘われたら断らない。それも若いときから先約主義です。5分の差でも上司より、OBや部下が早ければそちらと付き合う。交友関係は広がり、仕事にも随分役立ちました（笑）。

末松修（すえまつ・おさむ）

1968年中央大学法学部卒、同年福岡銀行入行。97年北九州支店長。2001年6月常務・北九州本部長。（07年福岡中央銀行専務、09年同頭取）

福岡銀行北九州本部　小倉北区堺町2―2―18、本部設置1972年、業務内容　諸官庁、公共団体、日銀、経済団体との連絡渉外、情報収集等、北九州地区店舗数34店（当時）、資金量1兆2千億円（2002年10月）、従業員数600人（03年1月）。

◆金融で地域を活性化――世界的景気拡大のなかで

2地銀合併、統合メリットは顧客に

【西日本シティ銀行常務
北九州地区本部長（当時）】 長竹美義さん（2004／12）

雇用創出・中小支援で動く地区本部に

◎信条
「お客様と現場重視」、「正しいことを初心をもって継続する」

――西日本、福岡シティ両銀行の合併で、預貸金シェア九州2位、北九州地区では1位の新銀行が誕生した。新生・西日本シティ銀行北九州地区本部長の長竹美義さんに、戦略を聞いた。長竹さんは「早期に合併効果をあげ、顧客企業の悩みや問題の解決に努め、メリットを実感してもらいたい」と語った。

〈両行合併の手応えはいかがですか？〉

長竹　地域一番銀行として「中小企業と個人取引（リテール）」に最大限力を入れる方針で、お蔭さまで取引先から「期待しているよ」と励ましを頂いています。福岡ひびき信用金庫さんの一足早い合併で統合効果を実感しておられる企業も多いようです。合併表明後2年、第一線では、基幹システムを旧西銀方式に統一するため、早くからパートナー店を決め、両行の支店長から店頭の行員まで融和に向けた会議、懇親会等で交流しており、一体化も先行していました。

〈北九州地区の景況をどうみますか？〉

一口に北九州と言っても、西の黒崎、八幡、戸畑、若松地区と南の城野、曽根、京築地区では全く違います。西はモノ作り地帯で、輸出関連製造業が多く、フル操業です。新日本製鐵と関連企業、さらにトヨタ自動車九州宮田、日産自動車苅田、ダイハツ中津周辺は多忙です。一方、南は、流通、サービス業とリテール（対個人取引）が主体で地味ですが、曽根など空港関連で活気があります。全体として、人口が百万人を僅かに切ったとはいえ、福岡に次ぐ大都市圏で、各銀行には極めて魅力的な商圏です。金融面では、政府系の商工中金や中小公庫のシェアが比較的高く、民間では都銀の店舗減の半面、地銀は地元に力を入れ、ジリジリとシェアを上げています。

〈２００４年３月末の北九州地区貸金シェア（北九州銀行協会調べ）は西日本シティ銀27・8%、福岡銀21・3%、山口銀約9・1%で、有力地場オーナー企業との取引も多いですね。新生北九州本部の役割は？〉

本部の役割は、営業店の支援です。新銀行は合併で身体は一つになったものの、心臓（システム）はまだ二つです。来年1月のシステム統合で心も一つになり、春の支店統合で完全に身も心も一つになります。支店統廃合の具体計画はこれからですが、行員の配置転換を伴い、人事戦略では皆が更に元気とやる気を出せるように適材適所を貫く方針です。

〔新銀行は合併効果をあげるため２８２店を数年で２１０店規模に統廃合、従業員数も自然減を踏まえた採用計画で３９００人体制を目指す〕

〈他行の迎撃体制下、新銀行らしさをどう出しますか〉

「動く地区本部」を合言葉に営業店と一体で既取引先防衛と新規取引先獲得の両面で直接渉外に力を入れます。既取引先は、合併によって当行の融資額がメインバンクの額を上回る企業さんをはじめ、全顧客の抱えておられる悩みや問題の解決（ソリューション）で精一杯お役に立つべく誠心誠意努力し、メリットを感じて頂くことでシェアの維持向上に努めます。恒常的なデフレ経済下、顧客企業は売上減少への耐性ができ、最終利益をいかに増やすか、そのため経費をどう抑え損益分岐点を下げるか、に腐心しておられます。銀行は自己査定（取引先の債務区分の）を行っていますが、要は顧客のキャッシュフロー（現金ベース収支）をいかに増やすかです。これがないと設備投資も難しい。情報提供面では、保有されている資産の活性化やM&A（合併買収）の相手企業の斡旋、新規事業や納入先と販売先の紹介などが期待され、合併で店舗と情報のネットワークが一挙に2倍に増えたこの好機をフルに活かします。

自動審査システムは、1億円以下の融資について、決算データを入力すると翌日にはその企業の倒産確率が点数で出て、支店長権限でスピーディに融資決定できるシステムです。これも全行で推進します。

〈個人融資や、公務分野については？〉

個人は住宅ローン、無担保の消費者ローンなどが中心で、中小企業融資同様注力します。ここ数年、旧西銀は法人部門（ホールセール）のソリューションに力を入れ、得意分野としてきた半面、旧シティ銀は個人部門（リテール）、カードローンなどで実績を上げ、ノウハウを蓄積してきました。今後はお互いの強味を出し合い、1＋1を3にしていきます。公共

西日本シティ銀行北九州本部

プロジェクトの多い自治体関連も指定代理金融機関に相応しい取引を心掛けていきます。

〈各行競争激化気配の中、今後の方向性は？〉

福岡地区が金融激戦地といわれますが、北九州地区も6年前の小倉支店長勤務時代に比べ、より激化、福岡と同等かそれ以上です。山口銀行さん、大分銀行さんなど周辺地区の攻勢も強く、福岡での佐賀銀行さん等の攻勢によく似た構図です。合併により他行に比べ優位ですが、これに満足せず、新たにゼロから始めようと言っています。企業文化や歴史の違いで、営業店回り一つとっても旧西銀は「臨店」、旧シティ銀は「巡店」と呼び方も違います。新しい行風づくりのため、若手の意見を反映させていきます。合併効果をあげるため、硬直しない組織、みんながドシドシ意見を出し合い、自由闊達にワイワイ言える柔軟な組織を作って行きたいものです。

〈北九州経済の現状と潜在力をどうみますか〉

市の活性化策は他の自治体に比べ、非常にユニークだと思います。世界の環境首都、産業、教育、文化どの面をとってもそうです。学術研究都市なども面白い。人口減少は難問ですが、活性化と地元雇用増のための施策は他地区に

比べ活発でメニューも多く、独特です。政財界挙げての福北連携も大幅に前進しました。10年前は福岡市との差はもっと大きかったが、北九州の存在感が高まり、肉薄してきています。地元シェア1位の金融機関として、更なる雇用創出のため、中小企業の育成、特に新規事業の支援はしっかり力を入れていきます。金融機関が批判を浴びてきた担保主義ではなく、経営者や事業内容を見定めて融資する、そのためにはもっともっと目利き能力を磨いていく必要があります。北九州のポテンシャルは極めて魅力的です。

〈激動期の経営哲学は?〉

「お客様と現場重視」です。よく「お客様は神様です」と言いますが、心の底からそう思い、取組んでいるのか。白紙に返って見直す。そして企業活動の中心、利益の源泉は「現場」です。地銀としては全国初の本格的合併を機会に、原点に返って新しいスタートです。

〈座右の銘と趣味を〉

「正しいことを初心をもって継続する」。今後はコンプライアンス(法令遵守)が重視される時代。手抜きせず、地味でも必ず2、3歩前進する。趣味は20年来続けている五島などでの磯釣り。合併でここ2年やっていませんが、完全に一人になれるのが魅力です(笑)。

長竹美義(ながたけ・みよし)
1969年豊津高校卒、福岡シティ銀行(旧福岡相互銀行)入行。天神、小倉等7支店長、審査第2部長、2002年本店営業部長。04年西日本シティ銀行常務取締役・北九州地区本部長。08年ダイヤモンド印刷社長、09年特定医療法人北九州病院、12年同副理事長。

西日本シティ銀行北九州本部　小倉北区魚町3―5―5、店舗数60店舗(当時)、従業員数870人(当時)、預金平残1兆3500億円(当時)、営業範囲　北九州市、京築・遠賀地区、大分県中津市、業務内容　特定先への本部直接渉外、情報営業の展開、営業店支援等。

◆金融で地域活性化――試練を超えて

「地域と苦楽を共に」する銀行へ

【北九州銀行頭取
㈱山口フィナンシャル
グループ（YMFG）専務】　加藤敏雄さん（2011／10）

北九州初の地元本店地銀発足　4県23支店で営業スタート

◉信条
「営業は熱意とスピード」、「失意泰然、得意淡然」

――㈱山口フィナンシャルグループ（YMFG）は10月3日、北九州市に本店を置く初の地銀「北九州銀行」の営業を開始する。山口銀行を中核に、政令市の北九州と広島（もみじ銀行）を両翼とする広域地銀戦略の一環である。この越県攻勢に地元の福岡、西日本シティの両銀行と福岡ひびき信用金庫が迎撃体制をとり、激しい競争を繰り広げている。加藤敏雄・新頭取に設立の狙いと戦略、目指す目標などを聞いた。加藤頭取は「30～50年先を考え、北九州と真に苦楽を共にする地域密着型の地元銀行を目指したい」と抱負を語った。

〈まず新銀行発足の経緯から〉

加藤　北九州市は100万都市なのに銀行の本店がなく、経済界や行政にはかねてから本店銀行待望論がありました。山口銀行はここから電車で15分の下関市に本店を置き、60年前の小倉出店以来、現在までに13店を配置し、地元に根を下してきました。持株会社YMFGの設立により柔軟かつ機動的な組織戦略を展開することが可能となり、北九州銀行の創立に踏み切り

ました。地域に馴染んだ息の長い銀行を創っていきます。

〈新銀行のアウトラインは？〉

山口銀行の九州地区23支店（北九州市13、福岡市5、行橋・久留米・大分・長崎・熊本各1）を新銀行に分割承継します。さらに今後2、3年で北九州を中心に10店ほど増設します。人員は従来の３５０人に本部要員80人と増設店舗要員を加え、最終的に５００人弱になります。当初は預金量5千億円、貸金6千億円の規模ですが、新店舗を中心に確実に増やします。当初の自己資本は７００億円、自己資本比率は12～13％（国内基準4％）と山口銀行並みを目指し、個々の企業の資金ニーズには十分応えられる規模です。

〈北九州市に本店を置く地方銀行は初めてです〉

ＹＭＦＧの営業戦略は、山口銀行は山口県（貸金地域シェア45・9％）と東京と海外、もみじ銀行は広島県（同27・5％）、北九州銀行は北部九州（市内同13・4％）という3地域3行3ブランド体制をつくり、地域ごとのきめ細かなサービスを展開することです。当行は北部九州に特化します。新本部を構えてシステム投資も行うとコスト高になりますが、内部で議論をし、30～50年先を考え、北九州地域密着路線を確立すれば必ず好結果が期待できると全員一致で決断しました。北九州ではこれまで大企業や中堅企業向け融資が中心で、貸金が預金を1千億円上回る半面、小口取引《リテール》が10％台と弱く、今後は個人や中小企業取引を強化します。

〈北九州市の人口は山口県（約１４５万人）の3分の2に相当し、これまでも力を入れてきましたね〉

非常に魅力的なマーケットで、準地元として最大限の力を投入してきました。２０００年に北九州本部を設置し、02年にはシンクタンクの北九州経済研究所を開設。スターフライヤーの設立に際しては株式と融資をメイン銀行として引受け、ギラヴァンツ北九州も積極的に支援してきました。

〈他にも井筒屋ウィズカードの買収や、門司港のトロッコ列車の路線の命名権も取得されました〉

ウィズカードはもともと伊勢丹のカード事業で、09年春の小倉撤退の時、先方からお話がありました。顧客会員30万人はリテール基盤としても魅力的なので取得しました。やまぎんレトロラインは関門観光振興のために命名権を購入しました。

〈新銀行構想発表、準備会社発足など東奔西走です

ね〉

コレットにインフォメーションプラザを特設してお客様のニーズをアンケートで伺う一方、福岡、長崎、熊本、久留米支店のお客様に「山口銀行福岡支店から北九州銀行福岡支店に代わります」などとご挨拶して回りました。

〈ズバリ、北九州銀行をどんな銀行に育てますか？〉

山口銀行のバックボーンである「健全なる積極進取」を受け継ぎつつ、新しい北九州銀行としての特徴も積極的に出していきます。銀行はやはり信用第一。今まで通り着実に健全経営をしながら、積極的な営業をしていく。それと「地域と共に」です。地域が繁栄すれば銀行も栄える。そのためにどういったお手伝いができるか、を常に考えます。

〈北九州地区は、九州最大の信金である福岡ひびき信用金庫をはじめ、福銀、西日本シティ銀などが林立し、貴行の創業発表以来、副頭取を北九州代表にしたり、本部ビルの建て替え、店舗統廃合計画の一時凍結などの対抗策を打ち出し、競争が激化しています。貸出平均金利も1年間に0・15％（全国平均0・06％）低下し、全国的に注目されています〉

信金や各行が強固な基盤を作られ、メガバンクもあり、確かに大変な金融激戦区です。その結果、熾烈な金利引下げ競争をしていると言われますが、山口銀行の60年の営業経験からみても、北九州は義理人情、信義の厚い土地柄。金利を少し下げたからとお客様が動く所ではありません。長年の取引の実績や、昔苦しい時に助けてもらった恩義とか、融資の結論が早い、地元の支店長をよく知っているなどの人間関係が一番大事なポイントです。低金利競争をする気は毛頭ありませんし、また続きません。信用を大切に30〜50年の長い目で地道に営業をしていきます。

〈3店を新設し、広島地区の店舗の一部統廃合で人材を北九州に移すとの報道も。今後の店舗展開は？〉

北九州市と周辺部が主体エリアですが、採算性と地域の潜在力を考えて、小倉南区や八幡西区の新興住宅地、福岡と結ぶJR鹿児島本線の沿線を検討していきます。銀行は「駄目なら撤退」とはいかず、50年は動かない構えで店舗を購入・賃借したいと考えています。福岡市も魅力的ですが、競合が激しく、当行は5店舗、貸金シェア1％台。将来はともかく、直ちに増やす考えはありません。鹿児島、宮崎への出店も考えていません。

〈銀行の越県再編が近年盛んですが、M&A（合併買

収）が主で、免許申請からの地銀新設は27年ぶりだそうです。**早期黒字化の見通しは？〉**

ネット銀行を除けば新設は確かに珍しいと思います。効率化やコストダウンのためには合併して一本化する方が楽です。しかし、北九州の潜在力を考え、必ず30～50年後には宝になると信じ、あえて一から築きます。効率化のためには、下関市のＹＭＦＧ本部の管理機能の活用を考え、審査や営業推進など中核業務は当然自行独自に行いますが、監査、事務処理など共用できるものはＹＭＦＧ本部と共用します。

北九州銀行本店

〈ＹＭＦＧの経営戦略の中で貴行の位置付けは？〉

ＹＭＦＧの第２次中期経営計画（２０１０～12年度）は①中四国で最大・最高の金融グループの実現②12年度の総資産10兆円（現在8・5兆円）達成③環黄海を営業エリアにアジアに強い金融グループの創造――の３本柱です。

北九州、山口、もみじの3行は、広島・山口・北九州の広域金融ネットワークをバックに連携し、総資産10兆円を目指します。ＹＭＦＧは地元発祥の大企業との取引に強かったが、今後3年間は開拓余地の多い中小企業、個人、住宅ローンなどにも力を注ぎます。

対アジアビジネスでは、山口銀行が従来から整備してきた韓国釜山、中国大連（北九州市の姉妹都市）、中国青島（下関市の姉妹都市）の各支店と香港事務所を活用します。中国政府は今年6月、為替リスクを避けるため日系現地法人が要望していた現地通貨（人民元）での融資を初めて山口銀行に認めました。

〈グローバル化、少子高齢化時代での地銀のあり方は？〉

これからの銀行に求められるのは、企業が苦しい時にどう再生のお手伝いをするかです。自己資本比率を維持し、信用リスクの管理をきちんとしながら、融資先の相談に乗り、企業再生に力を入れる。長い取引の中でこれが一番大切です。お客様もそこを見ています。

北九州銀行開業のテープカット

それと「地域と共に」です。地域の発展が地方銀行の力です。地域が衰退すれば、銀行も衰退します。地域をいかに活性化し、人も若者も増やすか。地銀の力＝地域の力です。北九州銀行の名にふさわしい地域貢献ができるかどうかが鍵です。

〈そのためにどんな努力を？〉

今からの金融機関は、いかにお客様に役立つ人材をつくるかが勝負です。人の痛みが分かる銀行員《バンカー》の育成です。支店長たちにもよく言うのは、支店を去った後で「あの支店長にはお世話になった」「あの支店長には助けられた」と得意先から感謝され、名前の残る支店長になれと。お客様から「何があろうと北九州銀行だ」と言われる取引先を何社作るか、それこそが業績です。そういう人材づくりに取り組みます。

〈北九州経済の現状と将来をどう見ていますか？〉

強みの第1は製造業の集積です。最近では、自動車産業も進出し、日本最先端の環境産業都市でもあります。強みの第2は韓国、中国などアジアに近いこと。情報はネットで簡単に往来しますが、製品の輸送は地理的に近い所が絶対有利です。第3は医療機関の集中です。政令市で高齢化が最も進行しているのは課題ですが、その半面で小倉記念病院、各区医療センター、小倉労災病院など高技術の病院が多いこと。第4は新幹線、24時間空港と交通の便がよいこと。住みやすい街なので、高齢者が安心して暮らせる日本一の住みよい街づくりは十分に可能です。

〈地域の関心は雇用の創造にあります。そのためには新規起業も重要で、金融機関の支援が不可欠です〉

それにはお客様をよく知ること。バランスシートだけでなく、普段からお客様と接触し、企業としての強みや課題、人間関係を把握しておくことで適確なアドバイスも融資もでき、創業者支援に繋がります。

〈福岡銀行とみずほ銀行が1年交代で北九州市の指定金融機関を務めています。参入も考えていますか？〉

将来そうなったら良いなという気持ちはあります

が、特にこだわりはありません。まずは「地域と共に」の銀行づくりが最優先です。

〈頭取は金融一筋40年の経歴ですが、業界環境も激変しましたね?〉

96年からの若松支店長時代は、信義に厚い土地で昔からの取引先が多く、「何かあったら言って来てください」とほとんど1日中取引先を回りました。98年からの本部審査部長時代は、金融システム危機と住専問題、そごう破綻があり、不良債権処理と企業再生問題と日夜格闘しました。本店営業部長時代は「山銀の顔」を預かる緊張感の中でバランスある営業を心掛け、「営業は熱意とスピード」を実感しました。05年以降は北九州本部長として地元各界の方々とお付き合いさせていただいています。開放的な北九州の土地柄を改めて日々体感しています。

〈経営哲学は?〉

銀行は信用第一ですから「信用と堅実なる経営」を心がけています。コンプライアンス（法令順守）を軽視すると一夜で信用が崩れると、肝に銘じています。

〈座右の銘と趣味を〉

ストレスのたまる仕事なので「失意泰然、得意淡然」が座右の銘です。ストレスの中身ですか?　一番大きいのは得意先が本当に行き詰った時の支援策です。「支店長もう万策尽きた」と相談され、必死で支援策を考え、アドバイスします。趣味は健康維持を兼ねた年間50回のゴルフと時々通うジムでの水泳です。経営書を読む時間も増えました。

加藤敏雄（かとう・としお）
1971年立命館大学経営学部卒、山口銀行入行。96年若松支店長、98年本店審査部長、2002年取締役本店営業部長。05年常務・北九州本部長、09年専務・北九州本部長。10年北九州金融準備㈱社長。11年山口フィナンシャルグループ専務（現任）。11年10月㈱北九州銀行頭取。

北九州銀行　小倉北区堺町1−1−10、営業開始2011年10月、資本金100億円（山口フィナンシャルグループ100%出資）、資金量約7300億円（13年3月末現在）、店舗数30店（福岡、熊本、大分、長崎4県）、従業員約500人、事業内容　預・貸金など一般銀行業務。

第5部　地域経済活性化へ連携

「地域は助け合い」は、小倉そごう跡地への伊勢丹誘致やスターフライヤーの離陸に尽力した大迫忍さんの名言ですが、北九州の経済諸団体も試行錯誤しつつ、地域経済の浮揚に挑戦してきました。

「北九州商工会議所」は、1963年の合併以来、地域の中核的経済団体としてTOTOが3人、安川電機が2人、井筒屋、山城屋、高田工業所が各1人の会頭を出し、製造業の振興、空洞化防止、中心商店街の活性化、産業観光の振興などに地域の課題に総合的に取り組んできました。

「鉄冷え」の中で、ピッツバーグの民間地域振興団体をお手本に創られた「北九州活性化協議会（KPEC）」は、「もったいない総研」などで環境問題に取組み、産業人材の育成に注力しています。「北九州青年会議所」は、「若者がまず手を汚し、汗を流して全市運動の始動団体に」と若さを武器に、紫川浄化、百万夏まつり、エコエコ宣言のリード役を務めてきました。

全九州の振興を図る「九州経済連合会」は、北九州をリード役として期待し、「福岡経済同友会北九州地域委員会」は「選ばれる街、北九州10の提言」など地域振興策を数年間隔で提言しています。北九州中小企業経営者協会は、親睦活動のかたわら、青年会議所を卒業し、商工会議所の活動にはまだ早い中堅の経済人の育成に力を入れています。近年は経済団体の横の連携も進みつつあります。労働団体の連合や農業団体のJA北九州も市内の組織の再編合併で体力強化を進めています。

◆地域活性化を担って——北九州商工会議所1——長期不況との闘い

学研都市で育つ人材に期待

【北九州商工会議所会頭
㈱高田工業所会長（当時）】
高田賢一郎さん（2001／04）

変革期に商工会議所高田新体制始動
専門企業が手を組む大提携時代　今こそ火事場の馬鹿力を

◉信条

「過去の成功体験を捨てる」、「『誠実』に生きること、約束を守り、言ったことを実行する」

——長期不況、経済激動、鉄都誕生以来100年目の今年、北九州商工会議所の新会頭に高田賢一郎高田工業所会長が就任した。昨年「北九州リデザインへの提言」をまとめた福岡経済同友会の代表幹事でもある高田さんに転換期の企業経営、北九州経済のあり方などを聞いた。

〈今や明治維新、敗戦に続く「第3の転換期」といわれます〉

高田　戦後50年、日本経済は戦時中の統制経済の手法で、限られた経営資源を集中し、短期間に効率的発展をとげました。しかし、15年ほど前から制度疲労が出始め、今音を立てて崩れつつあります。改革のための規制緩和と米国流グローバルスタンダード導入で、全く新たな時代の幕開けです。

〈そんな中での商工会議所会頭就任、抱負を聞かせて下さい〉

福岡が西九州軸の起点なら、北九州は東九州軸の起点です。東軸の広域拠点都市にふさわしく、より魅力ある街づくりと、そのためのインフラ整備を行政まかせにせず、正面から積極的に取り組んで行きたいと思います。

〈鉄都誕生以来100年目の北九州経済も新生に向けて構造転換を迫られています。その方向性をどう考えますか〉

〔商工会議所新会頭の髙田さんは、昨年「北九州リデザインへの提言」をまとめた福岡経済同友会の代表幹事でもある〕

髙田会頭の就任挨拶（北九州商工会議所蔵）

基本的には末吉興一市長のルネッサンス構想第3次計画に集約されています。環境産業では世界のトップを走り続け、情報発信していく。学術研究都市は、環境と情報通信分野の人材育成を狙っています。その地域が興るか、沈滞するかは、人材の育成度にかかり、人材を常に再生産するシステムが学研都市です。そこで育成された人材の3~4割が地元で働ける受け皿を作るのがわれわれ民間企業の責任で、企業の大、小を問わず、中身の良い企業に生まれ変わらねばなりません。

〈企業も地域も変革を迫られつつありますが、企業として目指す方向性は何でしょう〉

〔髙田工業所は、創業以来、「純情、情熱、希望」を社是に、技能工尊重の独自の本工主義で、設備建設・保全分野で屈指の企業となり、大証2部（現東証2部）上場、全国24・海外6拠点を展開中〕

企業の存在意義はマーケットに受け入れられるものの供給ですが、市場の求めるものは2つです。1つは新規性のない商品についてはコストが安いこと、もう1つは全く新商品の供給でこれには技術開発力がいる。このどちらかが必要で、2つ揃っておれば、どんな時代にも求められる企業となります。

〈髙田工業所の強み、中核技術そして再構築の方向性は何ですか〉

創業以来、技術・技能は「人間」と不可分で、人間を高めることが技能を高めるという「人間中心主義」で研修に力を入れ、存在価値を発揮してきました。

方向の第1は、基礎素材産業の設備保全業務の拡

高田工業所本社

大です。この分野は成熟しましたが、日本産業のベースであり、今後、顧客企業はコストを下げるため、設備保全を専門企業に外部委託する傾向にあります。全国的な拠点網と大部隊を抱える保全専門企業の機動力が評価されます。

第2は、市場成長中のハイテク関連分野の拡大です。半導体工場の設備建設と保全、半導体製造装置の製作などはモバイル化、デジタル化に対応し、技術開発を進めます。医薬メーカーが新薬開発に経営資源を集中するため、化学メーカーがファインケミカルのひとつ・医薬原体の生産にシフトし、その関連業務も急増しています。

第3が、情報通信、環境、福祉、公共事業分野の拡大です。

〈最近、情報通信分野を強化しつつありますね〉

「ＩＴ人材教育の「ニューホライズン九州」に続き、昨秋大迫ゼンリン前社長や九州エレクトロニクスなどと合弁でインターネット常時接続サービスの「ブロードバンド」を設立した」

新産業の芽が一斉に出ていますが、どれが大木に成長するか解りません。米国にくらべ、日本は遅れており、ＩＴ格差は大きいですからね。企業の考え方はこの1～2年で劇的に変わりました。どの分野でもそうですが、今後は専門企業が手を組んで顧客の求める新しい価値を創造していく大アライアンス（提携）時代に入ります。

〈本業の競争力強化とどう結び付けますか〉

設備建設・保全の状況を携帯端末から画像でセンターに送れるようになり、遠隔地の腐食診断など設備保全がより効率的で、コスト安になります。同時に、顧客に電子商取引時代の新たなシステムの提案もでき、商品化と効率化の両面で武器となります。情報革命へのアンテナショップです。

〈変革の時代を乗りきる哲学は〉

過去の成功体験を捨てること。成功は過去の条件下であり、今の条件下では多分失敗します。人間は本来、生命の危険に直面するとわが身を守るため、いわゆる火事場の馬鹿力で自分でも気がつかない潜在力を発揮します。今は何十年に1回の火事場で、逆にチャンスだと思います。ベンチャービジネスの基本は、好奇心です。常に勉強し、何にでも興味を持ち、それを事業化する意欲です。それは私達既存企業にも必要です。

〈信条と余暇の過ごし方を〉

心がけているのは「誠実」に生きること。約束を守る、言ったことを実行する、その積み上げが人間信頼につながります。休日は時々競艇に行きます。ストレス解消もありますが、勝負勘が磨けますからね(笑)。

髙田賢一郎(たかだ・けんいちろう)

1955年早稲田大学商学部卒、56年高田工業所入社。77年社長、92年会長、97年会長兼社長、2001年会長。01〜03年北九州商工会議所会頭、福岡経済同友会代表幹事。日本メンテナンス工業会会長。(10年6月他界)。

北九州商工会議所　小倉北区紺屋町13−1、設立1963年、事業費約12億円(2012年度)、会員数約8300企業・団体、職員数58人、事業内容産業・地域振興、情報提供、人材育成支援、国際ビジネス支援、中小企業支援、意見活動、会員サービス。

◆地域の活性化を担って――北九州商工会議所2――長期不況との闘い

「艶」のある3次元都市へ

【北九州商工会議所会頭（当時）】　木原文吾さん（2003／09）

デフレ下、商工会議所木原新体制　中小企業が元気な街に

◉信条

「人は創造に生き、保守に死す」、「信は万事の基となす」、「自立、自助、努力」

――北九州商工会議所の新会頭に、百貨店経営数十年の木原文吾井筒屋会長が就任した。歴代製造業出身の会頭が続く中で、異例である。木原新会頭に抱負と今後の北九州経済のあり方などを聞いた。木原さんは「地域の『主役』は地場中小企業。その自立と、北九州を多様な魅力で奥行きのある『艶』のある街に」と抱負を語った。

〈厳しい環境下の会頭就任ですが、まず抱負を伺います〉

木原　地方分権時代は、地域間競争、つまり地域がいかに特徴、個性を出すかの競争の時代です。商工会議所の使命は地域経済に活力を与えることですが、地域の「主役」は地場中小企業です。地場企業は地域の歴史、文化、伝統を受け継ぎ、地域への関心が強い。北九州はこれまで大企業の影響力が強く、大企業や行政への依存心が強かったことは否めません。その中で地域中小企業がいかに逞しく自立していくか、それをどう支援していくかが課題で、ここが会議所活動の原点と考えています。

〈百貨店経営数十年、近年の経済環境激変をどう捉えていますか？〉

東西冷戦構造の崩壊後の国際大競争時代の到来、デフレの進行、少子高齢化、環境問題……これまでの経験が全く通用しない時代です。それを痛感したために、当社（井筒屋）の社長交代の際は、15歳年下の従来の感覚で言えば「次の次」の世代に思い切ってバトンタッチしました。グローバルスタンダードの観点に立てば、日本も北九州もこれまでは江戸期の「鎖国」の延長線上にいたとも言えます。

〈北九州経済もインフラ整備の目鼻がつき再生の正念場で、デフレの進行が地域経済を直撃しています〉

地域経済全体の大企業依存体質は、今も残っています。右肩上がりの成長の時代には、大企業の増産に合わせていけば良かったが、今後は仮に景気が回復しても、依存体質では対処できません。産業も多様な活力が必要です。活気のある魅力的な都市の条件は「3次元的広がりのある街」です。当市の場合、それが弱い。箱物（建物）は出来たが、箱と箱を繋ぐ「広がり」がありません。縦はあっても奥行きと横がなく厚味に欠ける。残念ながら街の「艶」がない。ここが福岡市との違いです。

〈「艶」をどう創出しますか？〉

新空港、響灘ハブポート、東九州道、学研都市など基幹インフラの整備には期待しています。かつての北九州の繁栄は、鉄鋼などモノづくりに加え、鉄道拠点の小倉・門司、遠洋漁業基地戸畑など広域物流の拠点性に支えられていた。稼働目前の新たなインフラをバラバラでなく、いかに上手に結びつけて使うか、が「広がり」であり、人の知恵です。そこに異質の産業も生まれ、複雑で奥行きの深い都市構造になります。学研都市も工業関連の協力企業群が技術的に自立する際の武器になります。材料は豊富でそれを活かすのが知恵であり、民間の役割だと思います。

〈北九州の現実は厳しいが、一方で期待できる条件も整いつつあるということですね？〉

北九州が力を付けてくると、自然に福岡との一体化が進みます。そのときこそ福北大都市圏が国内有数で、東アジアに向かっても力を発揮できる存在になります。今は力の差が大き過ぎます。かつては逆で、北九州は錚錚《そうそう》たる巨大企業の母なる工場が林立、福岡は電力、銀行の本社があるとはいえ商人と博多どんたくの街でした。その後差が開き過ぎました。今は差を縮める過程だと思います。

〈北九州商工会議所の役割と活動の方向は？〉

〈創立40周年の会議所は産業振興、ＩＴ化の促進、地

伊勢丹の小倉進出を歓迎する集い

域振興、中小企業の育成と起業支援、広域交流、国際経済交流など諸事業を展開中〕

髙田賢一郎前会頭は、会員増強、ＩＴ対応、街づくり等を重点に尽力され、この基本線は変わりません。会議所は本来、行政と二人三脚で地域を振興する立場ですが、残念ながら力不足です。しかし、たとえば国際交流の面で過去10年経済界は環黄海6都市経済人会議、行政は10都市市長会議を別個開催してきましたが、来年から一本化します。経済界・行政の一体化のためには、民がさらに力をつけるべきで、それには中小企業の「自立、自助、努力」の支援が急務です。道州制が論議されていますが、九州各地の中小企業が自ら工夫し、自立し活き活きする中で、各地が活性化し、ひいては九州、日本が元気になっていきます。重渕雅敏ＴＯＴＯ会長の副会頭就任は、中小製造業の自立化とその支援の面等で期待大です。会議所の財政基盤の強化とそのための会員増強は、厳しい環境下、諸団体共通の悩みであり、対策ですが、会員であることのメリットを実感してもらえる活動がポイントです。ＩＴ化のお手伝いをはじめ、会員の皆さんが困っておられることへの問題解決、支援を積極的に進めて行きたい。

〈北九州の潜在力と方向性はいかがですか?〉

末吉興一市長も常々指摘しておられるように、やはりモノづくりの技術集積でしょう。ベテラン技術者の層も厚い。自動車関連産業やエコタウンに加え、物流や、奥行きのある3次産業の育成も必要です。人が集まってくる「集客型都市」をどう創るか。私は「小倉のまちづくりを考える会」の代表として「住」、「食」、「遊」、「交通」など、市民の目線で街づくりを議論してきましたが、小倉は回遊性が悪い。土日曜の近隣からも人が集まる時間、小倉駅前からリバーウォークあたりまでを歩行者天国にしても良い。毎週大きな賑わい空間が出現します。新宿、渋谷に押され気味だった銀座、日本橋が復活したのは歩行者天国の影響も一因です。昨年の欧米の街づくり視察の成果も活かすべきです。観光振興も鷗外旧居、手向山など素材は良いが回遊性に欠け、マップや定番観光コースもないのは反省を要します。宮本武蔵や桃太郎誕生の地が複数あるように各地は観光スポットづくりを競っています。百貨店でも各売場が集客努力するだけでなく、全体としてトータルな集客効果をあげるため販売促進部が知恵を絞り、催場で京都展をやるときは各売場も関連商品を並べるなど演出に努力しますが、街のにぎわい作りも同じです。

〈そごう跡も伊勢丹が出店します〉

北九州の商圏だけ考えると現在の売場面積で十分ですが、北九州以外からの集客を増やすべきです。それにはより街の賑わいを加速させることが必要です。その意味では大型商業施設の集積で来街者増につながることを期待します。

〈激動期の経営哲学は？〉

「人は創造に生き、保守に死す」。何事も前向きに取り組む。「安全に、安全に」は過去の経験が基準、創造は未踏で危ないが宝も大きい。何にも増して進取の明るさが尊いと思います。

〈座右の銘と趣味を〉

「信は万事の基となす」。何事も「あの人に頼めば」、「井筒屋なら」という信用が基本です。これは時代に関係なく、人が心を持つ限り変わりません。趣味のゴルフは、自分の担当商品は実地に試してみる主義からゴルフ用品の売場担当部長時代始めて以来、楽しく続けています。読書は雑読、積読です（笑）。

木原文吾（きはら・ぶんご）
1953年明治大学法学部卒、同年井筒屋入社。92年社長、98年会長、2000年相談役。小さな親切運動北九州本部代表、北九州活性化協議会評議員会議長。

◆地域の活性化を担って——北九州商工会議所3——世界的景気拡大のなかで

「二つの空洞化」克服へ

【北九州商工会議所会頭（TOTO会長）（当時）】 重渕雅敏さん（2006／01）

重渕新体制、製造業と市街地の「二つの空洞化」克服 モノ作りのDNA活かし、飛躍へ

——北九州商工会議所の新会頭に、重渕雅敏TOTO会長が就任して1年余。重渕会頭は、就任に当たり「製造業と中心市街地の二つの空洞化」の克服を当面の課題として、その脱却を呼びかけた。景気拡大機運のなかで、この二つの難題にどう立ち向かうか、重渕会頭に聞いた。重渕さんは「懸案のインフラの整備も進み、新産業創造、集客都市づくりの好機。3部会を新設して推進中」と手ごたえを語った。

〈06年の経済をどうみますか?〉

重渕　中国を中心に東アジア経済が世界経済をリード、その中で一時は自信喪失気味だった日本の製造業は、トヨタに代表される日本型生産システムを柱に復権し、国内回帰が進み、日本は東アジアでの高付加価値製品生産・物流拠点として定着し、景気に弾みをつける年になりそうです。

北部九州は、自動車と半導体が融合するカー・アンド・シリコンアイランドに進化。3月に、4大プロジェクトの柱で、待望の新北九州空港が開港するのを機に、21世紀型の新しい産業が飛び立つ象徴的な年になると思います。

〈「二つの空洞化」を克服する糸口になりますか?〉

〔重渕さんは04年就任の際、長期不況下の10年間の北九州製造業の生産4割減、商圏売上1割減↓人口減を「製造業と中心市街地の二つの空洞化」と表現、脱却を呼びかけた〕

末吉興一市長の「ルネッサンス構想」も仕上げの年を迎え、学術研究都市はLSI設計関連を中心にカ

ー・アンド・シリコンアイランドの頭脳部門として充実しつつあります。昨年開港のひびきコンテナターミナルも当面はスローテンポながら本格稼働、東九州自動車道もダイハツ車体の中津進出で、椎田ー宇佐間が早期着工の機運です。空洞化を新産業で穴埋めするためには、5年ぐらい必要で効果が出て来ます。それには、国内外の企業誘致と合わせ、地場企業の新時代への対応、脱皮が不可欠です。

04年、東アジア経済圏の成否を握る環黄海10市の東アジア経済交流推進機構が当地で設立され、その関係で中国の天津と煙台を訪問しました。中国、韓国は想像以上に国境をなくしていて、大型投資が続き、韓国の対岸・青島では韓国人が約6万人も働き、日用品の生産は中国に移管、土日に韓国に帰るぐらいに融合しています。連携のさらなる強化の必要性を痛感しつつも、危機感も持ちました。

中心商店街活性化へ商店街のキャンペーン

〈会頭に就任して1年、商工会議所としてどう取組みを？〉

まちづくり推進会議を新設、製造業の空洞化対策は「モノづくり部会」（座長永次廣副会頭）で新産業創造に向け様々な芽を育てていきます。当面は自動車産業をいかに地元に取り込むかで、市と「北九州地域自動車部品ネットワーク」（パーツネット北九州）を作り、部品メーカー等との商談会開催など進めています。北部九州で自動車部品需要が出ても、力がなければ、韓国、中国の企業に持っていかれます。

〈集客都市づくりも大切です〉

郊外への住宅建設と大型店の出店で魚町、黒崎など中心市街地は、人口が減り、かつての賑わいが薄れて、活性化が大きな課題です。そこで「賑わい部会」（座長中村眞人副会頭）をつくりました。基本は商店街のみなさんの努力で魅力ある空間を創り出すことですが、全国的に成功事例も多く、私が社長になって「北九州まちづくり応援団株式会社」を設立、まず小倉魚町をモデルにＴＭＯ（タウンマネジメント組織）を立ち上げました。これを拠点に黒崎、八幡東、戸畑、若松、門司等にも広げます。昨秋、中村座長の司会で各商店街代表が参加、街づくりサミットも開催しました。さらに文化都市を目指す「スポーツ文化部会」（座長岡野正敏副会

北九州会社合同説明会

頭）は、極めて広範囲ですが、未来を担う青少年の育成など大事な課題で、具体案を練っています。私達も一生懸命やりますが、市民や企業も必ず「やれる」と考え、ぜひ参加してほしいですね。

〈待望の新空港開港で、内外都市と直結しますね〉

北部九州は、今後東アジア経済圏への玄関口、カー・アンド・シリコンアイランドの生産・物流拠点として、航空需要が増えますが、福岡空港は時間的制約が強く、拡張の余地もなく、この地域に24時間空港は絶対必要です。福岡空港を補完し、内外旅客便のほか、貨物便も夜間にドシドシ飛ばせる。スタートこそ、２５００メートル滑走路一本ですが、遠からず延長し、増設を実現させたいものです。新空港が出来るから、自動車産業も「よし、面白い」と集積促進の契機になりました。立ち上がりをスムーズにするためにも、企業も市民も極力利用してほしいですね。福北連携も重要です。スターフライヤー社の増資の際は、福岡財界の応援が必要と考え、まず鎌田迪貞九経連会長、田尻英幹福商会頭に相談しました。「福岡と北九州がすみ分け、役割分担しないと、全部セントレア（中部国際空港）に取られますよ」と。

〈ひびきコンテナターミナルは苦戦しています〉

当初は欧米とアジアの中継港を狙いましたが、ここ10年で釜山が力をつけ過ぎました。しかし、自動車１００万台基地化で、部品の中継拠点も有望で、市は「サプライヤーズパーク」の利用を呼び掛けています。空海の拠点形成が産業集積を加速しました。八幡東田地区への情報関連の進出も増え、観光も門司港、スペースワールド、世界環境首都のエコタウンや産業観光など多彩です。新空港で降り、エコタウンを見て、別府で泊る広域観光も考えて良い。

〈北九州経済の潜在力をどうみますか、そして将来像を〉

東アジア経済圏に日本で一番近い北九州は、重工業地帯として発展しましたが、今後は自動車や半導体、環境産業等21世紀型産業が展開、東アジアの研究開発・製造・物流の一大拠点となる可能性があります。日本が21世紀アジアで、中国、韓国の勢いに押されて埋没するか、モノづくりのDNAを活かし、少子高齢化の中でも、高付加価値品生産国として存在感を発揮できるか、正念場です。果たせなければ、日本が危ういと思います。北九州には様々な製造技術がありますが、これらのかなりの部分は中、韓に置きかえが可能です。例えば、TOTOの仕事もほとんどは中、韓でできます。今後は、衛生陶器に半導体、バイオ、健康、医療を付加した進化が必要です。昔は「不浄の間」と言われたトイレを「レストルーム」に変えましたが、今後は「ヒーリング（癒し）ルーム」、「ホームクリニック」に変えます。トイレでは生体動作の全てがわかり、尿、糖、血圧、体脂肪の変化を毎日記録、健康管理ができます。進化すれば、中、韓も怖くはありません。それには、現状に満足せず、変えて行く「変革と挑戦」が必要です。

〈企業社会が変わる中、経営哲学と経済団体哲学を〉

三つの「念」です。自分の会社はいかにあるべきかの「理念」、それを絶対に実現するという「信念」。そしてできるまでやる「執念」です。団体としては「変革と挑戦、対話と協調の4つのC」ですが、対話と協調はまだ不十分。会員企業や行政、各種団体との幅広い対話と連携を具体的に強めていくのが今年の課題です。

〈ご趣味は？〉

体力低下予防のゴルフ。それと絵を見たり画いたりですが、なかなか時間がとれません。やはり絵の好きな家内と一緒に、たまにスケッチ・ドライブして、それぞれ別の方向を向いて絵筆を走らせています（笑）。

◆地域の活性化を担って──北九州商工会議所4──試練を超えて

産業観光と市農工商で地域振興

【北九州商工会議所会頭
㈱安川電機会長】 利島康司さん（2011／11）

ものづくり産業を資源に賑わい創出
イノベーションで、「北九州でしか作れない独自製品」を

──全国商工会議所観光振興大会・in関門（北九州と下関の両商工会議所共催）が11月下旬、北九州市を会場に開かれる。北九州商工会議所の利島康司会頭（昨年11月就任）に北九州経済の活性化策、産業観光による地域おこし、激動期の経営哲学などを聞いた。利島会頭は「市農工商連携で北九州の魅力を発信しつつ、グローバル時代の技術に強い北九州の構築を目指したい」と目標を語った。

〈観光振興大会・in関門は関門の魅力を全国に発信でき、両市の観光客誘致には絶好の機会ですね〉

利島　全国の商工会議所はアジアなど海外客も含めた観光振興に力を入れており、10年度は青森で開催しました。今大会も他地区に負けないようにと、1500人参加を目標にスタッフが全国を回り、関門の良さをPRしてきました。「新しい時代の観光連携」をテーマに講演、討議、分科会で関門の多面的な魅力を全国の人々に見ていただきます。

〈「来て」「見て」「食して」と楽しい体験コースもあるようですね〉

北九州には1901年創業で「坂の上の雲」の秋山兄弟も訪れた八幡製鐵所をはじめ、TOTOや安川電機、その他重工業関係、最先端の自動車と半導体、さらに環境関連や新エネルギー産業等、ものづくり工場群の巨大な集積があります。分科会は通常の大会では座学ですが、北九州でしか見られないこうした生産現場を存分に見ていただこうと、16コースの現地観光を準備しました。

鉄鋼、窯業、電機の中核工場、最新の自動車工場、最先端の医療と福祉、エコタウン、新エネルギー、小倉町歩き、明治維新の史跡、海上からみる北九州工業地帯……と実に多彩です。例えば巨大製品工場の見学コースは、ブリヂストンの世界一大きなタイヤの生産現場と日本鋳鍛鋼《ちゅうたんこう》の大型鋳鍛鋼製品工場の見学です。私も見ましたが、鍛え抜いた技術と大音響の迫力で「こんな工場があるのか！」と感動しました。

〈会頭就任直後、産業観光推進室を設置しましたね〉

観光振興全国大会

日本全体が少子高齢化で人口減少する中で、地元の人口を増やすには、定住人口に加えて交流人口の増加が必須です。観光産業の確立は不可欠です。私は末吉興一前市長時代から「北九州市にぎわいづくり懇話会」の座長を務め、「ものづくり産業を武器に、街をもっと賑やかに」と念じてきました。現在、市内の観光客は年間1千万人ですが、宿泊客はわずか90万人です。食文化も含めさらに観光を活発にすれば、新しい産業の柱に育ち、流通業や農業も連鎖的に元気になります。来年はB級グルメの全国大会をはじめ、青年会議所や商工会議所女性会の全国大会も開催される予定で、北九州の魅力を全国に発信する絶好の機会となります。

〈北九州経済の現状と課題をどうみてますか？〉

総じて大変厳しい状況です。ただ、国内需要は人口減少もあり大きくは伸びませんが、アジア新興国の成長と新産業の起業による拡大が期待されます。北部九州は自動車産業に中京・関東地区から危険分散のための立地の動きがあり、半導体も次世代型が登場。安川電機のロボット生産もピークの07年の8割には戻りました。新エネルギーや環境関連など新たな産業の台頭を考えれば、成長の潜在力は十分にあります。

〈ただ、超円高とグローバル化で企業の海外生産の拡大、国内産業の空洞化も懸念されます〉

超円高が続けば空洞化は不可避です。地元企業はコスト低減と技術力で頑張るしかない。最善の対策はイノベーションです。北九州でしか作れないし買えない製品を作る。従来のように安易に人件費の安い国に生産を移したり、技術を流出させずに頑張ることです。円決済で売れば円高の影響も受けません。

〈そのためには何が必要でしょうか？〉

海外現地生産の中には、中国で売るものは中国で作る地産地消型もあります。安川電機は中国で生産した製品は米欧など他国市場に極力持ち込まない。国産品も同様で、あくまで自分たちが生まれ育ち、子どもも住んでいる北九州の生産を維持したい。これは経営者の意思の問題です。北九州の生産はそのまま維持しつつ、売り上げや生産の増加分は海外で稼ぐ形の企業成長になります。円高は確かにきついが、逆に円が暴落する事態になれば、日本の危機です。

〈重渕雅敏・前会頭の指名を受けて第8代会頭に就任、掲げられた市農工商連携の具体的内容は？〉

連携の狙いは「農業だけ、工業だけ、商業だけではなく、何事も『連携―連鎖』でこの街を元気にしましょう」ということです。「観光で訪れたら、必ず地元グルメを味わってください」「一人で来ずに数人で来てください」と、連携―連鎖反応を起こすことを常に心掛けることで絆が生まれ、内需が拡大します。

小倉で「東日本復興のためにはまず北九州を元気に」と、会議所主催の被災地支援チャリティイベントを開き、1千人近くが集まりました。黒崎では「にぎわいづくり懇話会」が臨時舞台を作り、盛り上がりました。次は若松、戸畑、門司と連携―連鎖反応を拡大していきます。

被災地の中小製造業は無償の応援が必要で「ものづくりの絆プロジェクト」も発足させました。北九州の有志企業40数社が名乗りを上げ支援体制を確立。安川電機も中古のモーターなどを用意しています。

〈産業観光に続く北九州活性化の課題は？〉

それは、北九州の中核産業のものづくりをどう高度化するかです。既存の有力商品の改良に加え、新商品を生み出す技術力を企業が蓄えるために、更なる勉強と新しい企業の誘致が必要です。今後伸びると予測される新エネルギー・環境技術の分野でも、産学官連携で国内最強の技術力を蓄積すべきです。東アジア低炭素化センターも第1段階の市場調査に続き、次の一手が必要です。例えば、遊休地に環境関連の新工場を建設し、地元で新規雇用を生み出せるようにするとか。20年先ではなく今、地元に生産を呼び起こす投資とスピードアップが必要です。

〈産学官連携によるイノベーションですか？〉

北九州でしか作れないし買えない、外国からも買いに来る独自製品の開発です。安川電機は、両手を使うサービスロボットなど新ロボットは北九州で創ります。最近の「ロボットプラザ」の新設もそのためです。モグラ叩きでロボットと人間が競争するのを見て、子どもたちにロボットの勉強をしてもらう。

シャボン玉石けんなら、世界でここでしか作れない石鹸……例えば使ったら皮膚病が治るような石鹸を開発していただく。新日鐵八幡製鐵所は新幹線用の長いレールやモーターなどに使う電磁鋼板が得意で、ロシアの寒冷地鉄道用は八幡製です。ワンランクアップさせて、もっと小さなモーターで電気自動車を動かせる高効率の電磁鋼板を開発できれば、燃費が向上するので大きなバッテリーは不要になります。

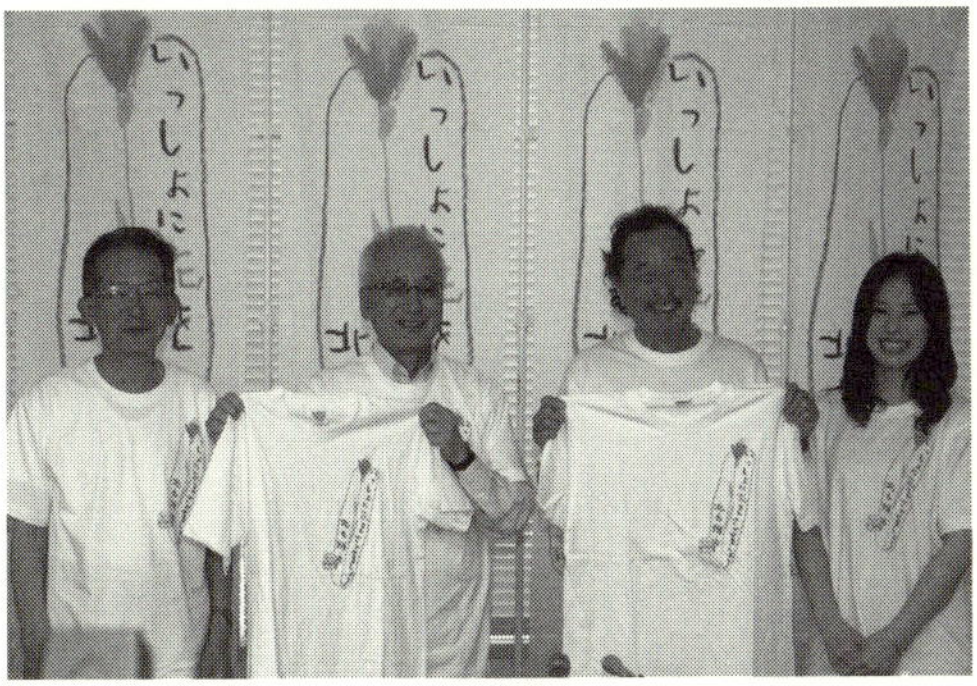

復興支援Tシャツ製作記者会見

ウォシュレットを開発したTOTOも画期的な製品のタネをたくさんお持ちです。私はかつてTOTOの水回り製品と安川のロボットを組み合わせ、皿の片づけから洗いまで全自動化するシステムを提案しました。また、人間の自尊心は排せつを自分でできるかどうかといわれますが、足の不自由な人が自力でトイレに行けるシステムの両社共同開発など、夢物語かもしれませんが、考えるだけで楽しい。

〈他にも北九州には、面白い独自製品や独自技術を保有する中堅企業や中小企業が多いですね〉

例えばタカギさんのアイデア散水蛇口をロボットに持たせ、ビニールハウスでうまく散水すれば面白い。中小企業が異業種交流で幅広く連携すれば、可能性はさらに広がります。それには人づくりが大切です。私は在北九州フィンランド名誉領事を拝命していますが、人口が少なく、寒冷地で、言語も特殊で、移民受け入れが困難な国です。それを逆手に取って「活きる道はハイテクと人材育成しかない」と独自の国づくりに成功しています。

〈人づくりは難しいテーマですね〉

この街から優秀な人材を外に逃がさない。広い世界で勉強する姿勢は認めるが「地元に仕事がないから出て行く」のは止めたい。情報不足によるミスマッチで人材が市外に流出しないように、小規模企業の企業紹介と、逆にどんな学生が育っているかを学校が企業に情報提供するシステムの構築も必要です。

〈大震災、原発事故、超円高、欧州の財政危機、このような状況下で、企業経営の指針をどう立てますか？〉

非常に難しいが、今こそ知恵とイノベーションで新規開発に努める時期です。世の中のニーズがどこにあるか顧客志向で市場を調査し、従来の3倍から5倍の速度で実行することです。電力危機も、現存原発を安全運転しつつ比率を徐々に下げて新エネルギーに転換するには、ひと皮むけた新技術と2～3年で新しいエネルギーを作るくらいのスピード感が必要です。

〈ところで、利島さんは魚町銀天街の洋品雑貨店のご出身で、生まれも育ちも小倉。安川電機入社後は、文系ながら主力工場長を務め、独自の「御用聞き営業と若手活用」で赤字のロボット事業を世界一の主力事業に育て上げられた。異色ですね？〉

東京の空気を吸いたいと慶応大法学部に入学、ゼミは「手形詐欺の瑕疵《かし》担保」でした（笑）。大都会でいろんな人々の生活に触れ「家業とは別の世界を経験したい」と安川電機に入社しましたが、上司も同僚もみんな技術屋。工場で2年間実習し、電気技術も「ここに触わるとビリっとくるぞ」と体験学習しました（笑）。会長、社長は小倉高校の大先輩。気軽に車にも同乗させていただきました。

〈なかなかに家族的なムードですね（笑）〉

北九州生まれのローカル企業ですからゆったりとして、若手が何かやりたいと言うと「ちょっとやらせてみるか」という社風です。赤字のロボット事業部を担当した時、当時の主力は自動車のアーク溶接ロボット（小型ロボット）でした。ホンダさんに入り浸って勉強しているうちに親しくなり、同社が内製していたスポット溶接ロボット（大型ロボット）を「わが社に任せて」と受注。帰社するなり「これを3昼夜で作るぞ」と宣言（笑）。短納期で効率的に生産することに成功しました。

顧客が困っている点をいち早く掴み、現場の要望を満たす製品をどこよりも安くスピーディーに作ること。これを絶えず心掛けました。

〈商家の出身という経歴は強みになりましたか？〉

商売では1足300円の靴下もまとめて買えば100円になります。売り方も大事だが、買い方も劣らず大切です。私は自社製品の売り込みではトップと交渉しますが、資材の購買や工場建設の際は、先方が希望すれば平社員とも商談します。そういう人は商品に自信を持ち、競合企業の弱点にも詳しく、貴重な情報を持っています。新工場建設の際も自分で予算を決めました。商家出身の応用動作です（笑）。安川電機はローカル企業としてゆったりした雰囲気の一方、今の新しい世界で生きていく力、企業文化を短時間で体得しました。田舎企業ではあるが、ロボットを中心に東京を経験せずに一気に世界に打って出た。古い体質と新しい体質がうまく融合しています。

〈ご自身の経営哲学を〉

社長時代は「即決速行」。早く決めて速く行動する。会議所運営では、目指す方向を分かりやすく伝えるように心掛けています。副会頭はじめスタッフはベストの態勢で、元気に地域振興に取り組みます。

〈趣味は？〉

体力維持のために多少のゴルフ。現場が好きで、社長時代は始業前の6時45分から、無人の工場を見て回りました。工場は毎日顔を変え、いま何を作り、どこまで出来ているかがすべて分かり、楽しいですよ。

◆北九州に活力を――北九州活性化協議会1――世界的景気拡大のなかで

住みたくなる街づくりを

㈶北九州活性化協議会理事長
北九州商工会議所副会頭
㈱アステック入江会長（当時）
入江伸明さん（2007／02）

インフラ整い、次はマーケティングに全力　人を惹き付ける街づくりを目指す

――「鉄冷え」の中から、米国ピッツバーグ市の民間地域振興団体をモデルに生まれた北九州活性化協議会（KPEC）は、地元の主要な企業が参加、北九州の活性化に向け、様々な活動を展開している。アステック入江の会長でもある入江伸明理事長に、北九州経済の課題と活動方向を聞いた。

〈今年＝2007年の経済をどう展望しますか？〉

入江　「失われた10余年」を脱し、中国の高成長、製造業の復権による景気回復は、1～2年は続くと期待したい。しかし、モノづくりの街・北九州の好況は、流通サービス業までは波及していません。製造業と第3次産業の回復格差は全国的で、遅れたところを生産性の向上で克服出来れば、日本のモデルケースになるのですが。人口が減る中、第3次産業の活性化のためには、年齢別人口構成の変化など生きたデータ把握に基づくマーケティング（市場開拓戦略）が必要です。

〈北九州市ルネッサンス構想に基づく4大プロジェクトも一部を除き本格稼働、北九州経済も今年は新しい段階を迎えます〉

末吉市政になって約20年、前半は「失われつつある10年弱」、後半は「失われた10余年」の厳しい環境でした。当初は鉄鋼不況下のどん底で何もない。必死で「港湾、空港がほしい」、「道路もほしい」でした。今でこそ、もっと教育を、福祉を、文化をと言いますが、当時は基幹的なものの整備が官民とも切望されたところで、それがほぼ実現したのは高く評価されるべき

です。目の色を変え、阿修羅の如くやっと整えた。ところが、その間に時代は大きく変化、空港は間に合いましたが、港湾は、韓国がより大きく整備、市場を抑えてしまった。今までは造れば良かったが、今後はこれを「活かす」段階で、そのためには、小は商店街振興から、大は基幹インフラの活用まで、官民挙げてマーケティングに取組まねばなりません。

〈北九州経済の強みと課題をどうとらえますか?〉

もともと鉄鋼など製造業の「優等生」が揃っているところに、さらに自動車産業の大量進出、年産100～150万台の一大生産拠点化で、製造業の「優等生集団」が出来つつあり、これは大きな強味です。問題は、優等生だけでよいのか、ということ。その優等生企業の多くが支店、工場で本社の稟議《りんぎ》を要する点です。現在の日本の企業組織の問題点は、中央集権が強く、人材も金も中央集中型です。政治は「地方にできることは地方へ」と分権志向ですが、企業経営は、逆にスピードアップのため中央集権志向を強め、分社化、事業部制といっても企業統治の中枢は、中央にあります。TOTO、安川電機、三井ハイテック、ゼンリンをはじめ地元の上場本社企業も活躍していますが、他の大企業は中央集権型です。早く道州制を実現し、大きな単位で地方に人材や資金が集まる仕組みを作らないと問題は解決しません。特に残念なのは、人材です。本当に「郷土愛」を持った人、心の魂を持った優等生を増やす。人材育成のために、若い人に活躍のステージを与えるのは活性化協議会の大事な仕事です。

〈今後の活性化の方向性は?〉

21世紀は中国、韓国等、近隣競合国の進化するスピードに、今の中央集権では、中央政府がヤキモキしても、追い付けません。真の地方分権と道州制九州を早く実現し、その中でアジアに近い地域として、自立的に福岡・北九州経済圏の持ち味を出す。国にお願いしたり、規制緩和を求めたりしなくても、自分たちでできる体制にしないと、21世紀は間に合いません。北九州の「優等生集団」は、どこにも負けないものがあり、道州制九州でも大きな役割を果たせます。

〈商工会議所は「モノづくり」、「まちづくり」、「文化スポーツ」の3部会で地域振興に挑戦しています〉

モノづくりでは「失われた10余年」の前半は、優等生大企業だけに依存する良き時代が終り、各企業ともリストラに懸命でしたが、後半は、独自の技術、マーケット開拓で新しい「企業力」をつけました。自

北九州イノベーションギャラリー

動車産業の進出・集積も大切ですが、地場企業のアイデンティティを追求するこれらの動きは重要です。自動車用鋼板一つとっても新日鐵製は、他国製に比べ格段の高品質と技術力を有しています。ただ長期不況の下で、コスト至上主義が現場の末端まで浸透、生産力を増強すれば儲かると分かりつつ、前向きの投資に踏切れない現況もあり、そういった心理の克服も課題です。

集客都市づくりは、長年、小倉都心、黒崎副都心のπ型都市構造を前提にまちづくりを進めてきましたが、近年、地域別・年齢別人口構造や人口流動が大きく変化しました。小倉都心も人の流れが魚町中心から、リバーウォーク方面へ、黒崎周辺も三ヶ森地区等が台頭しつつあり、一度綿密に実態調査し、人の流れの構造変化を踏まえ、マーケティングの立場で新たなグランドデザインを描き直す段階です。

〈活性化協議会の今後の活動方向は？〉

［もったいない総研、ひまわり塾等で環境対策・人材育成活動中］

発足して20年。当初は提言など活発でしたが、リストラの時代は、会員企業も若い人材も自社経営に忙殺され、まちづくりにエネルギーを割く余裕もありませんでした。最近、やっと「良いことをやるなら、お金を出しても良いよ」という機運が出てきました。団体間のコーディネーター的役割もあり、若い人材に活躍の舞台を提供しつつ、攻めの時代に対応します。

〈アステック入江の経営戦略と今後の展開方向を〉

当社も鉄鋼関連が創業以来の基幹で、信用の土台ですが、鉄以外にも「新たな生存領域」をと、Ｓｔｅｅｌ＆Ｓｐａｃｅを合言葉に試行錯誤し、売上比は鉄6対新領域4、利益面では相当部分を新領域で上げるところまできました。その柱は、製鉄の煙（ダスト）の中の鉄粉を回収し、その鉄粉と塩素を使って、エッチング材を生産する国内初のリサイクル事業です。これをＩＣリードフレーム産業に供給、その廃液を回収して、新液に再生、その過程で非鉄金属のニッケル、銅を分離回収、ステンレス工場等に供給しています。今後も本業を進化させながら、同時にダストとスラグ（廃棄物）のリサイクルの中に、イノベーションのタネを求め、新しい価値を次々に創造して行きたいと考えています。また、新設した海外企画調達部は、鉄鋼生産の過程で使う部資材を中国等から調達、品質管理など付加価値を付けて内外の企業に供給する事業を展開、最近は鉄鋼関連だけでなく、住宅部材にも手を広げ、「ユニクロの鉄鋼版」を目指しています。

〈経営哲学は？〉

どんな時代も「信頼」です。お客様、労使、社会からの信頼です。モノづくりの面では、三井ハイテックの三井孝昭会長の現場を視る眼の鋭さ、深い観察力に敬服しています。

〈座右の銘と趣味を〉

この年になると（笑）「一隅を照らす」と「節欲」「感謝」です。趣味は囲碁などですが、最近は読書で、真贋に厳しく、人生観の合う小林秀雄さんの著作を全集で読んでいます。

（公財）北九州活性化協議会　小倉北区古船場町1―35市立商工貿易会館6階、設立1989年、会員数680社・団体・法人、基本財産2億4千万円、事業内容　北九州活性化の調査と研究、施策の総合調整と推進。

◆北九州に活力を――北九州活性化協議会2――世界同時不況のなかで

「新たな旅立ち」のシナリオ

【㈶北九州活性化協議会理事長
㈱千草社長】　小嶋一碩さん（2008/12）

KPEC発足20年　市民、団体、大学、行政のさらなる連帯促進を

◉信条
「絶えざる変革と『踏まれても生き抜く千草（雑草）の強さ』を」

――北九州経済の浮揚を目指して産・学・官・民が設立した財団法人・北九州活性化協議会（KPEC）が発足20周年を迎えた。世界経済激動の中、新たな北九州浮揚策を第5代理事長小嶋一碩さんに聞いた。老舗の千草ホテルを経営している小嶋さんは、小倉祇園太鼓のハワイ派遣や新日本製鐵東田1号高炉の保存運動、国際鉄鋼彫刻シンポジウムなど街おこしにも熱心に取り組んできた。

〈米国発金融危機で日本経済も激震に襲われました〉

小嶋　今回の危機は、好不況の経済循環というより大事件勃発という感じ。急速なグローバル化で、一国だけの経済運営が困難になり、政府も産業・金融界も対応に苦慮していますが、新政権の適確な舵取りを望みます。北九州経済も、年初は鉄鋼も自動車も景気の良い話で明けましたが、年末は日本経済の急減速、トヨタ自動車九州の減産など暗転し、振幅の激しい一年でした。ただ、中小・零細企業は「戦後最長景気」下でも厳しさが続いていたので、急減速の実感はあまりありませんが……。

〈そのなかでKPECが発足20周年を迎えました〉

KPECは20年前、地元の約1千社から6億円の寄付を受けて誕生しました。当時は鉄鋼不況下。危機感を抱いて米国ピッツバーグ市を視察し、向こうの民間団体をお手本に純民間で設立した国内でも類をみない団体です。第1期（1989〜93年）は基礎作りの段階。学研都市整備のためのアンケートや、産業科学博物館構想の策定、都市色彩セミナー（工場のカラー化）や国際鉄鋼シンポジウムの開催に取組みました。

第2期（94〜99年）は、新空港の早期建設促進、福祉用具研究開発センターの設立、ミュージックプロムナード開催などが成果です。

新日鐵元会長・三村明夫さんの講演会

〈環境意識を高める「もったいない総研」の発足は?〉

第3期（2000〜03年）です。イノベーション・ギャラリー（北九州産業技術保存継承センター）設立の支援と前後して02年に発足しました。世界的な環境モデル都市を目指す北九州の一翼を担う組織です。牛乳パックを使用したリサイクル・トイレットペーパーを㈱大分製紙と共同開発して販売。その縁で同社は市外から東田地区に工場進出し、市の雇用創出に寄与しています。第4期（04〜06年）はハード中心から街づくりのソフト事業への転換期。長崎街道を活用した街づくりや大学生が地元企業を紹介する「僕らのハローワーク」の発刊、小中学生の環境意識を高める「もったいないスクール」（国連大学表彰）などが話題を呼びました。産・学・官・民の調整役として20年間、黒子に徹し、地味な努力を積み重ねてきました。

〈KPECの今後の活動の方向性とビジョンは?〉

この1年、各界のニーズ調査もして、07年からの第5期「新たなる旅立ち」の方向性を固めました。北九州の街づくりに必要だが北九州に足りないもの、他の団体では取り組みにくく、かつ企業単独でも実行しにくい課題に挑戦します。北九州を「住みたくなる街」に育てるため、市民、団体、大学、行政などと連携し、環境・教育・文化活動に積極的に関わります。

〈「新たなる旅立ち」をより具体的に言いますと?〉

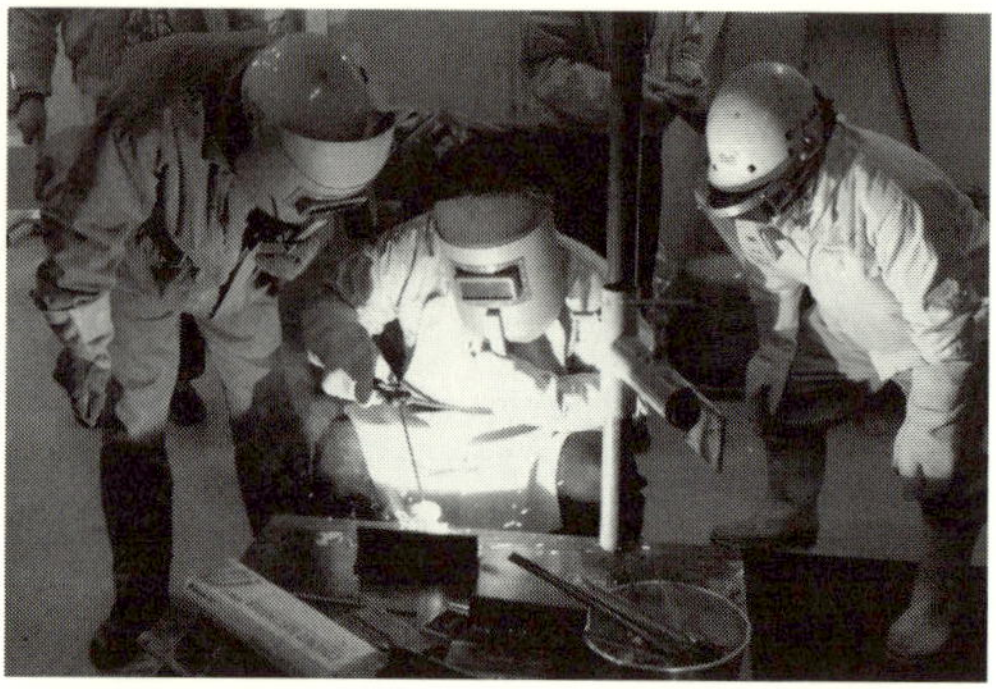

北九州イノベーション・ギャラリーの工房塾（溶接）

第一は「もったいない総研」などを強化し、環境首都を目指す市民意識のさらなる向上です。第二は学校教育や人材育成への関与です。今や学校教育への企業の関わりは全国的傾向で、福岡の経済同友会は出前教育も行っており、住みたくなる街の重要条件です。第三は都市力（経済力）だけでなく、都市の品格（文化力）も高める。そのため市民文化基金（仮称）の創設も検討します。第四は、大学と中小企業の連携による産業人材の育成を推進し、KPECが指定管理者をしている北九州イノベーション・ギャラリー（KIGS）を核に、物づくりのイノベーション力を高めていくことです。

〈ところで小嶋さんは、大正期創業の料亭「千草」をルーツとする千草ホテルを核に八幡、門司、戸畑で4結婚式場を展開しています。本業のホテル、結婚式場業界の近況はいかがですか？〉

ビジネスホテルは結構忙しいようです。しかし、都市型ホテルは、中核の結婚式需要が少子化・晩婚化で伸び悩み、宴会需要もバブル崩壊後企業の交際費節減姿勢が続き、個人需要の開拓でしのぎを削っています。当ホテルは小倉と黒崎の中間で、立地条件が厳しく、サービス内容を常に時代に合わせ、変革に努めています。高品質かつ独自のサービスというクォリティの競争力を磨いていきます。

〈今後の具体的な経営戦略は？〉

一つは多様なニーズにお応えできる多様な式場の提供です。千草ホテルは格式の高い本格的な挙式向き、スペースワールド北側の「海のみえる迎賓館」は豪華邸宅のハウスウェディング向き、市立美術館北側の式場は緑の中のレストラン風、新門司のマリーナ内式場は空港の離発着を眺めながらの臨海挙式と、多彩な選択ができます。人が3人寄れば会話と食事とお酒が必要で、ホテル業は永遠ですが、第3の柱となる新規事業も研究中です。ただ、「サービス業は地域の繁栄なくして繁昌なし」です。青年会議所時代からさまざまな地域活性化に取組んできました。地域が元気でホテルも元気になれる。企業人にとって地域活性化は経営と同じくらい重要です。

〈その北九州経済の強みと課題をどう分析しますか?〉

鉄鋼主体で発展してきましたが、近年は自動車、環境関連産業等が周辺に立地し産業構造の転換が進行中です。当面は世界経済に暗雲が垂れ込め厳しいが、長期的には自動車は依然産業の柱であり、環境産業は無限の潜在力を秘めています。技術と人材の集積を活かして航空宇宙産業を誘致し、過密の中部に次ぐ西の拠点にとの声もあります。問題は担い手です。若者の理系離れの中で、強味であったベテラン技術者群が引退し、技術・技能の継承をどうするか、各企業が危機感を強めています。介護・飲食などのサービス産業は外国人雇用で補完できますが、モノづくりはそうはいきません。住みやすい都市イメージの復権も課題です。

〈激動期の経営哲学は何でしょう?〉

企業も個人もあまりにも自己中心的になり「公」の概念が稀薄です。地域、都市、国あっての企業、個人という意識をもっと持つべきです。社内では、千草はもともと雑草の意味もあり「踏まれても生き抜く強さを持とう」と呼びかけています。

〈座右の銘と趣味は〉

「日々これ新たなり」。保守的だと企業は存続し得ません。常にイノベーション、変革が必要です。趣味は現代美術の鑑賞と支援。立体、平面、映像、香り、音……。あらゆる表現手段を使う現代美術は実に多様な個性があり、創造性を刺激されます。

小嶋一碩（こじま・かずひろ）
1967年九州大学工学部卒、日商㈱（現・双日）入社。68年㈱千草ホテル入社。88年同社長。80年北九州青年会議所理事長。2005年NPOアートインスティテュート北九州理事長。07年（財）北九州活性化協議会理事長。

㈱千草　八幡東区西本町1−1−1、資本金5千万円、設立1973年、売上高20億円、従業員数250人、事業内容　ホテル、結婚式場、レストラン。

◆世界とつなぐ――世界的景気拡大のなかで

企業のグローバル化をサポート

【㈳北九州貿易協会会長 不二貿易㈱会長】田坂良昭さん（2008／05）

市場ニーズを予見、多品種少量販売時代、世界から開発輸入「いつでもノーと言える」独立自営の企業へ

◉信条
「百錬千鍛（叩かれ叩かれてアクが抜ける）」、「士魂商才（頭を下げながら自分の意志を通す）」

――北九州貿易協会は、国際的生産都市、物流都市の企業群のグローバル活動を支援する団体である。数少ない地元貿易商社・不二貿易（若松区）の会長として世界24ヶ国で事業を展開する田坂会長に、活動の抱負と経営戦略、経営哲学を聞いた。24歳で起業、七つの海でもまれた国際派経営者は、「グローバル時代の企業は、身の丈主義と『いつでも誰にでもノーといえる』自己資本力、多角取引力、独立自営力が必要」と説く。

〈グローバル化で北九州貿易協会の役割は増しました〉

田坂　今や「貿易」はどの企業にも普通になりました。北九州もメーカーの会員が多く、国内工場などと同じ感覚で大連工場と往来される。ただ、中国は労働争議があり、外資政策等も激変、台湾企業も国内回帰中。モノづくりの街、北九州は工場進出が増え、若松も響灘でのブリヂストンの工場建設等で活気が出ていますが、問題は少子化です。人口減で市場は縮小、工場も人手不足で勢い海外生産が増えます。大企業

のグローバル化は進んでいるが、中小企業はこれから。素晴らしい技術を持った中小企業も多く、そのお手伝いが協会の重要任務になります。ローテク商品の市場は広く、中国にはアフリカ、アラビアなど世界中から日用雑貨を買いに来ています。

〈本業の貿易商社・不二貿易の戦略はいかがですか?〉

〔不二貿易は田坂さんが24歳のとき設立。熊本、別府、芦屋、板付などの米軍基地で土産物販売店事業を始めたのが発端。以来若松を本拠に24ヶ国から家具工芸品、日用品を輸入、全国の主な量販店、ホームセンター、家具専門店、通販店に卸売。北九州では数少ない貿易専業企業である〕

今や少品種大量販売の時代は終り、高付加価値商品の多品種少量販売の時代です。生活必需の日用品類は大手量販店が自社ブランドや直輸入で大量に安く仕入れて売り、どこにも同じ商品が並んでいます。しかし、消費者の趣味・嗜好は多様化し、私達は多少冒険でも市場ニーズを予見し、大手が扱えない材料、品質、価格の新しい非価格競争商品を開発し提案していきます。開発力、仕入力の勝負です。

〈体質強化はどのように取組んでいますか?〉

従来の大量販売時代は、珍しいもの、面白いものを探してくれれば良く、トップの個人主導が有効でした。しかし、近年は消費者とメーカーの間に立ち、新たなモノ造りを主導するメーカー機能が求められ、価格も勝手につけず、まず市場で売れる値段を設定、逆算してコストを決める時代です。顧客の大規模化、通販・インターネット販売の拡大、社員の若年化で「組織販売」への転換を進め、開発製造、商社、流通の３機能統合で新たな価値創造を目指しています。

〈近年、アジアの駐在員事務所整備に力を注いでいます〉

家具メーカーはどの国も中小企業が多く、欧米先進国は見本通りの商品ですが、アジア、特に中国は見本と実際に届いた商品が随分違うことも多い。必ず工場を訪れ、設備、生産方法、特に経営者の人柄を確かめ、当初は全品検査します。不良品を出さず、顧客に供給責任を果たすには駐在員が不可欠です。

〈単品の大量販売用に整備した響灘地区の巨大倉庫群(13万㎡)は業界トップですが、どう活用しますか?〉

ＩＴ時代でインターネット販売も強化しています。ネットで直接消費者に売るＢＴＯＣ(消費対象)と、楽天など仮想商店街に店を出す企業やカタログ通販企業に商品を卸すＢＴＯＢ(企業対象)です。いずれも膨大な在庫が必要で、流通倉庫群が新しい武器に変身

響灘地区の輸入品保管用
第1―第4流通センター（若松区）

しました。「倉庫販売（WSP＝ウエハウス・セールス・プロジェクト）」も始めました。通信販売や量販店で売れ残った数量半端な商品、海外の格安品等を空倉庫に展示、現金決済、運賃は買い手負担の特別安値で販売したところ、予想以上の売行きです。口コミで来客は倍増、常設を考え、響灘4倉庫群のうち1つをWSP用に改造工事中です。顧客企業は飛びぬけて安いか、他所にない商品となると全国から来られ、新空港も寄与しています。

〈絶えず商品、販売方法を見直していくわけですね？〉

貿易業は、時代に応じて取扱商品を変え、自らも変らないと生き残れません。ベイルートで出会った6ヶ国語を操る商人に「君は一体何国人か」と聞くと「5千年前から地中海で『貿易』してきたフェニキア人だ」と。商品の中味は時代、企業体力、人材力で変わりますが、貿易ビジネスは永遠で、島国日本には不可欠です。しかし、1つの商品に偏ると取残されます。戦後、米軍基地で土産物販売業を起業しましたが、米軍相手で1顧客だけに依存する辛さ、心細さを痛感、以来特定1社売上依存度は15％以下、仕入れ先も複数を原則にしています。

〈経営の将来ビジョンと課題を聞かせて下さい〉

大きな会社になる必要はありません。ただ、いつでも「ノー」と言える会社、お客様でも銀行でも税務署でも、無理難題をいわれたら、不穏当な表現ですが、いつでも喧嘩できる企業になろうと。本当はお客様も銀行も税務署も恐い。そこと喧嘩するには、いつ取引中止になっても困らない自己資本力、多角取引力、独立自営力が必要です。身の丈以上の無理な借金はせず、質実剛健、自分の足で立ち、大きくなるより継続が大切です。

〔不二貿易は、2013年新規事業として、厚生労働省の医療機器、化粧品の製造販売の認可をえて、海外からメガネなど輸入、ヘルス事業を開始した〕

〈貿易業の醍醐味は何ですか？〉

世界何10ヶ国と往来しましたが、観光地には行きません。人との出会いが魅力です。世の中、いろいろな考え方の人がいます。国に良い悪いはないが、どの国にも良い人、悪い人はいます。祖国を遠く離れた華僑創業者に仕事の厳しさを教えられました。ビジネスの世界では人がやらないことを思い切ってやる度胸も必要。ホリエモンは叩かれたが、桁外れもいないと国際大競争時代、狩猟民族のアングロサクソンに対抗できるかと心配です。

〈北九州の潜在力は？　そして今後のあり方を〉

要はかつての北九州のように生産、流通活動を盛んにし需要を創出し、船が集まる港にすること。船は現金なもので荷があれば寄り、なければ見向きもしません。当社の輸入商品の7割はひびきコンテナターミナル荷揚げですが、ブリヂストン等の稼働でさらに利用が増えます。今後海外から人も企業もドンドン来てもらうには、ここに住みたいと思う都市的魅力も必要。人間も正直なもので住み良い所には自然と集まってきます。

〈経営哲学は？〉

士魂商才――理想は高く、現実は低く。商人は利にさとく、時には頭も下げねばなりませんが、時には権力、圧力に逆らい、痩せ我慢して、おかゆをすすってでも、裸一貫になっても自分の意思を通す両面性が必要です。

〈座右の銘と趣味を〉

「百錬千鍛」。叩かれて、叩かれてはじめてアクが抜ける。苦労と不苦労はコインの裏表です。創業期以来40数年、座禅をしています。毎朝自宅で20分～1時間、年に3回到津の鎮西道場に1週間ずつこもっています。

田坂良昭（たさか・よしあき）
中央大学中退、1947年米軍横田基地で土産物店起業。田坂商事社長、64年不二貿易社長、2006年同会長。03年北九州貿易協会会長。九州山口経営者賞受賞。

㈳北九州貿易協会　小倉北区浅野3―8―1AIMビル8階、会員数　北九州地区180社、事業内容　貿易振興、国際ビジネス支援、貿易投資ワンストップサービスセンター・大連経済事務所運営等。

不二貿易㈱　若松区浜町3―9―17、設立1964年　創業1944年、資本金9600万円、売上78億円（2012年度）、従業員193人、事業内容　家具・雑貨等の貿易業。取引先は中国、東南アジアを中心に欧州まで。

若手主導で地域貢献を

【北九州青年会議所（JC）理事長（当時）サンスカイホテル社長】濱田時栄さん（2003／03）

創立50周年　若者がまず手を汚し、汗を流して全市運動の始動団体へ
紫川浄化、KITA・KPECの設立、わっしょい百万夏まつり

◉信条

「人の上に立つとは流れる水の上に字を書くような儚い業であるが、それを岩を刻むような真剣さで取り組まなければならない」

――若手経営者の集まりである北九州青年会議所（JC）は、若いエネルギーの行動力で紫川浄化、北九州国際技術協力協会設立、「わっしょい百万夏まつり」一本化などに汗を流し、地域に貢献してきた。創立50周年の同会議所の活動と今後の展開を濱田時栄理事長に聞いた。

〈北九州JCも、今年創立50年を迎えましたね？〉

濱田　新たな50年のスタートに当たり、過去50年先輩がどんな使命と志を持って活動してきたかを整理し、良いものは残し、変えるべきは変え、次代に伝承して行く大事な節目の年です。新しい50年は国際化が一段と進み、環境問題、絶対貧困、宗教対立等、より国際的視野の中でまちづくりと活性化を考える時代となります。

〈過去50年をどう評価しますか？〉

「始動団体」としての役割を立派に果してきました。60年代の「紫川浄化」は悪臭のする川の側に住んでいた一先輩が、米国留学中、何気なく紙を落として

注意されて公徳心に目覚め、個人的に川の清掃を始めた。さらにＪＣで組織の「活動」として取り上げ、皆で汚い川に入って清掃し、排出源の養豚家等を１軒づつ回り、浄化を呼びかけた。それを見てマスコミ、行政が支援し、浄化「運動」に発展したのです。

70年代の鉄冷えの中で提案した「国際製鉄大学構想」は、関係者のご尽力でＫＩＴＡ（北九州国際技術協力協会）に結実しましたし、80年代のピッツバーグ視察と「明日の北九州を考える」シンポは、ＫＰＥＣ（北九州活性化協議会）結成へと発展しました。ドラマ「積み木くずし」で少年非行が社会問題化したときは、１人１００円の募金活動で「青少年健全育成基金」（６千万円）を作り上げた。旧五市バラバラだった祭りを「わっしょい百万夏まつり」に一本化したのもＪＣの先輩のアイデアと運動の成果です。これらに共通しているのは、まず若いＪＣ会員が自分で手を汚し、汗を流して「活動」し、それをみて各界が支援に動き大きな「運動」へと広がった点です。

〈最近は、どんな活動をしていますか〉

近年は地球市民スクールで子供達をつれて行ってタイの孤児院と交流したり、「エコエコ宣言」の提案、小倉駅改築で日陰に置かれていた祇園太鼓像をデッキ上に移設する運動、新空港や構造改革特区シンポなど行っています。エコエコ宣言は、九州国際大学の次世代システム研究所代表の岡本久人さん提唱のロングライフ・ストック型社会を呼びかけるものです。日本は高所得なのになぜ豊かさを感じられないか。社会インフラや住宅の寿命が短く、現在の木造住宅は耐用年数がせいぜい30年で、世代毎にローンを組んで建て替えるショートライフ型です。一方、欧州は石造で２００年のものもあり、７世代にわたって大事に使うロングライフ・ストック型で、生活にゆとりがあります。今後は日本も転換が必要という考え方です。

〔この「ストック型」は福田内閣で法制化、長寿命型住宅への補助金制度などに結実。北九州市が「環境モデル都市」に指定される際の大きな武器になった〕

〈今後50年、どういう方向で活動を進めますか？〉

記念事業としては、今後50年間の運動指針で、５月「北九州フォーラム――可能性への挑戦」を開き、市民に提案します。８月末には創立50周年の式典と江崎玲於奈氏をお招きして記念講演会を開催します。超長期で北九州の将来を考えると、産業面では、エコエコ宣言で呼びかけたロングライフ・ストック型社

北九州市で開かれた青年会議所の全国大会

会への転換が不可避です。北九州は素材産業の街として新たな技術開発、商品開発はできないか。これにより、ハブポートも活きてきます。

教育面では、今後はプロフェッショナルを育てる「社会力(生き方開発)」が求められます。市内の学生、フリーターが希望すれば全員、企業やNPOで就業体験し、早くから将来の職業意識を育てることを街ぐるみのシステムとして確立できないか。また、文化面では現代アートの拠点・現代美術センター(CCA)の活用で、単に芸術家を育てるだけでなく、この発想力やデザイン力を市内の企業の商品開発や街づくりに応用すれば新たな競争力となります。このほか、国際的な観光資源である関門海峡を軸にした北九州と下関の「関門広域都市構想」や義理人情に厚く、正しく強い日本人の生き方を学べる「高倉健記念館」整備など活性化策は色々あります。

〈青年会議所のあり方自体も一つの転換期ですね?〉

JCは「敗戦後の経済復興を青年の手で」とスタートし、高度成長実現後はまちづくり団体として地球市民運動、地域主権運動にシフトしてきました。最近は、青年がおとなしくなり、気概がないとか、各種NPOの台頭、活躍でJCの存在価値が薄れたなどの批判もありました。しかし、経済の長期停滞と閉塞感の蔓延する中で、一巡して今、再び「経済」復興が課題になってきました。国際化も従来、台北、仁川、タイなどアジアとの交流が主でしたが、今後はアフリカ等を視野に入れ、国連やNGOなどとの連携を検討しています。

〈北九州青年会議所は、2005年から毎年、市内の中学生代表を招き、街の将来を考える「北九州ドリームサミット」を開催。また12年10月「『公の精神』が日本の未来を切り拓く」のテーマで日本青年会議所の全国会員大会北九州大会を開催した〉

〈濱田さんは小倉北区で客室165のホテルを経営していますが、今後の戦略は?〉

非日常空間を売物にする超豪華ホテルから、機械でチェックインする格安のホテルまで千差万別ですが、全国的に供給過剰で競争は激化しています。北九州も他業界同様老舗のホテルが閉鎖、転業するなど厳しい環境です。ロングライフ・ストック型の欧州では、古いホテルほど風格と高級感があり、高価格で通るのに、安普請・ショートライフ型の日本では新しいホテルの方が集客力、競争力があり、古くなると価格も低下する厳しさがあり、欧州と対照的です。その中で当社はインターネット時代に即応、いち早くホームページを立ち上げ、レストランの改装や、団体営業への注力などで特色を出す努力を行っていいます。今後は食事、内装でも地域色を出すこと等が課題になると思います。

［サンスカイホテルは11年、新規事業として有料老人ホーム・介護事業「モナトリエ」を展開している］

〈北九州経済の今後の課題は何でしょう?〉

折角、新空港、新港湾等インフラが整備されても観光客を惹きつける魅力、積荷がなくてはチグハグになります。全く新しい発想の産業育成、北九州ならではのローカルシップを極めた観光戦略、生活者の視点に立ったセンスある都市戦略が必要になります。

〈激動期の経営哲学は?〉

顧客に喜んでもらえるような新しい付加価値は、こちらが大変な思いをしてはじめて生まれます。また従業員の隠された可能性を開花させるには、大きな負荷で、限界に挑戦させることが必要です。

〈信条と趣味を〉

「教育は流れる水の上に字を書くようなはかなさがあるが、それを岩に刻む真剣さで取り組まねばならない」（教育者・森信三）。JCと仕事の両立のため、趣味に割く時間はあまりありませんが、99年日本ソムリエ協会のワイン・エキスパートの資格を取って以来、ワインを楽しむことと、月1回程度の乗馬が息抜きになっています。

濱田時栄（はまだ・ときえ）
1988年慶応義塾大学商学部卒、福岡銀行入行。92年サンスカイホテル代表取締役。99年北九州青年会議所常任理事地球益創造室長、2003年理事長。

北九州青年会議所　小倉北区古船場町1―35、北九州市立商工貿易会館6階、設立1953年、活動内容社会と人間の開発を目標とした各種社会貢献、国際交流、指導力育成事業等、会員数270人。

◆地域活性化を競う――世界同時不況のなかで

「個を確立」し、真の自立を

【㈳北九州中小企業経営者協会会長（当時）旭興業グループ代表】 住田精宏さん（2009／02）

激変の時代こそ、企業は「個」を打ち立て、生き残りに全力を

◉信条

「場づくり、人づくりから地域経済の発展を」、「商人道」

――米国住宅バブル崩壊、リーマン・ショックに端を発し、100年に一度といわれた世界同時不況。中堅・中小企業の集まりとして、ユニークな活動を展開している北九州中小企業経営者協会の住田精宏会長に、中小企業の対処法を聞いた。地場の鉄鋼商社の経営者でもある住田さんは、「みんなで刺激し合いながら、お互いに『個を確立』していく経営と、『商人道の確立』」と説いた。

〈かつてない急スピードの景気悪化です〉

住田　グローバル展開の自動車や半導体など大手製造業と中堅企業が影響を受けていますが、中経協関連の中小・小規模企業は波及に時間的ずれがあるせいか、今はさほどではありません。しかし、3自動車、鉄鋼などの09年度計画が出る段階では縮小路線が打ち出され、劇的以上の影響が出て来るのではないかと警戒しています。そうなると、血の滲むような経営努力を迫られます。

〈自動車も鉄鋼も拡大し「戦後最長の成長」を記録した後の激変、経済の構造変化をもたらす可能性もあります〉

目下、金融をはじめ全業種が急速縮小体制です。建設中の生産設備の投資を見直す話や、13億人が先進国並みの生活を目指して大量消費してきた中国でも、4年分の受注を抱えていた造船業が海上運賃の低下で一挙に2年分をキャンセルされたとか。雇用の過剰感が広がり、正社員の整理も出てきます。ここ2、3年は、企業が個体としてどう生き伸びるかに集中する時期になります。米欧の企業も拡大から縮小に動き、最悪の場合、「誰か閉塞感を打ち破ってくれるリーダーはいないか、いれば誰にでもついて行く」という危険な政治的雰囲気になる可能性すら感じます。

〈少子高齢化と人口減、低炭素社会化への構造変化も同時進行中です。中小企業はどう対処しますか?〉

企業として個体維持を問われる危機にはまず生き残ることです。正直なところ、流通業としては、新規事業には慎重になります。当り前のことを堅実にやる。まず、不良債権を作らないこと。取引先は大丈夫でも、そのまた取引先に万一のことはないか。同時に、金融機関にも仕入れ先にも絶えず内情をオープンにすることも大切です。信頼を築く最良の方法は情報公開です。

〈半面で、ピンチはチャンス。中長期的観点から「攻め」を忘れるべきではない、との見方もあります〉

私が製造業なら、同じことを考えます。流通・販売関連は守りが生き延びる道ですが、製造業は競争もあり、絶えず研究開発を進め、「生死に関係なく、自分はこのためにこそ生まれてきたんだ。これが天命だ」と新しいものを創り続けていく。これは日本の企業として極めて重要なことです。

〈中経協の5代目会長として、何を重点に運営を?〉

北九州中経協は、2代目会長でゼンリン社長だった大迫忍さんが基礎作りに尽力された中小企業の親睦と勉強の会です。

流通=商人の立場で考えて北九州に何が欠けているか。「商人道」という考え方ではないのか。私達中小企業は何を目的として生きていくのか。北九州はその発想が稀薄ではないか。経営者はお金を扱う。お金は薬と同じでプラス、マイナス両面があります。お金に使われず、お金を使いこなすための原点は何か。これは知識ではなく精神で、これをその道の専門家や経営者から勉強する場を作り、みんなで議論して経営とは何かを体得したい。「場づくり、人づくりを通じた地域経済の発展」が必要です。

〈経営者の修養の場ですか?〉

海外から日本に入ってくる制度や文化はすべて日本流にリファイン（洗練）され、資本主義も日本的資本主義に洗練されます。この基本的考え方を腹に情報に接すれば、それなりに経営できます。儲ければ何をやっても良いとなると、サブプライムローンや食品偽装の問題が出てきます。「片手にソロバン、片手に電卓」の世相ですが、渋沢栄一の「片手にソロバン、片手に論語」のバランスが大切です。

今後、時代が厳しくなると求められるのは自立経営です。不況を政治のせいにしたり、行政に過度に期待するのではなく、真に自立した経営者でないと、これからは生き残れません。お互いに刺激し合いながら、みんなで「個を確立」していく。この考え方に立てば、子孫に自信を持って事業を伝えることができます。

〈協会は創設21年目。活動の成果は何ですか？〉

こうした自分達の啓蒙活動のほか、過去にちびっこ駅伝、関門サミット、韓国との国際交流、山口県中経協と共催の関門トンネル人道幼稚園児綱引き大会など地域の元気づけにも取組んできました。お蔭さまで、各種団体の会員数が減る中で当協会は増えました。会員が「マネー・フォー・バリュー（会費とのバランス）は良いぞ」と口コミで誘ってくれるのが大きく、心強いのは、若い会員が増えています。青年会議所は40歳で卒業したが、商工会議所にはまだ早いという壮年層が比較的多いためです。中経協でトレーニングを積んで多いに勉強してもらい、そのあと商工会議所で活躍してもらえれば、と思います。

〈今後、どういう方向に活動を進めますか？〉

北九州には経済諸団体が多く、それぞれに活動しながら比較的お互いに無関心でした。しかし、独自性を重んじつつも、各団体のレンズの焦点を一方向に合わせ、太陽の熱を集中させ、効果的に燃やして行くことも必要です。他団体も同じことを考えておられ、お祭りなどで一部実行しています。経済団体は北九州のために実際の役に立たなければ意味がありません。

〈北九州経済は、世界的高成長の追い風もあり、産業の多様化が進み、人材の争奪戦までありましたが、逆風です。今後の展望と課題は？〉

自動車の次の目標は航空機産業です。大型機専門の米国が手を出さない中小型機のラインを当地に誘致すれば、自動車産業の部品メーカーの集積とノウハウも生かせるという意見がありますが、同感です。企業誘致の受け皿は響灘でしたが、ほぼ完売状態であまり余地がありません。今後は洞海湾をどう生かすか。奥洞海を埋め立てて、住宅地、広場、スポーツ施設などで活用したらどうか、という意見もあります。全体像を考えるプランナーに夢を設計してもらえたらと思います。

〈ところで本業の旭興業グループ経営で最も重視してきたことは何でしょう？〉

「個の自立」という考え方でしょうか。当社は、私の父母が戦後創業した鉄スクラップ処理業と不動産業が母体です。大阪鋼材（現日鉄住金部物産）で4年間営業経験を積んだ私が戻り、鋼材販売に手を広げ、順次拡大してきました。現在はアサヒ鐵鋼販売を中核に、鋼材切断加工、鉄リサイクル、運輸・倉庫、不動産業などの8社でグループを形成。北部九州・山口地区で年間約20万トンの鋼材を販売しています。

先進のシステムを導入した鋼材倉庫

年間売上8400万円の家業時代から今日までの40余年間、私は経営を個でとらえることに努めてきました。1件ごとの商売でいくら儲かったか。売買契約書から原価と限界利益をきちっと算出する仕組みを考え、実行しました。大阪鋼材時代に学んだことが役立ちました。

〈個別管理ですか？〉

一般的には売り上げから仕入れ値を引いた粗利益を儲けと考えがちですが、さらに運賃、人件費などの間接経費を差し引いた利益を1件ごとにコンピュータで算出します。営業マンについても各人の日々の利益をリアルタイムで算出します。1人1個別管理をします。従って、交際費、広告費などの必要経費は各自の自由です。個人管理がきちんと出来ているから大部分は年俸制です。人によって年収はほぼ2倍の差があります。個で捉え、全体は個の集積であると考える。もう一つの柱はカンパニー制です。

〈分社化、分権経営ですか？〉

アサヒ鐵鋼販売の分社化（2000年）を軸に順次各部門を独立会社に転換しつつ、後継者に困っておられた旭鋼機（久留米市）を買収し、グループ化し

鋼材の搬出作業

ました。

私は経営を人体に例えるのが好きですが、どこが病気か調べるのに検査検査では大変に時間がかかる。それをどう省くか。事業部制だとどこが悪いか見えにくいのが、別会社に独立させると明確になります。旭興業はグループ各社の非営業部門――経理、人事、総務、電算等を全て束ねる。それ以外の各社は身軽に営業に専念する。資産は旭興業が全て所有しリースで貸す方式で、自己資本の部分を含め賃貸の形をとります。結果、ＰＬ（損益計算書）＝ＢＳ（貸借対照表）で、実に分かりやすい。各個人、各部門がいやでも日々原価意識を持ちます。管理者は各人の営業日報を毎日取り、的確に指示すればよい。各自が原価意識を持つことが商事会社にとり一番大切です。残念ながら、北九州はモノづくりはうまいが、商売の伝統が稀薄です。近江商人、博多商人とは言いますが、北九州商人、小倉商人とはあまり聞かないでしょう。製造業のように設備や技術を持たない流通業、第３次産業にとっては、長い間の考え方、思想が決定的に重要になります。

〈旭興業グループの中長期ビジョンは？〉

超大企業ですら年度計画を途中で変えざるをえない時代です。ただ、企業としての夢を持ち、社員と共有化することは必要です。企業理念としては「お客様第一主義、会社の宝・社員の育成、地域社会に感謝と報恩」を掲げ、「提案力、バイタリティ、創造性」を呼びかけています。どんな変化にも対応していける企業を作り、次世代に伝えていきたいものです。

〈地域貢献の面では？〉

社会福祉法人を作り、若松に特別養護老人ホームを開所します。シャボン玉石けんの故森田光徳さんが取組まれていた「若松を愛する会」の後をと言われ、お引き受けし、その中で「若松クラスター」という会を作りました。若松は高齢者が安心して住めるハッピーリタイヤメント・エリア（老後を安心して暮らせる街）を目指すのも一つの方向です。山手の高齢者が街中に住めるように若松区とも打ち合わせ、街づくりのお手伝いをしています。

〔同社は、若松区内に特別養護老人ホーム２ヶ所と保育所を開設した〕

〈座右の銘と趣味を〉

素直な心。人の話に耳を傾けよく聞くことです。それとプラス思考です。趣味は読書と音楽。バロック音楽をＢＧＭに歴史物を読むのが至福のときです。

住田精宏（すみた・よしひろ）

1962年早稲田大学第一政経学部卒、㈱大阪鋼材（現日鉄住金物産㈱）入社。66年旭興業入社、92年社長。2002年（社）北九州中小企業経営者協会会長。

㈳北九州中小企業経営者協会　小倉北区古船場町1―35、設立1987年、現会長　大迫益男（ゼンリンプリンテックス）、会員数310事業所、事業内容共同事業の推進、経営環境の改善・整備、会員相互の研鑽・交流。

旭興業グループ　若松区桜町15―1、設立1963年、資本金4500万円（アサヒ鉄鋼販売）、売上高160億円（2012年度）、従業員数100人（社会福祉法人希耀会200人）、事業内容　鋼材販売、同加工、金属リサイクル、運輸倉庫、不動産業。

◆北九州経済への期待――世界的景気拡大のなかで

「環境、情報、物流」でリードを

【九州・山口経済連合会会長 九州電力会長（いずれも当時）】鎌田迪貞さん（2004／04）

九州地域戦略会議始動、北九州は「環境、情報、国際物流」で九州のリードを

◎信条
「高い志と温かい心」

――九州・山口経済連合会は、03年、九州経済の再構築へ「九州地域戦略会議」をスタートさせた。鎌田迪貞会長は、小倉南区出身で高校まで地元で過ごした北九州人でもある。九州経済の現状と今後、その中での北九州の役割について聞いた。鎌田さんは「北九州は『環境、情報、国際物流面』で九州のリード役」と北九州経済への期待を語った。

〈九州経済も明るさがでてきました〉

鎌田　九州新幹線の新八代―鹿児島中央間部分開業の心理的影響は大きいですね。南半分の開業とはいえ、北半分にも予算がつき、全線開通が前倒しとなるようですし、長崎ルートにも弾みがつくなど好材料です。景気は全国同様、中国やＥＵ向け輸出を牽引役に、生産活動が高水準で、大企業・製造業の設備投資が大幅に増加するなど、持直しの動きが続いています。会員企業を対象とした「経済動向アンケート」でも業況は前回の景気の山である２０００年秋の水準まで回復しています。

〈前向きの動きも増えています〉

今年は、販売好調なデジタル家電の薄型テレビ用のＰＤＰ（プラズマディスプレイパネル）、デジタルカメラ用のＣＣＤ（電荷結合素子）、フラッシュメモ

リーや北米・EU向けの自動車を中心に、活発な生産が続きそうです。年末には、ダイハツ車体の大分中津工場が操業を開始する予定で「カーアイランド九州」の裾野が一層拡がります。大企業・製造業の活発な投資が地場中小企業や非製造業にも波及していくことを期待しています。

さらに今春、小倉伊勢丹につづき、岩田屋新館、鳥栖プレミアム・アウトレットが相次いでオープンするなど、新幹線の部分開業と合わせ、個人消費の喚起も期待されます。ただ、国、地方の財政難で公共投資は減り、雇用は改善しても、需給のミスマッチで厳しさが続きます。

〈製造業が元気ですね？〉

特に、東芝、キャノンの新規投資や三菱化学黒崎事業所構内のナノテク原料生産開始は、単なる外需増というより「製造業の国内回帰」の現れとみています。製品の多機能化、高性能化で、それを支える優良素材が求められ、製品寿命が短くなる中で開発と生産の一体化が進むこともその背景にあると思います。農業も福岡産イチゴがシンガポールで良く売れ、工業との連携が進むなど新たな動きがあります。新幹線に続き九州一体化へ東九州軸（北九州―大分―宮崎）の整備等で遅れ気味の循環型交通体系を完成させるのが課題です。

〈昨秋、新たな九州構築へ「九州地域戦略会議」が動き出しました〉

今、我が国は少子高齢化、グローバル化、国・地方の厳しい財政状況など社会経済システムの大転換期にあり、従来通りの発想や行動では明るい展望が描けません。閉塞感を打ち破るには、地域が独自の施策に取り組み、自立した経済・文化圏を形成していくことが必要です。当会は本格的な地方分権時代到来に向け、官民の連携組織「九州地域戦略会議」の設立を提案、九州地方知事会、九州商工会議所連合会、九州経済同友会と昨秋設立し、九州の一体的発展のための社会資本整備、産業振興と環境保全、東アジアとの交流、地方制度改革と行政効率化など九州独自の発展戦略に取り組んでいきます。

手始めに、「九州はひとつ」の立場で観光振興を進めるため九州観光戦略委員会を設置しました。アジアとの共生面でも、昨秋中国・威海で第3回環黄海経済技術交流会議を開催しましたが、単なる交流から実際の取引へと一歩踏み出し、九州工大が韓国の浦項大学と進めている頭脳型ロボット共同研究に中国

ひびきコンテナターミナル

も参加させてほしいとの要請がありました。各県市バラバラの国際交流も、九州として一体化するお手伝いもと考えています。九州は今大きく動き出しつつあります。この九州の21世紀戦略推進の上で北九州への期待、役割は大きなものがあります。

「九経連の「21世紀の九州戦略」における24の重点課題の中で、北九州関連は、東九州自動車道、福北大都市圏の形成促進、新北九州空港、関門海峡道路など数多い」

〈九州経済の中で、北九州の現状をどうみますか？〉

昨春の「リバーウォーク北九州」、今春の「小倉伊勢丹」の開業で、都心部に賑わいが戻りつつあり、また、新北九州空港や、ひびきコンテナターミナル、北九州学術研究都市など、人・もの・情報の交流基盤整備も進み、新しい街づくりに向けた活気を、九州の中でも特に強く感じます。これは、地元経済界のご努力に加え、末吉興一市長のリーダーシップによるところ大ではないでしょうか。

「鉄冷え」といわれた円高不況などによる人口減少を背景に、１９８８年「北九州ルネッサンス構想」を策定され、五市合併後の理念だった「地域の均衡」重視から、福岡、広島などとの都市間競争を意識した「均衡に配慮した集中型都市」づくりを進めてこられた。特に重厚長大型産業に代る地域経済の基盤を環境産業、情報産業、国際物流、学術研究都市と明示し、育成・整備してこられたことは、グローバル経済化の進展や環境問題の深刻化など時代潮流をうまく取り入れた特筆すべき取組みと思います。中でも、北九州エコタウンは、ゼロ・エミッション構想の実現に向け、様々な事業分野の企業が進出し、国内はもちろん、世界をリードする環境産業・技術開発拠点に育っています。

〈北九州の潜在力と今後の方向性は？〉

もともと北九州は、官営八幡製鐵所の創業以来続く「ものづくりの伝統」や、東アジアに近いという地理的好条件、鹿児島・日豊本線、山陽新幹線の結節点で交通の要衝であるなど非常に潜在力のある地域です。今後は、これらの潜在力を生かすべく整備が進められている新北九州空港やひびきコンテナターミナル、北九州学術研究都市に、国内はもとより、環黄海地域からいかに人・もの・情報を集めてくるかが鍵となってきます。

それには北九州市国際物流特区など、北九州のインフラや技術集積等を利用しやすくする仕組みとともに、国境を越えたネットワークづくりが必要不可欠です。

九経連としても、環黄海経済圏の形成を目指した中国、韓国等との経済技術交流を一層充実させ、東アジアのゲートウェイとしての北九州のさらなる発展に向けたお手伝いをしていきたいと考えています。

その中で紫川の橋梁群は都心の回遊性拡大の先行投資として生きてきました。新たに動き出す新空港と新幹線小倉駅とのアクセスなど、北九州の大小の循環交通隊形の整備が課題になります。

〈激動期の経営のポイントは？〉

〔鎌田さんは電力自由化で激変の九電の経営革新を6年間リード〕

スピードと現場主義と情報公開。迅速意志決定へ経営政策懇談会を新設し、マーケティングでも顧客に密着している現場の声を重視しました。地域貢献も厳しい競争の中でこそ、より重要になります。

〈座右の銘と趣味を〉

「高い志と温かい心」。志は尚《たか》く（孟子）持ちつつも思いやりを忘れない。趣味はゴルフと小唄。読書でお勧めは、ジョナサン・カラーの『文学理論』（岩波書店）。難しい本ではありません。散歩は時々近くの小山に登る程度です（笑）。

鎌田迪貞（かまだ・みちさだ）
1958年京都大学経済学部卒、九州電力入社。常務、副社長を経て97年社長。03年会長。同年九州・山口経済連合会会長。（07年相談役、08年九経連会長退任）。

九州・山口経済連合会（現九州経済連合会）　福岡市中央区渡辺通2—1—82電気ビル共創館、創立1961年、事業内容　九州地域経済の諸問題把握、政府への要望活動、アジア等との国際交流促進、月報等の発刊、会員数　約900社。

◆格差是正へ――世界同時不況のなかで

賃金底上げし内需拡大を

【日本労働組合総連合会
福岡県連合会北九州地域協議会
（連合福岡・北九州地協）議長（当時）】
深町裕二さん（2009／04）

経済失速、北九州の春闘は？　雇用の確保、社会全体で対策

◉信条
「苦労は買ってでもやれ。苦労を10重ねれば1つの楽でも10に感じる」

――リーマン・ショックで、日本経済が戦後最大級の失速を記録し、雇用不安が急速に広がる中、2009年春闘がヤマ場を迎えた。北九州経済を現場で支える労働者の団体は、この危機をどう捉え、生活防衛と格差是正にどう取組もうとしているのか。組織の現状と方向性も含め、連合福岡・北九州地域協議会の深町裕二議長に聞いた。

〈日銀短観で、全国最高水準を続けた北九州の企業景況感も急速に悪化、雇用調整の波も広がる中、今春闘の基本姿勢から伺います〉

深町　確かにモノづくりの街・北九州は、昨年秋から自動車産業とその関連協力企業を中心に極めて厳しい状況です。ＴＯＴＯ、東芝、安川電機、新日本製鐵など大手企業の業績見通しもそろって厳しく、今年の春闘をどう進めるべきかを巡って議論になりました。しかし、連合は外需急減の危機的状況だからこそ、雇用を守りつつ賃金も上げる「賃金も雇用も」の基本方針で臨みます。産業別労組が賃金ベースを底上げすることで内需の拡大――脱不況を

目指します。厳しさは重々承知で、要求すべきものは要求していかないと労働組合の存在意義が問われます。

〈連合が足並み揃えベアを要求するのは8年ぶりです〉

ベアは物価上昇による実質収入減を穴埋めするもので、ここ数年は、デフレ基調のため、産別単位の対応となりました。しかし、昨年来物価が急上昇、さらに、自動車、電機などの輸出大幅減と外需の急減、所得格差も広がる中で、賃上げにより個人消費を刺激し、内需を拡大することは不況対策としても急務です。ＪＲ、電機、電力などが物価上昇率１・６％に見合う４千円を要求中。北九州でも多くの組合が要求書を提出、4月初旬に第1次、中旬に第２次の解決促進ゾーンを設け、要求獲得へ力を合わせています。

〈一方、自動車、電機などの派遣社員の大量削減で始まった雇用調整は、正社員にも拡大しています〉

地協は昨年12月、緊急雇用対策を北九州商工会議所と北九州市に要請し、市は1月、経済産業局を中心に雇用経済対策本部を設置しました。最終的には各企業の判断で、労組としては労働者を守るためどうするか苦しく難しい所です。自動車関係の削減計画もバブル崩壊直後か、それ以上になりかねず、苦慮していますが、今のところ特効薬はない状況です。

〈非正規雇用の大量削減が社会問題化しました〉

急激な世界同時不況下、企業が自社の体力を考え、期間満了者を再雇用しないことは、法的には問題ないにせよ、大量に削減するのはいかがなものか。さらに契約期間内に派遣社員を解雇するのは問題です。こうした人々の雇用保障は連合も要請していきますが、労組だけで解決できる問題ではなく、企業や行政も含め、みんなで対策を考える必要があります。非正規労働者の雇用確保のために、連合福岡は３月初旬、福岡市冷泉公園に県下各ブロックから５千人を集め、春闘勝利に加え「雇用と就労、自立支援を求める総決起集会」を開き、デモ行進しました。

〈労働時間の短縮で雇用を分け合うワークシェアリングを求める声も出てます〉

こういう状況下では、お互いの助け合いは必要です。ただ、非正規社員も含めたワークシェアリングを1企業の中でとなると、体力的に厳しい側面もあります。正規社員の収入の減った分を雇用に回すので、組合にも企業にも厳しい内容です。個人的意見ですが、組合員の減収分を国が補填するなど国の一定の支援策の検討が必要と考えます。

〈連合北九州も来年で満20歳。成人ですね〉

全国的労働4団体（同盟、総評、中立、新産別）が官民統一を目指し、89年に日本労働組合総連合会連合福岡が結成され、翌90年秋、その下部組織の11地協の一つとして連合北九州が発足しました。当時は34産別5万3千人でしたが、産別の組織の統合もあり、現在（09年）は30団体3万1500人です。発足以来、一体化と地域の労働条件底上げに努め、成果を上げてきました。政府や行政への政策提言などで窓口を一本化した効果は大きいと考えています。

〈組織の現状と特徴、課題はいかがですか?〉

北九州はモノづくりの街らしく、民間、特に製造業労組の比重が高いのが特徴で、サービス業主体の福岡と対照的です。鉄鋼などの基幹労連が約1万人。窯業のセラミックス連合、電機連合、UIゼンセン同盟が各約3千人。以下、JR、JP、電力、私鉄、情報、教組、自治労など全産業分野にわたり、幅広く加盟しています。実務の中核は中村一輝事務局長（安川電機労組出身12年退任）で、各種委員会、5地区連絡会との調整を進めています。

〈全国的に労組員の減少と組織率の低下が問題になっています〉

残念ながら北九州も同じで、所属組合員数は発足当初に比べ約4割減りました。組織率も全国（約18%）同様に一貫して低下傾向です。正規雇用の減少と非正規雇用の増加で組織化しにくくなりました。また、製造業などの合理化や産業構造の空洞化で組織労働者が減ったことも影響していますJR九州も発足時の1万5千人が今は8600人です。鉄鋼関連も事業所の分散などで大幅にスリム化が進みました。

〈バブル崩壊後のグローバル化、日本的経営と雇用システムの変容で地域労働運動は変りましたか?〉

企業によって年功序列賃金の見直し、能力主義の採用など、変化はありましたが、各個別企業の労使間の問題です。中高年は子どもが独立して負担が減る半面、今の若い人達は子育てにお金が要るなど少子化に対応した面もあり、悪く変ったというイメージはありません。昔は上司はみな年上だったが、今は若い上司が増え、組合活動も若い幹部の登用がごく当り前になっています。

〈今後の展望と北九州地協の将来ビジョンを〉

経済的動揺は少なくとも1年は続くと覚悟しています。連合としては組織率の向上が課題となります。未組織労働者をどう組織化していくか、中小をはじめ労組はあるが産別に入っていない労組の加入をどう促進するか。連合は既にこれらの層の支援に力を入れており、組織に加入しなくても恩恵を受けられる面もあり、難しさもあるが注力します。

〈「格差社会からの脱却」も掲げています〉

バブル崩壊までは、中流家庭の年収４００～５００万円だったが、今は３００万円です。勝ち組、負け組と分けられる２極化の是正、就職氷河期を迎えて、非正規で働いている30～34歳をきちんと就職させる就業促進も大きな課題です。これも行政も含めた社会全体で取組むべき課題です。地域の最低賃金水準の底上げのため、地域ミニマム運動を展開中で、北九州商工会議所にも格差是正を要請しました。

連合北九州第 17 回地協委員会での挨拶

〈ワーク・ライフ・バランス（仕事と生活の調和）については？〉

低所得化の中で共働き家庭も増えています。健全な子育てのためには残業を減らしたり、夫婦の就業時間をずらすなどの柔軟な勤務体制が求められます。その辺をきちんと議論する必要があると、昨年12月、商工会議所、連合、市を中心に政労使代表による「北九州市ワーク・ライフ・バランス推進協議会」が発足しました。国のワーク・ライフ・バランス憲章においては数値目標を定めて促進を図りますが、その北九州版を作ろうというものです。

〈北九州経済の強みや課題をどうみていますか？〉

自動車不況が直撃した市町に比べれば、北九州の落ち込みは限定的です。低炭素社会の世界環境首都を目指す市の取組みは新たな産業と技術、新たな雇用を生み出します。中長期的には、そう悲観する必要はないと思います。市内の大学、専門学校を卒業した若者が市外に流出し、このままだと人口が80万人になるという不安の声も聞きますが、これは60歳代の団塊の世代の息子・娘世代が働き口がなく、出て行くためです。しかし、団塊の世代がリタイアした後は、逆に人材不足になり、次は新たな世代が流入する時代に変わります。近年、企業誘致も進みました。一方、北九州から他県に工場の一部を集約する話を聞きますが、これは都心の北九州工場の敷地が狭く、田園地帯にある他県の工場は広々として拡張の余地があるためで、広い敷地さえあれば北九州に集約できたのではないでしょうか。北九州の諸工場は用地に余裕があり、むしろ他地区からこちらに統合することも可能です。脱不況後はアジアに近く、モノづくりの技術と人材の集積に恵まれた北九州の潜在力は大きく、期待していいと思います。

〈労組の立場からみた街の活性化の方向性と目指すべき都市像は？〉

市民の立場で「住みたくなる街づくり」を実現するため、雇用、福祉など46項目の政策・制度要求を07年にまとめて市に提言し、昨年回答を得ました。「数値目標のある雇用創出」「パートや非正規社員の社員化促進」「戦略的企業誘致」「子育て支援」「高齢者福祉の増進」など多面的で、行政への反映を求めていきます。高齢者福祉では、高齢者や障害者をボランティアが低運賃で病院などに送迎する「シルバーひまわりサービス」に北九州地協は97年の事業開始時から関与しています。

〈新時代の労働運動の哲学は？〉

雇用を守り、それぞれの組合員の生活の維持向上を図るという労働運動の原点を踏まえつつ、広い立場で中小企業の未組織労働者の組織化や、日本全体の底上げに寄与する。30年余の労組活動で最も辛かったのは87年の国鉄分割・民営化の際、新会社の定員が1万5０００人で、仲間全員で移行できず、転職などを余儀なくされた仲間がいたこと。逆に幸せだったのは、いろんな人と接し、仲間を広く作り、助けられたり助けたりの共生の人生が送れたことです。

〈座右の銘と趣味は〉

苦あれば楽あり。父の口癖で「苦労は買ってでもやれ。苦労を10重ねれば1つの楽でも10に感じる」。忙しくて好きな戦国ものの読書もできず、連合の仲間とのたまの海釣りが数少ない息抜きの時間です。

深町裕二（ふかまち・ゆうじ）
1975年門司商業卒業、国鉄入社、87年JR九州移管、小倉駅勤務、96年JR九州労組北九州支部副委員長、02年JR九州労組福岡地本執行副委員長、連合北九州地域協議会事務局次長、08年連合北九州地域協議会議長。

連合福岡・北九州地域協議会　小倉北区真鶴1－5－15真鶴会館、設立1990年、加盟団体29組織（2012年）、組合員29637人。

第6部　岐路に立つ北九州経済

——インタビューを終えて

「日本の現場」北九州の「底ぢから」は、第1に進化する「産業力」です。産業構造の多様化、多柱化が進み、様々な技術の集積がみられます、第2に「北九州企業」の台頭です。逆境の中で、独自の隙間を見つけ掘り下げ、世界に通用する独自の製品、サービスを開拓した大手から中堅・中小にまで及ぶ企業群の存在です。「しまったはしめた」とピンチに強く、地方の強みを活かしています。第3に周辺部も含めた「北九州都市圏の底ぢから」です。北九州経済は、五市合併以降の50年間をみても、高度成長と産業公害、石油危機、円高不況、バブル経済とその崩壊——長期停滞、世界的な景気拡大、世界同時不況と多くの試練に直面し、そのつど各企業も地域も創意と工夫で乗り越えてきました。「海図なき航海の時代」、日本経済も、北九州経済も危機的状況にあり、岐路に立っているといっても過言ではありません。「底ぢから」を活かし、50年後の「明るい豊かさ」をどう実現するか。今世紀初頭の10年余の現場経済人の夢と苦闘の軌跡は、各人の心のエネルギー源ともいえる多彩な「信条・座右の銘」と相まって、地方の現場の創意と工夫と愚直な努力いかんでは、「海図なき航海の時代が明るい未来を拓く」という示唆に富んでいます。

海図なき航海の世紀——「北九州の底ぢから」と現場力をどう活かすか

長妻靖彦

1．明日の日本・北九州の試練と挑戦

北九州はよく「日本の未来」「日本の縮図」といわれます。北九州経済は、１９０１年の官営八幡製鉄所開業以来、モノづくりで日本の近代化、戦後復興、高度成長を支え、これまで常に日本の経済社会の一歩先を歩んできました。63年の五市合併・新市発足後も産業公害、石油危機と鉄冷え、円高不況、バブル崩壊不況など幾多の苦難に遭遇しながらも、そのつど産業構造を高度化し、乗り越えてきました。

そして今、グローバル化、ＩＣＴ革命、世界環境危機、バブル経済の周期的発生の時代を迎え、21世紀の日本経済社会を先取りして、産業構造の成熟化、若年層の就職難、政令都市随一の人口減少と少子高齢化に悩み、新たな構造革新期を迎えています。

北九州はまた「日本の現場」でもあります。最近、よく「現場力」という言葉が聞かれます。「日本の強みは現場力」、「神は細部（現場）に宿る」、「行き詰まったら、現場に聞け」などと言われます。北九州は明治以来、「生産現場」でした。モノづくりや国際物流を中核に、様々な産業の最前線の現場があり、日夜生産活動を続け、製品を輸出し、外貨を稼ぎ、東京など大都市の消費や投資活動を日本経済の最前線で支えてきました。

その北九州にとっても、21世紀初頭の12年間は、「激動と変革の時代」でした。これは、図表１（日銀短観・

北九州の業況ＤＩの推移）で不況期を示すゼロ以下の期間が長いグラフにも鮮明に映し出されています。

この間、北九州経済は、残念ながら右肩下がりの日本経済を先取りするかのように、人口減と高齢化が進行、国内総生産に占める市内総生産の比率も低下を続け、新日鐵（現新日鐵住金）八幡製鐵所のシームレス鋼管工場、東芝セミコンダクターと旭硝子の工場の閉鎖などで産業の空洞化も進み、小倉駅前に進出した小倉伊勢丹の撤退など厳しい話題も続きました。

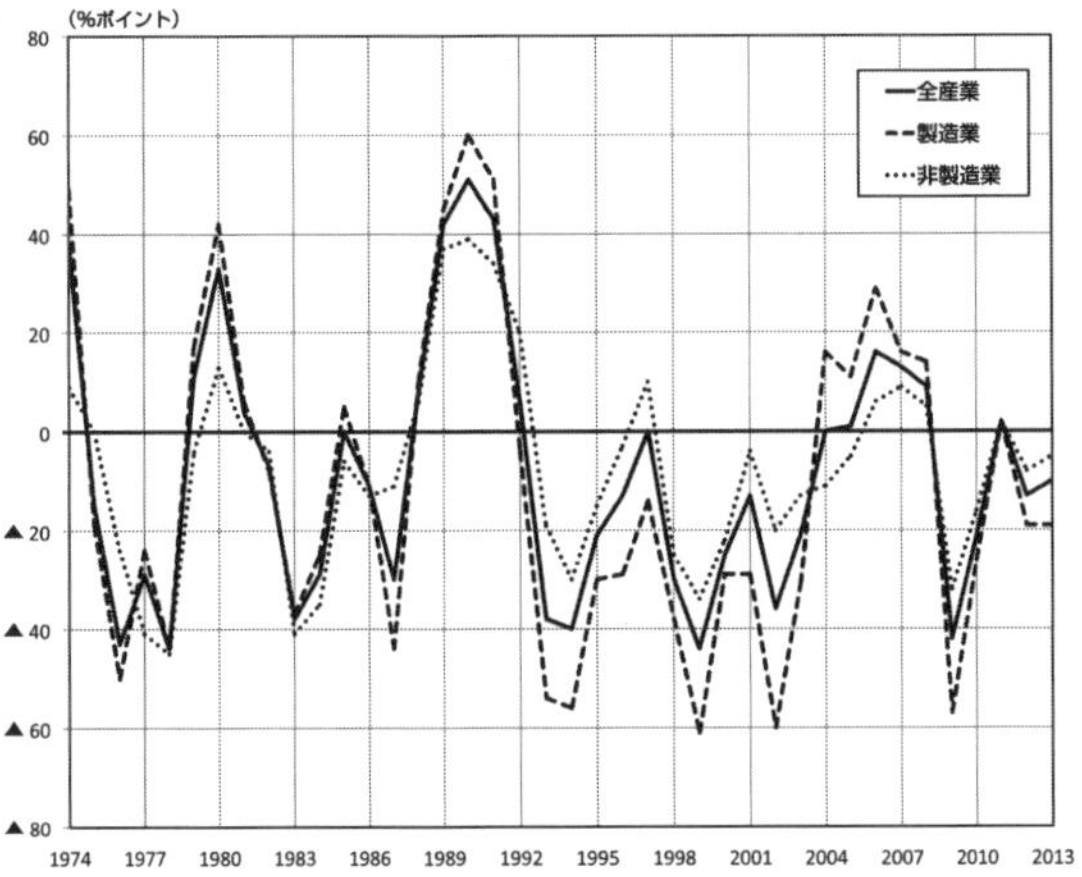

図表１　北九州の１９７４～２０１３年の業況ＤＩの推移
（日本銀行北九州支店管内「企業短期経済観測調査（短観）」参照）

北九州の産業構造は、大手半導体とガラスが撤退、関連企業が厳しい対応を迫られた半面で鉄鋼、化学、窯業など既存の素材産業が高付加価値化に挑戦、新興のロボット産業が高成長を続け、日本一のエコタウンを中心に環境産業の集積も進みました。相次ぐ自動車関連産業の進出で新興カー基地化も進み、手薄といわれた非製造業分野でも新エネルギー関連、高齢者福祉、人材供給など新たなサービス産業が台頭し、産業と技術の多柱化が進んでいます。

また、この12年間、北九州では、産業構造が大きく変わる一方で、厳しい財政制約のなか、北九州学研都市の発足、24時間国際空港とひびきコンテナターミナルの開港、新都心・リバーウォークの開業、金融機関の北九州シフトなどでハードとソフトのインフラ整備が着々と進みました。北九州の弱点といわれた「大型空港がない」、「頭脳なき生産都市」、「金融機能の弱さ」が克服されつつあります。

その一方で、北九州市は産業公害との闘いを活かし、「グリーン成長戦略」を策定・推進し東田スマートコミュニティの稼動、経済協力開発機構（ＯＥＣＤ）によるアジア初のグリーン成長都市選定、グリーンアジア国際戦略総合特区指定など、次々と新たな成長への条件整備も進みました。

2．進化する北九州の「産業力」

「北九州の底ぢから」の第一は、産業力です。グローバル化とバブル崩壊後の「失われた20年」の苦難の中で北九州地区の産業力の多様化、多柱化がさらに進みました。

モノづくりでいえば、戦前からの素材産業――鉄鋼、化学、窯業は、かつては製品を関東・関西に運び、そこで付加価値の高い最終製品となって戻ってくるという意味で「経済植民地」と揶揄された時期もありました。しかし、加工組立型の自動車の量産工場の大量進出に加え、地場の節水トイレ、ロボット、デジタル住宅地図、浄水散水器、無添加石鹸などの台頭で新生活用品産業が、既存の素材産業と並ぶ基幹産業になりつつあります。さらに製造業だけではなく、流通産業の全国展開、新しいサービス産業の台頭で第三次産業のウェイトが高まり、モノづくりの街から重層的な産業都市に転換しつつあります。かつての重化学工業の企業城下町の富士山型から、多様なプレイヤーが活躍する八ヶ岳型への転換というと言い過ぎでしょうか。活躍の舞台も地域から国内、世界へと広がり、それを支える人材教育もグローバル化の方向です。

機能面でも多様性が進行しました。実に様々な技術の集積があります。素材生産も加工組立も、多品種少量生産も単品大量生産も、超大型機械からミクロン単位の微細技術まで、ハードもソフトもあり、多様です。とくに国際分業が一段と進行「地産地消」を合言葉に海外現地生産が進み、産業の空洞化が進む一方で、国内工場はマザー工場（国際的中核拠点工場）に進化しつつあります。

この技術集積は、首都圏、近畿圏、中部圏に比べれば、規模で劣るとはいえ、これらの先進地に比べ、アジアに近く、人件費、用地費、アジアへの輸送費が割安で、人材も確保しやすく、いわば日本とアジアの中間の国内新興地域としての優位性があります。

北九州の人材は、もともとモノづくりの街として、日本人の特性といわれるモノづくりを誇りとする「愚直さ」、「勤勉さ」を強みとしてきました。これもこれまでの厳しい環境を潜り抜ける過程で、企業の理念、哲学、愛郷心が一段と磨かれ、逆境を跳ね返す「人財力」も強まりました。

しかし、一方では低賃金の新興国の台頭と日本の国際競争力の相対的低下、新規事業の創出の難航で「雇用力」は未だ不十分です。若者の就職難は今や欧米先進国も含め、世界的ですが、地元の高校、大学を卒業した若者の多くが、域外に就職し、不安定な非正規雇用も多く、いわゆる「格差」が存在することも事実なのです。

3.「北九州企業」の台頭

(1)北九州企業の特徴

「底ぢから」の第2は、「北九州企業」の存在です。「京都企業」という言葉があります。京セラ、オムロン、堀場製作所、ワコールなど個性的で挑戦的な企業群を輩出する古都と学都独特の風土をさしたものです。「東海企業」、「愛知企業」というネーミングもあります。トヨタ自動車、デンソーなどに代表されるこれも独特の「カイゼン」の精神、勤勉、堅実さで世界で活躍する企業群です。

では、「北九州企業」の特徴は何でしょうか。地元製造業についていえば、明治以来の4大工業地帯の一角にあって、独自の分野、隙間《ニッチ》をみつけ、掘り下げ、時代の変化に対応、世界に通用する独自の技術、製品を生み出した企業群です。TOTO、安川電機、黒崎播磨、三井ハイテック、ゼンリン、シャボン玉石けん、タカギ、東洋電機工業所など、一つの山脈を形成しています。

地元本社企業ではありませんが、新日鐵住金、三菱化学、新日鉄住金化学、三菱マテリアル、最近ではトヨタ自動車九州、日産自動車九州、デンソー北九州製作所、東邦チタニウム、ブリヂストンなどの子会社・出先工場群も北九州のモノづくりの世界で活躍しています。

一方、非製造業についても、「北九州企業」は存在します。「博多商人、近江商人」というネーミングはあっても「北九州商人」という言葉はありませんが、現に「北九州商人」と呼ぶべき商売上手な企業群は存在します。タクシー全国一の第一交通産業、ホームセンターを全国展開するナフコ、釣具の卸・小売業で全国展開からアジアにも進出するタカミヤ等々です。これらの企業は商都・福岡市に比べ、狭い市場と低い市民所得というハンディを抱えながら、またそのハンディゆえに、全国大手が食指を動かさない間隙をぬって、一生懸命に工夫をこらして、地元を固め、果敢に域外に打って出て成功しています。国内市場の限界を逆手に世界に進出する韓国企業に似たタイプともいえます。

北九州流通業界の「三大質素本社」という言葉があります。ナフコ、ハローデイ、サンキュードラッグは、多店舗展開で右肩上がりの成長を続けつつ、本社は貸しビルや木造の質素なものです。これは「利益を生まない本社に投資するより、顧客のために一店でも多く店を」という哲学に基づくものであり、一種の褒め言葉なのです。その経営者の一人は「お客様第一」の紙を引き出しに入れて毎日眺めるのが日課といいます。

このように、製造業と非製造業とでは、ややニュアンスの違いがあるものの、北九州企業に共通しているのが、苦難の連続のなかでの、独特の堅実性、「打たれ強さ」、「ピンチをチャンスに転換する力」であり、それを支える「世界一、日本一」の製品開発、サービスの開発の誇りです。洒脱な博多商人とは対照的にモノづくりの街らしく、愚直で、勤勉で、泥臭いが、絶え間なき危機意識で、懸命に取組む姿勢に特徴があります。

それと製造・非製造業を問わず北九州企業に共通しているのは熱心で個性的な「人財育成」です。早くから非敵対的M&Aでタクシー保有台数日本一となり、様々な周辺ビジネスで右肩上がりの成長を続けている第一交通産業は全国から小倉の研修センターに社員を集め、念入りな教育で知られています。「経営は教育なり」と独自の教育センターを持ち、全国から社員を集めて教育する全国展開のナフコ、社長自身の人生訓のカレンダーを作り社員に配る資《すけ》さん、社長が自分が読んで感動した十冊を毎月社報で紹介するウチヤマHDなどほんの一例です。

⑵元気企業とその条件

この激動の時代に北九州にも「元気な企業」がみられるのは、この「北九州企業」の特徴と密接に関連します。元気企業の条件は色々です。そこに「海図なき航海の世紀」を企業が生き抜くヒントもあるといえます。

第一は「独自性」です。大企業、中小企業を問わず、自社の固有の中核技術をもとに他社に真似のできない製品・サービスを創造した企業群です。

第二は、多年の危機のなかで培った独特の「堅実性」とそれを支える強固な財務基盤の確立です。苦心して無借金経営を実現し、デフレ下でも、余裕を持って経営に取り組み、成果をあげている企業も数多くあります。

さらに低成長下の最近目立つのが、「身の丈主義」経営です。「大きくなろうと背伸びして、つぶれた企業は多い」、「成長よりも継続」、「中小企業と腫《は》れ物は大きくなるとつぶれる」と無理な背伸びをせず、しかし日々前進する堅実性は、老舗の百年企業の多い京都企業と相通じるものがあります。成熟社会では、サスティナブル（持続可能な）経営は、ポイントであり、次のチャンスで飛躍する潜在力を秘めています。

「選択と集中」で改革を進めた企業が多い半面、敢えて多角化路線をとり、リスク分散しながら新規事業に取り組み安定成長する企業も目立ちます。

住宅地図を世界で初めてデジタル化した企業や、瞬時に世界に繋がり地域差をなくすインターネット時代をいちはやく先取りして実店舗と仮想店舗の並立で成長した企業もあります。

流通、サービス、金融など非製造業の場合、地域と共にという「地域密着型」経営も元気です。常に海外視察を心掛ける企業、現場・現物・現実を重視する「現場主義」経営、トップが将来ビジョンを高く掲げ全社員を誘導するビジョン経営型など、「人生色々、元気企業も色々」です。

もう一つ注目されるのは、中堅・中小企業の成長です。一般的には大企業からの受注減などで厳しい「冬の時代」を迎えるなかで、ある分野に特化し独自のオンリーワン技術を開拓した中堅・中小企業群です。シャボン玉石けん、タカギ、東洋電機工業所など特に製造業に層が厚いのが特徴で、その共通点は、限られた経営資源を「ニッチ（隙間）」に集中することです。「当社は市場規模百億円以上の分野には手を出さない」と明言する経営者もいます。

大企業で経験を積み、脱サラでベンチャー企業を起業し、全国展開する中小企業もあります。若い時にフリーターのように色々な業種を経験して起業、独自の経営法を確立し成長した人もいます。大企業の倒産で職を失い、これを好機と起業した人。常に生死の境目の危機感のなかで必死に経営努力するベンチャー企業経営者のインタビューは、大企業経営者とはひと味違う独特の迫力があります。これは現在、非正規雇用の不遇な青年層から、将来のベンチャー企業や大企業が生まれる可能性を予感させるものです。

(3)試練に強い「逆境克服企業」と地方ならではの強み

「しまったはしめた」は、三井ハイテックを一代で町工場から世界企業に育て上げた故三井孝昭さんの口癖でした。「しまった」と思う苦境に立たされたら「待てよ、これはしめたかも知れないぞ」と１８０度視点を変えてみる。すると、たとえばベテラン職工をライバル企業にごそっと引き抜かれた苦境が、工場全面自動化のチャンスに早変わりする――という逆転の発想の勧めです。

苦難に強い北九州経済を支えているのが、破綻寸前の危機など逆境を克服、再生した企業群のしたたかな強さです。タカギ、シャボン玉石けん、ハローデイ、ウチヤマHD、芝浦特機などユニークな経営で業績を伸ばしている企業は、製造業、非製造業の別なく、新製品開発投資や店舗過剰投資などで「一度はピンチに直面、全社一丸、必死の努力で」一回り大きく成長したケースが多くみられます。以後、苦難の経験を糧に「身の丈主義」に徹して財務体質を強化しつつ、従業員や顧客、取引先への感謝の心を忘れず、慎重ななかに、積極性をもち、安定成長しているケースです。

地方立地の強みもあります。安川電機の利島康司元社長は、「当社がグローバル化に成功したのは、北九州に本拠があったから」（序論）と述べていますが、ゼンリン創業者の故大迫正富さんも、生前、筆者に「ゼンリンが住宅地図で全国制覇できたのは、小倉が本拠だったから」と明言しました。別府の商店街の案内図からスタートした同社の住宅地図作成は、北九州からコツコツと全国に広げていきましたが、大東京は最後でした。「東京はビルも人口も多く、住宅地図作りの難しいところ。多くの業者が資金が続かず、地図完成前に撤退した。当社はまず、地方の地図作りで資金力とノウハウを積み重ね、体力が出来たところで一気に東京を攻め、全国制覇に成功した」と。地方は地方ならではの時間的・空間的余裕と人材という強みがあるのです。

米国の経済学者マイケル・E・ポーターは「グローバル経済で最も持続性のある競争優位は、ローカルな要因（産業クラスター）から得られることが多い」、また「イノベーション（新しいやり方）は、異例な努力の結果と圧力、必要性、逆境のなかから生まれる」と言っています。

4. 北九州経済圏の実質的拡大

もうひとつの「底ぢから」は、近隣市町村も含めた広域の北九州都市圏、経済圏の総合力です。この50年間、

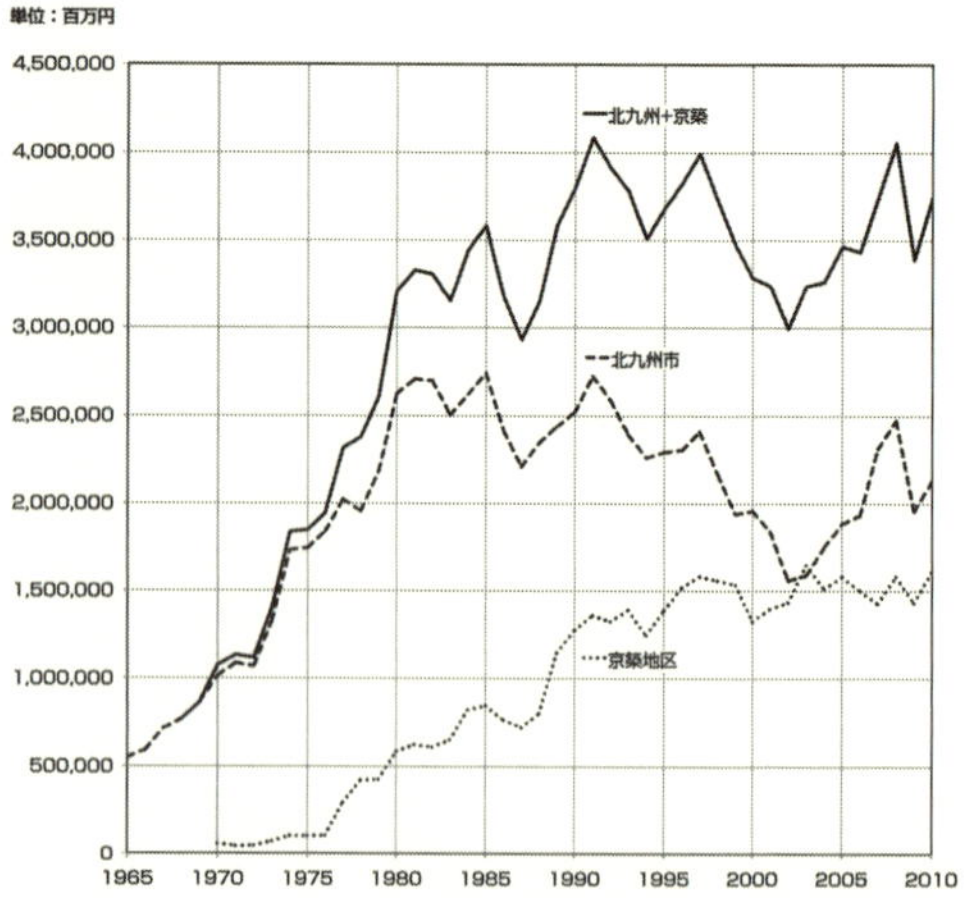

図表2　1965～2013年の北九州・京築地区の出荷額の推移（福岡県「工業統計調査」、日本銀行北九州支店資料をもとに作成）

かつて4大工業地帯の一角を占めた北九州市内の工業出荷額とその全国比、市内総生産とその全国比は共に低迷を続けてきました。八幡製鐵所の高炉1基化のあと漸減してきた北九州市の工業出荷額は、自動車生産などが盛んなお隣の京築地区に追い上げられ、２００３年には一時的ながら、ついに百万都市・北九州市の工業出荷額が周辺の京築地区に抜かれるという事態となりました。04年以降は、響灘地区への工場進出などで再び北九州市が優位に立ったものの、衝撃的でした。

ただ、目を転じて隣接の京築地区も加えた「北九州経済圏」でみると、工業出荷額は１９９１年まで一貫して上昇を続け、バブル崩壊後は横這いとなっています。つまり、これは地価、人件費の高い市内から周辺地域への市内・進出企業の外延的拡大の現れであり、これに宮若、中津、下関などのさらなる周辺部まで含めた「グレーター（広域）北九州都市圏」で考えると、日産、トヨタ、ダイハツなどの進出で、出荷額はさらに拡大し、雇用も増えていることがわかります。北九州は、こうした北部九州工業圏の中核に位置し、中枢管理機能を備えつつあり、２０１５年東九州道が宮崎まで全通整備されれば、これをさらに拡大させる効果も期待されます。（図表2　北九州・京築地区の出荷額グラフ）

5．北九州経済の50年——過去と現在

筆者は、門司・小倉・戸畑・若松・八幡の旧五市が合併して北九州市が誕生した翌年（1964年）から、新聞記者として北九州を取材してきました。50年前の北九州(日本も)は、高度成長の初期で工場も街も古びて、環境は劣悪でしたが、みんなが「明日はさらによくなる」と希望を持って働いていました。中核となる八幡製鐵所は、従業員数4万余人、所長は副社長格で、準本社の機能を持ち、11基の高炉が黒煙をあげていました。

構内の汽車のレールの総延長は鹿児島本線並みといわれ、なにもかも巨大な基幹産業で「鉄は国家なり」といわれました。現在の中国と同じで、工場群が吐き出す煙で、降下煤塵量は1ヶ月50トンで日本一といわれ、戸畑区は深夜、亜硫酸ガスの臭いが充満し、洞海湾は周囲の工場群からの七色の排水で濁り、魚どころかバクテリアも住めない溶存酸素ゼロを記録しました。戸畑区沖台鉄工街や八幡区築地町界隈には大手の協力企業群がズラリと軒を並べ、溶接の火花をちらし、終日、騒音が鳴り響いていました。しかし従業員も市民も鉄都に誇りを持っていました。

九州初の政令都市とはいえ、北九州市本庁も旧戸畑市役所の3階建で、市内の中堅企業の本社も、木造や低層階が目立ちました。生活環境も道路は未舗装が多く、雨が降るとぬかるみ、敷いたバラスを車がはね、窓ガラスが割れたとの苦情が市に舞い込んだものです。住宅難で市営住宅の抽選会は80倍、私も当初は2間だけの木造民間アパート住まいでした。

当時は、現在上場企業の三井ハイテック（当時三井工作所）、第一交通産業（同第一通産）、ナフコ（深町家具店）、ゼンリン（善隣）などもまだ中小企業でした。まさに、半世紀前のセピア色、モノカラーの北九州は、「ALWAYS三丁目の夕日」の世界でした。終身雇用・年功序列で毎年春の春闘でベースアップがあり、貧しいけれど希望にみちた「明るい貧乏」の時代でした。

あれから50年、北九州（日本）の街は、まるで別の国のように豊かになりました。

経済のプレイヤーも増え、かつての富士山型の企業城下町から八ヶ岳型へと変わりました。

工場も市役所も住宅も高層化し、店にはあらゆる製品が並び、かつての泥んこの街路はカラー舗装で見違えるように豊かに変化しました。住宅も自動車も過剰となり、一見豊かな成熟社会ですが、しかし、言い知れぬ先行き不安が北九州だけでなく日本を覆っているのも事実です。日本全体でデフレの進行、人口減、産業空洞化、主力産業の競争力が低下するのに、次の主力産業の姿が今一つ見えない。エネルギー、原材料、食糧の海外依存度は高まる一方なのに、膨大な財政赤字に加え、経常収支も先行き赤字化の不安が点滅する。医療年金財政の悪化など、将来不安は大きく、若者の就職難、非正規雇用、格差社会の進展、家族の崩壊、無縁社会化にも歯止めがかかりません。中韓など近隣諸国との摩擦、米国国力の相対的低下→無極化と新興国の台頭などの国際環境も不確実性に満ちています。「不安な豊かさ」にあふれる時代。「明るい豊かさ」は、見果てぬ青い鳥でしょうか？　北九州経済のこれまでの軌跡をみてみましょう。

6. 北九州経済の歩み

北九州市の発展は、１９０１年、官営八幡製鐵所が「富国強兵」の国策で寒村の八幡に立地、開業したことに遡ります。

筑豊の石炭や大陸アジアに近い立地条件もあって、周辺に鉄鋼(住友金属、日立金属)、化学(三菱化成、旭硝子、新日鐵化学）に加え、窯業（ＴＯＴＯ、黒崎播磨、三菱マテリアル)、電機（安川電機、東芝)、機械金属（岡野バルブ製造）などの諸工業が、続々と集積しました。

鉄鋼化学関連の山九、高田工業所、三島光産、吉川工業、入江興産、浜田重工、九築工業などのプラント関連などの企業も成長し、戦前期には全国工業生産の約１割を占め、京浜、関西、中京と並び、わが国の４大工業地帯と呼ばれるまでに発展しました。戦後も鉄鋼、石炭への傾斜生産政策で日本経済の復興の柱になりました。

(1)高度成長期　1960年代

世界初の五市合併（1963年）当時の北九州経済は、高度成長期で八幡製鐵、住友金属、三菱化成など重化学工業の主力工場が生産を拡大、発展期でした。70年には、八幡製鐵と富士製鉄が合併、世界最大の鉄鋼メーカー、新日本製鐵が誕生。関連産業の拡大も続きました。63年電源開発若松石炭火力が運転を開始、65年には三井工作所（現三井ハイテック）が、世界初の金型によるICのリードフレームの開発に成功しました。北九州市（当時福岡市は60万人余）の人口も増え続けました。その勢いで流通関係も井筒屋が久留米、博多、飯塚などに出店、第一通産（現第一交通産業）、ナフコ、ゼンリン、タカミヤ、不二貿易、サンレーなどが成長を開始しました。

同時に、繁栄の陰で「七色の煙」の大気汚染や、「死の海」と呼ばれた洞海湾の水質汚濁で、空も海も汚れたのも事実です。ばい煙規制法が全面適用され、環境問題が深刻な時代でもありました。八幡・城山地区の民家の屋根瓦はセメントでカチカチに固まり、戸畑区の婦人会が我が子の健康のためにはじめた「青空がほしい」運動（写真1）は、全市的な公害追放運動に発展しました。

昭和40年(1965年)　9月3日　(金曜日)　16版　(12)

青空取り戻そう

8ミリでばい煙の調査

戸畑の主婦立ちあがる

写真1　著者が担当した「青空がほしい」運動の報道記事
（毎日新聞1965年9月3日朝刊）

(2)石油危機の衝撃　1970年代

戦後の右肩上がりの成長は、1971年のニクソン・ショック（国際通貨危機）、73年の石油危機という相次ぐ世界経済の枠組み変動で、大きなダメージを受けました。鉄鋼、化学、セメントなど素材生産は、設備過剰となり、減量経営を迫られました。77年には、鉄鋼不況で「鉄冷え」の言葉も生まれました。

しかし、この厳しい時期にこそ、公害との闘いは着々と進みました。市は全国より厳しい独自の排出基準を決め、72年54社と公害防止協定を締結、工場公害診断をはじめ、73年には37社と工場緑化協定を締結しました。企業はこの基準をクリアするため、独自の技術開発に努め、後に北九州方式と呼ばれる市民、行政、産業界、学界が一丸となる新たな技術開発と環境浄化の努力で綺麗な空と海を取り戻し、今日の「世界環境首都」への基礎を固めました。80年には、青年会議所の呼び掛けで北九州国際技術協力協会（KITA）が誕生、国際研修活動もスタートしました。

一方、不振の素材産業の穴を埋めるように、工場誘致に応えた日産自動車九州工場が豊かな労働力を求めて京都《みやこ》郡苅田《かんだ》町に進出し、75年九州初の自動車生産を開始、カーアイランドへの第一歩となりました。電球生産専門の東芝北九州工場もIC（集積回路）の生産を開始するなどで、新たに加工組立型産業が台頭、鉄鋼など重化学工業の停滞を補完し、カー・アンド・シリコンアイランドへと進み、北九州の産業構造も厚みを増しました。

この厳しい不況期に地場企業による独自の新製品の開発も相次ぎました。77年安川電機が産業用ロボット「モートマン」を開発、80年にはTOTOが世界的ヒット商品となる温水洗浄便座「ウォシュレット」の製品化に成功。83年にはゼンリンが世界初の住宅地図情報を電子化した利用システムを開発しました。このほか、71年森田商事（現シャボン玉石けん）が無添加石鹸を開発、72年には大石産業がパルプモールドを販売開始、79年には破綻の危機に直面したタカギがノズルファイブを開発して復活しました。筆者は、安川電機が小倉造兵廠跡の小倉工場でのロボット開発に成功したとき、担当の森徹郎常務（当時）から取材しましたが、とてもロボットとはいえない外観で、今日のロボットブームなど想像も出来ませんでした。

(3)円高不況と鉄冷え、バブル景気　１９８０年代

１９８５年のプラザ合意を契機に急激な円高が進行すると、鉄鋼業など輸出型製造産業は再び試練に直面しました。八幡製鐵所は、88年相次ぐ合理化で戸畑地区の２基に集約されていた大型高炉のうち１基を休止、「片肺操業」に踏み切り、工業出荷額、従業員とも大きく減少、本格的な鉄冷え期を迎えました。鉄鋼、化学工業は、経営多角化に乗り出し、新日鐵は複合経営で東田の高炉工場群の跡地に宇宙をモチーフにしたテーマパーク「スペースワールド」を開業、三菱化学もプリンスホテルの経営を始めました。関連企業も一斉に新分野開拓に乗り出しました。この「鉄冷え」と生産工程の連続化、省人化の流れのなかで、最盛期４万人を超えた八幡製鐵所の従業員は、89年１万５千人に、そして現在では３千人台にまで減少しました。

このいわばどん底期の１９８７年、北九州の再興構想を掲げた末吉興一氏が市長に当選、88年ルネッサンス構想（88～２００６年）を策定、老朽化したインフラの再構築、都心の形成などに着手しました。経済界も米国の鉄都ピッツバーグを手本に資金を集めて北九州活性化協議会（ＫＰＥＣ）を設立、産学官民が一体での都市再生に動き始め、基盤整備が進みました。

さらに、バブル経済の進行で株価、地価が急騰し、高級車ブームが盛り上がるなか、宮田町に進出したトヨタ自動車九州が92年自動車の本格生産を開始、日産も苅田の新工場を拡張、第２次自動車産業進出ブームに沸きます。90年にはゼンリンが世界初のカーナビソフト開発に成功、売り出しました。

(4)バブル崩壊と長期停滞　１９９０年代

このバブル経済が90年代初頭崩壊すると、北九州経済も「失われた20年」の長期停滞に陥ります。90年代末の金融システム危機とＩＴ不況では、日産、新日鐵、住友金属、ＴＯＴＯ、安川電機など大手も軒並み業績不振に陥り、新日鐵が八幡のシームレス鋼管工場を閉鎖、「選択と集中」が合言葉となりました。２０００年に

は百貨店大手のそごうが倒産、93年に開業したばかりの小倉店も閉鎖、小倉玉屋も廃業、合板生産日本一の段谷産業の経営破綻など試練が続きました。終身雇用年功序列の日本型経営は古いとされ、新自由主義の経済政策や米国型企業経営に関心が集まり、M＆A（企業の合併・買収）や再編が進行しました。

グローバル化による海外展開も進展しました。70年代から80年代にかけてウォシュレットや節水型トイレを開発したＴＯＴＯ、産業用のロボットを開発した安川電機、さらには黒崎播磨、三井ハイテックなど、90年代の不況期に中国などに海外展開を本格化させました。電子地図のゼンリン、無添加石鹸のシャボン玉石けん、散水器・浄水器のタカギなどと併せ、鉄都で新たな生活関連産業の台頭・集積がみられました。

そういう中で、北九州市は、長年の公害克服の地味な努力が世界的な評価を受け、90年、国連環境計画の「グローバル５００賞」を受賞しました。97年には日本初で最大のリサイクル産業の集積地・北九州エコタウンがスタートし、環境関連産業の集積が本格化しました。北九州国際技術協力協会と国際協力機構九州国際センター（ＪＩＣＡ）の海外研修活動と相まって、アジアへの環境技術の移転も進み、世界環境首都への地位を固めました。

「高齢化福祉元年」といわれる２０００年、介護保険制度が発足すると、全国より早く高齢化が進んだ北九州では、高齢福祉産業が見直され、様々なビジネスが展開されました。八幡養老院の後身である西峰会が「年長者の里」と改称、医療と福祉のデパートづくりを進め、北九州高齢者福祉事業協会が設立されたのはその象徴的な動きです。

(5)世界的景気拡大期　２０００年代

金融危機も一段落し、２００３年以降の中国特需や米国の住宅バブル、ＥＵの拡大などの世界的景気拡大期を迎えると、北九州学術研究都市開設（01年）に続き、05年ひびきコンテナターミナル、06年新北九州空港が相次いで開業、インフラの整備も具体化しました。

こうしたハード、ソフトの産業基盤の整備も呼び水となり、東邦チタニウム、トヨタ自動車小倉工場、ブリヂストンなどの工場進出等が相次ぎました。日銀短観の北九州地区景況は全国・九州を上回り、求人倍率が久々に1倍を超え、人手不足の業種まで出てきました。

一方、脱サラ航空マンが06年の新空港開港に合わせて創業し地元が応援したスターフライヤー、不動産業の多角化事業として起業された総合人材供給業ワールドインテック、カラオケと高齢化福祉のウチヤマ・ホールディングスは、いずれも株式公開を果たしました。第一交通産業やサンレーも新軌道を模索、新エネルギーの芝浦特機、飲食業では、福岡進出作戦を進めるうどんの「資さん」、台湾に進出した茶舗の「つじり」などのユニークな企業が活躍しています。

⑹リーマン・ショックと世界同時不況

２００８年9月のリーマン・ショックで景気が世界的に急落すると、北九州の企業業績も再び悪化。大正期以降、北九州経済を支えてきた旭硝子北九州工場のガラス部門撤退、東芝セミコンダクター北九州工場の閉鎖が相次ぎました。自動車産業も大幅減産を迫られ、非正規雇用の削減などで、若年層の地元就職が停滞しました。

北橋健治市長は、08年長期計画「元気発信！北九州」プランを策定。低炭素化都市実現を目指し、アジア低炭素化センターを開設しました。11年には経済協力開発機構（ＯＥＣＤ）のグリーン成長都市に選定されました。

東日本大震災、東電の原発事故に伴うエネルギー危機、欧州の財政金融危機、新興国の減速などで脱不況の努力が続く中、北九州市は市制施行50周年、北九州商工会議所が創立50周年を迎えました。国が異次元の金融緩和など新しい経済政策で、脱デフレと新成長戦略推進に取組む一方、北九州では、一足早く独自の産学官民の「新成長戦略」による新たな「経済成長と環境保全の両立」のための成長戦略が模索されています。

7. 変わる企業の経営戦略

この激動の時代に、企業経営者は生き残りを賭けて事業の「選択と集中」を軸とするリストラ（企業再構築）に取り組み、自己資本の充実に努めました。その一方で、力のある企業は、グローバル化に対応して海外展開を進めつつ、新規事業・新技術開発にも力を入れ、各業界でM＆A（合併・買収）・産業再編も進行し、企業経営は大きく変貌しました。

経済のグローバル化に対応、積極的に海外に進出、自社製品を米、欧、アジアなど各国で売りこんだり、現地生産するグローバル戦略は、北九州でも、国際競争力のある独自の商品を持つ企業が積極的に推進しています。節水技術のTOTOは世界4極体制を、安川電機も「地産地消」を合言葉に米国、中国などで産業用ロボットやインバーターの現地生産をすすめ、黒崎播磨やゼンリンも「多国籍企業」化しています。プラント建設・据え付けの山九の海外部門現地法人では、現地社員が現地語で「社訓」を称えています。非製造業のタカミヤも「日本の進んだ釣り文化を世界に」とアジアで現地販売体制を強化、いずれも「自社製品で世界を変える」意識で、海外従業員も増え、グローバルマインドが高まっています。売上高の海外比率が過半を超す企業すら出ています。

国内本拠地のマザー工場化、マザー研究所化も進んでいます。海外拠点を技術開発、人材育成面などで支える機能の整備・拡大です。地場大企業だけでなく、トヨタ、日産、デンソーなども九州子会社が海外工場の従業員の研修などを引受けています。素材、加工組立、生活関連の各産業分野でマザー工場の集積が進んでいます。

九州経済調査協会の分析によると、東アジア圏の中間層10億人・富裕層3億人時代を目前に、企業の海外展開も、2000年代前半の加工組立型製造業主流から、後半の飲食・小売など対個人向け関連業種へ、進出先も中国から東南アジアへと変わりつつあります。一次産品やインフラ輸出やパッケージ輸出、さらにはクール・ジャパン的な文化・工芸的なものへの需要も高まってきています。

北九州では、1980年、「鉄冷え」を契機に設立された北九州国際技術協力協会（KITA）がその後誘致されたJICA九州国際センターと、一部タイアップしつつ30年間に世界140ヶ国の6600人余に研修を実施してきました。研修の柱は、省エネ、省資源のクリーナープロダクションと環境保全技術で、そのネットワークは、海外水ビジネスなどで活かされています。今後わが国がBOP（Base of Economic Pyramid ＝世界人口の7割を占める低所得層）ビジネスなどを通じて、新興国市場に力を入れる際の大きな武器となると見込まれています。

その半面で、かつて業界共同で中国の現地生産を計画し、中国政府の方針変更に振り回された経験から、「海外進出には慎重、内需の深耕を」という企業もみられます。世界経済との連動性は強まり、カントリーリスクへの警戒は怠れません。

また人件費が安く、今後市場の拡大も見込める海外生産のウェイトが高まるにつれ、国内工場の閉鎖、縮小の動きもあり、国内産業の空洞化の不安も高まっています。東芝セミコンダクターや旭硝子北九州工場のガラス製造部門の閉鎖、新日鐵八幡製鐵所のシームレス鋼管工場の閉鎖、撤退はその一例です。生産設備の老朽化に伴い、国内外の工場間競争に敗退、撤退を迫られる事業所は、今後も出る可能性がある半面、円安で国内回帰の動きもあり、新鋭工場の多いうちに、国際競争力の再構築と、設備の更新が急がれます。

このように、力のある企業が海外展開を進める一方で取組んでいるのが、次世代の新製品、新技術、新サービスの開拓です。安川電機は、民生用ロボットに加え、省エネ、創エネ、蓄エネを合言葉に新エネルギーの開発に力を入れ、TOTOも節水技術に加え、光触媒や燃料電池の実用化に取組んでいます。その方向は、新エネルギー、環境、医療・福祉、ヘルスケア、ITなど新たな需要の見込まれる分野です。「利益の出ているときに健全な赤字部門（新規事業）を設立の方針で、3事業に失敗したものの8事業に成功」した中堅企業もあります。

イノベーションで新たな試みを成功させるためには、産学官連携によるオープン・イノベーションが必要ですが、北九州は学術研究都市を中核に、各大学と産業界の連携が進んでいます。開発には失敗がつきもので、失敗を恐れないチャレンジ精神が求められますが、開発のカギは究極の顧客志向「世のため人のため」です。

8．北九州経済の弱みと課題

同時に北九州経済が数々の弱み、課題を抱えているのも事実です。近年薄れつつあるとはいえ、明治以来の国家資本による上からの産業振興策や、大手企業の出先工場発注や自治体需要への依存心はなお根強いといわれます。出先工場の権限縮小の動きは、自立と独自製品開発の契機との指摘もあります。

北九州市の財政は人口減少などで歳入が減る一方、介護医療費、扶助費などが歳出増を迫り、他の自治体と同様厳しさを増しています。

北九州学術研究都市が一定の成果をあげつつあるというものの、企業の研究所の集積が首都圏等に比べ少なく、また福岡市などと比べても情報関連産業やベンチャー企業の起業で課題を残しているのも事実です。

他地区から進出した企業や転勤族は、はじめ北九州の閉鎖性に驚くといいます。やがて気心が知れると、旧知以上の付き合いに発展する、そこに開放的といわれる福岡市との違いを指摘する声もあります。

また、近年は上場企業の社長が東京に常駐するケースが増え、長年北九州を本拠に活躍してきた地場企業が、本社・本部機能を東京や福岡に移す動きも、まだ一部とはいえ気になるところです。依然として残る旧五市意識など数え上げればきりがありませんが、何より問題は、地元で育てた若者を十分に吸収できない雇用力です。

年によっては高卒の4割、大卒の8割が市外に就職しているとのデータもあります。

9．北九州の将来像

では、北九州の「底ぢから」を活かした将来像は何でしょうか。北九州市の新成長戦略は「新たな技術と豊かな生活を創り出すアジアの先端産業都市」を掲げています。事実、インタビューでも、北九州は、多様な産業集積を基に「色々な挑戦の出来る街」との指摘もありました。エネルギー環境問題、人口減、少子高齢化、など日本が抱える問題を率先解決する「課題解決先進地域」となり、「企業も人も集まる都市」とすることで「世界環境首都」、「日本の未来都市」、「高齢福祉モデル都市」たる潜在力があります。さらに北九州と福岡が連携、福北経済圏が首都圏、関西圏に次ぐ大都市圏に成長する可能性も指摘されています。

これからの北九州を支える産業、雇用源は何か。

北九州市は、２０１３年春、新成長戦略を策定しました。東京五輪の開かれる２０２０年（平成32年）を目標に全国を上回る成長率で市内総生産４兆円を達成、市民所得で政令市の中位を目指し、13～15年の３年間で８千人の雇用を創出するプランです。

このため、次の５つの方向性を打ち出しました。

①地域企業が元気に活動し続ける環境整備
②高付加価値のモノづくりクラスター（産業集積）の形成
③国内潜在需要に対応したサービス産業の振興
④アジアなどのグローバル需要を取り込む海外ビジネス拠点形成
⑤地域エネルギー拠点の形成

そして、地域の産業集積を基に、18のリーディング・プロジェクトを掲げています。

次世代自動車産業拠点、ロボット産業拠点、環境産業拠点、健康・生活支援ビジネス、集客交流産業、情報通信産業、農林水産業振興、アジアに貢献する都市インフラビジネス、海外工場のサポート拠点、北九州発ブランドの海外ビジネス支援、省エネルギー（ネガワット）推進、再生可能エネルギー・基幹エネルギーの創出拠点、安定・安価で賢いエネルギー網構築などです。

新成長戦略推進室は「市のモノづくり産業全体の底上げを狙った。また企業誘致と地場企業の振興をほぼ同じウェイトで並行推進。環境産業と並行して、高齢化福祉産業の振興にも注力、介護ロボットやGTS、タブレット端末などのモノづくりと医療・介護産業の現場と結び付ける」と、新たな成長産業の創出を狙っています。

またインタビューでも、様々な活性化策が提言されました。企業の中期計画とあわせ、産学官民の一体的取り組みがカギとなります。福岡経済同友会北九州地域委員会（髙宮俊諦委員長）は、「北九州リデザインの提言」「選ばれる街、北九州10の提言」など数次にわたり北九州ビジョンを提言しています。

北九州の将来像について、有識者は次のように提言しています。「元気発信！北九州」プラン（座長・矢田俊文北九州市立大学学長＝当時）の策定に関わった柳井雅人北九州市立大学教授は「北九州市は各区がそれぞれ個性をもって共存しているのが他都市にはない強み。元気のない半導体に代わる新産業を持ち前の粘り強さで育て上げる力はあるし、それが出来れば強力な産業体制が組める」と提言。清水憲一元九州国際大学学長は「モノづくりの街の蓄積を基盤に新産業振興を、という新成長戦略は地に足がついている。人口減はさほど気にすることはないが、雇用創出には産業界との協働が土台。同時に黒崎などの停滞地区の活性化も課題」と指摘しています。森本廣九州経済調査協会理事長は「行政の枠組みを超える時代に入った。アジアを視野に据えたわが国第4の拠点づくりが急務。そのためには、グレーター北九州、グレーター福岡の連携強化は不可欠である」と福岡都市圏との連携の強化を提言。また吉津直樹下関市立大学学長は「関門連携は県境を越えた連携としては、日本でも最も進んでいる。ただ行政領域の壁に加え下関には源平以来の歴史への誇りもあり、さらなる相互理解が必要。下関は隣りの１００万人の大市場をもっと利用すべきだ。北九州は工業都市としての強みと火野葦平、松本清張など社会派作家を生んだ庶民性が魅力で、暴力団がらみの事件で怖いというイメージを払拭し、安全で住みよい都市づくりを」と提言しています。

10．岐路に立つ日本と北九州経済――未来

日本経済は、中長期的に危機的状況にあります（三村明夫日本商工会議所会頭・新日鐵住金相談役など）。「失われた20年」に底入れ感も出ているものの、人口減少、財政赤字の累積、原発などエネルギー危機、年金問題など懸案はいぜん山積しています。２１００年の日本の人口は5千万人を切ると予測される少子高齢化、グローバル化の進展と新興国の台頭、生産の海外移転による国際的な存在感の薄れ、格差の拡大傾向が続いています。このままいけば日本産業の競争力の低下と国際的な資源・エネルギー・食糧価格の高止まりで、貿易赤字が続き、２０２０年経常収支の赤字化により、「財政と経常収支の『双子の赤字』の不安」が現実化し、「ものづくり立国」に赤信号が点滅するとの見方すらあります。今こそ日本全体が危機意識を共有し、新たな競争力のある新産業の創造・育成に中央も地方も国をあげて取組む時期と言われます。それも財政再建が先か、経常収支の赤字化＝ギリシャ化が先か、この10年間がタイムリミットと言われます。まさに「海図なき世紀」です。

かつて「雁行形態論」が唱えられました。雁の群れのように日本がダントツの経済力でアジアの先頭を飛び、次いで韓国、台湾、香港、シンガポールなどのＮＩＥＳが、さらにタイ、マレーシア、インドネシアなどアセアン諸国や中国が追いかけるという図式です。しかし今では、ＧＤＰで中国に抜かれ、一人当たりＧＤＰでも、アジアニーズの後塵を拝する日本です。

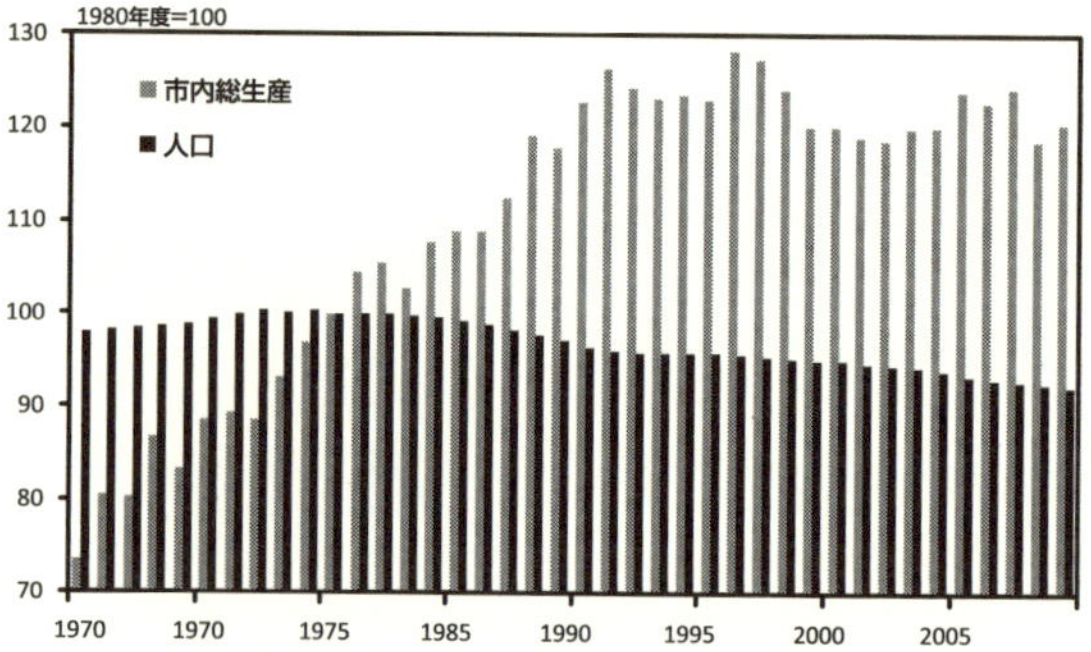

図表3　人口・市内総生産の推移
（出典：北九州市「市民経済計算」、総務省「国勢調査」）

80年代、日本の国際収支の黒字拡大が貿易摩擦を引き起こし、黒字を減らすための「前川リポート」が策定され、輸入拡大が国策となりました。今では新興国の台頭、主要産業の海外展開、国内の産業空洞化に加え、化石燃料の高騰などで貿易赤字が定着し、製造業の再建が急務になっています。80年代、米国は製造業とサービス業のＧＤＰシェアが逆転し貿易赤字に転落、財政と経常収支の「双子の赤字」に悩み「ヤングリポート」で国家戦略として国際競争力の強化と産業の復活に努めました。日本も一歩誤ると同じように「双子の赤字」に陥る不安を抱えており、強力な成長戦略と産業競争力の再構築が求められています。まさに日本経済は、大きな岐路に立っています。

北九州経済も同じです。人口減少はつづき、全国のＧＤＰに占める北九州市のウェイトは，低下の一途です。九州経済調査協会のまとめによると、２０１０年国勢調査で北九州市の人口は97万４６９１人ですが、このトレンドを延長すると、20年には推計92万人強に、30年には同82万人強まで落ち込みます。

北九州経済も、旧来型から新しいタイプの国際的産業地帯への転換期を迎え、今まさに「再生・浮揚か、衰退か」の大きな「岐路」に立っていると言えます。

シナリオは二つです。人口減と市内総生産の横ばい基調と雇用減がこのまま進めば、右肩下がりの衰退の道です。（図表３　人口・総生産グラフ）

一方、長年懸案だったインフラの整備も軌道に乗り、域外企業の進出、地元企業の関東関西やアジアへの進出、各種の展示会の積極的活用も増えています。「北九州の底ぢから」を活かし、市の新成長戦略や経済団体の将来ビジョン、企業の中長期計画に産学官民のベクトルを合わせ、自立心と連携と創意工夫により全市一体で独自の地域作りに取り組めば、新たな再生浮揚の道に繋がり、成熟社会にふさわしい新たな成長軌道への基盤は整いつつあります。

「双子の赤字」の危機を乗り切り、日本経済再生のカギとなるのは、一つは製造業の再構築、国際競争力の回復です。自動車、電機の二本足経済への過度依存から脱却し、新成長分野の開拓をどう進めるか。北九州が「環境保全と経済成長の両立を世界に実証」するためには、先進国だけでなく、新興国にも学ぶことが求められます。同時に日本など成熟先進国には、世界のフロントランナーとして、問題解決国家としてＧＤＰからＧＮＨ（国民総幸福量）への転換の道の創造も重要な課題であり、使命です。地方が中央まかせではなく、現場経済の強みを活かし、地域の強みや保有資源などの「底ぢから」を活かし、現場から産業振興を図っていく道です。産学官民の地域をあげた地域活性化策です。

50歳の北九州市は、今昭和の繁栄を築いた先人の志を受け継ぎながら、新たな国際環境のなかで、北九州経済をどう再構築するか――が問われています。

次世代に向けて新しい「坂の上の雲」＝「環境と経済成長＝雇用の創出」をどう描くべきでしょうか。

(1)「世界環境首都」の磨き上げと世界貢献への道

２１００年には、日本の人口が5千万人を切ると予測される中で、世界人口70億人は逆に１００億人に増える見通しです。世界全体の所得が平準化し、人類が紛争なく平和で豊かに暮らすためには、有限の資源、エネルギー、環境を「もったいない主義」と省エネ、省資源、節水、節電の新技術開発で資源生産性を高め、大切に使い、「経済成長と環境を両立」させる低炭素型のグリーン成長モデル作りは、必須の課題です。そのモデルを創造しアジアはじめ世界に広げる――それこそが21世紀成熟社会・北九州（日本）の「新しい『坂の上の雲』」ではないでしょうか。

そのためには、過去の資源・エネルギー浪費型のモノ過剰社会から省エネ、資源循環と保全、自然との共生、低炭素のストック（既存品）活用型の産業構造と技術体系を創るだけでなく、「足るを知る」「もったいない」「分かち合う」「人もモノも大切に」という日本的な価値観、哲学の再興も併せて必要になります。

(2)「日本の産業空洞化の防波堤・北九州」

モノづくりの面で今後北九州に期待される役割の一つは、日本の「産業の空洞化の防波堤」です。先進国最悪の財政危機と２０２０年頃には経常収支も赤字となり、「双子の赤字」も懸念される中で、日本のモノづくり産業の再構築は、国民的課題です。

北九州市と東京都大田区、東大阪市のモノづくり基盤産業（プラスチック、素形材、金属製品、機械修理、ソフトウェア、デザイン、機械設計などモノづくりの根幹をなす産業＝小規模企業が多い）が製造業全体に占める割合を比較した場合、事業所数では、北九州市は４９２社。これは大田区の５３３社、東大阪市１１５４社に比べ少なく、またデザイン、設計など知識集約型のソフト関連も少なくなっています。しかし、製造業に占める割合は、大田区30・5％、東大阪市39・3％に対して、北九州市が43・4％と上回っています。

首都圏、近畿圏の工業地帯のモノづくりの基盤産業が都市化の進展で先細りする中で北九州は、相対的にシェアを拡大しており、貴重な存在です。人件費も用地費も成熟化した国内三大都市圏と新興アジアの中間に位置する北九州は、大都市圏に比べ、人材も用地も、水にも余裕があり、大きな競争力となっています。

(3)アジアのイノベーション（革新）拠点の形成

「北九州の底ぢから」を発揮し、地域を再浮揚させるためには、九州工業大学の松永守央学長の指摘の通り域外に流出する若年層の雇用の場を増やす必要があります。生産人口（労働力）を増やし、前向きの投資（資本）を増やし、イノベーション（全要素生産性の向上）で新製品、新サービスを開発し、潜在成長力を高めるしかないのです。

北九州市と経済界は、これまでアジア、とくに環黄海経済圏（日韓中）の相互交流に力を入れ、実績をあげつつ、近年は東南アジア、さらには世界規模の国際分業ネットワークを築きつつあります。台頭するアジアとは、競争しながら、共生していく。そのためには、「北九州の底ぢから」を活かし、「北九州でしか出来ない」製品とサービスの創造が求められます。これまで国内市場を対象に進めてきたマーケティングを世界に広げ、「世界が求めるニッチの新製品開発」が必要になります。

外資もふくめたさらなる企業誘致、ベンチャービジネスなどの起業の促進、産学官連携の強化も必要です。さらにモノづくりに止まらず、文化力を伸ばし、「クール・ジャパン」ならぬ「クール北九州」のブラッシュアップも求められます。北九州の先人の活躍をまとめた『海峡の風』で紹介されているように、多くの文化分野で優れた先人を輩出し、漫画ミュージアム、フィルム・コミッション、世界遺産候補などの産業観光など魅力ある素材に事欠きません。新幹線小倉駅を「北九州市駅」、モノレールを「銀河鉄道９９９」と改名、北九州ソフト村を創り、交流人口をふやそうというアイデアも提案されています。

(4)「グレーター北九州市」の実現――広域連携の強化と第2次合併構想

アジアとの競争と共生の時代には、さらなる都市力の強化も求められます。

世界初の五都市の対等合併は、先人達にとって大変な難事業でした。彼等は実に30年がかりで準備し、それをやり遂げました。あれから50年、北九州市の人口は、漸減し、工業出荷額も低迷しています。一方、経済の広域化で北九州都市圏は、工業出荷額も堅調で、経済的な一体化も進み実質的な広域経済圏が形成されつつあります。ここらで、50年後をにらみ、北九州都市圏内の広域連携を強めながら、将来の第2次合併構想が描かれてもよいのではないでしょうか。

前述の九州経済調査協会の予測によると、北九州市の人口は２０３０年には82万人強まで落ち込みますが、住民の１割以上が北九州市で働く通勤依存度10％以上の北九州都市圏（北九州・京築・直鞍・遠賀等12市町村）の人口は、２０１０年１３３万３１１２人が、20年は推計１２６万人、30年は同１１３万人強と減るものの、依然１００万人台です。これに宮若地区、さらに関門連携の下関市を加えれば、なお１７０万都市圏です。現在も空港、港湾、新幹線など市のインフラの活用、産業連関、流通サービス業の商圏として、近隣市町村との広域連携は進められていますが、その一歩強化です。道州制が議論され、企業も合併再編で規模の利益を追求する時代、旧五市合併に続く、長期の広域合併が構想されるタイミングでもあります。

旧五市合併のように30年計画で早くから旗を掲げ、当時と同じようにタッチゾーン（経過措置）を設け、被合併市町村の既得権を尊重しながら、粘り強く運動を続ければ、成就する可能性はあります。

(5)九州のモノづくり首都

いつの日か道州制が実現し、各県庁がなくなった時点での北九州の位置付けも重要です。北九州市は、「世界環境首都、アジアの技術首都」を掲げていますが、同時に九州のモノづくり首都の役割と機能も果たしています。北九州学研都市は、全九州を視野に共同研究を進め、モノづくり関連の全九州規模の各種の見本市、展示会、講演会も多い。世界環境首都、アジアの技術首都と並行して、道州制実現もにらみ、身近な「九州のモノづくり首都」としてのビジョン作りも必要ではないでしょうか。

(6)若者、女性、高齢者、外国人が活躍できる雇用の場を

北九州市の消費人口でもある生産年齢人口（15〜64歳）は、２０１０年の60・３万人（61・７％）が、20年には51・６万人（56％）に、さらに30年には46万人（55・８％）にまで減少。代わって高齢者（65歳以上）は２０００年19・４万人（19・２％）が、20年は28・８万人（31・３％）、30年は26・８万人（32・５％）まで増えると予測されます（九州経済調査協会推計）。その穴をどう埋めるのか。

女性の社会地位向上に尽力され「女傑」とも呼ばれる寺坂カタヱさんを例に出すまでもなく、北九州の女性は元気といわれます。日本全体もそうですが、生産年齢人口の減少の穴を埋める女性、高齢者、外国人が活躍できる雇用の場をどう生み出すかが重要課題なのです。

(7) 21世紀成熟社会の新しい「北九州企業」像10ヶ条

「経済は生き物」「経済に山谷はつきもの」「一寸先は闇」といいますが、いつ何が起きてもおかしくないのが21世紀です。この時代の変化を真正面から受け止め、それと苦闘し挑戦する中から、「海図なき激動の時代」――21世紀の新たな企業、地域のあり方が浮かび上がります。そのキーワードを、筆者は１００人インタビューの結果から、次のように考えますが、皆さんはいかがでしょうか？

①絶えざる経営の自己変革とイノベーション（技術・組織・手法の革新）で好不況に左右されない体質づくりを進める。

②独自性の追求と自尊経営――何かの分野で日本一、世界一、日本・世界初に。一企業・一技術・一サービス。自分に合った隙間《ニッチ》を見つけ、育てる。

③世界（先進国にも、新興国にも）学ぶ謙虚なグローバル意識。世界に出て行き、世界を駆けずりまわる。

北九州から出なくても世界から買いに来て貰う独自の製品とサービスの開発に取り組む。
④身の丈主義。堅実性――自立と自己資本の充実。成長と併せ百年企業を目指す継続性（持続可能性）も大切である。
⑤省資源・省エネのリサイクル社会にふさわしいストック（熟練人材、中古工場・店舗）の活用。
⑥新たな国際競争力の構築――高付加価値化と低コストの同時追求。
⑦究極の顧客志向――世のため、人のため。答えは世の中が出す。
⑧人材育成――努力、勤勉、創意工夫、タフさと優しさ――グローカリズム。
⑨中小性、地方性のメリットを活かせ（危機意識、全員経営）。
⑩逆転の発想――「しまったはしめた」「ピンチはチャンス」

(8)先人の志の継承と次世代へのメッセージ

21世紀は、世界がますます一つになるグローバル化の時代であり、インターネットで世界が瞬時につながりビッグデータを活用するクラウド革命時代であり、そして知識集約（ナレッジ・ベースド）社会でもあります。一方で資源・エネルギー争奪から国際紛争激化の不安も高まっています。

成熟社会の日本がかつての成長路線に戻るのは困難との見方もあり、一歩あやまれば、バブル経済の再燃も懸念されます。しかし、新たな成熟社会にふさわしい「経済成長と環境の両立」、人びとの生き甲斐の源である雇用の創出は正面課題です。その成長モデルは何か。「北九州の底ぢから」では、産業力、隙間《ニッチ》に強い「北九州企業の台頭」、人材力と述べました。これを今後どう活用し進化させていくか。

北九州市は、過去50年、多くの苦難をこのような先人の志と創意工夫で乗りきり、昭和の繁栄とアジアとの友好関係を築いてきました。「逆境は薬、順境は凶器」「苦難は忍耐を生み、忍耐は練達を生み、練達は希望を生む」といいますが、今後、本格的な「海図なき航海の試練」期と真のグローカル時代を迎え、若い世代が「双子の赤字」懸念、将来不安など幾多の重荷と共に、これら先人の志も受け継ぎ、地方の「現場力」で新しい世界を相手に、平和で新たな北九州と日本をどう再構築し、真の「明るい豊かさ」を創造してくれるのか——刮目して見守り、祈念して、インタビュー集を閉じたいと思います。

◉信条・座右の銘

序論　日本再生――北九州からの挑戦

「待てば海路の日和あり（たとえ目の前の壁が高くても）」、「一日生涯」、「行政の職人」／北九州市長　北橋健治

「フォー・ザ・ピープル」、「困難こそ人と組織を活性化する」／北九州市長（当時）　末吉興一

「改善と夢の塊」、「問題点の見える化」、「即断速行」／北九州商工会議所会頭　利島康司

「『理念、信念、執念』の3念で」、「人生も企業も悪いことばかり続かない、だれかが見ていて自然の摂理、自律作用が働く」／北九州市新成長戦略会議会長　重渕雅敏

第1部　グローカル時代の地域振興

「物事には必ずコインの表裏のように両面がある（多面的に真実を探る）」／日本銀行北九州支店長（当時）　長野聡

「逆境の効用、順境の陥穽《かんせい》」、「広範な情報収集を怠るな」／日本銀行北九州支店長（当時）　服部守親

「豊かに贅沢になり過ぎた日本、暮らしをもう少し慎ましく」／北九州国際技術協力協会理事長（当時）　水野勲

「国際協力は、50～１００年後に思い掛けない酬《むく》い」／北九州国際技術協力協会理事長（当時）　河野拓夫

「天の時は地の利に如かず、地の利は人の和に如かず」／北九州国際技術協力協会理事長　古野英樹

「何事にも一生懸命取り組む」、「誠実に」／北九州市海外水ビジネス推進協議会副会長　森一政

「人と人、国と国の付き合い、信頼感こそが基本」、「人生、日に新たなり」／北九州産業学術推進機構理事長（当時）　阿南惟正

「好奇心と粘り強くやる気力、体力」、「最大、最高の趣味は研究」、「創造は楽しい」／北九州産業学術推進機構理事長　國武豊喜

第2部　モノづくり産業の進化

「社会になくてはならない、ないと困る会社に」／TOTO社長（当時）　木瀬照雄

「成功の確率の最大化」、「成功にも3割の失敗、失敗にも3割の成功」／TOTO社長　張本邦雄

「会社の繁栄と社員の幸福」、「『有言実行』を」／安川電機会長（当時）　永次廣

「電動力応用を基本に、『闊達自在』に」／安川電機社長　津田純嗣

「諦めないものの上にしか、奇跡は降りてこない」／テムザック社長　髙本陽一

「良い時にこそ、将来の困難に備え基礎体力を」、「元気に明るく」／新日本製鐵執行役員八幡製鐵所長（当時）　藤井康雄

「日々は2～3歩先の足元を見、迷ったときは遠景（未来と歴史）を見る」／住友金属小倉社長（当時）　吉田喜太郎

「基本に忠実に」、「小さな努力の積み重ね」、「一心、流水のごとし」／黒崎播磨社長（当時）　平岡照祥

「生き残るのは、変われる会社」、「駄目でもともと（ニックネームは駄目もと工場長）」／黒崎播磨社長　浜本康男

「着眼大局、着手小局」／東邦チタニウム社長（当時）　久留嶋毅

「開発のカギ『セレンディピティ（発見上手）』」／触媒化成工業若松工場長（当時）　田中康夫

「人材の高度化」、「5年後に充実感を味わえる生き方を」／三菱化学執行役員黒崎事業所長（当時）　清木俊行

「新機軸は『お客様、組織内、組織同士の対話』から生まれる」／DNPプレシジョンデバイス取締役（当時）　山口正登

「安全、環境保全、防災」、「設備に強くなる」、「基本に忠実に」／新日鐵化学九州製造所長（当時）　松永伸一

「良い人生を共にでき、良かったと思える、後輩が果実を摘む『先憂後楽型』企業を」／アステック入江社長（当時）　入江伸明

「『大きくなる』より『つぶれない』百年企業へ地道に着実に柔軟に」／大石産業社長　中村英輝

「純情、情熱、希望」、「談笑決事」／高田工業所社長　髙田寿一郎

「真実、思いやり、確認」、「一番きつい道を選び克服すること」、「私の頭が禿げても、うちのメッキは禿げない」（創業者）／石川金属工業社長　石川増太

「雨ニモ負ケズ、風ニモ負ケズ、夏ノ暑サニモ負ケヌ」、「通用しない『自分だけよければ』」／ゼンリン最高顧問（当時）　大迫忍

「人を守る＝働く場の創出こそ企業の使命」、「『尖った社員』の育成を」、「大忍」／ゼンリン社長（当時）　原田康

「力強い謙虚」、「健全な猜疑心」、「『根拠のない自信』でチャレンジを」／ゼンリン社長　髙山善司

「世界に役立つ製品」、「互恵互善」、「努力と意欲と行動力、自信、ロマン」／三井ハイテック会長（当時）　三井孝昭

「基本は人、『仕事にも、人にも興味と情熱を』」／東芝セミコンダクター北九州工場長（当時）　本脇喜博

「得意淡然、失意泰然」、「小事は情で処し、大事は意で決す」／岡野バルブ製造社長（当時）　岡野正敏

「常に感謝、モノを大切に」、「『なにくそ』のチャレンジ精神！」／三島光産社長　三島正一

「人に喜ばれ感謝されるモノ造り」、「決断力と『よい考え、よい発言、よい行動』」／東洋電機工業所会長　荒岡俊宣

「常に夢と計画性を持ち、人生意気に感ずべし」、「『明るい貧乏』をしよう」／フジコー社長　山本厚生

「現実には限界があるが、可能性は無限である」、「常に新しいもの、常に何か違ったことを」／松島機械研究所社長　松島徹

「趣味と実益と社会貢献の一致」、「意識だけの大企業はマイナスに」／タカギ代表取締役　髙城寿雄

第3部　新たな産業の台頭

「好信楽（好きだと知恵も浮ぶ。世のための不屈の信念で楽しみながらやる）」／シャボン玉石けん社長（当時）　森田光徳

「父の『好信楽（自社製品を好きになり、良さを信じ使ってもらうことを楽しむ）』」／シャボン玉石けん社長　森田隼人

「明るく前向きくよくよせず、いつも相手の立場に立つゆとりを」／北九州市環境局局長（当時）　奥野照章

「権限委譲と複眼思考」、「誠心誠意」／西日本オートリサイクル社長（当時）　和田英二

「資源は有限、創意は無限」、「『我も人も』の共生主義で」／日本磁力選鉱社長　原田光久

「経営も人生も、最終的答えは世の中（市場）が出す」、「面白く、楽しく、助け合って」／楽しい㈱社長　松尾康志

「不易流行（変えるもの、変えてはいけないもの）」、「世のため人のためになることを」／環境テクノス社長　鶴田暁

「巧詐は拙誠に如かず（地道に誠を積重ねる人こそ宝）」、「無口で口下手な拙誠を見つけるには現場に足を運べ」／デンソー北九州製作所社長（当時）　柳生昌良

「社長から一従業員までどこを切っても絶えず『改善する心』を」／松本工業社長　松本茂樹

「人は褒めることで能力を発揮、杉林は共生し合って伸びる（切磋琢磨）」／トヨタ自動車九州社長（当時）　須藤誠一

「人材の多国籍性こそ強み、成果に向けゴーン社長流の1分単位の時間管理を」／日産自動車九州社長　児玉幸信

「『相手本位、内容本位、先行本位、逆境本位』で危機に強い自立型企業に」、「至誠」／戸畑ターレット工作所社長　清永誠

「『100％お客様優先主義』と人を感動させる『人間力』」／ランテックソフトウェア社長　庄司裕一

「生産性の限界に挑戦する」、「心の若さを保ち続ける」／コンピュータエンジニアリング（現C&Gシステムズ）社長　山口修司

「計画、努力、進歩」、「自ら幅広く体験した知恵者型へ」／芝浦特機社長（当時）　新地哲己

「一歩一歩、常に前に向かって進み、イノベイト（革新）を」、「一期一会」／電源開発若松総合事業所長（当時）　松野下正秀

「21世紀に必要とされる企業」、「隙間《ニッチ》で差別化」、「相手を尊重しながら、競い合う『競和』の精神」／計測検査社長　坂本敏弘

「変わることは変わらぬこと、変わらぬことは変わること」／陽和社長　越出理隆

第4部　流通・サービス産業の新成長

「我が老を老とし、人の老に及ぼす（自分の家のお年寄りを大切にするように、他家のお年寄りも大切に）」、「先義後利」／年長者の里理事長　芳賀晟壽

「会社は社会のためにあり、従業員は最大の資産」、「禍転じて福となす」／サンレー社長　佐久間庸和

「努力は天才に勝る」、「『世の中のお役に立つ』事業とサービスを」／第一交通産業会長　黒土始

「創意、誠意、熱意」、「人にも自分にも誠実に」／第一交通産業社長　田中亮一郎

「『お店はお客様のために＝正直商売』の紙片を机の中に入れて毎日眺める」／ナフコ社長（当時）　深町勝義

「昨日は二度とはこない。明日という日を待つことなかれ。今行く今をしっかり励め」／タカミヤ社長　髙宮俊諦
「『顧客の明日の幸せ』考えるファッション産業は、平和の中で育つ」、「日々之好《よき》日」／ニューロビングループ代表　池浦正勝
「悲観的に計画し、楽観的に行動する」、「全国各地の懸命な街づくりに学ぶ」／井筒屋社長（当時）　中村眞人
「『人真似しない独自性』と緊張の中で認め合う『共生的な和』を」／リバーウォーク北九州管理組合法人理事長（当時）　出口隆
「創意工夫」「店づくり、街づくり、自分づくり」／つじり社長　辻利之
「感謝・感動・ご先祖様」、「『明（朗）、元（気）、素（直）』のプラス言葉で『笑顔』を」／ハローデイ社長（当時）　加治久典
「『縁する人々を幸せに』目指して」／ハローデイ社長　加治敬通
「過去の経験則に捕らわれず、未来をしっかり予測対応」／スピナ会長（当時）　竹澤靖之
「世の中は最終的には『お客様（消費者）の望むようにしかならない』」／サンキュードラッグ社長　平野健二
「最大多数の最大幸福を」、「一点の素心（幼児の心で物事に接する）」／鶴丸海運社長　鶴丸俊輔
「ワン・フォー・オール、オール・フォー・ワン（一人は全員のために、全員は一人のために）」／門司港運社長　野畑昭彦
「公言実行」、「自問自答」、「感謝」、「『人を大切に、有難う』の心は万国共通」／山九社長　中村公一
「技術はある時点で根底から一変するもの」、「至誠天に通ず」／新北九州空港推進協議会会長（当時）　江副茂
「他社のやらないことに挑戦」、「『明日も翔ぶ』の心意気で」／スターフライヤー社長（当時）　堀高明
「明るく前向きに、逃げず、知ったかぶりせず」／スターフライヤー社長　米原愼一
「経営は教育なり」、「和顔愛語」／ワールドインテック会長兼社長　伊井田栄吉
「社会から常に必要とされる企業・人間であること」、「起きて半畳、寝て一畳、天下取っても二合半」／ウチヤマ・ホールディングス社長　内山文治
「人のやらない隙間《ニッチ》を見つけよう。そのためのアンテナを磨こう」／ケィ・ビー・エス社長　安部高子
「苦労に打ち克ち何かを創る」、「感動が人生の豊かさを決める」／スペースワールド社長（当時）　村山紘一

「最高の満足、最適の利益」、「対話こそ人生」／日本観光旅館連盟会長（当時）　佐久間進

「『自主、自立、相互扶助』の『報徳精神』」、「何事も徹底的に窮める」、「規律」／北九州農協組合代表理事組合長（当時）　野中敏昭

「サラリーマン感覚でなく『商売人たれ』」、「『深謀遠慮』＝先見性」／資《すけ》さん社長（当時）　大西章資

「『足で稼ぐ根性』こそ、（信用金庫の）非価格競争力の源泉であり強味である」／福岡ひびき信用金庫理事長（当時）　古川育史

「競争の激しい所にこそ利の元あり」、「地元のため汗をかき、労惜しまず、共に成長」／福岡ひびき信用金庫理事長（当時）　谷石喜一

「積小為大《せきしょういだい》」（二宮尊徳）、「出る杭はドンドン出よ」／福岡ひびき信用金庫理事長　野村廣美

「『時間流すな、汗流せ』――今を一所懸命に」／福岡銀行常務・北九州本部長（当時）　末松修

「お客様と現場重視」、「正しいことを初心をもって継続する」／西日本シティ銀行常務北九州地区本部長（当時）　長竹美義

「営業は熱意とスピード」、「失意泰然、得意淡然」／北九州銀行頭取　加藤敏雄

第5部　地域経済活性化へ連携

「過去の成功体験を捨てる」、「『誠実』に生き、約束を守り、言ったことを実行する」／北九州商工会議所会頭（当時）　髙田賢一郎

「人は創造に生き、保守に死す」、「信は万事の基となす」、「自立、自助、努力」／北九州商工会議所会頭（当時）　木原文吾

「絶えざる変革と『踏まれても生き抜く千草（雑草）の強さ』を」／北九州活性化協議会理事長　小嶋一碩

「百錬千鍛（叩かれ叩かれてアクが抜ける）」、「士魂商才（頭を下げて自分の意志を通す）」／北九州貿易協会会長　田坂良昭

「人の上に立つとは流れる水の上に字を書くような儚い業であるが、それを岩を刻むような真剣さで取り組まなければならない」／北九州青年会議所理事長（当時）　濱田時栄

「場づくり、人づくりから地域経済の発展を」、「商人道」／北九州中小企業経営者協会会長（当時）　住田精宏

「高い志と温かい心」／九州・山口経済連合会会長（当時）　鎌田迪貞

「苦労は買ってでもやれ。苦労を10重ねれば1つの楽でも10に感じる」／連合福岡・北九州地域協議会議長（当時）　深町裕二

北九州年表（1963〜2013年）

西暦		北九州市政	北九州経済1	北九州経済2	世界と日本
1963年	昭和38年	•北九州市発足、吉田法晴市長 •政令指定都市に（5行政区設置）	•北九州商工会議所発足 •初代会頭に木村悌蔵氏 •電源開発若松石炭火力運転開始 •岡野バルブ、原発用バルブ生産開始	•福銀北九州センター設置 •髙宮諦商店設立（現タカミヤ） •旭硝子牧山工場で型板ガラス製造開始	•ケネディ米大統領暗殺 •三井三池炭鉱爆発事故
1964年	39年	•公害防止審議会設置 •北九州港発足 •世界初五市合併に国連調査団来北	•東洋陶器、ユニットバスルーム開発 •三菱化成黒崎、カプロラクタム製造開始	•第一通産（現第一交通産業）設立 •小倉空港開設 •不二貿易設立	•東海道新幹線開業 •東京五輪 •ベトナム戦争
1965年	40年	•長期総合基本計画（マスタープラン）策定 •ばい煙規制法全面適用 •戸畑婦人会、公害防防止運動	•八幡製鐵所粗鋼1億トン達成、君津製鐵所設置 •三井工作所、ICリードフレーム開発 •小倉炭鉱閉山	•商工会議所所屋（毎日会館）竣工	•65年不況 •日韓基本条約調印
1966年	41年	•マスタープラン実施5ヶ年計画スタート •清掃紛争	•第2代商議所会頭に鮎川武雄氏 •中国経済貿易展開催	•セントラルユニ、医療ガス供給システム開発 •サンレー設立	•ザ・ビートルズ来日（エレキブーム）

1967年	42年	・谷伍平市長初当選 2代市長に	・戸畑共同火力設立 ・黒崎窯業、窯炉周辺の省力化機器開発	・第一通産、宮崎でM&A第一号	・ASEAN（東南アジア諸国連合）発足 ・公害対策基本法制定
1968年	43年	・勝山公園に新市庁舎建設表明 ・関門橋起工式 ・㈳北九州貿易協会設立 ・北九州中小企業団体連合会発足	・八幡製鐵所オリエントコアハイビー開発 ・大辻炭鉱閉山 ・住友金属鹿島製鐵所設置	・スーパー・ダイエー小倉店開店 ・日本水産、「海洋上すりみ」の量産開始	・カネミ米糠油中毒事件発生 ・大学紛争続発
1969年	44年	・市内各区間電話料金統一 ・第一回スモッグ警報発令	・八幡、富士両製鐵合併調印	・八幡化学工業、熱媒体「サームエス」開発	・欧州共同体（EC）発足 ・新全国総合開発計画
1970年	45年	・市公害防止条例公布	・新日本製鐵発足 ・三島光産、高感度磁界測定器開発	・ナフコ設立 ・サンキュードラッグ設立	・日本万国博開催（大阪） ・日米繊維交渉
1971年	46年	・谷市長再選 ・市公害対策局設置 ・田野浦コンテナターミナル供用開始	・第3代商工会議所会頭に安川寛氏 ・日炭若松鉱閉山 ・森田商事、無添加粉石けん開発	・三菱セメント東谷工場にSPキルン導入	・ドル・ショック、円切り上げ ・環境庁発足

1972年	47年	・54社と公害防止協定締結 ・旧松本家住宅、国重要文化財指定 ・新市庁舎開庁式（九州一の高さ67m）	・新日鐵八幡東田1号高炉休止 ・大石産業、パルプモウルド販売開始	・福銀北九州本部設立	・沖縄本土復帰 ・日中国交正常化 ・福岡市政令指定都市に
1973年	48年	・関門橋開通（当時東洋一） ・新日鐵他37社と工場緑化協定締結 ・北九州市基本構想審議会構想答申	・安川電機、フロッピーディスクドライブ国産化 ・八幡製鐵所、スチール缶用鋼板製造開始 ・ひびき灘開発設立	・ナフコ、ホームセンター実験店開業	・拡大EC発足 ・第一次石油危機、狂乱物価 ・大規模小売店舗法制定
1974年	49年	・7区制に移行 ・市立美術館開館	・森田商事、無添加石けん製造開始	・三井ハイテック、MACシステム開発	・米ウォーターゲート事件
1975年	50年	・谷市長3選 ・新幹線小倉駅開業 ・新中期計画スタート ・中央図書館開館	・日産九州工場完成、九州初の自動車生産 ・日本鋳鍛鋼、世界最大の150トン精錬炉導入	・小倉駅周辺都市近代化調査	・赤字国債発行 ・沖縄海洋博 ・山陽新幹線岡山―博多間開通 ・九州電力玄海原発1号運転開始
1976年	51年	・北九州高速鉄道㈱設立 ・国内最古の淡水魚「ディプロミスタス」の化石、小倉北区で発見	・三菱化成黒崎工場、活性炭製造開始 ・八幡製鐵世界最大若松焼結工場稼働	・公害技術センター（環境テクノス）設立	・ロッキード事件 ・毛沢東死去 ・田中角栄元首相逮捕

1977年	52年	・西日本総合展示場開設 ・中華人民共和国展覧会開催	・戸畑高炉休止（鉄冷え） ・安川電機、産業用ロボット・モートマン開発 ・西部ガス、響灘に北九州工場建設	・九電小倉LNG火力発電開始 ・日本板硝子若松工場閉鎖	・王貞治本塁打756号世界記録 ・成田空港開港 ・日中平和友好条約調印
1978年	53年	・産業医科大学開校	・新日鐵八幡洞岡4号休止、1901年以来の八幡地区高炉消える	・C&Gシステムズ設立	・イラン革命
1979年	54年	・谷市長4選 ・福岡市人口が北九州市人口を抜く	・タカギ設立、ノズルファイブ開発	・黒崎駅東再開発ビルメイト黒崎開業	・米スリーマイル島放射能汚染 ・ソ連、アフガン侵攻、新冷戦体制
1980年	55年	・北九州都市高速道路開通 ・新新中期計画スタート ・西鉄北方線廃止	・北九州国際技術研修協会（KITA）設立、第一回研修 ・TOTO、温水洗浄便座「ウォシュレット」開発 ・山九、自走式大型トレーラー開発	・日鉄化学、ニードルコークス開発 ・さぬき屋食品（現資さん）設立	・衆参同日選挙で自民圧勝
1981年	56年	・太刀の浦コンテナターミナル供用開始 ・自然史博物館開設	・福岡県北九州工業試験場開設	・みくにや産業（ワールドインテック前身）設立	・夕張炭鉱ガス爆発事故93人死亡
1982年	57年	・市第二庁舎開庁	・日産、小型車「シルビア」生産開始	・ニューロビンググループ設立	・米欧摩擦 ・歴史教科書問題

1983年	58年	・谷市長5選	・第1回周防灘サミット開催	・異業種交流会「テクノミクス北九州」発足	・参院選で初の比例代表制
1984年	59年	・白島石油備蓄基地着工 ・九州厚生年金会館開業 ・米国タコマ港と姉妹港に	・ゼンリン「住宅地図情報利用システム」開発 ・新日鐵化学発足（合併で）	・高田工業所、三島光産、FA分野進出	・日米農産物交渉 ・ロサンゼルス五輪 ・地価高騰
1985年	60年	・北九州市都市モノレール小倉線開業 ・市、地域経済活性化対策推進地域指定 ・さわやか北九州プランスタート	・北九州産業フェスティバル開催 ・商工貿易会館開設 ・西鉄門司、戸畑、枝光線廃止	・新菱ケミカル、半導体製造装置向け精密洗浄事業開始	・プラザ合意、超円高へ ・労働者派遣事業法成立 ・日航ジャンボ機墜落520人死亡 ・NTT、JT民営化
1986年	61年	・「JR本社を北九州に」決起大会	・鉄鋼不況で大手が初の一時帰休 ・ゼンリン、電子地図発売	・鐵ビル（改称） ・北九州デザインフェスティバル開催 ・西部瓦斯北九州工場、液体天然ガス導入	・ソ連チェルノブイリ原発事故 ・円高不況 ・ブラックマンデー（米株価大暴落）
1987年	62年	・末吉興一市長初当選、7代市長に ・国際鉄鋼彫刻シンポジウム開催	・日立金属戸畑、苅田に生産移転 ・北九州中小企業経営者協会設立	・大連コンテナ航路開設	・国鉄分割民営化、JR発足 ・連合発足

1988年	63年	・北九州市ルネッサンス構想策定 ・紫川マイタウン・マイリバー事業指定 ・第一回わっしょい百万夏まつり開催 ・韓国仁川広域市と姉妹都市締結	・八幡製鉄所、高炉1基体制へ ・浜田重工、スラグレーター開発 ・第1回海峡花火大会 ・JR九州小倉・新型特急「ハイパーサルーン」完成	・ハローデイ設立 ・異業種交流研究会（北九州トライアル）発足	・リクルート事件 ・イラン、イラク戦争停戦 ・青函トンネル開通 ・瀬戸大橋開通 ・ソウル五輪
1989年	64年 平成元年	・北九州学研都市構想発表 ・国際東アジア研究センター開設 ・国際協力機構（JICA）九州国際センター開所 ・文書館開設	・㈶北九州活性化協議会設立 ・北九州下関両商工会議所懇談会開く ・太平工業、再生路盤材開発	・三菱化成、北九州プリンスホテル建設 ・西峰会、大蔵に移転 ・北九州ファッション協会創設	・昭和天皇崩御、「平成」に ・消費税3％実施 ・ベルリンの壁崩壊 ・天安門事件
1990年	平成2年	・国連環境計画「グローバル500」受賞 ・北九州国際会議場開設 ・若戸大橋4車線開通	・安川電機『モートマンセンタ』開設 ・ゼンリン、世界初カーナビソフト開発 ・触媒化成、超精密真珠状シリカ製造開始	・「スペースワールド」開業（東田地区） ・連合北九州地域協議会発足	・統一ドイツ成立 ・バブル崩壊 ・湾岸戦争

1991年	3年	・末吉市長再選 ・全国都市緑化北九州フェア開幕 ・東アジア6都市経済交流会議開催	・第二関門橋建設促進期成同盟会発足 ・北九州空港定期便再開	・三井ハイテック、東証1部上場 ・ケーブルステーション北九州開局	・雲仙普賢岳で火砕流事故 ・湾岸戦争、ソ連崩壊
1992年	4年	・地球サミットで国連地方自治体表彰受賞 ・KITA、北九州国際技術協力協会に改称 ・西鉄路面電車、砂津ー黒崎間廃止	・トヨタ自動車九州、本格操業開始 ・第4代会議所会頭に古賀義根氏		・新総合経済対策 ・新幹線「のぞみ」登場
1993年	5年	・北九州輸入促進センター設立 ・北九州テクノセンター開設 ・国際村交流センター開設 ・国の輸入促進地域（FAZ）指定	・テムス、受付案内ロボット「テムザック1号」開発 ・デンソー北九州製作所操業開始 ・吉川工業、廃自動車解体技術開発	・小倉駅前東地区再開発、小倉そごう開業 ・リーガロイヤルホテル小倉開業 ・ワールドインテック設立	・ゼネコン汚職 ・EU（欧州連合）発足 ・皇太子、雅子妃ご成婚 ・細川内閣発足
1994年	6年	・ルネサンス構想第2次実施計画策定 ・東田地区総合開発着工 ・新北九州空港着工	・アステック入江、エッチング廃液再生技術事業化 ・旭硝子北九州工場、安全ガラス製造開始	・韓国タカミヤ設立 ・北九州八幡ロイヤルホテル開業	・関西国際空港開港 ・小選挙区制成立 ・村山内閣発足

1995年	7年	・末吉市長3選 ・門司港レトロ、グランドオープン	・日本大洋海底電線、響灘で光海底ケーブル生産開始	・ザ・モール小倉オープン	・阪神淡路大震災 ・地下鉄サリン事件
1996年	8年	・北九州港響灘環黄海ハブポート構想発表 ・白島石油備蓄基地完成	・日本磁力選鉱、非鉄リサイクル事業進出 ・サッポロビール九州工場閉鎖、日田へ ・石川金属工業、プラスチック製品への金属メッキ技術確立		・コンテナ貨物の地方分散 ・オウム真理教事件 ・日本版金融ビッグバン ・小選挙区制初の衆議院議員選挙を実施
1997年	9年	・アジア環境協力都市会議 ・北九州エコタウン事業スタート ・現代美術センターCCA北九州開設	・三井ハイテック、ハイブリッドカー用モーターコア打ち抜き金型開発 ・西日本ペットボトル設立、エコタウン1号 ・三菱マテリアル、下水汚泥をセメント原料に	・東京第一ホテル小倉開業	・消費税5%に、アジア通貨危機 ・容器包装リサイクル法、香港返還 ・温暖化防止京都会議 ・山一証券自主廃業
1998年	10年	・JR小倉、新駅ビル完成「アミュプラザ」開業 ・モノレール延伸、JR小倉駅と直結 ・アジア太平洋インポートマート（AIM）開業 ・松本清張記念館、北九州メディアドーム開業	・TOTO、光触媒防汚「ハイドロテクト」技術開発	・門司港ホテル開業	・金融再生委員会 ・長野冬季五輪開催

1999年	11年	・末吉市長4選 ・火野葦平旧居修復完成、公開開始 ・米国ピッツバーグ市とビジネスパートナー都市提携 ・東田1号高炉一般公開開始	・西日本オートリサイクル設立 ・八幡製鐵所、鉛フリー燃料用鋼板開発 ・日米市長商工会議所会頭会議開催	・JR新戸畑駅、スペースワールド駅開業	・福岡ダイエーホークス初の日本一 ・単一通貨ユーロ誕生
2000年	12年	・国連ESCAP環境大臣会合 ・ルネサンス構想第3次実施計画策定 ・西鉄北九州線（黒崎駅前ー折尾）廃止 ・出光美術館開館 ・北九州フィルム・コミッション設立	・黒崎窯業、ハリマセラミック合併、黒崎播磨に ・住友金属小倉製鐵所、分社化、住友金属小倉に ・三菱化学、ポリカーボネイト樹脂新製法開発 ・出光美術館開館 ・エルダーサービス設立	・第一交通産業、福証上場 ・そごう小倉、黒崎両店閉店 ・複合商業娯楽施設「チャチャタウン小倉」開業 ・日銀、北九州支店廃止方針 ・テムザック設立	・介護保険制度スタート ・そごう倒産
2001年	13年	・北九州博覧祭2001開催 ・北九州学術研究都市第一期大学ゾーン開設 ・北九州産業学術推進機構発足 ・エコタウンセンター開設	・八幡製鐵所創業100年、粗鋼生産累計3億トン、シームレス鋼管工場閉鎖 ・第5代商工会議所会頭に高田賢一郎氏 ・北九州マイスター制度創設	・JR黒崎駅前再開発ビル完成、コムシティ開業 ・福岡ひびき信金発足	・中央省庁再編、小泉改革 ・米国同時多発テロ発生 ・金融の量的緩和政策

2002年	14年	・環境ミュージアム開館 ・到津の森公園開園 ・自然史・歴史博物館開館	・電源開発若松、EAGLE実験開始	・北九州高齢者福祉事業協会設立 ・年長者の里と改称 ・小倉玉屋閉店、65年の歴史に幕	・総合デフレ対策 ・日本経団連発足 ・日朝首脳会談 ・小泉首相、北朝鮮訪問
2003年	15年	・末吉市長5選 ・室町再開発「リバーウォーク北九州」開業 ・北九州芸術劇場開設 ・海峡ドラマシップ開館 ・早稲田大大学院と北九州市立大国際環境工学科開設	・新日鐵化学、世界初の燐光発光材料実用化 ・第6代会議所会頭に木原文吾氏 ・九州地域戦略会議発足	・ナフコ、ジャスダック株式公開 ・エヌエスウインドパワーひびき、風力発電開始 ・スターフライヤー、小倉で発足	・米英、イラク戦争開始 ・日本郵政公社発足 ・個人情報保護法案
2004年	16年	・「世界の環境首都」目指すグランドデザイン策定	・第7代商工会議所会頭に重渕雅敏氏 ・触媒化成、軽油ガソリン低硫黄化用触媒開発 ・PCB処理施設（若松区）操業開始	・小倉伊勢丹、小倉そごう跡に開業 ・まちづくり推進会議設立	・インドネシア・スマトラ沖巨大地震発生（死者15万人以上） ・アテネ五輪

2005年	17年	・PCB処理施設、響灘で操業開始 ・ひびきコンテナターミナル供用開始 ・門司麦酒煉瓦館開設	・シャボン玉石けん、環境に優しい消火材を産学官連携で開発 ・自動車部品「パーツネット北九州」発足 ・安川電機、次世代産業用双腕ロボット開発	・ワールドインテック、ジャスダック株式公開 ・北九州まちづくり応援団設立 ・DNPプレシジョンデバイス黒崎工場発足	・福岡西方沖地震発生 ・愛知万博（愛地球博）開催
2006年	18年	・新北九州空港開港（24時間運用海上空港） ・東九州道（北九州JCT－苅田北九州空港IC間開通） ・北九州市立文学館開館	・第7代商工会議所会頭に重渕雅敏氏 ・安川電機ロボット新工場 ・デンソー北九州の分社化と新工場建設 ・東芝セミコンダクター北九州に開発センター開設	・スターフライヤー発足 ・響灘菜園（トマト）出荷開始 ・にぎわいづくりキックオフ大会 ・三井ハイテック新工場完成 ・ウチヤマHD設立	・ライブドア事件 ・いざなぎ超え月例報告
2007年	19年	・12代市長に北橋健治氏当選 ・北九州イノベーションギャラリー開設 ・にぎわいづくりプラン策定	・響灘太陽光発電所運転開始 ・カーエレクトロニクスセンター開設		・米国サブプライムローン問題発生 ・日本郵政関連各株式会社発足

2008年	20年	・北九州市「環境モデル都市」認定 ・基本構想「元気発進！北九州」プラン策定 ・北九州市経営プラン策定	・小倉、黒崎中心市街地活性化基本計画認定 ・中国天津市と循環型都市協力推進覚書調印		・北京五輪開催 ・リーマン・ショック、世界同時株安 ・麻生内閣発足
2009年	21年	・次世代エネルギーパーク開業 ・東田に「水素ステーション」開設	・旭硝子北九州工場、ガラス生産撤退を発表 ・日産車体、新工場竣工 ・ブリヂストン北九州大型タイヤ工場操業開始	・門司港レトロ観光列車運行開始 ・TOTO大分のラインの一部小倉に集約 ・農協大合併、JA北九州発足	・貿易収支、28年ぶりに赤字 ・民主党大勝、鳩山内閣 ・粗鋼生産量、40年ぶり低水準
2010年	22年	・次世代エネルギー・社会システム（スマートグリッド）実証地域選定 ・アジア低炭素化センター開設 ・北九州市環境推進会議発足	・第8代商工会議所会頭に利島康司氏 ・北九州市海外水ビジネス推進協議会設立	・「ソレイユホール」リニューアル開業	・JAL会社更生法申請 ・トヨタリコール問題で米国公聴会 ・政府、新成長戦略閣議決定

2011年	23年	・北橋市長再選 ・OECD北九州市をグリーン成長都市に選定 ・釜石市に北九州市・釜石デスク」開設 ・環境未来都市、国際戦略総合特区に選定	・黒崎播磨、インド企業を子会社化 ・日産自動車九州、分社化 ・芝浦HD、メガソーラー事業参入 ・安川電機、中国にロボット工場建設発表	・北九州銀行発足 ・全国商工会議所観光振興大会in関門開催	・東日本大震災、東電福島原発事故 ・野田内閣発足 ・円相場一時75・52円
2012年	24年	・石巻市震災廃棄物受入れ表明 ・北九州市漫画ミュージアム開館 ・新若戸道路（若戸トンネル）開通 ・北九州市新成長戦略答申	・東芝セミコンダクター&ストレージ北九州工場閉鎖 ・新日本製鐵、住友金属合併、新日鐵住金誕生	・第7回B-1グランプリin北九州開催（来場者61万人） ・商工会議所女性会北九州全国大会開催 ・日本青年会議所全国大会　北九州大会	・欧州財政、金融危機再燃 ・42年ぶり国内全原発運転停止 ・尖閣国有化で日中関係悪化、反日デモ ・中国共産党総書記に習近平氏 ・第2次安部内閣発足
2013年	25年	・市制50周年記念式典 ・北九州市新成長戦略策定	・商工会議所創立50周年記念式典	・スターフライヤー、北九州ー釜山便、14年春休止を発表	・アベノミクスによる新経済政策 ・2020年東京五輪決定

参考資料

・「ひろば北九州」2013年1月号
・北九州商工会議所所報
・北九州イノベーションギャラリー年表

あとがき

北九州経済は、地方産業都市でありながら、戦前から日本経済を重化学工業で支え、いち早く産業公害と闘い、構造不況を経験し、経済成長と環境保全の両立のため苦闘する独特の地域であり、「日本経済の現場」です。人材と技術の蓄積が強みと言われながらも、その全体像は今一つ、掴みがたいものがありました。各産業分野や自治体、団体トップへの10年余のインタビューにより、北九州の経済、産業、技術の歩みと全体像、そしてその「底ぢから」を明らかにしたいという意図もありました。それがどこまで成功したかはともかく、ある程度の輪郭は描けたのではないか、と自負しております。

私事で恐縮ながら、筆者は32年の新聞記者生活の半分以上を北九州市で勤務しました。五市合併直後の、東京オリンピック開催の１９６４年（昭和39年）に、北九州市政記者として毎日新聞の「百万人のまちづくり」キャンペーンを担当し、戸畑婦人会の「青空がほしい」運動等公害問題の報道にも取組みました。書く記事がなくなると婦人会の顧問格の林えいだいさん（当時戸畑区社会教育主事、現ノンフィクション作家）や公害対策係（岩井、俣野両係長）に通ったものです。

１９６７（昭和42）年経済部に異動後は、70年の八幡・富士製鐵合併を現場で取材しました。当時は、東田、洞岡《くきおか》地区に10基の中小高炉が立ち並び、黒煙を上げる姿は「鉄都の誇り」であり壮観でした。しかし、石油危機で暗転、77年には全国企画の同時進行ドキュメント「鉄冷えの街」のチーム取材にも参加しました。「鉄冷え」

という言葉は私達のチームの新造語で、この時初めて紙面に載せましたが、以後は普通名詞となりました。今なら流行語賞ものです。

当時の八幡製鐵所の所長は水野勲さんで、その後、お会いするたびに「君達は、『鉄冷え』などという暗い言葉を全国に流行らせた。今度は『鉄燃え』とか何か元気の出る言葉を創ってくれよ」と笑いながら冷やかされました。今回このインタビュー集「北九州の底ぢから」をまとめ、水野さんの注文の一半は果たせたのではないか、と内心ホッとしています。「しまったは、しめた」が口癖の三井孝昭さんには、何度もインタビューや座談会にご登場いただきました。よく「北九州の脱公害、活性化は、産学官民一丸の成果」と言われますが、縁の下で支える報道も加え「産学官民（報）」と秘かに思っています。

その後、九州経済調査協会時代の『九州経済白書』執筆、『21世紀の九州・山口経済社会事典』編纂、さらに九州国際大学非常勤講師時代も北九州観察《ウォッチ》は続き、北九州経済には深い思い入れがあります。それだけに、北九州の超多忙な経済人の皆様に経営戦略から地域振興策、自身の生き方まで率直にお話頂けたのは有難く、至福のひとときであり、12年間の貴重な証言の数々に厚く御礼申し上げます。

ご登場頂いた方々のうち、三井孝昭、水野勲、大迫忍、森田光德、髙田賢一郎、入江伸明、谷石喜一、の各氏はすでに鬼籍に入られ、このインタビューは今では「昭和の経済人の夢と苦闘と成果」を伝える貴重な肉声となりました。

北九州には、他にも取り上げるべき企業・人物は多く、ここに登場いただいたのは一部です。インタビューを計画しながらも、「ひろば北九州」の終刊により、果たせなかった企業が数多いのは心残りです。

最後に、２００１年から２０１３年に及ぶ「ひろば北九州」の長期連載を許していただいた北九州都市協会、北九州市芸術文化振興財団をはじめ、超ご多忙な中、時間を割いてインタビューに応じて頂いた皆様、さらに数え切れない多くの方々にお世話になりました。中でも「ひろば」編集部の市川喜男、故・石田雅教、故・松嶋征生、渡部正隆、橘木薫、早原順一、北元和生、山西久美子、上記の方々には、特にお世話になりました。

出版に当たっては、終始励まし、ご支援いただいた（公財）芳賀教育文化振興会の芳賀晟壽理事長をはじめ、北九州市や北九州商工会議所関係部課の皆様からも温かいご支援や励ましの言葉をいただきました。また、100人におよぶインタビュー集の刊行を企画出版という形で取り上げていただいた石風社の福元満治代表はじめ、編集担当の中津千穂子さん、江崎尚裕さんには、書名から編集全般にいたるまでお世話になりました。深く感謝しており、この場を借りて厚く御礼申し上げます。

末尾に、私事で恐縮ですが、母子家庭でありながら、筆者を大学に進学させてくれた亡き母悠基子、ハードな記者生活を支えて脳出血に倒れ後遺症と闘う妻ヒデ子に本書を捧げる感傷をお許し下さい。

長妻靖彦

【著者】長妻靖彦（ながつま やすひこ）

1936年名古屋市生まれ。59年京都大学文学部（西洋史学科）卒、毎日新聞社入社。以後西部本社（九州・山口・島根）一筋。64年西部本社報道部で、戸畑区婦人会の公害防止運動や、「百万人の街づくり」キャンペーンに従事。67年同経済部に転じ、八幡・富士両製鐵合併や「鉄冷え」報道などに従事。72年以降は福岡地区でエネルギー、金融、経済団体などを担当した。経済課長を経て、84年西部本社経済部長。91年編集委員（福岡駐在）で毎日新聞退職。92年㈶九州経済調査協会研究主幹。97年『21世紀の九州・山口経済社会事典』編纂担当。97年以降九州国際大学、また2001年以降九州産業大学の各非常勤講師（九州経済論など）を務めた。2001年から北九州都市協会（後に北九州市芸術文化振興財団）発行の月刊誌「ひろば北九州」で13年まで経済人インタビューを長期連載した。

（主な編共著）

毎日新聞社編『明日に挑む企業新時代——西部経済圏の最前線ルポ』（編著）、九州経済調査協会『九州経済白書＝新地方の時代と中堅企業』、『九州経済白書＝国際調整・九州からの挑戦』、同『21世紀の九州山口経済社会事典』（いずれも共著）他

北九州の底ぢから
「現場力」が海図なき明日を拓く

二〇一四年二月十日初版第一刷発行

著　者　長妻靖彦
発行者　福元満治
発行所　石風社
福岡市中央区渡辺通二―三―二十四
電　話〇九二（七一四）四八三八
ＦＡＸ〇九二（七二五）三四四〇
印刷製本　シナノパブリッシングプレス

＊表示価格は本体価格です。定価は本体価格プラス税。

中村　哲
医者、用水路を拓《ひら》く　アフガンの大地から世界の虚構に挑む
＊農村農業工学会著作賞受賞

養老孟司氏ほか絶讃。「百の診療所より一本の用水路を」。百年に一度といわれる大旱魃《かんばつ》と戦乱に見舞われたアフガニスタン農村の復興のため、全長二五・五キロに及ぶ灌漑《かんがい》用水路を建設する一日本人医師の苦闘と実践の記録　【5刷】１８００円

中村　哲
医者　井戸を掘る　アフガン旱魃《かんばつ》との闘い
＊日本ジャーナリスト会議賞受賞

「とにかく生きておれ！　病気は後で治す」。百年に一度といわれる最悪の大旱魃が襲ったアフガニスタンで、現地住民、そして日本の青年たちとともに千の井戸をもって挑んだ医師の緊急レポート　【12刷】１８００円

中村　哲
ペシャワールにて　癩《らい》そしてアフガン難民

数百万人のアフガン難民が流入するパキスタン・ペシャワールの地で、ハンセン病患者と難民の診療に従事する日本人医者が、高度消費社会に生きる私たち日本人に向けて放った痛烈なメッセージ　【8刷】１８００円

中村　哲
ダラエ・ヌールへの道　アフガン難民とともに

一人の日本人医師が、現地との軋轢、日本人ボランティアの挫折、自らの内面の検証等、血の噴き出す苦闘を通して、ニッポンとは何か、「国際化」とは何かを根底的に問い直す渾身のメッセージ　【5刷】２０００円

中村　哲
医は国境を越えて
＊アジア太平洋賞特別賞受賞

貧困・戦争・民族の対立・近代化——世界のあらゆる矛盾が噴き出す文明の十字路で、ハンセン病の治療と、峻険な山岳地帯の無医村診療を、十五年にわたって続ける一人の日本人医師の苦闘の記録　【7刷】２０００円

中村　哲
辺境で診《み》る　辺境から見る

「ペシャワール、この地名が世界認識を根底から変えるほどの意味を帯びて私たちに迫ってきたのは、中村哲の本によってである」（芹沢俊介氏）。戦乱のアフガニスタンで、世の虚構に抗して黙々と活動を続ける医師の思考と実践の軌跡　【5刷】１８００円